백세시대를 위한 서양철학사 시리즈
③

서양 경험론과 정치철학
데이비드 흄에서 다윈까지
From David Hume To Darwin

공자의 눈으로 읽고 따지다

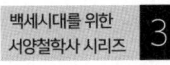

서양 경험론과 정치철학 데이비드 흄에서 다윈까지

공자의 눈으로 읽고 따지다

초판 1쇄 인쇄 2024년 9월 24일
       1쇄 발행 2024년 9월 26일

지은이   황태연
펴낸이   김영훈
펴낸곳   생각굽기
출판등록 2018년 11월 30일 제 2018-000070호
주 소   (07993) 서울 양천구 목동로 230 103동 201호
전 화   02-2653-5387
팩 스   02-6455-5787
이메일   kbyh33@naver.com

ⓒ 2024, 황태연

* 책값은 뒤표지에 있습니다.
* 잘못된 책은 바꾸어 드립니다.
* 이 책의 내용은 저작권법의 보호를 받는 저작물이므로 무단 전제 및 복제를 금합니다.
* 이 책의 본문은 ㈜한글과컴퓨터의 '함초롬' 서체를 사용하였습니다.

ISBN 979-11-989095-1-0

백세시대를 위한 서양철학사 시리즈

서양 경험론과 정치철학
데이비드 흄에서 다윈까지
From David Hume To Darwin

공자의 눈으로 읽고 따지다

지은이 황태연黃台淵은 서울대학교 외교학과를 졸업하고, 같은 학과 대학원에서 「헤겔에 있어서의 전쟁의 개념」으로 석사학위를 받고, 1991년 독일 프랑크푸르트 괴테대학교에서 『지배와 노동(Herrschaft und Arbeit)』으로 박사학위를 받았다. 그는 1994년 동국대학교 정치외교학과 교수로 초빙되어 30년 동안 동서양 정치철학과 정치사상을 연구하며 가르쳤다. 그러다 2022년 3월부로 명예교수가 되었다. 그는 지금도 동국대학교 학부와 대학원에서 강의를 계속하며 집필에 매진하고 있다.

그는 근 반세기 동안 동서고금의 정치철학과 제諸학문을 폭넓게 탐구하면서 동·서양 정치철학과 정치사상, 그리고 동서통합적 도덕·정치이론에 관한 연구에 헌신해 왔다. 그는 반세기 동안 총 85권(저서 49부작 73권+역서 12권)의 책을 썼다.

그는 서양정치 분야의 연구서로 *Herrschaft und Arbeit im neueren technischen Wandel*(최신 기술변동 속의 지배와 노동, Frankfurt/Paris/New York: 1992),『환경정치학』(1992),『포스트사회론과 비판이론』(공저, 1992),『지배와 이성』(1994),『분권형 대통령제 연구』(공저, 2003),『계몽의 기획』(2004),『서양 근대정치사상사』(공저, 2007), 그리고 본서「서양 경험론과 정치철학」의 연작에 속하는『베이컨에서 홉스까지』(2024),『로크에서 섀프츠베리까지』(2024),『데이비드 흄에서 다윈까지』(2024) 등 여러 저서를 출간했다.

Profile

황태연 黃台淵

동서통합적 연구서로는『감정과 공감의 해석학(1, 2)』(2014-15)과『패치워크문명의 이론』(2016)을 냈고, 2023-24년에는『놀이하는 인간』(2023),『도덕의 일반이론(상·하)』(2024),『정의국가에서 인의국가로(상·하)』(2024),『예술과 자연의 미학』(2024) 등을 출간했다. 공자철학과 공자철학의 서천西遷에 관한 연구서로는『실증주역(상·하)』(2008),『공자와 세계(1-5)』(2011),『공자의 인식론과 역학』(2018),『공자철학과 서구 계몽주의의 기원(1-2)』(2019),『근대 영국의 공자숭배와 모럴리스트들(상·하)』(2020·2023), 『근대 프랑스의 공자열광과 계몽철학』(2020·2023), 『근대 독일과 스위스의 유교적 계몽주의』(2020·2023), 『공자와 미국의 건국(상·하)』(2020·2023), 『유교적 근대의 일반이론(상·하)』(2021·2023) 등을 냈다. 그리고 『공자의 자유·평등철학과 사상초유의 민주공화국』(2021)에 이어 『공자의 충격과 서구 자유·평등사회의 탄생(1-3)』(2022)과 『극동의 격몽과 서구 관용국가의 탄생』(2022), 『유교제국의 충격과 서구 근대국가의 탄생(1-3)』(2022) 등을 연달아 공간했다. 공자관련 저서는 15부작 전29권이다.

한국정치철학 및 한국정치사·한국정치사상사 분야로는 『지역패권의 나라』(1997), 『사상체질과 리더십』(2003), 『중도개혁주의 정치철학』(2008), 『조선시대 공공성의 구조변동』(공저, 2016), 『대한민국 국호의 유래와 민국의 의미』(2016), 『갑오왜란과 아관망명』(2017), 『백성의 나라 대한제국』(2017), 『갑진왜란과 국민전쟁』(2017), 『한국 근대화의 정치사상』(2018), 『일제종족주의』(공저, 2019·2023), 『사상체질, 사람과 세계가 보인다』(2021·2023), 『대한민국 국호와 태극기의 유래』(2023), 『한국 금속활자의 실크로드』(2022)와 『책의 나라 조선의 출판혁명(상·하)』(2023), 『창조적 중도개혁주의』(2024) 등 여러 연구서를 냈다.

해외로 번역된 저자의 책으로는 중국 인민일보 출판사가 『공자와 세계』 제2권의 대중보급판 『공자, 잠든 유럽을 깨우다』(2015)를 중역中譯·출판한 『孔夫子與歐洲思想啟蒙』(2020)이 있다.

최근 저자는 「서양 합리론과 정치철학」 연작 6권의 집필을 마치고, 이어서 『공감적 해석학과 공감장의 이론』 원고를 방금 탈고했다. 현재 저자는 이 책들을 집필하느라 한동안 중단했던 '100년 한국현대사'의 연구로 다시 돌아갔다.

2018년부터 유튜브 "황태연아카데미아"를 통해 위 저서들과 관련된 대학원 강의를 시청할 수 있다. - 편집부 -

책머리에

'공자의 눈으로 읽고 따지는' 전초3권의 「서양 경험론과 정치철학」은 모두 9권으로 이루어진 <백세시대를 위한 서양철학사 시리즈>의 제1권·2권·3권이다. 에피쿠로스와 베이컨으로부터 흄과 다윈까지 총 14명의 서양 경험론자와 경험과학자의 원전을 읽고 논한 「서양 경험론과 정치철학」 연작 3권은 다음과 같다.

제1권 『베이컨에서 홉스까지』
제2권 『로크에서 섀프츠베리까지』
제3권 『데이비드 흄에서 다윈까지』

참고로 '서양 합리론과 정치철학'을 다룬 <백세시대를 위한 서양철학사 시리즈>의 4-9권은 출판사에서 편집 중에 있다. 공자의 눈으로 읽고 따지는 「서양 합리론과 정치철학」 전6권은 다음과 같다.

 제4권 『플라톤에서 아퀴나스까지』
 제5권 『밀턴에서 데카르트까지』
 제6권 『라이프니츠에서 루소까지』
 제7권 『칸트에서 헤겔까지』
 제8권 『마르크스에서 쇼펜하우어까지』
 제9권 『니체에서 하버마스까지』

 공자의 눈으로 읽고 따진 전9권의 「백세시대를 위한 서양철학사 시리즈」는 이렇게 구성되었고 이 구성으로 편찬된다. 독자는 서양의 모든 경험론자(14명)와 합리론자(20명) 도합 34명이 집필한 600여 권의 서양 철학원전을 70분의 1로 압축한 이 전9권의 <백세시대를 위한 서양철학사 시리즈>만 읽으면 읽을 가치가 있는 모든 서양 철학자들의 인식론과 정치철학을 익히 통달할 수 있다. 이 시리즈 전9권을 독파하는 데는 아마 9개월이면 족할 것이다.
 이 <백세시대를 위한 서양철학사 시리즈>는 저자가 1974년 대학 1학년 때 플라톤의 『향연』을 힘들여 읽고 요약문을 철학개론 수업시간에 발표한 것을 시작으로 이 <서양철학사 시리즈>에서 다룬 34명의 철학자들이 쓴 600여 권의 원전을 반세기 동안 모조리 정독하고 저술한 것이다. 이 오랜 독서와 연구는 저자가 반세기 동안 저술한 64권의 저서에 흩어져 있다. 따라서 이 방대한 서양철학사를 집필하는 작업은 이 흩어진 연구들을 빠짐없이 찾아 집대성하는 과정이었다. (이 <서양철학사 시리즈>로 집대성된 필자의 단편 글들의 출처는 일부 밝히기도 했지만 번거롭게 느껴져서 일일이 밝히는 것을 삼갔다.)

보통 서양철학사 저서들은 몇몇 철학자들이 쓴 소수의 주요 원전만 읽고 나머지 철학자들의 원전은 직접 읽지 않은 채 남들이 써 놓은 글을 발췌해 실어놓았다. 헤겔의 '철학사강의'가 그렇고, 버트란트 러셀의 '철학사'가 그렇다. 아니면 수많은 전문가들의 글을 모아 편찬한 철학사나 사상사였다. '케임브리지·옥스포드 Companion 철학사'가 그렇고 이링 페처·밍클러의 사상사 핸드북이 그렇다. 따라서 이런 철학사·사상사 시리즈들은 관점의 일관성과 연속성을 잃어 중구난방이다. 그래서 이런 철학사들은 아무리 읽어도 이해할 수 없었다. 그러나 이 <백세시대를 위한 서양철학사 시리즈>는 총 34명의 철학자들이 평생 저술한 600여 권의 영어·불어·독어·한문 원전 전집들을 저자가 희랍어·라틴어 원전인 경우에는 일일이 원문을 찾아 대조하면서 청년기 글에서 노년기의 작은 글조각에 이르기까지 구석구석 꼼꼼하게 정독하고 정확하게 따져서 집필한 세계 최초의 서양철학사라고 자부한다. 그리고 이 <백세시대를 위한 서양철학사 시리즈>는 한 저자가 수미일관 '공자의 눈'으로 읽고 저술했으므로 논지가 일관되고, 또 저자가 모든 원전을 직접 읽고 썼기 때문에 내용이 정확하고 정통적이며 서양 철학자들의 말을 직접 듣고 있는 듯이 생생하고 구체적이어서 이해하기 쉽다.

***

인문·사회과학도와 일반 지식인들은 대부분 경험론을 서양철학 고유의 독창적 과학방법론으로 생각한다. 그러나 서양철학과 정치사상을 역사적으로 면밀히 추적해 보면 서양 경험론이 고대로부터 2000여 년 동안 서천西遷한 공자철학과 극동의 자연철학, 그리고 4000년 동안 누적된 중국의 경험적 과학기술과 천문·역사기록으로부터 발생했다는 것을 알 수 있다.

이 책은 공자철학이 서양 경험론의 발생과 발전에 지대한 영향을 미친 역사를 사실 그대로 밝혀 보이고, 이 관점에서 서양 경험론을 '공자의 눈'으로 조감照鑑·분석한다. 독자는 이 책에서 동에서 서로 전해진 경험론의 역사를 수많은 실증적 증거·증언·논증과 함께 읽게 될 것이다. 이 때문에 역대 서양 경험주의 이론들을 낱낱이 '공자의 눈'으로 조감하여 대조·평가·비판할 수 있는 것이다. 이 대조적 비판은 필수적이다. 왜냐하면 공자의 경험론 철학과 정치사상이 서양으로 전해지는 과정에서 독창적 리메이크와 개선이 없지 않았지만 동시에 많은 왜곡과 누락, 변조와 위조가 끼어들었기 때문이다.

공자와 맹자는 '서술적 경험론자'였다. 여기서 '서술적'의 '서술'은 서술敍述이 아니라, '서술序述'을 말한다. 이 '서술'은 논리적 순서에 따라서가 아니라 사실적 순서와 사실적 이치에 따라서 사변적 작화作話 없이 일관되게(일반적으로) 기술하는 "술이부작述而不作"이다. 이 선후순서에 따른 서술이 바로 진정한 지식으로서의 '참 지식'(과학적 지식)이다. 그래서 공자는 "앞서고 뒤서는 순서를 알면 도道(진리)에 가까워진다(知所先後 則近道矣)"고 천명한 것이다. 물론 '서술序述'은 사유思惟 작업이다. 다만 그것이 사변적 작화가 아니라, 작화를 완전히 추방하고 경험사실과 사실적 순서를 충실하게 따르는 사유일 따름이다. 올바른 인식과 이해를 위한 과학적 사유는 형이상학으로 치닫는 '사변적' 사유가 아니라, 경험과 실험으로 증명되는 '사실'에 충실한 실사구시實事求是의 '서술적' 사유다.

공자의 '서술적 경험론'은 인식과 이해의 과정에서 '감성적(감각적·감정적) 경험과 실험'으로 얻은 경험지식을 '기본지식'으로 간주하고, 경험지식들에 근거한 귀납적 추리·해석·서술序述(일이관지의 체계적·일반적 정리)의 신중한 이성적 사유작업을 통해 일반화된 지식을 '학적 지식'으로 간주한다. 경험적 기본지식을 결缺한 사변적 지식은 이중적으로 위험하다. 이런 사변적 지식은 오류의 위험과, 슬그머니 이데올로기가 되어 사회에 큰 해독을 끼칠 위험이 있기 때문이다.

실사구시實事求是 없는 순수한 사변적 작화는 사실무근의 공담에 불과하다. 반면, 신중한 이성적 사유를 통해 일관되게 체계화되지 않은, 즉 '일반화'되지 않은 경험지식은 공허한 것이다. 이런 일반화되지 않은 경험지식은 진정한 참 지식, 즉 '과학적 지식'으로 올라서지 못한 '노하우'에 지나지 않기 때문이다. 이 순전한 경험지식은 물론 유용하지만 과학적 측면에서 보면 빈탕인 반면, 실사구시 없는 저 순수한 사변적 작화는 공언무실空言無實해서 무용無用할 뿐만 아니라, 사실과 배치되는 (contra-factual) 오류와 형이상학적 '허학虛學 이데올로기'로 추락하기 십상이라서 위태롭고, 그 실천적 결과는 니체의 '과학적' 인종주의가 히틀러를 통해 보여주고 마르크스의 '과학적' 사회주의가 스탈린과 공산 독재자들을 통해 보여주었듯이 인류에게 무시무시할 해독을 끼칠 정도로 위험하기도 하다.

공자경전에서 '다문다견多聞多見', '징험徵驗', '학學', '박학博學'과 '다학多學'이라는 술어들은 대개 오늘날의 '경험(experience)'을 뜻하고, 자세히 살피고 묻는다는 뜻의 '심문審問'은 '실험(experiment)'을 뜻한다. 주지하다시피 공자는 "경험하기만 하고 사색하지 않는 것(學而不思)"과 "사색하기만 하고 경험하지 않는 것(思而不學)"을 둘 다 멀리하고 반드시 "경험하고 나서 사색하되(學而思之)", 먼저 "널리 경험하고 사색은 신중하게(경험지식을 바탕으로 조심스럽게) 해야(博學而愼思)" 한다고 설파했다. 공자의 이 "박학博學"과 "다학多學"은 "다문다견多聞多見"과 동의어다.

'박학(다학)'과 '다문다견'은 한 사람이 많이, 널리 보고 듣는 것을 뜻하기도 하지만, 수많은 사람들이 널리 보고 듣는 것을 뜻하기도 한다. 한 사람이 아니라 가급적 많은 사람, 나아가 온 백성, 온 인류가 보고 듣는 것이면 거의 하늘같은 경지의 '일반적' 경험일 것이다. 그래서 무왕은 「태서泰誓」에서 "하늘도 우리 백성이 보는 것을 통해 보고 우리 백성이 듣는 것을 통해 듣는다(天視自我民視 天聽自我民聽)"고 천명했던 것이다. 그러므로 공자의 경험론은 온 백성의 다문다견을 제일로 치고 온 천하의 협력적 인식과 이해를 추구한다. 합리론이 단도적 천재 또는 소수의 천재적 철학자의 이성적 인식과 형이상학적(사변적) 판단을 제일로 치고 인민의 '경험'과 '민심'을 독사(δόξα), 즉 비이성적 '의견'(플라톤)으로, 또는 '동물적 지식'(라이프니츠)으로 무시하지만, 경험론은 온 백성의 박학적 경험, '민심(공감장)'과 '여론'을 하늘같은 지식으로 중시한다.

그리하여 경험론은 지금까지 자연스럽게 정치적·철학적으로 민주주의와 친화적이었다. 반면, 합리론은 고대로부터 현대에 이르기까지 민주주의를 정면으로 부정하는 철인치자론(플라톤)·철인입법자론(데카르트)·신적 철인입법자론(루소)·철인군주론(라이프니츠·칸트)·철인혁명가론(철인서기장·철인주석론·철인수령론)·철인총통론(니체·히틀러) 등 온갖 독재론을 산출하고 정당화해왔다.

경험적 인식론에서는 우선 다문다견의 넓은 경험과 실험을 행한 다음 신중한 사색과 분명한 변별辨別을 수행한다(先搏學審問而後慎思明辨). 그러므로 공자는 "(경험으로) 알지 못하면서 (사유로) 작화하는 자들이 있는 것 같은데 나는 그런 짓을 하지 않는다고 말했다(子曰 蓋有不知而作之者 我無是也)". 소위 "나면서부터 안다(生而知之)"는 거만한 합리론적 인식론을 멀리하고 "경험해서 아는 것(學而知之)"을 힘써 추구하고, "옛 것

(지난 경험)을 쌓아 되풀이하고 익혀 새로운 것을 아는 것(溫故而知新)"(여기서 '溫'은 쌓다, 익히다, 되풀이하다), 그리고 "작화하지 않고 서술序述할 뿐이고 지난 경험을 믿고 중시하는 것(述而不作 信而好古)"은 사물의 '속성'과 '속성관계'에 대한 '인식'과 '설명'("格物致知", 즉 '地物')을 위한 공자의 인식론적(epistemological) 모토였다. 나아가 "사람(들)의 뜻을 힘써 탐구하기(務民之義)" 위해 "공감을 충실히 하는 것을 근도近道(개연적 지식)로 삼는 것(忠恕違道不遠)"은 (인간적·사회적) '의미'와 '의미관계'의 '이해와 해석'(공자의 "知人")을 위한 공자의 해석학적(hermeneutic) 모토였다. 이에 따라 도덕률도 여러 본성적 도덕감정과 도덕감각에 대한 공감적 경험으로부터 도출했다. (이에 대해서는 저자의 선행 저서 『공자의 인식론과 역학』과 『감정과 공감의 해석학』에서 충분히 상론했다.)

공자는 이 경험적 공감의 원리를 정치철학으로도 확장했다. 알다시피 "무위지치無爲之治"로서의 공자의 덕치 철학은 "자기가 싫은 것을 남에게 베풀지 않고(己所不欲 勿施於人)", 나아가 "자기가 서고 싶으면 남을 먼저 세워주고 자기가 달하고 싶으면 남을 먼저 달하게 해주는(己欲立而立人 己欲達而達人)" 인仁의 공감적 실천원리에 따라 국가(위정자)가 "백성의 부모(民之父母)"처럼 "백성이 좋아하는 것을 좋아하고 백성이 싫어하는 것을 싫어하는(民之所好 好之 民之所惡 惡之) 공감정치였다. 공자의 이 뜻을 이어 맹자도 위정자가 "백성과 더불어 즐기고(與民同樂) 백성의 근심을 근심하는(憂民之憂)" 공감정치, 즉 "천하와 더불어 즐기고 천하와 더불어 근심하는(樂以天下 憂以天下)" 동고동락의 공감정치를 '인정仁政'의 본질로 간주했다.

따라서 공자는 귀머거리도 알아들을 수 있을 만큼 명확하게 자신이 경험을 중시하는 경험론자라고 스스로 천명했다. 공자는 "나면서부터 안다(生而知之)"고 거드름피우며 "사색하기만 하고 경험하지 않는(思而不學)" 합리론자가 아니라, 성실히 "경험하여 아는(學而知之)" 경험주의자였다. 반면, 소크라테스·플라톤 같은 합리론자는 사람에게 나면서부터 아는 생득적 본유지식(innate knowledge)이 있다고 믿고 본유적 이데아론과 인식론적 상기설想起說을 주창했고, 데카르트·라이프니츠 같은 합리론자들은 플라톤을 계승해 생득적 '본유관념(innate idea)'의 존재를 확신하고 이 본유관념으로부터 지식을 도출해서 벽돌 쌓듯 쌓아가야 한다는 '정초주의(foundationalism)'를 설파했다. 본유관념(이데아)의 존재를 부인하는 아리스토텔레스나 칸트 같은 비판적 합리론자들은 경험을 출발점으로 삼았으나 인식을 위해 경험자료에 적용할 '지성범주들(Verstandeskategoien)'을 '순이성'으로부터 연역함으로써 결국 독단적 합리론으로 되돌아갔고, 사회도덕론에서는 아예 플라톤의 이데아론과 독단적 합리론을 다른 말로 되풀이했다.

공자는 '생이지지生而知之'를 믿고 '사이불학思而不學'하는 이 합리론자들에 맞서 이렇게 천명했다. "나는 생이지지자가 아니라 지난 경험을 중시하여 힘써 탐구하는 자다.(我非生而知之者 好古敏而求之者也)" 이것은 요샛말로 "나는 합리론자가 아니라 경험론자다"라고 외친 것이다. 그는 정확히 "알지 못하면서 작화하는 것(不知而作)"을 거부하는 '서술적序述的' 경험론자였던 것이다.

서양에서 에피쿠로스·홉스 등은 "학이불사學而不思" 식의 '전全관념외래설'을 주장했다. 그들은 플라톤과 데카르트의 독단적 합리론에 맞서 인간의 사물 인식에서 공자가 말한 "서술序述"이나 베이컨이 말한 "자연의 해설(interpretation of nature)"과 연상적·인과적 귀납추리(associative induction)로서의 사유의 역할은커녕 우리 영혼의 타고난

감각적 '인상印象' 또는 공자의 타고난 '심상心象'마저도 인정치 않고 나이브하게 오직 경험만을 지식의 유일한 출처로 간주했다. 그래서 이들의 경험론은 '소박경험론(naive empiricism)' 또는 '교조적(독단적) 경험론'이라 불린다. 이들과 달리 베이컨과 흄의 '비판적' 경험론은 공자의 '서술적' 경험론과 유사하게 먼저 주유천하의 폭넓은 경험과 실험으로 인식자료를 얻고 나서 신중한 사색과 명변明辨으로 일관되게 서술하여 새로운 지식을 구한다.

이 서양 경험론은 "부지이작不知而作"을 거부하는 공자의 서술적 경험론이 서천西遷한 뒤 발생했다. 공자의 서술적 경험주의는 극동에서 철저히 반反형이상적인 '유학'을 낳았다. 줄곧 사이불학思而不學하고 부지이작不知而作하는 형이상학적 '허학虛學'과 반대되는 '실학實學'으로 이해되어온 경험론적 실사구시의 '유학'은 요샛말로 '과학'을 뜻한다. 공자의 서술적 경험론을 수용한 베이컨과 흄의 비판적 경험론은 근대 서양에서 이른바 '경험과학(empirical science)'을 완성해서 공언무실한 형이상학적 공리공담을 몰아냈다.

그런데 공자의 경험론은 앞서 시사했듯이 서양에 전해지는 과정에서, 그리고 서양고유의 관점에서 해석·응용되는 과정에서 '재창조'·'재발명'·'리메이크'만이 아니라 '오류와 일탈'도 적지 않았다. 이래서 서양 경험론의 철학사를 공자의 눈으로 다시 대조·비판할 필요가 생긴 것이다. 그간 필자는 공자의 눈으로 서양 경험론의 철학사를 읽고 비판하는 철학서를 쓰려고 오랜 세월 서양 경험주의자들의 서적들을 찾아 정독·다독·심독心讀하고 이에 대한 이해와 비판을 심화시켜 왔다. 이 노력의 중간 결실들은 『공자와 세계』의 제1권과 제4권(2011), 『감정과 공감의 해석학』(2014-2015), 『공자의 인식론과 역학』(2018), 『공자철학과 서구 계몽주의의 기원』(2019), 『근대 영국의 공자 숭배와 모럴리스트들』(2023), 『도덕의 일반이론』(2024) 등 여러 저서에 흩어져 있다.

이 책은 서양 경험론을 공자의 눈으로 다시 대조·비판하기 때문에 단순히 소개하거나 이전의 눈먼 한·중·일 철학자들처럼 서양철학을 찬양하는 책이 아니다. 이 책은 공자의 관점에서 대조하고 비판적으로 정리한 저자의 축적된 파편적 중간 결실들을 집대성하여 체계화한 책이다.

이 책은 공자철학의 서천에 대한 지식을 배경으로 서양 경험론의 철학사적 흥기와 과학적 석권을 살피는 점에서 오늘날 부활하는 동아시아 유교문명의 비전과 직결되어 있다. 이 저작은 동서문명의 역전과 재역전의 문명사적 관점과 동서고금을 넘나드는 비교철학적 관점에서 서양 경험론을 해석하기 때문이다. 고대로부터 현대에 이르는 서양 경험론과 경험과학 전체를 공자와 맹자의 눈으로 점검하는 이 저서는 인문사회과학의 역사에서 신기원적인 것이다.

여기서 간간히 소개되는 공자철학은 전통적 해석 속에서 말라 비틀어지고 성리학적으로 파손된 공자철학이 아니라, 바르게 '재해석된' 공자철학이다. 이 '재해석된' 공자철학은 경험과학적 엄정성과 엄밀성(exactness & rigorousness)의 앵글로 정밀하게 분석되고 고금의 서양철학과의 치열한 대결과 치밀한 비교 속에서 되살려낸 새로운 유학철학이다. 따라서 이 새로운 공자철학은 포효하는 외래 사조들에 대한 공포에 갇힌 자폐적 동양철학 속에서, 그리고 반反과학적 애매성과 모호성을 '즐기는' 전통적 해석 속에서 무시되고 매장된 심오하고도 선명한 의미맥락의 씨줄과 날줄을 발굴하여 판명하게 분석하고 정밀하게 직조하여 명쾌하게 언명한다. 따라서 과학적 엄정성과 엄격성의 잣대와 비교철학적 방법으로 재해석된 '공자'는 도학주의적 왜곡에 의해 지겹고 따분한 모습으로 변질된 '구태의연한 공자'가 아니라, 애매하고 모호한 '사이불학思而不學'의 사변적 궤변과 '부지이작不知而作'에 의해 질식당해 숨통이 끊긴 '죽은 공자'가 아니라, 온갖 신분제적·성리학적 변조와 봉건적·권위주의적 날조로부터 해방된 '숨 쉬는 공자', 이 시대를 호흡하며 미래를 내다보며 '다시 일어서는 공자', 고색창연한 사색死色을 불식한 '새롭고 심오하고 겸손한 공자'다.

이 공자의 '재해석'은 공자의 진의眞意를 복원한다는 의미에서의 재해석이 아니다. '진의의 복원'이란 2500여 년 전 공자가 의도한 참뜻을 지금 시점에서 제대로 다 알 수 있는 것처럼 논단한다는 점에서 가당치 않은 말일뿐더러, 공자의 직계 제자들과 이후 걸출한 유학자들의 계속된 주석과 훈고 작업을 통해 밝혀진 '진의'를 제치고 이제 와서 '또 다른' 진의를 캐낼 수 있는 것처럼 독단한다는 점에서 주제넘은 짓이다. 또 공자의 시대와 우리의 시대가 엄청난 간격을 두고 떨어져 있다는 점에서 아직 복원될 '진의'가 더 있다손 치더라도 그것은 분명 시대착오적일 것이다. 여기서 말하는 공자철학의 '재해석'은 보석세공 작업과 비슷하다. 이 세공작업은 보석 원석을 다양한 굴절각도로 엄정하게 절삭하고 그간 돌팔이들이 입힌 손상과 흠집들을 없애 아롱진 광택을 내는 정교한 절차탁마의 창조적 세공 작업을 통해 빛나는 보석을 만들어낸다. 보석 원석이 없다면 아무리 뛰어난 장인도 빛나는 보석을 만들 수 없을 것이지만, 원석이 아무리 크고 질이 좋다고 하더라도 창조적 세공작업이 없다면 그것은 보석이 되지 못하고 그저 단순한 '돌멩이'로 남을 것이다.

이와 마찬가지로 공자의 '재해석'이란 경전으로 전해져 온 공자철학의 원석 속에 들어 있는 결과 맥을 찾아 여러 각도에서 원석을 새로 절차탁마하여 서술적 경험론의 유학적 인식론과 해석학을 찾아내고 공맹의 인정仁政과 "백성자치百姓自治"를 "홍익인간弘益人間"의 개천開天이념과

"접화군생接化群生"의 풍류도로 전해지는 K-정신으로 새롭게 광택을 내어 현대인의 관심을 능히 사로잡고 세계인들을 다시 한번 어질게 만들어 세계를 밝힐 수 있는 "광명이세光明理世"의 'K-유학'을 창조하는 것이다.

절차탁마와 광택내기의 창조적 세공 작업을 통한 'K-유학' 수립의 구체적 방법은 바로 한국철학을 포함한 동서고금의 다양한 철학사조들과 국제적으로 비교하고, 다양한 관점에서 공자경전을 정교하고 치밀하게 풀이하고 체계화함으로써 내용적으로 풍요롭고 질적으로 견실하게 만들어 공자철학을 높이 발전시키는 것이다. 공자철학이 아무리 위대하고 심오하더라도 유학의 경험주의적 본질을 파괴한 성리학적(합리론적)·양명학적(직관주의적) 변조와 변색을 벗겨내고 본질을 다시 찾아 광내는 절차탁마를 하지 않는다면 시대를 이끌 빛나는 미래철학으로 올라서지 못하고 '골동품' 철학으로 역사의 뒤안길로 사라지고 말 것이다.

'K-유학'의 수립과정에서 필자를 오랜 세월 지탱해 준 한 가닥 신념이 있다면, 그것은 '서술적 경험주의'로 이해된 '숨 쉬는 공자'가 인간에 대한 대량학살과 자연에 대한 대량파괴를 자행해 온 서구 합리주의 철학의 오류와, 자기의 신분제적 특권을 고수하려다 친일매국으로까지 흘러간 성리학의 오류를 극복하고 서구 경험주의 및 생태주의와의 굳은 연대 속에서 동아시아 유교문명과 세계 인류의 미래를 능히 개척해 나갈 수 있을 것이라는 신념이었다. 이 신념은 연구가 깊어질수록 더욱 확고해졌다.

'K-컬처'가 각광을 받으며 글로벌화되듯이 'K-공자철학'이 과연 인류의 철학사상을 부흥시키고 미래를 개척할 잠재력을 지녔는지를 잠시 가늠해 보는 것은 그리 어렵지 않다. 공자철학은 과거에 서양으로 건너가 고대 그리스철학의 흥기를 자극하고 16-18세기에는 계몽주의를 일으키고 유럽을 부흥시킨 '괴력'을 발휘해 왔기 때문이다. 사실 16-17세기 서구에서 일어난 뷰캐넌·벨라르민·수아레스·밀턴·웹·템플 등의 변혁적 '바로크사상'의 흐름과[1] 18세기 경험론적 '계몽주의' 운동은 서구 철학자들이 공자철학을 무기로 유럽의 철학과 학문·예술·정치·사회 전반을 비판하고 계몽·변혁한 '공자의 유럽 계몽' 외에 다른 것이 아니었다. 호주의 저명한 철학자 패스모어(John Passmore)에 의하면, 이 '공자의 유럽계몽'은 유럽과 유럽철학의 "공자화(Confucianization)"였다. 이것은 1721년 존 트렝커드와 토머스 고든(John Trenchard & Thomas Gordon)이 바라던 유럽혁명, 즉 전 유럽인을 "정신 맑은 중국인(sober Chinese)"으로 변화시키는 유럽혁명이었다. 이런 까닭에 아돌프 라이히바인(Adolf Reichwein)은 "공자는 18세기 계몽주의의 수호성인(Schutzpatron der achzehnten Aufklärung)이 되었다"고 단언했던 것이다. 본서에는 공자의 영향을 받은 계몽주의 경험론자들의 원전과 관련 구절들이 거의 망라되어 철두철미하게 분석되어 있다.

서구의 정신은 17-18세기에 공자철학으로 자기 계몽을 수행하고 자성적 자세에서 스스로를 해방하고 갱신했다. 그러나 서구 계몽주의 정신은 19세기 들어 다시 오만한 합리주의, 지성주의, 과학주의, 식민주의와 제국주의로 회귀하여 세계대전과 대량학살, 전지구적 인간파괴와 자연파괴를 자행하는 가운데 다시 망가져 버렸다. 이런 마당에 한때 전 유럽을 격동시켜 부흥시키는 '괴력'을 발휘한 적이 있는 공자철학을 다시 절차탁마해 제대로 광채를 내게 한다면 현재 인류가 처한 세계사적 혼돈을 극복하는 데 결정적으로 기여할 수 있을 것이라고 기대하는 것도 결코

---

[1] 뷰캐넌·벨라르민·수아레스·밀턴 등의 변혁적 '바로크사상'의 흐름에 대한 상론은 참조: 황태연, 『공자철학과 서구 계몽주의의 기원(상)』(파주: 청계, 2019), 739-857쪽; 황태연, 『근대 영국의 공자 숭배와 모럴리스트들(상·하)』(서울: 한국문화사, 2020·2023), 391-470쪽(뷰캐넌), 529-751쪽(밀턴).

무리가 아닐 것이다.

  이 책은 공자의 눈으로 고대에서 현대 메타도덕론까지 서양의 경험론과 정치철학을 조감하는 책이다. '메타도덕론'은 도덕 자체(도덕감정과 도덕감각, 도덕과 도덕률)를 논하는 도덕이론이 아니라, 이 생득적 도덕본능의 본유本有를 전제로 하고 이 도덕이 어떻게 사회적 동물로서의 인간의 본성 속에 DNA로 심어지게 되었는가를 진화론적·사회생물학적·실험심리학적·뇌과학적·신경과학적으로 논하는 경험과학이다. 따라서 이 메타도덕론적 인간과학(인문사회과학) 분야에서는 찰스 다윈의 인간·도덕진화론이 신기원을 이루었고, 제임스 윌슨, 래리 안하트, 리처드 조이스, 데니스 크렙스, 크리스토퍼 뵘이 수행한 도덕성 형성에 관한 진화론적 연구와 프란스 드발 등의 경험과학적 동물사회학과 사회생물학, 또 안토니오 다마시오, 지아코모 리촐라티, 마르코 야코보니, 조수아 그린, 리안 영 등의 뇌과학과 실험심리학 그리고 자크 팽크셉의 신경과학이 혁혁한 연구성과를 올리고 있다.

  독자는 이 전9권의 <백세시대를 위한 서양철학사 시리즈>를 읽음으로써 고대로부터 현대까지 서양의 거의 모든 인식론과 도덕철학, 그리고 인간과학(인문·사회과학) 전체를 공자의 눈으로 읽고 따질 수 있게 될 것이다. 많은 이들이 이 시리즈를 재미있게 독파할 수 있기를 바라마지 않는다. 끝으로, 이 책만이 아니라 필자의 여타 저서들을 출판하는 데 애써온 김영훈 '생각굽기' 출판사 사장에게 특별한 감사의 마음을 표한다.

2024년 9월 어느 날
서울 송파구 바람들이에서
황태연 지識.

백세시대를 위한
서양철학사 시리즈

3

서양 경험론과 정치철학 **데이비드 흄에서 다윈까지**
공자의 눈으로 읽고 따지다

책머리에 · 9

제9장/ 데이비드 흄의 '온고지신'과 '비판적 경험주의' · 29

- 제1절/ 공자철학의 영향 · 33
  - 1.1. 흄에 대한 공자철학의 영향과 그 경로 · 33
  - 1.2. 흄의 공자 흠모와 중국 예찬 · 40
- 제2절/ 흄의 경험론적 '인간과학'의 개창 · 49
  - 2.1. 궐의궐태, 그러나 "못지않게 확실한" 인간과학의 이념 · 50
  - 2.2. 경험적 증명의 명증성과 인간과학·도덕과학의 정초 · 63
- 제3절/ 흄의 인식론의 기본 구조 · 69
  - 3.1. 인상과 관념, 감흥인상과 반성인상, 기억과 상상의 구분 · 69
  - 3.2. 본유관념의 부정과 본유인상의 긍정 · 81
  - 3.3. 관념들의 연합과 실체개념의 부정 · 85
  - 3.4. 수학적 관념: 감각적 인상의 복제물 · 91
- 제4절/ 인과율의 습관인상적 개념 · 95
  - 4.1. '온고지신'의 인과성으로서의 습관적 연결인상 · 95
  - 4.2. 추리적 명증성의 세 가지 근거 유형: 지식·증명·개연성 · 118

C·O·N·T·E·N·T·S 차례

    4.3. 동물의 이성: 공맹과 흄의 친화성 · 127
    4.4. 모든 과학지식의 실천적 개연성과 불완전성 · 140

제5절/ 실체적 자아관념의 해체와 날조론적 자아개념 · 147
    5.1. 실체적 자아의 해체: 단순한 '지각의 다발'로서의 자아 · 147
    5.2. 흄의 날조론적 주체구성론 · 157
    5.3. 흄의 자아날조론에 대한 비판과 공자의 수신론적 주체구성 · 166

제6절/ '완화된 회의론'(아카데미아 회의주의) · 181
    6.1. 독단적 이성과 회의적 이성의 변증법 · 181
    6.2. 흄의 '완화된 회의론'과 공자의 중도적 회의론 · 186

제7절/ 흄의 경험론적·도덕감정론적 도덕과학 · 207
    7.1. 도덕성의 근거로서의 도덕감정과 도덕과학 · 207
    7.2. 흄의 도덕과학의 한계: 해석학의 결여와 공리주의 경향 · 246
    7.3. 흄의 유학적 도덕이론 · 260

제8절/ 흄의 민주주의 정치이론: 공론의 지배 · 289
    8.1. 지배의 정통성 원천과 국가발생의 이유 · 289
    8.2. 이성의 광적 지식욕과 침략성 · 294

제9절/ 흄의 자유상업경제론 · 299
    9.1. 공자의 무위이치無爲而治와 흄의 자유상공업론 · 299

9.2. 상업발달·개인자유·부국강병의 상승작용에 관하여 · 303

9.3. 흄의 '세계 최고의 번영국가' 중국제국 · 309

제10절/ 흄의 공리주의 미학 · 315

10.1. 미美와 이利의 동일시: '오락가락 공리주의 미학' · 317

10.2 후기 형태미학의 주관주의 경향 · 326

10.3 중국을 모델로 한 '방대한' 민주국가론 · 330

제11절/ 흄의 유사類似유교적 종교철학 · 367

11.1. 본성종교(자연종교) 또는 데이즘(이신론) · 367

11.2. 흄의 불가지론적 신학 · 370

제10장/ 애덤 스미스의 도덕감정론과 시장경제론 · 385

제1절/ 유학과 중국제국에 대한 애덤 스미스의 학습 · 393

1.1. 스미스 자신의 직접독서 · 393

1.2. 흄과의 평생지교와 에든버러 학술모임 · 402

1.3. 프랑스 계몽철학자들과의 교류 · 403

제2절/ 애덤 스미스의 공감적 도덕감정론 · 407

2.1. 공맹 도덕철학과 스미스 도덕론의 긴밀한 연관성 · 407

2.2. 스미스의 기본명제: 행위의 동력은 이성이 아니라 감정 · 410

2.3. 스미스의 직접적 '공자 표절들' · 415

2.4. 정의제일주의적 정의국가에서 인의국가로 · 426

2.5. 공맹의 영향을 부정하는 월터 데이비스의 허술한 논변 · 449

2.6. 스미스와 흄의 도덕론적 비교 · 452

제3절/ 스미스의 중국경제예찬과 농본적 시장경제론 · 465

3.1. '보이지 않는 손' 개념에 대한 공자의 '보이지 않은' 영향 · 465

3.2. 스미스의 모순적 중국관: '세계최부국의 최장 정체'? · 485

3.3. 케네의 '자연질서'를 본뜬 스미스의 '자연적 자유' · 503

3.4. 스미스의 '자연적 자유의 체계'와 그 내재적 모순 · 508
제4절/ 애덤 스미스의 미학: 중도·정리정돈·체계성 · 519
4.1. 최소자의 미(귀여움)를 모르는 스미스의 중도 미학 · 519
4.2. 정리정돈과 체계성의 미학? · 525

제11장/ 찰스 다윈의 경험과학적 인간진화론 · 539

제1절/ 다윈의 진화론적 메타도덕론 · 545
1.1. 도덕감각의 진화 요인(본능적 사회성·지능·여론·습관) · 548
1.2. 강렬한 도덕감정의 즉각 충동으로서 의무 개념 · 552
제2절/ 정체성도덕의 인간선택적 진화 · 557
2.1. 다윈의 자연선택론과 인간선택론 · 558
2.2. 인간선택적 인간진화를 함의하는 현대진화이론들 · 575
2.3. 인간진화론의 이론적 특장 · 587
2.4. 자기선택적 존재로서의 인간 · 592
2.5. 다윈의 단초적 정체성도덕론과 동물사랑 · 596

제12장/ 현대의 진화론적 경험과학과 메타도덕론 · 609

제1절/ 제임스 윌슨의 도덕감각론 · 617
1.1. 본유적·본성적 도덕감각의 개념 · 618
1.2. 로티의 문화상대주의에 대한 윌슨의 맹박 · 624
1.3. 아기는 직관적 도덕론자: 동정심과 공정심의 본성 · 627
1.4. 진화는 생존을 넘어 사랑을 향한다 · 633
제2절/ 안하트·조이스·크렙스의 진화론적 도덕이론 · 641
2.1. 래리 안하트의 진화론적 도덕감각론 · 641
2.2. 리처드 조이스의 진화론적 도덕성 이론 · 667

2.3. 데니스 크렙스의 다원적 도덕감각론의 빛과 그림자 · 682

제3절/ 크리스토퍼 봄과 시비감각의 사회선택적 진화론 · 707

3.1. '사회적 선택'과 시비감각의 진화 · 708

3.2. 대형동물사냥과 평등주의의 유전자화 · 722

3.3. 징벌에 의한 사회적 선택과 이타주의의 유전자화 · 734

3.4. 거대동물의 사냥과 동정심의 진화 · 739

맺음말 · 746

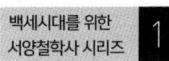

서양 경험론과 정치철학 **베이컨에서 홉스까지**

들어가기/ 공자철학의 서천西遷과 경험론의 세계사적 승리

제1장/ 에피쿠로스의 소박경험론

제2장/ 프랜시스 베이컨의 비판적 경험론

제3장/ 토머스 홉스의 에피쿠리언적 경험론과 정치적 절대주의

제4장/ 리처드 컴벌랜드의 인애적 자연상태론

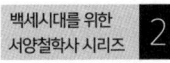

서양 경험론과 정치철학 **로크에서 섀프츠베리까지**

제5장/ 존 로크의 회의주의적 경험론과 근대 정치철학

제6장/ 아이작 뉴턴의 경험론적 자연철학과 과감한 '궐의궐태'

제7장/ 섀프츠베리의 도덕감정론적 도덕과학

제8장/ 프랜시스 허치슨의 경험론적 도덕감각론

백세시대를 위한 서양철학사 시리즈 · 3

데이비드 흄의
'온고지신'과 '비판적 경험주의'

제1절/ 공자철학의 영향
제2절/ 흄의 경험론적 '인간과학'의 개창
제3절/ 흄의 인식론의 기본 구조
제4절/ 인과율의 습관인상적 개념
제5절/ 실체적 자아관념의 해체와 날조론적
       자아개념
제6절/ '완화된 회의론'(아카데미아 회의주의)
제7절/ 흄의 경험론적·도덕감정론적 도덕과학
제8절/ 흄의 민주주의 정치이론: 공론의 지배
제9절/ 흄의 자유상업경제론
제10절/ 흄의 공리주의 미학
제11절/ 흄의 유사(類似)유교적 종교철학

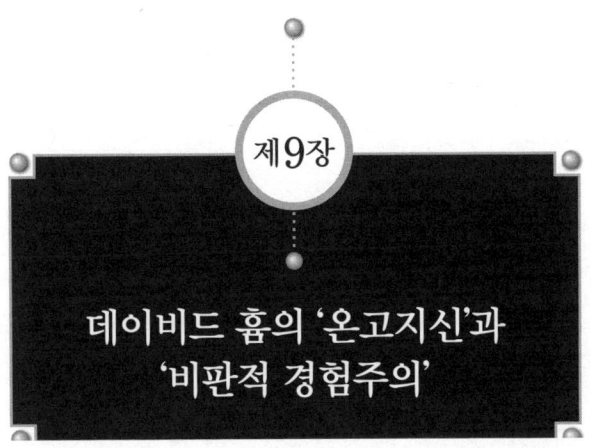

데이비드 흄의 '온고지신'과 '비판적 경험주의'

데이비드 흄(David Hume, 1711-1776)은 공자를 흠모하여 "어떤 사제 司祭도, 교회조직도 없는" 중국의 선비들인 "공자의 제자들"을 "우주 안에서 유일한 이신론자들의 정규단체인 선비들"로 칭송했다. 그는 특히 측은지심, 수치심, 공손함 등 공감적 감정들을 덕의 '단초'로 보는 공맹의 공감적 도덕철학에 동조해 공감능력을 도덕의 바탕으로 정립했다.

흄은 서양의 비판적 경험론의 완성자다. 공감적 도덕론의 완결적 정점은 흄으로부터 애덤 스미스(1723-1790)까지 연장되지만, '계몽된' 경험론적 인식론의 종결자는 흄이다. 영국의 경험론적 전통에서 흄은 탐구를 자연에 집중한 베이컨의 전통으로부터 관심의 방향을 인간에 돌린 홉스·컴벌랜드·로크·섀프츠베리·허치슨의 철학전통을 완성한 것이다. 흄은 이 인간의 본성에 대한 인식을 "인간과학(science of MAN)"이라 불렀다.

제1절

공자철학의 영향

흄은 공자의 이름을 전혀 거명치 않은 채 공맹철학을 암암리에 '표절'한 이전 철학자들과 달리 공자를 직접 거명하며 공공연히 찬양했다. 이것은 섀프츠베리·허치슨 이래 시대가 그만큼 변한 것을 반영하는 것이기도 하지만, 공자를 전혀 언급하지 않고 슬그머니 표절하기만 한 띠동갑 후배 애덤 스미스를 고려할 때 흄의 용기와 솔직성이기도 했다. 흄은 여러 경로로 공자철학과 극동의 종교·정치문화를 접했다.

1.1. 흄에 대한 공자철학의 영향과 그 경로

공자와 중국에 대한 흄의 이러한 직접적 언급들은 흄이 그 특유의 자아와 도덕의 이론에서 동양철학의 영향을 받았을 것이라는 주장을 더욱 신빙성 있게 만들어 준다. 실체 개념과 실체적 자아의 개념을 부정하는 것, 즉 실체는 그럴듯하게 날조된 명목일 뿐이고 자아란 오직 유동하는 지각들의 '묶음다발'일 뿐이라는 것, 신의 이성적 인식에 대한 부정, 도덕의 기초로서의 인간의 인애·동정·공감능력 등에 대한 흄의 도덕론적 주장은 실체적 자아를 부정하고 주체의 자기구성을 요청하는 '격물·치지·성의·정심'의 '수신', 천도·천명·죽음(사후세계)·귀신의 인지적人智的 불가지, 측은지심·수오지심·공경지심의 공감능력 등에 대한 공자와 맹자의 이론과 유사하고, 나아가 실체와 자아의 해체는 불교와도 상통하는 바가 있다. 불교와 흄 간의 유사관계에 대한 논의는[2] 이 책의 본래적 논의를 벗어나므로 여기서는 공맹과의 연관성에 주목한다.

■ 공자철학에 대한 흄의 여러 접근경로

흄은 당시 공자철학과 중국문화에 관한 서적이 쏟아져 나오고 이에 대한 논의가 풍미하던 시대적 정황상 다양한 경로로 공자철학을 접했을 것이다. 그런데 이러한 일반적·추상적 정황증거 외에 좀 더 구체적인 정황증거도 추적할 수 있다. 정황상의 구체적 경로는 세 가지다. 하나는 1734-37년 사이 3년 동안 프랑스 앙주의 렝과 라플레쉬에 체류하면서『인성론』집필에 몰두하는 동안 접한 서적과 예수회 신부들을 통해 공자와 중국을 알게 된 경로다. 다른 하나는 케네로부터 애덤 스미스를 거쳐 흄에 이르는 경로이고, 세 번째는 라이프니츠에서 피에르 벨을 거쳐 흄

---

[2] 참조: Edward Conze, "Buddhist Philosophy and its European Parallels", *Philosophy East and West*, vol. 13, issue 1, Apr. 1963; Edward Conze, "Spurious Parallels to Buddhist Philosophy", *Philosophy East and West*, vol. 13, issue 2(Jul. 1963); Nolan P. Jacobson, "The Possibility of Oriental Influences in the Philosophy of David Hume", *Philosophy East and West* (vol. 19, Issue 1, Jan. 1969); L. Strafford Betty, "The Buddhist-Humean Parallels: Postmortem", *Philosophy East and West*, vol. 2. issue 1 (Jul. 1971); John J. Clarke, *Oriental Enlightenment The Encounter between Asian and Western Thought* (London·New York: Routledge, 1997), 127쪽.

에 이르는 경로다.

흄이 공자를 접한 첫 번째 경로는 그가 라플레쉬에 있는 동안 새로운 책들과 사람들을 통한 경로다. 17세기 초 데카르트와 17세기 말 조아킴 부베가 다니기도 했던 예수회 소속 라플레쉬 학교는 4만 권의 장서를 소장하고 있었다. 흄은 이 학교 도서관을 전적으로 활용했고 "외국인이라면 놀라서 들여다볼 것으로 보이는" 저서들을 읽었다. 또한 흄은 여기서 상당한 재능과 학식을 가진 예수회 신부들을 사귀게 되었다.[3] 당시 예수회 신부들은 대부분이 공자철학과 중국문화를 프랑스에 소개하고 이에 대한 논의를 일으키는 중심인물들이었다. 또한 그리스철학을 공자철학과 비교하며 그리스철학의 우위를 선언한, 아무튼 공자철학을 나름대로 잘 아는 프랑수아 페늘롱(François Fénelon, 1651-1715) 대주교와도 직간접으로 접촉하려고 했던 정황이 있다. 페늘롱은 "공자와 소크라테스(Confucius et Socrate)"라는 가장 긴 대화(제7절)가 들어 있는 『죽은 자들의 대화(Dialogues des Morts)』(1683)를 출판했었다.[4] 흄은 라플레쉬에서 페늘롱과 만나기 위해 의식적 노력을 했다. 흄의 경험론적 인식론에 큰 영향을 미친 스코틀랜드 동향인 앤드류 램지는 당시 페늘롱의 열성적 제자였는데, 한 에든버러 외과의사가 당시 '중국서간'이라는 글을 쓰고 있던 램지에게 흄을 잠재적 번역자로 추천했다.[5] 램지는 흄을 만나 철학적 대화를 나누고 흄을 평가했으며 그에게 소개장도 써주었다.[6] 결

---

[3] Ernest Campbell Mossner, *The Life of David Hume* (Oxford: Clarendon Press, 1954·1980·2001), 102쪽.

[4] François Fénelon, *Dialogues des Morts* [1683]. Mediterranee.net[검색일: 2017년 5월 16일]. 이 『죽은 자들의 대화』에 대한 상세한 분석은 참조: 황태연, 『근대 프랑스의 공자 열광과 계몽철학』(서울: 한국문화사, 2023), 107-130쪽.

[5] Nolan P. Jacobson, "The Possibility of Oriental Influences in the Philosophy of David Hume", *Philosophy East and West* (vol. 19, Issue 1, Jan. 1969), 31쪽, 각주 44).

[6] Mossner, *The Life of David Hume*, 80, 94-95, 96, 147쪽.

국 '중국서간' 번역 일은 성사되지 않았지만,[7] 흄이 중국과 공자철학을 아는 사람들 사이에서 지냈다는 중요한 정황증거가 된다. 따라서 이 라플레쉬에서 흄은 자연스럽게 수많은 중국관련 서적과 공자경전을 읽었을 것이고, 중국에 나름대로 정통한 그곳 사람들과의 교류 속에서 이에 관해 많이 전해 들었을 것이다.

나아가 흄이 예수회 선교사들의 중국 관련 저서를 읽은 것에 대한 좀 더 분명한 증거도 있다. 흄은 『종교의 자연사』의 「섹션 IV. 세계의 창조주나 조물주로 여겨지지 않는 신들」에서 "중국인들은 그들의 기도에 (신이) 응답하지 않을 때 그들의 불상을 때린다"는 구절에 르콩트를 출처로 붙이고 있다.[8] 그는 르콩트의 불어표기 'Le Comte'를 'le Compte'라는 영문이름으로 표기하고 있는 것으로 보아 『중국의 현재상태에 대한 신新비망록』을 영역본 *Memoirs and Observations made in a Late Journey through the Empire of China*로[9] 읽고 종교론과 정치에세이에서 이 책을 인용하고 있다.

흄이 공자를 접한 또 다른 경로는 케네로부터 애덤 스미스를 거쳐 흄에 이르는 경로다. 흄은 1763-1764년 2년간 볼테르와 더불어 프랑스의 대표적 친중국 학자인 케네와 자주 만나 상세한 담화를 나누었다.[10] 흄은 당시 파리주재 영국대사 허트포드 백작(Francis Seymour-Conway, Earl of Hertford)의 비서관(*secretary*) 신분이었다.[11] 그는 차례로 불역

---

7) 렘세이의 '중국서간' 원고는 미간행으로 남고 말았다.
8) Hume, *The Natural History of Religion* [1757], 17쪽. 국역: 데이비드 흄(이태하 역), 『종교의 자연사』(서울: 아카넷, 2004), 65-66쪽.
9) Le Compte, *Memoirs and Observations made in a Late Journey through the Empire of China* (London: Printed for Benj. Tooke, 1697).
10) 참조: Lewis A. Maverick, *China - A Model for Europe*, Vol.II (San Antonio in Texas: Paul Anderson Company, 1946), 121쪽. 국역본: 프랑수아 케네(나정원 역), 『중국의 계몽군주정』(서울: 앰-애드, 2014); Jacobson, "The Possibility of Oriental Influences in the Philosophy of David Hume", 32쪽.
11) 참조: Walter W. Davis, *Eastern and Western History, Thought and Culture,*

된 『인간본성론』, 『인간지성론』, 『도덕원리론』을 쓴 철학자이자, 『정치논고(*Political Discourses*)』(1752)를 쓴 정치경제학자이고, 『영국사』를 펴낸 역사가이며 파리주재 영국외교관이었던 흄은 파리에서 일약 명사로 떠올랐고 열광적 환영과 환대를 받았다.

당시 프랑스 수도에서 흄과 알고 지내지 않는 것은 "사회적 죽음"이었다. 흄은 궁정 서클과 이른바 '식자공화국'에서도 널리 칭송을 받았다. '식자공화국'은 유력한 여인들이 운영하는 살롱들의 독특한 프랑스 계몽주의의 영토였다. 살롱에서 흄은 프랑스 계몽주의에 동력을 공급하던 비평가·문필가·과학자·예술가와 철학자들, 즉 이른바 "필로소프들(*philosophes*)"을 소개받았다. 여기에는 '유럽의 문화 통신원' 프리드리히 그림(Friedrich Grimm), 방대한 전집 『백과전서』의 편집인들인 선구적 수학자 쟝 달랑베르와 다재다능한 데니 디드로도 끼어있었다. 디드로는 흄을 "계몽정신의 동지", 즉 "세계시민"으로 인정했다. 흄은 『백과전서』의 주요 재정지원자이자 기고자인 열정적 무신론자 돌바흐 남작과도 친근한 우의를 맺었다.[12]

흄은 1765년에는 대리대사(*charg d'affaire*)로 승진했고 새 대사가 부임할 때까지 5개월 동안 영국대사관을 책임졌다.[13] 흄은 여기저기 당국의 체포령에 내몰리는 루소를 영국으로 피신시키기로 작정했다. 하지만 달랑베르·그림·디드로·돌바흐 등은 루소의 괴팍한 공격적 성격을 지적하며 그를 런던으로 데리고 가지 말라고 말렸다. 흄은 그들의 강력한 만

    1600-1815 (Lanham[Maryland]·London: University Press of America, 1993), 479쪽.

12) David Edmonds and John Eidinow, "Enlightened enemies", *The Guardian* (Saturday 29 April 2006).

13) 참조: Hume, "My own Life", 220-221쪽; Stephen Buckle, "Chronology", xxxiii. David Hume, *An Enquiry concerning Human Understanding and Other Writings* (Cambridge·New York·Melbourne: Cambridge University Press, 2007).

류에도 불구하고 1766년 망명자 루소를 데리고 런던으로 귀국했다. 물론 그들의 우려대로 루소와의 동행은 곧 파탄으로 끝났다. 하지만 이것은 지식인들 사이에서 흔히 있는 일인 만큼 그들 간의 선의와 찬미의 관계는 멀리서나마 아주 잘 유지되었다.[14]

1766년 버클루 공작(Duke of Buccleuch)의 유럽투어를 수행하고 파리에 온 애덤 스미스도 공작의 진료를 매개로 궁정의사 케네를 만났다. 애덤 스미스는 훗날『국부론』을 케네에게 헌정하려고 했었다. 이 꿈은 케네의 돌연한 사망으로 이루어지지 않았다.[15] 흄의 12살 아래 스코틀랜드 동향 후배였던 스미스는 그와 막역한 친구였기 때문에 스미스는 틀림없이 케네의 자유주의적 중농주의에 대해서만이 아니라 중국과 공맹의 도덕철학에 대해서도 흄과 많은 이야기를 나누었을 것으로 보인다.

■ 피에르 벨을 통한 경로

흄이 공자철학을 접한 유력한 제3의 경로는 라이프니츠에서 피에르 벨을 거친 경로다. 라이프니츠는 당시 일급 중국전문가였다. 라이프니츠는 벨과 친구였지만, 많은 문제에서 그와 논쟁을 했다. 그러나 이 논쟁들을 통해 라이프니츠의 많은 중국정보가 벨에게도 건너갔을 것이다. 흄은 (벨이 무신론자로 탄핵당한 때문이었는지) 출처를 밝히지 않은 채 '실체' 개념과 '자아' 개념의 부정, 신의 이성적 인식에 대한 부정, 회의주의 등 여러 주제에서 피에르 벨을 거의 베껴 쓰다시피 했다.

벨은 18세기 초 중국지식과 유교·불교철학 지식에서 독보적 인물이었다. 흄은 프랑스의 어떤 계몽주의자들보다 벨의 계승자였다. 라이프니

---

14) 참조: Edmonds & Eidinow, "Enlightened enemies"; Davis, *Eastern and Western History, Thought and Culture*, 479쪽.
15) 참조: Smith, *Wealth of Nations*, 674쪽, W. B. Todd의 주; Maverick, *China - A Model for Europe*, 121쪽; Jacobson, "The Possibility of Oriental Influences in the Philosophy of David Hume", 32쪽.

츠·벨·섀프츠베리는 모두 흄이 태어나던 1710년대에 사망했는데, 흄은 이 중 벨과 섀프츠베리로부터 가장 많은 영향을 받았다. 1732년 그는 벨을 탐독했다. 특히 이 독서는 그의 사상 형성에 결정적 영향을 미쳤다. 흄은 기독교 교리를 합리적으로 정당화하기 위한 모든 기도들에 대해 전투를 선언했다. 벨의 사고실험은 모든 교조적 교리, 즉 우리를 감각을 초월하는 모든 지식이 이성과 모순된다는 것을 보여주는 것이었다. 신의 존재와 영혼의 불멸성을 지지하는 모든 초험적 논변은 벨과 더불어 설득력을 잃었다. 벨의 회의론은 두 개의 철학적 원천을 가졌다. 하나는 사람들이 종교적 불관용에 빠지면 반드시 자신의 인간적 영혼을 상실한다는 것을 이해하는 것으로 보이는 중국에 대한 그의 솔직한 탄복이었다.[16] 벨은 "감각적 물질의 어떤 속성도 갖지 않는 진정한 무無"의 불교적 개념에[17] 대한 이해를 갖고 글을 썼다.

벨의 다른 철학적 원천은 알렉산더대왕의 수행단에 끼어 스승 아낙사르코스를 수행해 인도까지 갔다 온 피론의 회의론이었다. 피론은 '만물의 이해 불가능성'의 이론을 지지했고, 그는 찬반의 논변에 다 이유가 있기 때문에 모든 찬반 논변을 주의 깊게 검토한 후에 판단을 유보하고, 언제나 문제는 더 조사되어야 한다고 결론을 내렸다. 그는 평생 진리를 찾았지만, 늘 진리를 발견했다는 것을 인정하지 않도록 논리를 조직했다.[18] 피론은 이 회의론을, 사물의 참된 구성에 대한 지식요구로부터 초연하게 인간들에게 자유를 주는 이론으로 해석했다.[19] 물론 흄은 회의론을 수용했지만, 백성들의 상식 또는 민심을 바탕으로 피로니즘 수준의

---

16) 참조: Jacobson, "The Possibility of Oriental Influences in the Philosophy of David Hume", 35쪽.
17) Bayle, *Historical and Critical Dictionary*, 290-294쪽.
18) Bayle, *Historical and Critical Dictionary*, 194쪽.
19) 참조: Jacobson, "The Possibility of Oriental Influences in the Philosophy of David Hume", 35-6쪽.

강한 회의론을 거부하고 공자의 중도적 회의론과 유사한 '완화된 회의론'을 받아들였다. 흄의 『인간본성론』에는 출처를 밝히지 않고 중국전문가 벨의 글을 '노예적으로' 옮겨 적은 상당량의 글이 들어 있다.

그런데도 흄은 『인간본성론』에서 딱 한 번 벨의 이름을 밝히고 있다.[20] 흄은 정체성·실체·스피노자에 관한 벨의 논변을 그대로 활용했다. 문제제기 방법, 술어, 생각 등이 직접적으로 벨에서 유래했다.[21] 벨의 친親중국적·유교적·불교적 철학에 대한 흄의 이러한 탐독과 철학적 계승은 흄의 도덕·종교철학과 정치·경제철학 전반이 구조적·내용적으로 공자철학과 유교국가 중국의 정치문화와 사회경제론을 음양으로 수용했음을 능히 짐작케 하는 것이다.

1.2. 흄의 공자 흠모와 중국 예찬

공자철학과 중국문화에 대한 선호가 지배하던 18세기 영국의 시대상황에서 흄은 공자와 중국에 대한 정보·지식을 알게 모르게 자주 접했고 공자철학과 중국의 정치문화를 구체적으로 알고 있었다.[22] 그가 공자철학과 중국문화를 접할 경로는 다양했다. 그는 라틴어와 프랑스어에 능했고 이탈리아어를 배웠으며,[23] 1734-1737년 사이 3년 동안 프랑스 앙주(Anjou)의 렝(Rheims)과 라플레쉬(La Flche)에 체류하면서 『인간본성론(A Treatise of Human Nature)』의 초고를 썼고, 1747-1748년 오스트리

---

20) Hume, *A Treatise of Human Nature*, 159쪽 각주 42).
21) Jacobson, "The Possibility of Oriental Influences in the Philosophy of David Hume", 27쪽 참조.
22) 이하 흄에 대한 기술은 필자의 『공자와 세계(2)』(2011)의 해당부분을 보완·수정한 것이다.
23) 참조: David F. Norton, "Introduction", 11쪽. David Hume, *A Treatise of Human Nature* (Oxford: Oxford University Press, 2007).

아 빈과 이탈리아 토리노에서, 그리고 프랑스 파리에서 외교관으로 생활했기 때문이다.[24]

■ 흄의 중국 예찬

공자철학은 흄이 젊은 시절에 쓴 『인간본성론』의 경험론적 인식이론과 도덕감정론, 그리고 그의 국가론과 자유교역론 등에 다측면적으로 영향을 미쳤다. 공자철학에 관한 그의 지식의 출처는 퍼채스의 『퍼채스, 그의 순례여행』(1613), 마테오 리치와 니콜라 트리고의 『중국인들 사이에서의 기독교 포교』(1615), 로버트 버튼(Robert Burton)의 1621년부터 1652년까지 30년 스테디·베스트셀러인 『우울증의 해부』, 쿠플레·인토르케타·헤르트리히·루지몽 공역의 『중국철학자 공자』(1687), 르콩트의 『중국의 현재 상태에 대한 신비망록』(1696), 크리스티안 볼프의 『중국인의 실천철학에 대한 연설』(1721·1726), 게오르그 빌핑어(Georg B. Blfinger)의 『고대 중국의 도덕과 정치의 교리적 이념』(1724), 뒤알드의 『중국통사』(1735) 등이다.[25] 이 책들은 흄이 젊은 시절의 주저인 『인간본성론』(1739-1740)과, 그가 처음으로 공자를 직접 언급하는 평론 「미신과 광신(Of Superstition and Enthusiasm)」(1741)을 쓰기 전에 라틴어로 출판되고 차례로 영역된 책들이다. 흄은 이 책들을 영국에서 구해 읽었을 수도 있고, 중국의 정보가 넘쳐나던 프랑스에서 구해 읽었을 수도 있었을 것이다. 그는 이 책들 중 몇몇 서책을 직접 인용하기도 했다.

그 이후에도 중국에 대한 흄의 관심이 지속되었음은 1752년에 쓴 「화폐에 관하여(Of Money)」에서 다음과 같이 중국의 막강한 위력을 말하는

---

24) David Hume, "My own Life", 216-217쪽. Hume, *An Enquiry concerning Human Understanding and Other Writings* (Cambridge·New York·Melbourne: Cambridge University Press, 2007).
25) 참조: Knud Haakonsen, "Notes", 286쪽 주석 3. David Hume, *Political Essays*, edited by K. Haakonsen (Cambridge: Cambridge University Press, 1994).

데서 알 수 있다.

- 우리는 가격들의 비교로부터 화폐가 3세기 전 유럽보다 중국에서 더 풍부하다고 추론할 수 있다. 그러나 이 제국이 부양하는 민간과 군대의 인원명부로 판단하면 이 제국이 얼마나 막대한 힘을 보유하고 있을까?[26]

또 1752년의 「무역수지에 관하여(Of the Balance of Trade)」에서는 중국의 경제적 위력에 관해 이렇게 말한다.

- 그리하여 중국의 엄청난 거리상의 이격성은 우리의 인도회사의 독점권과 함께 교통통신을 방해해 유럽 안에 금과 은을, 특히 은을 저 왕국에 있는 것보다 훨씬 더 많은 양으로 보존시킨다. 그러나 이 커다란 방해에도 불구하고 위에서 언급된 원인들(중국인들의 근면성, 저임금, 거대한 인구 - 인용자)의 힘은 여전히 분명하다. 유럽 전체의 기술과 재간은 수공예와 매뉴팩처 분야에서 아마 중국의 그것을 능가할 것이지만, 그곳과 교역하면 반드시 굉장한 불이익을 보게 된다. 만약 우리가 아메리카로부터 받아들이는 보충이 없다면, 화폐는 두 지역에서 거의 수평을 이룰 때까지 곧 유럽에서 내려가고 중국에서는 올라올 것이다.[27]

흄은 여기서 유럽 전체의 '기술과 재간'이 우위에 있음에도 불구하고 극동과 유럽 간의 국제무역이 본격화되면 "중국인들의 근면성, 저임금, 거대한 인구"에 기초한 중국의 우월한 교역능력 때문에 유럽이 엄청난

---

26) David Hume, "Of Money"(1752), 125쪽. Hume, *Political Essays*.
27) David Hume, "Of the Balance of Trade" (1752), 139쪽. Hume, *Political Essays*.

무역적자를 겪을 것임을 '예언'하고 있다. 그리고 흄은 1750년 그의 스코틀랜드 친구 제임스 오스왈드(James Oswald of Dunniker)에게 쓴 한 서한에서도 이렇게 말한다.

- 중국인은 일당 3.5펜스에 일하고 아주 근면하다. 중국인이 프랑스나 스페인만큼 가까운 곳에 산다면 우리가 쓰는 모든 물건들은 화폐와 가격이 수평에 이를 때까지, 즉 두 나라의 인구수·근면성·상품과 비례하는 수준에 이를 때까지 중국산일 것이다.[28]

이와 같이 흄은 40-50대에도 중국의 '근면성'·'인구수' 등에 대한 면밀한 관찰을 계속 견지하며 중국의 경제적 위력에 대해 예찬하고 있다.

흄은 프랑스의 합리주의자들처럼 중국을 이상향으로 생각한 것이 아니라, 중국의 현실을 차분하고 냉철한 눈으로 분석했다. 그러나 중국의 도덕문화적 측면의 탁월성을 높이 평가했다. 그의 중국 이해는 물론 빗나간 경우도 있지만 이런 경우에도 깊은 통찰을 담고 있다.

흄은 가령 「예술과 과학의 흥기와 진보(Of the Rise and Progress of the Arts and Science)」(1742)라는 평론에서 중국의 문화적 탁월성과 제일성齊一性에 관해 다음과 같이 말한다.

- 중국은 예의범절(*politeness*)과 학문이 상당히 축적된 것으로 보인다. 이 비축고는 수많은 세기를 거쳐 지금까지 생겨난 것들보다 더 완벽하

---

28) "Hume's Letter to James Oswald of Dunniker" (1750), 198쪽. David Hume, *Writings on Economics*, ed. by Eugene Rotwein (London: Routledge, 1955·2007). Istvan Hont, "The 'Rich Country - Poor Country' Debate Revisited: The Irish Origins and French Reception of the Hume Paradox", 315쪽에서 재인용. Carl Wennerlind and Margaret Schabas (ed.), *David Hume's Political Economy* (London: Routledge, 2008).

고 완결적인 어떤 것 속으로 숙성되어 갔을 것으로 당연히 기대할 수 있을 것이다. 그러나 중국은 하나의 언어를 사용하고 하나의 법에 의해 다스려지고 동일한 방법으로 공감하는 방대한 제국이다. 따라서 공자와 같은 한 스승의 권위가 제국의 이 구석에서 저 구석으로 쉽사리 파급되었다.[29]

흄은 이 중국문화의 동질성과 제일성齊一性을 중국 과학의 '느린 진보'의 원인으로 말하고 있지만, 중국에는 그런 동일성과 제일성이 존재하지 않는다는 것도 전혀 모르고 있다. 중국은 당시에도 수많은 민족과 수많은 언어를 가지고 있고, 유·불·선의 다양한 종파들이 백화제방·백가쟁명하고 있었기 때문이다.

훗날 흄은 자신의 또 다른 논고 「국민성에 관하여(Of National Characters)」(1748)에서 중국 국민의 '제일성'의 원인이 중국의 역사적·정신적 유구성에 있다고 말한다.

- 우리는 아주 광대한 국가가 수많은 세기에 걸쳐 확립되어 온 곳에서 이 국가가 제국 전체로 국민성을 퍼트리고 모든 부분마다에 유사한 행동양식을 전달한다고 말할 수 있다. 그러므로 중국인들은 저 방대한 영역의 상이한 부분들에서 공기와 기후가 아주 대단한 변화를 나타낼지라도 상상할 수 있는 최대의 제일성을 지닌다.[30]

여기서 흄은 몽테스키외가 『법의 정신』(1748)에서 주장한 풍토(기후)결

---

29) David Hume, "Of the Rise and Progress of the Arts and Science" [1742], 66쪽. David Hume, *Political Essays* (Cambridge·New York: Cambridge University Press, 1994·2006).
30) Hume, "Of National Characters", 83쪽.

정론을 부정하는 공감론적 국민성이론을 중국의 예로 주장하고 있다. 광대한 국가의 유구성이 기후(풍토)의 차이를 이기고 문화와 국민성을 유사하게 빚어낸다는 말이다.

물론 흄의 이 중국관은 중국에 대한 정보 부족으로 지나치게 단순화된 것이다. 3천 개의 종파로 파생된 중국의 유교·불교·도교와 그밖에 회교·경교(네스토리우스 기독교) 등 전혀 이질적인 종파들과[31] 철학들의 역사적 각축과 경전유학·성리학·양명학·훈고학·고증학·한학파유학(수사학洙泗學)·개신유학 등 유학의 다양한 유파, 춘추·전국시대의 제자백가의 유산 등 많은 중국적 문화와 학문 요소들의 지극한 다양성과 이질성이 무시되고, 또 춘추·전국시대 이래 다국체제로 분열되었던 기간이 통일제국을 이룬 기간보다 더 길다는 사실, 중국 땅이 역사적으로 수많은 민족의 다언어·다문화 지역들로 분열된 땅이라는 사실, 중국인의 혁명성, 잦은 혁명과 잦은 왕조 교체, 이로 말미암은 중국왕조 특유의 단명성(길어야 300여 년, 짧으면 15년) 등이 모두 무시되고 있기 때문이다.

그럼에도 흄은 당시 사정을 감안할 때 비교적 균형 잡힌 중국관을 갖춘 셈이다. 흄은 「예술과 과학의 흥기와 진보」(1742)에서 중국정부를 "중도와 자유"가 보장되는 "모든 정부들 중 최선의 정부"로 규정하고 있기 때문이다.[32] 흄이 1742년의 이 글에서 활용한 공자철학 및 중국 관련 지식은 쿠플레 등의 『중국철학자 공자』, 르콩트의 『중국의 현재 상태에 대한 신비망록』, 뒤알드의 『중국통사』에서 얻은 것으로 보인다.[33]

아무튼 흄은 여기서 중국을 예리하게 분석하면서 영국과 다른 장점을 가진 나라로, 즉 서구적 자유정부의 사상은 없지만 영토의 방대성 덕택

---

31) Navarrete, *An Account of the Empire of China*, 81쪽.
32) Hume, "Of the Rise and Progress of the Arts and Science", 66쪽 각주c.
33) 참조: Haakonssen, 290-291쪽, 후주14). David Hume, *Political Essays* (Cambridge·New York: Cambridge University Press, 1994·2006).

에 "중도와 자유"를 둘 다 향유하는 나라로 찬양하고 있다. 게다가 흄은 1752년의 「상업론(Of Commerce)」에서 18세기 중반의 중국을 "세계에서 가장 번영하는 제국들 중의 하나"로[34] 묘사한다.

■ 중국 유자의 '자유로운 삶'에 대한 선망과 동경

앞서 보듯이 중국예찬과 나란히 흄은 "중국제국의 이 구석에서 저 구석으로 쉽사리 파급된 공자의 권위"를 인정하고 있다. 동시에 그는 종교교단으로부터 자유로운 철학자로서의 유자들의 삶을 칭송하고 부러워했다. 이것은 그가 「미신과 광신에 관하여」(1741)에서 "중국의 유생들, 또는 공자의 제자들(the *literati*, or the disciples of CONFUCIUS in CHINA)"을 "우주 안에서 이신론자의 유일한 정규 단체(the only regular body of *deists* in the universe)"로 극찬하고,[35] "중국 유생들(the CHINESE Literati)은 사제들도, 교회조직도 없다"고 주석하고 있는 데서[36] 분명히 드러난다. "CHINESE Literati"와 "he disciples of CONFUCIUS in CHINA"의 대문자 표기에서 공자와 '공자의 제자들', 그리고 중국문명에 대한 흄의 지극한 선망과 동경의 마음이 드러나고 있다.

당시 영국에서도 공자철학은 기독교를 탈피하고도 능히 도덕적·시민적 삶을 살 수 있게 하는 진정한 합리적 자연종교로 받아들여졌기 때문에 이처럼 흄은 '공자의 제자들'을 미신과 광신으로부터 자유롭고 사제와 교회조직 및 이들의 독단적 억압으로부터 자유로운 '우주 안의 유일한 정규적 이신론자 단체'로 극찬한 것이다. 이것은 흄이 공자철학의 탁

---

34) Hume, "Of Commerce", 101쪽. David Hume, *Political Essays* (Cambridge·New York: Cambridge University Press, 1994·2006).
35) David Hume, "Of Superstition and Enthusiasm" [1741], 49쪽. David Hume, *Political Essays* (Cambridge·New York: Cambridge University Press, 1994·2006).
36) Hume, "Of Superstition and Enthusiasm", 49쪽 각주.

월성을 전적으로 인정하고 종교·사상·학문의 자유를 만끽하는 중국 선비들의 자유로운 삶을 선망하고 동경했음을 뜻한다. 이런 정신 속에서 탄생한 흄의 경험론적 도덕과학은 공맹의 도덕과학처럼 매우 세속적이었다. 이런 까닭에 18세기 후반까지도 교단은 흄을 무신론자로 몰아 처벌하려고 줄곧 별렀다.

제2절

흄의
경험론적 '인간과학'의 개창

　베이컨에 의해 자연철학은 근대적 경험과학으로 올라섬으로써 '과학화'되었다. 그러나 자연철학 분야에서 과학화는 사회의 근대화에 거의 기여하지 못했고 또 못하고 있다. 근대적 자연과학이 사회의 근대화에 거의 아무런 역할을 못한다는 사실은 많은 증명을 요하지 않는다. 이것은 일찍이 인도와 중동제국의 일류 공과대학에 낙방한 인도·중동 학생들이 미국 MIT공대에 들어갈 정도로 이 나라들의 자연과학과 과학기술이 발전하고, 그리하여 30-40년 전부터 미국 실리콘밸리 등지의 IT기업에 고용된 과학기술 천재들의 절반 이상을 인도인들이 휩쓸고 있음에도 불구하고 인도의 힌두이즘사회와 중동 이슬람제국이 근대화 방향으로 정주행하는 움직임을 조금도 보이지 않을 뿐만 아니라 오히려 원리주의 종교관으로 역주행하는 움직임을 보이기도 한다는 사실이 웅변으로 입증한다. 서구제국에서 사회와 국가의 근대화는 베이컨의 경험론적 방법을 인문지식과 도덕철학에 적용해 인간지식·도덕·권력을 탈脫주술화(탈종교화)·과학화함으로써야 비로소 이룩될 수 있었다.

2.1. 궐의궐태, 그러나 "못지않게 확실한" 인간과학의 이념

경험론적 방법을 최초로 이 인간지식과 도덕 일반에 적용하는 것을 과학이론으로 논한 철학자, 즉 최초로 인간의 경험과학을 이론화한 철학자는 바로 데이비드 흄(David Hume, 1711-1776)이었다. 그는 28세 되던 해인 1739년에 낸 『인간본성론(*A Treatise of Human Nature*)』의 제1권에 해당하는 『지성론(*Of the Understanding*)』의 「서론」에서 인문·사회철학의 과학화를 이론적으로 논하려는 목적의 화두로서 당시 과학들의 '불완전성'을 이렇게 탄식한다.

- 더욱이 과학들의 현재 불완전한 상태를 밝히는 것은 그렇게 심오한 지식을 요구되는 것이 아니다. 심지어 문밖의 어중이떠중이들조차도 그들이 듣는 소음과 아우성소리를 듣고도 모든 그 문안에서 잘 되어가고 있지 않다는 것을 판단할 수 있다. 논쟁의 대상이 되지 않는 것이 하나도 없고 학자들이 상반되는 견해를 갖지 않는 것이 하나도 없다. 가장 사소한 문제도 우리의 논란을 피해 가지 못하고, 가장 중요한 문제에서도 우리가 어떤 확실한 결정도 줄 수 없다. 마치 만물만사가 불확실한 것처럼 분쟁은 증폭되고 있고, 마치 만물만사가 확실한 것인 양 이 분쟁들은 가장 큰 열기로 관리되고 있다. 이 모든 북새통 한복판에서는 상을 타가는 것은 조리 있는 말(reason)이 아니라 능변(eloquence)이다. 지극히 터무니없는 가설도 어떤 호의적 색깔로 표현하기에 충분한 기량을 가진 어떤 사람이든 그런 가설로도 신출내기들을 얻을 것이

라는 희망을 버릴 필요가 없다. 승리는 창검을 잘 다루는 무사가 아니라 군대에서 트럼펫 부는 사람, 드럼 치는 사람, 악사가 거둔다.[37]

18세기 초반 영국 학계는 플라톤주의자, 아리스토텔레스주의자, 토미스트, 스콜라철학자와 데카르트주의자(네오스콜라주의자) 등 형이상학파, 에피쿠리언, 중국 지향의 베이컨주의적 경험론자, 로크주의자, 유학 색조의 피에르 벨·섀프츠베리·허치슨 추종자, 홉스적 유물론자(소박경험론자), 신학적 유심론자 등이 뒤엉켜 탄탄한 근거도, 새로운 지식도 없이 교언巧言만 지껄이는 만인의 만인에 대한 말다툼 상황, 그러나 형이상학적 교언자들과 궤변가들이 승리하는 천박한 상황에 처해 있었던 것으로 보인다.

그런데 흄은 피상적·형이상학적 주장들이 설치고 득세하는 이 혼란상에서 오히려 하나의 기회를 본다. "내가 보기에 이로부터 심지어 자신을 스콜라철학자라고 고백하고 모든 다른 편 문헌들에 대해 정당한 가치를 부여하는 사람들 사이에서도 온갖 종류의 형이상학적 추론들에 대해 저 공통된 편파적 반감이 생겨나고 있다. 이 스콜라철학자들은 형이상학적 추론에 의해 어떤 특별한 분야의 문헌들도 이해하지 못하고 다만 어떤 식으로든 난해하고 이해하려면 상당한 관심을 집중할 필요가 있는 논변들만을 족족 이해한다. 우리는 이런 연구에서 아주 종종 할 일을 잃어서 보통 주저 없이 이런 연구를 배격하고, 우리가 영원히 오류와 기망의 희생양이 되어야 한다면 연구들이 적어도 자연스럽고 재미있어야 한다고

---

37) David Hume, *A Treatise of Human Nature: Being an Attempt to Introduce the Experimental Method of Reasoning into Moral Subjects* [1739-1740], Book 1. *Of the Understanding*, edited by David Fate Norton and Mary J. Norton, with Editor's Introduction by David Fate Norton (Oxford·New York·Melbourne etc.: Oxford University Press, 2001·2007), 3쪽.

결정한다."[38]

그리스철학과 스콜라철학의 형이상학에 대한 반감은 단호한 회의주의자들에게서 최고조에 달했다. 그러나 진리에 도달하는 것은 역시 어렵다.

- 그리고 정말로 대량의 나태와 나란히 단호한 회의주의 외에 어떤 것도 형이상학에 대한 이런 혐오감을 정당화할 수 없다. 왜냐하면 진리가 도대체 인간능력의 범위 안에 들어 있다면 그 진리는 아주 심오하고 난해한 형상임이 틀림없기 때문이다. 그리고 우리가 수고 없이 진리에 도달하기를 바라는 것은 가장 위대한 천재들도 극도의 수고를 해도 실패하는 까닭에 충분히 헛되고 주제넘은 것으로 확실히 생각하지 않을 수 없다. 나는 내가 전개할 철학에서 이러한 이점을 전혀 탐하지 않고, 철학이 아주 쉽사리 명백해진다면 그것을 철학에 대한 심한 건방이라고 여길 것이다.

인간능력의 범위 안에 들어 있는 진리도 아주 심오하고 난해해서 극도로 수고를 한 끝에 얻을 수 있다. 그렇지 않고 진리를 파악하는 것이 쉽다고 말한다면 이것은 "심한 건방"일 것이다.

흄은 기존 학문의 당시 상황을 탄식조로 조감한 뒤 자신의 과학이론, 그것도 인간본성론에 의거해 '인간과학(science of man)'을 '과학 중의 과학'으로 입론하기 시작한다.

- 모든 과학이 많건 적건 인간본성과 관계가 있고 이 인간본성과 멀리 떨어져 보일지라도 모든 과학은 이러저러한 경로를 통해 인간본성으

---

38) Hume, *A Treatise of Human Nature*, Book 1. *Of the Understanding*, 3쪽.

로 되돌아온다는 것은 분명하다. 심지어 수학, 자연철학과 자연종교조차도 어느 정도 인간과학(science of MAN)에 의존한다. 왜냐하면 이 학문들도 인간들의 인식능력(cognizance)의 휘하에 있으며, 인간들의 행위능력과 역량에 의해 판단되기 때문이다.[39]

흄은 인간과학을 '모든 과학의 왕'으로 위치 짓고 있다. 이어서 흄은 공자가 지식의 방향을 '지물知物'(격물치지格物致知)의 자연철학으로부터 "지인知人"의 인간과학으로 돌렸듯이 모든 과학의 기초과학으로서의 인간과학을 소크라테스의 "너 자신을 알라"라는 명제 및 로크 등의 인간지성론 등과 연관시켜 새로운 방향의 과학으로서의 인간과학에 기초과학적 위치를 부여한다.

- 우리가 인간 지성(understanding)의 능력범위와 역량을 철저히 숙지하고 우리가 쓰는 관념들의 성질, 우리가 실행하는 추리작용을 설명해 낼 수 있다면, 이 과학들에서 우리가 어떤 변화와 향상을 이룰 수 있는지를 미리 말하는 것은 불가능하다. 그리고 이러한 향상은 자연종교에서 더 많이 요구되고 있다. 왜냐하면 자연종교는 우월적 권능들의 본성(the nature of superior powers)을 우리에게 가르치는 것에 만족하지 않고, 우리를 향한 이 우월적 권능들의 성향과 이 권능을 향한 우리의 의무로까지 자신의 관점을 더 밀고 나가기 때문이다. 따라서 우리 자신은 추론하는 존재자들(beings, that reason)일 뿐만 아니라, 우리가 추론당하는 대상들 중의 하나이기도 하다.[40]

---

39) Hume, *A Treatise of Human Nature*, Book 1. *Of the Understanding*, 4쪽.
40) Hume, *A Treatise of Human Nature*, Book 1. *Of the Understanding*, 4쪽.

흄은 수학·자연철학·자연종교·논리학·도덕론·정치학 등 모든 과학이 인간과학에 의존해 있음을 다시 한번 강조한다.

- 그러므로 수학·자연철학·자연종교의 학문이 인간과학에 이와 같이 종속해 있다면, 인간본성과 더 긴밀히 그리고 더 친밀하게 연결된 다른 과학들 안에서 기대될 수 있는 것은 무엇이겠는가? 논리학의 유일한 목적은 우리의 추론능력의 원칙과 작용, 그리고 우리의 관념들의 성질을 설명하는 것이다. 도덕론과 문예비평은 우리의 미감과 감정에 주목한다. 그리고 정치학은 인간들을 사회 안에 통합되고 서로 의존해 있는 것으로서 고찰한다. 논리학·도덕론·문예비평과 정치학의 이 네 과학 안에 어떤 식으로든 우리에게 친숙해져야 한다고 시사하고 인간 정신의 향상이나 광채에 기여할 수 있는 거의 모든 것이 포함되어 있다.[41]

따라서 흄은 이 모든 과학을 단번에 공략할 수 있는 중심점을 '인간과학'으로 규정한다.

- 따라서 우리가 우리의 철학적 탐구에서 성공을 기약할 수 있는 유일한 방편이 여기에 있다. 그것은 우리가 지금까지 지겹도록 질질 끄는 방법을 버리고 이따금 변경의 한 성곽이나 마을을 취하는 대신에 이 제諸과학의 수도首都 또는 심장부로, 즉 인간본성 그 자체로 직접 진군하는 방법이다. 우리는 일단 이 인간본성에 정통하다면 그 밖의 모든 곳에서도 손쉬운 승리를 바랄 수 있다. 이 주둔지로부터 우리는 우리의 정복을 인간적 삶과 더 긴밀하게 관련된 저 모든 과학으로 넓히고,

---

41) Hume, *A Treatise of Human Nature*, Book 1. **Of the Understanding**, 4쪽.

나중에는 여가가 있으면 순수한 호기심의 대상들을 보다 완전하게 발견하는 것을 시작할 수 있을 것이다. 인간과학(science of man) 안에 포괄되지 않는 결정을 요하는 중요문제는 없고, 이 인간과학을 숙지하기 전에 어떤 확실성을 갖고 결정될 수 있는 중요문제도 없다. 그러므로 감히 인간본성의 원리를 설명하려고 하면서 결과적으로 우리는 거의 완전히 새로운 기초 위에 수립되는 과학들의 완전한 체계와, 이 과학들이 어떤 안전성을 갖고 존립할 수 있는 유일한 체계를 제안하는 셈이다.[42]

동시에 흄은 베이컨 이래 확립된 근대적 시대의식 속에서 인간과학의 방법으로 경험과 관찰의 경험론적 방법을 강조한다.

- 인간과학이 다른 과학들의 유일하게 탄탄한 기초인 만큼, 우리가 줄 수 있는 이 인간과학의 유일한 탄탄한 기초는 경험과 관찰 위에 자리 잡아야 한다. 경험철학(experimental philosophy)을 정신적 주제에 적용하는 일이 자연적 주제에 이 경험철학을 적용한 지 온전한 1세기 이상의 간격을 두고 이루어졌다는 것은 고찰하는 것은 결코 경이로운 반성이 아니다. 왜냐하면 사실 우리는 이 과학들의 기원들 간에도 거의 동일한 간격이 있었다는 것, 탈레스부터 소크라테스까지 그 시간 간격의 계산이 영국에서 나의 베이컨 경과, 인간과학을 새로운 발판 위에 놓기 시작해서 주목을 끌고 대중의 호기심을 자극한 최근의 몇몇 철학자들 사이의 시간 간격과 거의 같다는 것을 깨닫기 때문이다. 그리하여 다른 국민들이 시문詩文에서 우리와 겨루고 예술에서 우리를 능가할지라도 이성과 철학에서의 진보는 오로지 관용과 자유의 나라

---

42) Hume, *A Treatise of Human Nature*, Book 1. *Of the Understanding*, 4쪽.

덕택일 수 있다는 것이 참말이다.[43]

흄은 자연철학을 연구한 탈레스로부터 '너 자신을 알라'는 구호와 함께 인간정신의 연구로 방향을 돌린 소크라테스까지 기간이 100여 년이고, 근대 자연과학을 창시한 베이컨(『신기관』, 1620)으로부터 인간과학의 새로운 발판을 놓기 시작한 영국 철학자들까지 100여 년의 기간이 비슷하다는 점에 착안해 이제 인간과학의 시대임을 선언하고 있다. 흄은 각주에서 "최근의 몇몇 철학자들"의 예로 "Mr. Locke, my Lord Shaftesbury, Dr. Mandeville, Mr. Hutcheson, Dr. Butler, &c."를 들고 있다. 로크는 1689년 『인간지성론』을 냈고, 섀프츠베리는 1713년 『덕성 또는 시비에 관한 탐구』의 최종본을, 버나드 맨드빌은 1714년 『꿀벌의 우화』를, 프랜시스 허치슨은 1725년 『미와 덕성 관념의 기원에 관한 탐구』를, 조지프 버틀러(Joseph Butler, 1692-1752) 신부는 1726·1729년 『15개 설교』를 냈다. 이 책들의 출간연도는 베이컨의 『신기관』 출간연도 (1620)로부터 각각 69년, 93년, 94년, 95년, 105년, 106-109년 뒤다. 흄은 이것들을 어림잡아 100여 년이라고 표현하고 있다.

그러나 두 기간 간의 유사성은 실은 피상적인 것이다. 왜냐하면 소크라테스의 인간 연구는 형이상학적이었던 반면, 로크 등의 인간 연구는 경험론적이었기 때문이다. 그리고 소크라테스가 자연에서 인간으로 방향을 돌린 것은 공자의 영향으로 이루어졌다고 주장된다. 이것은 흄이 즐겨 읽고 잘 알았던 윌리엄 템플의 주장이다. 윌리엄 템플은 자연철학에서 인간에 대한 과학으로 지식탐구의 방향을 돌린 소크라테스의 철학적 방향전환을 학문적 사실로 환기했을 뿐만 아니라, 한 걸음 더 나아

---

43) Hume, *A Treatise of Human Nature*, Book 1. *Of the Understanding*, 4-5쪽. 'experiment'는 베이컨 이래 경험과 실험을 포괄하는 의미로 쓰인 점을 고려해 여기서도 '경험'으로 옮긴다.

가 소크라테스의 이 전환을 공자의 '지인知人'으로의 방향전환과 동일한 것으로 규정하고 동시에 공자를 소크라테스보다 위대하다고 칭송했었다. 템플은 소크라테스의 도덕탐구와 공자의 '지인'으로서의 지식 탐구를 동일한 전환, 즉 자연철학에서 도덕철학으로의 일대전환으로 동일시했다.[44] 템플은 놀랍게도 공자와 소크라테스가 자연에서 도덕으로 탐구 방향을 전환하는 유사한 철학혁명을 수행했다고 말한 것이다. 하지만 그는 공자의 철학혁명이 내용적으로 소크라테스의 그것보다 더 우월하고, 또 소크라테스가 공자의 철학혁명을 모방했을 것이라고 추정한다. 템플은 일단 소크라테스·플라톤의 그리스적 철학혁명과 공자의 철학혁명의 차이를 지적하면서 소크라테스의 영혼론의 사적私的 지향에 비해 인간의 덕성과 공동체의 공적 행복을 지향하는 공자철학이 원리적으로 우월하다고 평가했다.[45] 이어서 템플은 리쿠르고스, 피타고라스, 데모크리토스, 에피쿠로스와 마찬가지로 소크라테스와 플라톤도 인도와 중국으로부터 철학과 제도를 '수입'해서 자기 것으로 만들었다고 추정한다.[46] 이 추정에서 템플은 요순·탕왕·문왕·무왕·주공·공자의 '사덕론'과 유사한 피타고라스·소크라테스·플라톤의 '사덕론'을 언급함으로써 소크라테스와 플라톤이 저 철학혁명 자체를 수입했을 가능성을 강력히 시사했었다.

그런데 템플에 앞서 1669년 존 웹(John Webb)은 심지어 고대 스파르타의 신적 입법자 리쿠르고스가 중국을 방문했을 것이라고까지 추정한 바 있다.[47] 공자가 '지물'에서 '지인'으로 지식탐구의 방향을 전환한 것은

---

44) Temple, "An Essay upon the Ancient and Modern Learning", 456쪽: "주목할 만한 것이자 동조되는 것은 (…) 소크라테스의 시대와 가까운 때 인간들을 무용하고 밑도 끝도 없는 자연에 대한 사색으로부터 도덕에 대한 사색으로 교정하는 동일한 계획을 개시했던, 중국인들의 위대하고 유명한 공자가 살았다는 사실이다."
45) Temple, "An Essay upon the Ancient and Modern Learning", 456쪽.
46) Temple, "An Essay upon the Ancient and Modern Learning", 456-457쪽.
47) Webb, *The Antiquity of China*, 207쪽.

자연철학에서 도덕과학으로 학문의 방향을 바꾸는 지식철학의 일대 혁명이었는데, 공자철학의 이 혁명은 뜻밖에도 인도를 거쳐 소크라테스에게까지 전해진 것이다. 불교가 서역을 통해 중국으로 들어왔듯이 역으로 중국의 학문은 이 루트를 통해 인도로 전해졌던 것이다. 또 동서양을 잇는 실크로드는 기원전 700-800년부터 존재했고, 이 길을 통해 중국문물이 중동과 지중해 연안으로 전해질 수 있었다. 그리고 피타고라스·아낙사르코스·피론 등 많은 그리스철학자들은 인도에서 수년 동안 유학했다. 따라서 인도의 카스트제도, 영혼불멸과 윤회(팔린게네시스 παλιγγένεσις)·해탈解脫(뤼시스 λύσις)·정화淨化(카타르모스 καθαρμός)·상기설적 인식(깨달음)의 힌두교·불교사상의 4종 세트 등은 고대그리스에 파다하게 퍼져있었고, 이 힌두교·불교 4종 세트와 유교적 사덕론은 플라톤의 『국가론』,『파이돈』,『파이드로스』,『메논』 등에 변조된 형태로 여기저기 널려 있다.[48] 특히 공맹의 인의예지 사덕론은 소크라스와 플라톤에 의해 지혜·용기·절제·정의의 사덕론으로 변조되었다. 인의예지의 사덕론이 인仁과 예禮 대신 용기와 절제가 들어가 차석과 삼석을 차지하고 정의가 말석으로 밀리고, 지혜가 최상석을 차지하는 식으로 변조된 것이다.

흄은 템플의 저작을 애독했고 또 그를 문예적·역사적으로 잘 알았다.[49]

---

48) Platon, *Politeia*(국가론), 611e(영혼불멸), 81.a-83a, 621a-c(상기설), 611a-621d(사후 영혼의 상태와 윤회설); Platon, *Menon*, 80-81a. *Platon Werke* Bd. II in Acht Bänden, hg. von Gunther Eigner; Platon, *Phaidon*, 70c, 71a-e, 72e-73a, 73c-76a, 82c, 83a-c(뤼시스λύσις, 카타르모스καθαρμός). *Platon Werke* Bd. 3 in Acht Bänden. Hg. von Gunther Eigner. 영혼의 불멸성을 '자기운동자'의 불멸 개념으로 설명하는 논리와 인간적 영혼의 여덟 가지 윤회적 운명 및 영혼의 접신(接神; 신들림) 상태, 그리고 미학적 상기설에 대해서는 참조: Platon, *Phaidros*, 245b-e, 246a-249d, 249d-251b. *Platon Werke*. Bd. 5 in Acht Bänden. hg. von Gunther Eigner.
49) 흄은 템플의 문체를 평가하고 그의 글을 인용하기도 할 만큼 그의 글을 많이 읽었고 영국사 연구에서는 추밀원을 내각으로 개혁한 템플의 정치활동을 취급할 만큼 그의 역사적 활동을 잘 알기도 했다. David Hume, "Of Civil Liberty" [1741], 54쪽. David Hume, *Political Essays* (Cambridge·New York: Cambridge University

따라서 흄은 공자의 인간과학이 소크라테스의 그것과 동일함과 동시에 이보다 더 낫다는 템플의 평가와, 소크라테스의 도덕철학으로의 인간과학적 방향전환이 공자를 본받은 것이라는 그의 추정을 잘 알고 있었을 것이다. 따라서 흄은 공자의 경험론적 '지인知人'의 과학을 리메이크했거나 공자의 지인과학을 확실한 뒷받침으로 믿고 경험적 인간과학을 자신 있게 제창했을 것으로 믿어진다. 왜냐하면 흄은 나름대로 공자와 유자들을 잘 알고 있었고, 상술했듯이 1741년에 쓴 「미신과 광신에 관하여」에서 "중국 유생들은 사제들도, 교회조직도 없다"고 부러워하며 "중국에 사는 유생들, 즉 공자의 제자들"이 "우주 안에서 이신론자들의 유일한 정규집단"이라고 극찬한 바 있기 때문이다.

한편, 흄은 이 인간과학의 출현과 진보를 '큰 영광'으로 평가한다. "또한 인간과학의 이러한 최근 진보가 자연철학에서의 진보보다 더 적은 명예가 되는 것이라고 생각해야 하는 것이 아니라, 오히려 인간과학이 직면한 이러한 개혁의 필요성 때문만이 아니라 이 인간과학의 더 큰 중요성 때문에 인간과학에서의 진보를 더 큰 영광으로 평가해야 한다."[50] 하지만 그는 진지하게 자연사물의 본성 및 인간본성의 본질 또는 궁극원리에 대한 인간의 경험적 인식의 한계 또는 불가지론不可知論를 논한다.

- 인간이 외부사물의 본질(essence)과 마찬가지로 정신의 본질을 알지 못한다는 것이 내게는 분명한 것처럼 보이기 때문에, 주의 깊고 엄정한 경험(experiments) 및, 정신의 상이한 환경과 상황에서 생겨나는

Press, 1994·2006); Hume, "Of National Characters" [1748], 89쪽. Hume, *Political Essays*; Hume, "Of Taxes" [1752], 162쪽; David Hume, The History of England, vol. 6 [1778], 362-364쪽. David Hume, *The History of England from the Invasion of Julius Caesar to the Revolution in 1688*, Foreword by William B. Todd, 6 vols (Indianapolis: Liberty Fund 1983).

50) Hume, *A Treatise of Human Nature*, Book 1. Of the Understanding, 5쪽.

저 개별적 효과들의 관찰로부터 형성해내는 것과 다른 방식으로 정신의 능력과 자질들의 개념을 형성해내는 것이 마찬가지로 불가능한 것이 틀림없다. 우리가 경험을 극한까지 추적해서 가장 단순하고 가장 적은 원인들로부터 모든 결과를 설명함으로써 우리의 모든 원리를 가급적 보편적인 것으로 만들려고 애써야 할지라도, 우리가 경험을 넘어갈 수 없다는 것은 어디까지나 확실한 것이다. 그러므로 인간본성의 궁극적·근원적 자질들을 발견한다고 감히 주장하는 어떤 가설이든 제일 먼저 주제넘고 망상적인 것으로 배격되어야 한다. 영혼의 궁극원리를 설명하는 데 전념하는 철학자가 자신이 감히 설명한다고 주장하는 바로 그 인간본성의 과학(science of human nature)과 인간의 정신을 본성적으로 충족시키는 것에 대한 바로 그 앎에서 위대한 대가가 되어 나타날 것이라고 나는 생각하지 않는다. 왜냐하면 가장 확실한 것은 절망이 우리에게 즐거움과 거의 동일한 효과를 준다는 것, 그리고 욕망 그 자체가 사라지자마자 어떤 욕망도 충족시킬 수 없는 불가능성을 잘 알게 된다는 것이기 때문이다. 우리는 인간이성의 극한에 도달했을 때 그 자리에 눌러앉아 만족한다(sit down contented). 우리가 무지의 망망대해(the main of our ignorance) 안에서 완전히 만족하고, 우리의 가장 일반적이고 가장 세련된 원리들의 현실성에 대한 우리의 경험 외에 이 원리들의 이유가 없다는 것을 감지할지라도. 경험은 바로 단순한 일반대중의 이유이고, 대중이 아무런 연구도 필요로 하지 않고 처음에 가장 특별하고 가장 예외적인 현상에 대해서도 발견한 바로 그것이다. 더 이상 전진할 수 없는 이 불가능성이 독자를 만족시키기에 충분한 만큼, 필자도 자신의 무지의 고백으로부터, 그리고 그 많은 사람들이 빠졌던, 가장 확실한 원리들의 세계에 추정과 가설을 덮어씌우는 오류를 피하는 현명함으로부터 보다 오묘한 만족을 끌어낼 수 있다. 이 상호적 만족과 흡족이 스승과 제자 사이에서 획득될 수 있을 때 나는 우리가 철학에 대해 무엇을 더 요구할 수 있는지 모르겠다.[51]

"인간이성의 극한에 도달했을 때 그 자리에 눌러앉아 만족한다"는 대목은 로크의 경험론적 지식이론, 즉 "우리는 기꺼이 정밀검토를 하자마자 우리의 역량의 범위를 넘어가는 것으로 드러나는 저 사물들에 대한 조용한 무지 속에 눌러앉는다"는 지식이론을[52] 계승한 것이다. 이것은 공자의 '궐의궐태론闕疑闕殆論'에 상응한다. 그리고 "무지의 망망대해 안에서 완전히 만족한다"는 대목은 공자의 "아는 것을 안다고 하고 알지 못하는 것을 알지 못한다고 하는 것이 지식다운 지식이다(知之爲知之 不知爲不知 是知也)"는 명제와[53] 상통한다. 그리하여 흄도, 공자도 인지人智로 알 수 없는 천명·운명·귀신·죽음 등을 알지 못한다고 불만족해 하거나 낙담하지 않았다. 또 저 구절은 소크라테스의 '무지의 지' 명제와도 상통한다.

따라서 흄은 인간과 정신의 궁극원리를 알지 못하는 인간과학의 불가능성을 이 과학의 결함으로 여기지 않고, 자연과학만큼 확실하고 자연과학보다 더 유용한 인간과학을 수립할 수 있다고 자신한다.

- 궁극원리를 설명할 수 없다는 이 불가능성이 인간과학 안에서의 결함으로 간주되어야 한다면, 나는 이런 결함이란 (…) 모든 과학과 모든 기술에 공통된 결함이라고 감히 모험적으로 주장할 것이다. 이것들 중 어떤 것도 경험을 넘어갈 수 없다. 또는 경험의 권위에 기초하지 않은

---

51) Hume, *A Treatise of Human Nature*, Book 1. Of the Understanding, 5쪽.
52) John Locke, *An Essay concerning Human Understanding*. Bk.I, Ch.3, §4. The Works of John Locke, Vol.2 in Nine Volumes (London: C. and J. Rivington and Partners, 1823·1824).
53) 『論語』「爲政」(2-17).

어떤 원리도 수립할 수 없다. 정신철학(Moral Philosophy)은 진정으로, 자연철학에서는 발견되지 않는 다음과 같은 특별한 불리함, 즉 실제적 경험들을 수집하는 데 따르는 불리함이 있는데, 정신철학은 미리 계획하여, 그리고 생겨나는 난관에 대해서마다 만족하는 방법에 따라 실제적 경험(실험)을 만들어낼 수 없다는 것이다. (…) 따라서 우리는 이 과학에서 인간적 삶의 조심스런 관찰로부터 실제적 경험들을 이삭 줍듯이 주워 모으고 어울림 속에서의, 사건들 속에서의 인간들의 행태를 통해, 그리고 인간들의 기쁨 속에서 세계의 통상적 행정 안에서 나타나는 대로 그 경험들을 취해야 한다. 이런 종류의 실제적 경험들이 분별 있게 수집·비교되는 곳에서 우리는 확실성에서 인간적 이해력(human comprehension) 안의 어떤 과학보다 열등하지 않지만 유용성에서 어떤 과학보다 훨씬 더 우월할 과학을 이 경험들 위에 수립하기를 기약할 수 있을 것이다.[54]

인간적 삶의 조심스런 관찰로부터 실제적 경험들을 "이삭 줍듯이 주워 모은다(glean)"는 표현은 로크의 그것을 그대로 따온 것이다. 또 역사를 거슬러 올라가보면, 지식획득 방법을 "능력이라기보다 차라리 일종의 행운에 기인하고, 지성의 산물이라기보다 시간의 산물"이라 말한 베이컨의 말을[55] 상기시킨다. 흄은 자연과학만큼 확실하고 자연과학보다 더 유용한 인간과학의 미래적 성과를 장담하고 두 과학을 동일시하고 있다. 여기서 "정신철학(Moral Philosophy)"은 인간과학과 도덕과학을 둘 다 포괄하는 의미로 쓴 것으로 보인다. "Moral"이라는 말이 원래 어원부터 정신과 도덕을 둘 다 뜻하는 중의적 단어이기 때문이다.

---

54) Hume, *A Treatise of Human Nature*, Book 1. *Of the Understanding*, 5-6쪽.
55) Bacon, The New Organon, Book I, CXXII(122).

"인간적 삶의 관찰로부터 실제적 경험들을 이삭줍듯 주워 모은다"는 것은 궐의궐태하고 그 나머지를 신중히 말하고 신중히 행한다(愼言其餘 愼行其餘)는 공자의 원칙과 상통한다. 또 경험들을 "분별 있게 수집·비교한다"는 말은 그야말로 공자의 "삼인행三人行 필유아사必有我師(세 사람이 길을 가면 거기에 반드시 나의 스승이 있다)"와[56] "온고지신溫故知新",[57] 자공의 "문·무왕의 도가 없는 사람이 없으니, 선생님이 어디서든 배우지 않으셨겠습니까? 또한 어찌 정해진 스승이 있었겠습니까?(莫不有文武之道焉 夫子焉不學 而亦何常師之有)",[58] 그리고『대학』의 "박학·심문·신사·명변"의 구절들을 상기시킨다.

2.2. 경험적 증명의 명증성과 인간과학·도덕과학의 정초

흄은 그의 주저『인간본성론』의 서론에서 도덕철학이 인간과학의 한 분야로서 인간적 이해력 안의 여느 과학만큼이나, 따라서 자연과학만큼이나 "확실성"을 가진 과학일 수 있다는 주장으로써 바로 근대적 경험과학으로서의 '인간과학'과 '도덕과학'이 성립했음을 선언한 셈이다. 그리고 이어서 그는 "경험적 추론방법을 정신적(도덕적) 주제들 속으로 도입하려는 시도(Being an Attempt to Introduce the Experimental Method of Reasoning into Moral Subjects)"라는 부제를 단『인간본성론』의 제1권으로『지성에 관하여(Of the Understanding)』라는 인식론 책을, 그리고 제3권으로『도덕에 관하여(Of Morals)』라는 도덕론 책을 출간했다. 이렇게 하여 근대적 도덕과학이 개창되었다.

---

56) 『論語』「述而」(7-22), "子曰 三人行 必有我師焉 擇其善者而從之 其不善者而改之."
57) 『論語』「爲政」(2-11), "溫故而知新 可以爲師矣."
58) 『論語』「子張」(19-22), "衛公孫朝問於子貢曰 仲尼焉學? 子貢曰 文武之道 未墜於地 在人. 賢者識其大者 不賢者識其小者, 莫不有文武之道焉. 夫子焉不學 而亦何常師之有." 公孫朝는 衛나라의 大夫다.

흄은 지식을 '관념들 간 관계의 문제'와 '사실의 문제'로 구분하고, 이 가운데 '사실의 문제'에 자연과학과 인간과학의 대상을 집어넣었다. '관념들 간 관계'에 대한 지식은 연역적 '논증'으로 그 확실성(certainty; assurance) 또는 명증성(evidence)이 확보된다. 흄은 이 명증성을 "지식에서 도출한 명증성(evidence from knowledge)"이라는 이상한, 어색한 말로 표현했다. 그러나 자연과학과 인간과학, 따라서 도덕과학과 공히 관련된 '사실의 문제'에 대한 지식의 확실성 또는 명증성은 어떻게 확보되는가? 그것은 '증명(proof; demonstration)'에 의해 확보된다. '증명'은 어떻게 이루어야 하는가? 베이컨에 의하면, "단연코 최선의 증명은 경험이다." 따라서 증명에 의한 명증성은 경험과 실험에 근거한 증명적 명증성이다. 이 명증성은 어느 수준에서 획득할 수 있는 것인가? 도덕과학이 자연과학만큼이나 "확실성"을 가진 과학일 수 있다고 주장한 흄은 당연히 단순한 개연성을 뛰어넘는 '증명에 의한 명증성'이 획득할 수 있다고 단언한다.

흄은 인간의 지식을 명증성(evidence)의 등급에 따라 세 가지로 나누었다. 그것은 앞서 말한 "지식에서 도출된 명증성, 증명에서 나온 명증성(evidence from proofs), 개연성에 근거한 명증성(evidence from probability)"이다. 그리고 첫 번째 "지식에서 도출된 명증성"과 관련된 '지식'을 "관념들의 비교에서 생겨나는 확실성(the assurance arising from the comparison of ideas)"으로 정의했다.[59] 따라서 어색한 명칭의 첫 번째 명증성은 "관념들의 비교에서 생겨나는 확실성으로부터 도출된 명증성"이라 개칭하는 것이 나을 것이다. 이 "관념들의 비교에서 생겨나는 확실성으로부터 도출된 명증성"에 근거한 지식은 수학과 논리학을 말하는데, 이 지식들은 절대적 확실성(assurance)을 가졌고 주저 없이

---

59) Hume, *A Treatise of Human Nature*, Book 1. *Of the Understanding*, 86쪽.

'과학'이라 부를 만하다.

 그런데 베이컨과 흄에 의하면, 자연적·인간적(사회적) 사실문제(matter of fact)와 관련된 "증명에서 나온 명증성(evidence from proofs)"에 근거한 지식도 '과학'이라 불러야 한다. 물론 자연적·인간적 사실지식은 늘 불확실성이나 오류가능성이 있다. 그러나 흄은 이런 불확실성이나 오류가능성에도 불구하고 '증명적 명증성'은 '불확실성이나 오류가능성'이라는 말로 부정될 수 없다고 주장한다.

- 보통 논의에서 인과작용으로부터 나온 많은 논변들이 개연성을 뛰어넘어 우월한 종류의 명증성으로 받아들여질 수 있다는 것을 우리는 쉽사리 확인한다. 경험이 우리에게 제공하는 것을 능가하는, 이 사실들에 대한 확신(assurance)이 없는 것이 명확한데도, '해가 내일 뜰 것이다', 또는 '모든 사람은 틀림없이 죽는다'는 것이 단지 개연적일 뿐이라고 말하는 자는 우스꽝스러운 것으로 비칠 것이다.[60]

 상론했듯이 이 자연적·인간적 사실문제에 대한 지각이나 인지認知가 지식다운 명증성(evidence)을 갖추려면 '증명'이 필요하다. 내일 해가 뜬다는 것은 내일이 되어야 확신할 수 있겠지만 적어도 지금까지는 해가 뜨지 않은 적이 없었으므로 내일 해가 뜰 것이라고 믿을 강력한 이유가 있고 믿지 않을 이유는 전무하다는 반복적 경험지식의 누적은 '내일 해가 뜬다'는 명제에 대한 결정적 증명이고, 따라서 이 증명은 수학이나 논리학과 차원이 다른 별도의 명증성을 산출해준다. "단연코 최선의 증명은 경험이다"는 베이컨의 말을[61] 상기하자. 또 비록 파스칼의 말대로[62]

---

60) Hume, *A Treatise of Human Nature*, Book 1. *Of the Understanding*, 86쪽.
61) Bacon, *The New Organon*, Book I, LXX.
62) Blaise Pascal, *Pensees*. 영역본: Blaise Pascal, *The Thoughts of Blaise Pascal*

아무도 전 세계의 만인과 관련해 이 명제를 과거로부터 미래에까지 증명한 적이 없을지라도 지금까지 체험에서 가령 200세까지 생존한 인간이 전무했으므로 지금 존재하는 모든 사람들도 다 죽을 것이라고 믿을 만한 강한 이유가 있고 믿지 않을 이유는 전혀 없다는 이 경험적 증명으로부터 "모든 사람은 틀림없이 죽는다"는 명제도 '내일 해가 뜬다'는 명제와 동일한 증명적 명증성을 가진다. 따라서 "증명에서 나온 명증성"에 근거한 지식도 충분히 '과학'이라 불러야 하는 것이다. 그래서 흄은 "증명"을 "의심과 불확실성으로부터 완전히 자유로운 논변"으로 정의했다.[63]

그리고 "개연성에서 나온 명증성(evidence from probability)"에 근거한 지식은 개연적인 만큼만 진리(참된 지식)인데, 이 "개연성"을 흄은 "여전히 불확실성을 수반하는 명증성"으로 정의했다.[64] 'Probability'는 철학에서 '개연성'으로, 수학에서는 '확률'로 옮긴다. 수학적 확률이론은 이 개연성을 수식과 통계로 계산한다. 이에 따라 이 "개연성에서 나온 명증성"도 확률이론으로 바뀌면 '과학'에 편입될 만하다.

흄의 이 지식 논의는 로크가 주장한 '지식'과 '개연성'의 이원적 개념을 수정해 삼분三分한 것이다. 로크는 지식을 논증적 '지식'과 자연적·사실적 '개연성'으로 이원화하기만 하고 개연성을 세분하지 않았다. 따라서 그는 증명적 명증성을 가진 자연지식을 개연적 지식과 구별해내지 못했다. 그래서 그는 증명적 명증성에 근거한 자연지식에 대해서까지도 '과학'의 자격을 인정치 않고 '자연철학'이라고만 불렀었다. 이에 따라 그의 절친한 벗 아이작 뉴턴도 상술한 것처럼 자기의 저서에 『자연철학의 수학적 원리』라는 겸손한 제목을 붙인 것이다.

[1669] (London: George Bell and Sons, 1901), 821쪽. Online Library of Liberty (2019).
63) Hume, *A Treatise of Human Nature*, Book 1. *Of the Understanding*, 86쪽.
64) Hume, *A Treatise of Human Nature*, Book 1. *Of the Understanding*, 86쪽.

흄은 로크와 뉴턴, 그리고 추종자들을 두고 이렇게 말한다. "인간의 이성적 지식(human reason)을 '지식'과 '개연성'으로 나누고 첫 번째의 '지식'을 관념들의 비교에서 생겨나는 명증성으로 정의한 저 철학자들은 '개연성'이라는 일반적 술어를 원인 또는 결과로부터 전개되는 모든 입론으로 이해함이 틀림없다."[65] 하지만 앞서 논했듯이 흄은 "내일 해가 뜰 것이다", 또는 "모든 사람은 틀림없이 죽는다"는 것을 "단지 개연적일 뿐"이라고 말하는 자는 "우스꽝스러운" 자일 것이라고 비판했다.

흄의 논의는 스코틀랜드 동향인 앤드류 램지(Andrew M. Ramsay, 1686-1743)의 지식론을 반영한 것이다. 램지는 피로니즘의 거친 지식회의주의를 비판하면서 이렇게 명쾌하게 "논증"의 지식, "증명"의 지식, "개연성"의 지식을 구분했었다.

- 피로니즘의 원천은 종종 논증·증명·개연성의 무구별이다. 논증은 모순적인 것이 있을 수 없는 경우이고, 증명은 믿을 강한 이유가 있고 믿음에 반대되는 것은 아무런 이유도 없는 경우, 개연성은 믿을 이유가 의심할 이유보다 더 강한 경우다.[66]

따라서 "믿을 강한 이유가 있고 믿음에 반대되는 것은 아무런 이유도 없는" 경험론적 증명에 근거한 자연적 사실과 인간적·사회적 사실에 대한 '명증한 지식' 체계는 '과학', 즉 각각 '자연과학'과 '인간과학'이라 불릴 수 있다. 따라서 자연연구의 경험적 방법론을 정립하고 근대 자연과

---

65) Hume, *A Treatise of Human Nature*, Book 1. *Of the Understanding*, 86쪽.
66) Andrew Michael Ramsay, *Les voyages de Cyrus* [Paris, 1727]; Engl: *The travels of Cyrus to which is annexe'd a discourse upon the theology & mythology of the pagans* [London: 1728]; *A New Cyropaedia, or The Travels of Cyrus* [1799] (Norderstedt, Schleswig-Holstein: Hansebooks, Reprint of the original edition of 1779, 2016), 6쪽.

학의 가능성을 논증한 베이컨 이래 뉴턴과 램지를 거치면서 '일반법칙'으로 간주될 만큼 명증한 인과적 자연지식들이 누적되면서 주저 없이 자연스럽게 자연철학에도 '과학'의 지위가 부여되었고, 이로써 '자연과학'이 탄생했다. 흄은 그의 말대로 '자연적·물리적 본성(physical nature)'을 탐구하는 베이컨의 경험론적 연구방법을 인간적 본성(human nature)에 적용해 '인간과학'과 '도덕과학'을 개창한 것이다.

여기서 전제적 사실로서 중요한 것은 베이컨이 수립한 자연연구의 경험론적 방법이든, 흄의 인간과학이든 둘 다 공자와 중국의 영향 아래 리메이크되었다는 사실이다. 상론했듯이 베이컨의 자연탐구의 경험론적 방법은 중국의 수천 년 기록과 경험적 박학에 기초한 물리지식과 경험적 기술을 이론화한 것이고, 흄의 인간과학은 인간에 대한 앎("知人")으로서의 유학적 도덕·정치과학을 리메이크한 것으로 볼 수 있다. 인간과학으로서의 '도덕과학'은 도덕성의 원천을 계시나 주술, 신화와 이성에서 구하지 않고 '도덕감정적·도덕감각적 본성'의 관찰과 경험에서 구하는 것이다.

제3절

흄의
인식론의 기본 구조

3.1. 인상과 관념, 감흥인상과 반성인상, 기억과 상상의 구분

흄은 인간과학의 일환으로서 경험론적 인식론을 본격적으로 전개하기 위해 우선 개념정리 작업을 수행한다. 그는 일단 정신(영혼)의 지각(perception)을 그것의 강렬성(force)과 생생함(liveliness)의 정도에 따라 ① '인상(impression)'과 ② '관념(idea)'으로 이분한다.

① '인상'은 최고의 힘과 강렬성으로 영혼 속에 들어오는 지각이다. '인상'에는 지각이 "영혼 속에 첫 출현할 때"의 감흥(sensation), 열정(passion), 감정(emotion)이 다 포함된다.

② '관념'은 '생각과 이성적 추리(thinking and reasoning)' 속의 "인상들의 희미한 표상들(faint images)"로서, "현재의 사고력에 의해 일으켜지는 모든 지각(all the perceptions excited by the present discourse)"

이다. 따라서 "시각과 감촉으로부터 생기는 지각들"과, 저 사고력이 우연히 일으키는 "직감적 쾌감과 불쾌"는 이 '관념'의 개념에서 빠진다. '인상'과 '관념'이 다른 것처럼, '느끼는 것(feeling)'과 '생각하는 것(thinking)'도 다르기 때문이다.[67]

흄은 로크가 모든 지각을 인상과 관념의 구별 없이 '관념'으로 싸잡았다고 비판한다. '인상'은 사실 '생생한 지각이 영혼 속에서 산출되는 방법'이 아니라, '오직 지각 그 자체'라는 것, 관념과 다른 지각이라는 것이다.[68] 여기서 흄의 '인상' 개념은 공자의 개념 체계에 비해 좀 덜 분화되어 있다. 흄의 '인상' 개념에는 대상으로부터 입자·파장·에너지를 감관으로 받아들여 영혼 속에 본유하는 심상을 일으키는 작용으로서의 '인상'을 본유적 '심상' 자체로부터 명변明辨하지 않는 것으로 보인다. 엄밀히 말하면 본유적 '심상' 범주는 외부 사물의 자극에 따라 이 심상을 활성화하는 '인상(작용＋결과)'과 단계가 다르다.

물론 그래도 흄의 '인상'과 '관념'의 구분은 그 자체로서 본질적으로 중요하다. 그러나 강렬성과 생동감을 제외하면 인상과 관념 간에 커다란 유사성이 존재한다. 관념은 어떤 의미에서 인상의 '반영물(reflection)', 즉 복사물이다. 방안에서 눈을 감고 방을 생각할 때, 내가 형성하는 관념은 "내가 느낀 인상의 정확한 재현(exact representation)", 말하자면 인상의 복제품이다. 관념의 모든 세부 사실은 다 인상 속에서 발견된다.[69]

하지만, 경험론에서 '재현'이라는 용어는 플라톤주의적 합리론의 본유적 이데아의 재현, 즉 '선의 이데아'의 '상기想起'가 아니라, 감각을 통한 외부 대상의 관념적 재현(로크) 또는 관념에 의한 인상의 재현, 즉 관념이 인상을 복제하는 재현(흄)을 가리킨다. 아무튼 지금까지의 논의를 일반

---

67) Hume, *A Treatise of Human Nature*, 7쪽.
68) Hume, *A Treatise of Human Nature*, 7쪽.
69) Hume, *A Treatise of Human Nature*, 8쪽.

명제로 요약하면, "첫 출현 속에서 우리의 관념들은 모두 다 단순인상들에서 유래하고, 이 관념들은 이에 조응하여 이 인상들을 정확히 재현한다"는 것이다.[70]

관념과 인상은 이와 같이 유사하고 서로 조응하지만, 이것은 '단순관념'과 '단순인상'의 경우에 한정된다. '복합관념'과 '복합인상'은 상호 간의 유사성이 없어지지 않더라도 결코 자세하게 조응하지 않는다. 본 적이 없는, 도로가 황금이고 성벽이 루비로 된 '새 예루살렘'의 복합관념은 직접 보는 인상과 거리가 멀고, 직접 본 프랑스 파리 전체의 복합인상은 세세하게 관념 속으로 다 들어갈 수 없기 때문이다.[71]

모든 단순인상에는 이에 상응하는 단순관념이 따라다니고, 모든 단순관념에는 이에 상응하는 단순인상이 따라다닌다. 이 '항상적 병행'으로부터 나오는 결론은 우리의 상응하는 인상과 관념 간에 커다란 연결이 있다는 것이다. 이 중 먼저 나타나는 '첫 출현의 순서'는 "통상적 경험"에 의거할 때, 단순인상이 그에 상응하는 관념보다 '선행성先行性'을 갖고, 그 반대의 순서로는 결코 나타나지 않는다.[72]

그러므로 흄은 "첫 관념이 인상으로부터 도출되는 만큼, 우리의 모든 단순관념은 조응하는 인상으로부터 직·간접적으로 생겨난다"는 명제를 '인간과학의 제1원리'로 천명한다. 이 명제는 외견상의 단순성 때문에 경시되어서는 아니 될 것이다. "인상이 선행하는지, 또는 관념이 선행하는지에 대한 문제"는 "본유관념이 있는지, 아니면 모든 관념이 감흥과 반성에서 생겨나는 것인지"를 두고 다툴 때 "다른 술어로 그렇게 많이 소란을 일으킨 것과 동일한 문제"이기 때문이다. 연장과 색깔의 관념이 본유적이지 않다는 것을 증명하기 위해 홉스·로크 등 철학자들은 이

---

70) Hume, *A Treatise of Human Nature*, 9쪽.
71) Hume, *A Treatise of Human Nature*, 8쪽.
72) Hume, *A Treatise of Human Nature*, 9쪽.

관념들이 감각에 의해 전달된다는 것만을 입증해 보여주었다. 또 감정과 욕망의 관념이 본유적이지 않다는 것을 증명하기 위해 철학자들은 우리들 자신 안에 이 감정의 선행 경험이 있다고 말할 뿐이다. 그러나 이 논변들의 본래 의도는 이 관념들을 낳고 또 이 관념들에 의해 재현되는, 보다 더 생생한 다른 지각이 이 관념들보다 앞선다는 것을 증명하려는 것이었다. 따라서 저 제1원리는 이 문제에 관한 모든 논란을 제거해 준다.[73] 이에 관해서는 논의의 반복을 피하기 위해 뒤에서 모아 상론하기로 한다.

한편, 흄은 '인상'을 다시 '감흥인상(impression of SENSATION)'과 '반성인상(impression of REFLECTION)'으로 구별한다.[74] '감흥인상'은 단순히 '감흥' 또는 '감각 그 자체'를 뜻하는 한편, '반성인상'은 감정, 욕구, 정서 등을 포괄한다. 따라서 감흥인상은 인식론의 대상인 반면, 반성인상은 감정론의 대상이다.

'감흥인상'은 "알 수 없는 원인들로부터 영혼 안에서 시원적으로 생기는 인상"이다.[75] 흄은 우리의 감흥이 어떻게 일어나는지에 대한 물음, 즉 우리의 감흥의 원인들에 대한 물음을 자연철학자들에게 맡기고 일단 '알 수 없는 것'으로 남겨 두고 있다. 여기서 흄은, 우리의 감흥인상이 외부 대상에 의해 야기된다고 믿을지라도 이 믿음에 대한 근거들은 의심스럽다는 입장을 취하고 있다.

- 감각으로부터 생겨나는 인상에 관한 한, 그 궁극적 원인은 나의 견해에 의하면 인간이성에 의해 완전히 해명 불가능한 것이다. 이 인상들이 대상으로부터 직접 생겨나는지, 아니면 정신의 창조적 힘에 의해 산출되는 것인지, 또는 우리의 존재의 원작자로부터 도출되는 것인지

---

73) Hume, *A Treatise of Human Nature*, 10쪽.
74) Hume, *A Treatise of Human Nature*, 11쪽.
75) Hume, *A Treatise of Human Nature*, 11쪽.

를 확실하게 결정하는 것은 늘 불가능하다. 이러한 문제는 아무튼 우리의 현 목적에 중요하지 않다. 우리는 우리의 지각들이 참이든 거짓이든, 자연의 정확한 재현이든 감각들의 단순한 환상이든 이 지각들의 일관성으로부터 추론을 끌어낸다.[76]

에피쿠로스, 홉스, 로크는 '감각인상이 대상으로부터 직접 생겨난다'고 생각한 반면, 데카르트는 감각인상이 '정신의 창조적 힘에 의해 산출된다'고 생각했고, 말브랑슈(Nicholas Malebranche, 1638-1715)와 기회원인론자 또는 우인론자偶因論者들(Occasionalists)은 '우리의 존재의 원작자로부터 도출되는 것'이라고 생각했다. 말브랑슈는 신이 영혼을 창조하는 가운데 우리 안에 감흥인상들을 산출했거나, 주어진 대상에 대해 우리가 생각하는 매순간에 감흥인상을 산출한다고 주장하고, 그렇지 않다면, 영혼은 피조된 존재자들의 모든 관념들을 포함하는, 완전히 완벽한 존재자와 결합되어 있다고 주장했다.[77]

그러나 "감각들로부터 생겨나는 저 인상들"의 "궁극 원인"은 "인간이성에 의해 완전히 설명될 수 없고", 또한 "이 인상들이 대상으로부터 직접 생겨나는 것인지, 아니면 정신의 창조능력에 의해 산출되는 것인지, 또는 우리 존재의 조물주로부터 유래하는 것인지 확실하게 결정하는 것은 항상 불가능하다"는 흄의 말은 다른 곳에서의 그의 논변에 비하면 '지나친' 회의론이다. 이 '지나친' 회의론은 상론했듯이 그가 본유적인 '심상'과 산출된 '인상'을 분화시키지 않은 데 기인하는 것으로 보인다. '인상'은 영혼이 인간의 본성 속에 본유하는 여러 심상들의 스펙트럼 속에서 외물의 입자와 파동의 감각적 자극에 맞춰 선별하여 이 자극에 상응

---

76) Hume, *A Treatise of Human Nature*, 59쪽.
77) 참조: David Fate Norton and Mary J. Norton, 473쪽, "Annotations to Treatise 1.4.2.12". Hume, *A Treatise of Human Nature*.

하는 심상을 활성화하는 작용이나 활성화된 형상물이다. 반면 공자는 '심상'이란 하늘에서 만들어(在天成象) 우리의 본성 속에 집어넣어 준 것, 즉 천부적인 것이라고 갈파했다. 우리는 여기까지 확실히 알 수 있다. 하지만 이 이상은 하늘의 일이라서 우리가 알 수 없다.

그러나 이 간단한 시사로도 위의 세 가지 견해가 다 부분적으로 그릇된 것이라는 것을 알 수 있다. '감각인상이 대상으로부터 직접 생겨난다'고 생각한 에피쿠로스·홉스·로크의 견해는 대상으로부터 오는 것은 감각인상이 아니라, 단지 입자와 파동이기 때문에 그릇된 것이고, 감각인상이 '정신의 창조적 힘에 의해 산출된다'고 생각한 데카르트의 견해는 외물로부터 오는 입자와 파동, 그리고 영혼의 본성 속의 본유적 '심상'을 망각하기 때문에 그릇된 것이다. 실체성, 지속(시간), 연장(공간), 수, 운동, 모양 등 사물의 소위 '1차 속성'은 사물 속에 객관적으로 들어있고 동시에 영혼에 본유하는 '관념'인 반면, 색깔, 소리, 맛, 냄새, 촉감 등 '2차 속성'은 영혼에서 만들어내는 지각의 '관념'이라고 생각한 갈릴레오와 데카르트의 – 널리 수용된 – 중간적 견해도 그릇된 것이다. 1차 속성이든 2차 속성이든 모두 다 하늘에서 만든 ('관념들'이 아니라) '심상들'이기 때문이다. 가령 갈릴레오가 '1차 속성'이라 부른 사물운동과 정지의 '지속'은 우리의 '심상'이고, 시간은 사고작용이 이 지속심상을 가공한 '관념'이다. 또한 신이 영혼을 창조하는 가운데 우리 안에 감흥인상들을 다 산출해 두었다고 주장하거나 신이 주어진 대상에 대해 우리가 생각하는 매순간에 감흥인상을 산출한다고 주장하는 말브랑슈의 기회원인론적 견해도 그릇된 것이다. '심상'은 신(하늘)이 만들었지만, '감흥인상'은 인간이 영혼에 받아들여진 외부자극으로 이 심상을 일으켜 산출한 것이기 때문이다.

따라서 감흥인상의 궁극적 원인의 "완전한 해명불가능성"을 말하는 흄의 저 '완전한' 불가지론은 지나친 것이다. 그러나 흄은 나중에 홉스와 로크의 네오에피쿠리언적 견해를 부정함으로써 이 지나친 회의론을 완화한다.

감흥인상이 '대상으로부터 생겨나는 것'이라는 에피쿠리언적 견해에 대한 그의 입장을 먼저 살펴보면, 그는 이 견해를 단적으로 부정한다. 감각들은 "감각들의 인상들"을 우리의 영혼 속에 "이미지와 재현으로 현시하든지, 아니면 바로 이 개별적·외부적 실존태로 현시해야" 한다.[78] 일단 감각들이 "바로 이 개별적·외부적 실존태"로 감흥인상을 우리의 감각적 영혼 속에 "현시하는 것"은 불가능하다. 이것은 우리의 감각이 외부 대상에 의해 지배되는, 즉 우리의 몸과 마음의 상태에 의해 흔들리지 않는 독립적 실존태라는 말이기 때문이다. '우리의 감각적 지각의 독립적 실존의 독트린'은 우리의 가장 평상적 경험과도 배치된다.

- 먼저, 우리의 지각이 아무런 독립적 실존을 보유하지 않는다는 것을 우리에게 확신시켜 주는 소수의 실험을 진술하는 것이 적합할 것이다. 우리가 손가락으로 한 눈을 누르면, 우리는 즉각 모든 대상이 이중화되어 이것들 중 절반이 평범하고 자연스런 위치로부터 이탈하는 것을 지각한다. 그러나 우리가 지속적 실존을 이 두 지각에 귀속시키지 않는 만큼, 그리고 이 지각이 둘 다 같은 성질인 만큼, 우리는 우리의 모든 지각이 우리의 감관 및 우리의 신경과 정기精氣의 기질에 종속되어 있다는 것을 명확하게 감지한다. 이 견해는 거리에 따른 객체들의 (크기의) 외양적 증감에 의해, 그리고 그들의 모양의 현상적 변동에 의해, 또한 우리의 질병과 나쁜 기분에 기인한 그것들의 색깔과 기타 속성들의 변화에 의해, 나아가 동일한 종류의 무한히 많은 실험에 의해 확증

---

78) Hume, *A Treatise of Human Nature*, 126쪽.

된다. 이 모든 실험으로부터 우리는 우리의 감각적 지각이 어떤 별개의 독립적 실존을 보유하지 않다는 것을 배운다.[79]

그러나 감각들이 감흥인상을 우리의 영혼 속에 "이미지와 재현으로 현시한다"는 견해도 오류다. 감각은 외물의 요소들을 받아들일 뿐 '단일 지각'만을 만드는 능력이 없기 때문이다. 감각은 외물의 요소를 받아들여 신경적 자극을 만들 뿐이고 이 자극 저편의 어떤 것의 존재를 조금도 시사해 주지 않는다.

우리가 사물을 감지할 때 우리의 육체의 감관들에 닿는 것은 물체나 그 파동이지만, "우리의 정신 속으로 들어오는 모든 것"은 물체가 아니라 "지각이다". 정신은 이 '지각'을 "즉각" 인상과 관념으로 이중화하고, 이 인상과 관념만을 취급한다. 그러므로 "소리, 맛, 냄새는 – 정신에 의해 흔히 지속적·독립적 속성으로 (잘못) 간주될지라도 – 연장 속에 어떤 실존을 가진 것으로 현상하지 않고, 따라서 감관들에게 육체에 대해 외적으로 위치한 것으로 현상하지 않는다".[80] 소리·맛·냄새 등의 인상과 관념은 모두 다 정신 안에서 정신적인 것으로서만 나타나는 것이다.

이것은 감흥인상이 대상과 인간 간의 감각적 접촉과 협동작용, 즉 외부 대상과 인간적 지각능력의 연계적 공동작용에서 생긴다는 것을 시사한다. 외부 대상은 우리의 오관을 통해 일정한 미립자와 그 일정한 파장을 우리의 신경계에 보내고, 정신은 모양·연장·부피·움직임, 그리고 단단함·부드러움·빨강·매움·소리·향내·온기 등의 오감의 느낌과 기쁨·아픔·슬픔 등의 단순감정 – 눈, 귀, 입, 코, 피부의 신경계를 통해 받아들인 특정한 자극들에 상응하는 – 본유적 '심상' 범주들을 제공하고, 이 둘이 영혼

---

79) Hume, *A Treatise of Human Nature*, 140쪽.
80) Hume, *A Treatise of Human Nature*, 127쪽. 괄호는 인용자.

속에서 결합하면 '느낌들'로서의 '감흥인상'이 대상의 '재현태'로 생겨난다. 영혼 속의 이 수많은 범주의 이미지들은 지성으로 해명할 수 없는 - 하늘이 준 - 인성人性 덕택에 정신 속에 이미 갖춰져 있다는 의미에서 '본유적'이다. 즉, '감흥인상'은 외부 대상에 의해 촉발되어 일어나지만, 이 감흥인상의 심상들(모양, 연장, 부피, 단단함, 부드러움, 움직임, 빨강, 매움, 맑은 소리, 탁한 소리, 가는 소리, 굵은 소리, 향기로움, 악취, 차가움, 따듯함, 기쁨, 슬픔 등)의 출처는 외부 대상이 아니라 우리의 정신이다.

따라서 흄은 좀 모호한 설명이기는 하지만 이에 대해서도 해명한다. 우리는 이 시대 철학자들은 '근감각(muscle sense; muscular sense; kinaesthesia; myesthesia)'을 전혀 모르고 오직 시·청·후·미·촉각의 오감만을 거론했다는 것을 감안해야 한다. 그는 일단 다섯 감각(시·청·후·미·촉각)에 의해 전달되는 '세 부류'의 인상을 구분하고 이에 대한 오해와 편견을 해명한다.

- 제1부류는 물체들의 모양, 부피, 운동, 단단함이다. 제2부류는 색깔, 맛, 냄새, 소리, 냉온이다. 제3부류는 우리의 살을 쇠로 자르는 것과 같이 우리의 육체에 대상들이 닿는 것에서 생기는 고통과 쾌락이다. 철학자들과 보통사람들은 이 중 제1부류가 우리와 별개의 지속적 실존을 가지고 있다고 상정한다. 다시 철학자와 보통사람은 제2부류를 같은 기반 위에 서 있는 것으로 여긴다. 철학자와 보통사람은 다시 제3부류가 단순히 지각들이라고, 따라서 단속적·종속적 존재자들이라고 생각한다.[81]

로크는 우리의 관념들에 의해 신뢰할 수 있게 재현되는 대상들의 '일

---

81) Hume, *A Treatise of Human Nature*, 128쪽.

차 속성들(연장, 모양, 운동 등)'과, 신뢰할 수 있게 재현되지 않는 '이차 속성들(색깔, 소리, 온기 등)'을 구별했다. 이 구별은 갈릴레이가 처음 도입한 이래 많은 철학자들에 의해 채택되었다.[82] 그러나 철학자들의 이 견해는 보통사람들의 통속적 견해나 다름없는 것이다. 따라서 흄은 위에서 양자를 묶어서 기술하고 있다.

그러나 흄은 이 철학자와 보통사람들이 제1부류(소위 '일차 속성'), 제2부류의 성질('이차 속성'), 제3부류('촉감')를 차별하는 것을 부분적으로 부정한다. "철학적 의견이 무엇이든 색깔, 소리, 온랭溫冷이 감각들 안에 현상하는 한에서 운동, 단단함 등과 동일한 방식에 따라 존재한다는 것, 그리고 이 점에서 우리가 지어내는 이것들 간의 차이는 단순한 지각 때문에 생겨나는 것이 아니라는 것은 명백하다. 전자의 성질들의 별개의 지속적 실존에 대한 편견은 아주 강하여, 현대의 철학자들에 의해 반대 의견(대상은 색깔, 소리 등을 전혀 내포하지 않는다)이 제기될 때 사람들은 이것을 자신들의 느낌과 경험으로부터 거의 반박할 수 있고, 바로 그들의 감각들은 이 철학을 부정한다. 또한 색깔, 소리 등이 시원적으로 강철로부터 생겨나는 고통과, 불로부터 생겨나는 쾌락과 동일한 기반 위에 서 있다는 것, 그리고 이것들 간의 차이가 지각에도, 이성에도 기초한 것이 아니라, 상상력에 기초한 것이라는 것도 명백하다. 이것들이 둘 다 명백히 신체의 부위들의 특별한 배치와 운동으로부터 생겨나는 지각일 뿐인데, 이것들 간의 차이가 어디에 있을 수 있단 말인가? 전체적으로 보아 감각이 재판관인 한에서 우리는 모든 감각들이 그 실존 방식에서 동일한 것이라고 결론지어도 된다."[83] 우리의 말로 바꾸면 대상적 속성으로 보이는 제1·2부류의 것들도 제3부류의 촉감적 감정과 마찬가지로 대

---

82) 참조: David Fate Norton and Mary J. Norton, 451쪽, "Annotations to Treatise 1.3.6.2". Hume, *A Treatise of Human Nature*.
83) Hume, *A Treatise of Human Nature*, 128쪽.

상이 우리 몸에 닿은 때 생겨나는 정신의 지각(정신적 속성)에 불과하다는 말이다. 즉, 모든 '감흥인상'은 대상적 미립자와 파장의 감각적 이입과 신경물질의 전달에 의해 야기되는 영혼 속의 본유적 이미지 범주들(우리의 '物象')의 활성화일 뿐이다.

한편, '반성인상'은 '감흥인상'과 반대로 "대부분이 관념들로부터 생겨나는" 인상이다. 여기서 '대부분'이라고 한 것은 관념들에서 생기는 인상 외에 주기적인 식욕·성욕·수면욕·배변·배뇨욕 등 내생적內生的 욕구와 각종 육체적 쾌감(포만감, 단잠, 쾌변, 건강한 느낌)과 육체 내부의 고통(위통, 두통, 치통, 통풍의 아픔) 등과 같은 내부감각에서 바로 생기는 인상도 있기 때문이다. '관념에서 생기는 반성인상'의 발생 과정은 다단계를 거친다. 일단 첫 인상이 감각들을 때려 가령 열기, 냉기, 목마름, 배고픔, 압박, 아픔, 고락苦樂 등을 지각하게 한다. 그 다음, 정신은 이 인상들을 복사한다. 그리하여 인상이 종식된 후에도 사유적 복제물(copy)이 기억으로 남는데, 이는 주지하다시피 '관념'이라고 부른다. 가령 고통과 쾌락의 '관념'은, 영혼으로 되돌아올 경우, 관념에 조응하는 최초 인상에 대한 기억과 상상에 의해 욕구와 혐오, 바람과 두려움의 '새로운 인상'을 산출한다. 이 새로운 인상은 '영혼으로의 반성'으로부터 생겨나는 인상이다. 이것이 '반성인상'이다. 이 '반성인상'은 다시 기억과 상상에 의해 복제되어 또 다시 '관념'이 될 수 있다. 이것은 다시 다른 인상과 관념을 산출할 수 있다. 따라서 '반성인상'은 여기서 산출된, 조응하는 관념(또 다시 복제된 저 관념)에 선행하지만, '감흥인상'으로부터 유래하므로 이 '감흥인상' 뒤에 나타난다. 수동적 감정(passions), 열망(desires), 능동적 감정(emotions) 등의 '반성인상들'은 "대부분 '관념'에서 발생한다".[84] 열망과 수동적·능동적 감정(희·노·애·구·애·오·욕) 등 단순감정은 대상에 대한

---

84) Hume, *A Treatise of Human Nature*, 11쪽.

단순한 지각으로부터 발생하는 것이 아니라 지각에서 만들어진 관념(인지지식)으로 인해 발생한다. 가령 호랑이에 대한 공포는 호랑이에 대한 지각에서 생기는 것이 아니라 호랑이의 지각에 근거해서 산출된 호랑이의 인지지식(호랑이가 얼마나 무서운 동물인지에 대한 지식관념)으로부터 발생한다는 말이다. 이 감흥인상들의 발생과 전달 과정에 대한 정밀 탐구는 정신론의 소관이라기보다 해부학자나 자연철학자들의 소관일 것이다.[85]

흄은 '감흥인상'과 '반성인상'의 정의에 이어 '기억'과 '상상'을 정의한다. 어떤 인상이든 정신과 더불어 현존해 왔을 경우, 이 인상은 정신 안에서 그 자체가 다시 "관념"으로 출현하게 만든다. 이것은 "두 가지 다른 방식"으로 벌어진다. 첫째는 인상이 새로운 출현 속에서 "최초의 생생함을 상당한 정도로 보유하는" 경우인데, 이 경우에 이 인상은 "인상과 관념 사이의 어느 중간에" 있다. 둘째는 새로 출현한 인상이 "생생함을 다 잃는" 경우다. 이 인상은 이제 "완전한 관념(perfect idea)"이다. "우리가 첫 번째 방식으로 우리의 인상을 반복하는 역량"은 "기억"이라 부른다. 기억은 반半관념·반인상이라는 말이다. 두 번째 방식으로 인상을 '완전한 관념' 형태로 출현시키는 "다른 역량"은 "상상"이라 부른다. '기억'의 관념은 '상상'의 관념보다 "훨씬 더 생생하고 강렬하다". 과거의 사건의 회상은 강렬한 방식으로 정신에 유입된다. 반면, '상상' 속에서 지각은 희미하고 맥없어서 정신 속에 한결같이 보존되기 아주 어렵다. 따라서 기억은 근원적 인상의 질서에 구속되지만, 상상은 이 질서에 구속당하지 않는다. 그러므로 기억의 기능은 단순관념의 질서와 위치를 충직하게 보존하는 것인 반면, 상상력은 자신의 관념을 바꾸고 변형시키는 자유를

---

85) Hume, *A Treatise of Human Nature*, 11쪽.

누린다.[86] 한마디로, 상상력은 '제 멋대로' 춤춘다는 말이다.

3.2. 본유관념의 부정과 본유인상의 긍정

여기까지의 정의 내용을 바탕으로 우리는 '본유관념'의 문제에 관한 논의를 충분히 종결시킬 수 있다. 흄은 위에서 "인상들의 궁극 원인"은 "인간이성에 의해 완전히 설명될 수 없다"고 했지만, 홉스·로크 등과 관련하여 앞서 시사했듯이 그 출처에 대해서까지 침묵한 것은 아니다. 흄의 입장을 미리 요약하자면, 흄은 '인상(정확히는 '심상')은 본유적이고 관념은 본유적이지 않다(관념은 정신의 사유작용에 의해 생산된다)'고 갈파함으로써 본유관념 논쟁을 비판적으로 종합하고 이전의 교조적 소박 경험론과 독단적 합리론을 해체·화해시키고자 한다. 흄은 '지각'을 "우리가 감각들을 쓸 때나 감정으로 움직여질 때, 또는 생각과 반성을 활용할 때 정신에게 현전할 수 있는 모든 것(whatever can be present to the mind)"으로 정의한다. 상론했듯이 공자는 "격물치지格物致知(대상을 마주한 지각)"를 '심상(象)'과 '의념(意)'로 구별했다(在天成象之'象' + 格物致知誠意之'意'). 주지하다시피 흄도 공자와 유사하게 '지각'을 '인상'과 '관념'으로 나누었다. 그는 다른 곳에서 좀 더 대중적으로 '인상'을 ① 우리가 어떤 종류의 감정 또는 정감을 느끼거나 ② 감각들에 의해 전달된 외부 대상들의 심상을 얻을 때의 정신의 '지각'으로 정의한다. ①은 이른바 '반성인상'이고, ②는 이른바 '감흥인상'이다. '관념'은 우리가 현전하지 않는 대상이나 감정을 기억하여 반성할(되돌아 생각할) 때의 지각으로 정의된다. '인상'은 생생하고 강렬한 지각인 반면, '관념'은 희미하고 약한 지각이다. 인상은 느낌(feeling) 쪽에 속하는 반면, 관념은 생각(thinking)

---

86) Hume, *A Treatise of Human Nature*, 11-2쪽.

에 속한다.

흄의 제1명제는 주지하다시피 "우리의 모든 관념(약한 지각)"은 시초에 '느낌'에 가까운 "우리의 인상(강렬한 지각)으로부터 유래한다"는 것, 그리고 "우리가 우리 바깥에서 보지 않거나 우리 자신의 영혼 안에서 느끼지 않은 어떤 것도 우리는 사유할 수 없다"는 것이다. 이 명제는 로크가 "어떤 관념도 본유적이지 않다"는 명제로 나타내고자 한 본의일 것이다. 다만, 로크는 '인상'과 '관념'의 범주구별 없이 "우리의 모든 지각을 '관념'이라는 술어 아래 싸잡는" 범주적 혼돈 속에서 자기의 명제를 너무 과장된 것으로 만들고 말았을 뿐이다. 그러나 제대로 말하자면,

- 우리가 아무런 본유관념도 가지고 있지 않다는 것은 그릇된 것이다. 왜냐하면 보다 강렬한 지각, 즉 인상이 본유하는 것은 명백하고, 자연적 욕망, 덕의 사랑, 분노, 그리고 다른 모든 감정은 본성으로부터 직접 생겨나기 때문이다. 나는 누구든 물음을 이 관점에서 받아들이는 사람은 모든 쪽을 쉽게 화해시킬 수 있다고 확신한다. 말브랑쉬 신부는 정신에 의해 내적으로든 외적 감각에 의해서든 앞서 느껴진 어떤 것을 재현하지 않는 정신의 사유를 지목해 보려면 스스로 당혹스럽다는 것을 깨닫고, 우리가 아무리 관념들을 혼동시키고 혼합하고 더하고 빼더라도 이 관념들은 다 이 원천들로부터 유래한다는 것을 인정하지 않을 수 없을 것이다. 다른 한편으로, 로크는 우리의 모든 감정이 인간 정신의 근원적 만듦새(original constitution)로부터만 유래하는 일종의 자연적 본능이라는 것을 쉽게 시인할 것이다.[87]

---

87) Hume, "An Abstract of a Book lately Published, entitled *A Treatise of Human Nature*", 408쪽.

로크를 겨냥해서 흄이 제기한 "우리가 아무런 본유관념도 가지고 있지 않다는 것은 그릇된 것이다"라는 명제는 표현이 그릇되었다. "우리가 아무런 본유인상(본유심상)도 가지고 있지 않다는 것은 그릇된 것이다"라고 표현했어야 한다. 로크의 표현을 그대로 살려야만 논제가 제대로 제기될 수 있을 것이다. 로크는 원래 우리가 그 어떤 "본유적 원리들(innate principles)"이나 "본유적 인상(innate impression)"의 도움 없이 "오직 자연적 역량만으로도 인간이 보유한 지식을 얻을 수 있다"고 말했다.[88] 흄에 의하면, 모든 최초 '관념(사유)'은 "영혼 속에의 어떤 선행적 지각이 없는" 상태에서 '인상'으로부터[89] 정신의 시원적 지성적 노동(기억력과 상상력의 사유작용)에 의해 산출되는 것이다. 따라서 '인상'에서 나오지 않는 '관념'은 없다. 그러나 외적 감각("외적 감관들에 대한 대상들의 작용")에서 생겨나는 '감흥인상'이든, 내적 감각에서 직접 생겨나는 '반성인상'이든 두 느낌이 다 '인간 정신의 근원적 본성구조로부터만 유래하는 일종의 자연적 본능'이라는 의미에서 본유적이다. 말하자면, '본유인상'은 있으나 '본유관념'은 없다.

1748년의 『인간지성론(*An Enquiry concerning Human Understanding*)』에서 흄은 동일한 취지의 견해를 보다 명쾌하게 개진한다. 흄은 "본유관념을 부정하는 철학자들"이 "말하려고 했던 것"은 "모든 관념은 우리의 인상의 복제물이라는 사실 이상의 것이 아니었다"고 해석한다. 다만, 그들이 "채용한 술어들은 그렇게 조심스럽게 선택되지 않았고 또한 그들의 학설에 관한 모든 실수를 방지할 만큼 정확하게 정의된 것도 아니었을" 뿐이다. 그런데 로크는 강단철학자들에게 너무 말려들어서 정교하지 않은 술어로 인한 오류를 범했다. '본유적(innate)' 관념이라는

---

88) John Locke, *An Essay concerning Human Understanding* [1690] (New York: Prometheus Books, 1995), Book I, ch.2 §1.
89) Hume, *A Treatise of Human Nature*, 181쪽.

말이 '본성으로 타고난' 시원적 관념, 즉 '생이지지'를 뜻한다면, '최초 인상은 최초 관념에 선행한다'는 인간과학의 제1원리에 따라 '관념'은 결코 본유적일 수 없지만, 인상은 본유적이기 때문이다.

- 'innate'라는 단어가 '우리의 탄생과 동시적'이라는 것을 뜻한다면, 논쟁은 하찮은 것이고, 또한 '생각'이 우리의 탄생 전, 탄생 시, 또는 탄생 후 중 어느 시점에 시작되는지를 물을 가치도 없다. 다시 'idea'라는 단어는 로크와 기타 사람들에 의해 아주 헐거운 의미로, 즉 '생각'만이 아니라 어떤 지각·감각·감정을 뜻하는 것으로 흔히 받아들여지는 것으로 보인다. 이런 의미에서 나는 이기심이나 불법행위에 대한 분노 또는 남·녀 양성 간의 감정이 '본유적이다'라고 주장하는 것이 무슨 뜻인지 알고 싶다. 그러나 이 술어들, 인상과 관념을 위에서 설명된 의미로 받아들이고 'innate'를 'original(원천적인 것)' 또는 선행 지각으로부터 복제되지 않은 것으로 이해하여, 우리는 우리의 모든 인상은 본유적이고 우리의 관념은 본유적이지 않다고 주장할 수 있다. 솔직히 말해서 나는 정의되지 않은 술어를 사용해 문제의 핵심을 건드리지 않은 채 논쟁을 지루할 정도로 길게 끌고 나가는 강단철학자들에 의해 로크가 속아서 이 문제 속으로 말려들었다는 것이 내 의견임을 고백한다.[90]

막 태어난 갓난이는 미발달한 오감과 내적 감각의 '느낌'과 최소한의 '본능'만 있고, 오감과 내적 감각으로부터 영혼으로 전해 오는 '인상'은 극소하고 '생각(관념)'은 전혀 없다. 'innate'가 '탄생과 동시적'이라면 '본유관념', 아니 '관념' 자체를 거론할 단계가 아니다. 그러나 'innate'

---

90) Hume, *An Enquiry concerning Human Understanding*, 18쪽 각주.

가 '본유적·시원적'이라는 의미라면, 느낌과 본능(인간 정신의 근원적 본성구조의 능력)에 가까운 '인상'은 정신 속에 본유적이어서 정신으로부터 시원始源한다. 하지만 '관념'은 정신으로부터 시원하는 것이 아니라 이 '인상'으로부터 기원한다.

공자의 말로 표현하면, '인상'은 '생이감지生而感之'하는 것(본성으로 타고나서 느끼는 것)이지만, '관념'은 '생이지지生而知之'하는 것(본성으로 타고나서 아는 것)이 아니라 인상으로부터 비로소 만들어지는 것이다. 빨강, 매움, 더움, 추움, 단단함 등의 느낌들을 분별하는 '심상' 범주인 '인상'은 정신의 기억과 상상의 능력으로 비로소 산출해내는 것이 아니라, '본성으로 타고난' 것, 정신 속에 이미 본유하는 것, 하늘이 명한 정신의 천성으로부터 고유하게 시원하는 것이다. 말하자면, '재천성상在天成象(모든 상은 하늘에서 이루는 것)'이다. 반면, '관념들'은 이성이 깨인 정신이 기억력과 상상력을 발휘하는 힘든 사유 노동을 통해 '인상들'로부터 비로소 산출해야 한다. 특히 '일반관념(가령 개개의 '이' 장미, '저' 장미가 아니라 類로서의 '장미'라는 일반적 개념)'은 반복적 경험을 종합·체계화하는 사유의 고도의 '추상화(abstraction)' 작업의 작품이다. 그러므로 정신 속에 본유하는 '인상(심상)'은 정신에 의해 '입상立象·발견'되는 반면, 본유하지 않는 '관념'은 정신에 의해 비로소 '고안·생산'되는 것이다.

3.3. 관념들의 연합과 실체개념의 부정

관념들은 서로 연결되고 연합될 수 있다. 관념들의 연결은 유사성의 연결, (시공적) 인접성의 연결, 원인과 결과의 연결 등 세 가지 연결이 있다. 복합관념들은 관계·양상·실체 등으로 연합될 수 있다. 관념들을 연결시키는 '관계'는 두 가지 의미로 정의될 수 있다. '관계'는 ① 두 관념이 상상 속에서 서로 연결되어 하나가 자연적으로 다른 것을 끌어들이는 성질, 또는 ② 상상(fancy) 속에서의 두 관념의 자의적 결합의 경우를 포함해 우리가 이 두 관념을 비교하는 것이 적합하다고 생각할 수 있는 특별한 사정이다. 보통 언어에서 전자의 의미는 우리가 늘 쓰는 '관계'라는 말의 의미다. 후자의 관계는 철학에서 쓰는 의미다.[91]

실재하지 않는 추상적 사유 속의 관계라는 의미에서의 '철학적 관계(philosophical relations)'는 ① 유사성, ② 동일성, ③ 시간과 공간의 관계, ④ 양 또는 수의 관계, ⑤ 정도, ⑥ 반대성, ⑦ 원인과 결과의 관계다. '철학적 관계'란 대상 속에 들어 있는 관계가 아니라, 인간이 인식을 위해 설정하는 관계라는 말이다.

① '유사성'에 대해 말하자면, 비교를 허용하는 모든 대상들은 어느 정도의 유사성을 보유한다.

② '동일성'은 추상적 사유 속의 항구적·불변적 대상(수식) 및 인격적 정체성(personal identity)의 본성과 기초('자아' 개념)에만 적용될 수 있다.[92] 흄은 이것을 얼마간의 "철학적 날조(feigning)"나 "관념적 구성과 소망"일 뿐이라고 설명한다. 만물·만사는 변하고 변하기 때문에 자연 속에 동일한 것은 존재하지 않기 때문이다. 이 만물유전의 법칙에서 벗어나 있는 유일한 항구적·불변적 대상은 아마 관념 속의 '신'일 것이다. 따라서 '동일성'이란 사실상 비현실적인 관계다. 실제에서는 오로지 '유사성'만이 현실적이다. '자아'의 동일성, 즉 인격적 정체성의 경우, '사유가

---

91) Hume, *A Treatise of Human Nature*, 13-14쪽.
92) Hume, *A Treatise of Human Nature*, 14-15쪽. 동일성(sameness)과 (인격적) 정체성(dentity)은 같은 개념이 아닌데, 흄은 'identity'라는 영·불·독어의 말버릇 때문에 identity를 sameness와 같은 것으로 간주한다. 그러나 개인의 정체성은 그 개인이 자라면서 그의 생각·몸집·형태·인상 등이 완전히 달라지는 가운데에도 유지되는 계속성 또는 일관성이다. 그러나 흄은 이 개인적 정체(正體)의 '계속성·일관성'을 '동일성'의 의미로 이해하고 있다. 이 때문에 자아의 정체성을 동일하지 않은 것을 동일한 것으로 "날조"하는 것으로 오해하고 있다. 이에 대해서는 뒤에 상론한다.

정신의 본질'이라고 생각한 데카르트 등 일군의 철학자들은 우리가 '코기토(cogito: 나는 생각한다)'의 원리 속에서 '자아'를 매순간마다 내적으로 의식한다고 상상하거나, 로크·루소 등 또 다른 일군의 철학자들은 우리가 자아의 존재와 존재 속에서의 자아의 계속성·일관성을 느끼고 논증의 명증성을 뛰어넘어 자아의 완벽한 동일성과 단순성을 확신한다고 상상한다. 그러나 흄에 의하면, 인간의 '자아'란 - 뒤에 상론하겠지만 - 오인된 허구적 동일성 개념에 입각한 '날조'의 관념이다. 이 자아 관념은 자아의 직접적 인상으로부터 복제될 수 없다. 왜냐하면 이러한 대상(자아)이 존재하지 않으므로 이러한 인상도 존재할 수 없기 때문이다. 우리가 관심을 내부로 돌려 기저에 존재하면서 우리의 다양한 경험을 통합하는 어떤 단순한 자아 또는 정신을 흘낏이라도 들여다보려고 들 때, 우리는 단지 지각들의 계기적繼起的 흐름만을 만날 뿐이다. 우리는 결코 그처럼 단순한 지각대상으로서의 자아나 정신을 만나지 못한다. 흄은 동일성의 개념과 종류를 재검토한 뒤 인과작용과 상기想起의 관계들이 상상에 영향을 미쳐 우리로 하여금 지각들이 통합되고 하나로 묶이는 것처럼 느껴지게 만들고 그리하여 인격적 동일성의 관념('허구')의 기반을 제공한다고 설명한다. 우리가 경험하는 어떤 것도 우리의 상이한 지각들을 진짜 통합시키는 것이 아니다. 우리는 다만 이 지각들이 상상 속에서 통합되어 있는 것을 발견하기 때문에 이 지각들이 통합되어 있다고 상정想定하는 것일 뿐이다.[93] 이 허구적 관념의 '자아' 동일성은 그럼에도 불구하고 우리의 실천적 삶을 위해 필수적인 것이다. 따라서 흄은 저 '동일성' 관계가 이 자아 관념에 적용될 때는 어느 정도의 현실적 의미가 있다고 인정한다.

③ '시간'과 '공간'의 관계는 시간적이고 공간적인 의미에서 멀다, 가깝

---

93) Hume, *A Treatise of Human Nature*, 164-171쪽.

다, 위·아래, 앞·뒤 등의 관계를 나타낸다.

④ '양' 또는 '수'의 관계는 크고 작고, 하나와 기타 수의 관계를 나타낸다.

⑤ '정도(degrees)'는 두 대상이 공통으로 가진 동일한 성질의 정도의 관계를 뜻한다.

⑥ '반대성(contrariety)'은 '모든 종류의 관계는 반드시 어느 정도의 유사성이 있다'는 규칙에 대한 예외를 구성한다. 그러나 '존재와 비존재의 반대'를 빼면 어떤 두 관념도 그 자체로는 대립될 수 없다. 모든 대상들은 털끝만큼이라도 유사한 면이 있을 수밖에 없기 때문이다. 그러나 존재와 비존재도 명백히 유사한 측면이 있다. '비존재'가 스스로 있지 않은 모든 때와 모든 곳에서 특정 대상을 배제하고 있을지라도 이 존재와 비존재는 둘 다 이 특정 대상의 있음·없음인 한에서 이 동일한 대상 '관념(idea)'을 내포하고 있기 때문이다.

⑦ '원인과 결과'는 자연적 관계이면서 철학적 관계다. '차이'는 실재나 긍정의 것이 아니라, '관계의 부정'이다. 따라서 흄은 이 '차이'를 이 '관계' 개념에서 제외시키고 있다.[94]

한편, 흄은 로크와 마찬가지로 우유태偶有態(accident)에 반대되는 형이상학적 '실체(substance)' 개념과, 가능성·필연성·현실성을 구분하는 양상(mode) 개념을 부정한다. 우유태와 반대된다는 '실체'는 '감흥인상'도, '반성인상'도 아니다. 그것이 '감흥인상'이라면 색·소리·맛이 문제가 되는데, 이것은 '실체'로 인정되지 않는 것이며, '반성인상'인 감정·욕구·정서도 '실체'로 볼 수 없다. 따라서 '실체'란 "개별적 성질들의 수집(collection of particular qualities)의 관념"에 불과한 것이다. 말하자면, '실체'와 (가능성·필연성·현실성 등의) '양상(mode)'은 상상력에 의해 결합

---

94) Hume, *A Treatise of Human Nature*, 15쪽.

(통합)되어 자신에게 배정된 개별 명칭을 달고 있는, 단순관념들의 집합이다. 이 명칭으로 우리는 우리 자신에게 또는 남들에게 이 집합체를 상기할 수 있다. 실체 관념들 간의 '차이'란 실체를 이루는 개별적 성질들이 "내재한다고 상정되는 '미지의 어떤 것(unknown something)'과 흔히 관련된 것 탓으로서 돌려진다"는 데에 있다. "이런 허구의 인정"이 일어나지 않더라도, 이 개별적 성질들이 적어도 "근접성과 인과관계에 의해 긴밀히 그리고 불가분적으로 연결된 것으로 상정된다"는 데 있다. 개별적 단순관념 또는 성질들을 결합하는 "통합의 원리"는 복합관념의 주요 부분으로 여겨져서 나중에 어떤 성질이 새로 나타나든 이 성질에게 입장을 허용하는 것이다.[95]

로크는 '지식(직관적 지식, 논증적 지식, 감각적 지식)'과 판단으로서의 '개연성'을 구분했다.[96] 흄은 로크와 좀 다른 방식으로 'knowledge(지식)'와 'probability(철학적 의미의 개연성=수학적 확률)'를 구별한다. 흄은 7가지 철학적 관계(① 유사성, ② 동일성, ③ 시공적 근접성, ④ 양 또는 수에서의 비율, ⑤ 어떤 성질 안에서의 정도, ⑥ 반대성, ⑦ 인과작용)를 두 가지로 나눈다. 하나는 관념들이 현시現示되는 선후 순서나 시時에 영향을 받지 않고 "우리가 서로 비교하는 관념들에 전적으로 좌우되는 관계"이고, 다른 하나는 "관념들 안에서의 어떤 변화 없이도" 선후 순서와 시에 따라 "변하는 관계"다.

첫째, "우리가 서로 비교하는 관념들에 전적으로 좌우되는 관계"는 7개 관계 중 4가지 관계(① 유사성, ② 어떤 성질 안에서의 정도, ③ 반대성, ④ 양 또는 수에서의 비율)로서 '지식'과 '확실성'의 기반을 제공한다. '개연성' 또는 '믿음'과 구별되는 흄의 '지식' 개념은 "관념들의 비교로부터

---

95) Hume, *A Treatise of Human Nature*, 16쪽.
96) Locke, *An Essay concerning Human Understanding*, Book IV, ch. 1. 9; Book IV, ch. 14. 1, 3, 4; Book IV, ch. 15. 1, 3; Book IV, ch. 16. 1, 4.

생겨나는 확실성 또는 확신(assurance)"이다. 이것은 일치·불일치로 정의되는 로크의 지식 개념과 유사하다.[97] 유사성, 어떤 성질 안에서의 정도, 반대성, 양 또는 수의 비율의 이 관계들은 비교되는 관념들이 현시現示되는 순서나 시時에 영향을 받지 않는다. 삼각형의 관념에서 세 각의 합이 두 직각과 같다는 등식관계는 – 우리의 관념이 동일하게 유지되는 한 – 불변적이다. ① 유사성, ② 같은 성질에서의 정도, ③ 반대성의 세 가지 관계는 "첫눈에 알아챌 수 있고 논증보다 더 정확하게 직관의 영역에 속하는" 관계들이다. 어떤 대상들이 서로 유사하다면, 이 유사성은 맨 먼저 눈이나 정신을 때릴 것이고, 두 번 검토를 요하는 경우는 드물다. 대립관계에 있는 '존재와 비존재'는 서로 파괴한다는 것을 아무도 의심한 적이 없다. 색·맛·열기·추위 등 어떤 '성질'의 '정도'를 그 정도의 차이가 적을 경우는 정확히 판단하는 것이 불가능할지라도, 차이가 상당할 경우 그 우열을 결정하는 것은 쉬운 일이다. 이 결정을 우리는 탐구나 추리 없이 "늘 첫눈에 언명한다". ④ 양 또는 수의 비율도 – "특히 그 차이가 아주 크고 현저할 때는" – 위와 같은 직관의 방법으로 "한 번 보고(at one view)" 그 우열을 간취한다. 그러나 – 우리가 한순간에 이해하고, 상당한 오류에 빠지는 것이 불가능하다고 느끼는 – 아주 작은 수나 아주 제한된 분량의 연장을 제외하고, 등식(equality)이나 어떤 정확한 비율에 관해 말하자면, 단 한 번의 고찰로는 다만 이를 추측할 수 있을 뿐이다. "이와 다른 모든 경우에는 얼마간의 자유를 갖고 그 비율을 정하거나, 보다 인공적인 방법(수리적 논증, 눈금자나 저울에 의한 실측 등 – 인용자)으로 행하지 않을 수 없다."[98]

---

97) Locke, *An Essay concerning Human Understanding*, Book IV, ch. 1. 2; Book IV, ch. 4. 1. 로크는 서로 비교되는 관념들의 일치·불일치 또는 유사성·비유사성에서만 '확실성(certainty)'이 발생하고 지식이 산출된다고 설명한다.
98) Hume, *A Treatise of Human Nature*, 50-51쪽.

둘째, "관념들 안에서의 어떤 변화 없이도 변하는 관계"는 남은 3가지 관계(동일성, 시공적 근접성, 인과작용)로서 개연성 또는 믿음을 제공한다. 이 관계들은 관련된 관념들이 현시되는 선후의 순서나 시時에 영향을 받거나 이 시공간적 선후관계에 좌우된다. 가령 두 대상 사이의 멀고 가까움의 관계는 대상 자체나 대상의 관념에서의 아무런 변화 없이 단순히 장소의 변화만으로도 변할 수 있다. '동일성'과 '인과관계'도 마찬가지다. 두 대상이 완벽하게 닮았더라도(즉, 동일하더라도), 그리고 심지어 같은 곳에 나타나더라도 다른 때에 나타나면, 수적數的으로 다를 수 있다. 한 대상이 다른 대상을 산출하는 힘은 이 대상들의 관념으로부터 결코 발견될 수 없다. 그런 만큼, 명백한 것은 원인과 결과가 어떤 추상적 추리나 반성으로부터가 아니라 '경험'으로부터 정보를 받는다는 것이다. 원인과 결과의 관계 속에는 우리에게 현상하는 그대로의 대상 자체의 성질로부터 설명될 수 있는 단 하나의 현상도, 기억과 경험의 도움 없이 예견할 수 있을 단 하나의 현상도, 아니 가장 단순한 현상도 없다.[99]

3.4. 수학적 관념: 감각적 인상의 복제물

합리주의자들이 '영적靈的 본성' 또는 본유관념의 본령으로 오인하는 수학적 관념들도 흄은 감각적 인상의 복제물로 간주한다.

- 수학자의 대상인 저 관념들이 아주 정제精製되고 영적인 본성을 지녀서, 공상(fancy)의 개념 속으로 추락하는 것이 아니라 영혼의 우월한 역량만이 할 수 있는 순수하고 지성적인 관조에 의해 이해되어야 한다고 주장하는 것은 수학자들 사이에서 통상적인 일이다. 동일한 상념想

---

99) Hume, *A Treatise of Human Nature*, 50쪽.

恁은 철학의 대부분을 관통하여 우리의 추상관념을 설명하는 (…) 데도 주로 활용된다. 철학자들이 왜 모종의 영적이고 정제된 지각의 이러한 상념들을 그렇게 좋아하는지를 아는 것은 어렵지 않다. (…) 이 전략을 쳐부수기 위해, 우리는 '우리의 모든 관념들은 우리에 의해 복제되는 것이다'라는, 아주 종종 주장된 저 원칙을 성찰하기만 하면 된다. 여기로부터 우리는 모든 인상들이 명백하고 정밀하다는 결론을 즉각 도출할 수 있기 때문에, 이 인상들로부터 복제된 관념들은 동일한 본성을 지녀야 하고, 우리의 잘못이 아니라면 아주 어둡고 얽히고설킨 어떤 것들도 결코 포함할 수 없다. 관념은 바로 그 본성에 의해 인상보다 더 약하고 더 희미하지만, 다른 모든 관점에서 동일하므로 아주 큰 신비를 내포할 수 없는 것이다.[100]

따라서 우리의 수학적 관념들이 기타 많은 관념들과 다른 오묘한 영적 본성을 가졌다는 주장은 그릇된 것이다. 데카르트주의자 아르노(Antoine Arnauld, 1612-1694)과 니콜(Pierre Nicole, 1625-1695)은 '정신적(mental) 관념'과 '물적(corporeal) 이미지' 간의, 즉 영혼의 관념과 육체의 관념 간의 구분을 받아들여서 상상될 수 있는 것이 아니라(이미지가 만들어질 수 있는 것이 아니라) 비非유형적인 정신에 의해 '정신적 형태'로만 생각될 수 있는 모종의 유형적 사물들이 있다고 주장한다. 이들은 가령 데카르트가 『성찰』에서 예로 든, 1996×직각(90도)과 같은 1000각을 가진 천각형이 이 점을 잘 증명한다고 말한다.[101]

---

100) Hume, *A Treatise of Human Nature*, 52쪽.
101) Antoine Arnauld·Pierre Nicole, *Logic: or The Art of Thinking* [1662], translated by J. V. Buroker (Cambridge: Cambridge University Press, 1996), "Discourse 2" (17-18쪽). Hume, *A Treatise of Human Nature*, 447쪽, Norton의 주7)에서 재인용. 데카르트의 '천각형'의 예는 참조: Descartes, *Meditations on First Philosophy*, Meditation VI. Descartes, *Discourse on Method and Meditations on First*

그런데 흄은 기하학을 산술·대수학과 구별한다. 흄이 일종의 '기술'로 간주하는 기하학은 '보편성'과 '정확성' 측면에서 산술과 대수학에 미치지 못하기 때문이다. "우리가 도형들의 비례를 정하는 기하학 또는 기술(art)은 보편성과 정확성 측면에서 감각과 상상의 헐거운 판단을 많이 능가하지만 완벽한 정밀성(precision)과 정확성(exactness)에 도달하지 못한다. 기하학의 공리들은 아무래도 대상들의 일반적 현상에서 이끌어낸 것이고, 이 현상은 자연이 할 수 있는 경이로운 미세성微細性(minuteness)을 정밀 검토할 때 우리에게 안전성을 결코 제공할 수 없다. 기하학적 관념은 '평행하는 두 직선은 공통된 선분線分(segment)을 갖지 않는다', 즉, 서로 만나지 않는다는 완벽한 확신을 주는 것처럼 보이지만, 우리가 이 관념들을 고찰하면 우리는 이 관념들이 두 직선의 감각적 경각傾角(inclination)을 상정하고 있다는 것을 발견한다." 결국, 경험적으로 두 평행한 직선은 만나지 않는 것이 아니라 서로 만나는 것(공통된 선분을 갖는 것)으로 현상한다. 기하학은 이런 결함 때문에 대수학과 산술에 비해 뒤떨어지는 것이다. 따라서 대수와 산술만이 '유일한 과학'으로 남는다. "이 결함은 기하학이 완전한 확실성을 갈망하지 못하게 할 정도로 기하학에 늘 따라다닌다. 그러나 이 기본적 공리들이 가장 쉽고 가장 적게 기만적인 현상에 기초하기 때문에 이 공리들은 그 결과에, 이 결과만이 유일하게 기할 수 있는 일정한 정도의 정밀성을 부여한다. 눈이 1996직각과 같은 천각형(chiliagon)의 각도를 확인하는 것, 그리고 눈이 이 비율에 접근하는 그 어떤 추정을 만드는 것은 불가능하다."[102] 기하학은 많은 사람들이 '과학'으로 생각하지만, 단지 '기술'에 불과한 것이다. 그러나 흄은 나중에 출간된 『인간지성론』(1648)에서 기하학을 차

Philosophy.
102) Hume, *A Treatise of Human Nature*, 51쪽.

별하지 않고 산술이나 대수학 못지않게 "그 확실성과 명증성을 영원히 보유하는" 진리로 취급하며 이 수학들과 동등하게 '관념관계(relations of ideas)'에 귀속시키고 있다.[103]

---

103) Hume, *An Enquiry concerning Human Understanding*, 28쪽.

제4절

인과율의 습관인상적 개념

4.1. '온고지신'의 인과성으로서의 습관적 연결인상

상술했듯이, 원인론적 접근이 불가능한 현상(가령 전구의 수명, 열역학의 제2법칙 등)을 설명하는 현대수학의 확률이론과 통계학, 그리고 인과적 정확성을 개연성으로 격하시킨 하이젠베르크의 불확실성원리에 의해 인과율은 그 정확성과 객관적 위치가 크게 축소되었다. 흄은 다른 접근법으로 인과관계의 객관성을 부정한다. 어떤 존재든 원인을 가져야 한다는 것(원인의 필연성)은 직관적 지식이 아니기 때문이다.

- 이것('존재하기 시작하는 것은 무엇이든 존재의 원인을 가져야 한다')은 모든 추리에서 어떤 주어진 또는 요구된 증명도 없이 당연한 것으로 흔히 간주된다. 이것은 직관에 기초한 것, 즉 입으로 부정할지라도 마

음속에서는 의심하는 것이 불가능한 격률 중의 하나인 것으로 상정된다. 그러나 우리가 위에서 설명된 지식의 관념에 의해 이 격률을 검토한다면, 이 격률 안에서 우리는 직관적 확실성의 아무런 징표도 찾지 못하고 오히려 이것이 저 확신의 종류에 낯선 본성을 지닌 것이라는 사실을 깨달을 것이다. 일체의 '확실성'은 관념의 비교로부터 그리고 – 관념들이 동일한 것으로 유지되는 한 – 변할 수 없는 (수학적) 관계들의 발견으로부터 생겨나는 것이다. 이 관계들은 유사성, 양과 수에서의 비율, 어떤 성질의 정도, 반대성인데, 이것들 중 어떤 것도 '존재하기 시작하는 것은 무엇이든 존재의 원인을 가져야 한다'는 이 명제에 포함되어 있지 않다. 그러므로 저 명제는 직관적으로 확실하지 않은 것이다.[104]

이 말은 두 가지 의미를 갖는다. 첫째, 원인과 결과의 관계는 직관적 확실성이 없다, 즉 객관성이 없다는 것이다(우리가 주관적으로 지어낸 것이다). 둘째, 모든 존재가 원인을 갖는 것은 아니라는 것이다(대다수의 존재는 인과적 접근이 불가능하다).

흄이 나중에 수정하여 출판한 『인간지성론』의 인과율에 관한 논의는 『인성론』과 다른 설명 방법을 취하고 있지만, 훨씬 명쾌하다. 지금부터는 당분간 『인간지성론』의 논의를 추적해 보기로 한다. 흄은 일단 탐구의 두 대상을 '관념관계(relations of ideas)'와 '사실문제(matters of fact)'로 나눈다. '관념관계'에는 '영원히' 확실성과 명증성을 보유하는 기하학, 대수학, 산술의 과학이 속한다. '사실문제'에는 반대되는 일이 얼마든지 가능한 문제들이 속한다. 가령 '내일 해가 뜨지 않을 것이다'라는 명제와 '내일 해가 뜰 것이다'라는 반대 명제는 둘 다 판명하게 이해 가능한 명

---

104) Hume, *A Treatise of Human Nature*, 56쪽. 괄호는 인용자.

제다. '사실문제'에 관한 모든 '추리(reasonings)'는 원인과 결과의 관계에 기초한 것이다. 이 인과관계에 의해서만 우리는 기억과 감각의 명증성을 넘어설 수 있다.[105]

그런데 감각에 포착되는 대상의 '현상적 성질들'은 아무리 분석하고 뜯어보아도 이 대상을 산출하는 '원인'이나 이 대상으로부터 생겨나는 '결과'를 드러내 보여주지 않는다. 따라서 "이 인과관계의 지식은 어떤 사례에서도 선험적(a priori) 추리에 의해 얻어지는 것이 아니라, 전적으로 경험으로부터 생겨난다는 것"을 흄은 "예외를 용인하지 않는 일반명제"로 천명한다. 이것은 인과적 지식은 이성에 의해서가 아니라 경험에 의해서만 발견될 수 있다는 '온고지신'의 선언이다. 따라서 "인간의 이성은 경험에 의해 지원받지 않으면 실재적 존재와 사실문제에 관한 어떤 추론도 끌어갈 수 없다". 모든 자연법칙과 물체의 모든 작용은 예외 없이 경험에 의해서만 알려진다. "어떤 대상이 우리에게 현시되고, 우리가 옛 관찰의 자문을 받지 않고 그 대상으로부터 나올 결과를 밝혀내도록 요구된다면, 정신이 어떤 방법에 따라 이 작업을 진행해야 하는가?" 아마도 "틀림없이 정신은 정신이 대상의 결과라고 대상에 귀속시키는 어떤 사건을 지어내거나 상상해낼 것이고, 이 지어낸 것은 완전히 자의적일 것임이 뻔하다." 공자의 말대로 '사이불학思而不學'하면 '부지이작不知而作' 할 것이 뻔한 것이다. "정신은 최고의 정밀조사를 통해서도 상정된 '원인' 안에서 '결과'를 발견해낼 수 없다. 왜냐하면 '결과'는 '원인'과 전적으로 다른 것이고, 따라서 결과는 원인 안에서 결코 발견될 수 없기 때문이다."[106] 그러므로 "관찰과 경험의 도움 없이 단 한 건이라도 어떤 사건이나 어떤 원인 또는 결과를 결정한답시고 허세를 부리는 것은 헛된

---

105) Hume, *An Enquiry concerning Human Understanding*, 28-29쪽.
106) Hume, *An Enquiry concerning Human Understanding*, 30-31쪽.

짓이다".

그러므로 뉴턴 같은 "합리적이고 겸손한 철학자들"은 "어떤 자연적 작용의 궁극 원인을 배정하거나 또 우주 안에서 어떤 단일 결과를 산출하는 힘의 작용을 판명하게 보여준다는 허세를 부리지 않는다". 인간이성의 지극한 노력은 "자연현상들을 산출하는 원리들을 더 간단하게 축소시키고 유추·경험·관찰을 통해 많은 개별 결과들을 소수의 원인들로 분해하는 일"이다. 그러나 "일반적 원인들의 원인"을 발견하려고 하는 것은 "헛된 짓"이다. 이런 "궁극적 원천과 원리들"은 인간적 호기심과 탐구에 대해 "전적으로 폐쇄되어" 있다. 탄성, 중력, 부분들의 응집력, 충격에 의한 운동의 전달, 기껏해야 이런 정도의 것들이 아마 우리가 자연에서 발견해야 할 '궁극 원인과 원리'일 것이다. 그러나 정밀한 탐구와 추리에 의해 우리가 개별적 '현상들'을 이 일반적 원리들에까지 또는 그 가까이까지 추적할 수 있다면, 우리는 충분히 행복하다고 자평할 수 있다. 따라서 "자연철학 부류 중 가장 완벽한 철학도 우리의 무지를 조금 더 오래 유예시킬 뿐이다". 마찬가지로 "아마 정신철학 또는 형이상학 부류 중 가장 완벽한 철학도 무지의 더 큰 분량을 발견하는 데만 기여할 것이다". 이와 같이 "인간적 눈멂과 약함에 대한 깨달음"은 "모든 철학의 성과"다.[107]

그런데 인과관계에 대한 경험적 증명의 근거는 무엇이란 말인가? 원인과 결과의 작용에 대한 경험을 얻고 난 뒤라도 이 경험으로부터 도출된 우리의 결론은 "이성적 추리나 지성의 과정에 기초한 것이 아니다". 자연은 자신의 모든 비밀을 감추고 소량의 피상적 성질에 대한 지식만을 제공한다. 자연은 저 대상들의 영향력이 전적으로 의존하는 저 힘들과 원리들을 우리에게 감추는 것이다. 우리의 감각들은 빵의 색깔, 무게,

---

107) Hume, *An Enquiry concerning Human Understanding*, 32-33쪽.

견실성 등을 감지하지만, 감성이든 이성이든 인간 육체의 자양과 육성에 그것이 적합하도록 만들어 주는 저 성질들을 알 수 없다. 시각이나 촉각은 물체의 실제적 운동의 관념을 전달하지만, 장소의 지속적인 변화 속에서도 움직이는 물체에 영원히 가해지고 결코 상실되지 않는 경이로운 힘과 능력에 관한 한, 우리는 그에 관해 감도 잡을 수 없다. 자연적 힘과 원리들에 관한 이러한 무지에도 불구하고 "우리는 같은 감각적 성질들을 볼 때 항상, 그것들이 같은 비밀의 힘을 가지고 있다고 가정하고, 우리가 경험한 것들과 유사하게 결과가 이 힘에서 나올 것이라고 기대한다. 우리가 이전에 먹었던 저 빵과 같은 색깔과 견실성을 가진 물체가 우리에게 현시되면, 우리는 조금도 망설이지 않고 경험을 반복하여 확실하게 같은 자양과 육성을 예견하는 것이다." 이 '기대'와 '예견'은 바로 "정신 또는 사유의 과정"이다. 그런데 "감각적 성질과 비밀스런 힘 간에는 아무런 알려진 연결(connexion)도 없다". 따라서 정신은 이 감각적 성질과 비밀스런 힘의 본성에 대해 아는 어떤 것에 의해, 이 "양자 간의 항상적·규칙적 결합(conjunction)"에 관한 어떤 결론을 형성하지 못한다. "과거의 경험(past experience)"은 "인지 속에 들어왔던 저 정확한 대상과 그 시간의 정확한 기간에 대해서만 직접적이고 확실한 정보를 준다". 그러나 "이 과거의 경험이 왜 미래의 시간대로, 그리고 잘은 모르지만 아마 현상적으로만 유사할 뿐일지도 모르는 다른 대상으로까지 확장되는가"가 '핵심 물음'이다. 내가 전에 먹었던 빵이 나를 보양했다. 즉, 이러한 감각적 성질들을 가진 물체가 그때 이러한 비밀스런 힘을 부여받았었다. 그러나 다른 빵도 나를 또 다른 시간대에 보양하고 같은 감각적 성질들이 늘 같은 비밀스런 힘들을 수반한다는 결론이 나오는가? 결과적 귀결은 결코 필연적이지 않은 것처럼 보인다. 그런데 적어도 정신이 끌어대는 어떤 "필연적 귀결성(consequence)"이 여기에 있다. 여기에 "정신에 의해 취해진 어떤 조치, 어떤 사유 과정, 그리고 설명되기를 원하는 어떤 추론이 들어 있는 것이다". 나는 '이러한 대상이 이러한 결과를 수반하는 것을 보았다'와 '나는 현상적으로 유사한 다른 대상들이 유사한 결과를 수반하는 것을 예견한다'는 두 명제는 동일한 것이 아니다. 그러나 나는 사실 이것이 항상 동일한 것처럼 추론되는 것을 안다. 그러나 이 "추론(inference)"은 "이성적 추리(reasoning)의 사슬"에 의해 이루지는 것이 아니다.[108] 이 '추론'은 '이성적 추리'가 아니라 '경험적 논변(arguments)'이다.

그런데 모든 경험적 논변은 '유사성'에 근거한다. "경험으로부터 도출되는 모든 논변은 우리가 자연적 대상들 사이에서 발견하고, 또 이러한 대상으로부터 유래하는 것으로 발견한 결과들과 유사한 결과를 기대하도록 우리를 유도하는 유사성에 근거한다." 관심거리는 "경험에 이 강력한 권위를 주고 또 우리로 하여금, 자연이 상이한 대상들 사이에 배치한 유사성으로부터 편익을 끌어내도록 만드는 인간 본성의 원리"다. "유사하게 현상하는 원인들로부터 우리는 유사한 결과를 예상한다. 이것이 바로 우리의 경험적 결론의 전부다." 우리가 개별적 사건과 관련하여 "확고한 신뢰와 확실성"을 얻는 것은 "한결같은 경험(uniform experience)의 오랜 과정 이후"다. 단 하나의 사례로부터 결론을 끌어내는 저 이성적 추리의 과정은 저 단 하나의 사례와 결코 다르지 않은 100개의 사례에서 추론하는 과정과 어떤 점에서 그렇게 다른가? 수많은 똑같은 경험으로부터 우리가 감각적 성질과 비밀스런 힘 간의 연결을 추론하는 것은 다른 관점에서 표현된 동일한 어려움으로 보인다. 빵의 색깔, 견실성 및 기타 감각적 속성들이 저절로 현상하여 보양과 육성의 비밀스런 힘과의 연결을 갖는 것은 분명 아니다. 그렇지 않다면 우리는 경험의 도움 없

---

108) Hume, *An Enquiry concerning Human Understanding*, 34-35쪽.

이 그냥 이 감각적 성질들의 현상으로부터 이 비밀스런 힘들을 추론할 수 있을 것이기 때문이다. "바로 여기에 모든 대상들의 힘과 영향에 관한 무지의 자연상태가 있다." 이 '무지의 자연상태'는 경험에 의해 해소된다. 경험은 "우리에게 확실한 대상들"로부터 귀결되는 "수많은 똑같은 결과들"을 제공하고, 그 개개 시간에 개별적 대상이 이러한 능력과 힘을 부여받았다는 것을 가르쳐 준다. 그리하여 빵과 같은 색깔과 견실성을 가진 어떤 새로운 대상이 생산될 때, 우리는 "유사한 힘과 능력을 기대하고 동일한 결과를 찾는다". 그러나 이것은 확실히 설명되기를 바라는 정신의 전진적 발걸음이다. 어떤 사람이 '과거의 모든 사례에서 이러한 감각적 성질들은 이러한 비밀스런 힘과 결합되는 것을 발견했다'고 말하는 것과, 그가 '유사한 감각적 성질들은 늘 유사한 비밀스런 힘과 결합될 것이다'라고 말하는 것은 동어반복이 아니다. 또한 이 명제들은 어떤 관점에서도 같은 것이 아니다. 후자의 명제는 전자의 명제에서 '추론된' 명제다. 그러나 이 '추론'은 '직관'도 아니고 '논증'도 아니다. 그렇다면 이 추론의 본성이 의문이다. 경험으로부터 도출하는 모든 추론은 "미래가 과거와 유사할 것이다(the future will resemble the past)", 그리고 "유사한 힘들은 유사한 감각적 성질들과 합치될 것이다"라는 것에 기초한다. 즉, 모든 경험적 추론은 '온고지신'이다. 만약 자연의 과정이 변할 수 있고 과거가 미래에 대해 아무런 규칙도 제공할 수 없다는 의혹이 생긴다면, 모든 경험은 무용지물이고, 어떤 추론이나 결론도 낳을 수 없을 것이고, 경험으로부터 전개하는 어떤 논변도 미래가 과거를 닮았음(resemblance)을 증명할 수 없다. 왜냐하면 모든 경험적 논변은 그 닮음 또는 유사성의 상정에 기초하기 때문이다. 따라서 과거 경험으로부터 물체의 본성을 배운 것처럼 허세를 부리는 것은 헛된 짓이다. 물체의 본성과 이것의 결과와 영향은 변할 수 있고 심지어 그 물체의 감각적 성질들

이 전혀 변하지 않더라도 변할 수 있는 것이다. 이런 일은 어떤 것들에서도 종종 일어난다.[109]

정신과 이성의 허세는 늘 적극 억제되어야 한다. 이 점에서 흄은 베이컨보다 더 적극적으로 '아카데미아 회의론', 즉 카르네아데스의 '완화된 회의론'을 지지한다. 이 회의론은 "늘 회의와 판단의 유보, 조급한 결정의 위험, 지성의 탐구를 좁은 경계범위 내에 한정하는 것, 그리고 일상생활과 실천의 경계 안에 있지 않은 모든 사변적 사색의 철회"를 주장한다. 그러므로 이 아카데미아 회의론은 "정신의 건방짐, 정신의 게으른 오만, 정신의 고답적 허세, 정신의 미신적 경신輕信"과 가장 "반대되는" 철학이다.[110]

인과적 연결에 대한 조심스런 경험적 추론은 이성적 직관도, 논증(이성적 추리)도 아니다. 그것은 인과적 연결의 '주관적' 원리로서의 '관성과 습관'이다. 이성과 반성에서 최강의 능력을 가진 어떤 사람이 갑작스럽게 이 세상에 던져졌다고 상정해 보자. 그는 대상의 계속적인 계기繼起와 꼬리를 잇는 사건들을 직접 관찰할 뿐, 그 이상 어떤 것도 깨닫지 못할 것이다. 다시 그가 더 많은 경험을 획득하고 친숙한 대상들이나 친숙한 사건들이 항상 서로 결합되는 것을 관찰할 정도로 오랫동안 세상에서 살았다고 상정해 보자. 그는 즉각 한 대상의 존재를 다른 대상의 현상으로부터 추론할 것이다. 그러나 그는 그 모든 경험에도 불구하고 한 대상이 다른 대상을 산출하는 저 '비밀스런 힘'의 관념이나 지식을 얻지 못한다. 그러나 그는 그래도 그것을 끌어내도록 자신이 '결정되어 있다'는 것을 깨닫는다. 그리고 그는 자신의 '지성'이 이 작업에 전혀 참여하지 않는다고 확신할지라도 동일한 사유 과정을 계속할 것이다. 여기에는 이러한

---

109) Hume, *An Enquiry concerning Human Understanding*, 37-38쪽.
110) Hume, *An Enquiry concerning Human Understanding*, 42쪽.

결론을 형성하도록 그를 '결정'하는 어떤 다른 원리가 있는 것이다.[111]

- 이 원리는 관성 또는 습관(custom or habit)이다. 왜냐하면 어떤 특별한 행동이나 작용의 반복이 새로운 행동이나 작용을 갱신하는 성향을 산출하는 곳이면 어떤 곳에서든 우리는, 이성적 추리나 지성의 과정에 의해 강요받지 않는다면, 이 성향을 관성의 효과라고 말한다. 이 용어를 채택함으로써 우리는 짐짓 이러한 성향의 궁극적 이유를 제시한 척 하지 않는다. 우리는 다만, 보편적으로 수긍되고 그 효과에 의해 잘 알려진 인간 본성의 한 원리를 지적할 뿐이다. 아마 우리는 우리의 탐구를 더 이상 할 수 없거나, 이 원인의 원인을 제시하는 척하고 있을지도 모르지만, 우리가 선정할 수 있는, 경험에서 나온 모든 결론의 궁극 원리로서 인간 본성의 그 원리에 만족해야 한다. 우리가 여기까지 올 수 있는 것은 충분한 만족이고, 우리의 역량이 더 이상 끌고 가지 않을 것이기 때문에 우리의 능력의 협소성에 불만을 느끼지는 않는다. 그리고 우리가 - 가령 열과 불꽃, 무게와 견고성 등 같은 - 두 대상들의 항상적 결합 후에 다른 대상의 현상으로부터 이 대상을 기대하도록 단지 관성에 의해 결정되어 있다고 주장할 때, 우리가 여기서, 참된 명제는 아닐지라도 아주 잘 이해할 수 있는 명제를 제출하고 있다는 것은 확실하다. 이 가설은, 우리가 - 1천 개의 사례와 어떤 점에서도 다르지 않은 - 한 사례로부터 끌어낼 수 없는 어떤 추론을 왜 1천 개의 사례에서 끌어내는지 하는 물음과 관련된 난관을 설명하는 심지어 유일한 가설처럼 보인다. 이성은 이러한 변주(variation)를 어떤 식으로도 감당할 수 없다. (…) 경험으로부터 나온 모든 추론은 이성적 추리의 결과가

---

111) Hume, *An Enquiry concerning Human Understanding*, 42-43쪽.

아니라 관성의 결과다.[112]

그러므로 "관성은 인간적 삶의 위대한 가이드"다. 이 명제는 내용상 "옛것을 거듭 데워 새것을 알면 가히 스승 노릇을 할 수 있다(溫故而知新 可以爲師矣)"는[113] 공자의 명제와 그대로 일치한다. 이 원리만이 우리의 경험을 우리에게 유용하게 만들어 주고 우리로 하여금 과거에 나타난 사건들과 유사한 일련의 사건들을 미래에 기대하게 만들어 준다. 환언하면, 반복을 통해 영혼 속에서 형성되는 '관성' 또는 습관만이 새로운 예상지식 또는 일반적 추론명제를 산출한다. 이것은 바로 '과거의 관례적 연관사실들(故)'을 반복적으로 경험하며 거듭 데워 새기는 가운데 습성에 의해 이 경험들을 '원인(故)'으로 삼아 새로운 지식을 추론해내는 '온고지신溫故知新'이다. "관성의 영향이 없다면, 우리는 기억이나 감각 앞에 직접 현재하는 것을 넘는 모든 사실문제에 대해 완전히 무지할 것이다." 이 관성이 없다면, 우리의 "모든 행동과 사유의 주요 부분의 동시적 종식"이 찾아들 것이다.[114]

여기로부터 흄은 전반적 결론을 도출한다. "사실문제나 실재적 존재에 대한 모든 믿음은 단지 기억이나 감각에 현재하는 어떤 대상과 이 대상과 저 대상 간의 관성적 연결작용으로부터만 유래한다. 또는 환언하면, 두 종류의 대상 – 불꽃과 열기, 눈과 냉기 – 이 항상 함께 결합되었다는 것을 많은 사례로 알았기 때문에 만약 불꽃이나 눈이 다시 감각에 현시된다면, 정신은 관성에 의해 열기나 냉기를 기대하고, 이러한 성질이 존재한다고 믿도록 이끌리는 것이다. 이 믿음은 이러한 상황에 정신을 처하게 한 것의 필연적 결과다. 이것은 영혼이 그렇게 처할 때 불가피한

---

112) Hume, *An Enquiry concerning Human Understanding*, 43-44쪽.
113) 『論語』「爲政」(2-11).
114) Hume, *An Enquiry concerning Human Understanding*, 45쪽.

영혼의 작용이다 – 우리가 은혜를 받으면 사랑의 감정을 느끼고, 해를 당하면 증오를 느끼듯이. 이 모든 작용은 어떤 이성적 추리나 사유와 지성의 과정이 산출하거나 방지할 수 없는 일종의 자연적 본능이다."[115]

따라서 내가 마른나무 한 조각을 불 속에 던질 때, 내 정신은 즉시, 그것이 불꽃을 끄는 것이 아니라 키울 것이라고 생각하는 쪽으로 이동한다. 원인에서 결과로의 생각의 이런 이행은 '이성'에서 생기는 것이 아니다. 이 이행은 모조리 '관성과 경험'에 기인한다. 그리고 이 이행이 감각에 현재하는 대상으로부터 처음 시작되는 만큼, 이 이행은 불꽃의 관념·개념을 상상력의 어떤 떠도는 헐거운 환상보다 더 강렬하고 생생하게 만들어 줄 것이다. 저 관념은 즉각 일어난다. 와인 한 잔이 내게 주어졌을 때보다 칼이 내 가슴에 겨누어졌을 때, 상처와 고통의 관념은 – 비록 우연히 이 관념이 와인의 출현 이후에 일어났을지라도 – 나를 더 강렬하게 때릴 것이다. 그러나 이러한 강렬한 개념을 야기하는 것은 바로 다른 대상의 관념으로의 관성적 이행이다. 현재적 대상으로부터의 이행은 모든 경우에서 관련된 관념에 강력성과 견고성을 준다. 그렇다면 "자연과정과 인간의 관념들의 계기繼起 간에는 일종의 예정조화(pre-established harmony)가 있는 것"이다. 자연과정을 다스리는 능력과 힘들이 우리에게 "전체적으로 미지未知"라고 할지라도, 우리의 사유와 개념은 자연의 다른 작품들과 동일한 행정 속에서 나란히 계속된다. "관성은 이 조응(correspondence)이 작동되는 원리다." 따라서 관성은 우리 인간 종족의 생존과 우리 행동의 조절에, 그리고 인간적 삶의 모든 정황과 생기生起 속에서 아주 필수적인 것이다. 이 점에서 결함에 찬 이성보다 본능적 관성이 차라리 더 믿음직스러운 것이다. "우리가 같은 원인으로부터 같은 결과를 추론하고 또 역으로도 추론하는 정신의 이 작용이 모든 인간

---

115) Hume, *An Enquiry concerning Human Understanding*, 46쪽.

피조물의 생존에 필수적인 만큼, 정신이 이성의 틀리기 쉬운 연역에만 내맡겨지는 것은 불리하다. 이성은 그 작용에서도 느리고 유아기의 첫 수년 동안에는 조금도 나타나지 않고 잘해야 인간적 삶의 모든 나이와 시기에 자칫 오류와 실책을 범하는 경우가 극단적으로 많다. 자연의 통상적 지혜에 더 순응하는 것은, 그 작용에서 불가류적不可謬的이고 삶과 사유의 첫 현상에 등장하고 지성의 모든 힘든 연역과 독립적일 수 있는 어떤 본능 또는 기계적 경향에 의해 그렇게 필수적인 정신 작용을 확보하는 것이다. 자연이 우리에게 사지를 움직이는 근육과 신경에 대한 지식을 주지 않고도 우리의 사지의 사용을 가르쳐 주었듯이 - 우리가 대상들의 이 규칙적 과정과 계기가 전적으로 의존하는 저 능력과 힘들에 대해 무지할지라도 - 자연은 외부 대상들 사이에 설치한 과정에 상응하는 과정 속에서 사유를 진행시키는 본능을 우리 안에 심어 주었다."[116]

그러나 '사실관계'에 대한 관성적 추론은 수학적 '관념관계'와 달리 추론의 내용과 다르거나 정반대가 될 수 있다. 즉, 관성에 따른 경험적 추론은 절대적 확실성이 아니라, '개연적' 확실성만을 제공한다. 이 개연성 또는 확률 개념에 접근하기 위해 흄은 주사위 던지기에서 동일한 숫자가 나올 회수의 우연적 확률을 설명 수단으로 활용한다.

- 어떤 사건의 진정한 원인에 대한 우리의 무지는 지성에 바로 똑같은 영향을 가하고 유사한 종류의 믿음 또는 의견을 낳는다. 어느 한쪽에서 우연적 가능성이 우월함으로부터 생겨나는 개연성(확률)이 확실히 존재한다. 이 우월함이 증가하고 반대편 쪽의 우연적 가능성을 능가함에 따라, 개연성은 비례적 증가를 받아들여 우리가 우월성을 발견하는 쪽에 더 큰 정도의 믿음 또는 동조를 산출한다. 주사위의 네 면에 같은

---

116) Hume, *An Enquiry concerning Human Understanding*, 52-53쪽.

숫자 또는 같은 개수個數의 점들을 표기하고 남은 두 면에는 다른 숫자 또는 다른 개수의 점들을 표기하면, 전자가 나올 확률이 후자보다 더 많다. 주사위가 동일한 방법으로 표기된 1천 개의 면을 가졌고 이 중 한 면만 다르다면, 전자가 나올 확률은 더 높을 것이고, 그 경우의 발생에 대한 우리의 믿음 또는 기대는 더 한결같고 확실할 것이다. 이 사유·추리 과정은 소소하고 분명한 것처럼 보이지만, 보다 더 정밀하게 고찰하는 사람들에게는 아마 신기한 사색을 위한 재료를 제공해 줄 것이다.[117]

다른 글에서 흄은 인간사의 '우연'과 '원인'에 대해 좀 더 대중적인 설명을 가하여 '우연'을 '비밀스럽고 알려지지 않은 원인'이라 부른다. "우연과 원인의 구별은 매번 개별적 사건들을 고려하는 데 있어 개인마다의 현명에 좌우된다"는 것을 전제로, 어떤 편의적인 '일반수칙'을 도출하기를, "소수의 사람들에게 기인하는 것은 대개 우연, 즉 비밀스럽고 알려지지 않은 원인 탓으로 돌려져야 하는 반면, 대부분의 사람들에게 달려 있는 것은 종종 확정적이고 알려진 원인에 의해 설명될 수 있다"고 말한다. 이 일반수칙에 대한 두 가지 자연적 이유를 다시 주사위를 들어 설명한다. "첫째, 아무리 작더라도 주사위가 특정 측면으로 어떤 편향을 지니고 있다고 치면, 이 편향은 주사위 던지기 횟수가 적을 때는 나타나지 않을지라도 회수가 커지면 확실히 우세를 보일 것이고 균형을 완전히 그 쪽으로 기울게 할 것이다. 유사한 방법으로 어떤 원인이 특정 시간에, 그리고 특정한 사람들 사이에서 특정한 성향이나 감정을 낳을 때, 적잖은 개인들이 오염을 피하고 그들 자신의 특유한 감정에 의해 지배될지라도 수많은 다수는 공통된 정감에 의해 사로잡히고 모든 행동에서 이 정감에

---

117) Hume, *An Enquiry concerning Human Understanding*, 54쪽.

의해 지배당할 것이다. 둘째, 다수에게 작용을 가하기에 적격인 저 원리 또는 원인은 언제나, 소수에게만 영향을 가하는 원인보다 더 크고 많은 완강한 성질을 가지고 있고, 우연적 사건에 덜 영향받고, 변덕과 사적 공상에 의해 덜 영향받는다. 또한 이 후자(소수에 영향을 미치는 원인)는 보통 아주 미묘하고 아주 미세해서 어떤 특정 개인의 건강, 교육 수준, 재산에서의 아주 작은 사건도 이 원인의 방향을 바꾸고 그 작용을 지연시키기에 족하다. 또한 이 원인을 일반격률 또는 관찰소견으로 삼을 수도 없다." 따라서 다수에게 영향을 가하는 저 원인은 커다란 개연성을 갖고, 이에 대한 앎은 커다란 개연성을 갖는 지식이 된다.[118]

로크는 모든 논변을 '논증적 논변'과 '개연적 논변'으로 나누었다. "이 관점에서 보면, '모든 사람은 죽어야 한다' 또는 '내일 태양이 뜬다'는 것은 단지 확률적일 뿐이다". 그러나 흄은 논변을 "논증(demonstrations), 증명(proofs), 개연성(probabilities)"으로 삼분하고, '증명'을 "의심이나 반대의 여지를 남기지 않는, 경험에 근거한 이러한 논변"으로 정의한다.[119] 이렇게 보면, '개연적 지식'은 '논증적 지식'이나 '증명된 지식'과도 다른 것이다.

정신은 보통 주사위 던지기에서 나올 어떤 케이스의 기대치를 생각할 때 각각의 개별적 면이 나오는 것을 똑같은 확률로 고찰하는 것이 분명한 것처럼 보인다. 이것이 그 안에 포함된 모든 개별적 사건들을 완전히 동등하게 만드는 바로 그 우연적 가능성의 본성이다. 그러나 다른 케이스에서보다 한 케이스에서 더 많은 수의 면을 발견하면서 정신은 저 다른 사건으로 더 빈번히 쏠리고 궁극적 결과가 달려 있는 다양한 가능성

---

118) David Hume, "Of the Rise and Progress of the Arts and Sciences" [1742], 58-59쪽.
119) Hume, *An Enquiry concerning Human Understanding*, 54쪽, '개연성(probability)'에 붙은 각주.

또는 우연을 곰곰이 생각하는 가운데 그것을 더 자주 만나게 된다. 하나의 개별적 케이스에 여러 전망들이 동시에 일치하는 것은 즉각 "자연의 해명할 수 없는 기획정치"에 의해 "믿음의 감정(sentiment of belief)"을 낳고, 이 케이스에 대해 다른 케이스들을 능가하는 유리한 평점을 준다. '믿음'은 "상상의 단순 가공架空을 수반하는 생각보다 더 확고하고 강렬한 관념"이다. "여러 전망들의 합치"는 상상에 관념을 더 강렬하게 심어 놓고, 상상에 우월한 힘과 활력을 제공하고, "감정과 호감에 대한 상상의 영향"을 "더 생생하게" 해 준다. 한 마디로 '여러 전망들의 합치'는 "믿음과 의견"의 본성을 구성하는 "신뢰 또는 확실성"을 낳는다.[120]

원인의 개연성도 우연의 확률과 동일하다. 공자가 선후를 알아도 기껏해야 '근도近道'한다고 말했듯이, 원인과 결과의 '지식'은 어디까지나 개연적인 것이다. 따라서 원인의 개연성은 다양한 정도의 차이를 보여 준다. 어떤 결과를 산출하는 데 있어서 "완전히 제일齊—하고 항상적인 (uniform and constant) 원인들"이 있다. 그 작용에서 "어떤 결실缺失이나 불규칙의 사례가 한 번도 발견된 적이 없는" 경우다. 가령 불은 항상 탔고 물은 모든 인간 피조물을 질식시켰다. 충격과 중력에 의한 운동의 생산은 "지금까지 예외를 허용치 않은 보편법칙"이다. 그러나 "보다 불규칙적이고 불확실한 것으로 나타난 다른 원인들"도 있다. 가령 제사제制瀉劑가 늘 설사를 멎게 만드는 것은 아니고, 아편이 모든 사람에게 최면적 수면을 초래하는 것도 아니다. 어떤 원인이 그것의 통상적 효과를 산출하는 데 실패하는 경우는 자연의 불규칙성 탓이 아니라, 어떤 비밀스런 원인이 부분들의 개별적 구조 안에서 그 작용을 방해한 탓이다. 우리는 과거가 완전히 규칙적이고 한결같은 우리의 모든 추론에서 관성에 의해 과거를 미래로 이행시키도록 결정되어서 사건을 최대의 확신을 갖

---

120) Hume, *An Enquiry concerning Human Understanding*, 54-55쪽.

고 기대하고 반대를 상정할 여지를 남겨 두지 않는다. 현상적 외양에 정확히 유사한 원인으로부터 상이한 결과들이 나오는 것으로 현상하는 경우에 이 상이한 결과들은 과거를 미래로 이전시키는 가운데 사건의 확률(개연성)을 정할 때 우리의 고려에 산정된다. 가장 통상적인 것으로 나타나는 것에 우선권을 주고 이것이 존재할 것이라고 믿더라도 우리는 다른 결과를 간과하는 것이 아니라 이것들이 많건 적건 빈번하게 나타나는 것에 비례하여 이들 각각에게 개별적 무게와 권위를 할당한다. 여기서, 우리가 어떤 원인으로부터 나올 결과를 결정하기 위해 과거를 미래로 이전시킬 때, 분명히 우리는 상이한 모든 사건들을 과거에 현상한 것과 비례하여 이전시키고 어떤 것은 100번 있었고 가령 다른 것은 10번 있었고, 또 다른 것은 1번 있었다고 나누어 생각한다. 이에 비례하여 우리는 상상적(예상적) '믿음의 감정'과 '선호'를 표현한다.[121] 공자의 말로는 '다문다견'으로 '박학·심문'하고 이에 대한 '신사·명변'으로 '궐의궐태'하여 '과우과회寡尤寡悔'한(오류와 후회가 적은) '근도'의 개연적 지식을 얻는다는 말이다.

이런 논의를 바탕으로 흄은 뉴턴과 로크의 전례에 따라 대상의 능력, 힘, 에너지, 필연적 연결(인과관계) 등 모호한 형이상학적 개념을 '존재하지 않는 것'으로 전면 부인한다.

- 우리는 우리 주변에서 외부의 대상들을 바라고 원인들의 작용을 고찰할 때, 단 한 번의 사례에서라도 어떤 힘이나 필연적 연결, 결과를 원인에 묶어 주어 하나를 다른 것의 불가류적不可謬的 귀결로 만드는 어떤 성질을 발견할 수 없다. 우리는 다만, 하나가 사실상 다른 것을 실제로 뒤따르는 것을 발견할 뿐이다. 이것이 외적 감각(outward sense)에

---

121) Hume, *An Enquiry concerning Human Understanding*, 55쪽.

나타나는 전부다. 정신은 대상들의 이 계기繼起로부터 어떤 감정 또는 어떤 내적 인상(inward impression)도 느끼지 않는다. 어떤 대상의 첫 현상으로부터 우리는 결코 이것에서 어떤 결과가 생길 것이라고 추정하지 않는다. 그러나 정신에 의해 발견될 수 있는 어떤 원인의 힘이나 에너지가 있다면, 우리는 경험 없이도 그 결과를 예견할 수 있고, 단 한 조각의 사유와 이성적 추리만으로도 첫눈에 그것에 관해 확실하게 확언할 것이다.[122]

현실 속에는, 감각적 성질에 의해 어떤 힘 또는 에너지를 드러내거나 우리에게, 그것이 어떤 사물을 산출하거나 우리가 그 결과라고 명명할 어떤 다른 대상이 뒤따른다고 상상할 근거를 주는 물질의 어떤 부분도 존재하지 않는다. 견고성·연장·운동 등의 성질은 그 자체로서 모두 완전하고 결코 이것들로부터 생기는 어떤 다른 사건도 적시해 주지 않는다. 우주의 광경은 지속적으로 이동하고, 한 대상이 또 다른 대상을 중단 없는 계속적 생기 속에서 뒤따른다. 전체 우주기계를 움직이는 권능 또는 힘은 완전히 우리에게 감춰져 있고, 대상의 어떤 감각적 성질로도 자신을 드러내지 않는다. 우리는 사실 열기가 불꽃의 항상적 수반자라는 것을 알지만, 이 둘 사이의 연결이 무엇인지를 추측하거나 상상할 여지가 없다. 그러므로 단 한 건의 작용 사례에서도 힘의 관념을 물체에 대한 성찰로부터 도출할 수 없는 것이다. 어떤 물체도 이 '힘의 관념'의 원천일 수 있는 어떤 힘도 드러낸 적이 없기 때문이다.[123]

원인적 힘이 존재하지 않는 허구이므로 현상들 간의 계기적繼起的 '연접(conjoin)'은 있으나 인과적 '연결(connexion)'은 없다. "우리는 힘 또

---

122) Hume, *An Enquiry concerning Human Understanding*, 59-60쪽.
123) Hume, *An Enquiry concerning Human Understanding*, 60쪽.

는 필연적 연결의 관념이 유래하는 것으로 상정될 수 있는 모든 원천 속에서 이 관념을 찾았으나 헛된 짓이었다. 물체들의 작용 사례에서 우리는 아무리 극도로 정밀하게 조사해도 한 사건이 다른 사건을 뒤따르는 것만을 발견할 수 있고 원인이 작용하는 힘이나 권능, 또는 원인과 그것의 상정된 결과 간의 어떤 연결도 인식할 수 없다는 것이 밝혀졌다. 동일한 어려움은 정신과 육체 간의 작용을 고찰하는 데서도 일어난다." 그리하여 전 자연을 통틀어, 우리들에 의해 개념적으로 인식될 수 있는 단 한 건의 인과적 '연결' 사례도 현상하지 않는다. "하나의 사건"은 "다른 사건"을 다만 "뒤따를" 뿐이다. 우리는 이 사건들 간의 어떤 "결속(tie)"도 결코 관찰할 수 없다. "이 사건들은 연접되어 있기는 하지만 결코 연결되어 있지는 않은 것으로 보인다." 우리는 "외적 감각이나 내적 감정(inward sentiment)에 나타나지 않은 것에 대한 어떤 관념도 가질 수 없다". 결론적으로 아무런 '연결' 관념 또는 '힘' 관념도 존재하지 않는다. 따라서 이 술어들이 철학적 추리나 일상생활에서 쓰인다면, 절대 무의미한 것이다.[124] 이것은 『대학』이 사물과 사건 속에는 본말과 시종이라는 '선후'관계만이 존재한다고 말한 것과 본질적으로 상통한다.

인과적 원인도, 인과적 연결에 대한 객관적 관념도 없다면, 우리는 인과관계에 대해 무엇을 가지고 있는가? '원인'을 경험론적으로 정의하자면, '원인적 힘'은 없지만 이 힘의 '느낌'은 있다. 이 '느낌'의 출처는 상술했듯이 경험적 '관성'이다. 사건들 간의 "필연적 연결"의 관념은 분명 이 사건들 간의 "항상적 접속(conjunction)"에서 일어나는 "수많은 유사사례들"로부터 생겨난다. 유사사건들의 반복 후에 정신은 "습관"에 의해 한 사건의 현상으로 "쏠려" 그것의 통상적 동반자를 "기대하고" 그것이 있을 것이라고 "믿는다." 그러므로, 우리가 정신 속에서 "느끼는" 이 연

---

124) Hume, *An Enquiry concerning Human Understanding*, 68쪽.

결, 즉 "한 대상으로부터 이것의 통상적 동반대상으로의 상상의 관성적 이행(customary transition of the imagination)"은 우리가 "힘 또는 필연적 연결의 관념"을 형성해내는 출처로서의 "감정 또는 인상"이다. 이 '감정' 또는 '인상'의 형성 여부가 우리가 결코 연결의 관념을 받아낼 수 없는 단일 사례와, 이 관념이 시사되는 수많은 유사사례들 사이의 "유일한 차이"다. 어떤 사람은 가령 두 당구공의 충돌과 같은 충격에 의한 운동의 상호작용을 처음 본 시점에는 한 사건이 '연결'되었다고 언명할 수 없고, 다만 그것이 '연접'되었다고만 언명할 것이다. 그러나 이런 성격의 사례를 여러 차례 관찰한 후에는 그것들이 '연결'되었다고 언명할 것이다. 이 새로운 '연결' 관념을 낳게 된 데는 어떤 대단한 변화가 있었던 것일까? 이 사건들이 "그의 상상 속에서 '연결'되는 것으로 '느끼고(feel)' 쉽사리 다른 것의 현상으로부터 하나의 존재를 '예언할(foretell)' 수 있다는 것" 외에 일어난 일은 아무것도 없었다. 그러므로 우리가 한 대상이 다른 대상과 '연결'되었다고 말한다면, 우리는 그 대상들이 "우리의 사유 속에서 연결을 획득했다"는 것을 의미하고, 그것들이 서로의 존재에 대한 "증명"이 되는 이 추론을 낳는 것이다. 이것은 "조금 특별하지만 충분한 명증성에 기초한 것처럼 보이는 결론"이다. 흄에 의하면, 이 '결론의 명증성'은 새롭고 특별한 모든 결론에 관한 회의론적 의혹에 의해서도 약화되지 않을 것이라고 믿는다.[125]

흄의 이 논의는 공자가 마음속에서 이 선후관계를 거듭 데워 인과관계로 바꾸는 '온고지신'을 말한 것과 본질적으로 같은 말이다. '다문다견'으로 '박학·심문'하면(溫故) 저절로, 즉 관성적으로 미심쩍고 위태로운 것을 배제하는 '궐의궐태'의 작용이 이루어지고 그 나머지 것들에 대한 어떤 뜨거운 확신의 '감정' 또는 '느낌'이 생겨난다. 그러면 이 '뜨거운

---

125) Hume, *An Enquiry concerning Human Understanding*, 70쪽.

느낌'을 바탕으로 '신사·명변'의 추론을 행하여 '다문다견'의 반복적 경험현상들 간의 유사성에 대한 느낌을 – 뜨거울수록 확고한 – 연고緣故의 관계로 느껴 다른 결과적 현상을 상상 속에서 끌어내 '이유로 여겨지는 현상'과 '결과로 여겨지는 현상'을 '연결'시키는 '근도'의 '지신知新'을 이룬다는 말이다.

  대상들 간의 관계들 중 인과관계는 완전하게 아는 것이 중요한 관계다. 이런 까닭에 현재의 사례는 "지성의 놀라운 무지와 취약성"에 관한 가장 강력한 사례가 된다. 사실문제와 존재에 관한 우리의 모든 추리는 이 인과관계에 기초해 있다. 이 인과관계에 의해 우리는 우리의 기억과 감각의 현재적 증언으로부터 떨어져 있는 대상들에 관한 확신을 얻을 수 있다. "모든 지식의 유일한 직접적 유용성은 원인에 의해 장래의 사건들을 제어하고 조절하는 방법을 우리에게 가르쳐 주는 것이다." 그러므로 우리의 사유와 탐구는 늘 이 인과관계를 다룬다. 그러나 이 인과관계에 관한 우리의 관념은 아주 불완전하다. 따라서 "원인에 대해 외적이고 낯선 어떤 것에서 도출되는 것" 외에 원인에 대해 정확한 정의를 내리는 것은 불가능하다. 유사한 대상들은 항상 유사한 대상과 "연접"된다. 이것에 대해 우리는 경험을 가지고 있다. 그러므로 이 경험에 적합하게 정의한다면, "원인"이란 "첫 번째 대상과 유사한 모든 대상들을 두 번째 대상과 유사한 모든 대상들이 뒤따르는 경우에 다른 대상이 뒤따르는 한 대상"이다. 원인의 현상은 늘 '관성적 이행'에 의해 정신을 결과의 관념으로 이송한다. 이것을 우리는 경험하고 있다. 이 경험에 알맞게 원인을 달리 정의하면, '원인'은 "이 대상의 현상이 늘 사유를 저 대상으로 이송하는 경우에 저 대상이 뒤따르는 이 대상"이다.[126] 즉, '원인'은 '온고지신溫故知新'의 '고故'인 것이다.

---

126) Hume, *An Enquiry concerning Human Understanding*, 70쪽.

이쯤에서 인과율에 대한 경험론적 논의를 총괄해 보자. 모든 '관념'은 앞선 '감흥인상'이나 '반성인상'으로부터 복제된다. 우리가 어떤 인상도 발견할 수 없는 곳에서는 관념도 없다고 확신할 수 있다. 물체나 정신의 작용의 어떤 단일 사례에서는 힘에 대한 어떤 '인상'도 산출할 수 없고, 또한 어떤 '힘' 관념도, '필연적 연결'의 관념도 암시할 수 없다. 그러나 많은 한결같은 사례들이 나타나고 동일한 대상이 늘 동일한 사건에 뒤따르면, 우리는 '원인과 연결의 개념(notion)'을 품기 시작한다. 그러면 우리는 사유나 상상 속에서의 한 대상과 그 통상적 동반자 간의 '관성적 연결'이라는 '새로운 감정 또는 인상'을 '느끼는' 것이다. 그리고 이 '감정'은 우리가 찾는 그 '관념'의 원천이다. 왜냐하면 이 '관념'은 어떤 단독 사례로부터가 아니라 수많은 유사사례에서 생겨나는 만큼, 그 '관념'은 사례들의 수가 개체 사례와 다르다는 사정에서 생겨나기 때문이다. 그러나 상상의 이 관성적 연관과 이행은 이 두 경우를 구별해 주는 유일한 사정이다. 우리는 맨 처음엔 이 사건으로부터 저 사건을 추론할 수 없지만, 한결같은 경험의 아주 오랜 과정 뒤에는 현재 시점에서 추론할 능력이 생기는 것이다.[127] 오랜 기간 동안 '다문다견'한 뒤에 관성적으로 형성되는 확신의 '느낌'을 바탕으로 '온고지신'의 개연적 추론을 할 수 있는 능력이 생긴다는 말이다.

이와 관련하여 흄은 『인성론』에서 다음과 같이 근대철학사에 길이 남는, 가장 결정적이고 중요한 결론을 내린다.

- 그리하여 모든 개연적 추리(probable reasoning)는 일련의 감흥(sensation) 이외에 다른 것이 아니다. 우리가 취향과 감정(taste and sentiment)을 따르는 것은 시와 음악에서만이 아니라 철학에서도 마

---

127) Hume, *An Enquiry concerning Human Understanding*, 71-2쪽.

찬가지인 것이다. 내가 어떤 원리든 확신할 때, 이 확신하는 원리는 나를 더 강렬하게 때리는 관념일 뿐이다. 내가 저 논변 세트보다 이 논변 세트를 더 선호할 때, 이런 결정을 하는 것은 다른 것이 있어서가 아니라 이 논변들의 영향력의 우위성에 관한 나의 '느낌' 때문인 것이다. 대상들은 우리가 발견할 수 있는 서로 간의 어떤 연관도 없다. 또한 오로지 상상에 작용하는 관성으로부터만, 우리가 이것의 현상으로부터 저것의 존재로의 추론을 이끌어낼 수 있을 뿐이다.[128]

인과율이 객관세계의 법칙이 아니라 수많은 경험사례로 확립된 정신의 관성이거나 습관적 원리에 입각한 감정적 판단이라는 것을 입증하는 일은 이것으로 충분할 것이다.

이쯤에서 개연성, 믿음, 동조, 판단, 의견을 '현재적 인상과 연합된 생생한 관념'이라는 동일 개념으로 규정하는 흄의 개념적 술어체계를 정리할 필요가 있다. 확인하자면, 정신의 모든 "지각"은 "인상과 관념", 두 종류인데, 이 둘은 단지 "힘과 생동성의 정도"에서만 다를 뿐이다. "관념은 인상으로부터 복제된 것이고, 이 인상을 그 모든 부분에서 재현한다." 이 개별적 대상의 관념을 어떤 식으로든 변화시키려면, 이 관념의 "힘과 생동성"을 "증가시키거나 감소시키기만" 하면 된다. 그 관념에 어떤 다른 변화를 일으킨다면, 그 관념은 다른 대상이나 다른 인상을 재현하는 것이다. 이것은 색에서도 마찬가지다. 어떤 색의 특별한 명암 차이는 어떤 다른 변화 없이 새로운 정도의 생생함이나 밝기를 얻을 수 있다. 그러나 어떤 다른 변화를 일으킨다면, 그것은 더 이상 같은 명암 차이나 같은 색깔이 아니다. 그리하여 "믿음은 어떤 대상을 인지하는 방식을 바꾸는 것"일 뿐이다. 따라서 믿음을 얻는다는 것은 "우리의 관념에 다만 추가

---

128) Hume, *A Treatise of Human Nature*, 72쪽.

적인 힘과 생동성을 부여하는 것"일 뿐이다. 그러므로 '믿음' 또는 '의견' 이란 "현재적 인상과 관계되거나 연합된 생생한 관념"으로 정의된다.[129]

이런 확인을 바탕으로 흄은 '믿음(의견)'을 생생한 느낌의 증가로 해석한다.

- 한 대상의 존재를 다른 대상들의 존재로부터 추론할 때는, 언제나 어떤 대상이 기억이나 감각 속에 현재하여 추리의 기초가 되어야 한다. 왜냐하면 정신은 그 추론 속에서 무한히 달릴 수 없기 때문이다. '이성'은 어떤 한 대상의 존재가 또 다른 대상의 존재를 함의하고 있다고 우리를 결코 납득시킬 수 없다. 한 대상의 인상에서 또 다른 대상의 관념 또는 믿음으로 이행할 때, 우리는 이성에 의해서가 아니라 관성 또는 연합의 원리에 의해 규정된다. 그러나 믿음은 단순관념 이상의 어떤 것이다. 믿음은 관념을 형성하는 방법이다. 그리고 동일한 관념이 이 관념의 힘과 생동성의 정도에 의해서 변할 수 있는 만큼, 총체적으로 볼 때 믿음이란 현재적 인상과의 관련에 의해 산출되는 생생한 관념이다. (…) 내게 아주 명증적인 것처럼 보이는 귀납에 의해 나는 '의견이나 믿음은 본성이나 그 부분들의 순서에서가 아니라 인지 방식에서 허구와 다른 관념일 뿐이다'라고 결론짓는다. (…) 동조된(assented) 관념은 공상만이 우리에게 현시할 뿐인 허구적 관념과 다르다는 것을 느낀다. 그리고 이 다른 느낌을 나는 우월한 강렬성, 생동성, 견실성, 확고함, 한결같음으로 부름으로써 설명하려고 애쓴다. 아주 비철학적으로 보일 수 있는 이 다양한 술어들은 다만 실재를 허구보다 더 많이 우리에게 현재하도록 만들어 주고 이 실재를 우리의 사유 속에서 더 무게가 나가도록 만들고 이 실재에 감정과 상상에 대한

---

129) Hume, *A Treatise of Human Nature*, 67쪽.

우월한 영향력을 부여하는 정신의 저 작용을 표현하려고 의도된 것이다. (…) 나는 이 느낌 또는 인지방식을 완벽하게 설명하는 것이 불가능하다고 고백한다. (…) 그러나 이 느낌 또는 인지방식의 참되고 정확한 이름은 믿음이다. 믿음은 일상생활에서 모두가 충분히 이해하는 술어다. 그리고 철학에서도 우리는, '믿음'은 '판단'의 관념들을 상상의 허구로부터 구별해 주는 '정신에 의해 느껴지는 어떤 것'이라고 주장하는 것 이상으로 더 나아갈 수 없다. 믿음은 판단의 관념에 더 많은 힘과 영향력을 주고 이 관념을 더 중요하게 현상하게 하고 이 관념을 정신 속에 집어넣어 고정시키고 우리의 모든 행동의 지도적 원리로 만든다.[130]

이 '믿음'을 형성하는 경험적 추론에서 관성과 감정은 이성을 대체한다. 여기서 이성의 역할은 거의 없거나 부차적으로 최소화된다. 이성의 역할은 '술이부작'으로 국한된다는 말이다. '이성'은 어떤 한 대상의 존재가 또 다른 대상의 존재를 함의하고 있다는 것을 결코 만족스럽게 설명할 수 없기 때문이다. 우리의 정신적 상상력을 이 대상의 인상에서 저 대상의 관념 또는 믿음으로 이행시키는 것은 이성이 아니라 '관성적 연합'의 원리인 것이다.

4.2. 추리적 명증성의 세 가지 근거 유형: 지식·증명·개연성

흄은 말없이 '직관'과 '이성'의 구별을 전제한다. '직관'은 감각적으로 보고 듣고 감촉함으로써 추리 없이 단번에 '감성적 명증성'의 지식을 산출하는 반면, '이성'은 합당한 근거로부터 추론 또는 추리를 통해 '추리

---

130) Hume, *A Treatise of Human Nature*, 67-68쪽.

적 명증성'의 어떤 지知를 도출하기 때문이다. 따라서 흄은 로크가 추리 능력과 동일시한 '인간이성'을 '추리적 명증성' 또는 '추리적 명지明知'와 동일시한다.

그런데 흄 이전에 존 윌킨스(John Wilkins, 1614-1702)와 로크는 '추리적 명증성'으로 이해된 이 '인간이성'을 '지식'과 '개연성'의 두 범주로 양분했다.[131] 그러나 흄은 '개연성'의 두 부류(인과성과 우연성)가 명증성 측면에서 너무 현격한 우열의 차이가 있기 때문에 이것을 약간 더 분화할 필요가 있다고 생각한다. 그리하여 흄은 '인간이성', 즉 이성적 추리(reasoning)의 명증성을 '지식에 근거한 명증성', '증명에 근거한 명증성', '개연성에 근거한 명증성'의 세 유형으로 나눈다. 앞서 인용된 적이 있지만 이 맥락의 논의의 완결을 위해 여기서 다시 인용한다.

- 인간이성(human reason)을 '지식'과 '개연성'으로 나누고 전자('지식')를 '관념들의 비교에서 생겨나는 명증성(evidence)'으로 정의한 저 철학자들은 어쩔 수 없이 '개연성'이라는 일반적 술어로써 원인과 결과에 근거한 모든 논변을 뜻하지 않을 수 없다. (⋯) 그런데 우리는 일상적 논의에서 인과작용에 근거한 논변들 중 많은 것이 개연성을 뛰어넘고 이보다 우월한 유형의 명증성으로 받아들여질 수 있다고 기꺼이 수긍하고 있다. '해가 내일 뜰 것이다' 또는 '모든 사람은 죽을 것이 틀림없다'는 것이 단지 개연적일 뿐이라고 말하는 자는 - 이 사실들에 관해, 경험이 제공하는 것 이상의 확실성(assurance)이 없음이 명백한데도 - 우스꽝스럽게 보일 것이다. 이런 이유에서 일상적 어의를 보존

---

131) John Wilkins, *Of the Principles and Duties of Natural Religion* [1675], ch. 1. Hume, *A Treatise of Human Nature*, 460쪽, Norton 주2)에서 재인용. 로크는 Locke, *An Essay concerning Human Understanding*, Book IV, ch. 1. 9; Book IV, ch. 14. 1, 3, 4; Book IV, ch. 15. 1, 3; Book IV, ch. 16. 1, 4 참조.

하면서 동시에 명증성의 여러 등급을 표시하기 위해 '인간이성'을 세 종류로, 즉 지식에 근거한 명증성(evidence from knowledge), 증명(proofs)에 근거한 명증성, 개연성(probability)에 근거한 명증성으로 구별하는 것이 아마 더 편리할 것이다. '지식'은 '관념들의 비교로부터 생겨나는 확실성(assurance)'을 뜻한다. '증명'은 원인과 결과의 관계로부터 도출되지만, 의심과 불확실성으로부터 완전히 자유로운 논변(arguments)을 뜻한다. '개연성'은 그래도 아직 불확실성을 수반하는 명증성(evidence)을 뜻한다.[132]

윌킨스도 "해가 북쪽이나 서쪽에서가 아니라 동쪽에서 뜰지 또는 해가 전혀 뜨지 않을지를 의심하는 정도로까지 거칠게 회의적인 사람이 있을까?"라고 반문한 바 있다.[133] 이것은 해뜨기의 확실성이 단순한 개연성, 즉 우연성을 능가함을 시사한 것이다. 흄이 위에서 언급하는 '해뜨기'와 '인간의 필연적 죽음'에 관한 논변은 파스칼(Blaise Pascal, 1623-1662)의 『팡세(Pense)』에 역사상 처음 등장했다. 여기서 파스칼도 "'내일 동이 틀 것이다', '모든 사람은 틀림없이 죽는다'는 것을 누가 증명한 적이 있는가?"라고 반문하고 있다.[134] 해가 지금까지 예외 없이 떠왔다는 사실과, 가령 200세까지 죽지 않은 인간은 지금까지 없었다는 사실은 과거로부터 지금까지의 역사적 경험이 증명하지만, 미래에도 그럴 것이라는 것은 아직 경험하지 못한 것이므로 이에 관해 100% 확실하게 증명된 '완전한 명증성'이 아직 없다. 따라서 위에서 흄은 "이 사실들에 관해, 경험이 제공하는 것 이상의 확실성이 없음이 명백하다"고 말하고 있는 것

---

132) Hume, *A Treatise of Human Nature*, 86쪽.
133) Willkins, *Of the Principles and Duties of Natural Religion*, ch. 1. Hume, *A Treatise of Human Nature*, 460쪽, Norton 주2)에서 재인용.
134) Pascal, *Pense*, 821쪽.

이다. 하지만 우리는 '일상적으로' 이 '해뜨기'와 '인간의 죽음'을 마치 단순한 개연성을 능가하는 확실한 사실인 것처럼 간주하며 살고 있다. 물론 이 경험적 명증성은 영원히 완전한 확실성을 갖는 논증적 '지식(수학적 추리)'의 명증성에 달하지 못한다. 그럼에도 불구하고 미래에는 어찌 될지 모르나 지금까지의 경험이 '해뜨기'와 '인간의 필연적 죽음'이 예외 없이 일어났고 현재도 일어나고 있음을 입증해 주기 때문에 이것들이 미래에도 일어날 것이라고 믿을 만한 까닭은 아주 많지만, 그러지 않을 것이라고 믿을 까닭은 아직 전혀 없다. 따라서 이런 경우는 '지식'에 귀속시키는 것도 부적절하고, 우연성과 함께 '개연성'에 귀속시키는 것도 부적절하다.

이런 까닭에 앤드류 램지는 최초로 이 경우를 '인간이성'의 별도 범주로 설정하여 '인간이성'을 세 가지로 구별했다. 앞서 한번 인용한 그의 명제를 다시 보자.

- 피로니즘은 종종 논증·증명·개연성의 미분화로 말미암은 것이다. 논증은 모순적인 것이 있을 수 없는 경우이고, 증명은 믿을 강한 이유가 있고 믿음에 반대되는 것을 믿을 이유가 전혀 없는 경우이고, 개연성은 믿을 이유가 의심할 이유보다 더 강한 경우다.[135]

흄은 위 인용문에서 램지의 이 삼분법을 수용할 것을 제안하고 있다.

세 가지 형태의 '인간이성' 또는 '추리적 명증성', 오늘날의 보통 말로 하면 인간의 지식을 좀 더 상세하게 분석해 보자. 첫째, '지식에 근거한 명증성'은 결국 '관념들의 비교로부터 생겨나는 확실성'에 근거한 명증

---

[135] Andrew Michael Ramsay, *New Cyropaedia; or The Travels of Cyrus* [1727], 6. Hume, *A Treatise of Human Nature*, 460쪽, Norton의 위 註에서 재인용.

성이다. 그런데 '완전한 확실성'을 낳는 '관념들의 비교'는 '직관(직관적 비교)'과 '논증(논증적 비교)'이 있다. 관념들의 '비교'만으로 완전한 확실성(지식)을 얻을 수 있는 관념들의 종류는 ① 유사성(異同) ② 정도(대소, 다소) ③ 반대성(가령 있음-없음의 반대성)의 관념 등 세 가지다. 이 관념들의 비교에서 그 이동異同과 격차를 "첫눈에 알아챌" 수 있으면 이것은 "논증에 속하기보다 더 정확하게 직관의 영역에 속한다".[136] 사유작용을 전혀 동반하지 않는 감성적 '직관'은 '논증' 또는 '추리'의 반대개념이다. 나아가 동일한 방식으로 양 또는 수의 비례를 정하는 것에서 그 수량적 차이가 아주 크고 현저한 경우에는 "한 번 보고(at one view)" 직관적으로 "그 수들 또는 계산들 간의 우열을 간취할 수 있다". 아주 짧은 자리수의 수나 아주 제한된 연장의 양의 경우에 우리는 "일순간에 인식하거나, 상당한 오류로 굴러 떨어질 가능성이 전혀 없다고 느낀다".[137]

그런데 이런 경우를 제외하면, "등식적 동일성이나 어떤 정확한 비율관계에 관한 한, 우리가 단 한 번 고찰해서는 기껏 그것을 추측할 수 있을 뿐이다." 그러나 이 '추측'은 명증성의 등급에서 '관념들의 비교'로부터 생겨나는 완전한 확실성에 근거한 '지식'의 등급에 미치지 못한다. 따라서 '직관'과 '추측'으로서의 '관념들의 비교'의 확실성은 '추리적 명증성'으로 이해된 '인간이성'에 속한 저 '지식'에서 제외된다. 이 '직관'이나 '추측'을 제외한 "모든 다른 경우"의 '관념들의 비교'에서는 "보다 인공적인 방법으로 행하지 않을 수 없다".[138] 여기서 '보다 인공적인 방법'이란 인간이 후천적으로 개발했고 또 배워야만 아는 인공적 숫자 기호(가령 1, 2, 3, 4, 5 등)나 부호들(가령 +, -, ×, ∞, Σ 등), 그리고 이것들을 이용한 계산법들을 사용하여 순수한 사고작용으로 수행하는 수리적 논증

---

136) Hume, *A Treatise of Human Nature*, 50쪽.
137) Hume, *A Treatise of Human Nature*, 51쪽.
138) Hume, *A Treatise of Human Nature*, 51쪽.

이다. 이 '논증'은 시공을 초월해서, 즉 '영원히' 의심과 불확실성이 전무한 '완전한 (과학적) 확실성'을 제공한다. 우리가 비교적 간단한 수적 관념들의 세트(가령, 2+5=7, 356+4=360, 2×2×2×2=16)를 취급하는 경우를 제외한 수리적 유형의 판단에는 이런 '논증'이 필수적이다. 가령 34578×78359×78359×78359×34578 또는 34578의 1000승이 얼마인지, 그리고 천각형(chiliagon)의 내각의 합이 1996×직각(90)도라는 것을 직관적으로 정확히 알거나 또는 얼추 가늠이라도 할 수 있는 사람은 아마 없을 것이다. 우리는 인공적 사고작용으로 개발해 후천적으로 가르치고 배워야만 추리에 활용할 수 있는 산술적 방법으로 이것을 계산해 본 후에야 그 값을 비로소 정확히 알 수 있을 것이다. 이런 의미에서 흄은 '인공적'이라는 표현을 사용한 것이다. 이 '인공적' 산술방법은 영원히 변치 않을 '완전한 확실성'의 '순수지식'을 제공하는 수리논증이다. 따라서 흄은 "어떤 복잡성의 정도까지 추리의 사슬을 수행하지만 완전한 정확성과 확실성을 보존할 수 있는 대수학과 산술"을 "유일한 과학"으로 인정했다. "우리는 수들의 등식적 동일성과 비례를 판단할 수 있는 정밀한 기준을 가지고 있다. 이 기준에 상응하는지 여부에 따라 우리는 어떤 오류 가능성도 없이 수들의 관계를 결정한다. 두 수가 서로 언제나 응답하는 식으로 결합되어 있을 때 우리는 이 두 수를 등식상 '동일하다'고 표현한다."[139] 그러므로 위 인용문에서 흄이 언급한 '관념들의 비교의 확실성'에서 나오는 '지식'에 근거한 완전한 명증성의 두 번째 유형은 이 수리적 '논증'의 명증성을 가리키는 것이다.

둘째, '증명에 근거한 명증성'은 '인과관계에서 도출되지만, 지금까지 수행된 모든 실험과 경험의 범위 안에서 의심과 불확실성으로부터 '완전히' 자유로운 논변에 근거한 명증성이다. 흄은 이 '증명에 근거한 명증

---

[139] Hume, *A Treatise of Human Nature*, 50-51쪽.

성'을 일반적 개연성의 특별한 경우로 이해한다. "개연성 또는 추측에 근거한 추리(reasoning from conjecture)는 두 종류로 나눌 수 있다. 하나는 우연적 가능성(chance)에 근거한 개연성이고, 다른 하나는 원인(인과성)에 근거한 개연성이다."[140] '필연적 관계의 관념'이 적용될 수 있는 명증성인, '증명에 근거한 명증성'은 이 '원인에 근거한 개연성'이다. "원인과 결과의 관념은 경험으로부터 도출되는데, 이 경험은 우리에게 '항상 상호 결합되는' 일정한 대상들을 현시하여, 우리가 표나게 감지되는 폭력적 왜곡이 없다면 서로의 다른 대상 속에서 언제나 보지 않을 수 없을 정도로 그것들이 저런 항상적 상호결합의 관계에 들어 있는 것으로 보는 습관(habit)을 낳는다." 따라서 "원인은 우리의 사유로 통하는 길을 밟고 와서 모종의 방식으로 이러한 특정 대상들을 이러한 관계 속에서 보도록 강요하는" 우월한 등급의 명증성이다.[141]

셋째, '개연성에 근거한 명증성'은 얼마간 반대되는 경우들을 허용하기 때문에 여전히 불확실성을 수반하는 '우연적 가능성'의 관계를 가리킨다. 저 원인과 반대로 "우연적 가능성이란 그 자체로서 실재하는 것이 전혀 아닌 만큼, 정확하게 말해서 한낱 원인의 부정인 만큼, 정신에 대한 우연적 가능성의 영향은 인과적 작용의 영향과 반대다. 상상을 완전히 무차별적으로 방임하는 것, 우연적(contingent)인 것으로 여겨지는 저 대상을 실존하는 것이라고 생각하든 실존하지 않는 것이라고 생각하든 그대로 방임하는 것은 우연적 가능성에 본질적인 요소다. (…) 우연적 가능성은 (정신에 대한 원인의 영향과 같은) 저런 확정적 사유를 파괴하고, 정신을 무차별성의 자연스런 상황 속에 놓아둘 수 있을 뿐이다. 그러므로 우연적 가능성은 어떤 원인이 없어지자마자 즉시 이 상황 속으로 재

---

140) Hume, *A Treatise of Human Nature*, 86쪽.
141) Hume, *A Treatise of Human Nature*, 86쪽.

출현한다."[142] 여기서 '우연적 가능성' 또는 '우연'은 요샛말로 '경우의 수'다.

그러나 어떤 우연성이 다른 우연성보다 빈도수가 우월하면, 이 자연적 무차별성, 요샛말로 '무작위성'은 손상된다. 특히 원인(인과성)과 혼합되면 그렇다. 그러므로 보통 추리는 우연성과 인과성의 비율관계에 따라 세 단계로 진행된다. 제1단계는 우연성이 단지 '어떤 한 인과성의 부정(the negation of a cause)'에 불과한 단계, 즉 우연성이 정신 속에서 어떤 전면적 무차별성을 산출하는 단계다. 가령 '임종찬'이라는 사람은 성실하기 때문에 매일 정시에 출근해 왔지만, 한 번 지각한 적이 있었다면, 성실과 정시 출근의 귀납적 인과명제는 일단 전면적으로 부정된다. 가령 성실한 것은 맞지만, 이것이 매일 정시 출근을 보장하는 것은 아니라는 말이다. 따라서 그의 정시 출근은 그의 성실성과 무관한 우연인 것이고, 우리의 정신은 저 성실성을 정시 출근에 대해 전면적으로 무차별적인 것으로 여기게 된다.

제2단계는 '어떤 한 인과성의 한 번의 부정(one negation of a cause)'과 '한 번의 전면적 무차별성(one total indifference)'이 서로에 대해 우열을 다투는 단계다. 가령 관찰자가 상황을 자세히 살펴보고 나서 임종찬의 지각은 지금까지 단 한 번 발생했다는 것을 알았다고 치자. 그러면 한편에서는 임종찬의 성실성과 정시 출근 간의 인과성에 대한 이 한 번의 '부정'만큼만 저 귀납적 명제의 확실성을 줄이려는 마음이 생겨나지만, 그래도 다른 한편에서는 원래의 저 전면적 무차별성의 느낌도 마음속에서 물러서지 않고 버틴다. 따라서 이 두 번째 단계는 이 두 가지 느낌이 갈등하는 단계다.

제3단계는 어떤 추리의 기초가 될 정도로 우연들 사이에 원인이 섞여

---

142) Hume, A Treatise of Human Nature, 86쪽.

있는 혼합의 단계다. 이것은 가령 임종찬이 성실하여 필연적으로 매일 정시 출근의 결과가 야기된다는 인과적 명제를 재확인하지만, 동시에 어떤 방해 요소로 인해 지각을 했기 때문에 성실과 정시 출근의 저 인과성을 부정하는 경우가 발생할 수 있는 우연적 가능성을 따로 인정하는 진전된 단계다. 여기로부터 다양한 수준의 판단·의견·믿음이 생겨난다. 결국 "우연들의 '가망성(likelihood)과 개연성'은 동일한 우연들의 우월한 다수성이다".[143]

한편, '상이한 명증성의 정도' 또는 '상이한 확실성'은 지식과 개연성을 특징적으로 가른다. '지식'은 상술했듯이 '관념들의 비교로부터 생겨나는 확실성'이다. 유형적 타입으로서 '개연성'은 상대적으로 높은 수준의 확실성을 제공하는 '증명'과 약한 수준의 확실성을 제공하는 (얼마간 혼돈스런) '개연성'을 포괄한다. '증명'은 광범하고 한결같은, 제일齊一한 경험이다. 이러한 경험은 다만 사건들의 행정이 미래에 항상 변화 가능하기 때문에만 단순히 개연적인 추론을 낳는다. 증명과 대조적으로, '개연성'은 제일한 경험보다 덜한 경험의 결과다. 이러한 경험은 확실성을 산출하지만, 이 경우에 확실성은 어느 정도의 불확실성을 수반하든가 또는 이 불확실성 때문에 완화된다. 또한 개연성은 우연이나 원인으로부터 도출되는 것으로 간주된다. 상술했듯이 우연은 원인의 부정이다. 어떤 사건이 우연의 결과라고 말하는 것은 저 사건에 어떤 특별한 원인도 배당될 수 없다는 뜻이기 때문이다. 그러나 어떤 특별한 원인도 배당될 수 없는 사건조차도 어떤 얽히고설킨 원인적 힘들이 작용하는 것으로 보이고 힘과 생동성이 불확정적인 결과의 관념(가령 주사위의 각 6면의 관념)으로 전이되는 것이다. 따라서 우리는 외관상 원인이 없는 사건들이 발생할 수 있다고 믿는다(우리는 주사위의 어떤 면이 나올 것이라는 비교적 약

---

143) Hume, A Treatise of Human Nature, 87쪽.

한 믿음을 갖는다). 우리는 이러한 불확정적 결과들이 다른 것들보다 더 가능하다고 믿게 되는 것이다. 그러나 '우연'은 엄격한 의미에서 '확률이 낮은 원인'일 뿐이다. 따라서 엄격한 의미에서 '순수한 우연'은 없다.

4.3. 동물의 이성: 공맹과 흄의 친화성

개연적 추리에 대한 논의를 바탕으로 흄은 경험론적 관점에서 그가 애호하는 테마, 즉 인간과 동물 사이에는 이성 측면에서 '이성의 유무有無'라는 질적 차이가 아니라 '많고 적음'의 양적 차이밖에 없다는 주장을 피력한다. 물론 합리주의자들은 오랜 세월 이성을 통제권력으로 이해하여 이성의 유무로 인간과 동물을 구분하고 이성을 동물에 대한 지배권의 근거로 삼아왔다. 이것은 인간이 동물을 부리고 지배하고 잡아먹을 수 있는 정당성에 그치지 않고 자연지배·정복과 자연영유·이용의 「창세기」 교리와 결합하면서 자연을 지배할 인간적 정당성의 논리로 확장되었다. 아우구스티누스는 『자유의지론(On Free Choice of the Will)』(396)에서 인간이 지닌 이성에 의해 "인간이 어떤 동물도 굴복시킬 수 있을 정도로 우월하고 많은 동물들을 통제할 수 있다"고 말한다.[144] 동물을 능가하고 지배하는 이러한 이성주의 전통은 중세를 관통하여 데카르트에서 다시 정점에 달한다. "이성 또는 양식良識은 우리를 본질적으로 인간으로 구성해 주고 우리를 짐승들과 구별해 주는 유일한 것이다."[145]

---

144) Augustine, *On Free Choice of the Will* [A.D. 396], translated by Thomas Williams (Indianapolis·Cambridge: Hackett Publishing Co., 1993), Book I, ch.VII, 16. 또한 Book I, ch.VIII, 18도.

145) Ren Descartes, Discourse on the Method of Rightly Conducing the Reason and Seeking for Truth in the Science [1637], Part One, 111쪽. Descartes, *The Philosophical Writings of Descartes*, Vol. I, translated by John Cottingham·Robert Stoothoff·Dugald Murdoch (Cambridge·New York: Cambridge University Press, first publishing 1985, 19th printing 2007).

이러한 기독교적·합리주의적 자연지배 이데올로기는 공자의 인적仁的 자연사랑과도 다를 뿐만 아니라 공자의 동물관과도 크게 다른 것이다. 공자는 서구 합리주의자들과 달리 동물들도 말을 할 줄 아는 지성의 능력을 갖추었음을 인정한다. 따라서 인간과 동물의 차이는 양자 간의 이성의 유무에 있는 것이 아니다. 저능아는 지능적인 동물과 같기 때문이다. 공자에 의하면, 인간과 동물 간의 '경향적인' 차이는 이성과 도덕의 '다소多少'의 차이에 있다. 그러므로 사람도 예의를 모른다면 짐승 수준으로 추락하거나 짐승보다 낮은 수준으로 타락할 수 있는 것이다. 예를 모르는 오랑캐들은 짐승 같은 사람들이고, '자식 사랑'을 모르는 사람이나 수천만을 죽인 히틀러와 나치스들은 짐승보다 못한 사람들이다. 공자가 보기에 짐승과 사람 사이에는 절대적 차이가 아니라 경향적 차이만이 있을 뿐이다.

- 도덕과 인의는 예가 아니면 이루지 못하고, 가르치고 훈화하며 풍속을 바로잡는 것도 예가 아니면 완비하지 못한다. 싸움을 결정하고 시비를 가르는 것도 예가 아니면 결정하지 못한다. 군신·상하·부자·형제도 예가 아니면 그 지위를 정하지 못한다. 벼슬살이하고 배우고 스승을 섬기는 것도 예가 아니면 친하지 못한다. 조정에 반열하고 군대를 다스리고 벼슬에 임하여 법을 시행하는 것도 예가 아니면 위엄 있게 행하지 못한다. 기도하고 제사지내고 귀신을 공양하는 것도 예가 아니면 정성스럽지 않고 장중하지 않다. (…) 앵무새는 말을 잘하나 날아다니는 새를 떠날 수 없고, 성성이(오랑우탄)도 말을 잘하나 금수를 떠날 수 없다. 지금 사람이면서 예가 없다면, 말을 잘해도 역시 금수의 마음이지 않겠는가?[146]

---

146) 『禮記(上)』「曲禮上」, 28-31쪽, "道德仁義 非禮不成 敎訓正俗 非禮不備. 分爭辨訟

이 인용문은 공자가 '말 잘하는 앵무새와 성성이'의 표상으로써 이 금수들의 지성(이성) 능력을 인정하는 반면, 금수의 도덕 능력은 전면 부정한 것으로 읽힐 수 있다. 그러나 베이컨에 대한 논의에서 상술했듯이, 공자는 "무릇 새와 짐승도 오히려 불의를 피할 줄 안다(夫鳥獸之於不義也尙知辟之)"고도 말했다.147) 따라서 위 인용문은 근친상간 등을 도덕적 금기로 여기지 않는 부도덕성만을 지적한 것으로 완화해서 이해해야 할 것이다. 아무튼 과장된 이성 개념으로 동물에 대한 절대적 우위성을 보장받고 효율성(기술적 합리성)으로 그 어떤 짐승 같은 짓, 가령 니체(Friedrich Nietzsche, 1844-1900)의 게놈(genome)과학적 지배인종 체제나 히틀러의 첨단기술적 대학살과 같은 홀로코스트도 도덕적으로 보장받는 '서양의 인간'과 달리, 이성과 언어 면에서 동물과 본질적 차이가 없는 '동양의 인간'은 도덕적으로 타락하여 짐승으로 추락할까봐 늘 경계하고 조심한다.

공자의 관점에서는 지모가 없는 자라도 산 자인 반면, 도덕을 잃은 자는 이미 죽은 자다. 공자는 말한다. "예를 잃은 자는 죽고, 예를 얻은 자는 산다.『시경』에 이르기를 '쥐를 봐도 몸이 있는데 사람이면서도 예가 없네! 사람이면서도 예가 없다면 어찌 빨리 죽지 않겠는가?'라고 했다."148) 사람이 예를 모른다면 일개 쥐새끼만도 못하다. 쥐는 '쥐'이기 때문에 예를 몰라도 몸뚱이만 제대로 갖췄다면 살 권리가 있으나, 예를 모르는 사

非禮不決. 君臣上下父子兄弟 非禮不定. 宦學事師 非禮不親. 班朝治軍 涖官行法 非禮威嚴不行. 禱祠祭祀 供給鬼神 非禮不誠不莊. (…) 鸚鵡能言 不離飛鳥, 猩猩能言 不離禽獸. 今人而無禮 雖能言 不亦禽獸之心乎?" 공자가 앵무새와 성성이가 말을 잘한다고 한 것처럼 로크도 어떤 동물들은 또렷한 소리를 만들어내고 단어들을 판명하게 발음한다고 말한다. Locke, *An Essay concerning Human Understanding*, Book II, ch.11. 11.
147) 司馬遷,『史記世家』「孔子世家」, 437쪽.
148) 『禮記(上)』「禮運」, 459쪽: "故失之者死 得之者生. 詩曰 相鼠有體 人而無禮 人而無禮 胡不遄死." 인용된 시는『시경』「鄘風·相鼠」의 구절이다.

람은 쥐나 다름없으므로 '사람으로서 이미 죽은 것'이다.

상론했듯이 맹자는 아예 금수와 인간 사이에는 지성만이 아니라 감정 면에서도 단지 '조금'만 다르다고 말했다. 다만 인간과 금수의 차이는 인간이 이 조금 다른 점을 자연스런 심정에 따라 보존하여 확충하는 데 있을 뿐이다. "인간이 금수와 다름은 거의 조금뿐이다. 서민은 이 조금 다름을 버리고, 군자는 이 조금 다름을 보존한다. 순임금은 여러 사물에 밝아 인륜을 살폈고 자연스런 인의에 따라 행동한 것이지, 인의를 억지로 행한 것이 아니다."[149]

예를 모르는 오랑캐나 무례자는 예의 세계(문명세계)를 노략질하는 인간들이고 따라서 그들의 어리석음을 혼내서 깨우치고 가르칠 '격몽擊蒙'의 대상, 즉 때려서라도 계몽할 대상이 된다. 오랑캐나 무례자도 결코 굴복시켜 짓밟을 정복의 대상이 아니라 교도와 방어의 대상일 뿐인 것이다. 『주역』은 말한다. "어리석은 자들을 때리는(擊蒙) 경우에는 어리석은 자들을 상대로 노략질하는 것이 이로운 것이 아니라 그들의 노략질을 막는 것으로 그치는 것이 이로우리라(擊蒙 不利爲寇 利禦寇)."[150] 하물며 짐승들이 예가 없다고 하더라도 예 없이도 저들대로 살아가는 도덕수준과 방편이 있으니, 짐승은 인간이 아닌 한에서 예를 가르쳐 줄 계몽의 대상도 아니고, 인간을 침략하지 않는 한에서, 그들의 노략질을 방어할 수 있는 한에서 결코 정복할 대상도 아닌 것이다. 이것이 공자와 『주역』의 가르침이다.

공자의 '예' 중심의 이런 인간·동물관과 본질적으로 다른 서구의 기독교적·합리주의적 인간·자연·동물관 속에서 루소는 감각을 가진 동물과 인간이 연민과 동정심의 감정에서 서로 통하지만 지성에서는 인간이 동

---

149) 『孟子』「離婁下」(8-19): "人之所以異於禽獸者幾希. 庶民去之 君子存之. 舜明於庶物 察於人倫 由仁義行 非行仁義也."
150) 『周易』蒙卦 上九 爻辭.

물을 능가한다고 생각하는 양면적 입장에서 동요하다가 결국 인간을 지구와 우주의 '지성적 군왕(플라톤적 철인치자)'으로 선언한다. 우선 그는 놀랍게도 인간과 동물의 감성적·감정적 공감대와 감각을 가진 모든 동물들에 대한 애호의 의무까지 거론한다.

- 나는 그 영혼 안에서, 이성 이전의 두 원리를 지각할 수 있다고 생각한다. 이 중 한 원리는 우리를 우리 자신의 복지와 보존에 깊이 관심 갖도록 만들어 주고, 다른 한 원리는 감각을 가진 어떤 다른 존재든, 특히 우리 자신의 종류의 어떤 존재든 이것들이 고통이나 죽음을 당하는 것을 보는 것에 대한 자연적 혐오감을 일으키는 것이다. (…) 인간은 연민(compassion)의 내면적 충동에 저항하지 않는 한에서 (…) 결코 어떤 다른 사람도, 또한 심지어 감각 있는 어떤 존재도 다치게 하지 않을 것이다. 이 방법으로라면 우리는 자연법에 대한 동물의 참여 여부에 관한 해묵은 논쟁도 종결시킨다. 왜냐하면 지성과 자유가 없는 동물들은 그 법을 인식할 수 없음이 명백하지만, 동물들이 우리와 본성을 어느 정도 공유하는 만큼, 그들이 부여받은 감성의 결과로 자연권은 공유해야 하기 때문이다. 그리하여 인류는 짐승들에게도 일종의 의무에 종속되어야 한다. 사실, 내가 나의 동료 피조물들에게 아무런 해도 입혀서는 아니 된다면 이것은 이들이 합리적 존재이기보다 감각 있는 존재이기 때문이다. 이 특질은 인간과 짐승에게 공통되므로, 적어도 인간에 의해 함부로 학대당하지 않을 특권에 대한 권리를 짐승에게 부여하지 않을 수 없다.[151]

---

151) Jean-Jacques Rousseau, *A Discourse on the Origin of Inequality* [1755], 46쪽. 또 73쪽("자연상태에서 동물과도 공유되는 자연인의 '연민'의 '자연적 덕성' 원리)도 참조. Rousseau, *The Social Contract and Discourses*, translated and introduced by G. D. H. Cole, revised and augmented by J. H. Brumfitt and John C. Hall, updated by P. D. Jimack (London·Vermont: J. M. Dent Orion Publishing Group,

루소는 이 상태에서 "인간과 짐승 간의 특유한 차이를 구성하는 것은 지성이 아니라, 자유로운 행동의 특질이다"라고 말한다.[152] 그러나 이런 상태에서 인간 지성이 발전되어 나오면서, 인간은 동물들에게 '재앙'이 되었고,[153] 인간은 자연을 도처에서 왜곡·불구화·기형화시키고 만물을 뒤틀고 타락시킨다고 규탄한다.[154]

그러나 루소는 오락가락 동요한다. 시민상태는 "어리석고 상상력 없는 동물 대신 인간을 지성적 존재와 한 인간으로 만들어 주었다"는 것이다.[155] 이어서 루소는 인간적 개인을 "지성"을 통해 "전체를 둘러 볼 수 있는 유일자", 모든 동물을 길들이고 자연력을 다스리고 이용할 줄 아는 "지구의 왕", "우주를 관상觀賞하고", 또 "우주를 다스리는 손"을 가진 신적 존재로 등극시킨다.[156] 루소는 동물이 인간과 같은 감정을 가졌음을 인정하지만, 인간과 같은 이성과 도덕을 지녔다는 사실은 조금도 인정하지 않고 있다.

아우구스티누스에서 데카르트를 거쳐 루소에 이르는 이런 인간우월주의적 자연·동물관은 베이컨이 말하는 전형적인 '종족의 우상'일 것이다. 루소의 요지는 동물은 감성에서 인간과 공감할 능력이 있지만 지성에서 인간보다 본질적으로 열등하여 지배되어야 한다는 것이다. 루소의 이 동물·자연관은, 인간이 미학적 감성에서 동물을 능가하는 것을 인정하지만 인간의 지성적 우위를 거론치 않고 사냥 등의 취미활동으로 동물을 학살하는 잔악한 인간성을 고발하며 자연사랑을 외친 토머스 모어보

1993).
152) Rousseau, *A Discourse on the Origin of Inequality*, 50-60쪽.
153) Rousseau, *A Discourse on the Origin of Inequality*, 85-86쪽.
154) 참조: Rousseau, *Emil*, 9쪽.
155) Jean-Jacques Rousseau, *The Social Contract* [1762], 195쪽. Rousseau, *The Social Contract and Discourses*.
156) Rousseau, *Emil*, 289쪽.

다 훨씬 더 위험한 합리주의 사상이다.

공자는 "금수는 소리를 알지만 음을 모른다(知声而不知音者 禽獸是也)"고 말했고,[157] 맹자는 인간의 오감이 미학적으로 동물과 다른 '특유성'을 지녔다고 말했다.[158] 토머스 모어도 인간이 오감의 미학적 감성에서 이런 감성을 결여한 동물보다 '뛰어나다'는 점을 지적한다.

- 인간들은 또한 소리·시각·냄새의 기쁨들을 자연이 인간의 특별한 본령으로 의도해 준 것을 인정하고 삶의 유쾌한 조미료로서 추구한다. 어떤 다른 종의 동물도 우주의 모양과 사랑스러움을 관상觀賞하지 못하고 또 (먹을 것을 찾는 것 외에) 냄새를 즐기지도 못하며 화음을 불협화음과 구별하지도 못한다.[159]

하지만 모어의 이 말이 동물들에게 미학적 감성이 '전혀' 없다는 것을 뜻한다면, 이것은 오류일 것이다. 공작·장끼·표범 등이 암컷에게 자태를 뽐내는 것이나, 모든 동물들이 애호하는 먹이가 있고, 개가 맛좋은 음식을 잘 먹고 맛없는 음식을 피하는 것, 고운 소리를 좋아하고 기계적 소음을 싫어하는 동물들의 음감적音感的 호오와 명곡을 들려주어 가축의 발육을 촉진시키는 축산법 등을 볼 때, 미학적 감각능력도 전적으로 인간에게만 고유한 것으로 볼 수 없기 때문이다.

아무튼 모어는 인간의 지성적 우월성에 대해서는 침묵한다. 반면, 모어는 동물을 학살하는 유희적 사냥을 비판한다.

- 당신은 (…) 무해한 토끼가 잔인한 사냥개한테 죽임을 당하는 것을 볼

---

157) 『禮記(中)』「樂記」, 212쪽.
158) 참조: 『孟子』「告子上」(11-7).
159) More, *Utopia*, 74쪽.

때 동정심을 느끼지 않을 수 없을 것이다. 그래서 이 사냥활동 전체를 자유인에게 가치 없는 일로 여기는 유토피아인들은 이것을 (…) 백정에게 떠넘긴다. 그들의 눈에 사냥은 백정들이나 할 수 있는 가장 천한 일이다. 도살장에서 백정들이 하는 일은 오직 필요에 따라 동물을 죽이기 때문에 그런대로 보다 유용하고 정직하다. 그러나 사냥꾼들은 임의의 가련한 작은 피조물을 죽여 절단하는 것으로부터 자신들의 쾌락만을 추구한다. 유토피아인들의 의견에 의하면, 비록 짐승의 학살일지라도 학살의 장면에서 그러한 재미를 취하는 것은 잔인한 기질에서 생겨나는 것이고, 그렇지 않다면 이처럼 잔학한 쾌락의 항상적 실행으로 결국 잔인성을 길러내게 된다.[160]

모어의 이 견해는 잠자는 새를 쏘지 않고, 칼이 있는 부엌도 멀리하고, 금수의 이성과 도덕을 인정하는 공맹의 자연사랑에는 미치지 못하지만, 기독교적 자연정복관에 오염된 서양의 사상 흐름 속에서는 진기한 생각임에 틀림없다.

경험론자 로크는 이성을 정의하면서도 이성을 인간에게 고유한 것이 아니라 동물을 양적으로만 많이 능가하는 것으로 본다. "이성은 인간 안의 능력을 뜻하는 것으로서, 인간을 동물과 구별해 주고 동물을 많이 능가하는 것을 분명하게 해 주는 능력이다."[161] 로크는 "정신 속으로 가지고 들어온 관념들을 저장하고 보유하는" 기억력을 "몇몇 다른 동물들도 사람과 마찬가지로 대단한 정도로 가지고 있다"는 것, 약간의 비교능력과 자기정체성도 가지고 있다는 것을 분명히 인정하면서[162] 동물도 관

---

160) More, *Utopia*, 71쪽.
161) Locke, *An Essay concerning Human Understanding*, Book IV, ch.17 §1.
162) Locke, *An Essay concerning Human Understanding*, Book II, ch.10 §10. 동물의 '약간의 비교능력과 자기정체성'에 관해서는 참조: Book II, ch. 11. 5; Book II, ch.27 §12.

념들을 지니고 있고 데카르트주의자들이 주장하는 것과 달리 기계가 아닌 한에서 우리는 "동물들 중 어떤 종들이 모종의 이성을 가졌음을 부정할 수 없다"고 말했다.[163] 나아가 로크는 격차나 간극 없는 생물들 간의 종적種的 연속성의 원리를 설명하는 가운데 "인간들이라고 불리는 어떤 자들만큼 많은 지식과 이성을 가진 것으로 보이는 약간의 동물들도 있다"고 말하기도 하고,[164] 어떤 인간들과 어떤 동물들 간의 차이는 엄청나게 크지만, 우리가 어떤 인간들과 어떤 동물들의 지성과 능력들을 비교하려고 한다면, 우리는 인간의 지성과 능력이 더 뚜렷하거나 더 크다고 말하는 것이 어려울 정도로 아주 작은 차이를 발견할 수밖에 없을 것이라고 언명하기도 한다.[165]

로크의 동시대인으로서 피에르 벨(Pierre Bayle, 1647-1706)은 『역사·비판사전(Historical and Critical Dictionary)』(1697)에서 로크보다 한 걸음 더 나아가 '동물의 이성'을 주장한 루터주의 개혁가 로라리우스(Georgius Rorarius, 1492-1557)의 사상을 내세워 스콜라철학과 합리주의의 '인간파시즘'을 우회적으로 공격했다. 이 『역사·비판사전』의 '로라리우스' 항목에서 벨은 "짐승들이 합리적 존재일 뿐만 아니라 인간보다 이성을 더 선하게 사용한다"는 것을 논증하는 로라리우스의 책을 "읽을 만한 책"으로 소개한다. 이 책은 "짐승들의 창의성과 인간들의 악의성에 관한 아주 많은 예사롭지 않은 사실들"을 담고 있다. 동물들의 이 이성 능력에 관한 사실들은 "데카르트의 추종자들과 아리스토텔레스의 추종자들을 아주 당혹스럽게 만든다". 전자의 추종자들은 "짐승들이 영혼을 가지고 있는 것을 부정하는" 한편, 후자의 추종자들은 "짐승들이 감각·기억·감정을 부여받은 영혼을 가지고 있지만 이성은 없다고 주장하기"

---

163) Locke, *An Essay concerning Human Understanding*, Book II, ch.11 §10.
164) Locke, *An Essay concerning Human Understanding*, Book III, ch.6 §12.
165) Locke, *An Essay concerning Human Understanding*, Book IV, ch.16 §12.

때문이다. 그런데 "오랫동안 일반 백성들은 짐승들이 합리적 영혼을 지녔다고 주장해 왔다"는 것이다. 강단의 스콜라철학자들이 "이 입장을 배격함으로써 짐승들에게 감성적 영혼을 부여하는 의견의 괴로운 귀결을 피할 것이라고 확신한다면", 이것은 "아주 틀린" 것이다. 스콜라철학자들의 "모든 혼돈되고 이해할 수 없는 헛소리"는 다 "인간 영혼과 동물 영혼 간에 유적類的 차이를 설정하는 데 무용지물이고", 그들이 "지금까지 주장한 것"보다 "더 훌륭한 해명을 내놓지도 못하고 있다". 벨은 로라리우스는 "짐승의 영혼의 이론과 관련해서 데카르트를 가장 훌륭하게 반박한" 저자라고 평가한다. 그러나 벨은 이 훌륭한 저자가 '짐승들도 이성을 가졌다'고 믿는 저 "평범한 견해에 포함된 난점들"을 해명하지 못했다고 본다. 라이프니츠는 "이 난점들을 완전히 알고 마땅히 추종해야 할 얼마간의 선도적 논변을 제시했지만", 벨은 라이프니츠의 이 견해에 대해 "자신의 회의"를 표명하고 있다.[166] 벨은 여기서 아리스토텔레스, 데카르트만이 아니라 라이프니츠의 논리에 대해서도 거리를 두며, 차라리 짐승이 인간보다 더 이성적이고 선하다고 주장하는 로라리우스의 역설적 견해를 은근히 두둔하고, 짐승도 이성을 지녔다고 믿는 일반 백성의 전통적 여론을 편들고 있다.

흄은 벨의 이 견해를 이어받아 인간도 감탄할 대단하고 세련된 이성적 추리능력까지도 동물들에게 인정한다. 흄의 이런 주장은 벨과 로라리우스의 주장만큼 당시로서 파격적이었을 것이다. 그러나 오늘날은 아이큐가 두 자리 수에 달하는 코끼리·돌고래·침팬지, 오랑우탄 등 머리 좋은 짐승들, 천재견天才犬과 천재 돼지, 재주 좋고 도구를 쓸 줄 아는 까마귀·까치·앵무새 등 조류들이 많이 발견되는 만큼, 흄의 이 주장은 오늘날

---

[166] Pierre Bayle, *Historical and Critical Dictionary* [1697], selected and translated, with an introduction and notes by Richard Henry Popkin (Indianapolis·Cambridge: Hackett Publishing Company, Inc., 1991), 213-218쪽.

자연스럽고 당연한 것이다. 또한 자연과 인간의 대립 또는 자연정복관의 극복이 절실히 요구되고 있는 지금, 흄의 경험주의적 동물이성론은 특별한 의미를 갖는다. 그는 동물의 이성에 대해 논변한다.

- 어떤 진리도, 짐승들이 사람처럼 사유와 이성을 부여받았다는 것보다 내게 명증적으로 보이는 것은 없다. 이 경우의 논변은 아주 분명해서 지극히 어리석고 무식한 사람들도 다 이해할 수 있다. 우리는 우리 자신이 목적을 수단에 적응시키는 데서 이성과 계획에 의해 안내받는다는 것, 그리고 우리가 자기보존·쾌락획득·고통회피에 이바지하는 저 행동들을 무식하게 또는 인과적으로 행하는 것이 아니라는 것을 의식한다. 그러므로 우리가 다른 피조물들이 수백만의 사례에서 같은 행동을 행하고 이 행동을 같은 목적으로 지도하는 것을 본다면, 우리의 모든 이성·개연성 원리는 불가항력적인 힘에 의해 우리로 하여금 같은 원인의 존재를 믿게 만들 것이다. 내 의견에 의하면, 개별사례들을 열거함으로써 이 논변을 손에 쥐어주듯이 설명하는 것은 불필요하다. 조금만 주의를 기울여 봐도 필요 이상의 설명들이 넘쳐난다. 동물의 행동과 인간의 행동 사이의 유사성은 이 점에서 아주 완전하여 우리가 임으로 선택한 첫 동물의 바로 그 첫 행동이 현재의 이론에 대한 논란의 여지가 없는 논변을 우리에게 제공할 것이다. (…) 철학자들이 정신의 행위들을 설명하기 위해 동원한 저 논리체계들의 공통된 결함은 이 철학자들이 단순한 동물의 역량을 초월할 뿐만 아니라 우리 자신의 종족의 아이들과 보통사람들의 역량조차도 초월하는 사유의 오묘함과 세련됨을 상정한다는 것이다. 그럼에도 불구하고 이 아이들과 보통사람들은 가장 완결적인 천재성과 지성을 가진 사람들과 동일한 정서와 정감능력을 가지고 있다. (…) 통속적 본성으로서 평범한 역량과 같은

수준에 있는 듯한 동물들의 행동과, 동물들이 자기보존과 종의 번식을 위해 종종 드러내는 현명의 보다 특별한 사례들을 구별해야 한다. 절벽과 불을 피하고 낯선 사람들을 기피하고 주인을 애무하는 개는 첫 번째 종류의 사례를 제공한다. 아주 주도면밀하고 영리하게 둥지의 장소와 재료를 고르고 적당한 시간 동안 그리고 적절한 계절에 - 화학자가 지극히 정밀한 프로젝트에서나 보일 수 있는 - 온갖 조심성으로 알을 품고 앉아있는 것은 두 번째 사례의 생생한 경우를 제공한다.

 전자의 동물 행동에 관해서 말하자면, 나는 이 행동이 그 자체로서, 인간 본성 속에서 나타나는 것과 다르지 않고 이와 다른 원리에 기초하지 않는 이성적 추리에서 생겨난다고 주장한다. 첫째, 동물의 판단의 기초이기 위해서 동물의 기억이나 감각에 직접 현재하는 어떤 인상이 있어야 한다는 것이 필연적이다. 목소리의 톤으로부터 개는 그 주인의 분노를 추론하고 그 자신의 벌을 예견한다. 그의 후각에 영향을 주는 일정한 감각으로부터 개는 사냥감이 멀리 떨어져 있지 않다고 판단한다. 둘째, 개가 현재적 인상으로부터 끌어내는 추론은 경험과 과거 사례에서의 객체들의 결합에 대한 관찰에 근거하여 수립된 것이다. 네가 이 경험을 바꾸면, 개는 자기의 추리를 바꾼다. 처음에는 이런 신호나 동작에 따라 때리고 나중에는 저런 신호나 동작에 따라 때리면, 개는 가장 최근의 경험에 입각하여 연이어서 다른 결론을 끌어낸다. (…) 짐승들이 대상들 간의 실재적 연결을 지각하지 못한다는 것은 확실하다. 그러므로 그들은 이 대상에서 저 대상을 경험에 의해 추론하는 것이다. 짐승들은 그것들이 경험하지 못한 대상이 그들이 경험한 대상을 닮았다는 일반적 결론을 어떤 논변에 의해서도 결코 구성해낼 수 없다. 경험은 오로지 관성에 의해서만 짐승들에게 작용을 가한다. 이 모든 것은 인간과 관련해서 충분히 분명하다. 그러나 짐승들과 관

련해서도 틀림을 의심할 수 없다.[167]

동물의 이 인과적 추리의 이성능력은 관성과 습관의 위력을 가장 확실하게 보여준다.

인간들은 자신들의 동일한 이성 작용에는 놀라지 않으면서도 동물들의 본능에는 경탄한다. 그러면서 동물의 이 본능은 바로 자기들과 같은 이성의 원리로 환원될 수 없다고 생각한다. 사람들이 '인간은 이성적인 반면, 동물은 본능적이다'라고 분리장벽을 쌓으면, 본능을 설명하는 것이 난감해진다. 그러나 바로 이런 사실이 어떤 현상에든 우리를 묵묵히 따르게 하는 '습관의 힘'을 가장 많이 보여준다.

- 문제를 바로 고찰하자면 이성은 우리를 일련의 관념들에 따라 이동시켜 주고 개별 상황과 관계에 따라 관념들에 개별적 자질을 부여하는 우리 영혼 속의 경이롭고 불가지적인 본능(wonderful and unintelligible instinct)에 불과한 것이다. 이 본능은 과거의 관찰과 경험으로부터 드러나고, 이것은 사실이다. 하지만 누구든, 본성만이 이 효과를 산출하는 궁극적 이유를 대고, 또한 과거의 경험과 관찰이 이러한 효과를 산출하는 궁극적 이유를 댈 수 있는가? 확실히 본성은 습관에서 생겨날 수 있는 것이면 그 무엇이든 산출한다. 아니, 습관이 바로 본성의 한 원리이고, 이 기원으로부터 자기의 모든 힘을 끌어오는 것이다.[168]

흄은 '인과적 추리'를 수행하는 인간의 이성을 '본능'이 아니라 '지능'으로 여기고 동물의 정확한 추리능력만을 '본능'으로 경탄하는 '인간주

---

167) Hume, *A Treatise of Human Nature*, 118-119쪽.
168) Hume, *A Treatise of Human Nature*, 120쪽.

의적' 편견 때문에 인간의 이성도 인간의 '본능'임을 모르는 인간의 '종족의 우상'을 예리하게 꼬집어 비판하고 있다. "이성은 (…) 우리 영혼 속의 경이롭고 불가지적인 본능에 불과한 것이다"는 구절은 합리주의적 '인간파시즘'에 대한 진정 예리한 비판이다.

4.4. 모든 과학지식의 실천적 개연성과 불완전성

동물들은 인간과 더불어 감성만이 아니라 이성을 상당한 수준으로 공유하지만 논증적 이성(demonstrative reason)에서는 인간보다 훨씬 열등하다. 그러나 흄은 인간의 논증적 이성이 오류가능성이 있다는 사실을 들어 그 우월성을 완화시킨다. 가령 산술·대수학 등 논증적 과학의 규칙은 '확실하고 불가류적'이지만, 이 규칙의 어떤 적용이든 잘못될 수 있기 때문에 논증적 추리도 결국 개연적 진리만을 산출한다는 것이다. 이 때문에 개연적 추리를 더 천착해 보아야 한다.

이 논증적 추리는 생각보다 더 허약한 기초와 상이한 등급이 있는 것으로 나타난다. 논증적 추리는 잘해야 고도로 개연적인 판단으로 시작한다. 이 개연적 판단에 대한 우리의 신뢰는 인간의 역량이 가류적可謬的이고 우리는 과거에도 착오를 범했다는 사실에 의해 완화되지 않을 수 없다. 그러나 그 다음, 이 두 번째 판단에 대한 신임도 동일한 이유에서 완화될 수밖에 없다. 그 다음 제3의 판단에 대한 신임도 완화될 수밖에 없다. 그 다음 우리의 신임 등도 모두 완화된다. 이 추리판단 과정에서 우리의 원초적 믿음은 완전히 침식될 것이다. 하지만 실제적 결과는 아주 다르다. 일단 '모든 지식은 개연성으로 퇴화한다'는 흄의 명제부터 살펴보자.

- 모든 논증적 과학(demonstrative sciences)에서 규칙들은 확실하고 불가류적不可謬的이다. 그러나 우리가 이 규칙을 적용할 때, 우리의 가류적可謬的이고 불확실한 역량은 아주 쉽사리 규칙을 떠나 오류에 빠진다. 그러므로 우리는 모든 추리에서 새로운 판단을 첫 번째 판단 또는 믿음에 대한 검토나 통제로서 형성하지 않을 수 없고, 우리의 견해를 확대해 우리의 지성이 우리를 기만한 모든 사례를 모든 일종의 박물지를 – 지성의 증언이 옳고 참된 사례들과 비교하여 – 포괄해야 한다. 우리의 이성(reason)은 진리를 자연적 결과(effect)로 삼는 일종의 원인(cause)으로 간주되어야 한다. 그러나 이런 자연적 결과는 다른 원인들의 난입과 우리 정신능력의 비일관성非一貫性 때문에 자주 방해받을 수 있다. 이런 이유로 모든 지식은 개연성으로 퇴화하고, 이 개연성은 우리의 지성의 진실성이나 기만성에 대한 경험에 따라, 또 문제의 단순성이나 복잡성에 따라 더 많거나 더 적은 것이다.[169]

로크에 의하면, 지식의 확실성은 두 관념이 유사하거나 유사하지 않다는 직관, 즉 즉각적 깨달음(immediate realization)에 기초한다. 그러나 '논증'의 각 단계는 직관에 의존하는 한편, 여러 단계를 거친 '논증'의 결과는 거치는 여러 단계의 수數에 비례해서 '직관'의 결과보다 덜 확실해진다. 게다가 '논증'은 주의력과 노력을 요구하고 필요한 단계의 반복도 요구한다. '논증'이 길어지면, 우리가 단계를 빼먹지 않았는지, 우리가 취한 스텝들을 정확하게 상기했는지를 확실히 살펴볼 필요가 있다. 그렇다면 잘해야 '논증'은 '직관적 지식'보다 더 불완전한 것이다. 결과적으로, 로크에 의하면, 우리는 종종 '거짓'을 '논증'으로 여기는 수가 있게 된

---

169) Hume, A Treatise of Human Nature, 121쪽.

다.[170] 그런데 흄은 로크가 말하는 다단계적 '논증' 과정을 수행하는 논증적 이성과 산출되는 진리 간의 관계를 원인과 결과관계로 설정하여 수학의 논증적 사유를 로크가 생각한 것보다 훨씬 더 불완전한 것으로 보고 있다. 인과적 지식 일반이 무릇 개연성에 불과한 것이므로 '논증적 추리'의 산물인 '논증적 지식'도 개연성에 불과하기 때문이다. 우리가 '논증적 진리'라고 생각하는 것도 종종 오류일 수 있다는 것이다.

따라서 '논증적 지식(reason)에 근거한 명증성'이든, '증명에 근거한 명증성'이든, '개연성에 근거한 명증성'이든, 결국 모두 다 오로지 '개연성'(『대학』의 '근도近道')로서만 가능한 것이다. 그러므로 위 인용문에서 흄은 논증적 과학, 즉 수학·기하학·논리학 등의 지식이 이성의 수행적 실수가능성으로 인해 결과적으로 개연성으로 '퇴화'한다는 논지를 피력한 것이다.

흄은 대수학자와 수학자에 대해 다음과 같이 좀 더 구체적인 예증적 설명을 덧붙인다.

- 진리를 발견하자마자 진리에 전적인 믿음을 두거나 이 진리를 단순한 개연성 이상의 어떤 것으로 간주할 정도로 그의 과학에 숙달된 대수학자도 없고 수학자도 없다. 그가 자신의 증명을 죽 검산할 때마다, 그의 믿음은 증가한다. 그러나 그의 친구들의 동조에 의거하면 더욱 증가하고, 학자 세계(learned world)의 보편적 동의와 갈채에 의해서는 극단적 완전성으로 고양된다. 이제 확신(assurance)의 점진적 증가가 새로운 개연성의 추가 외에 다른 것이 아니고, 과거의 경험과 관찰에 따른 원인과 결과의 항상적 결합으로부터 도출된다는 것은 명백하다.[171]

---

170) Locke, *An Essay concerning Human Understanding*, Book IV, ch.2 §1-13.
171) Hume, A Treatise of Human Nature, 121쪽.

흄은 여기서 놀라운 논변을 전개하고 있다. 그는 수학과 대수학 같은 논증과학의 보편적 진리도 - 과학의 지식생산 관계가 이성(원인)과 진리(결과) 간의 인과관계인 한에서 - 개연적 인과관계를 대중의 경험과 관찰의 '항상적' 반복으로부터 도출하는 경험과학의 귀납적 진리와 마찬가지로 결국 학자 세계의 '여론'에 의거한다고 말하고 있기 때문이다. 논증과학적 진리생산에서의 이성과 진리의 관계가 경험과학 안에서의 사실과 사실 간의 경험적 인과관계와 동일한 인과관계로 환원되는 한에서, 논증적 진리도 '극단적 완전성'이 아니라, 일종의 '개연성'에 지나지 않는 것이다. 진리'생산'의 인과관계에서 보면, '논증적 진리'의 '극단적 완전성'도 - '논증' 자체가 연역적일지라도 - 유사한 경험들의 '항상적' 반복에 근거한 귀납적 진리와 마찬가지로 "학자 세계의 보편적 동의와 갈채에 의해서"만 확보된다. 결론적으로 수학도 '경험철학'과 동일하게 불완전한 것이다.

  이 대목에서 필자가 수학의 불완전성에 대한 흄의 논리를 보강하기 위해 다른 방향에서 첨언하자면, 논증적 지식의 불완전성(개연적 성격)은 단순히 수행적 결과일 뿐만 아니라, 이 논증이 활용하는 관념들에 내재적이기도 하다는 것이다. 수학의 수나 기하학의 도형, 그리고 형식논리학의 '동일성' 또는 '모순'의 논리는 참(정확한 것)이기는 하지만, 우리의 추상관념 속에서만 참(정확한 것)일 뿐, '실재성(reality)'이 없다. 예컨대 십진법의 1, 2로부터 억, 조, 경, 해를 거쳐 재載(1044), 극極(재×10000), 항하사(극×10000), 아승기(항하사×10000), 나유타(아승기×10000), 불가사의(나유타×10000) (…) 등에 이르기까지 모든 수는 추상관념 속에서 얼마든지 지어낼 수 있지만 자연적 실재 속에 존재하지 않고 존재하더라도 경험할 수 없다. 또 개념적으로 정확한 직각삼각형이나 원 또는 정정천각형·만각형, 정만면체 등은 관념 속에서 상상할 수 있지만 경험할 수 있는 실재가 아니며, '유사한 것'은 자연 속에 있지만 엄밀한 의미에서 '동일한 것'은 하나도 없다. 따라서 수학적 논증의 진리는 '완전한 진리'가 아니라, 단지 '추상적·관념적 진리', 즉 '불완전한 진리'에 불과한 것이다. '수학적 논증의 진리'가 상대적 의미에서라도 어떤 완전한 진리성이 있다면, 이것은 논증적 수·도형·동일성이 자연적 실재와 '유사'한 만큼만, 즉 실재에 조응하는 만큼만 있을 뿐이다. 그러나 모든 논증적 지식은 본질적으로 '추상적·관념적'인 한에서, 즉 잘해야 실재와 '유사'할 뿐인 한에서 결코 말 그대로의 완전한 진리성에 도달할 수 없다. 따라서 관념과 관념 간의 정확한 일치뿐만 아니라 관념과 실재 간의 정확한 일치까지도 포괄하는 '완전한 진리'의 관점에서 보면, 모든 논증적 지식은 내재적으로 불완전하여 '완전한 지식'과 단지 유사할 뿐이다. '완전한 진리'와의 '유사성'은 다름 아닌 '개연성'이다. 따라서 모든 논증적 지식과 진리는 다 내재적으로 개연적인 것이다. 논증적 지식의 유용성 및 실재에 대한 적용가능성도 이 개연성에 정비례한다.

이런 까닭에 흄에게 많은 영향을 끼친 피에르 벨은『역사·비판사전』에서 필자와 유사한 관점에서 수학을 비판한 바 있다. 그는 모든 지식분야가 다 고유한 약점들이 있듯이 수학도 결함이 없지 않다고 말한다. 이런 까닭에 고대에도, 근대에도 수학자들 간에 논란이 그치지 않았다는 것이다. 이 논란의 원인은 수학의 잘못이 아니라, 수학적 규칙을 어기는 수학자들의 잘못이라고 말할 수도 있으나, 바로 이 논란 자체가 "이 지식부문에 애매모호한 것들이 존재한다는 것을 보여준다"는 것이다. 수학적 대상들에는 "고칠 수 없는 가장 엄청난 난점"이 존재하는데, 그것은 이 대상들이 "실재하지 않는 키메라(망상)들"이라는 점이다". 수학적 점, 선, 기하학적 면, 구, 중심선 등은 "어떤 실재성도 지닐 수 없는 허구들"이라는 것이다. 그러므로 이 대상들은 "시인들의 허구보다 못한 것들"이다.

왜냐하면 "시인의 허구는 보통 불가능한 것을 포함하고 있지 않고" 오히려 "적어도 얼마간의 개연성과 가능성이라도 있기" 때문이다. 벨은 가상디(Pierre Gassendi, 1592-1655)의 수학 비판도 소개한다. 가상디에 의하면, 수학자들과 기하학자들은 "추상과 관념의 나라"에 자기들의 영역을 확립했다. 그들은 이곳에서 마음대로 노닐 수 있지만, "실재의 나라로 하강하고 싶을 때", 곧 "극복할 수 없는 난관들"을 만난다는 것이다. 이 때문에 수학을 열정적으로 좋아하여 큰 수학적 업적을 남긴 바 있는 파스칼도 수학을 "경멸했다". 벨에 의하면, 파스칼이 "그를 매혹시켰던 이 주제들에 염증을 느끼게 된 것"은 "그가 수행한, 이 주제들에 대한 정사精査와 일반인들의 담론에 대한 성찰이 그를 편견들로부터 치유시켰기" 때문이라는 것이다.[172]

유사한 이유에서 흄도 다음과 같이 수학 자체의 한계를 지적하고 있다.

- 어떤 산술이 좋은 아내와 나쁜 아내의 비율을 정하고 각각의 상이한 부류들을 평가하는 데 기여할 수 있는가? 행성들의 행정을 측정하고 한 쌍의 천칭으로 지구의 무게를 잴 수 있었던 뉴턴 자신도 우리 종족의 마음씨 고운 사람들(여성들)을 바른 방정식으로 환원하기에 충분한 대수학을 가지지 못했다. 이들은 그 궤도가 아직도 불확실한 유일한 천체들이다.[173]

물론 뉴턴은 수학과 그에 기초한 기계역학을 가지고 태양계와 천체의

---

172) Bayle, *Historical and Critical Dictionary*, 389-392쪽 ("Zeno", Epicurean).
173) David Hume, "Letter"(1751. 3. 19.). Hume, *An Inquiry concerning the Principles of Morals*의 독역본 *Eine Untersuchung ber die Prinzipien der Moral*, rsetzt und herausgegeben von Gerhart Streminger (Stuttgart: Philipp Reclam Jus., 1984), 편집자주 22)에서 재인용. 괄호는 인용자.

운동도 다 설명하지 못했다. 더구나 중력의 원인, 원거리 이격 상태에서의 인력의 작용 원인, 천체의 안정성 등은 조금도 설명할 수 없었다. 이에 흄은 주지하다시피 "뉴턴은 자연의 신비들 가운데 어떤 것들은 베일을 걷어 젖힌 것처럼 보여주었지만, 동시에 기계역학 철학의 불완전성(imperfections)을 밝혀 보여주었다"고 평했던 것이다.[174]

---

174) Hume, "Thumbnail Biographies" from *History of England* VI, 202쪽.

제5절

실체적 자아관념의 해체와
날조론적 자아개념

5.1. 실체적 자아의 해체: 단순한 '지각의 다발'로서의 자아

　아우구스티누스는 "내가 잘못 생각한다면 나는 존재하는 것이다(Si follor sum)"라고 말했고, 데카르트는 이를 표절·모방해서 "나는 생각한다(의심한다) 그러므로 나는 존재한다(cogito ergo sum)"고 주장했다. 로크는 이 합리주의적 사고방식의 테제를 비판하고 "나는 느낀다, 그러므로 나는 존재한다"고 수정·논변했다. 로크는 흄보다 먼저 '실체' 개념을 비판하여 비물질적 실체의 관념이 복합적인 관념들을 묶는 하나의 편의적 명칭일 뿐이라고 말한 바 있다.[175] 그럼에도 불구하고 그는 인간이 꿈 없는 단잠을 잘 수도 있고 아기 시절도 있기 때문에 인간이 '항상 생각하

---

175) Locke, *An Essay concerning Human Understanding*, Book II, ch.23 §15.

는 것은 아니다'라는 사실을 들어[176] '생각'에만 의거한 데카르트적 자아 확실성을 비판하고 자아의 작용에 '감각'을 추가한다. 즉, 로크는 '나는 생각한다, 그러므로 나는 존재한다'는 데카르트의 명제를 '나는 느낀다, 그러므로 나는 존재한다'는 유사명제로 수정한 셈이다. 우리 자신의 존재가 우리의 고통이나 사유만큼 확실하고, "감각·추리·사유의 모든 작용에서 우리가 우리의 자아에게 우리 자신의 존재를 의식하고 이 문제에서 최고 등급의 확실성에 미달하지 않기 때문에 어떤 증명을 할 필요도 없고 할 수도 없다"고 주장한다.[177] 결국 로크는 정신의 작용을 사유에서 '감각적' 지각에까지 확장했을 뿐이고, 그렇게 함으로써 – 자신의 실체부정론을 잊고 – 데카르트의 'cogito ergo sum' 논리에 다시 말려들고 있다.

그러나 흄은 '나'에 대한 아우구스티누스나 데카르트의 이성적 생각이나 '나'에 대한 로크의 느낌(감각적 지각)은 '나의 존재'나 '나'를 확실히 증명해 주는 것이 아니라고 비판했다. 의식의 흐름과 느끼는 감정은 단속적이고 난삽하게 끊임없이 흩어지기 때문이다.

공자의 관점에서 말하자면, 자아는 흩어지는 의식의 흐름, 순간적 느낌과 감정의 연쇄를 '나'로 묶고 경험적 '격물치지'의 공감·교류와, 성의

---

[176] Locke, *An Essay concerning Human Understanding*, Book II, ch.1 §10. "나는 관념들을 항상 명상하는 것을 자각하지 못하는 둔한 영혼들 중의 하나를 지녔음을 고백한다. 또한 이 영혼은, 물체가 항상 운동할 필요가 없는 것만큼이나 영혼도 항상 생각할 필요가 없다고 생각한다. 내 생각에, 운동이 물체에 대해 물체의 본질이 아니라 물체의 작용들 중의 하나이듯이, 관념의 지각은 영혼에 대해 영혼의 본질이 아니라 영혼의 작용들 중의 하나다. 그러므로 생각하는 작용이 영혼의 본래적 행위라고 상정하지 않더라도 영혼이 항상 생각한다, 항상 행위 중에 있다고 상정할 필요는 없다. 아마 이것은 '결코 졸지도 않고 잠을 자지도 않는' 만물의 무한한 원작자이자 보존자의 특권일 것이다. 그러나 이것은 어떤 유한한 존재에게든, 적어도 인간의 영혼에게는 불능이다." '잠'과 '아기'의 예는 참조: Book II. ch.1 §13; Book II. ch.1 §20.
[177] Locke, *An Essay concerning Human Understanding*, Book IV, ch.9 §3. 또 Book II, ch.1 §19.

誠意·정심正心의 수신修身 노력을 통해 기억의 다기적 흐름을 순간 순간 계기적繼起的·통일적으로 정리함으로써 매일 매일 자아를 구성해내야 하는 것이다. '격물치지'의 인식과 공감적 이해를 통한 지식적·도덕적·신체적 '수신'을 그만두면, 그 순간부터 자아는 부식된다. 생각(의식)도, 느낌도 나의 존재를 보장하지 못한다. 생각이나 느낌을 방임하면 이것들이 난삽하게 중구난방으로 꼬리에 꼬리를 물고 이리저리 나대고 흩어지기 때문이다.

자아정체성의 구성과 관련해서는 앞서 흄이 '동일성' 관계가 수리적 논증 외에 '정체성'에만 적용된다고 말했을 때의 그 '정체성' 문제를 먼저 살펴볼 필요가 있다. 만물은 생성·성장·소멸의 유전流轉과 변화 속에 들어 있다. 따라서 모든 사물, 모든 동식물은 급진적 또는 점진적 변화 속에서 순간순간 또는 중장기적으로 이전의 자기와 달라진다. 인간도 현재의 자기가 좀 전의 자기와 차이가 나고, 더 긴 세월 속에서는 엄청난 차이를 노정한다. 그러나 흄은 대상을 지각하고 구성적으로 인식하는 데 쓰이는 7가지 '관념들의 관계'를 유사성·동일성·시공·수량·정도·상반성(반대성)·인과성 관계 등의 '철학적 관계들'로 분석·열거했다. 그리고 그는 이 관계들 중 하나인 '동일성(sameness)'을 '정체성(identity)'으로 이해한다. 따라서 영어에서 '정체성'은 곧 '동일성(sameness)'인 것이다. 그러나 만물 유전의 이 세상에서 '동일성'으로서의 '정체성'은 감히 입에 올릴 수 없을 것이다. 따라서 흄은 애당초 경험과학적으로 허용될 수 없는 '항구적·불변적·지속적 존재'를 가정하고 앞서 이 정체성 개념을 이렇게 언급해 두고 있다. "나중에 다룰 인격적 정체성(personal identity)의 본성과 토대를 정밀 검토하지 않은 채 여기서 나는 이 동일성(정체성) 관계를 항구적이고 불변적인 대상들에 가장 엄격한 의미에서 적용되는 것으로 간주한다. 모든 관계들 중에서 가장 보편적인 관계는 동일성의 관계다. 이 동일성 관계는 그 어떤 지속성을 갖고 실존하는 모든 존재자에게 공통된 것이다."[178] 그러나 인격적 '정체성'은 결코 '동일성'이 아니다.

그러나 흄은 안타깝게도 인식론적 자아정체성의 해체를 기도할 때 '동일성'으로서의 '정체성' 개념으로 작업한다. 그는 '나'에 대한 이성적 생각(아우구스티누스, 데카르트)이나 '나'에 대한 감각적 지각(로크)이 '나의 존재'나 '나'를 확실히 증명해주는 것이 아니라고 단정한다. 의식의 흐름과 느낌과 감정들은 단속적이고 난삽하게 끊임없이 흩어지기 때문이다. 흄은 20세기 말 근대의 '제조된' 자아의 해체를 기도한 푸코보다[179] 무려 230여 년 전, 아우구스티누스와 데카르트의 합리적 자아(생각하는 실체로서의 영혼)와 로크의 '느끼는 자아'를 근·현대 철학사상사에서 가장 날카로운 분석에 의해 해체시킨다. 이 분석은 흄이 개인적 자아를 해체시키는 데 초점을 맞춘 불교논리를 수용한 것이라고 얘기되기도 하는 주제다.

개인의 "인격적 정체성", 즉 '자아'에 대한 기존의 실체론적 학설에 대해 흄은 다음과 같이 말한다. "우리가 '자아(SELF)'라고 부르는 것을 우리가 매순간마다 내밀하게 의식한다고 상상하고, 또 우리가 자아의 실존과 실존 속에서의 계속성을 느끼고 논증의 명증성을 뛰어넘어 자아의 완벽한 동일성과 단일성을 둘 다 확신한다고 상상하는" 당시의 주류 철학자들을 향해 흄은 이렇게 말한다.

- 그들은 가장 강력한 감흥도, 가장 격렬한 감정도 이러한 견해로부터 우리를 탈피시키기는커녕, 이것을 더욱 강하게 고착시킬 뿐이어서 이 감흥과 감정의 고통과 쾌락에 의한 자아에 대한 이 감흥과 감정의 영

---

178) 참조: Hume, *A Treatise of Human Nature*, 15쪽.
179) 근대적 주체(자아), 즉 이성적 '기율'로 '제조된 복종주체'를 분석하고 해체하려는 푸코의 최초 기도는 참조: Michel Foucault, *Surveiller et punir: La naissance de la prison* (Paris: Gallimard, 1975). 독역본: Michel Foucault, *Überwachen und Strafen: Die Geburt des Gefängnisses* (Frankfurt am Main: Suhrkamp, 1976).

향을 고려하도록 우리를 만든다고 말한다. 이것을 넘어 자아의 증명을 시도하는 것은 오히려 자아의 명증성을 약화시키는 짓일 것이라는 것이다. 왜냐하면 어떤 증명도 우리가 아주 내밀하게 의식하는 그 사실로부터 도출될 수 없고, 또한 우리가 확신할 수 있는 어떤 것도 우리가 이를 의심한다면 존재하지 않기 때문이다. 불행히도 이 모든 긍정적 주장들은 이 주장들을 변호하는 바로 그 경험들과 배치되고, 또한 우리는 여기서 설명되는 방법에 따른 어떤 자아 관념도 가지고 있지 못하다. 어떤 인상으로부터 이 자아 관념이 도출된다는 말인가?[180]

이것은 명백한 모순과 부조리 없이 답변하기 불가능한 물음이다. 흄에 의하면, 모든 개개의 '실재적 관념'을 낳는 것은 반드시 어떤 '단일한' 인상(one impression)이든 대상에 대한 '단일' 인상이어야 하지만, 자아 또는 인격체는 "어떤 단일 인상도 아니기" 때문이다. 자아는 "우리의 여러 인상들과 관념들이 관련을 갖는 것으로 상정되는 그것(that to which our several impression and ideas are supposed to have a reference)"이다. 어떤 인상이 "자아의 관념(the idea of self)"을 낳는다면, 이 인상은 우리의 삶의 전 과정을 관통해 불변적으로 "동일한(same) 인상"으로 "계속되어야" 한다. 왜냐하면 자아는 이런 방식으로 존재하는 것으로 관념되기 때문이다. 그러나 "항구적·불변적 인상"이란 "있을 수 없다". 고통과 쾌감, 비애와 희열, 감정과 감흥은 서로 꼬리를 물고 연달아 나타나고, 결코 모두가 동시에 실존하지 않는다. 그러므로 자아의 관념은 이 인상들 중 어떤 인상으로부터도 유래할 수 없고, 또는 이것과 다른 인상들로부터도 유래할 수 없다. 결국 "이러한 자아 관념은 존재하지 않는 것이

---

180) Hume, *A Treatise of Human Nature*, 164쪽.

다".[181] 즉, '동일성'으로서의 자아정체성은 없다는 말이다.

'동일성'으로서의 자아정체성 개념은 자아를 아리스토텔레스와 데카르트의 '실체' 개념에 뜯어 맞춘 것이다. 이들의 실체 개념은 주지하다시피 모든 개별적 특수자들을 관통해 유지되는 보편적 동일성임과 동시에 모든 시간의 흐름을 관통해 유지되는 각 특수자의 불변적 동일성이다. 그러나 흄은 로크를 이어 이 실재적 '실체' 개념을 부정하고 '실체'란 수집된 여러 속성들에 대한 편의적 명칭에 불과하고, 모든 개별적 실존태는 '특수하다'고 생각한다. 이런 관점에서 그는 다른 곳에서 "우리가 그것을 지각하는 한에서의 영혼은 열기·냉기의 지각, 사랑과 분노, 생각과 감흥 등 여러 상이한 지각들, 말하자면 모두 하나로 결합되지만 어떤 완벽한 단순성이나 동일성도 없는 지각들의 체계나 연쇄행렬에 지나지 않는다"고 주장하면서 데카르트의 자아 개념을 이렇게 정면으로 비판한다.

- 그런데 데카르트는 생각, 이 생각 저 생각이 아니라, 생각 일반(thought in general)이 마음의 본질이라고 주장했다. 이것은 우리의 지성에 절대로 불가지한 것으로 보인다. 왜냐하면 실존하는 모든 것들은 특수하기 때문이다. 그러므로 마음을 구성하는(compose) 것은 여러 특수한 지각들일 수밖에 없기 때문이다. 나는 마음에 '속한다'고 말하지 않고 마음을 '구성한다'고 말하고 있다. 마음은 지각들이 내재하는 실체가 아니다. 이 '실체' 개념은 생각 또는 지각 일반이 마음의 본질이라는 데카르트적 개념만큼 불가지하다. 우리는 모종의 인상으로부터 유래하는 관념 외에 어떤 관념도 없기 때문에 어떤 종류의 실체 관념도 없고, 물질적 실체든 정신적 실체든 어떤 실체에 대한 인상도

---

181) Hume, *A Treatise of Human Nature*, 164쪽.

없다. 우리는 특수한 속성들과 특수한 지각들 외에 아무것도 알지 못한다. 어떤 물체의 관념, 가령 복숭아의 관념이 특별한 맛, 색깔, 모양, 크기, 밀도 등의 관념이듯이, 어떤 마음이든 마음의 관념은 단순개념이든 복합개념이든 우리가 '실체'라고 부르는 어떤 사물의 개념도 없는, 특수한 지각들의 관념일 뿐이다.[182]

로크는 흄보다 먼저 '실체' 개념을 비판하고 비물질적 실체의 관념이 복합적인 관념들을 묶는 하나의 편의적 명칭일 뿐이라고 말한 바 있다.[183] 하지만 주지하다시피 로크는 '나는 생각한다, 그러므로 나는 존재한다'는 데카르트의 명제를 '나는 느낀다, 그러므로 나는 존재한다'는 경험론적 명제로 수정했으면서도 우리 자신의 존재가 우리의 고통이나 사유만큼 확실하고, "감각·추리·사유의 모든 작용에서 우리가 우리의 자아에게 우리 자신의 존재를 의식하고 이 문제에서 최고등급의 확실성에 미달하지 않기 때문에 어떤 증명을 할 필요도, 할 수도 없다"고 주장했다.[184] 결국 로크는 정신의 작용을 사유에서 '감각적' 지각에까지 확장했을 뿐이고, 이럼으로써 – 자신의 실체부정론을 깜박 잊고 – 데카르트의 '코기토' 논리에 다시 말려들고 말았다. 그러나 흄은 실체부재론을 고수하고 위 인용문의 데카르트 비판에 이어 로크의 감각적 자아실체론까지도 완전히 해체하고 있다.

모든 '관념'은 '인상'으로부터만 나온다. 이것은 흄이 대변하는 경험론적 인식론의 제1테제다. 이 관점에서 흄은 일단 아우구스티누스와 데카르트의 일반적 자아나 라이프니츠의 개인적인 단자론적 자아 개념과 같

---

182) Hume, "An Abstract of a Book lately Published, entitled *A Treatise of Human Nature*", 414쪽.
183) Locke, *An Essay concerning Human Understanding*, Book 2. ch.23 §15.
184) 참조: Locke, *An Essay concerning Human Understanding*, Book IV. ch.9 §3. 또 Book II. ch.1 §19.

은 자아 관념은 – 이에 대응하는 단일한 불변적 '인상'이 없는 만큼 – 존재하지 않는다는 것을 확인함으로써 자아를 해체했다. '관념'은 반드시 '인상'에서 유래하는 것이라는 원리에 충실하면, 엄밀하게 말해 자아의 '단일한' 불변적 '관념'이 유래하는 자아의 안정된 '단일한' 불변적 '인상'이 없고, 따라서 자아의 어떤 '단일한' 불변적 '인상'을 복제함으로써 형성되는 그러한 단일한 자아 '관념'도 있을 수 없는 것이다.

그런데 왜 자아의 단일한 불변적 인상이 존재하지 않는가? 인상을 만드는 근원적 작용인 '지각들'이 다양하고 상이하기 때문이다. 일단 흄은 '자아'를 우리가 매순간마다 내밀하게 의식하고, 또 우리가 자아의 실존과 실존적 계속성을 느끼고 자아의 완벽한 정체성과 단일성을 둘 다 확신한다는 "저 가설에 따를 때, 우리의 모든 개별적 지각은 어찌 되어야 하는가? 이 모든 지각들은 상이하고, 구분 가능하고, 서로로부터 분리 가능하고 분리되어 고찰될 수 있고, 분리되어 존재할 수 있고, 이 지각의 실존을 뒷받침하기 위해 아무것도 필요치 않다. 그렇다면 이 지각들이 무슨 수로 자아에 속하고, 어떻게 자아와 연결되어 있는가?"라고 자문하고 나서 이렇게 말한다.

- 나에 대해서 말하자면, 나는 내가 나의 자아라고 부르는 것 속으로 아주 내밀하게 들어갈 때, 나는 항상 열기와 냉기, 빛과 그림자, 애증과 고락의 이런저런 특수한 지각에 걸려 휘청거린다. 나는 지각이 없으면 결코 어떤 때도 나의 자아를 붙잡을 수 없고, 지각 외에 어떤 사물도 목도할 수 없다. 내 지각이 깊은 단잠 등에 의해 제거되어 있는 동안, 나는 나의 자아를 감지할 수 없고, 내가 진정으로 존재하지 않는다고 얘기하는 말을 들을 수 있다. 나의 모든 지각이 죽음에 의해 제거되어 내 육체의 해체 후에 생각하지도 느끼지도 보지도 사랑하지도 미워하지

도 못한다면, 나는 완전히 절멸되지 않을 수 없다. 또한 나는 나를 완전한 비非존재자로 만들기 위해 더 필요한 것을 생각할 수도 없다. 어떤 사람이 진지하고 치우침 없는 반성 끝에 그의 '자아'에 대한 다른 개념을 얻었다고 생각한다면, 나는 그와 더불어 더 이상 논의할 수 없다고 고백하지 않을 수 없다.[185]

외부·타인과의 교류와 공감의 지각작용 없이 데카르트의 '코기토(자기에 대한 자기의 생각)'나 로크의 내적 자기감지와 같은 진지한 '반성'을 통해 자아를 찾는 외톨이가 진정 있다면, 이 외톨이는 매번 저 혼자 달라져 나타날 것이기 때문에 나는 그와 공감할 수 없을 것이다. 흄은 여기서 이것을 '그와 더불어 논의할 수 없다'고 표현하고 있다.

우리가 영혼 속에서 만나는 것은 자아의 '단일한' 인상이나 '동일한' 관념이 아니다. 흄은 인간의 '자아'란 '한 다발의 지각들'이라고 천명한다.

- 나는 (…) 생각할 수 없는 속도로 꼬리를 물고 연이어 나타나고 영구적 유동과 운동 속에 들어 있는 그것들은 한 다발 또는 한 더미(a bundle or collection)의 상이한 지각들이라고 감히 단언한다.[186]

눈이 안와眼窩 속에서 돌면 반드시 지각이 변한다. 사유는 시각보다 훨씬 더 가변적이다. 기타 모든 감성적·이성적 역량들도 다 이런 변화를 일으킨다. 또한 아마 단 한 순간이라도 변함없이 동일한 것으로 남아 있는 영혼의 능력은 단 하나도 없을 것이다. 따라서 흄은 이렇게 말한다.

---

185) Hume, *A Treatise of Human Nature*, 164~165쪽.
186) Hume, *A Treatise of Human Nature*, 165쪽.

- 마음은 여러 지각들이 연달아서 등장하는 일종의 극장이다. 지각들은 무한히 다양한 형세와 상황 속에서 지나가고 또 다시 지나가고 미끄러져 사라지고 뒤섞이는 것이다. 우리가 저 단일성과 정체성을 상상해내고 싶은 무슨 자연적 성향을 가졌든, 이 극장에는 정확하게 한 시점도 단일성이 존재하지 않고, 다른 시점에도 정체성은 존재하지 않는다. 극장의 비유가 우리를 오도해서는 아니 될 것이다. 마음을 구성하는 그것들은 연달은 지각들일 뿐이다. 또한 우리는 이 장면들이 표현되는 장소에 대한, 또는 마음이 구성되는(composed) 재료들에 대한 가장 멀리 떨어진 개념들을 가지고 있지도 않다.[187]

흄이 여기서 '존재하지 않는다'고 단언하는 '정체성'은 필자가 위에서부터 줄곧 제시해온 '계속성(continuity)과 일관성(consistency)'으로서의 정체성이 아니라, '동일성(sameness)'으로서의 정체성이다. 여기서 "단 한 순간이라도 변함없이 '동일한 것'으로 남아 있는 영혼의 능력"이 지적되고 있기 때문이다.

이로써 흄은 합리주의자들이 주권자로 섬기는 사변적 '자아'를 완전히 해체한다. 바로 이것이 200여 년 뒤 20세기 말 소위 포스트모더니스트들이 외친 주권적 주체의 '해체'와 유사하다. 미셸 푸코는 말한다.

- 주체(유일하고 영원한 자아)와 재현(선명한 이데아에 의한 투시)의 제왕적 고권高權은 무너지고 있다. 단일성, 비유, 유사성, 무모순성을 지배의 권좌로 올리고 차이를 부정으로 축소하려던 (이미 초등학교 때부터 우리들에게 A와 다른 것은 '비非A'라고 가르쳤다) 서구 철학자들의 군주적이고 장쾌하고 타산적인 음성 아래서 – 이 끈질기게 긴장된 목소리

---

187) Hume, *A Treatise of Human Nature*, 165쪽.

아래서 불일치한 자들의 바스락거리는 소리는 헛들을 수 없다. 라이프니츠의 대리석을 뚫고 졸졸 흐르는 물 듣는 소리에 귀기울여보자. 시간의 딱 부스러지는 소리가 어떻게 칸트의 주체를 얼룩말 줄무늬로 분쇄하고 있는가를 보자.[188]

비관적·회의적 합리주의자 푸코는 여기서 흄과 같은 경험론자들을 잊고 합리론자들을 '서구 철학자'로 일반화하고 있다. 이런 한에서 그가 '합리주의'와 등치시킨 계몽주의에 대한 그의 포스트모던적 비판도 절반 이상 빗나간 비판이다.

5.2. 흄의 날조론적 주체구성론

실체성과 동일성으로서의 자아정체성이 이렇게 허구인데도 불구하고, 우리는 이 "연달은 지각들"에다 "정체성"을 귀속시키고 우리의 "자아"를 "평생 동안 불변적이고 부단한 실존을 보유한 것"으로 상정하고 싶어 하는 "이렇게 커다란 성향"을 가지고 있다. 도대체 무엇이 우리에게 이런 성향을 부여하는 것일까? 이 물음에 대한 답변으로 흄은 생명욕과 자기공감의 본능을 들지 않고, 자아정체성의 '꾸며냄' 또는 '날조'(feigning)를 든다. 이런 식의 답변을 위해 흄은 일단 "사유나 상상과 관련된 인격적 정체성"과 "자아에 대해 우리가 가지는 관심이나 감정들과 관련된 인격적 정체성"을 구분한다. 흄은 날조에 의한 자아의 구성을 요하지 않는 후자, 즉 "자아에 대한 우리의 관심이나 감정들과 관련된 인격적 정체성"을 뒤로 미루고, '자아의 날조'를 요하는 전자, 즉 "사유나

---

[188] Michel Foucault, "Der Ariadnefaden ist gerissen"(1969), 9쪽. Gilles Deleuze & Michel Foucault, *Der Faden ist gerissen* (Berlin: Merve Verlag, 1977).

상상과 관련된 인격적 정체성"을 먼저 다룬다. 이 대목에서 그는 인간적 자기의 주관적 자아정체성을 동식물들의 객관적 정체성과 등치시키는 범주적 혼동의 치명적 오류를 끌어들인다.

- 우리는 우리가 동식물들에게 귀속시키는 저 정체성을 설명해야 한다. 동식물들의 정체성과 자아나 인격체의 정체성 간에는 커다란 유사성이 있기 때문이다. 우리는 시간의 상정된 변화를 뚫고 불변적이고 부단하게 남아 있는 한 대상의 판명한 관념도 있다.[189]

이 대목에서 흄은 다시 영어 'identity'의 중의성重義性('정체성'과 '동일성')에 홀려 '정체성'을 '동일성(sameness)'과 등치시킨다. "이 판명한 대상의 관념을 우리는 정체성 또는 동일성의 관념이라고 부른다"는 것이다.[190] 이 "또는"이라는 단어에서 그가 '정체성'과 '동일성'을 등치시는 것이 확연하게 드러난다. 이 '동일성으로서의 정체성'은 대상의 연달은 출현(succession)과 변화 속에서 필연적으로 나타나는 '상이성(diversity)'과 상치된다.

따라서 정체성의 저 '날조적 구성'이란 연관된 객체들이 연달아 출현하면서 시시각각 달라지는 까닭에 끊임없이 산출되는 이 '상이성' 속에서 이 '동일성으로서의 정체성'을 허구로 꾸며낸다는 뜻이다. 일정한 '관계' 속에 들어 있는 대상의 시간적 전후의 현상들 간의 '상이성'은 그 크기가 미미할 경우에 '유사성(resemblance)'으로 느껴지기 때문이다.

- 우리는 연달은 출현 속에, 그리고 긴밀한 관계에 의해 서로 연결되어

---

189) Hume, *A Treatise of Human Nature*, 165쪽.
190) Hume, *A Treatise of Human Nature*, 165쪽.

존재하는 여러 상이한 대상들의 판명한 관념도 가지고 있다. 그리고 이 사실은 정확하게 보면 마치 대상들 간에 관계의 어떤 방식도 존재하지 않는 것처럼 완벽한 상이성의 개념을 제공해준다. 관계된 대상들의 연달은 출현과 정체성이라는 이 두 관념이 그 자체로서 완벽하게 다르고 심지어 상치될지라도, 우리의 흔한 사고방식 속에서 이 두 관념이 일반적으로 서로 뒤섞여 있다는 것은 확실하다. (…) 관계는 한 대상에서 다른 대상으로의 마음의 이행을 용이하게 하고, 마음의 통행을 마치 계속되는 단일한 대상을 관조하는 것처럼 부드럽게 만들어준다. 이렇게 생겨나는 유사성은 혼동과 착오의 원인이고, 우리로 하여금 관계된 대상들의 개념을 불변적이고 부단한 정체성의 개념으로 대체하게 만들어준다. 한 순간 우리가 관계된 연달은 출현을 가변적이고 중단된 것으로 간주할지라도, 확실히 우리는 다음 순간 완벽한 정체성을 이 연달은 출현에 귀속시키고 이 연달은 출현을 불변적이고 부단한 것으로 간주한다. 우리의 이런 착오에의 성향은 위에서 언급된 '유사성' 때문에 아주 굉장해서, 우리는 스스로 의식하기 전에 이 성향에 빠져버린다. 우리가 의존하는 최후의 방편은 이 착오 성향에 굴복하여 대담하게도 이 상이한 관련 대상들이 아무리 단절되고 가변적일지라도 실은 동일한 것들이라고 주장하는 것이다. 이 황당한 짓을 우리 자신에게 정당화하기 위해 종종 우리는 대상들을 서로 연결시키고 대상들의 단절과 변화를 저지하는 모종의 새롭고 불가지적인 원리를 날조해낸다(feign). 그리하여 우리는 단절을 제거하기 위해 감각에 의한 여러 지각의 계속적 실존을 날조해내고, '영혼', '자아', '실체'의 개념 속으로 달려 들어가 이런 불변적 관념들로 변화를 감추는 것이다.[191]

---

191) Hume, *A Treatise of Human Nature*, 165~166쪽.

우리가 이러한 "허구(fiction)"를 낳지 못하는 경우에도 '정체성'을 '관계'와 혼동하는 우리의 착오 성향은 "아주 굉장해서" 우리는 쉽사리 부분들 간의 관계 외에도 이 부분들을 연결시키는 "미지의 신비로운 어떤 것"을 "상상해"낸다. 그리고 "이것을 우리가 동식물들에게 귀속시키는 정체성과 관련해 사실이라고 받아들인다". 이런 일이 없을 때도, "비록 우리가 이 점에서 완전히 만족할 수 없고, 또한 우리의 정체성 관념을 정당화해주는 불변적이고 부단한 어떤 것도 발견하지 못해도" – 우리는 그래도 "이 관념들을 혼동하고 싶은 성향"을 "느낀다".[192]

우리가 정체성을 부적절한 의미에서 이런 가변적·단속적 대상에 귀속시킬 때, 우리의 '착오'는 "표현"에만 한정되는 것이 아니라, "불변적이고 부단한 어떤 것"이나 "신비스럽고 설명할 수 없는 어떤 것"의 이런 "허구" 또는 적어도 "이러한 허구에의 성향"을 동반하기 때문에, 흄은 "정체성에 관한 논쟁이 단순히 말싸움에 불과한 것이 아니다"고 주장한다.[193] 그렇다면, 흄이 여기서 '허구적' 정체성을 '꾸며내고 날조하도록' 충동질하는 '혼동과 착오의 굉장한 성향'이라고 부르는 것은 실은 상술한 내감의 구성본능과 자기공감일 것이다. 그가 생물학적으로, 그리고 동시에 공감론적으로 사유했더라면, 그는 혼동·착오·허구·날조 등의 그릇된 냉소적 표현들을 쓰지 않았을 것이고, 또 이 내감적 구성을 사유작용으로 착각하지 않았을 것이고, 나아가 인간적 자아의 자기이해로서의 주관적 자기정체성을 동식물의 객관적 정체성과 혼동하지도 않았을 것이다. 자아의 자기공감적 정체성은 타아의 정체성에 대한 나의 공감적 이해와도 특이하게 다른 면이 있다.[194] 따라서 자아의 자기공감적 정체

---

192) Hume, *A Treatise of Human Nature*, 166쪽.
193) Hume, *A Treatise of Human Nature*, 166쪽.
194) 인간의 자기공감과 자기공감적 자아정체성에 대한 상론은 참조: 황태연, 『감정과 공감의 해석학(1)』, 903-947쪽.

성을 심지어 동식물의 객관적 정체성과 혼동하는 것은 그만큼 더 심각한 오류인 것이다. 인간이 유인원과 애완동물을 제외한 모든 동식물, 모든 무생물들과 (거의) 전혀 공감할 수 없으므로 이 동식물의 정체성과 (앞산의 큰 바위, 이름 있는 선박 등과 같은) 사물들의 정체성은 인간이 불가피하게 '날조할' 수밖에 없다. 우리는 가령 '빅토리아 호'라는 오래된 선박이 암초에 부딪혀 반파되었다가 다른 재료들을 덧대어 복원되더라고 이 수리·복원된 선박을 이전의 선박과 '똑같은 선박'으로 착각해서 '빅토리아 호'라 부르는 '정체성 날조'를 서슴지 않는다.

그런데 인간으로서의 나는 나의 공리적·유희적·미학적·도덕적 타당성(의미)을 내가 '자기공감'을 할 수 있기 때문에 결코 아노미·자살 등 정체성의 혼란과 파탄 사태로부터 완전 방역된 순탄한 과정은 아닐지라도 '일관성' 또는 '일관된 계속성'으로서의 자아정체성과 자아의 계속적 실존을 자각하고 확신할 것이다. 이 자기공감의 관점에서는 자아의 미미한 변화에도 위태로워지는 '동일성으로서의 정체성'이 주제가 아니기 때문에, "상이한 대상들"을 단순히 관계 속에 들어 있다는 이유에서 "동일한 것들"로 주장할 '대담한' 만용도, 저 미미한 변화와 소소한 상이성을 감추고 위장하기 위해 '착오의 성향'에 굴복하여 정체성을 '날조'하거나 '꾸며낼' 필요도 없었을 것이다. 그런데 흄의 '허구적 자아의 날조'는 데카르트의 '코기토'나 로크의 '감각적 반성'의 자아존재의 증명처럼 '만능방편'으로서 마치 어떤 파탄으로부터 방역된 순탄한 작용으로 느껴진다.

흄은 인간적 자아의 자기정체성과 동식물의 날조된 정체성 간의 차이를 몰각하기 때문에 자아정체성의 확신을 가능케 하는 자기타당성으로서의 자아존재의 공리적·유희적·미학적·도덕적 '의미'와 동식물의 정체성의 날조를 가능케 하는 '속성' 간의 차이도, 따라서 '인식'과 '이해', '설명'과 '해석' 간의 차이도 몰각한다. 그는 "일상적 경험과 관찰"로부터 알 수 있는 것은, "가변적이거나 단속적이지만 동일한 것으로 계속되는 것으로 가정되는 대상들이 오직 유사성, 근접성, 인과성으로 상호 연결된 부분들의 연달은 출현으로 구성된 것들일 뿐이라는 사실"이라고 말한다. 왜냐하면 "이러한 연달은 출현이 분명히 상이성 개념에 응하는 만큼, 단지 착오에 의해서만 우리는 상이한 대상들의 이 연달은 출현에 '정체성'을 귀속시킬 수 있기 때문"이라는 것이다. 그리고 우리를 착오로 이끄는 부분들 간의 "관계"가 실은 이 대상에서 저 대상으로의 상상의 이행과 관념들의 연합을 산출하는 "속성(quality)" 외에 어떤 것도 아닌 만큼, "오류"는 마음의 이 연합·이행 작용이 이 "속성"에 대해 가지는 "유사성"으로부터만 생겨난다는 것이다.[195] 여기서 흄은 사물의 '속성'과 마음의 작용의 이것과의 '유사성'만을 언급할 뿐, 마음의 '의미'에 대해서는 일언반구도 없다.

따라서 흄은 인간의 마음을 물질덩어리와 비교·비유한다. 그는 부분들이 근접하고 연결된 '물질덩어리'를 모델로 상정하고, 여기에 이 부분들이 모두 부단하게, 불변적으로 "동일한 것"으로 계속되면 이 덩어리에 "완벽한 정체성"을 귀속시킨다. 이것이 조금씩 줄어들거나 느는 식으로 연달아 변한다면, 우리는 이로 인해 생긴 작은 차이를 무시하고 이 달라진 물질덩어리를 이전의 것과 동일한 것으로 간주하고 싶어 한다는 것이다.

- 어떤 아주 작은 또는 소소한 부분이 물질덩어리에 더해지거나 여기서 빠지는 경우를 상정해보면, 우리는 이것이 엄격히 말하면 전체의 정체성을 절대적으로 파괴할지라도 그렇게 정확하게 생각하는 경우가 드

---

195) Hume, *A Treatise of Human Nature*, 166~167쪽

물고, 우리가 그렇게 소소한 변화를 발견하는 물질덩어리를 주저 없이 동일한 것으로 언표한다. 변화 전의 대상에서 변화 후의 대상으로의 사유의 이동이 아주 부드럽고 평이해서 우리는 이 이행을 거의 감지하지 못하고, 동일한 대상의 계속적 관찰 외에 다름 아닌 것이라고 상상하기 일쑤다.[196]

흄은 물질덩어리의 "상당한" 부분의 변화가 전체의 정체성을 파괴하지만, 우리는 부분의 크기를 절대적으로 재는 것이 아니라 "전체와의 비율"에 의해 잰다고 말한다. 이 때문에 "어느 한 행성에서 산 하나를 더하고 빼는 것"으로는 이 행성의 "상이성"이 야기되지 않는다는 것이다. "대상들은 마음에 작용을 가하여, 변화된 부분들의 실제 크기에 따라서가 아니라 서로와의 이 부분들의 비율에 따라서 마음의 작용의 계속성을 부수거나 단절시키기" 때문이다. 또한 "물체의 상당한 부분에서의 변화가 물체의 정체성을 파괴하지만 변화가 점차적으로 그리고 부지불식간에 산출되는 경우"에도, "우리는 좀처럼 이 같은 파괴효과를 이런 변화에 귀속시키지 않는다". 그런데 "변화가 마침내 상당해지는" 경우에 우리는 명백히 "이러한 달라진 대상들에 정체성을 귀속시키는 것을 주저하게 될" 것이지만, 우리는 곧바로 상상력을 발휘하여 "부분들의 상호 관련성과 모종의 '공동목적' 또는 목표로의 결합"을 산출해내는 또 다른 "인위적 기교"를 쓴다. 그리하여 어떤 선박이 "잦은 수선으로 상당부분이 바뀌었을지라도" 이 기교에 의해 이 선박은 "동일한 선박"으로 간주된다. "부분들이 협력하여 지향하는 공동목적"은 온갖 변화에도 불구하고 "동일하기" 때문이다. 따라서 이 공동목적은 상상력이 물체의 "이 상

---

196) Hume, *A Treatise of Human Nature*, 167쪽.

태에서 저 상태로 "쉽게 이행하는 것"을 가능케 해준다는 것이다.[197)

그러나 아무리 공동목적의 기교에도 불구하고 사람이 '계속적 지각'으로 이 선박을 보는 것이 아니라 30년 만에 이 선박을 다시 본다면, 이 사람은 이 선박을 동일한 선박으로 보지 않을 것이다. 30년 동안의 크고 작은 수리·수선 과정에서 누적된 차이가 엄청나서 이 선박은 완전히 환골탈태한 것과 같을 것이고, 따라서 그는 이 선박을 다른 선박으로 간주하고 이 선박에 전혀 다른 정체성을 부여할 것이다. 흄은 이런 경우를 고려치 않고 선박과 더불어 늘 같이 사는 사람의 시각만을 고려하고 있다.

이런 문제점에도 불구하고 '물질덩어리'와 관련하여 얻어진 공동목적론을 흄은 동식물의 성장과 이를 통한 부위들의 총체적 치환·변화의 경우에도 적용하고, 나아가 인간의 성장에도 적용한다.

- 이것(공동목적의 특기할 만한 효과)은 여러 부분들이 모종의 일반적 목적과 관계를 가질 뿐만 아니라, 서로에 대한 상호의존과 서로와의 연결을 갖는 모든 동식물의 경우에 사실이다. 아주 강한 관계의 효과 때문에, 만인이 몇 해가 지나면 동물과 식물이 둘 다 '총체적' 변화를 겪는다고 인정하더라도 우리는 이 동식물의 형태, 규모, 물질이 완전히 바뀌어 있는데도 이 동식물에 정체성을 귀속시킨다. 작은 식물에서 큰 나무로 자라는 떡갈나무는 물질의 한 입자도, 이 물질의 부분들의 모양도 동일하지 않아도 동일한 떡갈나무다. 아기는 성인이 되고, 때로 뚱뚱하고 때로 홀쭉해도 그의 정체성에 아무런 변화가 없다.[198)

이것에 바로 잇대서 흄은 '자기공감'에 의해 '실감'되는 인간의 마음의

---

197) Hume, *A Treatise of Human Nature*, 167~168쪽.
198) Hume, *A Treatise of Human Nature*, 168쪽.

- '일관성'과 '계속적 타당성'으로서의 – 정체성을 '상상력'에 의해 날조되는 동식물의 신체의 '허구적' 정체성과 동일시해 나의 자아와 인간 일반의 자아를 '허구화'하는 치명적 오류를 범한다.

- 우리가 인간의 마음에 귀속시키는 정체성은 한낱 허구적 정체성일 뿐이고, 우리가 동식물의 신체에 귀속시키는 것과 같은 종류의 정체성이다. 그러므로 이 마음의 정체성은 동일한 대상들에 대해 동일한 상상력이 가하는 동일한 작용으로부터 생겨나는 것 외에 다른 기원을 가질 수 없다.[199]

인간의 마음 또는 자아정체성의 허구성을 그는 "지성은 결코 대상들 간의 어떤 실제적 연결도 목도하지 못한다는 것, 그리고 원인과 결과의 결합조차도 엄격히 검토하면 관성적 연합으로 해소된다는 것을 회상하는 것"으로 입증한다. "정체성이란 실제로 이 지각들에 속하여 이 지각들을 하나로 통합하는 것이 아니라, 우리가 이 지각들의 관념들을 반성할 때 상상 속에서의 이 관념들의 통합 때문에 우리가 지각들에 귀속시키는 속성일 뿐"이라는 것이다. 상상 속에서 관념들을 통합시킬 수 있는 "유일한 속성들"은 유사성, 근접성, 인과작용의 "세 가지 관계"다. 그러므로 "정체성"은 완전히 이 "유사성, 근접성, 인과성의 세 관계"에 달려 있다. 이 세 관계가 바로 "관념의 용이한 이행"을 가능케 한다. 결국 우리의 "인격적 정체성 관념"은 이 세 관계에 의한 연결관념들의 행렬에 따른 "사유의 부드럽고 단절 없는 진행"으로부터 전적으로 생겨난다.[200] 과연 그런가?

---

199) Hume, *A Treatise of Human Nature*, 169쪽.
200) Hume, *A Treatise of Human Nature*, 169~170쪽.

5.3. 흄의 자아날조론에 대한 비판과 공자의 수신론적 주체구성

흄은 두 가지 치명적 오류를 범하고 있다. 첫째, 그는 사물적 정체성의 내감적 구성본능을 이 세 관계를 적용하여 정체성을 날조하는 '사유'작용으로 변질시키고 있다. 그런데 이 대목에서 정밀하게 생각해보자. 선천성·후천성 안면인식불능증세(안면실인증; prosopagnosia)를 보이는 사람들은 인간적 신체부위의 특징들, 그리고 모든 사물들의 정체성을 정확하게 인지하지만, 사람 얼굴의 정체성을 구성해 인식하는 데 실패한다. 이것은 우리의 내감 속에 사물의 정체성 구성을 뛰어넘는 능력으로서 인간의 얼굴을 구성하고 판단하는 특별한 기능이 사물의 정체성 구성과 별도로 존재한다는 것을 의미한다. 이를 통해 우리는 사물의 정체성을 아무리 잘 구성할 수 있다고 하더라도 이 능력을 얼굴의 정체성 구성으로, 더구나 '자아'의 구성으로 확장할 수 없다는 것을 알 수 있다. 둘째, 흄은 인간의 마음과 인격적 자아정체성을 논하면서 '의미(sense)'의 범주를 아예 몰각하고 '속성(quality)'과 '속성들의 세 가지 관계'만을 고려하는 인식론의 차원에서 갇혀 논함으로써 인간의 정체성 관념을 허구화하고 있다.

흄은 상이성을 말살하고 유사성으로부터 날조된 동일성과, 습관에서 날조된 인과관계에만 매달려 자아의 변화 속의 정체성을 인식론적으로만 설명하려고 기도하기 때문에 자아정체성이 자꾸만 허구적 날조물로 전락하는 것을 막지 못하고 있다. 이런 까닭에 개인 자신의 자아정체성과 관련해 결정적으로 중요한 역할을 하는 '기억'도 이전의 자아와 지금의 자아 간의 의미론적 일관성과 계속적 타당성의 관점에서가 아니라, '유사성'의 관점에서만 풀이한다. 그는 인간은 과거 지각의 상당히 많은 부분에 대한 '기억'을 항상 보존하고 있음을 고려하고, 이 '기억'이 온갖 변화 와중에서 지각들의 이 계기에 모종의 관계를 부여하는 데 가장 많이 이바지한다고 설명한다. 왜냐하면 기억은 바로 지나간 과거의 지각의 심상들을 일으키는 역량이기 때문이다. 심상(이미지)은 필연적으로 그 대상과 유사하다. 이런 만큼, 이 유사한 지각들을 사유의 사슬 속에 위치시키는 것은 이 고리에서 저 고리로 상상을 쉽게 이송시키고 전체를 한 대상의 '계속(continuation)'과 같은 것으로 보이게 만드는 것이 틀림없다. 그렇다면 이 점에서 기억은 지각들 간의 유사성을 산출함으로써 정체성을 "발견할" 뿐만 아니라, 이 정체성의 "산출"에 기여하기도 하는 것이다.[201] 동일성으로서의 정체성 개념에 매몰되어 기억에서도 의미론적 '일관성·계속성' 문제를 논제로 삼는 것이 아니라 오직 동일성을 날조하도록 논리적으로 강제하는 근본원인인 '유사성'에만 매달리고 있다. 이러는 한에서 흄의 자기동일한 자아정체성 개념은 유사성에서 날조된 '인식론적' 허구라는 규정을 피할 수 없는 것이다. 흄은 훗날 칸트처럼 인식과 이해의 차이를 끝내 알지 못했다.

흄은 반복성과 습관성에서 날조된 인식론적 '인과관계'는 애당초 더욱 날조를 조장한다고 여긴다. 이런 관점에서 흄은 인간의 영혼(마음)을 의미들의 선후·상하·전후·좌우 일관성에 의해 마음씨로 공고화되는 의미체계가 아니라, 플라톤처럼 지배·복종의 인과관계들로 짜인 하나의 '소소공화국'으로 본다. 인간의 영혼은 여러 구성원들이 "지배와 복종의 교호적 유대"에 의해 통합되어 있는 "공화국"과 비유될 수 있다는 것이다. 기존의 구성원들은 동일한 공화국을 그 부분들의 끊임없는 변화 속에서도 전파할 다른 사람들을 낳는다. "동일한 개체 공화국"이 "그 구성원들뿐만 아니라 그 법률과 헌법도 바꾸듯이", 동일한 방식으로 "동일한 인격체"는 "자신의 정체성을 잃지 않으면서 그의 인상과 관념뿐만 아니라 그

---

201) Hume, *A Treatise of Human Nature*, 170쪽.

의 성격과 성향도 바꿀 수 있다". 이 인격체가 어떤 변화를 겪든 그의 여러 부분들은 "인과관계에 의해 여전히 연결된다"는 것이다.[202] 그러나 공화국이 관념들의 습관화된 반복적 '연접(conjunctions)'을 인과적 '연결(connections)'로 착각하는 허구적 인과성 개념의 관계들로 짜였다고 흄이 '날조'할지라도 대한민국 '공화국'이 허구가 아니듯이, 개인적 인격체도 허구가 아니다. 개인적 인격체의 실존과 등치되는 자아존재의 자기공감적으로 실감되는 내감적 '의미(sense)'는 '직접적·실감적·실재적·본능적'이기 때문이다. 오히려 저 공화국의 실재는 저 공화국이 궁극적으로 개인적 자아들의 제諸의미의 이 '직접적 실감과 실재적 본능'에 기초한 정치체계이기 때문에 가능한 것이다. 따라서 공화국은 현상적 반복의 착시와 이데올로기적 상상의 착각에 기초한 습관적 인과관계와 사상적 논증관계들을 가지고 임의로 날조될 수 없다. 국가를 임의적으로 조직할 독재자의 '자유'는 자아존재에서 의미론적 한계에 봉착한다. 자아의 '직접적·실감적·실재적·본능적' 의미를 위배하는 국가는 몰락한 또는 몰락하고 있는 무수한 독재국가들이 웅변으로 증명하듯이 궁극적으로 존속할 수 없는 것이다.

흄은 허구적 인과관계들로 조직된 영혼공화국 개념의 이런 문제성을 자신이 아직 설명하지 않은 "감정과 관련된 정체성" 개념으로 호도한다. 앞에서 흄은 지금 논하는 "생각(상상)과 관련된 정체성"을 "감정(자기관심)과 관련된 정체성"과 구별했다. "감정과 관련된 정체성"은 "먼 지각들을 서로 영향을 미치게 만듦"으로써, 그리고 "과거와 미래의 고락에 대한 현재적 관심"을 우리에게서 일으킴으로써 "상상과 관련된 정체성"을 확증하는 데 기여한다는 것이다.[203] 그러나 그가 끝내 설명하지 못하고

---

202) Hume, *A Treatise of Human Nature*, 170쪽.
203) Hume, *A Treatise of Human Nature*, 170쪽.

마는 "감정(자기관심)과 관련된 정체성"은 실은 잘만 이해된다면 진정한 인격적 정체성의 원천이기에 이렇게 부차적 역할로 소모되어서는 아니 될 것이다.

그러나 흄은 감정(자기관심)이 아니라 기억을 시간적 전후의 인과관계의 기초로 간주하면서 정체성의 원천으로 대우한다. "기억만이 우리에게 지각들의 이 연달은 출현의 계속과 범위를 주는 만큼, 주로 이 때문에 '기억'은 인격적 정체성의 원천으로 간주된다. 우리에게 기억이 없다면, 우리는 어떤 원인작용의 개념도 없을 것이고, 우리의 자아나 인격을 구성하는 원인과 결과의 연쇄 개념도 없을 것이다. 그러나 한번 이 원인작용의 개념을 기억으로부터 획득하면, 우리는 원인들의 동일한 연쇄를, 따라서 우리 인격의 정체성을 우리의 기억 너머로 확장할 수 있고, 우리가 완전히 잊었으나 일반적으로 존재했던 것으로 상정하는 시간·상황·행동을 이해할(comprehend) 수 있다." 말하자면, "기억은 우리에게 상이한 지각들 간의 인과관계를 보여줌으로써 인격적 정체성을 '산출'하는 것이 아니라 발견한다"는 것이다.[204] 흄은 여기서 결정적인 범주적 오류를 범하고 있다. 기억을 통해 인과관계를 밝히는 것은 시간, 상황, 행동의 속성과 속성들의 관계를 '인식'하는 것이지, 그 '의미'를 '이해'하는 것이 아니기 때문이다. 또한 기억이 인격적 정체성을 '산출'하는 것이 아니라 '발견'하는 것이라면, 기억을 정체성의 원천으로 보는 전반부 명제는 그릇된 것이다.

흄의 자아정체성 이론의 시작과 끝은 "정체성은 관념들의 제諸관계에 달려있다"는 명제다. "제관계"는 속성들의 관계에 대응하는 유사성과 인과성의 철학적 관계다. 이 관계들은 상이성을 은폐하고 유사성과 인과성을 동일성으로 날조하고 이 동일성을 정체성으로 등극시킨다. 즉,

---

204) Hume, *A Treatise of Human Nature*, 170-171쪽.

"이 관념들의 제관계는 스스로 야기하는 저 용이한 이행에 의해 정체성을 산출한다"는 것이다. 흄의 결론을 끝까지 들어보면, "부분들의 관계"가 "어떤 허구나 어떤 가상적 통합 원리를 낳고", 허구나 가상적 통합원리가 이 "연결된 대상들의 정체성"을 정초한다. 그 외에 이 정체성에 관한 모든 논쟁은 "단지 말뿐인" 헛소리라는 것이다. 인간의 마음에 적용되는 우리의 정체성 관념의 이런 "첫 기원과 불확실성"에 관한 이 말은 "단일성의 관념"에도 그대로 적용해도 된다. "긴밀한 관계에 의해 하나로 묶여 있는 상이한 공존부분들을 가진 한 대상"은 완전 단일하고 불가분적인 대상과 아주 유사한 방법으로 인간의 "상상력"에 작용을 가한다는 것이다. "작용의 이런 유사성" 때문에 우리는 이 대상에 "단일성"을 귀속시키고, "통합의 원리"를 이 "단일성의 밑받침"으로, 그리고 대상의 온갖 상이한 부분들과 "속성들"의 "중심"으로 "날조한다(feign)"는 것이다.[205] 흄은 "정체성이 관념들의 제관계에 달려있다"는 자신의 명제에 사로잡혀, 속성과 의미의 차이, 인식과 이해의 차이를 알지 못했고, 동일성과 정체성의 차이를 몰각하고, 평가감각적 '의미'의 공고한 일관성과 계속적 타당성으로서의 정체성 개념을 떠올릴 엄두도 내지 못했다.

흄의 자아날조론은 인간이 본질적으로 '자기기만적 존재자'라는 가정에 올라서 있다. 니체가 흄을 본받은 것인가? 니체는 "인간 자신은 자기를 기만하게 하는 극복할 수 없는 성벽을 가지고 있고, 음유시인이 그에게 서사적 동화를 참된 것처럼 이야기해주거나 연기자가 연극 속에서 현실이 보여주는 것보다 더 왕답게 왕을 연기한다면 마법에 걸린 것처럼 행복에 겨워한다"고 말한다.[206] 그러나 흄의 이 자기기만적 자아날

---

205) Hume, *A Treatise of Human Nature*, 171쪽.
206) Friedrich Nietzsche, "Ueber Wahrheit und Lüge im aussermoralischen Sinne". *Nietzsche Werke*, V-I, hg. v. G. Colli und M. Montarinari (Berl Walter de Gruyer, 1973), 382쪽.

조론은 구체적인 내용적 오류 외에도 커다란 '수행적 오류'에 봉착해 있다. 자아정체성의 날조를 통해 자아를 꾸며내는 것이 성공했다손 치더라도 이런 성공적 수행은 곧 자아를 날조한 날조자를 암암리에 가정한다는 것이다. 나의 자아를 날조하는 '내밀한' 날조자, 이 '내밀한' 자아는 어둠 속에 들어 있다. 결국 흄은 자아를 날조하는 데 주의력을 쏟는 이 내밀한 '개인적 자아', 즉 '주의注意자아(attentive ego)'를 해명하지 못하는 것이다. 이 '주의자아'까지 날조할 수 있는가? 이 개인적 주의자아를 날조하는 개인적 자아를 다시 날조하고 이 날조된 개인적 자아를 또 다시 날조하는 것을 반복한다면, 이 날조 과정은 날조자를 다시 날조하고 또 날조하는 날조자의 무한출현 속으로 발산되고 말 것이다. 이럴수록 주의자아는 우리로부터 멀어지기만 한다. 최후의 날조자로서의 내밀한 개체적 자아는 끝내 무한대로 멀리 떨어진 어둠 속으로 사라져 버릴 것이다.

한 인간의 정체성은 인간으로서의 보편적 정체성, 사회적(집단적) 정체성, 개인적 정체성의 3층 구조를 이루고 있다. 개인이 인간본성에 반하는 히틀러의 제3제국이나 공산국가에 자발적으로 들어감으로써 '사회적(집단적) 정체성'을 '날조할' 수 있을지언정, 자신의 '인간적 정체성'과 더불어 '개인적 정체성'은 결코 날조할 수 없는 것이다. 제아무리 감쪽같은 날조자라도 친구를 철두철미하게 속일 수 있을지언정, 자신을 속일 수는 없기 때문이다. 한 마디로, 날조자는 자신을 끝내 기만하거나 날조할 수 없다. 최후의 날조자는 '진실한', 즉 '날조되지 않은' 개인적 자아이어야 하기 때문이다. 흄은 이 진실한 자아의 문제를 해결하기는커녕, 전혀 제기하지도 않고 있다. 그는 '자기일관성'이 아니라 '자기동일성'으로서의 '정체성'이라는 그릇된 개념의 논리적 강박에 몰려 니체처럼 자기기만을 인간의 본성으로 '의제'할 뿐이다.

이런저런 이유로 흄의 자아정체성, 또는 인격적 정체성의 '날조론적'

해명은 근본적·전면적으로 실패한 것으로 판단된다. 정체성은 "관념들의 제관계에 달려있는" 것이 아니라, 자기공감 속에서 실감되는 내감적 '의미'의 일관성과 계속적 타당성의 공고화에 달려있기 때문이다. 따라서 "인간본성의 과학" 또는 "인간본성의 정확한 해부학"을 향한 흄의 열망은 절반만이, 즉 속성과 속성관계의 '인식론'만이 충족된 것으로 보인다. 그리하여 그의 '인간과학'은 '부정확한 해부학'으로 끝났다.

이 평가는 흄이 뒤로 미루어 놓은 "감정과 관련된 정체성" 논의를 고려해도 그대로 타당하다. 그는 감정론에서 이 감정적 자아에 대해 지나가는 식으로 세 차례 언급한다. 한 번은 자만심과 위축감에 관한 논의에서 자아를 이 자만심과 위축감의 대상으로 규정하면서 "자아"를 "우리가 내밀한 기억과 의식을 갖는 관계된 관념들과 인상들의 저 연달은 출현들" 또는 간단히 "저 지각들의 연결된 연달은 출현"과 등치시킨다.[207] 이것은 데카르트, 로크의 자아를 해체시킬 때의 저 "지각들의 다발 또는 더미"와 다름없는 '자아' 개념이다. 다른 한 번은 그가 명예욕을 다루면서 "우리의 자아의 관념, 아니 차라리 자아의 인상은 우리와 더불어 내밀하게 현재한다"고 말한다. 그리고 "우리의 의식은 어떤 것도 이 점에서 자아의 인상을 뛰어넘는다고 상상하는 것이 가능하지 않을 정도로 생생한 우리의 자아의 인격의 관념을 우리에게 제공해준다"고 덧붙인다.[208] 그리고 세 번째로 그는 "우리가 항상 우리의 자아를 내밀하게 의식하듯이, 우리의 감정과 정감, 그리고 이것들의 관념들이 어떤 다른 사람의 감정과 정감의 관념보다 더 큰 생동성을 갖고 우리를 타격한다는 것은 분명하다"고 말한다.[209] 이 경우도 나의 '자아의 존재'를 해명하는 것이 아니라, 자아의 '내밀한' 의식적 현존을 전제하는 말들이다. 돌아보면 데카

---

207) Hume, *A Treatise of Human Nature*, Book 2. *Of the Passions*, 182쪽.
208) Hume, *A Treatise of Human Nature*, Book 2. *Of the Passions*, 206~207쪽.
209) Hume, *A Treatise of Human Nature*, Book 2. *Of the Passions*, 220쪽.

르트와 로크는 '자아'를 우리가 매순간마다 내밀하게 의식하고, 또 우리가 자아의 실존과 실존적 계속성을 느끼고 자아의 완벽한 정체성과 단일성을 둘 다 확신한다고 가정했다. (훗날 칸트도 "Das Ich überhaupt"의 개념으로써 자아가 자아를 그렇게 확신한다고 가정했다.) 그런데 흄은 여기서 그가 성공적으로 해체시킨 데카르트와 로크의 내적 반성 가설로 되돌아가버리고 있다. 따라서 의미·이해·자기공감과 '공감적 해석학'을 꿈에도 생각지 않은 흄의 '인간과학'은 '부정확한 해부학'으로 끝났다는 평가는 빗나간 것이 아닐 것이다.

자아는 자기에 대한 내밀한 자기생각(데카르트의 '코기토')과 자기에 대한 내밀한 자기감각(로크의 '반성')을 통해 존재하는 것이 아니라, 인간들이 과거·현재·미래의 시간적 인과성과 안팎·원근·방향의 공간적 인과성의 복합적 연결 속에서 서로서로를 만들어 줌과 동시에 이를 바탕으로 제각기 스스로를 만드는 외향적 '학이사'와 내향적 '수신'의 이중 과정을 통해 부단히 창조되는 것이다.

겨우 28세의 청년 흄은 20세기 말 근대의 '제조된' 자아의 해체를 기도한 푸코보다[210] 무려 230여 년 전, 아우구스티누스와 데카르트의 합리적 자아(생각하는 실체로서의 영혼)를 해체시킴으로써 이러한 자아의 형성 메커니즘과 구조에 대해 근·현대의 서양 철학사상사에서 가장 탁월하고 가장 놀라운 분석을 보여준다. 이것은 흄이 실체적 자아의 부재를 출발점으로 삼는 공자주의나, 자아를 해체시키는 데 초점을 맞춘 불교의 논리를 수용한 것으로 평가되기도 하는 주제다.[211] 사람의 "인격적 정체성

---

210) 근대적 주체(자아)를 '기율권력'으로 제조된 '복종주체'로 폭로, 해체하려는 푸코의 시도는 참조: Foucault, *Überwachen und Strafen*.
211) Edward Conze, "Buddhist Philosophy and its European Parallels", Philosophy East and West (vol. 13, issue 1, Apr. 1963), 同저자의 "Spurious Parallels to Buddhist Philosophy", in: Philosophy East and West (vol. 13, issue 2, Jul. 1963); Nolan Pliny Jacobson, "The Possibility of Oriental Influences in the

(personal identity)", 즉 '나(자아)'에 대한 기존의 실체론적 학설에 대해 흄은 다음과 같이 해체를 감행했다.

- 데카르트는 나의 존재를 의심하는 내밀한 "생각"으로부터 역설적으로 자아의 "존재"의 확실성을 얻었다. 이에 대해 흄은 『인성론』을 소개하는 이른바 「요약문(Abstract)」에서 "우리가 그것을 이해하는 영혼은 열·냉기, 사상과 분노, 사유와 감흥의 지각 등 상이한 지각들, 말하자면 모두 하나로 결합되지만 어떤 완벽한 단순성이나 동일성도 없는 지각들의 체계나 행렬 외에 아무것도 아니다"라고 주장한다. 앞서 인용했듯이 이 기본 관점에서 흄은 "데카르트는 생각, 이 생각 저 생각이 아니라 생각 일반이 정신의 본질이라고 주장했다. 이것은 절대 이해할 수 없다"고 데카르트를 비판했다.[212]

그러나 흄은 실체부정론을 고수하고 위 인용문에서 감각·감흥·감정까지 포괄함으로써, 본질적으로 데카르트의 '코기토 에르고 숨'의 감성적 버전인 로크의 감각적 자아론까지도 완전히 해체하고 있다. 아우구스티누스·데카르트의 일반적 자아나 라이프니츠의 개인적인 단자론적 자아 개념과 같은 자아 관념('자아의 내적 경험')은 – 이에 대응하는 단일하고 불변적인 인상이 없는 만큼 – 없다는 것을 확인함으로써 자아를 해체했다. '관념'은 반드시 '인상'에서 유래한다는 원리에 충실하면, 엄밀하게

Philosophy of David Hume", in: Philosophy East and West (vol. 19, Issue 1, Jan. 1969); L. Strafford Betty, "The Buddhist-Humean Parallels: Postmortem", in: Philosophy East and West, vol. 2, issue 1, Jul. 1971; John James Clarke, Oriental Enlightenment: The Encounter between Asian and Western Thought (London·New York: Routledge, 1997), 127쪽 등 참조.
212) Hume, "An Abstract of a Book lately Published, entitled A Treatise of Human Nature", 414쪽.

말해 자아의 불변적 '관념'이 유래하는 자아의 안정된 불변적 '인상'이 없고, 따라서 자아의 어떤 불변적 '인상'을 복제함으로써 형성되는 그러한 자아 '관념'도 있을 수 없는 것이다.

그런데 왜 자아의 불변적 인상이 존재하지 않는가? 인상을 만드는 근원적 작용인 '지각들'이 안정적이고 항구여일恒久如一한 인상을 만들 수 없을 정도로 지극히 다르게 분리되고 개별적이고 난삽하기 때문이다.

- 저 가설에 따를 때, 우리의 모든 개별적 지각은 어찌 되어야 하는가? 이 모든 지각들은 상이하고, 구분 가능하고, 서로로부터 분리 가능하고 분리되어 고찰될 수 있고, 분리되어 존재할 수 있고, 이 지각의 존재를 지탱하기 위해 어떤 것도 필요하지 않다. 그렇다면 이 지각들이 무슨 수로 자아에 속하고, 어떻게 자아와 연결되어 있는가? 나에 대해서 말하자면, 나는 내가 내 자아(myself)라고 부르는 것 속으로 아주 내밀하게 들어갈 때, 나는 항상 열·냉기, 빛과 그림자, 애증과 고락의 이런 개별 지각이나 저런 개별 지각에 걸려 비틀거린다. 나는 지각이 없으면 결코 어떤 때도 내 자아를 붙잡을 수 없고, 지각 외에 어떤 것도 목도할 수 없다. 내 지각이 깊은 단잠 등에 의해 제거되어 있는 동안, 나는 내 자아를 감지할 수 없고 진정, 존재하지 않는다고 얘기될 수 있다. 나의 모든 지각이 죽음에 의해 제거되어 내 육체의 해체 후에 생각하지도 느끼지도 보지도 사랑하지도 미워하지도 못한다면, 나는 완전히 절멸되지 않을 수 없다. 또한 나는 나를 완전한 비실재(non-entity)로 만들기 위해 더 필요한 것이 무엇인지를 이해할 수도 없다. 어떤 사람이 진지하고 치우침 없는 반성 끝에 그의 '자아(himself)'에 대한 다른 개념을 얻었다고 생각한다면, 나는 그와 더불어 더 이상 이성적으로 추리·소통할(reason) 수 없다고 고백하지 않을 수 없다. 내가 그에게

인정할 수 있는 전부는 나와 마찬가지로 그도 정확하게 존재할 수 있다는 것, 그리고 이 점에서 우리는 본질적으로 다르다는 사실이다. 내가 그런 단순하고 지속적인 원리가 내 안에 없다고 확신할지라도, 그는 아마, 그가 그의 '자아'라고 부르는, 단순하고 지속적인 어떤 것을 지각할 수 있을 것이다.[213]

외부·타인과의 교류와 공감의 지각작용 없이 데카르트의 '코기토(자기에 대한 자기의 생각)'나 로크의 내적 자기감각, 라이프니츠의 '내적 경험'과 같은 진지한 '반성'을 통해 자아를 찾는 외톨이가 진정 있다면, 이 외톨이는 매번 저 혼자 달라져 나타날 것이기 때문에 나는 그와 공감도, 소통도 할 수 없을 것이다. 흄은 여기서 이것을 '그와 더불어 이성적으로 소통할 수 없다'고 표현하고 있다. 이런 외톨이도 존재할 수 있지만, 아무튼 나와 이 외톨이는 서로 '본질적으로 다른' 사람인 것이다. 나는 정상이고, 그는 비정상이기 때문이다. 마찬가지로 경험론과 합리론은 '본질적으로 다른' 철학이고, 흄과 데카르트는 '본질적으로 다른' 철학자인 것이다.

따라서 흄은 이런 비정상적인 철학자들을 제쳐 두고 정상인들을 향해, 인간의 '자아'란 '지각들의 묶음다발'이라고 천명한다.

- 그러나 (진지하고 치우침 없는 반성 끝에 그의 '자아'에 대한 다른 개념을 얻었다고 생각하는) 이런 유형의 모모 형이상학자들을 제쳐 두고, 나는 나머지 인류에게 감히, 인간들은 생각할 수 없는 속도로 꼬리를 물고 이어지며 항구적인 흐름과 운동 속에 들어 있는 상이한 지각들의 묶음다발 또는 집합체(a bundle or collection of different perceptions)라

---

213) Hume, A Treatise of Human Nature, 164-5쪽.

고 단언한다. 우리의 눈이 안와眼窩(눈구멍) 속에서 돈다면 반드시 우리의 지각을 변화시킨다. 우리의 사유는 우리의 시각보다 훨씬 더 가변적이다. 우리의 모든 다른 감각과 역량들은 다 이런 변화에 기여한다. 또한 아마 한 순간이라도 변함없이 그대로 남아 있는 영혼의 능력은 단 하나도 없을 것이다. 정신은 개별 지각들이 연이어서 등단하는 일종의 극장이다. 지각들은 무한히 다양한 형세와 상황 속에서 지나가고 다시 지나가고 미끄러져 사라지고 뒤섞이는 것이다. 우리가 단순성과 동일성(정체성)을 상상해내려는 어떤 자연적 편향성을 가지고 있든, 이때나 저때나 이 극장에는 정확히 단순성이라는 것이 있지 않고 동일성이라는 것도 있지 않다.[214]

흄은 이와 같이 합리주의자들에게 주권적 존재로 나타나는 사변적 '자아'를 완전히 해체한다. 바로 이것이 합리주의 전통 속에 빠져 뒤늦게 정신을 차리고 헤매며 '허무'를 외치다가 다시 침묵으로 가라앉은 소위 포스트모더니스트들이 200여 년 뒤 20세기 말에야 깨달은 주체의 '해체'다. 미셸 푸코는 말한다.

- 주체(유일하고 영원한 자아)와 재현(선명한 이데아에 의한 투시)의 제왕적 고권高權은 무너지고 있다. 통일성, 비유, 유사성, 무모순성을 지배의 권좌로 올리고 '차이'를 '부정'으로 축소하려던(이미 초등학교 때부터 우리에게 A와 다른 것은 '非A'라고 가르쳤다) 서양 철학자들의 군주적이고 장쾌하고 타산적인 음성 아래서 – 이 끈질기게 긴장된 목소리 아래서 불일치한 자들의 바스락거리는 소리는 헛들을 수 없다. 라이프니츠의 대리석을 뚫고 졸졸 흐르는 물 듣는 소리에 귀기울여 보자. 시

---

214) Hume, A Treatise of Human Nature, 165쪽. 괄호는 인용자.

간의 딱 부스러지는 소리가 어떻게 칸트의 주체를 얼룩말 줄무늬로 분쇄하고 있는가를 보자.[215]

푸코가 여기서 언급하는 '서양 철학자들'이란 합리론자들을 가리킨다. 그가 이와 같이 서양철학 '일반'을 합리론과 등치시키고 몽테스키외, 볼테르 등 18세기의 프랑스 철학자들이 틈틈이 배우고 참조하던 영국 경험론과 - 이에 영향을 미쳤던 - 공자주의를 망각하고 있다는 점에서, 우리는 일면적으로 합리론에 빠져 있는 유럽대륙의 현대철학 전반의 편향성 문제와 함께 푸코도 경험론에 어두웠고 특히 흄의 해체이론을 전혀 몰랐던 것이 틀림없다는 판단을 능히 내릴 수 있을 것이다.

'자아'란 데카르트처럼 감각적·감정적 욕구를 배제하고 영혼의 내부를 들여다보는 '격사치지格思致知'의 형이상학적 사유방법을 통해서는 직관되지 않는다. 그것은 한낱 '무한히 다양한 형세와 상황 속에서 지나가고 다시 지나가고 미끄러져 사라지고 뒤섞이는' 지각들의 '묶음다발'에 불과한 것으로 나타난다. 환언하면, 데카르트가 주장하듯이 자아가 '사유' 속에서 '생각하는 실체'로 직관되는 일은 결코 일어나지 않는다.

하지만 흄이 아우구스티누스·데카르트·로크의 인식론적 자아개념을 성공적으로 해체했을지라도 그의 날조론적 자아구성론도 완전히 실패한 것이다. 그가 자기공감과 공감적 자기이해의 해석학적 차원을 알지 못하고 저들과 마찬가지로 인식론의 지평에서 작업했기 때문이다. '과거자아'와 이 과거자아를 성찰하는 '주의자아' 등으로 이루어지는 자아관념은 오직 자기공감의 지평에서 (동일성이나 유사성의 인식론적 범주가 아니라) 자아의 자기공감적 일관성과 계속성으로서의 인격적 정체성으

---

215) Michel Foucault, "Der Ariadnefaden ist gerissen"(1969), 9쪽. Gilles Deleuze·Michel Foucault, *Der Faden ist gerissen* (Berlin: Merve Verlag, 1977).

로서만 포착되는 것이다.

  가령 수오지심은 자아가 자기에 대해 도덕적 수치심의 측면을 내포하고, 시비지심은 도덕적 양심가책·자책감(미안함·죄송함·송구스러움)과 자찬감(뿌듯함)·결백감(떳떳함)의 측면도 내포한다. 그런데 자아가 자기에 대해 느끼는 도덕적 수치심·양심가책·자책감·자찬감·결백감 등은 자기공감을 통해서만 가능한 것이다. 측은지심과 공경지심도 이런 자기공감의 차원을 포함한다. 인간은 끊임없이 이어지는 자기일관적·계속적(지속적) 자기공감을 통해 자기를 이해함으로써 자기를 알고 자기정체성을 확인한다. 공맹은 일관된 계속적(지속적) 자기공감을 통한 자기이해를 바탕으로 자기공감적 일관성과 계속성으로서의 인격적 자아정체성을 자기가 만들어나가는 것을 '수신修身'이라고 불렀다. 유학적 '수신'이란 바로 다이아몬드보다 공고하고 튼튼한 공리적·유희적·미학적·도덕적 자아를 만드는 '자아에 의한 자아구성(self-making of the self)'을 말하는 것이다. 이 수신론적 자아구성은 흄의 인식론적·날조론적 자아구성과 판이하게 다른 차원, 즉 흄이 전혀 감도 잡지 못한(칸트도, 헤겔도, 니체도, 1980년대까지 거의 모든 서양인문학자들과 사회과학자들이 알지 못한) 해석학의 차원에 위치한다. 이에 대해서는 필자의 앞선 논의를[216] 시사하는 것으로 그칠 수밖에 없다.

---

216) 인간의 자기공감과 자기공감적 자아정체성 및 수신론적 자아구성에 대한 상론은 참조: 황태연, 『감정과 공감의 해석학(1)』, 903-947쪽.

제6절

'완화된 회의론'
(아카데미아 회의주의)

6.1. 독단적 이성과 회의적 이성의 변증법

흄은 공자처럼 불가지의 대상들을 '궐의궐태'할 뿐이지, '모든 것이 불확실하다'고 우기는 극단적 회의론자가 아니다. 그에 의하면, 이런 회의론자는 사실상 세상에서 살 수 없다. 자연(본성)은 모든 것을 의심하는 것을 우리에게 허용하지 않는다. 믿음은 이성적 사유작용의 문제라기보다 더 정확하게 말하면 감각적 생동성과 생생함의 문제이기 때문이다. 사유작용은 작정하면 믿음을 완전히 전복시킨다. 따라서 사유는 믿음의 기초일 수 없다.

흄은 무한히 퇴행적인 회의로부터 도망쳐 나오는 방법을 제시한다. 그는 극단적 회의론에 대한 대응을 누구보다 더 의무로서 느낀다. 아무튼 누구도 전면적 회의론자일 수 없는 까닭은 감각적 감지력(conception)이 회의론적 추리와 이성적 추리를 둘 다 용납하지 않기 때문이다.

- 내가 '우리의 판단은 어떤 것에서도 진리와 허위의 어떤 척도도 보유하고 있지 않다'고 생각하는 저 회의론자들 중 한 명인지를 내게 물어온다면, 나는 이 물음은 완전히 피상적이며, 나 혹은 다른 어떤 사람도 그런 의견을 진실로 그리고 항구적으로 지닌 적이 없다고 대답할 것이다. 자연(본성)은 제어할 수 없는 절대적 필연성으로 – 우리를 숨쉬고 느끼는 것과 마찬가지로 – 판단하도록 결정했다. 또한 우리가 깨어있는 한 생각하거나 넓은 햇살 속에서 주변의 물체들을 향해 우리의 눈을 돌릴 때 이 물체들을 보는 것을 막을 수 없듯이, 우리는 현재적 인상과 대상들의 관성적 연결 때문에 일정한 대상들을 보다 강하고 보다 완전한 빛 속에서 보는 것도 참을 수 없다. 전면적 회의론의 트집을 반박하려고 수고해 온 사람은 누구든지 아무런 논적論敵도 없이 논쟁해 온 셈이고 자연이 앞서서 정신 속에 심어 넣어 피할 수 없는 것으로 만든 역량을 논변으로 확증하려고 애쓴 셈이다. 그런데 이처럼 실존하지 않는 허구적 종파의 논변을 주도면밀하게 전개하는 나의 의도는 단지, '원인과 결과에 관한 우리의 모든 추리는 관성으로부터만 유래한다. 그리고 믿음은 인간 본성의 사유적 부분의 작용이라기보다 더 정확하게 감성적 부분의 작용이다'라는 내 가설의 진리성을 독자들이 이해하도록 만들려는 것뿐이다. 나는 여기서 우리로 하여금 어떤 주제에 대한 결정을 형성하게 만들고 우리가 이 주제를 검토했을 때 인간적 천재성과 역량과 우리의 정신의 상황을 고려하여 이 결정을 고치도록 만드는 바로 그 동일한 원리가 더 멀리 나아가 모든 새로운 반성판단(reflex judgement)에 적용되어 원초적 명증성을 계속적으로 감소시킴으로써 마침내 이 명증성을 무無로 축소시키고 극한에서 모든 믿음

과 의견을 전복시키지 않을 수 없다는 것을 입증했다. 그러므로 믿음이 어떤 특유한 감지 방법 없는, 즉 힘과 생동성의 추가 없는 단순한 사유작용이라면, 이 믿음은 틀림없이 스스로를 파괴하고 모든 경우에 완전한 판단유예로 끝장날 수밖에 없다는 것이다. 그러나 어떤 사람이든 앞의 논변에서 아무런 오류를 발견할 수 없을지라도 그는 평소처럼 여전히 계속 믿고 생각하고 추리할 것을 시도해 볼 만한 가치가 있고 생각하는 이 사람을 경험이 충분히 설득할 것인 만큼, 그는 자신의 추리와 믿음이란 단순한 관념과 반성이 결코 파괴할 수 없는 모종의 감성, 즉 특유한 감지 방법이라고 안전하게 결론지을 것이다.[217]

그렇다면 "오묘한 이성적 추리로부터 생겨나는 확신은 상상이 추리 속으로 이입해 이 추리를 모든 부분에서 이해하려고 애쓰는 노력과 비례해서 줄어든다는 사실에 놀랄 것이 없다". 왜냐하면 "믿음은 생생한 마음먹기(lively conception)라서 그것이 자연적이고 평이한 어떤 것에 기초하지 않은 경우에 결코 완전할 수 없기" 때문이다.[218]

따라서 모든 것을 이성으로 부정하는 '회의적 이성'과, 모든 것을 이성으로 정당화하는 '독단적 이성'은 드러나는 작용 방향이 반대이지만 둘 다 순수하게 합리적일 뿐인 사유라는 점에서 실은 종자가 같은 서로의 '거울'에 불과하다.

- 처음에 이성은 절대적 지배권과 권위로 법을 제정하고 격률을 부과하는 권좌를 차지한 것으로 나타난다. 그러므로 이성의 적敵은 이성의 보호 아래 피난처를 찾아야 하고, 이성의 틀림과 어리석음을 입증하는

---

217) Hume, *A Treatise of Human Nature*, 123쪽.
218) Hume, *A Treatise of Human Nature*, 124쪽.

합리적 입론을 활용해 이성의 손으로 인장이 찍힌 특허권을 생산한다. 이 특허권은 처음에 특허권이 유래한 이성의 현재적·직접적 권위에 정비례해 권위를 갖는다. 그러나 이 특허권은 이성에 모순적인 것인 만큼, 규칙적이고 정확한 축소 작용에 의해 마침내 그들이 둘 다 무無 속으로 사라져 버리기까지 저 통치권력의 힘을 축소하고 동시에 그 자신의 힘도 축소한다. 회의적 이성과 독단적 이성은 작용과 경향에서 반대되지만 (이성을 맹신하는 점에서) 같은 종류다. 그리하여 독단적 이성이 강한 곳에서는 회의적 이성을 동등한 대적의 힘을 가진 적으로 얻고 그 힘이 처음에 동등한 만큼, 둘 중 어느 한 이성이 존속하는 한, 이 둘은 계속 존속한다. 또한 둘 중 한 이성은 적수로부터 어떤 힘도 빼앗지 않는 만큼 경쟁에서 어떤 힘을 잃지도 않는다. 그러므로 시간이 가면서 자연(본성)이 모든 회의적 논변의 힘을 분쇄하고 이 논변들이 지성에 대해 상당한 영향력을 지니지 못하도록 막는 것은 다행한 일이다. 우리가 이 회의적 논변들의 자기파괴를 완전하게 믿는다고 하더라도, 이 자기파괴는 저 논변들이 처음의 모든 확신을 파괴하고 나아가 인간이성을 전면적으로 파괴하기 전에는 발생하지 않는다.[219]

흄은 공자처럼 독단적 이성과 이에 상관적인 회의적 이성을 둘 다 논파함으로써 비로소 개연적일지라도 인류에게 유용한 개연적 판단을 보존하고 인식론적 절망을 분쇄하고 인류의 행복의 길을 연다. 인간이 이성을 가졌다는 것, 이성적으로 생각한다는 것이 비록 그렇게 동물을 멸시할 만큼 대단한 일도 아니고 우리의 존재나 과학적 확실성을 보장할 능력이 없다고 하더라도, 인간의 '본성'은 그 경험적 인상과 관성의 법칙에 의해 우리에게 거듭 확신을 갱신해 주기 때문이다.

---

219) Hume, *A Treatise of Human Nature*, 125쪽. 괄호는 인용자.

흄의 이 논의는 그에게 강력한 영향을 미친 피에르 벨의 회의론적 이성비판과 감성비판을 얼마간 반복하는 것처럼 보인다. 벨은 인간 경험에 의거한 모든 인간적 인식 노력의 강점과 약점을 입증하여 홉스 유형의 '절대경험론'의 교조주의를 논파하는 한편, 고대 그리스와 몽테뉴의 회의론적 전통을 계승해 데카르트·스피노자·말브랑슈·라이프니츠 등의 온갖 새로운 합리론적 교조주의를 격파했다. 그가 특히 거듭 거듭 입증한 것은 합리적 논증이란 언제나 그 자신의 부정으로 귀착되고, 처음에 어떤 것을 설명하는 길로 보였던 것이 곧 '당혹의 길'로 판명되고, 모든 합리적 추리의 궁극적 추구가 어떤 영역에서든 피로니즘(완전한 회의론)으로 가는 '고속도로'라는 것이다. 벨은 『역사·비판사전』에서 이성의 궁지窮地를 다음과 같이 묘사한다.

- 이성은 사람들을 길 잃도록 이끄는 안내자다. 그리고 철학은 상처의 전염된 살을 먹어치운 뒤, 산 살을 집어삼키고 뼈를 삭이고 골수로 침투해 들어가는 아주 부식적腐蝕的인 모종의 가루와 비교될 수 있다. 철학은 처음에 오류를 논박한다. 그러나 이 지점에서 멈추지 않는다면, 이성은 진리를 공격하는 것으로 계속 나아간다. 그리고 그 자신에게 맡겨지면, 이성은 스스로가 어디에 있는지를 모르고 멈출 곳을 찾지 못할 지경으로까지 나아간다.[220]

이 '지경'까지 몰고 간 후에 벨은 이성이 어떤 문제든 푸는 데 부적합하고 불능이라는 것을 깨달은 사람은 '신앙과 계시'를 '또 다른 안내자'로 찾아야 한다고 거듭 천명했다.[221] 그러나 흄은 벨의 '신앙과 계시'라

---

220) Richard H. Popkin, "Introduction", xxi에서 재인용. Bayle, *Historical and Critical Dictionary*.
221) Popkin, "Introduction", xxi.

는 '안내자' 대신, 공자처럼 – 뒤에 상론하는 바 – "세상에서 통상적으로 행해지는 것(what is commonly done)"이라는 '본성'의 상식적 '안내자', 즉 하늘도 유일한 판단기준으로 중시하는 '민시민청民視民聽'의 관행과 여론을 '다견다문'할 따름이다.

흄은 신학과 합리주의적 형이상학이 지배하는 당대의 환경 속에서 인과관계, 지식, 개연성, 자아 등 여러 인식론적 주제들을 경험적 방법으로 논파하면서 스스로 극심한 고독을 느꼈다. 그는 "나의 철학 속에서 처한 의지가 없는 고독에 처음으로 놀라고 기가 꺾였고", 자신을 "사회 안에서 섞이고 결합하지 못하여 모든 인간적 교류로부터 추방되어 극한으로 버림받고 비탄에 잠긴 채 남겨진 어떤 이상하고 투박한 괴물"로 느꼈다. 또한 그는 적대적인 시선과 두려움을 느꼈다. "모두가 거리를 두고 있고, 모든 측면에서 나를 때리는 저 폭풍을 두려워한다. 나는 형이상학자들, 논리학자들, 수학자들, 심지어 신학자들 모두의 적개심에 노출되었다. 이런 마당에 내가 당해야 하는 욕설에 내가 놀랄 수 있겠는가? 내가 그들의 이론체계에 대한 비난을 선언한 마당에, 나와 내 인격에 대한 증오를 표명한다고 해서 내가 놀랄 수 있겠는가? 바깥을 보면, 나는 사방팔방으로부터 논란, 배격, 분노, 중상, 비방을 예견한다."[222] 흄은 이처럼 척박한 시대적 환경에서 그의 철학적 작업을 진행했다.

6.2. 흄의 '완화된 회의론'과 공자의 중도적 회의론

이런 두려움과 적대적 시선을 의식하면서도 흄은 녹초가 된 몸으로 『인성론』의 결론부분에서 경험주의 방법론의 요체를 다시 강조한다.

---

222) Hume, *A Treatise of Human Nature*, 172쪽.

- 나의 이성적 추리들 중 가장 정확하고 가장 엄정한 추리에 따라 나는 내가 이 추리에 동의해야 하는 어떤 이유도 댈 수 없고, 단지 대상들이 내게 현상하는 저 모습대로 대상들을 '강력하게' 고려하려는 '강력한' 성향만을 느낄 뿐이다. 경험은 과거를 두고 대상들의 개별적 연결에 대해 내게 가르쳐 주는 원리이고, 습관은 미래를 두고 동일한 것을 기대하도록 나를 결정하는 또 다른 원리다. 이 두 원리가 다 협력해서 상상력에 작용을 가해 나로 하여금, 같은 이점을 수반하지 않는 다른 방법들보다 더 강렬하고 더 생생한 방법으로 일정한 관념들을 형성하게 만든다. 정신으로 하여금 이 관념을 저 관념보다 생동하게 활성화하게 하는 (겉보기에 아주 사소한 것 같고 이성에 아주 적게 기초한) 이 상상력 같은 자질이 없다면, 어떤 논변에 대해서도 결코 동조하지도 못했을 것이고, 또한 우리의 조감照監을, 우리의 감각 앞에 현재하는 소수의 저 대상들을 뛰어넘도록 만들지도 못했을 것이다. 아니, 소수의 저 대상들에게조차 우리는 단지 감각들에 의거해 있는 것들만을 귀속시킬 수 있을 것이고, 이것들을 우리의 자아 또는 인격을 구성하는 지각들의 연속적 계기 속에 완전히 포함시키지 않을 수 없을 것이다. 나아가, 이 지각들의 연속적 계기와 관련해서도 우리는 우리의 의식 앞에 직접 현재하는 저 지각들만을 인정할 수 있을 뿐이고, 또한 기억이 우리에게 현시하는 저 생생한 이미지들은 과거 지각의 참된 묘사로 받아들여질 수도 없었을 것이다. 그러므로 기억·감각·지성은 모두 다 상상력, 아니면 관념들의 생동성에 기초해 있는 것이다.[223]

여기서 "경험은 과거를 두고 대상들의 개별적 연결에 대해 내게 가르쳐 주는 원리이고, 습관은 미래를 두고 동일한 것을 기대하도록 나를 결

---

223) Hume, *A Treatise of Human Nature*, 172-173쪽.

정하는 또 다른 원리다"라는 흄의 테제는 공자의 '온고이지신溫故而知新' 명제를 그대로 쏙 빼닮았다.

　흄의 최초 설명을 상기해 보자. 영혼 속에 첫 출현하는 감흥·감정·정서를 다 포함하는 '인상'은 최고의 힘과 강렬성으로 사유 속에 들어오는 감각적 지각이다. '관념'은 '생각과 추리' 속의 '인상들의 희미한 이미지'로서, 현재의 사고력에 의해 일으켜지는 모든 지각이다. 따라서 시각과 촉감 등 감각으로부터 생기는 지각들과, 우연히 유발되는 즉각적 쾌·불쾌의 '감정'은 둘 다 '인상'으로서 이 '관념'과 다르다. 인상과 관념이 다른 것처럼, '느끼는 작용'과 '생각하는 작용'도 다르다. 따라서 '정신의 지각'은 우리의 사유(의식) 속으로 들어오는 길을 뚫기 위해 지각들이 정신을 때리는 힘과 생생함의 정도에 따라 둘로, 즉 인상과 관념으로 나뉜다. 그러나 단순인상과 단순관념의 경우에는, 인상과 관념이 서로 유사하고 서로 상응한다. (그러나 복합관념과 복합인상은 상호 간의 유사성이 전무하지 않더라도 결코 상응하지 않는다. 동물 뿔의 관념과 사람의 관념을 복합시킨 '뿔난 사람'의 관념은 '인상'에 상응하지 않고, '관념'은 아무리 복합적일지라도 어느 도시에 대한 복합적 '인상'의 세세한 내용을 다 담을 수 없기 때문이다.) 단순관념은 단순인상의 '반성'이다. 따라서 정신의 모든 지각은 인상과 관념이라는 이중적 현상으로 나타난다. 내가 눈을 감고 형성하는 관념은 내가 느낀 인상의 정확한 재현이다. 관념의 모든 세부적 사실은 인상에서 발견된다. 경험론의 '재현'은 플라톤주의적 합리론의 '본유적 이데아의 재현', 즉 '상기'가 아니라, 관념에 의한 대상의 복제(로크)이거나 관념에 의한 인상의 반성적 복제(흄)다. 따라서 흄의 인성론의 제1원리는 "첫 관념이 인상으로부터 유래하는 만큼, 모든 단순관념은 그들의 상응하는 인상으로부터 직간접적으로 생겨난다"는 것이다. 한편, '인상'은 그 자체로서 나타나기도 하고 '관념'으로 변하여 관념의 형태로 정신에 다시 현상하기도 한다. '다시 나타나는' 이 인상은 최초의 생생함을 상당한 정도로 유지하므로 '인상과 관념 사이의 중간적인 것'이다. 생생함을 다 잃으면 그것은 '완전한 관념'이 된다. 기억력은 저 중간적인 형태의 생생함으로 관념을 반복하는 사고능력이고, 상상력은 '완전한 관념'으로 반복하는 사고능력이다. '기억의 관념'은 '상상의 관념'보다 훨씬 더 생생하고 강력하다. 가령 과거의 사건을 회상하면, 이와 관련된 기억은 강렬한 방식으로 정신에 유입되지만, 상상 속의 지각은 희미하고 맥없어, 어렵사리만 정신 속에 한결같이 보존된다. 따라서 기억은 생생함을 생명으로 삼기 때문에 근원적 인상의 질서에 얽매이나, 상상은 근원적 질서에 얽매이지 않는다. 따라서 흄의 인성론의 제2원리는 "기억의 임무는 단순관념의 질서와 위치를 보존하는 것인 반면, 상상력의 역량은 관념들을 바꾸고 변형시키는 자유를 구가한다"는 것이다. 따라서 위에서 흄은 기억·감각·지성(사유)은 '모두 다 상상력이나 관념들의 생동성에 기초해 있다'고 천명한 것이다.

과거를 두고 대상들의 개별적 연결에 대해 내게 가르쳐 주고, 미래를 두고 동일한 것을 기대하도록 나를 결정하는 경험과 습관은 서로 협력해 상상력에 작용을 가함으로써 정신으로 하여금 가장 강렬하고 생생한 방법으로 일정한 관념들을 형성하게 만든다. 우리는 정신으로 하여금 이 관념을 저 관념보다 생동하게 활성화시키도록 만드는 이 상상력의 자질을 바탕으로 논변을 펴고 감각 앞에 현재하는 소수의 저 대상들을 뛰어넘어 생각할 수 있다.

나아가 상상력은 "우리의 조감照監을, 우리의 감각 앞에 현재하는 소수의 저 대상들을 뛰어넘도록 만들어" 가령 잠자느라고 지각하지 않은, 따라서 기억도 없는 대상의 지속적·독립적 실존과 생활세계의 지속적 존재를 확신할 수 있게 만들어 준다. 원래 외부 사물들의 독립적 실존 자체는 감각에 대해 완전히 확실하지 않다. 인간은 잠자거나 자리를 뜨거나 방향을 돌리기 때문에 감각으로 늘 특정 사물들을 보고 듣고 냄새맡고 맛보고 느낄 수 없고, 감각적으로 늘 지각하지 않으므로 기억도 단절적이고 불완전하다. 따라서 감각과 기억에만 의존한다면, 사물의 지속적·객관적·독립적 존재는 결코 확실하지 않은 것이다. 예컨대 시각은 조금 전에 보았으나 지금은 보고 있지 않기 때문에 지금 눈으로 대하지 않는 사물들의 실존을 시각적 감각으로 확신한다는 것은 어불성설이다. 보기를 그만둔 감각은 지금 이 사물들의 확실성을 전할 수 없기 때문이다. 그리고 기억은 조금 전까지 보았던 사물들만을 상기할 뿐이고, 기억 속으로의 감각적 지각들의 입력이 끝난 이후에도 계속 실존하는 사물들의 존재를 증언할 수 없다. 외물의 객관적 실존에 대한 믿음은 사물의 실존의 상대적 '항상성(constancy)'과 이 사물의 변화의 '시종일관성(coherence)'이 – 한 번 노젓기로 움직여진 배가 계속 한 방향으로 움직이는 것과 같은 – 상상력의 '타성'과 결합함으로써만 형성된다. 상상력은 지각들과 기억들의 단속성斷續性과 파편성을 자기의 관성적 타성으로 메우고 이 파편적 기억들을 사물의 '항상성'과 '일관성'에 대한 타성적 관념에 의해 연속적인 것으로 묶고 엮어 사물의 지속적 실존에 대한 믿음을 형성한다. 사물의 실존의 지속성은 그 독립성(객관성)과 표리관계에 있다. 지속성이란 나의 지각 여부와 무관하게 사물이 실존한다는 것을 뜻하고, 나의 지각 여부와의 이 무관성은 곧 사물의 실존이 나의 지각과 독립적이라는 것을 뜻하기 때문이다. 이처럼 상상력은 감각적 지각이 중단되고 기억도 없는 대상의 지속적·독립적 실존을 구성해 주는 유일한 역량인 것이다.[224]

   말하자면, 상상력은 인식과 지식을 위해 인과적으로 추리하고 감각적

---

224) Hume, *A Treatise of Human Nature*, 129-132쪽 참조.

직접대면으로부터 벗어난 대상을 정신 속에 붙들어 두고 직접대면이 끝난 이 시점 이후에도 그 대상이 계속 존재할 것으로 내다보고 그 지속적 존재를 정신 속에 붙들어 매어 주는 점에서 진정 인간의 유력한 역량임이 틀림없다. 생활세계의 사물들 및 생활세계의, 그리고 우주의 독립적·지속적 실존도 이 상상력의 산물이다. 따라서 철학은 이 상상력에 달렸다.

그러나 상상력은 기억력과 달리 멋대로 '관념들을 바꾸고 변형시키는' 까닭에 일관성을 잃고 틀리기 쉽다. 아뿔싸! 이 고마운 상상의 능력이 동시에 오류의 원천인 것이다. 상상력은 '이성'과 '변덕', 강력한 일관성과 취약한 불규칙성을 둘 다 가진 야누스 또는 '지킬박사와 하이드'다. 이 때문에 흄은 상상력을 다른 관점에서 강한 상상력과 약한 상상력으로 이분한다. "여기서, 나 자신의 고백에 따르면 상상이 모든 이론체계의 철학에 대한 궁극적 판관이라고 하면서도, 내가 고대 철학자들을 비난하기를, 추리 속에서 전적으로 이 상상력에 의해 끌려 다녔다고 하는 것은 부당하다고 반론할 수 있다. 나 자신을 정당화하기 위해 나는 상상력의 요소들을 - 원인에서 결과로, 결과에서 원인으로의 관성적 이행과 같은 - '항구적·불가항력적·보편적 요소'와 - 내가 방금 주목한 것(외부 대상에 정신 내부의 감정을 부여한 고대 철학자들의 물체 간의 '공감'·'반감'의 상상)과 같은 - '가변적이고 취약하고 불규칙적인 요소'로 구별하지 않을 수 없다.

전자의 상상력은 우리의 모든 사유와 행위의 토대다. 따라서 이런 상상력을 제거하면 인간 본성은 즉각 소멸하고 멸망하지 않을 수 없을 것이다. 후자의 상상력은 인간에게 불가피한 것도 아니고, 필요한 것도 아니고, 생활의 영위에서 그렇게 유용한 것도 아니다. 그러나 그래도 정신력이 취약한 사람들에게서 발생하는 것으로 관찰된다. 후자의 이런 상상력은 관성과 추리의 다른 요소들과 반대되는 까닭에 합당한 대조와 반론으로 쉽사리 전복될 수 있다. 이런 이유에서 전자는 철학에 의해 받아들여지고, 후자는 배격되는 것이다. 어둠 속에서 또렷한 목소리를 듣고 누군가 그와 가까이 있다고 결론짓는 사람은 - 이 결론이 비록 현재적 인상과의 통상적 연관 때문에 어떤 인간 피조물의 관념을 주입하고 재생하는 단순한 관성으로부터 유래할지라도 - 바르게, 그리고 자연스럽게 추리하는 것이다. 그러나 이유도 모르게 어둠 속의 유령의 낌새로 고통당하는 사람도 아마 추리한다고, 그것도 역시 자연스럽게 추리한다고 얘기할 수 있겠다. 하지만 병이 자연스럽다고 얘기되는 것은 건강, 즉 인간의 가장 기분 좋고 가장 자연스런 상황과 반대될지라도 자연적 원인에서 생겨나는 것과 같은 의미로 얘기되어야 할 것이다."[225]

이런 까닭에 '기억'과 구별되는 의미의 저 '상상' 개념('항구적·불가항력적·보편적 요소')과, 이성과 반대되는 의미의 이 '상상' 개념('가변적이고 취약한 불규칙적 요소')이 뒤엉켜 꼬이게 된다. 이에 흄은 이 사태를 어렵사리 가르려고 시도한다.

- 일반적으로 우리는 개연적 추리에 대한 동조가 관념들의 생동성에 기초한 만큼, 상상력의 자식이라는 모욕적 성격 때문에 배격되는 변덕이나 편견들을 많이 닮았다는 것을 목도한다. 이 표현에 의해, 상상력이라는 말은 흔히 두 가지 다른 의미로 쓰인다. 이 부정확성보다 참된 철학과 배치되는 것은 없을지라도, 다음 추리에서 나는 종종 이런 부정확성에 빠지지 않을 수 없었다. 내가 기억에 상상력을 대립시킬 때, 그것은 보다 희미한 관념들을 형성하는 역량을 의미한다. 상상력을 이성에 대립시킬 때, 이 상상력은 논증적 추리와 개연적 추리만 뺀 같은 역량을 의미한다. 내가 상상력을 아무것과도 대립시키지 않을 때는 더 큰 의미로 쓰든 더 제한된 의미로 쓰든 상관없다. 이 경우는 적어도 글

---

225) Hume, *A Treatise of Human Nature*, 148-149쪽.

의 맥락이 그 의미를 충분히 설명해 줄 것이다.[226]

'논증적 추리와 개연적 추리만 뺀' 반反이성적 상상력은 취약한 정신의 병든 '가변적이고 취약한 불규칙적' 상상력을 가리킨다.

종합하자면, '추리적 상상력(이성)'과 '불규칙적 상상력'을 포괄하는 광의의 상상력은 최초의 '기억과 상상의 구분'도 무력화시키고 '기억' 개념을 자신 속으로 흡수해 버리는 듯하다. 이 철학적 '상상력 개념'이 이처럼 난삽한 것은 정신 속의 이 상상력 자체의 난삽성을 반영한다.

여기에 바로 인간의 경험적 방법의 난관과 정신의 취약성과 자의성이 개재되어 있다.

- 놀랄 것 없이, 상상력이라는 원리는 그렇게 일관성이 없고 틀리기 쉬운 것이라서, 온갖 변화무쌍한 변모 속에서도 (그러지 않을 수 없는 만큼) 묵묵히 추종하기만 하면, 반드시 우리를 오류로 이끈다. 그런데 우리로 하여금 원인과 결과로부터 추리하도록 만드는 것이 이 원리이고, 외부 대상들이 감각으로부터 사라진 부재 상태에서도 외부 대상들의 지속적 존재를 우리에게 확신시켜 주는 것도 같은 원리다. 그러나 이 두 작용들(인과적 추리 작용과 대상의 지속적 존재를 확신시키는 작용 - 인용자)이 인간 정신 속에서 둘 다 마찬가지로 자연적이고 필연적일지라도, 어떤 상황에서는 이 두 작용이 직접 배치되기도 하고, 우리가 원인과 결과로부터 바르고 규칙적으로 추리함과 동시에 대상의 지속적 존재를 믿는 것은 가능하지도 않다. 그렇다면 우리는 어떻게 이 원리들을 서로 조율해야 하는가? 이들 중 어느 것을 우리는 선호해야 하는가? 또는 이들 중 어느 하나를 선호하는 것이 아니라, 철학자들 사이의

---

226) Hume, *A Treatise of Human Nature*, 81쪽, Note 22.

통례대로 연속적으로 두 원리에 동의하는 경우에, 무슨 확신으로 우리가 나중에 명백한 모순을 이와 같이 알면서 받아들이면서 (철학자라는) 저 영광스런 타이틀을 찬탈할 수 있는가?[227]

'추리적 상상력'과 '불규칙적 상상력(공상)'은 중도를 지키면 서로 협력할 수도 있지만 지나치면 서로 전면 배치될 수 있다. 물론 미흡해도 서로 정면 배치될 수 있다. 미흡한 '추리적 상상력'(칸트식의 쫀쫀한 이성)은 인과관계를 교조화해 대상의 독립적 존재와 속성들(색, 소리, 맛, 냄새, 촉감)을 부정하는 반면, 미흡한 '불규칙적 상상력'(빈곤한 공상능력)은 자유분방성을 잃고 '감각의 종'이 되어 대상의 지속적·독립적 실존을 절대화하고 일체의 인과관계를 부정하기 때문이다. "우리의 이성과 감각 사이, 정확히 말해서 우리가 원인과 결과를 형성하는 저 결론과 물체의 지속적·독립적 실존을 우리에게 확신시켜 주는 저 결론 사이에는 직접적·전면적 대립이 있다. 원인과 결과로부터 추리할 때, 우리는 색도, 소리도, 냄새도 지속적·독립적 실존이 없다고 결론짓는다. 그런데 우리가 이 감각적 성질들을 이처럼 배제할 때, 우주 안에서 이러한 지속적·독립적 실존을 가진 것은 아무것도 남지 않게 된다."[228]

가령 '야채를 먹으면, 건강하다'는 인과관계는 야채와 몸의 성질들을 무시하고 몸에 대한 야채의 '효과'만을 고려한다. 반면, 대상의 지속적·독립적 실존의 확실성은 상술했듯이 상상력이 이 대상의 지각되는 성질들의 '항상성' 및 변화의 '일관성'을 상상력의 '타성'과 결합하여 구성해내는 것이다. 상상력은 지금까지 항상 있었고 변화가 일관적이었다면 앞으로도 그럴 것이라고 여기는 '타성'이 있기 때문이다. 따라서 순수하게

---

227) Hume, *A Treatise of Human Nature*, 173쪽.
228) Hume, *A Treatise of Human Nature*, 152쪽.

인과적 관계로 접근하면, 대상의 성질들이 사라지고, 그리하여 이런 인과적 관점에서는 사물의 속성들과 그 독립적·지속적 실존의 확실성이 소멸한다.

공자가 '사이불학즉태'의 독단과 '종일불식 종야불침 이사무익'의 허무성을 지적했듯이 흄도 우리가 '추리적 상상력(이성·지성)'에만 의존하여 "인간 지성을 그 제1원리들로까지 추적할 때, 우리의 모든 과거의 수고와 노력을 웃음거리로 바꾸고 미래의 탐구를 포기하도록 낙담시키는 것처럼 보이는 식의 감상感傷 속으로 우리를 이끌고 들어가는 것을 발견한다"고 갈파한다. 우리가 "직접적 원인을 아는 것에 만족하지 못하고 근원적·궁극적 원인에 도달하기까지 우리의 탐구를 밀어붙인다면", 원인과 결과의 연결·끈·에너지가 "다 단지 우리 자신 안에만 있을 뿐"이고 "관성에 의해 얻어지고 우리로 하여금 한 대상에서 이것의 통상적 수반대상으로, 이 대상의 인상에서 저 대상의 인상으로의 이행을 만드는 정신의 결정(determination) 외에 다른 것이 아니라는 것을 배우고" 나서 반드시 크게 "실망"하여 극단적 회의주의에 빠져들 것이다.[229] 공상의 모든 사소한 시사들을 배격하는 '추리적 상상력', 즉 "상상력의 일반적이고 보다 확립된 속성"으로서의 "지성"만 붙들고 늘어진다면, 저 "지극히 치명적인 귀결"은 불가피한 것이다. 왜냐하면 추리적 상상력이 "단독으로 행동할 때 그리고 가장 일반적인 원리에 입각할 때 완전히 그 자신을 전복하고 철학에서나 통상적 삶에서나 어떤 명제에 대해서든 최저 등급의 명증성도 남겨 놓지 않기" 때문이다.[230]

보통 공상적 상상력이 그 고유한 '타성'에서 가령 감각과 기억 속에 없는 외적 사물의 지속적·독립적 실존에 대한 확신을 마련해 주지만, 추리

---

229) Hume, *A Treatise of Human Nature*, 173쪽.
230) Hume, *A Treatise of Human Nature*, 174쪽.

적 상상력(이성)은 엄밀하게 따져 이 확신마저도 완전히 부정하고 '최저 등급의 명증성'도 남겨 주지 않을 수 있다. 상상력은 기억력과 달리 최초 인상들의 순서와 구조에 매이지 않는 자유로운 사유능력이라서 사물의 인상들을 엄밀한 추리로 추적하고 인상과 인상 간에 털끝만큼의 공백이 보이더라도 인상 전반의 진위를 의심하는 '탐정'이 되기도 하고, 인상들을 제멋대로 재현하고 꾸며내는 '공상소설가'가 되기도 한다. 따라서 추리적 상상력은 매번 공상적 상상력이 외물의 지속적 실존을 꾸며낸 부분의 진위를 의심한다. 공상적 상상력으로 중단되지 않은 것처럼 단절된 지각 부분을 메워 꾸며낸 사물의 지각들의 연속적 계기繼起는 중단 없이 대물對物했을 경우에 얻어졌을 실제적 지각들의 계기와 결코 '동일한' 것이 아니라, 다만 '유사할' 뿐이기 때문이다.[231] 이 '유사성'은 엄밀히 말하자면 '동일성'과의 차이만큼 거짓을 내포한 것이다. 이렇게 이성으로 엄밀히 의심하면, 사물의 외적·독립적 실존은 우리의 감각과 이성, 이 양자에게 다시 미심쩍기 짝이 없는 것으로 돌변한다. "이 회의론적 의심은 근본적으로 치유될 수 없고, 우리가 이것을 멀리 내쫓고 종종 이것으로부터 자유로울 수 있을지라도 매순간 우리들에게 되돌아온다. 어떤 이론 체계도 우리의 이런 지성이나 감각을 방어하는 것은 불가능하다. 그리고 우리가 이런 식으로 지성과 감각을 정당화하려고 추구할 때 이것들을 (의심에) 더 노출시키게 된다. 회의론적 의심이 주제들에 대한 심오하고 격렬한 반성적 성찰로부터 자연스럽게 생겨나는 만큼, 의심은 이 의심에 반대해서든 이에 동조해서든 우리의 반성을 더 멀리 수행할수록 증가한다."[232] 가령 데카르트 식의 '관심'의 집중은[233] 오히려 외부사물의 지속

---

231) Hume, *A Treatise of Human Nature*, 143쪽.
232) Hume, A Treatise of Human Nature, 144쪽. 괄호는 인용자.
233) Descartes, Meditations on First Philosophy, Meditation V, in: Descartes, Discourse on Method and Meditations on First Philosophy, edited by David Weissman (New Haven·London: Yale University Press, 1996) 참조.

적·독립적 실존에 대한 회의를 더욱 증폭시키는 것이다. 그러므로 우리에게 이에 대한 "어떤 치유책"을 마련해 줄 수 있는 것이 있다면, 그것은 아마 철학을 모르는 보통사람들이 일상적 삶 속에서 누리는 "부주의와 무관심"뿐일 것이다.[234]

그러나 역설적이게도 저 '불규칙적 상상력(공상)'만이 추리적 상상력(이성)을 저 회의주의적 귀결로부터 구해 준다. 이 '불규칙적 상상력'만이 추리적 규칙을 박차고 과감하게 날아올라 경험과 습관이 주입하는 대로 공상과 환상의 가공을 짜낼 수 있고, 한번 날개를 펴면 계속 날아가는 타성을 가진 이 공상과 환상을 통해 원인과 결과 사이의 가공적 연관관계를 지어낼 수 있기 때문이다. 그러나 이 '환상'이 추리적 상상력으로부터 적당히 멀어지는 것은 좋으나, 상술했듯이 경험과 습관에서 지나치게 멀어져 하늘로 비상飛上하기만 하면 '부지이작不知而作' 또는 '작이불술作而不述(지어내기만 하고 사실에 충실하게 해석·서술하지 않음)'의 오류와 반反이성적 몽매를 낳는다.

- 우리는 관념들 속에 내재된 이러한 결함(궁극적 연결고리의 불가지 - 인용자)을 진정으로 일상생활 속에서 감지하지 못한다. 또한 우리는 유별나고 비상非常한 인과적 연관의 경우에 이 궁극 원리를 모르는 것처럼 원인과 결과의 가장 통상적인 연관의 경우에도 이 둘을 묶는 궁극 원리를 모른다는 것을 깨닫지 못한다. 그러나 이 궁극 원리는 단지 상상력의 환상(an illusion of imagination)으로부터만 생겨날 뿐이다. 문제는 우리가 얼마나 이 환상에 굴복해야 하는가이다. 이 물음은 아주 어려워서, 어느 길로 대답하든 아주 위태로운 딜레마에 우리를 빠뜨린다. 왜냐하면 우리가 가상 또는 공상(fancy)의 온갖 사소한 시사

---

234) Hume, *A Treatise of Human Nature*, 144쪽.

에 모두 동조한다면, 이 시사들은 서로 배치되는 것 외에도, 우리가 마침내 자신의 경신輕信에 부끄러워할 정도의 오류·부조리·몽매로 우리를 끌고 갈 것이다. 상상력의 비상飛上보다 이성에게 위태로운 것도 없고, 철학자들 사이에서 더 많이 착오를 일으킨 것도 없다.[235]

그러나 이성의 '추리적 상상력'도 '학이사지學而思之'와 '술이부작'의 차원에서 적당하게, 중도적으로 겸용하면 훌륭한 결과를 낳듯이, 우리가 중용의 정도로 상상력의 '환상에 굴복하면', 우리의 극단적 회의주의를 치료하여 우리를 겸손한 경험론자로 만들어 주는 명약이 된다.

- 우리는 – 어렵사리 사물들을 막연하게 보게 만들 뿐이고, 보다 평이하고 자연적인 사물들의 경우와 같이 감각적인 인상을 동반하게 할 수 없는 – 공상의 저 기이하고 사소해 보이는 속성에 의해서만 이 전면적 회의론으로부터 빠져나온다.[236]

따라서 '추리적 상상력'의 이성에 대한 전면적 거부도, '불규칙적 상상력'의 공상에 대한 전면적 거부도 답이 아니다.

가령 '추리적 상상력'에 대한 전면적 거부와 '불규칙적 상상력'의 공상에 대한 전면적 수용을 엄격한 격률로 삼으면, 이것은 "명시적으로 자기모순에 빠질 것"이다. 왜냐하면 이 격률이 하나의 엄격한 '격률'이라면 충분히 세련되고 형이상학적인 것으로 인정될 저 '추리적 상상력(이성)'에 의해 수립되어야 하기 때문이다. 이 난관들 가운데 우리는 어느 편을 선택해야 하는가? 우리가 (공상의) 이 원리를 받아들여 모든 세련된 추리

---

235) Hume, *A Treatise of Human Nature*, 174쪽.
236) Hume, *A Treatise of Human Nature*, 174쪽.

를 비방한다면, 가장 명백한 불합리 속으로 뛰어들고 말 것이다. 우리가 이것을 배격하고 이 이성적 추리들을 받아들이면, 인간 지성을 (완전히) 전복시킬 것이다.[237] 이 양자 사이의 선택은 잘못된 극단적 이성과 몽매 사이의 선택, '독단론·극단적 회의론의 미신'과 '혹세무민의 미신' 사이의 선택, 질식사와 부풀려 죽는 것 사이의 선택이다. 이 사이에는 중용이 없다.

중용은 이런 것 사이의 선택과 절충을 거부하고 인류의 통상적 삶에 대한 경험·관찰을 바탕으로 여기에 맞춰 중도적 이성(적당한 추리와 적당한 회의)과 중도적 환상(적당한 상상력)을 결합시키는 것이다. 이것은 흔한 경험에 따른 뿐, 규칙이 없다. 이것을 '규칙'으로 세운다면, 이는 지나친 추리적 상상력의 재도입이 되어 자기모순일 것이다. 흄은 이렇게 결론짓는다.

- 우리에게는 그릇된 이성과 무無이성(a false reason and none at all) 사이의 선택 외에 아무런 선택도 남아 있지 않다. 나로서는 이런 선택의 기로에서 어찌할 바를 모르겠다. 다만, 나는 '세상에서 통상적으로 행해지는 것(what is commonly done)'을 따를 뿐이다. 이 통상적인 것은 저런 어려움이 거의 또는 전혀 생각나지 않는 것이다. 저런 어려움이 정신에 출현한 경우에도 빨리 잊히고 그 뒤에 작은 인상만을 남길 뿐이다. 아주 세련된 반성들도 우리에게 거의 또는 전혀 영향이 없다. 하지만 우리는 이 반성들이 아무런 영향이 없어야 한다는 것을 준칙으로 확립하지 않고 또 확립할 수도 없다. 이것은 명백한 모순을 내포하는 것이기 때문이다.[238]

---

237) Hume, *A Treatise of Human Nature*, 174쪽.
238) Hume, *A Treatise of Human Nature*, 174쪽.

흄의 "나는 '세상에서 통상적으로 행해지는 것'을 따를 뿐이다"는 명제가 세상의 상식을 따른 것이라는 뜻이라면 철학이 대중적 상식론의 통속철학에 항복하는 초라한 학문으로 전락할 것이다. 이 의심은 계속 일어나는 대상의 독립적·항구적 실존에 대한 회의를 대중의 부주의와 무관심으로 제거하자는 그의 제안에서 더 짙어진다. "(비非철학자적 보통사람들의) 부주의와 무관심(uncarefulness and inattention)만이 우리에게 어떤 치유책이든 마련해 줄 수 있다. 이런 이유에서 나는 완전히 이 부주의와 무관심을 신뢰한다. 그리고 현재 이 순간 독자의 의견이 무엇이든 한 시간이면 독자가 외부세계와 내부세계가 둘 다 존재한다고 확신하리라는 것을 당연한 것으로 여긴다."[239] 이 무슨 '통속철학'에 대한 항복인가? 흄이 이 말로써 어디까지 의도했는지 알 수 없지만, 이 말의 뿌리를 좀 더 캐 들어갈 필요가 있다. 그 뿌리는 그가 다른 철학자들처럼 오감만 알고 근감각을 모른다는 데에 있다.

일격에 '태일太一(태극)'의 '기氣(힘)'로부터 동시에 탄생하는 주체와 객체의 '기(힘)'와, 이 '기'로서의 물자체의 독립적 실재성은 상술했듯이 흄이 권하는 보통사람들의 '통속적 믿음'처럼 '단순한 개연적 명증성'보다 좀 더 강한 의미의 '증명의 명증성(evidence by proof)'을 가지고 있다. 인간주체는 대상과 독립된 또 하나의 체력적 '기'이고, 이 '기'로서 대상의 '기'를 육체로 감당하고 일용日用하며 육체적 근감각에 의해 실감實感하고 있기 때문이다. 철학자가 아닌 보통사람들은 매일 물건을 등짐지어 나르거나 넘어지는 물건을 자기의 몸으로 맞받아 바로 세우고 강풍을 맞아 힘으로 버티면서 물건의 힘(氣), 물건의 중력을 근감각으로 실감하고, 춘하추동 쇳물을 녹이거나 음식을 끓이고 튀기는 그 화력을 살갗이 타도록 실감한다. 이런 상황에서 노동하는 보통사람들이 어찌 무게로

---

239) Hume, *A Treatise of Human Nature*, 144쪽.

느끼는 물건, 몸으로 막는 넘어지는 물건, 몸을 떠밀어대는 강풍, 살갗을 태우는 불꽃 등의 독립적 존재를 회의할 수 있겠는가? 오감+근감각의 6감을 다 쓰는 보통사람들이 이와 같이 대상의 기(힘)를 일용하고 대상의 무게와 저항을 체력으로 맞받아치고 실감하는 것을 노동하지 않는 오감의 철학자들처럼 흄이 망각한다면, 보통사람들의 일상적 "부주의와 무관심"을 대상의 지속성과 독립성에 관한 회의를 "치유"하는 유일한 방책이라고 주장하는 그의 논변은 통속철학에 항복하는 것이 되고 말 것이다. 그러나 오감과 근감각에 의한 대상의 일상적 실감을 망각하지 않는다면, 철학자도 보통사람들처럼 근감각으로 객체의 기氣를, 즉 대상의 존재가 지닌 저항력의 실존을 뼈아프게 느낌으로써 대상의 지속적·독립적 실존에 대한 회의를 완전히 치유할 수 있을 것이다. (만약 객체를 '힘'으로서 근감각에 의해 실감하는 것을 망각한다면, 야코비의 오류를 피할 수 없을 것이다. 야코비는 칸트의 불가지적 '물자체' 개념을 부정하기 위해 주체와 무관한 외부세계의 물자체의 객체적 현존에 대한 흄의 '상식적 확신' 또는 '믿음'을 반동적으로 '종교적' 믿음으로까지 뒤틀고 과장한 바 있다.[240])

오감으로 관찰·관조하는 철학자로서의 이론적 주체가 아니라, 근감각을 포함한 6감으로 세상의 대상들을 지각하는 철학자로서의 인식주체는 객체를 관찰·관조하기만 하는 것이 아니라 객체와 마찬가지로 또 하나의 '힘'으로서 객체적 '힘'에 주체적 '힘'으로 맞서고 부딪히며 객체적 '힘'을 몸의 근감각으로 실감함으로써 일체의 회의를 초월해 주체의 관찰여부와 독립된 객체의 지속성과 독립성을 '체감'하는 것이다.

따라서 주체나 객체의 한쪽 관점에서 보는 것이 아니라 일격에 동시발생하는 주체와 객체를 둘 다 '힘'으로 보는 '기일원론적氣一元論的 주객

---

240) Friedrich H. Jacobi, *David Hume über den Glauben oder Idealismus und Realismus* (Breslau: bey Gottl. Loewe, 1787).

실재론'에서 철학자들이 보통사람들의 6감적 인식에 의존해야 한다는 말은 고도의 설득력이 있을 것이다.[241] 반면, 회의론을 제외한 저 실재론적·관념론적·유물론적 독단론은 인과성이나 상호연관의 필연성을 주객관계에 적용하는 한에서 모두 다 설득력을 잃을 수밖에 없는 것이다. 이런 의미에서 노동하며 6감을 다 쓰는 천하백성이 보고 듣는 것, 즉 민시민청民視民聽에 의존하는 것은 모든 인식론적 회의론의 척결에 큰 도움을 줄 것이다.

따라서 "나는 '세상에서 통상적으로 행해지는 것'을 따를 뿐이다"는 명제가 백성이 보고 듣는 넓은 민시민청民視民聽의 보편적 경험을 중시한다는 뜻이라면, 흄의 이 말은 그야말로 공자의 명제와 그대로 합치된다. 공자는 주지하다시피 '종일불식終日不食 종야불침이사終夜不寢以思'의 '그릇된 이성'은 '불여학不如學' 하니(세상의 통상적 경험에서 배우는 것만 못하니) 세상의 도처에 스승이 없는 곳이 없을 정도로 세상을 스승으로 삼아 '다문다견'하여 '학이사지學而思之'한다고 했다. 공자는 이 '다문다견'한 것들 안에서 '궐의궐태'하고 '신사·명변'의 겸손한 이성을 구사하여 '지소선후知所先後 즉근도의則近道矣'하고(본말과 시종의 선후를 알아 개연적 지식을 얻고) '술이부작'할 뿐이라는 '중도적 지식철학'과 '중도적 회의주의'를 천명한다.

흄은 피론의 극단적 회의주의를 거부하되, 겸손한 중도적 지식철학과 중도적 회의론의 입장을 '아카데미적 회의론'(완화된 회의론), 즉 플라톤 사후 아카데미아 학원의 중간 시기 회의론으로 표현하기도 한다.

---

241) 쇼펜하우어는 『역경』의 입장을 '기(氣)'가 아니라 '시간'과 '수(數)'에 바탕을 둔 실재론적 독단론으로 오해하고 있다. "『역경(변화의 서)』은 (네 가지 부류의 객체들[실재세계, 추상적 개념, 시간과 수, 인식에 의해 동기화된 의지행위]의 인용자) 세 번째 부류로부터, 즉 시간과 수(數)로부터 출발했다." Arthur Schopenhauer, *Die Welt als Wille und Vorstellung* I, §7(61쪽).

- 진정으로, 지속적이고 유용한, 보다 완화된 회의론(more mitigated scepticism) 또는 아카데미 철학이 있다. 이 완화된 회의론은 피론주의(Pyrrhonism)의 무차별적 의심이 얼마간 상식과 반성에 의해 바로잡힐 때 부분적으로 피론주의 또는 지나친 회의주의에서 귀결되어 나오는 결과물(result)일 수도 있는 것이다. (…) 인류에게 이로울 수 있고 피론주의의 자연스런 결과일 수도 있는 다른 유형의 완화된 회의론이란 인간적 지성의 좁은 역량에 가장 잘 맞춰진 주제들에 우리의 탐구를 제한하는 것이다. 인간의 상상력은 자연적으로 웅장하고, 멀고 특별한 것이면 무엇이든 기뻐하고, 관습이 상상력에 너무 친숙하게 만들어 놓은 대상들을 피하기 위해 시간과 공간의 가장 먼 부분들로 거침없이 달려간다. 바른 판단은 반대의 방법을 관찰하고 모든 멀고 높은 탐구를 피해 일상적 실천과 경험 아래 들어 있는 주제들과 일상생활에 자신을 한정한다. 그리하여 보다 웅장한 화제들은 시인과 연설가들의 재미거리나 성직자와 정치가들의 기예로 남겨둔다. (…) 1천 번 실험을 한 후에 우리가 왜 돌이 아래로 떨어진다고 믿는지조차 만족스런 이유를 댈 수 없는데, 도대체 세계의 기원과 영원에서 영원으로의 자연의 상황에 대해 우리가 형성할 수 있는 어떤 결정에 만족할 수 있단 말인가? 진정, 우리의 탐구를 이렇게 좁게 한정하는 것은 모든 관점에서 아주 합리적이어서, 인간적 정신의 자연적 능력을 아주 조금만 검토해 보고, 이 제한을 우리에게 권고하기 위해 이 능력을 그 대상들과 비교해 보는 것으로 족한 것처럼 내게는 보인다. (…) 추상적 과학 또는 논증의 유일한 대상은 양과 수이고, 보다 완전한 유형의 이 지식을 이 경계범위를 넘어 확장하려는 시도는 단순한 궤변과 환상인 것처럼 보인다.[242]

---

242) Hume, *An Enquiry concerning Human Understanding*, 140-142쪽.

'세상에서 통상적으로 행해지는 것'을 경험하는 것은 특정 분야에서 인류의 경험이 충분하지 않아 '다문다견'에 한계가 있을 수 있다. 가령 정치·사회·경제체제에 관한 이론 분야에서는 '1천 번의 실험'은커녕, 이에 관한 기획이 서책과 신화 속에 난무하지만 이 체제들에 대한 인류의 경험과 실험이 일천日浅하여 '다문다견'은 더욱 제한적이다. 이 때문에 흄은 이 분야에 대해 더욱 회의론적이다.

따라서 흄은 – 19세기 합리주의 사조 안에서 정치·경제에 관한 각종 '기획들(les projets)'이 난무했을지라도 – '개연성' 차원의 사회과학도 지극히 어려운 것으로 생각했다. 그는 특히 정치학을 꼽았다. 정치학적 진리를 확정하기에는 세계 역사가 너무 젊기 때문이다.

- 나는 가장 뒤늦게 올 후손들에게도 여전히 진리로 남을 정치학의 많은 일반적 진리를 확정하기에는 세계가 아직 너무 젊다는 의심을 간직하고 싶다. 우리는 여태까지 3000년의 경험도 가지지 않았다. 그리하여 다른 과학에서처럼 이 과학에서도 추리의 기술이 아직 결함이 있을 뿐만 아니라, 우리는 심지어 우리가 추리할 수 있는 근거가 될 충분한 자료도 없다. 덕성이나 악덕에서 어느 정도의 세련화를 인간 본성이 감당할 능력이 있는지는 완전하게 알려져 있지 않고, 인간의 교육·관습·원칙 면에서의 커다란 혁명으로부터 인간에게 무엇이 기대될 수 있는지도 알려져 있지 않다.[243]

따라서 과학 일반이 그렇지만, 정치학에서 예견은 큰 낭패를 초래한다. 『오세아나 공화국(The Commonwealth of Oceana)』(1656)을 쓴 제임스 해링턴(James Harrington, 1611-1677)의 정치학적 예견이 이런 낭패

---

243) David Hume, "Of civil liberty"(1741), in: Hume, Political Essays, 51쪽.

의 대표적 사례다. 흄은 말한다. "어떤 현명한 사람도 아무리 자신의 원리를 확신할지라도 감히 어떤 사건에 관해서 예언하거나 사물의 먼 귀결을 예측하지 못하는 것은 거의 모든 과학을 극심하게 훼손시키는 점이다. 외과의사는 2주 후 또는 한 달 후의 환자 상태를 언명하는 모험을 하지 않을 것이다. 정치가는 앞으로 2년 후의 공무公務 상황을 예고하는 짓을 더욱 결코 감행하지 않을 것이다. 해링턴은 권력의 균형이 소유권의 균형에 좌우된다는 자신의 일반원리를 아주 확실하다고 생각하여, 영국에서 군주정을 재수립하는 것은 불가능하다고 언명하는 모험을 감행했다. 그러나 왕이 복고되었을 때, 그의 책은 거의 인쇄되지 않았다. 그리고 우리는 군주정이 이전과 동일한 발판 위에 이후로 줄곧 존속해 왔음을 안다."[244] 흄은 해링턴이 『오세아나 공화국』에서 이렇게 예견하고 1656년 영국을 위한 공화국 모델을 기안했으나,[245] 이 책을 출간한 지 4년 뒤에 왕정이 복고되었고 그 이후로부터 줄곧 왕정이 지속되어 온 사실을 말하고 있다. 해링턴은 경험의 경계를 넘어 예견하다가 낭패를 당한 것이다.

---

244) David Hume, "Whether the British government inclines more to absolute monarchy, or to a republic"(1741), in: Hume, Political Essays, 28쪽.
245) 해링턴은 '오세아나(영국)'의 역사시기를 ① 군주정의 구성, ② 군주정의 해체, ③ 공화국의 형성 등 3단계로 나눔으로써 군주정의 시대를 다시 오지 않을 과거시대로 기술했다. James Harrington, The Commonwealth of Ocean (1656), in: Harrington, The Commonwealth of Ocean and A System of Politics, edited by J. G. A. Pocock (Cambridge·New York: Cambridge University Press, 1992·2008), 47쪽; 60쪽 참조.

제7절

흄의
경험론적·도덕감정론적 도덕과학

베이컨이 수립한 자연연구의 경험론적 방법이든, 흄의 인간과학이든 둘 다 공자와 중국의 영향 아래 리메이크되었다는 사실은 전제로서 중요하다. 상론했듯이 베이컨의 자연탐구의 경험론적 방법은 중국의 수천 년 기록과 경험적 박학에 기초한 물리지식과 경험적 기술을 이론화한 것이고, 흄의 인간과학은 인간에 대한 앎("知人")으로서의 유학적 도덕·정치과학을 리메이크한 것으로 볼 수 있다. 인간과학으로서의 '도덕과학'은 도덕성의 원천을 계시나 주술, 신화와 이성에서 구하지 않고 '도덕감정적·도덕감각적 본성'의 관찰과 경험에서 구하는 것이다.

7.1. 도덕성의 근거로서의 도덕감정과 도덕과학

도덕이론이 경험과학적 지위를 얻으려면 인간 행위의 이유 또는 동기를 구체적 행위에 대한 경험과 관찰로 증명하고 도덕행위의 도덕성의 근거도 구체적 도덕행위에 대한 경험과 관찰로 증명해야 한다. 흄은 경험과 관찰의 귀납적 추리와 분석을 통해 인간 행위의 이유 또는 동기가 이성이 아니라 감정이고 도덕행위의 이유와 근거도 도덕감정이라는 것을 밝혀낸다. 이로써 흄은 형이상학적 '도덕철학'을 청산하고 '인간과학'의 한 부문으로서의 '도덕과학'을 개창했다.

흄에 의하면, 인간의 의지와 감정은 인간 행동의 진정한 추동인 바, 이성은 이 의지도, 감정도 좌우우지하지 못한다. 이성은 단지 감정의 노예일 뿐이다. 일단 흄은 지성(이성)의 기능 또는 두 가지 역할을 분석한다.

- 지성은 논증으로부터, 또는 개연성으로부터 판단한다. 즉, 지성은 우리의 관념들의 추상적 관계, 또는 경험만이 정보를 주는 대상들의 저 관계를 중시한다. 그런 만큼 지성은 두 가지 상이한 방식으로 행사된다. 나는 첫째 종류의 추리가 홀로 어떤 행위의 원인이라고 주장되는 일은 거의 없으리라고 믿는다. 이 추리의 본령은 관념들의 세계인 만큼, 그리고 의지는 언제나 우리를 실재의 세계에 두는 만큼, 논증(demonstration)과 의지작용(volition)은 이 때문에 서로로부터 완전히 동떨어진 듯하다. 진정, 수학은 모든 기계적 동작에서 유용하고 산술은 거의 모든 기술 및 관련직종에서 유용하다. 그러나 수학과 산술이 어떤 영향력을 갖는 것은 저 홀로 그런 것이 아니다. 기계역학은 어떤 계획된 목표나 목적에 따라 물체의 운동을 규제하는 기술이다. 수들의 비율을 정하는 데 산술을 동원하는 이유는 우리가 수들의 영향과 작용의 비율을 발견할 수 있는 이유뿐이다. 한 상인이 어떤 사람과의 거래 회계의 총액을 알고 싶어 한다. 왜? 그가 빚을 갚고 장보러 가는 데 어떤 금액이 모든 개별항목들의 합산과 동일한 결과를 낼 수 있

는지를 알아보기 위해서다. 그러므로 추상적 추리, 또는 논증적 추리는 우리의 행동에 영향을 미치는 것이 결코 아니라, 오직 원인과 결과에 관한 우리의 판단을 방향지우는 것만큼만 영향을 미칠 뿐이다. 이로 인해 우리는 지성의 둘째 작용으로 관심을 돌리게 된다.[246]

흄이 이어 분석하는 지성의 둘째 작용 또는 역할은 감정에 대한 보조 역할이다.

- 어떤 대상으로부터 고통이나 쾌감의 전망을 가질 때 우리는 혐오나 선호의 결과적 감정을 느끼고 우리에게 이 불쾌감이나 만족감을 주는 것을 피하거나 받아들이도록 처신하게 된다는 것은 분명하다. 또한 이 감정이 여기서 멈추는 것이 아니라 우리들로 하여금 모든 측면에 시선을 던지게 만들어 원인과 결과의 관계에 의해 이 감정의 원천 감정과 연결되는 어떤 대상들이든 포괄한다는 것도 분명하다. 그 다음 여기에서 이 인과관계를 발견하기 위해 추론(reasoning)이 벌어진다. 우리의 추론이 변하는 대로 우리의 행동이 귀결되는 변화를 받아들인다. 그러나 이 경우에 분명한 것은, 행동의 충동이 이성으로부터 생겨나는 것이 아니라 이성이 다만 방향만을 지을 뿐이라는 것이다. 어떤 대상을 향한 혐오나 선호는 아픔과 기쁨의 전망으로부터 생겨난다. 그리고 이 감동들은 그 대상의 원인과 결과가 이성과 경험에 의해 우리에게 가리켜지는 만큼 그 대상의 원인과 결과로 확장된다. 원인과 결과가 둘 다 우리와 무관한 것이라면 이 대상이 원인이고 저 대상이 결과라는 것을 아는 것은 조금도 우리의 관심사항일 수 없다. 대상들 자체가 우리에게 감흥을 주지 않는 경우에, 대상들의 연결은 대상들에 대해 어떤 영

---

246) Hume, *A Treatise of Human Nature*, Book 2. *Of the Passions*, 265-266쪽.

향도 줄 수 없다. 이성이 하는 것(reason)이 기껏 이런 연결의 발견에 지나지 않는 것처럼, 대상들이 우리에게 감흥을 주는 길이 이성에 근거한 방법일 수 없다는 것은 분명하다.[247]

이런 분석으로부터 흄은 이성은 늘 감정에 봉사해야 하고 이것 외에 다른 역할이 없는 '감정의 노예'일 뿐이라는 '폭탄선언'을 도출한다.

- 이성이 단독으로 아무런 행동도 산출할 수 없기 때문에, 또는 아무런 의지작용을 낳을 수 없기 때문에 나는 동일한 역량이 의지작용을 막을 수도 없고 감정이나 정감과 우선권을 두고 다툴 수도 없다고 추론한다. 이 추론결과는 필연적이다. 우리의 감정에 반대 방향의 충동을 주는 방법이 아니고서는 이성이 의욕을 막는 후자의 효과를 가지는 것은 불가능하다. 저 충동은 단독으로 작용하더라도 의지작용을 산출할 수 있었을 것이다. 감정의 충동에 대항하거나 이를 지연시킬 수 있는 것은 반대 방향의 충동 외에 아무것도 없다. 만약 이 반대 방향의 충동이 이성에서 생겨난다면, 이성 역량은 의지에 대해 원천적 영향력을 갖지 않을 수 없고, 의지 작용을 저지하기도 하고 야기할 수도 있어야 한다. 그러나 이성이 어떤 원천적 영향력도 없다면, 이러한 효과를 가진 어떤 원리에 저항하거나 정신을 한 순간이라도 유예시키는 것도 불가능하다. 이와 같이 우리의 감정에 대항하는 원리가 이성과 같은 것일 수 없고 부정확한 의미에서만 그렇게 불릴 뿐인 것처럼 보인다. 우리는 감정과 이성의 전투를 말할 때 엄격하게, 그리고 철학적으로 말하는 것이 아니다. 이성은 감정의 노예이고 오직 노예이어야만 하며, 감정에 봉사하고 복종하는 것 외에 감히 다른 직무를 결코 요구할 수 없

---

247) Hume, *A Treatise of Human Nature*, Book 2. *Of the Passions*, 266쪽.

다.[248]

흄은 이 논변의 끝부분에 "이런 의견이 얼마간 유별난 것처럼 보이는 만큼, 모종의 다른 고찰로 그것을 확증하는 것은 부적절한 것일 수 없다"라는 말을 덧붙이고 있다. 이것은 '반증해 보려면 해 봐라'는 취지다.

『인간본성론』의 영어원본 편집·주석자 노턴(David Fate Norton & Mary J. Norton)의 종합적 해설에[249] 의하면, "이성은 감정의 노예이고 오직 노예이어야만 하며, 감정에 봉사하고 복종하는 것 외에 감히 다른 직무를 결코 요구할 수 없다"는 흄의 이 유명한 폭탄선언을 당대와 이후의 많은 어중이떠중이 철학자들은 '인간이성이 감정에 의해 노예화되기에 이르렀다'고 하며 애도했다. 이들 가운데 어떤 자들은 아담과 이브의 원죄 이래 "이성·철학·덕성의 관념, 자기애의 참된 이익의 지식", 즉 인간본성의 모든 특색은 부패했고, "감정에 저항할 수 없다"고 생각했다. 또한 이성의 이런 노예상태는 에우리피데스·키케로·오비드 등의 고전적 필자들에게 친숙했다고 시사했다. 오비드는 이 친숙한 시구를 지었다: "나는 선을 보고 동조하면서도, 악을 추구한다네".

그러나 모든 도덕론자들이 감정과 감정에 의한 의지의 통제가 불행하다는 견해를 받아들인 것은 아니다. 꽤 큰 집단의 사람들은 감정이 스토아학파와 많은 기독교인들이 상정한 것보다 훨씬 더 긍정적인 본성의 면모라고 올바로 주장했다. 가령 *The Spectator* 지에서 한 익명의 필자는 이성이 힘을 발휘하거나 우리를 행동으로 움직이기에 "너무 느리고 게으르기"에 이 동기의 힘을 제공해주어야 하는 것은 감정들이라고 논

---

248) Hume, *A Treatise of Human Nature*, Book 2. *Of the Passions*, 266쪽.
249) Norton's Notes to *A Treatise of Human Nature*, Book 2. *Of the Passions*, 525-526쪽.

변했다.[250] 바른말이다. 그 익명의 필자는 따라서 우리는 "활기를 유지할 정도로" 감정을 관리해야 하고, "감정들을 순종적으로 만들려고 의도하는 동안 감정들이 비굴해지고 감정들이 계획하는 커다란 목적에 부적절해지지 않도록 (…) 노예라기보다 차라리 자유로운 주체처럼 감정들을 다스려야 한다"고 부언한다. 논리학자 아이작 와츠(Isaac Watts, 1674-1748) 신부는 이에 동의하고 "감정들은 의무의 실천에 있어서의 우리의 이성의 연약한 영향력을 지원하기 위해 우리에게 주어졌다. (…) 이성은 너무 느리고 너무 취약해서 많은 경우에 갑작스럽고 격렬한 활동을 일으킬 수 없다"고 말했다.[251] 그런데 프랑스철학자 피에르 니콜(Pierre Nicole, 1625-1695)은 흄 이전에 이미 흄의 테제와 유사한 '유별난' 견해를 표명하는 선까지 나아가 있었다. "이성이 감정에 의해 봉사를 받는 것이 아니라, 감정이 감정의 목적을 달성하기 위해 이성에 의해 봉사를 받는다. 이것은 우리가 보통 이성으로부터 얻는 유일한 사용이다."[252]

흄은 이 논변들을 '의지의 동기를 결정하는 것은 이성이 아니라 감정이다'는 명제로 종합한다. 그리고 감정은 우리 인간의 실존이요 삶 자체라고 말한다.

- 감정은 원천적 실존, 또는 당신이 원한다면, 실존의 변형이고, 감정을 어떤 다른 존재나 변형의 복제물을 만드는 어떤 재현적 속성(representative quality)도 포함하고 있지 않다. 내가 화났다면 나는 이 감정에 사로잡혀 있는 것이고, 내가 목마르거나 아프거나 키가 5피트 이상 클 때처럼 이 감정 속에서 다른 어떤 대상에로든 조회하지 않

---

250) *The Spectator* (1711-1714), 408쪽. Norton으로부터 재인용.
251) Isaac Watts, *The Doctrine of the Passions* (London: 1729, Reprint: 2019), 1.14(74쪽). Norton으로부터 재인용.
252) Pierre Nicole, *De la faiblesse de l'homme*, 11, Oevres (91쪽). Norton으로부터 재인용.

는다. 그러므로 이런 감정이 진리와 이성에 의해 반대되거나 진리나 이성과 모순이라는 것은 불가능하다. 왜냐하면 모순이란 원래 복제물로 여겨지는 관념과, 이 관념이 재현하는 대상 사이의 불일치에 있기 때문이다.[253]

그러나 감정이 판단이나 정리된 의견을 동반한다면 이 감정은 진리나 이성과 배치될 수 있다.

- 이 주제에서 맨 먼저 나타날 수 있는 것은 진리나 이성에게로 조회하는 것만이 진리나 이성과 배치될 수 있는 만큼, 그리고 우리의 지성의 판단이 오직 이 조회만을 갖는 만큼, 감정은 모종의 판단과 의견을 동반하는 한에서만 이성과 배치될 수 있다고 결론짓지 않을 수 없다. 아주 명백하고 자연스런 이 원리에 따르면, 오로지 두 가지 의미에서만 어떤 정감이든 비이성적이라고 불릴 수 있을 뿐이다. 첫째, 희망이나 두려움, 슬픔이나 희열, 절망이나 안심(security)과 같은 감정이 실제로 존재하지 않는 대상의 존재의 상정에 기초할 때. 둘째, 어떤 감정을 행동으로 발동하는 가운데 우리가 계획된 목적을 이루기에 불충분한 수단을 선택해 원인과 결과에 대한 판단에서 틀리게 될 때. 감정이 그른 상정에 기초하지도, 목적에 불충분한 수단을 선택하지도 않은 경우에, 지성은 이 감정을 정당화하거나 비난할 수 없다. 내 손가락을 할퀴는 것보다 전 세계의 파괴를 더 선호하는 것도 이성과 배치되지 않고, 어떤 인디언 또는 내가 전혀 모르는 사람의 극소한 불편함을 막기 위해 내가 나의 전면적 파멸을 선택하는 것도 이성과 배치되지 않는다. 큰 선보다 인정된 작은 선을 선호해 전자에 대해서보다 후자에 대해

---

253) Hume, *A Treatise of Human Nature*, Book 2. *Of the Passions*, 266-267쪽(2.3.3).

보다 열렬한 정情을 느끼는 것도 마찬가지로 이성과 배치되지 않는다. 어떤 상황에서는 사소한 선이 최대·최고가의 희열에서 생겨나는 것보다 더 우세한 욕망을 산출할 수 있다. 또한 기계역학에서 1파운드의 무게가 상황의 이점으로 100파운드를 들어 올리는 것을 보는 것만큼이나 이것도 특별난 일이 아니다. 간단히, 감정은 비이성적이려면 모종의 그른 판단을 동반해야 하고, 이때도 정확히 말해서 불합리한 것은 감정이 아니라 판단이라는 것이다.[254]

흄은 "감정은 비이성적이려면 모종의 그른 판단을 동반해야 하고, 이때도 정확히 말해서 불합리한 것은 감정이 아니라 판단이라는 것이다"는 명제로부터 더 분명한 결론을 도출한다.

- 귀결은 분명하다. 감정이 그릇된 가정에 기초할 때, 또는 계획된 목적에 불충한 수단을 선택할 때 외에는 감정이란 어떤 의미에서든 비합리적이라고 불릴 수 없기에, 이성과 감정은 서로에 대해 대항하거나 의지와 행동의 지배를 두고 다투는 것은 불가능하다. 어떤 상정의 그릇됨이나 수단의 불충분성을 지각하는 순간, 우리의 감정은 어떤 저항도 없이 우리의 이성에 굴복한다. 나는 어떤 과일을 아주 맛있는 과일로 알고 먹고 싶어 할 수 있으나 당신이 나의 착오를 확신시켜주는 때는 언제든 나의 욕구는 종식된다. 일정한 행동의 수행을 욕구된 선의 획득을 위한 수단으로 의욕할 수 있지만, 이 행동에 대한 나의 의욕함이 한낱 부차적일 뿐이고 이 행동들이 제안된 결과의 원인이라는 가정에 기초한 만큼, 내가 이 가정이 거짓됨을 발견하자마자 그 행동은 내

---

254) Hume, *A Treatise of Human Nature*, Book 2. *Of the Passions*, 267쪽.

와 무관한 것이 되지 않을 수 없다.[255]

감정이란 어떤 경우든 무無이성적(*non-reasonable, non-rational*)일 수 있지만 비이성적(*irrational*)이라거나 불합리할(*unreasonable*) 수는 없다. 환언하면, 감정은 무이성적인 것, 이성과 무관한 것, 이성을 포함하지 않는 것이기 때문에 애당초 '비이성적'이거나 '불합리하다'는 판단을 내릴 수 없는 것이다.

여러 감정이 교차할 때도 우리의 행동을 결정하는 것은 이성이 아니라 여러 감정 가운데 가장 강렬하고 다급한 감정이다. 우리의 감정을 도덕감정으로 좁힐 때 인간의 도덕행위는 이성에 따라서가 아니라 도덕감각(감각적 도덕판단)과 도덕감정에 따라 이루어진다. 도덕성의 근거는 도덕감정이다. 그러므로 도덕과학은 인간의 이성이나 신의 계시에 근거한 것이 아니라, 인간의 도덕적 감성(도덕감정과 도덕감각)에 근거한 것이다.

흄은 단 하나의 정확한 물음을 던짐으로써 도덕과학의 토대에 대한 탐구를 시작한다: "관념 또는 인상으로 우리는 덕과 부덕의 차이를 알아낼 수 있는가? 덕성의 본질이 이성과의 합치 또는 사물들의 어떤 불변적 관계와의 합치에 있다고 주장하는 합리론적 도덕형이상학자들은 실은 도덕적 시비변별이 관념들과 이 관념들의 관계로 추적될 수 있다고, 그리고 이성이 단독으로 도덕적 변별을 할 수 있게 해준다고 주장하는 것이다. 흄은 이 주장이 설득력이 없고 틀린 것임을 입증한다. 그는 다음 여섯 가지 논점을 입증한다. (1) 도덕적 시비변별은 행동에 영향을 미치지만, 이성은 단독으로 결코 이런 영향을 미칠 수 없다. (2) 이성은 진위(관념들의 관계의 중요측면)와 관련되지만, 도덕은 감정·의욕·행동과 같은 비非관계적 실재와 관련된 것이다. (3) 도덕적 평가는 정도와 종류의 차

---

255) Hume, *A Treatise of Human Nature*, Book 2. *Of the Passions*, 267쪽(2.3.3).

이에 대해 큰 민감성을 보이는 반면, 이성의 판단은 이 관점에서 비탄력적이고 따라서 이런 도덕적 평가의 기초가 전혀 아니다. (4) 도덕적 평가의 대상인 인간들의 실제적 의욕과 행동에만 투입되는 관념들의 관계는 존재하지 않는다. (5) 도덕성은 지성에 의해 인식될 수 있는 문제가 아니다. 우리는 우리 자신의 '느낌들'에 주목할 때만 덕과 부덕을 구별할 수 있다. (6) 규범적 결론도출, 즉 그 경우이어야 하는 당위(what ought to be the case)와 그 경우이지 않아야 하는 당위(what ought not to be the case)에 대한 주장은 신神과 사은謝恩의 관념들로부터 정통적으로 도출될 수 없다.

흄은 일단 "도덕적 변별은 이성에서 도출되지 않는다(Moral distinctions not deriv'd from reason)"는 명제의 입증에 주력한다. 그는 '지각' 개념으로 논의의 화두를 연다.

- 정신은 반드시 지각이라는 술어로 포괄되는 작용에 의해서만 스스로를 발휘한다. 따라서 이 술어는 정신의 다른 모든 작용에 적용가능한 것과 마찬가지로 도덕적 선악을 구별할 때 쓰는 기준인 저 판별에도 적용가능하다. 이 성품을 칭찬하고 저 성품을 비난하는 것은 단지 그만큼 많은 상이한 지각들일 뿐이다. 그런데 지각이 두 종류로, 즉 인상과 관념으로 분열하는 만큼, 이 구별은 우리가 도덕에 관한 우리의 주제를 열어야 하는 물음, 즉 우리가 덕성과 악덕을 구별하고 어떤 행동을 비난할만하다, 또는 칭찬할만하다고 선언하는 것이 우리의 관념(ideas)에 의한 것인지, 인상(impressions)에 의한 것인지 하는 물음을 낳는다. 이것은 즉각 모든 헐거운 논의와 장광설을 단절하고 현재 주제에 관한 뭔가 정밀하고 정확한 것 쪽으로 우리를 돌려놓는다.[256]

---

256) Hume, *A Treatise of Human Nature*, Book 3. *Of Morals*, 293-294쪽.

이에 바로 이어서 흄은 스콜라철학적 도덕형이상학자들에게 그들의 합리론적 논변의 불합리성을 입증해 준다.

- "덕성은 이성과의 합치 외에 어떤 것도 아니다"라고 단언하는 사람들, "사물들을 고찰하는 모든 합리적 존재자들에게 동일한 것으로 현상하는 사물들의 영원한 적합성과 부적합성이 존재한다"고 단언하는 사람들, '바름과 그름, 즉 시비(right and wrong)의 불변적 척도가 인간적 피조물에게만이 아니라 신성神性 자체에게도 의무를 부과한다'고 단언하는 사람들이 있다. 이 모든 이론체계들은 도덕성이 진리처럼 단순히 관념들(ideas)에 의해, 그리고 관념들의 병렬(juxtaposition)과 비교에 의해서 식별된다는 것에서 의견의 일치를 보인다. 그러므로 이 이론체계들을 판단하기 위해서 우리는 이성 단독으로부터 도덕적 선악을 구별해낼 수 있는지, 또는 이 변별을 하도록 만들어 줄 수 있는 모종의 다른 원리들이 동시에 합동하는지(concur)를 고찰하기만 하면 된다. 도덕성이 인간의 감정과 행동에 본성적으로 아무런 영향을 미치지 않는다면, 도덕성을 주입하려고 수고하는 것은 헛짓일 것이다. 그리고 모든 도덕론자들에게 가득 넘치는 저 수많은 규칙과 처방들보다 쓸모없는 것은 없을 것이다. 그런데 철학은 흔히 사변철학과 실천철학으로 나뉜다. 도덕성이 항상 이 후자 철학의 구분 칸에 포함되는 만큼, 도덕성은 감정과 행동에 영향을 미치고 지성의 차갑고 게으른 판단을 뛰어넘는 것으로 상정되는 것이다. 그리고 이것은 사람들이 자기들의 의무에 지배당하고 불의不義라는 의견에 의해 행동을 저지당하고 의무라는 의견에 의해 다른 행동을 하도록 강제된다는 것을 알려주는 통상적 경험에 의해 확인된다.[257]

---

257) Hume, *A Treatise of Human Nature*, Book 3. *Of Morals*, 294쪽.

"도덕성이 인간의 감정과 행동에 본성적으로 아무런 영향을 미치지 않는다면, 도덕성을 주입하려고 수고하는 것은 헛짓일 것이다"는 말은 인간의 행위를 유발하는 것은 이성이 아니라 감정이라는 말을 전제로 해서 하는 말이다. 모든 행동이 감정에 의해 일어난다면, 도덕행위는 도덕감정에 의해 일어난다고 해야 할 것이다. 그런데 도덕성이 인간의 감정과 행동에 본성적으로 아무런 영향을 미치지 못한다면, 도덕성은 도덕행위를 일으키지도, 지도하지 못할 것이다. 따라서 "도덕성을 주입하려고 수고하는" 모든 도덕교육은 헛수고가 된다.

새뮤얼 클라크(Samuel Clarke, 1675-1729)는 18세기 초에 유명했던 대표적 도덕형이상학자. 그는 도덕성과 이성의 합치, 영원한 적합성, 도덕성과 신성神性 간의 관계를 논했다.[258] 흄은 나중에[259] 도덕성이 일정한 관계에 달려 있다는 견해가 말브랑슈(Malebranche)까지 거슬러 올라가고 나중에 커드워스(Cudworth), 클라크 등에 의해 채택되었다고 말한다. 로크도 도덕적 선악의 관념을 준칙에 대한 행동의 합치·불합치로부터 도출한다고 주장했으나, 이 준칙이 영원하다거나 불변적이라거나 하는 주장을 하지는 않았다.

흄은 위 논변으로부터 도덕과 도덕적 행동에 대한 이성의 불능이라는 결정적 명제를 도출한다. "그러므로 도덕은 행동과 감정에 영향을 미치기에, 도덕은 여기로부터, 이성으로부터 도출될 수 없다는 결론이 나온다. 왜냐하면, 이미 증명된 것처럼, 이성이 단독으로는 결코 행동과 감정에 이런 영향을 전혀 미칠 수 없기 때문이다. 도덕은 감정을 일으키고 어떤 행동을 낳거나 막는다. 이성 자체는 이 점에서 지극히 불능이다. 그

---

258) Samuel Clarke, *Discourse concerning the Unchangeable Obligations of Natural Religion* [1706], 1.1-1.3. *Works of Samuel Clark* 4 vols (London: 1738, New York: Garland Press, 1978).
259) Hume, *Essays Political and Moral*, 각주 12.

러므로 도덕성의 준칙은 이성의 추론적 도출(conclusions)로 얻을 수 있는 것이 아니다. (…) 이성이 감정과 행동에 아무런 영향력이 없다는 것이 인정되는 한, 도덕성은 오직 이성의 연역(deduction)에 의해서만 발견된다고 우기는 것은 헛일이다. 활동적(active) 원리는 결코 비활동적(inactive) 원리에 기초할 수 없는 것이다. 그리고 이성이 그 자체로서 비활동적이라면 이성은 자연적 또는 도덕적 주제에서 발휘되든, 외부 물체의 힘을 고찰하든, 합리적 존재자들의 행동을 고찰하든, 그것의 모든 모양과 현상에서 비활동적인 것으로 남아 있을 수밖에 없는 것이다."[260]

이 논변은 이성이 감정에 대해 영향력이 없다는 앞선 논변을 반복하는 지루함을 피해 다른 방식으로 이를 논증한다.

- 이성의 일은 진위의 발견이다. 진위의 본질은 실재적 관념관계에 대한 일치·불일치나 실재적 존재 및 사실문제에 대한 일치·불일치다. 그러므로 일치·불일치를 구성할 수 없는 모든 것은 진위일 수가 없고 결코 이성의 대상일 수가 없다. 지금 분명한 것은 감정·의욕·행동이 이런 식의 어떤 일치·불일치도 구성할 수 없다는 것이다. 이 감정·의지·행동은 원천적 사실과 실재들이고 그들 자체로서 완전하고 다른 감정·의지·행동으로 또다시 돌려지는 어떤 조회도 포함하고 있지 않다. 그러므로 이 감정·의지·행동은 '진리니, 허위니'라고 언명될 수도 없고, '이성과 배치되니, 합치되니'라고 언명될 수 없는 것이다. 이 논변은 우리의 현재 목적에 이중적 이점이 있다. 이것은 행동이 그 잘잘못(merit)을 이성과의 합치로부터 도출하지도 않고 그 비난을 이성과의 상반성으로부터 도출하지도 않는다는 것을 직접적으로 입증해준다. 그리고 이것은 이성이 행동을 반대하거나 칭찬함으로써 어떤 행동도 즉각 막

---

260) Hume, *A Treatise of Human Nature*, Book 3. *Of Morals*, 294쪽.

거나 산출할 수 없는 만큼, 이성이 저 영향력을 가진 것으로 드러나는 도덕적 선악의 변별의 원천일 수 없다는 것을 우리에게 보여줌으로써 동일한 진리를 간접적으로 입증해 준다. 행동은 칭찬할 만하거나 비난받을 만할 수 있지만, 합리적이거나 비합리적일 수 없다. 그러므로 칭찬하거나 비난할 만한 것은 합리적이거나 비합리적인 것과 같은 것이 아니다. 행동의 잘잘못(merit or demerit)은 우리의 기호嗜好를 빈번히 저지하고 종종 제어한다. 그러나 이성은 이러한 영향력이 없다. 그러므로 도덕적 시비변별은 이성의 소산이 아니다. 이성은 전적으로 비행동적이고, 결코 양심이나 도덕감각(sense of morals) 같이 활동적 원리의 출처일 수 없는 것이다."[261]

흄은 여기서 지나치듯 도덕적 변별의 감각으로 "도덕감각"을 언급하고 있다. 그는 이것은 뒤에서 "덕성감각"으로 바꿔 재론한다.

흄은 여기서 더 나아가 이성이 도덕행위의 등급을 정하지도 못한다고 말한다. 일단 그는 이렇게 화두를 던진다. "그러나 어떤 의지나 행동도 직접적으로 이성과 모순될 수 없을지라도 우리는 행동의 어떤 동반요소들 속에서, 즉 행동의 원인이나 결과에서 이러한 모순을 발견할지도 모른다는 것은 아마 얘기될 수 있을 것이다. 행동이 어떤 판단을 야기할 수 있거나, 또는 판단이 감정과 동시에 일어날 때 행동이 이 판단에 의해 간접적으로, 에둘러(obliquely) 야기될 수 있다. 그리고 철학에서 거의 허용되지 않는 남용적 어법에 의하면, 동일한 불합치가 이 때문에 행동에도 귀속될지도 모른다. 이제, 이 진위가 얼마만큼이나 도덕의 출처일 수 있는지를 고찰하는 것이 적절할 것이다."[262] 이것은 흄이 의지와 행위의 원

---

261) Hume, *A Treatise of Human Nature*, Book 3. *Of Morals*, 295쪽.
262) Hume, *A Treatise of Human Nature*, Book7 3. *Of Morals*, 295쪽.

인과 결과가 이성과 모순되는 것으로 보이는 확장된(오도된) 의미가 있다고 반론이 제기될 수 있음을 의식하고 하는 말이다. 가령 한 행동은 이 행동의 관찰자로 하여금 행위자와 어떤 물건에 대한 이 자의 관계에 관한 그릇된 결론을 형성하도록 야기할 수 있을 것이다. 어떤 사람이 공항의 화물회전대에서 가방을 집는다고 상상해보라. 이 행동은 우리로 하여금 그 가방이 그녀의 것이라고, 그녀는 가방에 대한 권리가 있다고 생각하게 만든다. 이것은 이러한 상황에서 생각할 때 합리적인 것일 것이다. 그러나 이 특별한 사람은 이 가방에 아무런 권리가 없다. 그녀는 그것을 훔치려고 한 것이다. 이런 상황에서는 가방을 가져가는 행위가 이성에 반한다고 말하고 싶도록 오도되기 십상이다.

흄이 앞서 상론한, 이성이 감정에 간접적·종속적으로 영향을 미치는 경우에 이런 오도와 오해는 발생한다.

- 이성은 엄격한 철학적 의미에서 우리의 행위에 두 가지 방식에 따라 영향을 미칠 수 있다고 얘기되어 왔다. 한 경우는 이성이 감정의 적절한 대상인 어떤 것의 실존을 우리에게 알려줌으로써 감정을 일으킬 때이고, 다른 경우는 이성이 어떤 감정을 발동할 수단을 우리에게 줄 수 있도록 원인과 결과의 연결을 발견해 줄 때다. 이런 경우들은 우리의 행동을 동반할 수 있거나 어떤 방식으로든 이 행동들을 낳는 것으로 얘기될 수 있는 판단의 유일한 종류들이다. 그리고 이 판단들이 종종 거짓이거나 틀릴 수 있다는 것이 인정되어야 한다. 어떤 사람은 고통이나 쾌감이 이런 두 감흥들을 낳는 경향이 전무하거나 상상과 상반된 감흥을 낳는 그런 대상 속에 들어 있다고 상정함으로써 감정에 의해 발동될 수 있다. 어떤 사람은 그의 목적을 달성하는 데 그릇된 절차를 취하고, 그의 어리석은 행동에 의해 어떤 프로젝트를 촉진하기는커

녕 지연시킬 수 있다. 이 그릇된 판단들은 감정과, 이것과 연결된 행동들에 영향을 미친다고 생각될 수 있고, 부적절한 비유적 어법으로 말하면 이 감정과 행동을 비이성적으로 만든다고 얘기될 수 있다. 그러나 이것이 인정된다고 할지라도, 이 오류들이 흔히 아주 결백하고 불행히도 이 오류에 빠져든 사람에게 어떤 식의 유죄성을 과할 정도로 온갖 비도덕성의 출처인 것과 거리가 멀다고 얘기하기 쉽다. 이 오류들은 완전히 비의도적인 만큼 도덕론자들이 일반적으로 범죄라고 상정하지 않는 '사실의 착오'를 넘어 확장될 수 없다. 나는 내가 쾌·통감의 산출에서의 객체들의 영향에 관해 실수한다면, 또는 내가 나의 욕망을 충족시킬 적절한 수단을 모른다면, 비난받기보다 애도를 받을 것이다. 아무도 이러한 오류를 도덕적 성품의 결함으로 간주할 수 없다. 가령 실제로는 기분 나쁜 과일이 좀 떨어져 있는 나에게 보이는데, 나는 실수로 그것이 기쁘고 맛있다고 상상할 수 있다. 여기에는 하나의 오류가 있다. 나는 나의 목적에 적절치 않은 이 과일에 도달하는 일정한 수단을 선택한다. 여기에 두 번째 오류가 들어 있다. 이 행동에 관한 추리로 들어올 수 있는 제3의 오류는 없다. 그러므로 나는 어떤 사람이 이 두 오류에 책임이 있는 이 상황에서 이 오류를 피할 수 없을지라도 악덕하고 범죄적인지를 묻는다. 또는 이러한 오류가 온갖 비도덕성의 출처라고 상상하는 것이 가능한가?[263]

당연히 그런 "오류"나 '허위'가 '비도덕적'이라는 시비판단은 불가능하다. 인식적 '진위(true or flase)'는 도덕적 시비(moral right or wrong)와 다르기 때문이다.

게다가 그런 식으로 도덕·부도덕을 변별한다면 또 다른 큰 문제는 모

---

263) Hume, *A Treatise of Human Nature*, Book 3. *Of Morals*, 295-296쪽.

든 도덕, 모두 부도덕에 대해 정도 차이를 가릴 수 없다는 것이다. "여기서 도덕적 시비변별이 저 판단들의 진위로부터 유래한다면 도덕적 시비변별은 우리가 판단을 형성하는 때마다 벌어져야 한다고 말하는 것이 적합할 수 있다. 더구나 사과에 관한 물음이든, 왕국에 관한 물음이든, 오류가 피할 수 있든 없든 차이가 없을 것이다. 왜냐하면 도덕성의 바로 그 본질이 이성과의 일치·불일치에 있는 것으로 상정되는 만큼, 다른 세부사정들은 완전히 자의적이고, 결코 어떤 행동에다 덕스럽다거나 악덕하다는 성격을 부여할 수도, 이런 성격을 박탈할 수도 없기 때문이다. 여기에 덧붙일 수 있는 말은 일치·불일치가 '정도'를 인정치 않기에 모든 덕성과 모든 악덕은 물론 차등 없이 동일할 것이라는 점이다."264) 흄의 이 말은 도덕성에 대한 합리론자들의 설명이 우리의 경험의 여러 관찰된 사실들을 설명할 수 없다는 것을 지적한다. (1) 우리는 도덕적 평가를 수반하지 않는 많은 일치·불일치를 본다. (2) 우리는 어떤 범죄를 다른 범죄보다 더 큰 범죄라고 여긴다. (3) 우리는 피할 수 있는 행동을 피할 수 없는 행동과 달리 판단한다. 이런 사실들을 설명할 수 없는 이성의 결함을 상기하면, 그런 주장은 분명 그릇된 것이다. 그리고 흄은 도덕적으로 비난할 수 있는 실책이 있을 수 있음을 인정하지만, 그는 이것 실책이 도덕적 변별의 더 근본적인 형태나 출처를 사전의 전제로 하고 있다고 주장한다.265)

나아가 흄은 개인의 도덕적 잘못(악)과 도덕적 귀책 근거를 자유의지의 잘못된 선택 탓으로 돌리는 아우구스티누스 이래의 자유의지론을 공박한다. 일단 흄은 사실적 진위와 도덕적 시비를 동일시하는 영국 이신론자 윌리엄 울러스턴(William Wollaston, 1660-1724)의 논변에 대한 비

---

264) Hume, *A Treatise of Human Nature*, Book 3. *Of Morals*, 296쪽.
265) 참조: Hume, A Treatise of Human Nature, Book 3. Of Morals, 296-297쪽.

판으로 말문을 연다. "상당한 명성을 얻을 좋은 행운을 탄 최근의 저자 (윌리엄 울러스턴 - 인용자)가 허위가 모든 죄와 도덕적 추함의 기초라고 진지하게 주장하지 않았다면, 우리는 이것을 증명하는 것을 완전히 피상적인 일이라고 생각할 수 있을 것이다. 우리가 그의 가설의 오류를 드러내기 위해, 우리는 오직 한 원인이 비밀스럽게 반대의 원인들에 의해 작동 중에 중단되도록 만들고 두 대상들 간의 연결을 불확실하게 만들고 가변적이게 만드는 자연적 원리의 모호성에 의해서만 거짓된 결론이 어떤 행동으로부터 도출된다는 것을 고찰하기만 하면 된다. 그런데 원인들의 유사한 불확실성과 다양성이 자연적 대상 안에서도 벌어지고 우리의 판단 안에서 유사한 오류를 산출하는 만큼, 오류를 낳는 경향이 악덕과 부도덕의 바로 그 본질이라면, 저 생명 없는 대상들도 악덕하고 비도덕적일 수 있다. 생명 없는 대상들은 자유와 선택 없이 행동한다고 우기는 것은 헛일이다."[266] 울러스턴은 "참된 명제는 표현언어나 다른 명제에 의해서만 아니라 행위에 의해서도 부정될 수 있거나, 사물들은 존재 그대로임을 부정당할 수 있다"고 주장하고 참된 명제나 사물들의 진리를 부정하는 데 기여하는 모든 작위나 부작위가 "이런저런 정도로 도덕적으로 악"이라고 말했다. 그리고 그는 자유의지론을 끌어들인다. "도덕적 선악이 추궁될 수 있는" 존재자들에 의해 수행될 때만, 사물들의 진리를 부정하는 행위는 도덕적으로 그릇된 것이다. 자유(자발적으로 행동할 수 있는 능력)는 이러한 존재자의 필수조건일 것이다."[267] 자유의지론의 원작자 아우구스티누스의 주장, 즉 '개인의 도덕적 잘못(악)과 도덕적 귀책 근거는 자유의지의 잘못된 선택에 있다'는 주장에서는 논리적 모순이 금방 드러난다. '잘못된 선택'의 '잘못'을 설명해야 할 마당에 그 '잘못'을

---

266) Hume, *A Treatise of Human Nature*, Book 3. *Of Morals*, 297쪽, 각주68).
267) William Wollaston, Religion of Nature Delineated (London: 1724; facsimile: New York, Garland Press, 1978). 1.4-1.5.

설명된 것으로 이미 부당전제하고 있기 때문이다.

따라서 흄은 울러스턴이 비로소 설명되어야 하는 것을 이미 설명된 것으로 전제하고 논한다고 비판한다. 가령 도둑질이 남의 재산을 자기 것인 양 다루게 되기에 도둑질이 잘못이라고 말하는 것은 정확히 저 소유관계들의 기원과 실존을 설명해야 하는 때 이를 설명하기는커녕 도덕적으로 유의미한 소유관계가 존재한다는 것을 미리 전제하는 식이라는 것이다. 한 마디로, 흄은 자유의지를 도덕성의 근거로 보는 견해를 부정한다.

- 왜냐하면 자유와 선택은 이것이 우리의 어떤 행동을 우리 안에서 그릇된 결론을 낳도록 만드는 데 필요하지 않는 만큼 어떤 관점에서도 도덕성에 본질적인 것이 아니기 때문이다. 나는 이 자유와 선택이 어떻게 이 이론체계에 의해 중시되기에 이르렀는지를, 이 이론체계에 입각할 때, 잘 납득하지 못하겠다. 오류를 야기하는 경향이 부도덕성의 원천이라면 이 오류 경향과 부도덕성은 모든 경우에 불가분적인 것일 것이다. 이에 더해 내가 창문을 닫는 데 조심하는 반면, 이웃사람의 아내와 자유에 탐닉한다고 해도, 나는 아무런 부도덕도 저지르지 않을 수 있을 것이다. 왜냐하면 나의 행동은 완전히 감춰지기에 어떤 거짓된 결론을 낳을 경향이 없기 때문이다. 이런 이유에서 사다리를 타고 창문으로 몰래 들어가 모든 상상할 수 있는 조심성을 다 기울여 아무런 소란을 일으키지 않은 도둑은 결코 범죄적이지 않다. 왜냐하면 그는 탐지되지 않을 것이고, 그가 탐지된다고 해도 그가 어떤 오류를 낳는 것은 불가능하고, 더구나 아무도 그를 진짜 그와 다른 사람으로 착각하지 않을 것이기 때문이다. 사팔뜨기들이 타인들에게 실수를 아주 잘 하고, 우리가 그들이 저 사람에게 말을 걸면서 이 사람에게 인사하거

나 말한다고 상상하는 것은 잘 알려져 있다. 그러면 사팔뜨기들이 이 때문에 비도덕적인가? 게다가 우리는 이 모든 논변에 한 바퀴의 분명한 추리가 있다고 쉽게 말할 수 있을 것이다. 남의 재화를 점유하고 이것을 자기 것으로 쓰는 한 사람은 어떤 의미에서 이 재화를 자기 것으로 선언하는 것이다. 그리고 이 허위성은 부정의 비도덕성의 출처다. 그러나 재산권, 또는 권리, 의무가 선행적 도덕성 없이 가지적可知的인가? 자기의 은인에게 고마워하지 않는 어떤 사람은 어떤 의미에서 그가 결코 그로부터 어떤 호의도 받은 적이 없다고 단언한다. 그러나 어떤 의미에서? 그것이 그의 의무이기 때문에 고마워해야 하는가? 그러나 이것은 의무와 도덕의 어떤 선행적 규칙이 존재한다는 것을 전제한다. 인간본성이 일반적으로 고마워하고, 우리로 하여금 해친 사람이 그에게 다친 사람으로부터 어떤 호의도 받은 적이 없다고 결론짓도록 만들어 주기 때문인가? 그러나 인간본성은 이러한 결론을 정당화할 만큼 그렇게 일반적으로 고마워하지 않는다. 또는 만약 있다면, 모든 경우에 일반규칙에 대한 예외는 바로 다름 아닌 그것이 예외이기 때문에 범죄적인가? 그러나 이 변덕스런 이론체계를 완전히 파괴하기에 충분한 것은 진리가 덕스럽고 허위가 악덕한 이유를 대는 것이 어떤 다른 행동의 잘함과 간악성을 설명하는 것과 동일한 어려움 아래 우리를 남겨둔다는 것이다. 당신이 원한다면, 나는 모든 비도덕성이 행동 속의 이 상정된 허위성으로부터 유래한다는 것을 당신이 이런 허위성이 비도덕적이라는 어떤 그럴싸한 이유를 내게 대준다면 인정한다. 당신이 문제를 똑바로 고찰한다면, 당신은 처음과 똑같은 어려움에 처해 있을 것이다. 이 마지막 논변은 아주 결정적이다. 왜냐하면 이 진리나 허위와 연결된 분명한 잘함이나 간악성이 존재하지 않는다면, 이 진리나 허위는 우리의 행동에 아무런 영향을 주지 않기 때문이다. 타인들이 이 행위로부터 그릇된 결론을 도출할 수 있다고 해서 누가 어떤 행동을 금할 것을 생각하겠는가? 또는 누가 참된 결론을 낳기 위해 행동을 한 적이 있나?[268]

이 지루한 논변의 마지막 물음은 "누가 참된 결론을 낳기 위해 도덕적 행동을 한 적이 있나?"로 바꿔 읽어야 할 것이다.

흄은 대상들의 사실관계 속에 도덕성이 내재하는 것이 아니기 때문에 이성은 인간행동의 매개적·간접적 요인(mediate cause)일 뿐이고 판단의 진위를 선악과 동일시하는 것은 오류라고 거듭 주장한다.

- 그리하여 전체적으로 보면, 도덕적 선악의 변별이 이성에 의해 이루어질 수 있다는 것은 불가능하다. 왜냐하면 이 변별력은 이성이 단독으로 발휘할 수 없는, 행동에 대한 영향력이 있기 때문이다. 이성과 판단은 어떤 감정을 촉진하거나 방향을 줌으로써 행동의 매개적 원인일 수 있다. 그러나 이런 종류의 판단이 진리일 때 덕을, 허위일 때 부덕을 동반한다고 우기지는 못한다. 행동에 의해 야기된 판단을 두고 말하자면, 이 판단은 판단의 원인이 되는 행동에 도덕적 성질을 더욱 부여할 수 없다. 그러나 더 특별하고, 사물들의 저 영원한 불변적 적합성과 부적합성이 건전한 철학에 의해 옹호될 수 없다는 것을 보여주기 위해, 우리는 다음의 고찰들을 측정해 볼 것이다. 사유와 지성이 단독으로 시비(right or wrong)의 경계를 정할 수 있다면, 덕스러움과 악덕함의 성격은 어떤 대상들 간 관계에 들어있거나, 추리에 의해 밝혀지는 사실문제(matter of fact)이어야 한다. 이 논리적 귀결은 분명하다. 인간 지성의 작용이 두 종류, 즉 '관념들의 비교'와 '사실문제의 추

---

268) Hume, *A Treatise of Human Nature*, Book 3. *Of Morals*, 297쪽(3.1.1). 각주68).

론'으로 나누어지는 만큼, 덕성이 이성에 의해 발견되는 것이라면, 덕성은 틀림없이 이 작용들 중 하나의 대상이고, 덕성을 발견할 수 있는 지성의 제3의 작용은 존재하지도 않는다. 일정한 철학자들이 아주 부지런히 유포시킨 의견, 즉 도덕성은 논증을 할 수 있다(morality is susceptible of demonstration)는 의견이 있어왔다. 지금까지 아무도 이 논증에서 단 한 발짝도 내딛지 못했을지라도 이 과학이 기하학이나 대수학과 동등한 확실성에 도달하는 것이 당연한 것으로 간주되고 있다. 이러한 상정에 입각하면, 악과 덕은 어떤 관계에 본질을 두어야 한다. 누구나 인정하듯이 어떤 사실문제도 논증될 수 없기 때문이다.[269]

도덕성은 논증을 할 수 있다(도덕적 결론이 수학적 결론을 수립하는 과정과 동일한 과정으로 수립될 수 있다)는 것은 홉스·푸펜도르프·로크·클라크 등에 의해 주장되었다.[270] 클라크는 로크처럼 도덕성이 기하학과 대수학처럼 확실한 것이라고 주장했다. 또한 어떤 도덕적 명제들은 자명하기도 하고 다른 명제들은 자명한 명제들로부터 연역될 수 있다고까지 주장하기도 했다.[271]

- 당신이 덕성과 악덕이 확실성과 논증을 해낼 수 있는 관계들에 본질을 두고 있다고 단언한다면, 당신은 유일하게 이 등급의 명증성을 허용할 수 있는 저 네 가지 관계(유사성 관계, 반대의 관계, 성질의 정도 관계, 수

---

269) Hume, *A Treatise of Human Nature*, Book 3. *Of Morals*, 297-298쪽.
270) Thomas Hobbes, *Philosophical Rudiments Concerning Government and Society*(*De Cive*) [1651], Ch.X §5; Samuel von Pufendorf, *Of the Law of Nature and Nations*, 1.2.1-1.2.11; Locke, *An Essay concerning Human Understanding*, Book.I, Ch.3 §6.
271) Clarke, *Discourse concerning the Unchangeable Obligations of Natural Religion* [1706], 1.1.

와 양의 비율 관계 - 인용자)에 당신 자신을 한정하는 것이다. 이 경우에 당신은 당신이 결코 탈피할 수 없을 불합리 속으로 돌진하게 된다. 왜냐하면 당신이 도덕성의 바로 그 본질을 '관계'로 만드는 만큼, 그리고 이 관계들은 다 불합리한 대상에만 아니라 생명 없는 대상에도 적용할 수 있는 '관계'일 뿐인 만큼, 여기로부터 이러한 대상들조차도 도덕적 잘잘못을 가질 수 있어야 한다. 유사성 관계, 반대의 반대, 성질의 정도 관계, 수와 양의 비율 관계, 이 모든 관계들은 다 우리의 행동·감정·의지에 속하는 것처럼 정확히 물질들에도 속한다. 그러므로 도덕성이 이 관계들 중 어느 관계에 있는 것도 아니고 또한 이 도덕성의 감각이 이 관계들의 발견에 있는 것도 아니라는 것은 의문의 여지가 없다.[272]

흄은 이 논변에다 이런 긴 각주를 달아 두고 있다. "이 주제에 대해 우리의 사고방식이 흔히 얼마나 혼돈스러운지에 대한 증거로서 우리는 도덕이 논증가능하다고 주장하는 사람들이 '도덕성은 관계들에 본질을 둔다'고, 그리고 '관계들은 이성에 의해 구별될 수 있다'고 말하지 않는다고 진술할 수 있다. 그들은 다만 이성이 이러한 관계에서 이러한 행동이 덕스럽다는 것, 그리고 저런 행동이 악덕하다는 것을 밝힐 수 있다고 말할 뿐이다. 그들은 '관계'라는 단어가 적절한지, 아닌지에 관해 걱정하지 않은 채 '관계'라는 단어를 명제 속으로 옮겨놓을 수 있다면 이것으로 충분하다고 생각하는 것처럼 보인다. 그러나 나는 여기에 명약관화한 논변이 있다고 생각한다. 논증적 이성은 오직 '관계'만을 밝힌다. 그러나 이 이성은 이 가설에 따르면 악덕과 덕성도 밝힌다. 그러므로 이 도덕적 자질들은 '관계들'이어야 한다. 우리가 어떤 상황에서 어떤 행동을 비난할 때, 복잡한 전숲 대상, 행동과 상황의 대상은 악덕의 본질이 들어있는 일

---

272) Hume, *A Treatise of Human Nature*, Book 3. *Of Morals*, 298쪽.

정한 관계를 형성해야 한다. 이 가설은 그렇지 않다면 불가지不可知다. 이성은 어떤 행동을 악덕하다고 선언할 때 무엇을 밝히는 것인가? 이성은 '관계'를 밝히는 것인가, 아니면 '사실문제'를 밝히는 것인가? 이 물음은 결정적인 것이고, 회피되어서는 아니 된다."[273] 도덕은 관념들 간의 '관계' 문제가 아니다. 따라서 '논증'될 수 없다. '사실문제'를 밝히는 것이라면 이성의 할일은 없고 감각 경험과 실험에 의한 증명의 일이 요구될 뿐이다.

그리하여 흄은 이 이론체계를 말끔히 밝혀줄 임무를 떠맡을 사람에게 다음 두 문제를 제기한다. 두 문제는 이것이다.

- 첫째, 도덕적 선악이 오로지 정신의 행위에 속하고 외적 대상과 관련된 우리의 상황으로부터 유래하는 만큼, 이 도덕적 변별이 생겨나는 관계들은 오직 내적 행위와 외적 대상 사이에만 있어야 하고, 자기들 간에 서로 비교되는 내적 행위들에 적용되거나 다른 외적 대상들과 대립에 놓인 외적 대상에 적용될 수 없어야 한다. 도덕성이 일정한 관계를 따르는 것으로 상정되는 만큼, 이 관계가 단독으로 고려되는 내적 행위에 속한다면, 여기로부터 우리가 우주와 관련된 우리의 상황과 독립된, 자기 자신 속의 죄악에 죄가 있다는 결론이 나온다. 같은 방법으로 이 도덕관계가 외적 대상에 적용될 수 있다면, 생명 없는 存在者들조차도 도덕적 미추美醜(moral beauty and deformity)가 있을 수 있다는 결론이 나올 것이다. 이쯤이면, 대상들 자체 간에 비교되는 대상들 속에도, 감정과 의욕 속에도 있지 않은 그 어떤 관계가 외적 대상들과 비교되는 우리의 감정·의욕·행위 사이에서는 발견될 수 있다고 상상하기 어려울 듯하다. 그러나 이 이론체계를 정당화하는 데 필수적

---

273) Hume, *A Treatise of Human Nature*, Book 3. *Of Morals*, 298쪽.

인 두 번째 조건을 충족시키는 것은 훨씬 더 어려울 것이다. 도덕적 선악 간의 추상적인 합리적 차이와 사물들의 자연적 적합성과 부적합성(fitness and unfitness of things)을 주장하는 사람들의 이론에 의하면, 이런 관계들은 영원하고 불변적이어서, 모든 합리적 피조물에 의해 고찰될 때 동일한 것이고 그 효과도 역시 필연적으로 동일한 것으로 상정된다. 여기로부터 이 관계들이 인간종족의 합리적이고 유덕有德한 자들을 다스리는 데 영향력이 있는 것 못지않게 신의 의지를 지도하는 데도 다소의 영향력이 있다고 결론짓는다. 그런데 이 들 두 항목은 분명히 다른 것이다. 덕성(도덕성)을 아는 것(to know)과 의지를 덕성에 합치시키는 것(to conform)은 별개의 문제다. 그러므로 시비의 척도가 모든 합리적 정신에 의무적인 영원한 법이라는 것을 입증하기 위해서는 이 척도가 기초해 있는 관계를 보여주는 것으로 충분치 않다. 우리는 관계와 의지 사이의 연결도 보여주어야 하고, 이 연결이 모든 성품 좋은 정신들에게서 - 이 정신들 간의 차이가 다른 관점에서 엄청나고 무한할지라도 - 발현되고 영향력이 있을 정도로 필수적이라는 것도 보여주어야 한다. 이쯤에서 지성이 인간본성 속에서도 어떤 관계든 단독으로 행동을 낳을 수 없다는 것을 내가 이미 입증한 것에 더해, 나는 지성을 다루는 데서 입증했던 것을 다시 밝히는 바다. 즉, 경험 이외의 다른 방식으로 발견될 수 있고 우리가 대상들의 단순한 고찰에 의해 확실성을 주장할 수 있는 - '존재하는 것'으로 - 상정되는 원인과 결과의 어떤 연결도 존재하지 않는다는 것이다. 우주의 모든 존재자들은, 그 자체로서 고찰하면, 완전히 헐겁고 서로에 대해 독립적으로 현상한다. 우리는 그 존재자들의 영향과 연결을 오로지 경험에 의해서만 배운다. 그러므로 우리는 이 영향을 경험 너머로까지 확장하지 말아야

한다.[274]

"이 관계들이 인간종족의 합리적이고 유덕한 자들을 다스리는 데 영향력이 있는 것 못지않게 신의 의지를 지도하는 데도 다소의 영향력이 있다"는 구절은 다시 클라크와 합리주의자들을 비판하는 말이다. 흄은 허치슨에게 보낸 서한에서 말한다. "내 중심으로부터 나는 도덕성은 나와 당신의 의견에 따라 오직 감정에 의해서만 결정되기 때문에 오로지 인간적 본성과 인간적 삶과만 관계한다고 내가 결론짓는 것을 회피할 수 있기를 바랍니다." 그는 계속 말하기를, 도덕성이 이성에 의해 결정된다면, 우리는 도덕성이 신을 포함한 "모든 합리적 존재자들"에게 동일한 것일 것이라고 결론지을 수 있을 것이라고 한다. 그러나 도덕성은 감정에 의해 결정되고, 따라서 "경험 이외는 어떤 것도 감정이 모든 존재자들 안에서 동일한 것이라는 것을 우리에게 보장해 줄 수 없다". 그런데 "최고존재자들과 관련해 우리는 무슨 경험이 있나? 우리가 어떻게 이 최고존재자들에게 감정을 귀속시킬 수 있나?" 우리가 말할 수 있는 최대치는 이 최고존재자들이 꼭 최고존재자들이 동일한 이유에서 "인간들이 스스로 보유하지 못하는 신체적 감흥들"을 갖도록 조처해 주었듯이 이 감정이 없을지라도 우리들을 위해 저 감정으로 하여금 우리의 행실을 지도하게 하도록 조처한다는 것이다."[275] 흄은 감정 없는 신神도 도덕적이라고 논변해야 하는데 자기의 도덕감정론이 이 문제로 뭔가 삐걱거리는 것 같아서 자기 입장을 전개한 것이다. 아직 시대는 신도 인간의 도덕감저에 복종해야 한다고 주장할 선까지 가지 못한 것이다.

흄은 비판을 종결짓는다. "이와 같이 시비(잘잘못)의 영원한 합리적 척

---

274) Hume, *A Treatise of Human Nature*, Book 3. *Of Morals*, 299-300쪽.
275) Hume, 1740년 3월 16일자 서한. Norton 주석에서 재인용.

도의 이론체계에 필수적인 첫 번째 조건을 충족시키는 것은 불가능할 것이다. 이러한 시비변별이 기초해 있는 저 관계들을 보여주는 것이 불가능하기 때문이다. 그리고 두 번째 조건을 충족시키는 것도 불가능하다. 우리는 이 관계들이 실제로 존재하거나 지각된다고 하더라도 보편적으로 집행될 수 있고 의무적일 것이라는 사실을 선험적으로 입증할 수 없기 때문이다." 여기에다 영원한 합리적 시비척도의 이론체계가 답하질 못할 '인간에게는 배은망덕이 죄악인 반면, 어미나무와 새끼 나무들 사이에는 배은망덕이 없다'는 사실을 들이댄다.[276]

나아가 흄은 합리론적 도덕형이상학자들이 대답하지 못할 더 강력한 사실인 '근친상간 금기'를 들이댄다.

- 훨씬 더 유사한 예를 선택하자면, 나는 인간종족에서 근친상간은 왜 죄악이고, 동물들에게서는 바로 그 동일한 행위와 동일한 관계가 조금도 도덕적 사악성과 추악성을 갖지 않는지를 묻고 싶다. (…) 만약 이 행위가 동물들이 그 행위의 사악성을 발견할 만큼 충분한 이성을 가지지 않기 때문에 동물에게는 죄가 없지만, 인간이 그를 의무에 구속해야 하는 이 이성능력을 부여받았으므로 동일한 행위가 인간에게는 즉시 죄악이 되는 것이라고 답변한다면, 그리고 실제로 이렇게 말하지 않을 수 없다면, 이것은 명백히 순환논법(arguing in a circle)이라고 내가 대꾸해 줄 것이다. 왜냐하면 이성이 사악성을 지각할 수 있기 전에, 사악성이 먼저 존재해야 하기 때문이다. 따라서 이 사악성의 존재는 이성의 판정과 독립적인 것이고 이성의 판정의 결과라기보다 더 정확하게 이 이성의 판정의 대상이다. 그렇다면 이 이론체계에 따르면, 감각·욕망·의지를 가진 모든 동물, 즉 모든 동물이 우리가 칭찬과 비난

---

276) Hume, *A Treatise of Human Nature*, Book 3. *Of Morals*, 300쪽.

을 인간피조물들에게 귀속시키는 근거인 동일한 온갖 덕성과 악덕에 민감해야 한다. 온갖 차이는 다해야, 인간의 우월한 이성이 덕성과 악덕을 발견하는 데 이바지하고 이 방법으로 칭찬과 비난을 증가시킬 수 있다는 것이다. 그러나 그래도 이 발견은 이 도덕적 변별 속에 있는 별개의 존재자와, 단지 의지와 욕망에만 의존하고 생각과 실재에서 이성과 구별되는 별개의 존재자를 전제하는 것이다. 동물들은 서로에 대해 인간종족과 동일한 관계를 맺을 수 있고, 그러므로 도덕성의 본질이 이 관계에 있다면, 동일한 도덕성에 민감할 것이다. 충분한 정도의 이성이 결여된 것은 동물들이 도덕성의 의무와 책임을 지각하는 것을 가로막지만, 결코 이 의무들이 존재하는 것을 가로막을 수는 없다. 이 도덕적 의무가 지각되기 위해서는 앞서 이 의무가 이미 존재해야 하기 때문이다. 이성이 이 도덕적 의무를 발견하는 것이 틀림없지만, 결코 이 의무를 산출할 수는 없는 것이다. 이 논변은 내 생각에 완전히 결정적인 것으로 숙고될 가치가 있다.[277]

나아가 흄은 도덕성이 '관계문제'도 아니지만 '사실문제(matter of fact)'도 아니라고 부정함으로써 도덕성이 '느낌'의 문제라고 주장하기 위한 길을 모색한다.

- 또한 이 추리는 도덕성의 본질이 과학의 대상인 '관계들'이 아니라는 것을 입증할 뿐만 아니라, 정밀 검토한다면, 동등한 확실성으로써, 도덕성의 본질이 지성에 의해 발견될 수 있는 사실문제도 아니라는 것을 입증해준다. 이것은 논변의 두 번째 부분이다. 이것이 분명하게 드러날 수 있다면, 우리는 '도덕성은 이성의 대상이 아니다'라고 결론지

---

277) Hume, *A Treatise of Human Nature*, Book 3. *Of Morals*, 301쪽.

어도 된다. 덕성과 부덕이 이성에 의해 그 존재를 추론할 수 있는 그런 사실문제가 아니라는 것을 입증하는 데 어려움이 있을 수 있을까? 악덕으로 인정되는 아무 행동이나 택하라. 가령 고의적 살인. 이것을 모든 관점에서 검토해라. 그리고 당신이 악덕이라고 부르는 사실문제나 실재적 존재를 발견할 수 있는지를 살펴보라. 어떤 방법으로 당신이 그것을 받아들이든 당신은 일정한 감정·동기·의지·생각들만을 발견할 뿐이다. 이 경우에는 더 이상 어떤 다른 사실문제도 존재하지 않는다. 당신이 대상을 고찰하는 한, 악덕은 당신을 완전히 피해 빠져나갈 것이다. 당신은 당신이 당신의 성찰을 당신 자신의 가슴속으로 돌려 이 행동에 대해 당신의 심중에서 일어나는 불가감정(a sentiment of disapprobation)을 발견하기까지 결코 그 악덕을 발견할 수 없다. 여기 불가감정에도 사실문제가 들어있지만, 이것은 이성의 대상이 아니라 느낌의 대상이다. 이 불가감정은 대상 속에 들어 있는 것이 아니라 당신 자신 속에 들어 있다. 그리고 당신이 어떤 행동이나 성품이 악덕하다고 언명할 때, 당신은 당신의 본성의 만듦새(constitution)에 따라 저 행동이나 성품의 관조에서 단지 비난의 느낌이나 감정을 얻게 된다는 것만을 뜻할 뿐이다. 그러므로 덕성과 악덕은 현대철학에 의하면 '객체 속의 성질'이 아니라 '정신 속의 지각'인 소리·색깔·열기·냉기와 비교될 수 있다. 도덕에서의 이 발견은 물리학에서의 저 발견과 같이 사변적 과학의 상당한 진보로 간주되어야 한다 – 이 발견이 저 발견과 마찬가지로 실천에 거의 또는 전혀 아무런 영향력을 갖지 않을지라도. 어떤 것도 우리 자신의 쾌감과 불쾌감의 감정(our own sentiments of pleasure and uneasiness)보다 더 많이 실재적이거나 더 많이 우리의 관심을 사로잡을 수 없다. 이 감정이 덕성에 호의적(favorable)이고 악덕에 대해서 비호의적이라면, 우리의 품성과 행위의 규제에 이 감정

이상의 것은 필요치 않다.[278]

이 논변에 바로 잇대서 흄은 유명한, 그리고 칸트에 의해 오용된 '존재와 당위의 구분'을 논변한다.

- 지금까지 내가 만난 모든 도덕성이론에서 내가 '이다(is)', '아니다(is not)'의 명제의 보통 계사繫辭 대신에 '이어야 한다(an ought)', '이어서는 아니 된다(an ought not)'와 연결되지 않은 어떤 명제도 만나지 못한다는 것을 발견하고 놀랐을 때, 언제나 나는 저자가 잠시 동안 보통 추리방식으로 진행하면서 신의 존재를 확인하고 인간사人間事에 대한 관찰을 하는 것을 간파했다. 이 교체는 지각할 수 없지만, 최종적 중요성을 지녔다. '이어야 한다'와 '이어서는 아니 된다'가 어떤 새로운 관계나 확인을 표현하는 만큼, 그것은 관찰되고 설명되어야하는 것, 그리고 지각할 수 없을 듯한 것, 즉 이 새로운 관계가 어떻게 완전히 자기와 상이한 다른 것들로부터의 연역일 수 있는지에 대해 이유가 제시되어야 한다는 것은 필연적이다. 그러나 저자들이 이러한 주의를 보통 하지 않는 만큼, 나는 감히 이 주의를 독자들에게 권한다. 그리고 나는 이 작은 주의가 모든 통속적 도덕이론을 전복할 것이고, 덕성과 악덕의 변별이 단순히 객체들의 관계에 기초한 것도 아니고 이성에 의해 지각되는 것도 아니라는 것을 알게 만들어 줄 것이라고 확신한다.[279]

흄이 취한, '이다(is)'와 '해야 한다(ought)'의 구분을 칸트는 '존재

---

278) Hume, *A Treatise of Human Nature*, Book 3. *Of Morals*, 301-302쪽.
279) Hume, *A Treatise of Human Nature*, Book 3. *Of Morals*, 301-302쪽.

(Sein)'와 '당위(Sollen)'의 구분으로 받아들여 존재와 당위를 만리장성으로 갈라놓았다. 그러나 흄은 이 사실적 존재와 도덕적 당위를 구분했지만 몇 페이지 뒤에서 이 둘이 통합되는 것을 인정했다. 따라서 존재는 당위와 다를지라도 도덕행위의 영역에서는 당위와 존재는 서로를 포함하고 있기 때문이다. 길가에서 갑자기 쓰러진 사람을 도와야 하는 것은 동정심 또는 연민의 인애감정이 요구하는 도덕적 당위다. 그러나 누군가 쓰러진 사람을 돕는 것이나 돕지 않는 것은 둘 다 '존재' 사실이다. 이런 관찰적 견지에서 존재와 당위는 다르다고 말한다. 그러나 행위의 견지에는 당위와 존재는 서로를 포함한다. 누군가 쓰러진 사람을 돕는 존재적 사실은 실은 쓰러진 사람을 도와야 한다는 당위를 실행하고 있는 것이다. 역으로, 쓰러진 사람을 도와야 한다는 당위는 쓰러진 사람을 돕는 행위에 의해 존재적 사실로 실현된다. 쓰러진 사람을 돕지 않아도 존재와 당위의 행위적 포함관계는 그대로다. 쓰러진 사람을 돕지 않는다는 존재적 사실은 그것으로 그치지 않고, 이 존재적 사실은 돕지 않은 사람에게 양심의 가책을 느끼게 하고 타인들의 비난을 초래한다. 그 쓰러진 사람을 돕지 않아서 그가 죽었다면 돕지 않은 사람은 감옥에 가야 하고, 이것은 또 하나의 당위다. 그리고 이 당위는 결국 감옥에 가는 것으로 실현되어 존재적 사실이 된다. 따라서 흄의 존재와 당위의 구분은 양자의 통합 가능성을 배제하는 것이 아니다. 그러나 칸트의 존재와 당위는 절대적으로 분리되어 당위는 영구히 존재로 실현되지 않을 수도 있다. 칸트는 사후세계에서의 상벌만을 염두에 두고 있어서 당위를 존재로 실현하지 못했을 때 양심과 비난여론과 법의 처벌을 받는 것을 완전히 망각한 것이다.

존재와 당위의 항상적 통합가능성은 도덕적 시비변별과 도덕행위가 "본성의 만듦새"에 속하는 도덕감각과 도덕감정에 의해 조성되는 것이다. 마침내 흄은 "도덕적 변별은 도덕감각으로부터 도출된다(Moral distinctions deriv'd from a moral sense)"는 소제목 아래 "도덕감각(moral sense)"을 도덕적 변별의 원천으로 제시한다.

- 그리하여 논변의 행정은 덕성과 악덕이 단지 이성이나 관념들의 비교에 의해 발견될 수 없는 것이기 때문에 우리가 덕성과 악덕 간의 차이를 특징지을 수 있는 것은 이 덕성과 악덕이 야기하는 모종의 인상과 감정에 의거한다고 결론지을 수 있도록 우리를 이끌어준다. 도덕적 올곧음과 타락에 대한 우리의 판정은 분명 지각이다. 그런데 모든 지각이 인상이 아니면 관념인 만큼, 관념의 배제는 인상을 지지하는 수긍할만한 논변이다. 그러므로 서로 밀접하게 유사한 모든 것들을 동일한 것으로 여기는 우리의 통상적 관성에 따라 흔히 아주 부드럽고 점잖은 느낌 또는 감정을 우리가 쉽사리 관념으로 착각할지라도, 도덕성은 이성적으로 판단되기보다 더 정확하게는 느껴지는(felt) 것이다. 다음 물음은 이 인상이 어떤 본성을 지녔는지, 인상들은 어떤 방법으로 우리에게 작용을 가하는지 하는 것이다. 여기에 우리는 오랫동안 애태우는 미결상태에 남아 있을 수 없지만, 우리는 덕으로부터 생겨나는 인상은 기분이 좋고(agreeable) 악덕으로부터 일어나는 인상은 불쾌하다(uneasy)고 언명하지 않을 수 없다. 매 순간의 경험은 우리에게 이것을 확신시켜 준다. 고상하고 관대한 행동보다 멋지고 아름다운 광경은 없을 것이다. 또한 잔인한 반역적 행동보다 더한 혐오감을 우리에게 주는 것도 없다. 어떤 즐거움도 우리가 사랑하고 존경하는 사람들의 동석으로부터 우리가 받는 만족과 맞먹는 것은 없다. 또한 모든 벌 중 최대의 벌은 우리가 미워하거나 비난하는 자들과 더불어 우리의 삶을 영위해야 하는 것이기도 하다. 연극이나 소설도 덕성이 우리에게 전하

는 쾌감과, 악덕에서 생겨나는 고통의 사례들을 제공해 줄 수 있다.[280]

여기서 핵심명제는 "도덕성은 이성적으로 판단되기보다 더 정확하게는 느껴지는(*felt*) 것이다"는 명제다. 흄은 이렇게 도입부 논변으로 뜸을 들인 뒤에 "도덕감각"을 "덕성감각(sense of virtue)"으로 바꿔 언급한다.

- 그리하여 우리는 도덕적 선과 악을 알게 만들어 주는 상이한 인상들이 특별한 쾌감과 고통 외에 다른 것이 아니기 때문에, 이것으로부터 이 도덕적 변별에 관한 모든 탐구에서 어떤 성품이 왜 칭찬할 만하고 비난할 만한지를 만족스럽게 설명하기 위해 어떤 성품의 관찰에서 만족이나 불쾌감을 느끼게 만드는 원리를 보여주는 것으로 충분할 것이다. 어떤 행동, 어떤 감정, 어떤 성품은 덕스럽거나 부덕하다. 왜? 그것을 바라보는 것이 특별한 유형의 쾌감과 불쾌감을 야기하기 때문이다. 그러므로 우리는 이 쾌감과 불쾌감의 이유를 제시하는 속에 우리는 덕과 악덕을 충분히 설명하는 것이다. 덕성감각(*sense of virtue*)을 가졌다는 것은 바로 어떤 성품의 관상觀賞으로부터 특별한 종류의 만족을 느끼는 것 외에 아무것도 아니다. 바로 이 느낌(*feeling*)이 우리의 칭찬과 찬양을 구성한다. 우리는 여기서 더 이상 나아갈 수 없다. 또한 우리는 만족의 원인을 탐구할 수도 없다. 우리는 어떤 성품이 기쁘게 하기 때문에 이 성품이 덕스럽다고 '추론'하지 않는다. 그러나 그것이 이러한 특별한 방법으로 기쁘게 하는 것을 느끼는 것에서 우리는 요컨대 그것이 덕스럽다고 '느낀다'. 온갖 미美·맛·감흥에 관한 우리의 판단에서도 사정은 똑같다. 가미하다는 감정(approbation)은 이것들이 우리에게

---

280) Hume, *A Treatise of Human Nature*, Book 3. *Of Morals*, 302-303쪽.

전하는 즉각적 쾌감에 포함되어 있다.[281]

이어서 흄은 도덕감각이 주는 기분좋음, 가미한 감정 등의 도덕적 쾌감과 기타 쾌감의 차이를 논한다.

- 나는 영원한 합리적 시비척도를 수립하는 이론체계에 대해 외부물체들 안에서 발견되지 않는 관계가 합리적 피조물들 안에 들어있다는 것을 입증하는 것은 전혀 불가능하고, 그러므로 도덕성이 언제나 이 관계들을 수반한다면 생명 없는 물질도 덕스럽거나 악덕해지는 것이 가능할 것이라고 반론을 폈다. 그런데 같은 방법으로 현재의 이론체계에 대해서도, 덕성과 악덕이 쾌감과 고통에 의해 결정된다면 이 성질들은 모든 경우에 감흥으로부터 생겨나고 결과적으로 생명이 있는 대상이든 없는 대상이든, 합리적인 대상이든 비합리적인 대상이든, 이 모든 대상들이 만족감이나 불쾌감을 일으킬 수만 있다면 도덕적으로 선하거나 악하게 될 수 있다고 반론이 제기될 수 있다. 그러나 이 반론이 아주 동일한 것처럼 보일지라도, 이 반론이 후자의 경우에는 결코 전자의 경우에서와 같은 힘이 없다. 왜냐하면, 첫째, 쾌감(pleasure)이라는 술어 아래 우리가 아주 상이한, 단지 같은 추상적 술어로 표현할 수 있도록 할 정도의 만큼의 먼 유사성만을 가진 감흥들을 포괄하는 것이 분명하기 때문이다. 좋은 음악작품과 한 병의 포도주는 마찬가지로 쾌감을 주고, 게다가 그 훌륭함은 이 쾌감에 의해 결정된다. 하지만, 우리가 그런 이유로 포도주가 화음이 좋고 음악이 맛좋다고 말해야 하는가? 유사한 방법으로 생명 없는 대상과 어떤 사람의 성품과 감정은 둘다 만족을 준다. 그러나 이 만족이 서로 다른 만큼, 이 차이는 이것들에

---

281) Hume, *A Treatise of Human Nature*, Book 3. *Of Morals*, 303쪽.

대한 우리의 감정을 서로 혼동되는 것으로부터 지켜주고 덕성을 생명 없는 대상이 아니라 사람에게 귀속시키도록 해준다. 또한 사람의 성품과 행동으로부터 생겨나는 쾌·불쾌감의 감정이 모두 다 칭찬과 비난을 하게 하는 그런 특수한 종류의 감정인 것이 아니다.[282]

이어서 흄은 훌륭한 적군의 사례를 들어 도덕적 쾌·통감을 "이익"과 구분한다.

- 적군의 좋은 자질은 우리에게 해롭지만, 그래도 우리의 호평과 존경을 일으킨다. 어떤 성격 또는 성품이 도덕적으로 선하다거나 악하다고 판정하는 느낌이나 감정을 야기하는 것은 오직 성격이 우리의 특수한 이익의 고려 없이 일반적으로 고려될 때만이다. 이익과 도덕으로부터 생긴 감정들은 쉽사리 혼동되고 자연스럽게 뒤섞이는 것은 사실이다. 우리가 적군을 악독하다고 생각하지 않는 것이나, 우리의 이익에 대한 적군의 대립성과 진정한 악당 같은 비열한 행각을 구분할 수 있는 경우는 드문 일이다. 그러나 이것은 이 감정들이 그 자체에 있어 판명하게 다르다는 것을 가로막지 못한다. 중도와 판단력이 있는 사람은 이런 환상으로부터 스스로를 지킬 수 있을 것이다. 유사한 방법으로, 음악적 목소리가 자연적으로 특별한 종류의 기쁨을 주는 목소리 외에 다른 것이 아니라는 것이 확실할지라도 어떤 사람이 적군의 목소리를 기분 좋은 것으로 감지하거나 그것을 음악적이라고 인정하는 것은 어렵다. 그러나 그 자신에 대한 통제력을 가진 훌륭한 귀의 소유자는 이 느낌들을 분리시키고, 칭찬을 받을 만한 것에다 칭찬을 부여할 수 있다.[283]

---

282) Hume, *A Treatise of Human Nature*, Book 3. *Of Morals*, 303쪽.
283) Hume, *A Treatise of Human Nature*, Book 3. *Of Morals*, 303쪽.

흄은 적군의 행동과 성품의 경우처럼 도덕적 가·불가감정(기분좋음·기분나쁨의 느낌)을 이익과 불이익 등의 손익감각과 구분하기 어렵더라도 양자는 다른 것으로 구분해야 한다고 말하고 있다.

흄은 도덕성의 모든 감각이 본성에 근거하는 것이지만 모든 특수한 사례에서 도덕성이 이 본성적 만듦새로부터 나온다는 것을 부정함으로써 본성적 도덕과 인위적 도덕을 구별하는 길을 만들려고 한다.

- 이제 도덕적 선과 악을 변별하는 이 통감과 쾌감에 관해 일반적으로 물을 수 있다. 이 쾌감이나 고통은 인간 정신 안에서 무슨 원리로부터 유래하고 어디로부터 생겨나는가? 이 물음에 대해 나는 첫째, 모든 특수한 사례에서 이 감정들이 원천적 자질과 일차적 만듦새에 의해 산출된다고 상상하는 것은 터무니없다고 대답한다. 왜냐하면 우리의 의무의 수가 어느 의미에서 무한한 만큼, 우리의 원천적 본능이 이 감정들의 각각에 대해 연장되고 우리의 바로 첫 유아기로부터 인간 정신에다, 윤리학의 완전한 체계 속에 포함된 수많은 지침들을 각인한다는 것은 불가능하기 때문이다. 이런 처리방법은 소수의 원리들이 우리가 우주 안에서 관찰하는 저 만상萬象을 낳고 만물이 가장 쉽고 가장 간단한 방식으로 수행되는, 자연이 행하는 통상적 준칙들과 일치하지 않는다. 그러므로 이 일차적 충동들을 요약하고 우리의 모든 도덕개념이 기초한 몇 개의 더 일반적인 원리들을 찾는 것은 필연적이다.[284]

흄은 "일차적 충동들을 요약하고 우리의 모든 도덕개념이 기초한 몇 개의 더 일반적인 원리들"을 "nature" 안에서 찾아야 한다고 말하다가 "nature"라는 영어단어의 의미론적 모호성에 당황한다.

---

284) Hume, *A Treatise of Human Nature*, Book 3. *Of Morals*, 304쪽.

그러나 둘째, 다음 질문을 물어야 한다. 우리가 이 원리들을 nature 안에서 찾아야 하는가, 또는 어떤 다른 원천 속에서 이 원리들을 찾아야 하는가? 나는 이 물음에 대한 우리의 대답이 nature라는 단어의 정의에 달려 있다고 대답할 것이다. 이 단어보다 더 양의적兩義的이고 애매한 단어도 없을 것이다. 만약 nature가 기적과 반대된다면, 악덕과 덕성간의 구별만이 아니라, 우리의 종교가 기초해 있는 저 기적들을 제외하고 세계 안에서 일어나는 만물만사가 다 자연적일 것이다. 악덕과 덕성의 감정이 이런 의미에서 자연적이라고 말하는 속에 우리는 아주 유별난 발견을 전혀 하지 않는다.[285]

그러나 흄은 "nature"가 '흔히 자연스럽고 통상적'이라는 뜻으로 쓰이는 속에서 '도덕감정들'을 "모든 도덕 개념들이 기초한 몇 개의 더 일반적인 원리들"로 발견해낸다. 여기서는 '도덕감정'을 "도덕성의 감정"으로 표현하고 있다.

- 그러나 nature가 희소하고 통상적이지 않는 것과 반대일 수도 있다. 범상한 의미인, 단어의 이런 의미에서 자연스런 것과 부자연스런 것에 관한 논란이 일어난다. 우리는 우리가 이 논란이 판정될 수 있는 아주 정밀한 기준을 보유하고 있지 않다고 일반적으로 확언할 수 있다. 빈번한 것과 희소한 것은 우리가 관찰한 사례들의 수에 달려 있다. 이 수가 점차 증가하거나 감소하는 만큼, 이들 간의 정확한 경계를 정하는 것은 불가능할 것이다. 우리는 이 의제 하에, 이런 의미에서 자연스럽다고 불릴 수 있는 어떤 것이 존재한다면, 도덕성의 감정들(sentiments of morality)은 확실히 자연스럽다고 불릴 수 있다는 것

---

285) Hume, *A Treatise of Human Nature*, Book 3. *Of Morals*, 304쪽.

만을 단언할 수 있을 뿐이다. 왜냐하면 이 도덕성의 감정을 극도로 박탈당한, 어떤 사례에서도 예의범절에 대해 가미하다는 감정이나 혐오감을 전혀 비친 적이 없는, 세계의 국민도, 어떤 국민 속의 어떤 단 한 명의 개인도 없기 때문이다. 이 도덕성의 감정은, 인간 정신을 질병이나 광기로 완전히 혼란시키지 않고는 이 감정을 뿌리뽑거나 파괴하는 것이 불가능할 정도로 우리의 만듦새와 성정 속에 깊이 뿌리박고 있다.[286]

흄은 여기서 인애·정의·충성심·신의 등 "도덕성의 감정들"을 "일차적 충동들을 요약하고 우리의 모든 도덕개념이 기초한 몇 개의 더 일반적인 원리들"로 제시하고 있다. 그리하여 흄은 도덕성의 변별의 원천을 '도덕감각'으로 확정하고, "우리의 모든 도덕개념이 기초한 몇 개의 더 일반적인 원리들"을 "도덕성의 감정들"로 확정했다. 그는 이 '도덕성의 감정(sentiments of morality)'이라는 용어를 계속 사용하지만 때로 '도덕감정(sentiments of morals)'이나[287] '도덕적 감정들(moral sentiments)'으로[288] 바꿔 부르기도 한다. 그러나 후기에는 '도덕감정(moral sentiment)'으로 고정된다.[289]

결론적으로, 흄은 도덕성의 변별의 근거를 이성으로 우기는 도덕형이상학을 물리치고 그 근거를 '도덕감각'으로 확정하고, "모든 도덕개념의 일반원리들"을 "도덕성의 감정들"로 확정함으로써 도덕과학을 이론적

---

286) Hume, *A Treatise of Human Nature*, Book 3. *Of Morals*, 304-305쪽.
287) Hume, *A Treatise of Human Nature*, Book 3. *Of Morals*, 335, 337, 369(4회), 370, 371쪽.
288) Hume, *A Treatise of Human Nature*, Book 3. *Of Morals*, 338쪽.
289) David Hume, "Concerning Moral Sentiment", Appendix to David Hume, *An Enquiry concerning the Principles of Morals* (1751), edited by Tom L. Beauchamp (Oxford·New York: Oxford University Press, 1998·2010) [83-89쪽].

으로 수립하는 데 성공했다. 논증과정은 줄곧 명쾌하다고만 볼 수 없지만 당시의 논쟁적 논변치고는 나름대로 선명했다고 할 수 있을 것이다.

흄의 이 도덕과학 이론의 관점에 서면, 이성으로부터 도덕성을 도출하는 도덕철학은 비과학적 도덕형이상학이다. 그러므로 실천이성으로부터 도덕법칙을 도출해 법률을 제정하듯 도덕을 제정하는 칸트의 네오스콜라철학적 도덕이론도 비과학이다. 또 이성적 이해관계자들 간의 사회계약이나 여론에 의해 도덕성이 산출·제정된 것으로 보는 도덕이론도 비과학이다. 그리고 도덕성의 근거를 계시나 신탁, 주술이나 신화에서 도출하는 기독교신학적·주술적 도덕철학도 비非과학이고, 도덕적 현상을 신적 현상이나 신비적 현상으로 규정하는 비트겐슈타인적 도덕이론도 비과학이다. 나아가 도덕성을 도덕감정으로부터 도출하는 것이 아니라 쾌통감각(기쁨과 아픔), 또는 손익감각과 같은 임의의 비도덕적 감정으로부터 도출하는 도덕이론도 비과학이다. 따라서 쾌통감각과 쾌락과 고통의 감정과 이익과 손해로부터 도덕성을 도출하는 로크·벤덤·밀 등의 공리적公利的 속류 도덕철학도 비과학이다.

도덕과학은 도덕감각과 도덕감정을 경험적·실험적으로 정밀하게 이해·해석하고 이 도덕감각과 도덕감정에 따른 인간적 도덕행위의 원인과 결과들을 다시 경험적·실험적으로 수집·채록하고 해석하고 체계화하는 것이다. 오늘날 과학적으로 전개되는 도덕연구는 당연히 도덕감각과 도덕감각의 형성과 발달과정에 대한 여러 가지 실험과 추적, 그리고 이 도덕감각과 도덕감정 DNA의 진화적 형성에 대한 동물학적·인류학적·화석생물학적·진화론적 탐구와 추적으로까지 뻗친다. 이것은 철학의 한계를 완전히 뛰어넘는 연구들이고 이제 도덕과학을 도저히 철학의 영역 안에 담을 수 없다는 것을 의미한다. 한 마디로, 도덕과학은 승승장구하고, 도덕철학은 '죽은 개(der tote Hund)'가 되었다. 도덕이론을 구체적으로 논하는 본론에서 이런 경험적·실험과학적·진화론적 도덕감정 탐구가 충분히 전개될 것이다.

7.2. 흄의 도덕과학의 한계: 해석학의 결여와 공리주의 경향

흄의 도덕과학이론은 당대로서 대담한 획기적 이론이었다. 그러나 시대가 시대인 만큼 공맹의 도덕과학에 오류와 결함도 피할 수 없었다. 여러 결함이 많지만 그 중 흄의 인간과학과 도덕과학의 과학성을 위협하는 또는 삭감하는 두 가지 문제점은 언급하지 않을 수 없다. 그것은 첫째, 해석학의 결여이고, 둘째는 공리주의적 속류 도덕철학의 경향이다.

해석학의 결여는 흄의 인간과학과 도덕과학에 공통된 방법론상의 본질적 문제점이다. 이것은 18세기의 모든 인간과학과 도덕철학이 공유한 문제점이기도 하다. 흄은 지식이론에서 '속성'(사물의 성질)과 '의미'(행위의 감정적 동기)의 차이를 몰각해서 인식(Erkenntnis)과 이해(Verstehen), 나아가 설명(Erklärung)과 해석(Deutung)을 구분하지 못했다. 이 무無구별은 자연과학의 실증주의적 경험론과 인간과학(도덕과학)의 탈脫실증주의적 경험론이 어디까지 공통되고 어디부터 달라지는지를 몰랐음을 함의한다.

흄은 베이컨의 경험론적 방법을 그대로 인간본성의 연구에 적용하면 이것으로부터 그대로 인간과학이 성립하는 것으로 이해했다. 그래서 인간과학에서는 우리 인간 자신이 "추론하는 존재자"이면서 동시에 "우리가 추론당하는 대상들 중의 하나(one of the objects, concerning which we reason)"라는 사실을 흄이 깊이 생각하지 않은 것이다. 즉, "우리가 추론당하는 대상들"과 "추론하는 존재자"의 관찰자적 관점과 참여자적 관점을 일치시키는 문제가 있음을 모른 것이다. 관찰자 관점과 참여자

관점은 역지사지의 합리적·상상적 관점 바꾸기로 일치시킬 수 없고(느린 보행자를 욕하던 운전자가 차에서 내려 보행자로 변신한 사람조차도 횡단보도 앞에서 조급증을 보이는 운전자를 욕하듯이, 인간은 궁극적으로 '역지사지'할 수 없기 때문이다), 오로지 공감을 통해서만 일치시킬 수 있을 뿐이다. 사회생활이 가능하도록 진화함으로써 얻게 된 인간의 공감능력은 관점이나 입장을 바꾸지 않고 자기의 관점에서 타인들의 감정과 의도를 이해할 수 있는 본성적 능력이기[290] 때문이다. 또 다른 문제는 인간이 인간을 연구하는 주체이면서 연구되는 객체이기도 해야 하는 경우에 구체적 연구대상이 (1) 외감(오감 + 근감각)으로 자연적 '속성'을 지각해야 하고 (2) 다시 여기로부터 교체된 대상인 의미, 즉 외감으로 결코 파악할 수 없는 인간적 '의미'를 공감으로 이해해야 한다는 사실이다. 인간주체가 궁극적으로 인간객체의 '의미'를 포착해야 하는 것이다.

흄은 자연과학과 인간과학 간의 방법론적 공통성과 차이를 다 알지 못했다. 그는 기껏 그 차이를 자연과학처럼 아무 때나 계획적 '실험'을 실행할 수 없다는, 즉 "실제적 경험들을 수집하는 데 따르는" 인간과학의 "특별한 불리함"만을 들고 있다. 인간과학만이 겪는 이 방법상의 "특별한 불리함"이란 "미리 계획해서, 그리고 생겨나는 난관에 대해서마다 만족하는 방법에 따라 실제적 경험(실험)을 만들어낼 수 없다는 것이다". 그러나 이것은 사실 "특별한 불리함"도 아니다. 인간과학은 자연과학이 이용할 수 있는 자연사적 박물지와 비교가 될 수 없는 동서고금의 엄청난 천문학적 역사기록을 가지고 있고, 이 무진장한 사료史料들을 뒤져 직질한 사례를 찾아내면 "미리 계획해서, 그리고 생겨나는 난관에 대해서마다 만족하는 방법에 따라 만들어낼 수 없는 실제적 경험(실험)"을 어

---

[290] 참조: 황태연, 『감정과 공감의 해석학』 (파주: 청계, 2014·2015), 122-124쪽; 1932-1972, 2009, 2049, 2954쪽.

느 정도 대체할 수 있기 때문이다. 그래서 인간과학, 즉 인문·사회과학에 서는 역사학이 철학보다 더 중요한 것이다. 흄은 이런 차이를 느꼈지만 자연과학 방법과 인간과학 방법 간의 본질적 차이를 끝내 알지 못했다.

인간의 감각은 외감과 내감으로 나뉜다. 그러나 흄은 내감의 존재와 그 구성에 대해 끝내 뚜렷이 알지 못한 것으로 보인다. 자연적 사물의 속성은 운동과 정지, 힘, 길이, 부피, 면적, 맛, 소리, 모양과 색깔, 냄새, 감촉 등이다. 이것은 다 외감(오감과 근감각)으로 느끼고 지각할 수 있다. 이 중 힘만은 근감각으로 지각한다. 외감의 이 지각들은 자연과학적 인식의 기본자료가 된다.

그러나 인간의 '의미'는 이 외감으로 알 수가 없다. '의미(Sinn; sense)'는 이성이 아니라 감성(감각 + 감정)이다. "A는 A다", 즉 "A는 A를 의미한다(mean)"고 말할 때 "A=A"로서의 그 다른 의미, 즉 "meaning(Meinen)"은 이성으로 알 수 있지만 동어반복이라서 결국 무의미하다. 따라서 이런 무의미한 '의미'는 여기서 배제한다. 'Sinn' 또는 'sense'로서의 인간감정적 '의미'만이 인간에게 행동의 '동기'이고 '가치'다. 인간적인 모든 것, 인간 자신, 나의 존재감, 나의 기분과 정서, 행동, 추구하는 희망, 인간들이 만든 법률과 제도들, 사회, 국가, 역사, 상품, 돈, 예술활동과 작품, 놀이와 올림픽, 도덕행위 등은 다 의미(가치)가 있고, 모두 다 인간의 단순감정들(칠정과 기타 감정들)과 손익·미美·재미·도덕감정의 외화물들이다. 따라서 인간의 '감정'을 파악해야만 인간과 인간행동, 그리고 인간사회의 '의미'를 알 수 있다.

인간의 감정은 신체적으로 일어나고, 따라서 당연히 신체적으로 나타난다. 이에 따라 인간은 기쁨, 슬픔, 분노, 재미, 미안함 등의 느낌들은 얼굴 근육(웃는 근육, 찡그리는 근육), 몸의 자세(손짓, 손사래, 양팔 벌림, 발짓, 주먹, 구부림, 굳음, 고개를 쳐들거나 숙이거나 떨굼, 달려 듦, 멀찌감치 물러남), 똑바로 바라봄, 눈을 치켜뜸, 눈 동공의 커짐, 몸의 증상(호흡, 뜨거운 땀, 식은땀, 낯붉힘), 소리(목소리의 크고 작음, 비명, 웃음·울음·씩씩댐) 등 신체적 변화로 야기되고 외적으로 표출된다. 표정과 신체의 이런 외적 변화는 관찰과 경험으로 어느 정도 파악될 수 있다. 여기까지는 인간과학과 자연과학의 관찰·경험 방법이 다르지 않은 공통부분이다.

그러나 인간의 감정은 인간의 표정과 신체의 외적 변화를 관찰과 경험으로 정확하게 파악했다손 치더라도 관찰자가 인간적 대상의 이런 외적 신체변화를 자기의 감정으로 바꿔 느끼지 못한다면 전혀 알 수 없다. 관찰된 것은 그저 감정 없는 그렇고 그런 신체적 양상·양태의 물질적 '속성들'일 뿐이기 때문이다. 타인이 외적 신체변화로 드러낸 감정을 자기의 감정으로 바꿔 다시 느끼는 것을 '공감'이라고 한다. 공감은 내감능력에 속한다. 미감(미추감각), 재미감각, 손익감각(정신적 쾌통감각), 시비감각(선악감각) 등의 평가감각(판단감각)도 다 내감에 속한다. 가령 색깔, 모양, 크기, 꽃잎 한 장의 넓이 등의 장미꽃의 물질적 '속성들'을 오감으로 정확하게 지각하더라도 이 지각만으로는 장미꽃의 아름다움을 알지 못한다. 우리는 이런 사물적 속성(성질)들을 외감으로 지각함과 동시에 내감에 속한 미감으로 이 물적 속성들의 배치와 구성에서 균형과 조화를 느껴야만 비로소 장미꽃의 아름다움을 느끼는 것이다. 흄은 공감·미감·재미감각·손익감각·시비감각 등으로 구성된 인간의 '내감'을 알지 못한 것이다.

이 중 공감은 실로 불가능한 관점전환이나 역지사지 없이 타인의 존재와 행동의 감정적 '의미'를 알기 위해 필수적이다. 이 점에서 인간의 감정과 감정적 의미가 표현된 신체적 속성들을 외감으로 지각한 자료들을 대하자마자 이 자료들에서 인간의 감정적 의미를 공감으로 느껴 아는 것은 사물의 속성을 외감만으로 아는 것과 다른 것이다. 사물의 속성을 외감으로 아는 것은 '인식'인 반면, 인간의 의미를 아는 것은 '이해'다. '인식'과 '이해'의 차이는 곧 '설명'과 '해석'의 차이를 낳는다. '인식'은 사물적 속성에 대한 단순한 외감적 지각이지만, '설명'은 외감으로 지각된 속성들 간의 복잡한 인과적·형상인적·종속적 '관계들'을 반복적 경험과 실험에 의거해 측정·분석해서 알아내는 해명이다. 자연과학과 관련된 외감적 인식·설명의 경험론적 방법론은 '인식론(Erkenntnistheorie; epistemology)'이다.

한편, '이해'는 인간과 인간행동 및 제도의 감적 의미를 공감적으로 느껴 아는 것이다. '해석'은 이미 공감된 의미들의 얽히고설킨 관계들을 분해·해독해서 공감적 분석으로 아는 것이다. 인간과학과 관련된 공감적 이해·해석의 경험론적 방법론은 '공감적 해석학(mitfühlende Hermeneutik; empathetic hermeneutics)'이다.

따라서 '경험론적 인식론'으로서의 자연과학의 방법은 '공감적 해석학'으로서의 경험론적 인간과학의 방법과 다른 것이다. 따라서 흄의 인간과학과 도덕과학 이론은 해석학적 방법을 결했다는 의미에서 치명적 결함이 있는 것이다. 그러나 이 결함은 모든 17-18세기 철학의 공통된 치명적 결함이었다. 그리고 바로 이런 결함 때문에 사회과학은 1980년 대까지도 실증주의 속에서 헤맸고, 1980년대부터 부상하기 시작한 '해석학'도 2010년대에 '공감적 해석학'이[291] 등장하기까지 다시 언어실증주의에 사로잡혀 있었다. 이런 지식이론적·연구방법론적 결함은 "공감에 충실한(忠恕)" 방법, 즉 '서이충지恕而忠之' 방법으로 "지인知人"의 인간과학을 추구했던 공자철학의 경우에 애당초 발붙이지 못했다. (이에 대해서는 뒤에 상론한다.)

---

291) 공자의 "忠恕" 방법에 의거해 황태연이 최초로 수립한 공감적 해석학은 참조: 황태연, 『감정과 공감의 해석학(1-2)』(파주: 청계, 2014·2015).

흄의 도덕과학에 특유한 두 번째 문제점은 공리주의적 속류 도덕철학의 경향이다. 흄은 상론했듯이 도덕적 쾌·통감과 기타 쾌·통감을 구별해야 한다고 논변했다. 하지만 그는 그의 감정이론과 도덕이론 안에서는 이 논변을 무색케 하는 공리주의적 주장들이 압도한다.

감정이론에서 흄은 칠정 같은 직접감정만이 아니라 간접감정(가령 사랑과 미움, 자만감과 위축감)도, 따라서 모든 감정이 '쾌·통감' 또는 이를 야기하는 모종의 '이로움이나 해로움'으로부터 생겨난다고 언명한다.

- 감정들, 직접감정과 간접감정이 둘 다 쾌락과 고통에 기초하고, 어떤 종류의 감정작용이든 감정작용을 산출하기 위해서는 모종의 이로움이나 해로움을 제시하기만 하면 된다고 말하는 것이 용이하다. 쾌·통감을 제거하자마자, 사랑과 미움, 자만감과 위축감, 욕구와 혐오의 제거, 그리고 대부분의 반성적·이차적 인상의 제거가 즉각 뒤따른다.[292]

이 구절만 봐도 흄을 근대 공리주의 속류도덕론의 생모라고 의심할 만한 충분한 근거가 된다. 그는 감각적 쾌락과 고통, 그리고 이것을 야기하는 이익과 손해 개념을 사물의 속성과 인간 감정에 대한 단일한 판단범주로 단순화·절대화한 것이다. 그는 이해利害(손익)와 쾌·통감 간의 관계를 외부의 이로움과 해로움이 쾌·통감을 야기하는 인과관계로 이해한다.

그러나 이에 따르지 않는 역逆인과관계의 감정들이 있기 때문에 흄은 이 인과관계를 바로 수정한다. "이로움과 해로움 외에, 환언하면 쾌·통감 외에, 직접김징은 완전히 실명될 수 없는 본성적 충동이나 본능으로부터도 빈번하게 생겨난다. 우리의 적에 대한 처벌의 욕망, 우리의 친구들에 대한 행복의 욕구, 배고픔, 성욕, 그리고 소수의 다른 신체적 욕구

---

292) Hume, *A Treatise of Human Nature*, Book 2. *Of the Passions*, 280쪽.

들은 그런 종류의 직접감정들이다. 이 감정들은, 정확히 말해서, 다른 감정작용들과 달리 이로움과 해로움으로부터 생겨나는 것이 아니라, 이로움과 해로움을 낳는다."[293] 그렇지만 흄은 욕구·배고픔·성욕 등의 감정도 이해利害(손익)이나 쾌통의 범위를 벗어나지 않는 것으로 생각하는 것으로 보인다. 그는 인과관계의 관점을 버리고, 이 인용문에서 보듯이 "이로움과 해로움, 환언하면, 쾌·통감"이라고 말하는 식으로[294] 아예 이로움과 해로움을 쾌·통감과 등치시키는 경우도 많기 때문이다. 따라서 나머지 감정들은 모조리 공리주의적 설명이 타당한 것으로 본다.

- 이로움과 해로움으로부터 가장 자연스럽게, 그리고 조금도 준비 없이 생겨나는 인상들은 욕구와 혐오, 슬픔과 기쁨, 의욕과 함께하는 희망과 공포 등의 직접감정이다. 정신은 원천적 본능에 의해, 이롭고 해로운 것이 단순히 관념 속에서만 지각되고 어떤 미래 시점에 있을 것으로 간주되더라도 이로운 것과 결합하고 해로운 것을 피하려는 경향을 보인다. 그러나 고통이나 쾌감, 그것도 우리 자신이나 타인들과 관계된 대상으로부터 생겨난 쾌·통감의 즉각적 인상이 존재한다면, 이것은 뒤따르는 감정들과 함께 기호나 혐오를 막는 것이 아니라, 인간정신의 일정한 잠복 원리들과의 동시작용에 의해 자만감과 위축감, 사랑과 미움의 새로운 인상을 일으킨다. (…) 이 간접감정들은 언제나 기분좋거나 불쾌하기에 제 성미에서 다시 직접감정들에다 추가적 힘을 주고, 대상에 대한 우리의 욕망과 혐오를 증가시킨다. 그리하여 한 벌의 멋있는 옷은 이것의 미美로부터 쾌감을 낳고, 이 쾌감은 직접감정들, 즉 의욕과 욕망의 인상들을 낳는다. 다시, 이 옷이 우리 자신에게 속하는

---

293) Hume, *A Treatise of Human Nature*, Book 2. *Of the Passions*, 281쪽.
294) Hume, *A Treatise of Human Nature*, Book 2. *Of the Passions*, 281쪽.

것으로 생각될 때, 저 중복관계는 우리에게 간접감정으로서 자만 감정을 이송하고, 이 감정을 동반하는 쾌감은 직접감정으로 되돌아가 우리의 욕망이나 의욕, 희열이나 희망에 새로운 힘을 부여한다. 이로움은, 확실하거나 개연적일 때, 기쁨을 낳는다. 해로움이 동일한 상황에 있을 때, 비애나 슬픔이 일어난다. 이로움이나 해로움은, 불확실할 때, 이쪽이나 저쪽에서의 이 불확실성의 정도에 따라 공포나 희망을 낳는다. 욕구는 단순하게 생각되는 이로움에서 생겨나고, 혐오는 해로움으로부터 생겨난다.[295]

이 설명에서 흄은 쾌·통(pleasure and pain)의 '감각'을 기쁨과 슬픔(joy and grief)의 감정과 뒤섞지 않고 이 감정들과 모든 감정들의 원인으로 제시하고 있다. 이것으로 보아 그는 쾌·통감을 인과적 판단·변별범주로 활용하고 있다. 그리고 이 쾌·통감이 육체적 쾌·통각이 아니라 내감적 쾌감과 통감임이 틀림없다. 왜냐하면 육체적 쾌·통각은 저렇게 모든 감정을 보편적으로 판단하는 보편범주로 쓸 수 없기 때문이다.

그러나 흄은 플라톤의 공리적 미감을 핑계로 또 다른 판단범주인 '미美'까지도 쾌감으로 환원하고 있다.[296] 흄은 "유용성이 없었다면, 그런 덕성도 결코 생각될 수 없었을 것"이라는 자신의 말끝에 이런 각주를 달고 있다. "플라톤이 그의 상상의 나라에 설치된 여성공유제도에 대해 제기되는 모든 반박에 제시하는 유일한 해명은 '유용한 것은 아름답고, 해로운 것은 추하다는 것은 경탄할 말이고 앞으로도 경탄할 말로 남아 있을 것이기 때문'이라는 것이다." 이것은 위 설명의 옷의 예에서 알 수

---

295) Hume, *A Treatise of Human Nature*, Book 2. *Of the Passions*, 280-281쪽.
296) Rep. lib. v. p.457(『국가론』, 457b)." David Hume, *An Enquiry concerning the Principles of Morals* (1751), edited by Tom L. Beauchamp (Oxford·New York: Oxford University Press, 1998·2010), 29쪽.

다. 그리고 흄은 이런 식으로 도덕적 시비감각도 쾌·통감 또는 이익과 손해로 환원한다. "단순히 바라보기만 함으로써 쾌락을 주는 정신의 모든 자질은 덕스럽다고 지칭되고, 고통을 자아내는 모든 자질은 악덕하다고 지칭된다. 이 쾌감과 이 고통은 네 개의 상이한 출처로부터 생겨난다. 왜냐하면 우리는 타인 또는 본인 자신에게 유용함에 본성적으로 적합한 성품의 목도에서 쾌감을 거두거나, 또는 타인 또는 본인 자신에게 기분좋은 성품의 목도에서 쾌감을 거두기 때문이다. 아마 우리는 이 모든 이익과 쾌감 한복판에서 다른 모든 경우라면 늘 우리를 아주 절실하게 건드는 우리 자신의 이익과 쾌감을 망각한다는 것에 놀랄 것이다."[297] 말하자면 흄은 내감의 쾌통·재미·미추·시비판단의 범주들을 플라톤의 '철학적 폭거'에 의거해 쾌통범주 하나로 환원해버린 것이다. 그러나 유희적 재미, 미학적 미추와 도덕적 시비(선악)는 결코 공리적·쾌락론적 쾌통(이해) 범주로 환원될 수 없다. 이 범주들은 범주적으로 다른 것, 즉 정언적으로 다른 것이기 때문이다.

인간의 4대 사회적 행위는 공리적 행위, 유희적 행위, 미학적(예술적) 행위, 도덕적 행위이다. 사회적 행위의 거의 모든 구체적 형태들은 이 네 범주 아래 포섭된다. 공리적 행위는 쾌락(기쁨; 이익)을 추구하고, 유희적 행위는 재미를 추구하고, 미학적(예술적) 행위는 아름다움(美)을 추구하고, 도덕적 행위는 선善(올바름)을 추구한다. 이 네 가지 사회적 행위의 동기들인 쾌락(이익)·재미·미·선 감정의 차이를 다 무시하고 '쾌락(기쁨)'

---

297) David Hume, *A Treatise of Human Nature: Being an Attempt to Introduce the Experimental Method of Reasoning into Moral Subjects* [1739-1740], Book 3. *Of Morals*, edited by David Fate Norton and Mary J. Norton, with Editor's Introduction by David Fate Norton (Oxford·New York etc.: Oxford University Press, 2001·2007), 377쪽.

또는 '이익' 하나로 단순화하고[298] '쾌락'을 '행복'과 동일시하며[299] 이 '쾌락(이익)'과 '행복'을 모든 도덕의 근거로 단정하면, 이것이 바로 공리주의 속류도덕론이다. 이런 공리주의적 오류의 단초를 흄이 제공한 것이다.

에피쿠로스에서 폴리비오스, 플루타르크 등을 거쳐 스토아학파로 이어지는 이 쾌락주의적 공리주의 속류도덕론은 기독교의 사랑 교설에 눌려 2000년간 퇴출된 상태였다. 흄은 이 쾌락적 공리주의에 공감이론의 '쿠션'을 더해 이것을 근대적 도덕론으로 세련해 되살렸다. 그는 모든 감정이 다 기본적으로 쾌락과 고통, 또는 이익과 손해로부터 야기된다고 생각했다.[300] 이로써 그는 직접감정(단순감정)과 간접감정(도덕감정을 포함한 공감감정들), 즉 모든 감정이 모조리 '쾌·통감' 또는 이를 야기하는 모종의 '이해' 또는 '손익'으로부터 생겨난다고 선언한 것이다.

이를 바탕으로 흄은 도덕성을 쾌락이나 이익으로부터 도출하기도 한다. 에피쿠로스와 흄의 다른 점은 흄이 공감 개념을 활용해 타인이나 공동체에게 쾌락이나 이익을 주는 본인의 자질만이 아니라, 본인에게 쾌락이나 이익을 주는 본인의 자질도 제3의 불편부당한 공감적 관찰자가 공감능력에 의해 느낄 수 있다는 이유에서 도덕성의 원인으로 간주하는 점이다. 즉, 공동체나 타인에게 이로운 '사회적 자질'만 '덕성'으로 인정하

---

298) 직접감정(칠정 등)과 간접감정(사랑과 미움, 자만감과 위축감)을 쾌감(喜·愛·사랑·자만감)과 통감(怒·哀·懼·惡·欲·위축감)으로 단순화·환원하는 것은 그래도 그럴싸해 보인다. 그러나 쾌·통감, 재미있음과 재미없음, 아름다움과 추함, 선함과 악함을 쾌감(재미있음·아름다움·선함)과 통감(재미없음·추함·악함)으로 단순화하는 것은 범주적 오류다.
299) 행복은 즐거움(행복감)이다. '즐거움'은 타인의 기쁨·재미·아름다움에 대한 공감이나 타인의 감정에 대한 공감에서 행해지는 도덕행위의 흡족함(뿌듯함)에서 일어나는 대표적 '공감감정'이다. 그러나 '쾌락'(기쁨)은 모든 욕망 충족에서 일어나는 '단순감정'이다. 따라서 단순감정 '쾌락'을 공감감정 '즐거움'(행복)과 동일시하는 것도 유치한 범주적 오류다.
300) Hume, *A Treatise of Human Nature*, Book 2. *Of the Passions*, 280쪽.

는 것이 아니라, 개인 본인에게만 쾌락과 이익을 주는 자질도 '덕성'('개인적 덕성')으로 인정하는 것이다. 이런 덕성은 '소덕'으로 도덕과학의 본래적 대상이 아니다.

- 모종의 자질들이 공익에 대한 어떤 기여경향도 없이 남에게 즉각적으로 기분좋은 것으로부터 잘한다는 평점을 따는 것처럼, 어떤 자질들은 이 자질들을 소유한 사람 자신에게 즉각 기분좋다는 것 때문에 덕스런 것으로 지칭된다. 정신의 각 감정과 작용은 기분좋거나 기분나쁠 수밖에 없는 특별한 느낌을 갖는다. 첫 번째 것은 덕스럽고, 두 번째 것은 악덕하다. 이 특별한 느낌이 감정의 바로 그 본성을 구성하는 것이고, 그러므로 설명될 필요가 없다. 그러나 덕성과 악덕의 변별이 우리 자신이나 남들에게 특별한 자질이 야기하는 즉각적인 쾌락이나 불쾌함으로부터 아무리 직접 유출되는 듯할지라도, 그 변별이 그렇게 종종 주장된 공감의 원리에도 역시 상당히 의존한다는 것을 간파하는 것은 손쉽다. 우리 자신이 결코 어떤 사람이 소유한 자질로부터 아무런 쾌락도 수확하지 않더라도 우리는 자신이 교류를 맺는 사람들에게 즉각적으로 기분좋은 자질들을 소유한 사람에게 동조한다. 우리는 그 자신에게 즉각적으로 기분좋은 자질을 소유한 사람도, 이 자질들이 어떤 중생에게도 도움이 되지 않을지라도, 훌륭하게 느낀다. 이것을 설명하기 위해 우리는 앞의 공감원리들에 의존해야 한다.[301]

흄은 여기서 공감 개념을 남용해 오추리를 하고 있다. 자신에게만 이로운 것처럼 보이는 인내심·자제력·근검절약 등의 개인적 덕목들은 다원에 의하면 실은 동정심·정의감·공경심 등의 도덕감정을 실천할 때 이

---

301) Hume, *A Treatise of Human Nature*, Book 3. *Of Morals*, 377쪽.

감정과 상치되는 자기의 다른 요구들을 제쳐놓거나 억누르는 데 필수적인 덕목이다. 또 이 소덕小德들은 이 덕의 보유자가 남에게 폐를 끼치지 않을 가능성이 크고 이 사람을 고용한 사람에게 이익이 될 가능성이 크기 때문에 간접적으로 타인에게도 이익이 된다. 즉, 이 개인적 덕목들은 간접적·궁극적으로 타인들에게 유의미한 덕목들이다. 따라서 "어떤 사람이 소유한 자질로부터 아무런 쾌락도 수확하지 않는다"거나 "이 자질들이 어떤 중생에게도 도움이 되지 않는다"는 흄의 주장은 그릇된 것이다. 이런 소덕의 자질들이 일차적으로 개인 자신에게 이로운 것으로 나타나지만, 저 4대 도덕감정의 실천이 이 소덕을 전제하므로 궁극적으로는 타인에게도 이롭기 때문이다. 또한 근면성처럼 전적으로 자기에게만 이로운 것처럼 보이는 자질도 적어도 자신의 생계 면에서 가족들이나 공동체에 폐를 끼치지 않거나 타인과 공동체에게 이익을 줄 능력을 높여주므로 궁극적으로 타인에 대한 이타적 유의미성을 가졌다. 따라서 '공감 개념의 남용' 없이도 개인적 소덕의 공리적 도덕성은 충분히 직관할 수 있는 것이다.

주지하다시피 흄은 이 그릇된 공감론적 소덕론을 바탕으로 (도)덕성, 즉 "단순히 바라보기만 함으로써 쾌락을 주는 정신의 모든 자질"의 "타인 또는 본인 자신에게 유용함에 본성적으로 적합한 성품"과 "타인 또는 본인 자신에게 기분좋은 성품" 등 네 가지 원천을 정식화한다.[302] 여기서 '유용함'은 이익, 즉 간접적 쾌락을, '기분좋음'은 직접적 쾌락을 말한다. 이런 주장은 "덕성과 악덕의 변별은 본인 자신과 타인들의 이로움(advantage)과 쾌락의 네 가지 원리들로부터 생겨난다"는 명제로 변형되어 반복된다.[303] 덕성의 네 가지 출처란 구체적으로 ① 타인에게 유용

---

302) Hume, *A Treatise of Human Nature*, Book 3. *Of Morals*, 377쪽.
303) Hume, *A Treatise of Human Nature*, Book 3. *Of Morals*, 383쪽.

함에 본성적으로 적합한 성품의 목도, ② 본인 자신에게 유용함에 본성적으로 적합한 성품의 목도에서 쾌락을 거두거나, 또는 ③ 타인에게 기분좋은 성품의 목도, ④ 본인 자신에게 기분좋은 성품의 목도에서 쾌락을 거두는 것이다. '자신에게 유용함에 본성적으로 적합한 성품'이나 '본인 자신에게 기분좋은 성품'의 소덕과 공감 관점을 제쳐놓으면, 도덕성은 '타인에게 유용함에 본성적으로 적합한 성품'과, '타인에게 기분좋은 성품', 이 둘로 압축된다.

이 두 경우는 둘 다 두 가지 치명적 오류를 범하고 있다. 첫째는 부당전제의 오류다. '타인에게 유용하거나 기분좋은 것'은 타인에게 '베푸는' 원조 의미를 내포하므로 타인을 동정하는 인애나 측은지심 등 도덕감정적 자질을 이미 전제하고 있다. 유용함, 즉 이익을 주는 것 없이도 이런 베푸는 성품은 이미 도덕적이다. 따라서 흄은 에피쿠로스처럼 도덕성을 설명 없이 전제하고 도덕성을 증명한 것으로 착각하고 있는 것이다. 도덕성은 이 '타인에게 유용하거나 기분좋게' 하는 성품적(동정심적) 동기 속에 들어 있지, 유용성이나 기분좋음(쾌락)에 있지 않다. 그러나 흄은 자기의 저 정식에 따라 일체의 도덕성이 궁극적으로 '유용함'의 간접쾌락과 '기분좋음'의 직접쾌락을 목도하는 공감적 쾌락에서 유래하는 것으로 착각한다. 이로써 흄은 근대 공리주의 속류 도덕철학의 '생모'가 되었다.

그리고 흄은 타인이나 공동체에 이익이 되는 것은 무조건 선이고, 손해가 되는 것은 무조건 악이라고 오추리한다. 그러나 그렇지 않다. 국가 밖의 빈자를 돕기 위해, 또는 '라이언 일병을 구하기' 위해 국익이나 만인의 공익을 줄이거나 만인에게 손해를 가하는 행위도 악행이 아니라, 오히려 선행이다. 그리고 "타인에게 기분좋은 성품"도 도덕성과 무관할 수 있다. 이런 성품은 도덕적 것 외에도 축구를 잘하고, 수학적 재능이 뛰어나고, 연출력이 뛰어나고, 유머러스한 것 등 다양하고, 이런 성품을 가진 사람이 대가를 받고 남에게 쾌락을 주어도 도덕적 행위인가? 이것은 도덕행위가 아니라, 상행위일 것이다. 흄은 모든 이익을 초월한 본능적 도덕감정들(동정심·정의감·공경심)과 도덕감각(시비감정과 시비감정) 및, 이것들을 습성화한 도덕적 성품을 '선성'과 '도덕성'으로 먼저 '대덕(명덕)'의 도덕감정과 도덕감각으로 특칭하지 않았기 때문에 도덕적 성품과 비도덕적 성품 간의 확연한 경계를 쾌락주의적으로 뭉개버리고 있는 것이다.

한편, 흄은 타인이 누구든 타인에게 이익을 주거나 타인을 기분좋게 하는 것이 무조건 도덕성인 줄 알고 있다. 그러나 이 타인은 악덕기업주이거나 악한일 수 있다. 따라서 우리는 타인을 돕거나 기쁘게 하는 것을 무조건 '선'으로 여기지 않는다. 또 마주보는 대등한 사랑이나 서로도움까지도 무조건 도덕적인 것으로 보는 것이 아니라, 사랑의 감정 중 특별한 사랑, 즉 곤경에 처한 사람들을 돕고 싶어 하는 '참달지애憯怛之愛' 또는 측은지심惻隱之心만을 도덕감정으로 보는 것이다. 공자의 말대로 가령 부자의 재부를 더 늘려주는 "계부繼富" 행위는 세상의 불균형과 부조화를 증폭시키는 불선不善이다.[304] 따라서 공익에 대한 기여도 무조건 선이 아니고, 공익을 축소시키거나 덜어내는 것도 무조건 악이 아니다. 가령 국가가 곤궁하고 다급한 사람들을 돕지 않고 부자를 많이 돕는, 또는 횡령을 일삼는 부도덕한 부패기관이라면, 또는 독재국가라면 이 국가에 이익을 주는 것은 불선이다. 따라서 "타인에게 유용함에 본성적으로 적합한 성품"의 경우에 이 '타인'이 부자거나 범죄자라면 이 성품은 반대로 부도덕한 것이다.

---

304) 『論語』「雍也」(6-4): "子華使於齊 冉子爲其母請粟. 子曰 與之釜. 請益. 曰 與之庾. 冉子與之粟五秉. 子曰 赤之適齊也 乘肥馬 衣輕裘. 吾聞之也 君子周急不繼富."

전체적으로, 흄의 도덕론은 에피쿠로스와 스토아학파의 쾌락적 공리주의와 그 오류를 공감론적으로 재현하고 있다. 이런 까닭에 흄은 칸트처럼 사랑과 사랑의 본능적 의무를 몰각하고 심지어 결혼과 정조의 덕목까지도 유용성 또는 이익으로 설명하려고 든다. "인간의 길고 스스로 주체할 수 없는 유아기는 어린것들의 생존을 위해 부모들의 결합을 요구한다. 그리고 이 결합은 결혼침대에 대한 정조의 덕목이나 간통 금지를 요구한다. 그러한 유용성이 없었다면, 그러한 덕목도 결코 생각할 수 없었을 것이라고 용이하게 고백할 것이다."[305] 그러나 아이의 이익을 가지고 결혼과 정조의 의무를 설명하려는 짓은 후술하겠지만 아기를 낳지 못하는 부인을 버려야 하는지, 아기를 다 기른 부인은 버려도 되는지, 더 이상 아기를 낳지 못하는 늙은 부인은 버려야 하는지 하는 공리주의적 '아포리아(난문難問)' 앞에 헤맸던 칸트의 '정언명령적 공리주의'가 처한 것과 동일한 딜레마에 처하고 말 것이다.

흄의 도덕과학은 이런 공리주의적 속류 도덕철학 경향 때문에 도덕 속으로 다시 이성의 무실공언無實空言을 잠입시킬 수 있는 '합리적 이익타산'을 완전히 탈피하지 못했다. 이 '공리적 속류 도덕철학' 경향과 '해석학의 결여'는 흄의 도덕과학에 '비과학성의 큰 결함'을 남기고 있다. 그러나 공맹의 도덕과학은 이런 두 가지 결함을 둘 다 완전히 탈피했다.

7.3. 흄의 유학적 도덕이론

흄이 적어도 이 세 가지 경로로 공맹철학을 흡수했다는 구체적 정황증거와 공자와 중국에 대한 그의 구체적 언급으로부터 우리는 그가 공자의 수신적 자아구성론과 맹자의 도덕감정론을 수용해 도덕론을 수립했다

---

305) Hume, *An Enquiry concerning the Principles of Morals*, 29쪽.

고 추정할 수 있다. 그런데 흄의 공자주의적 도덕론에는 그에 앞서 공자의 공감도덕론을 수용한 선배 철학자들로부터도 적지 않게 배웠을 것으로 추정된다. 컴벌랜드 주교는 "동물적 존재로 이해된 인류 안에는 서로에 대한 인애심의 성정이 있다"고 논변했고, 섀프츠베리는 높은 수준에서 이미 도정감정론과 도덕감각론을 발전시켰고, 18세기 초반 허치슨은 섀프츠베리를 계승해 제6감으로서의 '도덕감각(moral sense)'의 존재를 주장했기 때문이다. 흄은 섀프츠베리와 허치슨의 이 도덕감정론과 도덕감각론을 계승해 도덕의 근거를 인간본성에 정초시킴으로써 기독교신학과 스콜라학파의 신비주의적 계시도덕론과 홉스와 로크의 도덕제정론을 분쇄함으로써 영국사회와 유럽사회를 도덕적으로 세속화·탈주술화·인간화하는 계몽과정과 도덕철학의 과학화 과정의 정점을 이룬다.

■ 흄의 단속적斷續的 도덕감각론

일단 흄은 섀프츠베리와 허치슨의 도덕감각론을 계승해 공감이론과 결합시킴으로써 한 단계 업그레이드시킨다. 흄은 초기에 이들의 도덕감각론보다 도덕감정론을 더 중시한다. 그러나 흄이 29세에 출간한 『인간본성론』 제3권 『도덕론』(1740)에서 전개된 그의 초기 도덕론은 매우 혼돈스러웠다. 그는 뚜렷한 근거 없이 덕성을 '본성적 덕목'과 '인위적 덕목'으로 구별했다. 게다가 도덕성 또는 덕성의 근거를 말할 때는 본성적 도덕감정이나 도덕감각을 말하는 것이 아니라, 에피쿠리언적 공리주의자로 돌변해 '이익'이나 '쾌락'을 말했다.

따라서 일단 그에게는 인간의 본성적 도덕감각이 그가 소위 '본성적 덕성'이라고 부른 모성애·인애 등 도덕감정을 덕성으로 변별하는 것인지, 그가 '인위적 덕성'이라고 부르는 정의·용기·충성심·정조貞操 등 도덕감각을 덕성으로 말하는 것인지, 그리고 도덕감각이 성품의 이익이나 쾌락적 성향을 덕성으로 말하는지가 불분명하고, 또한 도덕감각이 공감과 어떤 관계에 있는지도 애매모호하다. (여기서 논쟁할 바는 아니지만) 정의·충성심·정조는 인위적 덕목이 아니라, 인간적 본성의 발로다. 정의감과 공경심의 일종인 충성심은 인간을 포함한 모든 사회적 포유동물들에게 공통되고, 여성의 정조, 즉 순결은 태고대부터 인간적 성정이기 때문이다. 그래서 피에르 벨은 "(여성의) 순결이 선하다는 이 관념이 복음이나 모세보다 더 오래되었다"고 말했다.[306] 흄은 이곳에서 도덕감각이 별도로 존재하는 것으로 말하지만, 저 곳에서는 공감이 도덕감각을 대체해도 되는 것인 양 말한다. 나아가 그는 도덕감각을 명확하게 말할 때조차도 미감과 뒤섞는다.

- 도덕감각과 도덕감정의 구분

흄은 섀프츠베리처럼 적어도 도덕행위를 낳는 도덕감정을 이 감정을 변별·판단하는 시비감각(도덕감각)과 구별해냈다. 그는 도덕행위의 동기(도덕감정)의 선악을 변별하는 시비지심의 평가가 있으려면 이 도덕감정적 동기가 가·불가의 평가감각, 즉 도덕감각에 앞서 존재해야 한다고 주장한다.

- 도덕적 동기는 행위를 도덕적이도록 만드는 데 필수적이다. 도덕행위는 우리가 그 도덕성을 평가하는 마음을 갖기 전에 도덕적이어야 한다. 그러므로 모종의 도덕적 동기가 저 평가보다 앞서야 하는 것이다.[307]

---

306) Bayle, *Various Thoughts on the Occasion of a Comet*, §172 (213쪽).
307) Hume, *A Treatise of Human Nature*, Book 3. *Of Morals*, 307쪽.

도덕적 평가는 도덕감각이 담당하므로 도덕감정은 도덕감각에 앞서 존재한다는 말이다. 이것은 도덕감정과 도덕감각의 구별을 함의한다. 따라서 흄은 단언한다.

- 모종의 도덕적 동기나 도덕적 강제감정들이 없다면 어떤 행동도 칭찬할 만하거나 비난할 만할 수 없기 때문에 도덕감각(sense of morals)과 상이한 (도덕)감정들이 이 도덕감각에 큰 영향력을 가지는 것이 틀림없다.[308]

그러나 이후부터 흄의 논리는 거듭 거듭 꼬이고 꼬인다. 그는 도덕적 가·불가감정(남의 행위에 대한 시비·선악감정, 즉 훌륭함과 못됨의 느낌, 또는 자기의 행위에 대한 자찬감과 죄책감)을 허치슨처럼 '호불호, 또는 '쾌통'의 감정으로 잘못 표현하지만, 그래도 도덕감각 또는 '덕성감각(sense of virtue)'의 본성적 성격을 인정한다.

- 우리는 도덕적 선·악을 알게 만들어주는 상이한 인상들이 특별한 쾌감과 고통 외에 다른 것이 아니기 때문에, 이것으로부터 이 도덕적 변별에 관한 모든 탐구에서, 어떤 성품이 왜 칭찬할 만하고 비난할 만한지를 만족스럽게 설명하기 위해 어떤 성품의 관찰로부터 만족이나 불쾌감을 느끼게 만드는 원리를 보여주는 것으로 충분할 것이다. 어떤 행동, 어떤 감정, 어떤 성품은 덕스럽거나 부덕하다. 왜? 그것을 보는 것이 특별한 유형의 쾌감과 불쾌감을 야기하기 때문이다. 그러므로 우리는 이 쾌감과 불쾌감의 이유를 제시하는 속에 덕과 악덕을 충분히 설명하는 것이다. 덕성감각(sense of virtue)을 가지는 것은 바로 어떤 성

---

308) Hume, *A Treatise of Human Nature*, Book 3. *Of Morals*, 311쪽.

품의 관상觀賞으로부터 특별한 종류의 만족을 느끼는 것 외에 아무것도 아니다. 바로 이 느낌이 우리의 칭찬 또는 찬양을 구성한다.[309]

흄은 "우리는 여기서 더 이상 나아갈 수 없다"고 덧붙인다. 이 말은 도덕감각이 본성이라는 말이다.

그러나 흄은 바로 이어서 이 본성적 도덕감각의 타당성을 부인하는 듯한 발언을 한다. "도덕적 선악을 변별하는 이 쾌·통감에 관해 일반적으로 물을 수 있다. 이 쾌감이나 고통은 인간 정신 안에서 무슨 원리로부터 유래하고 어디로부터 생겨나는가? 이 물음에 대해 나는 첫째, 모든 특수한 사례에서 이 감정들이 원천적 자질과 일차적 만듦새에 의해 산출된다고 상상하는 것은 터무니없다고 대답한다."[310] 이 말은 정의·용기·정조 등의 '인위적 덕성'을 염두에 두고 이 '인위적 덕성'에 대해서는 자연본성적 도덕감각의 타당성을 부정한 것으로 읽힌다. 곧 흄은 이것을 확인해준다. "덕성감각이 본성적인 것인지, 아니면 인위적인 것인지를 답해야 한다면, 내가 지금 당장 이 물음에 정확한 답변을 주는 것은 불가능하다는 것이 내 의견이다. 아마 이 덕목들에 대한 감각은 인위적이고 저 덕목들에 대한 감각은 본성적이라는 사실이 나중에 분명해질 것이다."[311]

흄은 정의·용기·충성·정조 등을 '인위적 덕목들'로 분류한다. 그리고 '인위적 덕목들'에 대한 도덕감각은 인위적인 반면, 본성적 애착·사랑·인애 등의 '자연적·본성적 덕목들'에 대한 도덕감각은 본성적이라는 말하고 있는 것이다. 흄의 이런 입장은 뒤에 다시 확인된다.

● 사회에 이로운 것 외에 어떤 것도 덕성으로 여겨지지 않는다면, 나는

---

309) Hume, *A Treatise of Human Nature*, Book 3. *Of Morals*, 302~303쪽.
310) Hume, *A Treatise of Human Nature*, Book 3. *Of Morals*, 304쪽.
311) Hume, *A Treatise of Human Nature*, Book 3. *Of Morals*, 305쪽.

도덕감각(moral sense)에 대한 앞의 설명이 받아들여져야 한다고, 그것도 충분한 명증성에 따라 받아들여져야 한다고 확신한다. 그러나 우리는 오로지 우리의 가설에 근거한 설명만을 허용하는 다른 종류의 덕성을 발견할 때, 이 명증성은 우리에게 더 강력해지지 않을 수 없게 된다.[312]

'본성적 덕목'에서는 도덕감각의 명증성이 '인위적 덕목'의 경우보다 "더 강력하다"는 말이다. 여기서 "다른 종류의 덕목"은 '본성적(자연적) 덕목'을 가리킨다. 흄은 여기서도 분명히 '본성적 도덕감각'과 '인위적 도덕감각'을 구분하고 있다. 이것은 정의·용기·충성·정조 등의 인위적 도덕성에 대한 도덕감각은 본성적인 것이 아니라, 유전되지 않는 후천적 획득형질이라는 말이다. 흄의 도덕감각론은 이렇게 점차 진화생물학적으로 '터무니없는' 주장 속으로 퇴락한다.

– 공감개념에 의한 도덕감각의 희석과 혼미
흄은 어떤 곳에서 도덕적 평가가 '도덕감각'으로부터 생겨난다고 말했다가, 다른 곳에서는 도덕적 평가가 마치 '공감'으로부터 생겨나는 것처럼 논하기도 한다. 우선 그는 도덕적 평가가 공감에서 생겨나는 것이 아니라 도덕감각에서 나온다고 확실히 못박는다.

- 어떤 자질이나 성품이 인류의 복리에 대한 기여경향이 있다면, 우리는 그것에 기뻐하고 동조한다. 이 자질이나 성품이 쾌감의 생생한 관념을 현시하는 것이다. 이 때문에 이 관념은 공감에 의해 우리를 감동시키고, 이 관념 자체가 쾌감의 일종이다. 그러나 이 공감이 아주 가변적인

---

312) Hume, *A Treatise of Human Nature*, Book 3. *Of Morals*, 375쪽.

만큼, 우리의 도덕감정이 동일한 변동을 다 허용해야 한다고 생각될 수 있다. 우리는 우리와 멀리 떨어진 사람들보다 우리와 근접한 사람들과 더 많이 공감하고, 낯선 사람들보다 우리의 친지들과, 외국인들보다 우리나라 사람들과 더 많이 공감한다. 우리의 공감의 이러한 변동에도 불구하고 우리는 중국에서 동일한 도덕적 자질을 영국에서와 동일하게 가하다고 느낀다. 이 자질들은 명민한 관찰자의 평가에 똑같이 덕스럽게 나타나고 똑같이 마음에 든다. 공감은 우리의 평가의 변동 없이 변동한다. 그러므로 우리의 평가는 공감에서 생기지 않는다. 이런 반박에 대해 나는 다음과 같이 답한다. 도덕적 자질을 가하다고 느끼는 것은, 이성으로부터 또는 관념들의 비교로부터 유래하는 것이 아니라, 전적으로 도덕적 미감으로부터, 그리고 특별한 자질이나 성품의 관조와 주시에 따라 일어나는 일정한 쾌·불쾌 감정으로부터 생겨나는 것이 지극히 확실하다.[313]

여기서는 '도덕감각'이 '도덕적 미감'으로 표현되고 있다. 흄은 여기서 분명히 "공감은 우리의 평가의 변동 없이 변동하기" 때문에 "우리의 평가는 공감에서 생기지 않고", "전적으로 도덕적 미감"(즉, 도덕감각)으로부터 "생겨나는 것이 지극히 확실하다"고 말하고 있다. 흄은 도덕적 평가의 원천을 둘로, 즉 '도덕적 미감'과 '일정한 쾌·불쾌 감정'으로 나눠 제시하고 있다. 흄은 '도덕적 미감'으로 도덕감각(시비감각)을, '일정한 쾌·불쾌 감정'으로 시비감정을 뜻하려고 한 것으로 보인다.

그러나 흄은 바로 자신의 이 도덕감각 명제를 몰각하고, 도덕판단의 보편성과 객관적 불변성이 공감에서 유래하는 것으로 착각하는 오락가락 논변을 전개한다. 상론했듯이 흄에 의하면, 덕성과 악덕의 변별이 우

---

313) Hume, *A Treatise of Human Nature*, Book 3. *Of Morals*, 371쪽

리 자신이나 남들에게 특별한 자질이 야기하는 즉각적 쾌감이나 불쾌감으로부터 아무리 직접 유출되는 듯할지라도, 그 변별은 그렇게 종종 주장된 공감의 원리에도 역시 "상당히" 의존한다는 것이다. 우리는 즉각적으로 기분 좋은 자질들을 소유한 사람에게 동조한다. 우리 자신이 결코 그 자질로부터 아무런 쾌감을 수확하지 않더라도. 자기 자신에게 즉각적으로 기분 좋은 자질을 소유한 사람에게도, 이 자질들이 어떤 중생에게도 도움이 되지 않을지라도, 우리는 동조한다. "이것을 설명하기 위해 우리는 앞의 공감원리들에 의존해야 한다"는 것이다.[314] 상술했듯이 '도덕감각'은 단순한 경우와 공감적 경우를 둘 다 가진 쾌통감각·재미감각·미추감각 등의 평가감각과 달리 언제나 교감적·공감적이다. 흄은 도덕감각의 이 필연적 공감 성격을 이해하는데 사고의 혼란을 겪으면서 도덕감각에 의해 가미한 것으로 평가된 긍정적 도덕감정의 재생적 실감능력에 불과한 '공감'에다 도덕감각 자체를 다 팔아버리는 듯한 흄의 이 논변은 바로 이어지는 설명에서 더욱 분명해진다. 흄의 논변을 상론했듯이, 우리는 이 모든 이익과 쾌감 한복판에서 다른 모든 경우라면 늘 우리를 아주 절실하게 건드는 우리 자신의 이익과 쾌감을 망각한다는 것이다. 하지만, 사람들은 자신들의 대상을 바라보고 이 대상이 그들 모두에게 동일한 것으로 나타나도록 야기할 수 있을 어떤 "공통관점"을 선택하기에 저들의 감정과 판단에 동의할 수 있다. 그리하여 성품들을 판단하는 데 있어서, '모든' 공감적 '관찰자'에게 동일한 것으로 나타나는 유일한 "이익과 쾌감"은 그 성품에 대한 정밀검토를 받는 사람 자신의 이익과 쾌감이거나 그와 연관이 있는 사람들의 이익과 쾌감이라는 것이다. 이 '관찰자로서의 우리'의 쾌감과 이익은 우리 자신의 쾌감과 이익보다 더 미약하게 우리를 건드릴지라도 "보다 불변적이고 보다 보편적이기"에 실천

---

314) Hume, *A Treatise of Human Nature*, Book 3. *Of Morals*, 377쪽.

에서도 본인 자신의 쾌감과 이익을 "상쇄시키고", 이러한 쾌감과 이익만이 단독으로 사색에서도 "덕성과 도덕성의 기준"으로 받아들여진다는 것이다. 그 이익과 쾌감들만이 단독으로 "도덕적 변별"을 좌우하는 저 특별한 느낌이나 감정을 자아낸다.[315] 이 설명에서 도덕적 판단력이 쾌감과 이익인지, 공감적 관찰자의 공감적 '공통관점'인지 불분명하다.

그러나 타인의 이익과 쾌락에 대한 모든 관찰자의 공감이 "불변적이고 보편적"이라는 흄의 논변은 이중적으로 그릇된 말이 될 수 있다. 첫째, 저 말은 공감이 비록 관찰자 자신의 주관적 감정상태와 독립적이고 구분되어서 '객관적'일지라도 '자율적'이라는 것, 따라서 시비판단에 따라 불쾌하거나 불가한 경우, 또는 증오하거나 질투하는 경우, 또는 관찰자가 바쁘거나 관찰자의 주체적 상태가 곤경에 처한 경우에는 공감이 저지되거나 억제된다는 사실, 그리고 공감이 (흄 자신도 강조한) 관찰자와 당사자 간의 호오·친소·원근관계 및 관찰자의 공감적 감수성의 차이로 인해 차등이 있다는 사실을 몰각하고 있다. 이것은 공감에 대한 깊은 이해와, 공감과 교감의 구분의식이 없기 때문에 빚어진 것이다. 교감은 보기 싫어도 보이면 보아야 하는 시각처럼 (심지어 사이코패스에게도) 비자율적·일반적으로 발동하는 반면, 공감은 자율적·자의적自意的·특정적으로 발동한다. 둘째, 흄은 어떤 경우로든 일단 발생한 도덕적 공감의 내용의 불변성과 보편성이 관찰자의 공감에서 유래하는 것으로 착각하고 있다. 상술했듯이 도덕행위나 성품에 대한 도덕판단에서 인간은 교감적으로 지각된 이 행위나 성품의 교감적 지각이 도덕감각에 의해 가미한(선한 또는 훌륭한) 것으로 판단되는 경우에 공감하고(타인의 이 행위나 성품에 담긴 도덕감정을 자기 안에서 재생·실감·동조하고), 불가한 것으로 판단되는 경우에는 공감이 아니라 반감과 거부감을 표한다.

---

315) Hume, *A Treatise of Human Nature*, Book 3. *Of Morals*, 377쪽.

따라서 도덕적 공감과 반감, 동조와 거부의 가·불가감정(approbation & disapprobation)은 근저에서 먼저 작동하는 '도덕감각'의 종속변수들이다. 그러나 흄은 공감을 독립변수로 착각함으로써 '도덕감각'을 마치 '공감'으로 대체해버리거나 '공감'의 종속변수로 전락시키는 것 같은 논변을 구사하고 있다.

공감으로 도덕감각을 대체하려는 듯한 흄의 이 입장은 그가 최종입장을 정리하는 조심스런 결론에서 허치슨의 비위를 상하게 할 만큼 좀 더 선명하게 드러난다.

- 덕성의 모든 애호자들(과 실제에서 타락할지라도 사변 속에서는 우리 모두가 해당하는 이런 애호자들)은 도덕적 변별이 우리 본성의 고결함과 능력의 바른 개념을 우리에게 주는 그토록 고귀한 원천으로부터 유래한다는 것을 알고 확실히 기뻐함이 틀림없다. 도덕감각이 영혼에 내재하는 원리이고 만듦새의 구성 속으로 이입하는 가장 강력한 원리들 중의 하나라는 것을 지각하는 것은 인간사에 대한 아주 적은 지식만 있으면 된다. 그러나 이 도덕감각은, 이 감각이 그 자체에 대해 성찰해 이 감각을 낳는 저 원리들을 승인하고, 바로 이 감각의 발생과 기원에서 훌륭하고 좋은 것만을 발견할 때, 확실히 새로운 힘을 얻음이 틀림없다. 이 도덕감각을 인간정신의 원천적 본능들로 환원시키는 사람들은 충분한 권위를 갖고 덕성의 원인을 방어할 수 있지만, 이 도덕감각을 인간들과의 확장적 공감에 의해 설명하는 사람들이 갖는 이점을 결한다. 후자의 이론체계에 의하면, 덕성만이 아니라, 덕성감각(도덕감각 - 인용자)도 승인되어야 하고, 이 덕성감각만이 아니라, 이 덕성감각을 낳는 원리들도 승인되어야 한다. 그래서 어떤 쪽에서든, 찬양받을 만

하고 좋은 것만이 현시된다.[316]

 "우리 본성의 고결함과 능력의 바른 개념을 우리에게 주는 그토록 고귀한 원천"은 도덕감각을 가리키고, "도덕감각을 인간정신의 원천적 본능들로 환원시키는 사람들"은 섀프츠베리와 허치슨을 가리킨다. 그리고 "도덕감각을 인간들과의 확장적 공감에 의해 설명하는 사람들"은 흄 자신을 가리킨다. 흄은 여기서 "도덕감각이 영혼에 내재하는 원리"임을 인정하는 척하면서도 도덕감각을 "인간들과의 확장적 공감"으로 환원시키는 '이점'을 주장하고 있다. "덕성감각을 낳는 원리들"은 바로 "확장적 공감"을 두고 하는 말이다.

 당시 흄은 허치슨을 통해 글래스고대학 교수직에 지망하려고 했기 때문에 이 대목을 극도로 조심스럽게 쓰고 있어 그 의미는 모호하지만, 허치슨은 당연히 이 인용문에서 펑퍼짐한 언어들의 연막("어떤 쪽에서든, 찬양받을 만하고 좋은 것만이 현시된다")을 뚫고 도덕감각을 공감에 팔아버리려는 흄의 속내를 간파했을 것으로 보인다. 허치슨이 흄을 교수직 초빙에서 배제한 이유가 그의 무신론 성향이라고 알려져 있지만, 필자는 그 진정한 이유가 혹시 도덕감각, 즉 맹자의 시비지심을 공감으로 대체하는 흄의 이 이론적 근본오류가 아니었을까 의심한다.

– 훗날 도덕감각론의 재건과 공리주의적 혼탁

 그러나 흄은 11년 뒤인 1751년 청년기의 도덕론을 압축·갱신한 『도덕의 원리에 탐구(*An Enquiry concerning the Principles of Morals*)』에서 '공감' 개념을 아예 제거하고 미감과 등치된 도덕감각, 또는 '도덕감정과 뒤섞인 도덕감각'만을 언급한다. 먼저 후기의 글인 「도덕감정론」에

---

316) Hume, *A Treatise of Human Nature*, Book 3. *Of Morals*, 394쪽.

서 그는 종전의 입장을 바꿔 "도덕성은 감정에 의해 결정된다"고 주장하고 "덕성"을 "무엇이든 관찰자에게 기쁘게 하는, 가미하다는 느낌을 주는 모든 것"으로, "악"을 "그 반대의 것"으로 정의한 데[317] 이어서, "죄악이나 부도덕성이란 지성의 대상일 수 있는 별개의 사실이나 관계가 아니라, 인간본성의 구조에 의해 우리가 야만성이나 반역을 인지할, 불가피하게 느끼는 불가감정(disapprobation)에서 전적으로 생겨난다"고[318] 말하기도 하고,[319] 선악을 변별하는 '미감' 또는 '내감'을 공감 없이 언급하기도 한다.

- 도덕의 일반적 기초에 관해 최근에 개시된, 정밀검사를 해볼 가치가 아주 많은 논쟁이 있어왔다. 그것은 도덕이 이성으로부터 도출되는지, 아니면 감정으로부터 도출되는지, 우리가 논변과 연역의 사슬에 의해 도덕의 지식을 획득하는 것인지, 아니면 하나의 직접적 느낌(*immediate feeling*)과 보다 섬세한 내감(*finer internal sense*)에 의해 이 지식을 획득하는 것인지에 (…) 관한 논쟁이 있어 왔다.[320]

여기서 흄은 도덕감각을 '보다 섬세한 내감'이라 부르고 있다. 그리고 조금 뒤에서는 "모종의 내감이나 내적 느낌"이라 부른다.

- 각 측의 두 주장(그리고 많은 주장들이 이보다 더 나올 수 있다)은 아주

---

317) Hume, "Concerning Moral Sentiment", 85-86쪽. Appendix I. Hume, *An Enquiry concerning the Principles of Morals* [1751], edited by Tom L. Beauchamp (Oxford·New York: Oxford University Press, 1998·2010).
318) Hume, "Concerning Moral Sentiment", 88쪽.
319) Hume, "Concerning Moral Sentiment", 88쪽.
320) David Hume, *An Enquiry concerning the Principles of Morals* [1751], ed. T. L. Beauchamp (Oxford: Oxford University Press, 1998·2010), 3쪽.

그럴듯해서 나는 이 주장들이 하나가 다른 것과 마찬가지로 견실하고 만족스런 것이 아닌가 하고 생각하기 일쑤이고, 이성과 감정이 거의 모든 도덕적 결정과 결론에서 동시에 나타날 정도다. 성격과 행동을 호감 있거나 불쾌하다고, 칭찬할 만하거나 비난할 만하다고 선언하는 최종판정, 이 성격과 행동에 명예나 불명예, 동조나 비난의 표시를 찍는 최종판정, 도덕성을 능동적 원칙으로 만들고 덕성을 우리의 행복으로, 악덕을 우리의 불행으로 만드는 최종판정, 이 최종판정이 자연본성에 의해 전 인류 안에서 보편적으로 만든 모종의 내감이나 내적 느낌(internal sense or feeling)에 달려있다는 것은 개연성이 있다고 나는 말한다.[321]

그러나 흄은 안타깝게도 이 도덕적 '내감'을 '내적 미감'이라 했다가 '내적 느낌'이라는 용어와 뒤섞는다.

- 지금 덕성이 목적이고 어떤 사례나 보상 없이 그 자체 때문에, 단지 덕성이 전달하는 즉각적 만족감 때문에 바랄만한 것인 만큼, 덕성이 건드리는 어떤 감정, 즉 도덕적 선악을 구별해 선을 받아들이고 악을 배척하는 (…) 어떤 내적 미감이나 내적 느낌(internal taste or feeling)이 있어야 한다는 것은 필수적이다.[322]

여기서 흄은 '미감'이라는 말로 도덕감각만이 아니라 (협의적) 도덕감정("덕성이 건드리는 어떤 감정")까지도 다 뭉뚱그리고 있다. 다음도 마찬가지다.

---

321) Hume, *An Enquiry concerning the Principles of Morals*, 5쪽.
322) Hume, "Concerning Moral Sentiment", 89쪽.

- 도덕과 비평은 지성의 대상이라기보다 미감과 감정의 대상이다. 도덕적 미美든 자연미든 미는 지각되기보다 더 정확하게 느껴지는 것이다. 우리가 미에 관해 이성적으로 추리해 그 기준을 정하려고 애쓴다면, 우리는 새로운 사실, 즉 인간들의 일반적 미감, 또는 추리와 탐구의 대상일 수 있는 미감과 같은 어떤 사실을 고찰하는 것이다.[323]

도덕감각을 공감에 팔아버리는 시도가 사라진 대신, 도덕감각(시비지심)과 도덕감정(측은·수오·공경지심)을 예리하게 구분하던 초기의 이론적 정밀성이 함께 사라지고 도덕감각과 미감을 뒤섞고 있다. 도덕감정과 혼동되고 미감과 뒤엉킨 이 뒤범벅의 도덕감각 개념은 다시 공리성과 뒤엉킨다.

- 인간의 심장이 이기적이라면, 또는 이해관계 있는 사람들이 그로부터 멀리 떨어져 있다면, 그의 선택이 아무리 냉정할지라도, 유용한 것과 해로운 것 간의 선택 또는 변별이 여전히 있을 것이다. 이제 이 변별은 모든 점에서 도덕적 변별과 동일한 것이다. 도덕적 변별의 기초는 아주 종종, 그리고 아주 많이 헛되이 탐문되어왔다. 정신의 동일한 재능들은 모든 상황에서 도덕의 감정과 인류애의 감정에 부합된다. 동일한 기질은 고도의 도덕감정과 인류애 감정을 감당할 수 있다.[324]

이 사유 속에서 도덕감각("도덕적 변별")은 도덕감정("인류애")과 뒤섞이고, 이 "도덕적 변별"이 이해利害의 변별("유용한 것과 해로운 것 간의 선택 또는 변별")과 등치되고 있다. 이런 까닭에 흄은 '공리주의의 생모生

---

323) Hume, *An Enquiry concerning Human Understanding*, 144쪽.
324) Hume, *An Enquiry concerning the Principles of Morals*, 48-49쪽.

母'라 불릴 만한 것이다.

흄의 후기 도덕철학을 전체적으로 보면 그는 이 개념적 뒤범벅 속에서 도덕감각을 공감으로 대체하려는 시도를 버림과 동시에 도덕감각과 도덕감정을 구분하던 초기의 이론적 정교성도 같이 버리고 도덕감각과 미감의 동일시를 강화한 셈이다. 흄에게서 맹자의 시비지심, 섀프츠베리의 시비감각, 허치슨의도덕감각 개념은 이어졌다가 끊어지고 끊어졌다가 이어지는 단속성斷續性을 보였다. 하지만 본성적 도덕감각을 도덕성에 대한 평가와 지식의 최종원천으로 보는 점은 초기보다 더욱 강화되고 분명해졌다.

■ 공맹의 인仁도덕과 흄의 인애도덕

흄은 여러 경로로 공맹의 도덕감정론과 인仁사상을 수용한 것으로 보인다. 공자의 '인' 사상은 컴벌랜드·섀프츠베리·허치슨 등 영국 철학자들에게서 '연민(*compassion, commiseration*)'과 함께 '인애(*benevolence*)'로 등장했다. 흄도 '인애'라는 용어를 그대로 수용한다.

- 공맹의 측은지심과 인, 흄의 연민과 인애

공맹의 도덕론과 흄의 도덕론은 아주 유사하다. 가령 공감(*sympathy*)과 인애심에 대한 흄의 이론은 측은지심과 동고동락에 대한 맹자의 설명을 쏙 빼닮았다. 맹자는 측은지심을 설명하면서 우물에 빠지는 아이를 보고 놀라는 사람들의 동정심을 예로 든다. "사람이 다 불인인의 마음이 있다고 말하는 소이所以는, 어떤 사람이 지금 갑자기 어린아이가 우물 속에 막 빠지는 것을 보았다면 깜짝 놀라 측은지심이 생길 것이다. 아이의 부모와 사귀려는 마음 때문도 아니고, 친구들한테 칭찬을 구하기 때문도 아니며, 그 아이의 소리가 싫어서 그런 것도 아니다."[325] 흄은 공감과 연민(동정심)과 관련해 맹자의 '우물에 빠지는 아이'의 사례와 유사한 사례, 즉 내달리는 말들의 발굽에 짓밟힐 위험에 처한, 들판에서 잠든 사람의 사례를 사용한다.

- 공감은 언제나 현재의 순간에 국한되는 것이 아니라 현재의 존재 속에 없는, 우리가 단지 상상에 의해 예감할 뿐인 타인들의 고통과 쾌락도 종종 감정전달(communication)에 의해 느낀다. 내가 전혀 모르는 사람이 들판에서 잠들어 있는 중에 말들의 발굽에 의해 짓밟힐 위험에 처해 있는 것을 보았다고 가정하면, 나는 즉시 그를 도우러 달려갈 것이다. 이 때 나는 낯선 사람의 현재적 슬픔에 대해 나를 관심 갖게 만드는 공감과 동일한 공감의 원리에 의해 움직여질 것이다.[326]

흄이 연민과 공감을 설명하기 위해 '들판에서 자다가 말발굽에 짓밟힐 위험에 처한 사람'의 비유를 쓰고 있는 것은 맹자의 '우물에 빠지는 아이'의 비유와 아주 비슷하다. 다만 비유의 목적이 좀 다를 뿐이다. 맹자는 측은지심(연민·동정심)을 구상적具象的으로 보여주기 위해 이 비유를 사용하지만, 흄은 아직 실재하지 않는, 따라서 예감할 뿐 타인의 고통과 쾌락에 대해서도 공감하는 것을 구상적으로 보여주기 위해 사용하고 있다.

아무튼 도덕성의 근거를 '이성'이 아니라 도덕적 '감성'(도덕감정+도덕감각)으로 보는 공맹과 흄의 도덕철학적 사유구조는 이처럼 그 비유적

---

325) 『孟子』「公孫丑上」(3-6), "孟子曰 (…) 所以謂人皆有不忍人之心者 今人乍見孺子將入於井 皆有怵惕惻隱之心 非所以內交於孺子之父母也, 非所以要譽於鄉黨朋友也, 非惡其聲而然也."
326) Hume, *A Treatise of Human Nature*, Book 2. *Of the Passions*, 248쪽.

사례까지 유사하다. 맹자가 공감적 수신에 의해 측은지심 등의 도덕감정을 "사해를 족히 보전할" 수 있는 차원으로 확충해 보편화하는 것을 말하듯이, 흄도 인애심을 '보편적 공감'의 능력에 의해 전 인류로까지 확대해 '보편적 인애', 즉 공자의 '박애·범애'로 보편화하는 것을 말한다.

이런 관점에서 흄은 인애를 '보편적 인애'와 '특별한 인애'로 구분한다. '보편적 인애'는 우리가 "아무런 우정이나 연줄 또는 인물에 대한 존경심을 가지지 않고" 인물에 대한 보편적 공감 또는 그의 고통에 대한 단적인 연민과 그의 기쁨에 대한 축하의 욕구만을 느끼는 인애다. '특별한 인애'는 "덕에 대한 평가여론, 우리에게 행해진 봉사, 또는 얼마간의 특별한 연줄에 기초한 것"이다. 흄은 두 인애감정은 다 인간 본성 속에 실재하는 것으로 인정한다. 우리는 '보편적 인애(범애 = 인류애)'와 '공감'은 별다른 증명도 없이 '보편적 경험'으로부터 "실재하는 것으로 가정할" 수 있다는 것이다.[327]

공맹과 흄의 사유구조의 이러한 유사성이 우연의 일치일까? 제이콥슨(Nolan P. Jacobson)은 흄과 영국 모럴리스트들이 맹자의 도덕론을 수용했을 것이라고 확언한다. "흄에게 가장 중심적인 개념들 중 하나, 즉 보편적 동정심의 이론이 맹자에게서 처음 비롯되었는데 흄의 몇몇 동시대인들, 특히 애덤 스미스 등 주요한 동시대인들의 윤리학을 밑받침해 주고 있다는 것은 거의 우연일 수 없다."[328] 고대 그리스의 합리주의 철학과 칸트철학은 이성을 보편적인 것으로 보고 감성과 감정은 특수한 것으로서 보편화될 수 없는 것으로 보았다. 반면, 공맹과 흄은 오히려 감성과 감정을 인류보편적인 것으로 보고 연민과 인애의 보편적 확충을 말한다.

---

327) David Hume, "Of Self-Love", 115쪽 각주. Appendix II. Hume, *An Inquiry Concerning the Principles of Morals* (Oxford·New York: Oxford University Press, 1998·2010).
328) Jacobson, "The Possibility of Oriental Influences in the Philosophy of David Hume", 32쪽.

그리하여 제이콥슨은 결론짓는다. "흄이 인간생활의 근본적 접착제요 인간 본성의 궁극적 근거로 간주하는 비언어적 교감에서 철학적 연결 경로는 지중해로 거슬러 올라가는 것이 아니라, 맹자의 보편적 공감의 개념에서 시발하는 또 하나의 아시아적 주요 전통으로 거슬러 올라가는 것이다."329) 흄의 도덕과학은 '극동산極東産'이라는 말이다.

흄은 도덕감각론에서 이익과 도덕성을 뒤섞는 개념적 혼탁성을 보임으로써 '공리주의의 생모'로 의심받을 언표를 적잖이 개진했다. 그러나 1751년의 『도덕의 원리에 탐구』에서 전개한 인애론에서는 인애의 진정한 즐거운 원인을 '이익'과 정교하게 분리시키고 인애 그 자체의 즐거움을 규명한다. 일단 흄은 인애의 유용성으로부터 생겨나는 부정할 수 없는 인애의 가치와 인류의 복리를 증진시키는 인애의 경향을 인정한다. 그리고 인애에 대한 찬사의 원인도 상당부분이 유용성과 복리에 있다고 인정한다. "인애의 유용성으로 생겨나오는 인애심의 값어치(merit of benevolence)와 인간들의 복리를 증진시키는 인애심의 경향은 이미 설명되었고, 의심할 바 없이 인애에 그토록 보편적으로 지불되는 저 존경의 원인은 상당한 부분 그것에 있다."330) 그러나 흄은 여기서 관점을 바꿔 인애 그 자체의 논한다.

- 그러나 또한 그 감정의 바로 그 부드러움과 다감성, 그 매력적인 친애감(endearments), 그 다정한 표정, 그 자상한 관심(delicate attentions), 사랑과 우정의 따뜻한 애정에 동참하는 상호적 신뢰와 존중으로부터 흘러나오는 모든 감정, 이 감정들이 그 자체에서 기쁘기에 필연적으로 관찰자들에게 전달되고, 이 관찰자들을 녹여 같은 다정

---

329) Jacobson, "The Possibility of Oriental Influences in the Philosophy of David Hume", 36쪽.
330) Hume, *An Enquiry concerning the Principles of Morals*, 64쪽.

함과 자상함 속으로 들어가게 한다는 것도 인정될 것이다. 눈물은 자연스럽게 이 본성의 따뜻한 감정을 감지하자마자 우리 눈 속에서 시작된다. 우리의 가슴은 부풀고, 우리의 심장은 요동치고 모든 인간적(humane) 애정 원리가 가동되고, 우리에게 가장 순수하고 가장 만족스런 즐거움(enjoyment)을 준다.[331]

흄은 인애의 "이 감정들"을 "그 자체에서 기쁜" 것으로 규정하고 있다. 고대 그리스 시인들이 '엘리시움'이라는 극락을 묘사할 때 사람들이 서로에게 이로운 역할을 하지 않아도 되고 서로 도움을 주지 않아도 되는 '사랑과 우정의 땅'을 말했다는 것이다.

- 시인들이 축복받은 주민들이 서로의 도움을 필요로 하지 않는 엘리시움의 극락평원(Elysian fields)을 묘사할 때, 그들은 그래도 이 평원을, 사랑과 우정의 항상적 교류를 유지하고 우리의 상상력을 이 부드럽고 점잖은 감정들의 기쁜 이미지로 만족시키는 것으로 표현한다. 전원적 아르카디아(Arcadia)에서의 애정어린 평온(tender tranquility)의 이념은 유사한 원리에서 위에서 말한 것처럼 기분 좋다. 누가 항구적 다툼과 질책과 상호비방 속에서 살고 싶어 하겠는가? 이런 감정들의 거침과 사나움은 우리를 교란하고 불쾌하게 한다. 우리는 전염과 공감(contagion and sympathy)에 의해 괴로움을 당한다. 또한 우리는 이러한 화난 감정들로부터 어떤 해로운 결과도 생겨나지 않는 것이 확실할지라도 무관한 관찰자로 남아있을 수 없는 법이다.[332]

---

331) Hume, *An Enquiry concerning the Principles of Morals*, 64쪽.
332) Hume, *An Enquiry concerning the Principles of Morals*, 64쪽. "엘리시움의 극락평원"은 덕자들이 사후에 간다고 얘기되는 '축복받은 자들의 섬'이다. "아르카디아"는 천진하고소박한 생활이 영위되는, 그리스 펠로폰네소스 산중에 있었다는 이상향이다.

고대 그리스인들의 이상향은 "사랑과 우정의 항상적 교류"와 "애정어린 평온"이 보장되지만 "서로의 도움을 필요로 하지 않는", 한 마디로 상호이익과 유용성을 초월한 초超공리적 땅이었다.

이어서 흄은 증거를 들어 인애의 가치가 이익과 무관한 별개의 가치라는 것을 입증한다.

- 인애의 온전한 가치가 이 인애의 유용성(usefulness)으로부터 생겨나는 것이 아니라는 확실한 증거로서 우리는 어떤 사람이 사회 안에서 자기 몫을 초과해 적절한 한계를 넘어 남들을 배려할 때 일종의 애정어린 비난 방식으로 우리는 사람이 '너무 착해(too good)'고 말할 수 있다. 유사한 방식으로 우리는 사람이 '너무 기개 있어(too high-spirited)', '너무 담대해(too intrepid)', '재산에 대해 너무 무관심해(too indifferent about fortune)'라고도 말한다. 이것은 진정으로 찬사보다 더 많은 호평을 바탕에 깔고 있는 비난이다. 주로 성품의 유용하거나 유해한 성향을 기준으로 성품의 잘잘못을 평가하는 데 익숙하기에 우리는 유해한 정도로까지 올라가는 감정을 나타낼 때 비난이라는 통칭을 적용하지 않을 수 없다. 그러나 동시에, 그 감정의 고상한 고양, 또는 그 매력적인 다정함은 인물을 향한 우리의 우정과 관심(concern)을 증가시킬 정도로 심장을 사로잡는 일이 일어날 수 있다.[333]

흄은 여기서 "인애의 온전한 가치가 이 인애의 유용성으로부터 생겨

---

333) Hume, *An Enquiry concerning the Principles of Morals*, 64쪽. "엘리시움의 극락평원"은 덕자들이 사후에 간다고 얘기되는 '축복받은 자들의 섬'이다. "아르카디아"는 천진하고소박한 생활이 영위되는, 그리스 펠로폰네소스 산중에 있었다는 이상향이다.

나는 것이 아니라", 사람들이 베푸는 인애 자체에 대한 우리의 '우의적' 감정과 "심장을 사로잡을" 정도로 뜨거운 '관심'이라고 주장하고, "자기 몫을 초과해 적절한 한계를 넘어 남들을 배려하는" 사람의 "매력적인 다정함"이 사람들의 마음속에 일으키는 "우정과 관심"이 그 주장의 "확실한 증거"라고 말하고 있다. 그리고 그는 프랑스 앙리 4세, 영국의 찰스 12세, 페르시아인들의 침입을 희생정신으로 물리친 고대 그리스인들의 애국심 등을 사례로 든다.[334]

시문은 이해관계를 초월해 인간의 "애정 어린 정감, 사랑, 우정"을 표현하여 우리의 감동을 일으킨다는 것이다. 따라서 "애정 어린 정감, 사랑, 우정" 같은 "이 더 유쾌하거나 더 부드러운 감정들은 특유한 영향력을 갖고, 하나 이상의 이유나 원리에서 우리를 즐겁게 한다. 이 감정들만이 묘사되는 사람들의 운명에 대해 우리로 하여금 관심을 갖도록 하거나, 이 사람들의 성품에 대한 어떤 존경과 애정을 전달한다는 것은 언급할 것이 없다."[335] 그리고 흄은 미美도 이익이나 유용성과 무관한 가치라고 말한다. 버질 시문의 "이 여러 아름다움에 대한 바로 그 감수성, 또는 미감의 섬세한 민감성(delicacy of taste)은 모든 즐거움 중에서 가장 순수한, 가장 영속적인, 가장 순진무구한 즐거움을 전달하는 만큼 그 자체가 어떤 성격에서든 미美다. (…) 어떤 유용성이나 미래의 이로운 결과에 대한 관점은 (미에 대한) 이 감정적 동조(approbation)에 들어오지 않는다. 하지만 이 감정적 동조는 공적·사적 유용성의 관점들에서 생겨나는 저 다른 감정적 동조와 '유사한' 종류다."[336] 그런데 미에 대해서든, 동정심(인애)에 대해서든, 유용성에 대해서든 이 공감적 동조는 일어난다. "우리는 동일한 사회적 공감, 또는 인간적 행복이나 불행에 대한 동일한

---

334) Hume, *An Enquiry concerning the Principles of Morals*, 64-65쪽.
335) Hume, *An Enquiry concerning the Principles of Morals*, 65쪽.
336) Hume, An Enquiry concerning the Principles of Morals, 65-66쪽.

연대감이 이 두 가지 감정적 동조를 야기한다고 말해도 된다. 현재 이론의 모든 부분에서 이 비유적 유추(analogy)는 정당하게 그것의 확인으로 간주될 수 있다."[337] 공감 또는 공감적 동조는 미, 인애, 유용성에 대해 동일하게 일어나기 때문에 사람들이 이 차기들을 혼동하지만, 이 세 가지 가치는 본질적으로 상이한 것으로 구분되어야 한다는 의미를 함의하고 있다. 후기의 이 인애론에서 흄은 이처럼 공리주의적 편향을 수정하고 있다.

- 공맹과 흄의 중도이념과 연대적 '이기심(욕망) 해방'

나아가 맹자와 흄은 모든 감정과 욕망을 이성으로 금하거나 억압하는 금욕을 덕성으로 보지 않으며, 모든 감정과 욕망을 중화中和 차원으로 해방하고 '잘' 즐기도록 만들고자 한다. 공맹과 흄은 칠정(喜·怒·哀·懼·哀·惡·欲) 자체의 선악, 따라서 이기심(欲) 자체의 선악을 말하지 않고 중화의 여부에 의해 선해지거나 악해진다고 말한다. 공맹의 공감적 도덕감정(사단지심) 또는 흄의 본성적 덕목(인애, 동정, 공손 등)을 제외한 인간의 모든 감정과 자질은 절대적으로 악하거나, 절대적으로 선한 것이 아니기 때문이다. 흄은 말한다.

- 어떤 자질도 절대적으로 비난이나 칭찬을 받을 만하지 않다. 그것은 모두 그 정도에 달려 있다. 소요학파(*Peripatetics*)는 적중한 중도가 덕을 특징짓는 것이라고 말한다. 이 중도는 주로 유용성에 의해 결정된다. 가령 업무의 적절한 민첩성과 신속성은 권장할 만하다. 모자랄 때는 어떤 진보도 어떤 목적의 집행에서 달성될 수 없고, 지나칠 때는 우리를 무모하고 부조화된 방법과 기도에 말려들게 한다. 이런 추리

---

337) Hume, *An Enquiry concerning the Principles of Morals*, 66쪽.

에 의해 우리는 모든 도덕·현명 탐구에서 적절하고 권장할 만한 중도(*mediocrity*)를 정하고 어떤 성품과 습성으로부터 결과하는 편익의 관점을 결코 잃지 않는다.[338]

흄의 말대로 "어떤 자질도 절대적으로 비난이나 칭찬을 받을 만하지 않다." 칸트와 같은 합리주의자들이 은연중에 도덕법칙과 배치되는 것으로 간주하는 이기심(욕심)과 질투심 등 인간의 특수한 감정과 욕구도 그 자체로 본다면 선도 악도 아니다. 이기심·질투심 등 인간의 특수한 감정도 험악한 객관적 조건에 의해 왜곡되지 않고 중도적으로 발휘되면 선이 되고, 그렇지 않으면 악이 되기 때문이다. 여기서 흄은 아리스토텔레스의 뤼케움학당 소요학파를 끌어대고 있지만, 대중적 설득력을 생각하지 않았다면 아마도 공자의 『중용』을 끌어댔을 것이다. 그는 공자를 지극히 존경하는 만큼이나 플라톤과 아리스토텔레스의 '지성주의·합리주의'를 지극히 싫어하기 때문이다.

물론 이기심은 발휘되는 조건과 방향에 따라 인애와 배치된다. 그러나 흄은 이기심에 대한 철학자들의 표현에 '지나친 면'이 있고 일부 철학자들이 이기심에서 즐겨 지어내는 인간 묘사를 우화와 소설의 괴물 이야기처럼 '본성과 동떨어진 것'이라고 비판한다. 왜냐하면 이 철학자들은 공자가 인仁의 모태로 본 가족적 친애와 부모에 대한 효도까지도 이기심으로 매도하기 때문이다. 흄을 말한다.

- 나는 인간이 자기를 넘어가는 어떤 것에도 애정을 갖지 않는다고 생각하지 않는다. 오히려, 자기를 사랑하는 것보다 타인 한 명을 더 많이 사랑하는 사람을 만나는 것이 드물다고 할지라도 온갖 애정을 다 합친

---

338) Hume, *An Inquiry Concerning the Principles of Morals*, 47쪽.

애정 전부가 이기심 전부를 능가하지 않는 사람을 만나는 것도 마찬가지로 드물다고 생각한다. 통상적 경험을 참조해 보라. 당신은 가족의 모든 지출이 일반적으로 가장의 통제 아래 있을지라도 자기의 본래적 용도와 유흥을 위한 최소 부분을 유보해 두고 자기 재산의 최대 부분을 아내의 기쁨과 자식들의 교육에 쏟아 붓지 않는 사람은 드물다는 것을 알지 않는가? 따라서 우리는 이 친애의 유대를 가진 것들에 관해 말할 수 있고, 유사한 상황에 놓여 있다면 다른 경우에도 동일할 것이라고 추정할 수 있는 것이다.[339]

우리는 가족·친척·친구들 간에 재물로 돕고 선물하고 재물을 나누는 물질적 '후함(generosity)'을 발휘한다. 아무리 이기적인 인간이라도 적어도 가까운 타인들을 이타적으로 사랑한다. 따라서 엄밀히 말하면, 보통사람의 경우에 이타심(인애와 재물상의 '후함')은 언제나 이기심을 압도한다. 다시 말하면, 인간은 어느 타인에 대한 사랑의 개개 사례보다 자기에 대한 사랑이 더 클지라도 여러 이타적 행동들을 다 합치면 이기적 행동보다 더 많다. 한 인간이 가족, 친인척, 지인, 동포 등 가깝고 먼 타인들에 대해 조금씩 주는 사랑을 다 합한 사랑의 총량은 자기에 대한 사랑의 양보다 더 크기 때문이다.

그러나 가족적 친애와 우정은 전체 공동체에 비하면 범위가 좁다. 가족이나 친구 사이의 이런 '후함'은 동시에 "인간들을 큰 사회에 적응시키기보다" 자기만 생각하는 "가장 협소한 이기심처럼 사회에 배치되는" 면이 있다. 왜냐하면 "이것은 반드시 감정의 대립과 이로부터 귀결되는 행동의 대립을 산출하지 않을 수 없기" 때문이다. 이것은 공동체적 유대에 "위험하지 않을 수 없다." 그러나 이 이기적 감정들의 대립성은 "그

---

[339] Hume, *A Treatise of Human Nature*, Book 3. *Of Morals*, 313쪽.

감정들을 발휘할 기회를 주는 특유한 외적 상황과 동시에 나타나지 않는다면, 단지 작은 위험만을 수반할 것이다."[340] 이 좁은 사적 사랑은 그 특유한 협소성 때문에 국가공동체의 연대와 배치될 수 있지만 그리 큰 위험은 아니다. 이것이 큰 위험으로 발전하기 위해서는 이기적 감정 대립을 야기할 '특유한 외적 상황'이 더해져야 한다. 뒤집어 말해서, 이 '외적 상황'이 반대로 감정대립을 조화시키고 상호이익을 극대화하는 방향으로 배열되고 운영된다면, 이기심은 재산증식과 공동체 발전의 동력이 될 수도 있다. 전체적으로 이기심은 그 자체로서 보면 유익하고, 주변 상황에 따라서만 선해지거나 악해질 수 있다.

한편, '이기적 욕심'으로서의 물욕과 색욕에는 많은 비난이 쏟아진다. 물욕과 색욕은 인간의 어떤 감정보다 강렬해서 지나칠 수 있기 때문이다. 그러나 이 물욕·색욕도 양적으로 중도적이고 타인의 욕심과 조화를 이루도록 욕심의 충족과 발휘의 방향이 연대적으로 조정된다면, 얼마든지 잘 즐길 수 있고 따라서 얼마든지 보장될 수 있다. 욕심은 이처럼 타인의 욕심과의 관계에 의해 규제되는 것이다. 그래서 주지하다시피 맹자는 심지어 군왕의 강렬한 물욕과 색욕도 백성의 물욕과 색욕을 고려해 '여민동락與民同樂'한다면 문제될 것이 없다고 말함으로써 인간 일반의 욕망을 해방했다.[341] 흄은 이처럼 욕심이 타인들의 욕심을 고려하고 제어한다면 '욕심은 절대적 선이나 악'이라는 말은 있을 수 없거나 무의미한 것이라고 말한다.

- 바로 이기적 감정만이 방향 변경에 의해 이기적 감정을 제어할 수 있다. 이 방향 변경은 조금만 반성할 시에도 필연적으로 벌어지게 된다.

---

340) Hume, *A Treatise of Human Nature*, Book 3. *Of Morals*, 313쪽.
341) 『孟子』「梁惠王上」(1-2), (2-2), (2-4).

왜냐하면 감정은 방임에 의해서보다 제어에 의해 훨씬 더 잘 충족되며, 우리는 폭력과 보편적 방종에 따라야 하는 고독하고 버려진 상태로 뛰어들기보다 사회를 보존함에 의해 점유물의 획득 면에서 훨씬 더 크게 진보하기 때문이다. 그러므로 인간 본성이 악한지 선한지에 관한 문제는 사회의 기원에 관한 저 다른 문제 속으로 조금도 들어오지 않는다. 다만 인간들의 현우賢愚의 정도만이 고려되어야 할 뿐이다. 이기심의 감정 그 자체만이 이 이기심의 감정을 억제하므로 이기심의 감정이 악인지 선인지 하는 물음은 아무래도 상관없기 때문이다. 그리하여 이 이기심의 감정이 덕스러워지면 인간들도 자신들의 덕성에 의해 사회적이 되고, 이 이기심의 감정이 부덕하면 인간들의 부덕은 같은 부덕한 효과를 가지는 것이다.[342]

흄에 의하면, 이기적 감정도 타인의 이기적 감정과 더불어 공존하는 방향을 취하면, 즉 '여민동락'이면 덕스럽고 정의로운 것이다.

맹자는 심지어 군주의 물욕과 색욕도 금하고자 하지 않았다. 그는 물욕과 색욕도 백성과 더불어 충족하는 '여민동락'의 방향, 공익과 화합적인 방향을 취한다면 '잘 즐길 수 있다'고 말했다. 어떤 물욕이나 색욕이 문제라고 해도, 이 물욕과 색욕 '자체'가 문제가 아니라, 그 충족의 방향과 방법이 문제인 것이다. 방향과 방법이 중화적中和的(중도적·화합적)이면, 욕심과 그 추구는 잘 달성되고 덕스럽고 선한 것이다. 공맹에 의하면, 측은지심·수오지심·공경지심(사양지심) 등 말없는 본성적 도덕감정은 그 자체로서 선하고, 희喜·로怒·애哀·구懼·애愛·오惡·욕欲 등 비윤리적 칠정은 그 자체로서 선악과 무관하다. 칠정은 중화적이면 선하다. 말하자면, 인간의 일부 감정은 본질적으로 선하고, 다른 감정들은 그 자체만

---

342) Hume, *A Treatise of Human Nature*, Book 3, *Of Morals*, 316쪽.

고찰한다면 본질적으로 선악과 무관하다. 인간의 어떤 감정도 그 자체로서 악할 수 없다는 말이다. 공맹 도덕론의 본질은 선한 성정을 확충하고, 칠정을 중화에 의해 덕성화해 해방하고 잘 즐기는 데 있다. 예禮는 칠정을 중화해 가장 잘 즐기는 방도다. 그래서 공자는 "무릇 예란 중中을 만드는 방도다"라고 했고(子曰 夫禮所以制中也)[343] 또 "화녕和寧은 예의 효용이다(和寧 禮之用也)"라고 했다.[344] 이에 유자有子는 공자의 이 명제들을 받아 "예의 효용은 중화가 가장 귀한 것인데, (…) 행해지지 못함이 있다면 그것은 중화를 알고 중화시키려고 하고 예로써 조절하지 않았아서 역시 행해질 수 없는 것이다"고 했던 것이다(有子曰 禮之用 和爲貴 […] 有所不行 知和而和 不以禮節之 亦不可行也.).[345] 칠정의 발휘도 예법을 따른다면, 이것은 칠정을 가장 잘 머금고 절도에 맞게 발휘하는 중화의 길이다. 나아가 '인仁'과 '의義'에 따라 타인들과 더불어, 즉 남의 칠정 충족을 증진하는 '인仁'의 적극적 덕목과 남의 칠정의 충족을 해치지 않는 '의義'의 소극적 덕목에 따라 칠정의 충족을 즐긴다면, 이것은 '가장 잘' 즐기는 길이다. 흄의 도덕론은 소요학파를 내세우지만 실은 공맹의 이 중도론을 따르고 있는 것이다.

흄의 도덕론은 기본적으로 인애도덕론이다. 그는 이 인애도덕론을 유학적 도덕론에 힘입어 공감개념을 적극적으로 도입·활용함으로써 주술적·합리론적 도덕형이상학으로부터 도덕과학으로 한 걸음 더 발전시켰다. 그는 도덕감각론도 비일관성 속에서 합리론으로부터 잘 방어하고 명맥을 이었다. 이것도 도덕과학의 확립에 기여했다.

그러나 흄은 정의를 정조와[346] 더불어 '본성적' 덕목이 아니라, '인위

---

343) 『禮記(下)』「仲尼燕居」, 31쪽.
344) 『禮記(下)』「燕義」, 279쪽.
345) 『論語』「學而」(1-12).
346) Hume, *A Treatise of Human Nature*, Book 3, *Of Morals*, 363쪽.

적' 덕목으로 간주함으로써[347] 오점을 남겼다. 그러나 정조는 남녀 간의 육체적·정신적 사랑에 본성적으로 부수되는 만큼 사랑만큼이나 본성적인 것이다. 종신토록 암수가 짝지어 사는 앵무새나 원앙새도, 그리고 원숭이도 정조감정이 강렬하다. 그런데 사람의 남녀 간에 정조감정이 본성적인 것은 당연한 것이다. 그리고 정의감도 정조만큼 본성적이다. 나중에 상론하겠지만 이타적·이기적 정의감정은 동물들도 가지고 있다. 흄이 동물들도 본능적으로 보유한 이 본성적 정의감정이 사람의 본성에만 없는 것으로 생각한 것은 그의 경험적 관찰이 미흡했던 데 기인한다. 원숭이는 이기적 정의감정(억울함·이기적 복수심)을 느낄 뿐만 아니라, 제3자가 억울한 일을 당하는 것을 저지하려는 이타적 정의감정도 느낀다. 개는 이타적 정의감정을 느끼지 않는 것 같으나 이기적 정의감정(억울함)은 상당히 강렬하다. 이 점에서 흄의 정의도덕은 본질적 차원에서 오류의 소산이다. 물론 그가 정의의 제목 아래 전개하고 있는 소유권 이론,[348] 정부기원론,[349] 충성이론,[350] 국제법이론[351] 등은 인위적 정의개념의 오류와 무관하게 중요한 가치가 있는 것들임을 부정할 수 없을 것이다.

---

347) Hume, *A Treatise of Human Nature*, Book 3, *Of Morals*, 307-322쪽.
348) Hume, *A Treatise of Human Nature*, Book 3, *Of Morals*, 322-336쪽.
349) Hume, *A Treatise of Human Nature*, Book 3, *Of Morals*, 342-345쪽.
350) Hume, *A Treatise of Human Nature*, Book 3, *Of Morals*, 345-362쪽.
351) Hume, *A Treatise of Human Nature*, Book 3, *Of Morals*, 362-364쪽.

제8절

흄의
민주주의 정치이론: 공론의 지배

흄은 이성과 공상보다 경험과 관습, 그리고 "세상에서 통상적으로 행해지는 것"과 "인간 본성이 감당할" 수 있는 세련과 제도를 중시하기 때문에 플라톤·아리스토텔레스·데카르트 등과 같은 합리주의자들과 정치철학적으로 대립했다. 그는 공자·맹자·베이컨·홉스·로크와 동일한 취지에서 이성적 지혜에 정치적 지배의 자격과 정통성을 인정치 않고 인간본성을 개조하려는 이성적 입법자의 어떤 데카르트·루소 식 정치기획도 용납하지 않고, 공맹처럼 오직 민심 또는 공론을 권력의 원천으로 중시했다.

8.1. 지배의 정통성 원천과 국가발생의 이유

흄은 지배가 피치자들의 '계약적 동의'에 근거한다고 보았던 로크와 다르게, 그러나 공맹과는 유사하게 비현실적·반역사적 사회계약론을 부정하고, 나라를 다스리고 운영할 권능과 이 정통성의 원천이 오로지 민심과 공론에 근거한다고 본다.

- 인간사를 철학적 눈으로 고찰하는 사람들에게 가장 놀라운 것으로 나타나는 것은 다수가 소수에 의해 통치되는 용이성과, 인간들이 그들 자신의 기분과 감정을 그 치자의 기분과 감정에 내맡기는 암묵적 복종이다. 이 경이가 어떤 방법으로 이루어지는지를 탐구해 보면, 우리는 힘이 언제나 피치자들 편에 있는 만큼, 치자들은 공론共論(common opinion) 외에 아무것도 그들을 지탱해 주는 것이 없다는 것을 발견하게 된다. 그러므로 정부는 오직 공론에만 기초하는 것이다. 그리고 이 격률은 대부분의 자유정부와 대부분의 인민정부로 확장될 뿐만 아니라, 대부분의 전제정부와 대부분의 군사정부로도 확장된다.[352]

여기서 "자유정부"는 독립왕정을, "인민정부"는 민주정을 말한다. 흄은 모든 국가의 지배권력은 어떤 정체를 취하든 다 '공론'에 기초한다고 주장하고 있다. 그러나 "대부분의 전제정부와 대부분의 군사정부"까지 공론에 기초하는 것으로 파악하는 것은 문제의 소지가 있다. 이 두 독재정부가 초기에 그럴 수도 있지만 결국 민심을 잃고 공론의 지지를 받지 못해 붕괴되거나 타도되기 마련이기 때문이다. 공맹은 이런 폭정체제를 혁명적 타도의 대상으로 설정했다. 흄의 '공론共論(common opinion)'은 공맹의 '민심'과 거의 같은 의미다.

---

[352] David Hume, "Of the First Principles of Government" [1741], 17쪽. Hume, *Political Essays* (Cambridge·New York: Cambridge University Press, 1994·2006). 또 참조: David Hume, "Of the Origin of Government" [1777], 22쪽. Hume, *Political Essays*.

물론 흄의 지배이론은 공자처럼 '민심'과 동시에 이 민심을 얻고 모범적 영향을 미칠 수 있는 치자집단의 정통적 자격으로서 덕성을 중시하는 '덕치', 즉 '덕성의 지배'에까지 도달하지 못했다. 따라서 흄의 정치철학은 치자집단의 특별한 교육·충원론도 결여하고 있다.

대신, 흄은 국가운영의 능력과 관련해 일인의 이성적 지혜나 천재성보다 다중의 민심과 경험, 그리고 대중적 편안과 불편의 느낌에 강세를 둔다.

- 군주정체든 공화국이든, 일반적 법률에 따라 큰 나라나 사회를 균형 잡는 것은 아주 어려운 일이다. 그러므로 어떤 인간적 천재가 아무리 포괄적일지라도 이성과 반성의 단순한 힘에 의해 이것을 달성할 수 없다. 다중의 판단이 이 일에서 사람들을 통합시켜야 하고, 경험이 이 다중의 노력을 지도해 주어야 한다. 시간은 이것을 완벽에 이르게 해야 하고, 불편의 느낌은 다중이 최초의 시도와 실험에서 불가피하게 빠져드는 실수를 수정한다.[353]

이처럼 흄은 정치적 지배에서도 지혜로운 단일인간, 즉 천재적 철인치자의 이성적 반성능력과 이성적 정치기획을 신뢰하지 않고 대중의 민심과 경험, '시간(세월)'과 보통사람들의 '느낌'을 중시한다.

따라서 흄은 플라톤·데카르트·루소가 국가를 신적 개인의 전지적全知的 단독이성의 산물로 본 것과 정반대로 국가를 인지人智의 한계와 불완전성 때문에 생겨난 것으로 본다.

- 모든 사람이 언제나 그들 자신의 모든 이익을 알 정도로 완벽한 지성

---

353) Hume, "Of the Rise and Progress of the Arts and Sciences", 67-68쪽.

을 보유한다면, 국가형태에 굴복한 것이 아니라, 동의에 기초해 수립되고 사회의 모든 구성원들에 의해 충분히 상론된 것에 복종했을 것이다. 이런 완벽의 상태는 마찬가지로 인성人性을 훨씬 초월하는 것이다.[354]

이 말은 '모든' 사람이 '언제나' 그들 자신의 '모든' 이익을 알 정도로 '완벽한 지성'을 보유하지 않기 때문에 국가형태에 복종했다는 말이다. 즉, 인간 지성이 불완전하기 때문에 국가형태를 수락할 수밖에 없었다는 것이다.[355] 따라서 국가는 이성의 산물일 수 없고, 단지 '이성의 한계'의 산물일 뿐이다.

또한 흄은 정의와 일반이익·장기이익을 지각하고 견지하는 측면에서도 인간의 지력과 정신력이 불충분하기 때문에 인간이 국가를 수락했다고 말한다.

- 모든 사람이 모든 시간 동안 정의와 공평성을 준수하도록 그들을 묶어맬 강력한 이익을 지각할 정도로 충분한 지력智力과, 현재의 쾌락과 편익의 유혹에 반대해 일반적 이익과 먼 이익에 대한 한결같은 고수를 위해 끈질기게 노력할 충분한 정신력을 가졌다면, 이 경우에는 결코 정부나 정치적 사회 같은 것은 존재하지 않았을 것이다. 각 사람들은 (정부 없이) 그의 자연적 자유를 따라서 다른 모든 사람들과 더불어 완전한 평화와 화합 속에서 살았을 것이다. 자연적 정의가 저절로 충분한 구속인자인 곳에서 실정법이 무슨 소용이 있겠는가? 어떤 무질서나 불공평도 결코 생겨나지 않는 곳에서 왜 치자들을 내세우겠는가?

---

354) David Hume, "Of the Original Contract" [1748], 192쪽. Hume, *Political Essays*.
355) Hume, "Of the Original Contract", 192쪽.

매 순간 자유의 극한 발휘가 결백하고 유익한 것으로 드러나는 곳에서 왜 우리의 타고난 자유를 축소하겠는가? 분명한 것은 정부가 완전히 무용하다면 그것이 들어설 자리가 없었을 것이고, 충성의 의미의 유일한 기초가 인류의 평화와 질서를 보존함으로써 사회에 마련해 주는 편익이었을 것이라는 점이다.[356]

국가는 전지적 인간이성의 산물이 아니라, 불완전한 이성을 믿을 수 없는 마당에 삶의 불안전성을 해소하고 정의와 일반이익·장기이익을 지속적으로 증진할 필요성에서 선택한 인공적 제도다. 공자의 인식능력처럼 흄이 아는 인간의 지성과 이성은 '생이지지生而知之'하는 신적神的 전지능력이 아니라 인간적 차선의 지식능력이기 때문이다.

이처럼 경험론적 비판을 거친 인간적 지력과 정신력(덕성)은 합리주의적으로 부풀려진 인간의 능력에 비하면 결함 있고, 겸손하다 못해 매우 제한적인 것으로 나타난다. 인간은 합리주의자들이 말하듯이 정신의 이성적 '본유관념'으로부터 도출된다는 절대지식을 믿을 수 없다. 인간은 이제 사변적·공상적 '작화' 버릇을 버리고 일상생활의 박학한 경험으로부터 지식재료들을 가급적 널리 수집해 가공해야만 개연적 지식을 얻을 수 있다. 인간의 인식능력과 덕성은 경험론적 관점에서 규명된 결함들로 인해 겸손한 수준으로 현격히 제한되었는데, 다만 '다문다견'의 경험이 지리상의 발견과 세계의 확대로 더욱 많아졌을 뿐이다.

따라서 흄은 이 제한된 능력으로나마 두루 '다문다견'을 하려는 지적 노력을 '세계일주'에 비유한다.

- 나는 사주砂洲 위에 좌초되고 작은 강구江口를 지나면서 난파를 가까

---

356) Hume, *An Inquiry Concerning the Principles of Morals*, 34쪽.

스로 면했으나 물이 새고 비바람에 시달린 동일한 함선을 타고 바다로 출항하는 무모함을 발휘해 이 불리한 여건에서도 지구를 일주하려고까지 생각할 정도로 야심을 품고 있는 사람과 같다는 생각이 든다.[357]

여기서 흄은 정치를 알고 정치를 해야 하는 인간의 제한된 능력으로 '주유천하周遊天下'를 해야 하는 자신의 이런 딱한 정황을 세계일주를 앞둔 허술한 함선의 처지에 비유하고, 자신을 이 함선의 항해사에 비유하고 있다. 이것은 인간의 지적 '능력의 한계'에 대한 한탄이요, 더 확장하면 도덕적 능력의 한계에 대한 한탄이기도 하다.

흄이 보기에 국가는 완벽한 천재적 이성의 산물이 아니라 인간의 제한된 지적·도덕적 능력의 한계로 인해 고안된 제도다. 따라서 다중의 경험과 민주적 공론만이 국가창설의 기초이고, 대중의 편안과 불편의 느낌과 오랜 세월만이 국가기구의 손질에서 기본적 역할을 하는 것이다.

8.2. 이성의 광적 지식욕과 침략성

그러나 국가와 사회를 '이성의 소산'이라고(또는 '이성의 소산'이어야 한다고) 믿는 플라톤·데카르트·루소·칸트 등 합리주의 국가론자들과 국가를 아예 '이성국가(Vernunftstaat)'로 작화한 헤겔주의자들은 국가를 합리적으로 기획하려고 새로운 제국과 인종국가·공산국가의 공상적 작화에 달라붙었다. 이러한 합리주의적 국가론의 근대적 발단은 데카르트·루소·칸트였고, 이 공상적 작화의 완성자는 마르크스와 니체였다.

칸트는 『프롤레고메나』 서문에서 흄의 저 한탄을 패러디해 배를 보존하기 위해 회의주의의 해안에 올려놓고 쉬는 자로 흄을 풍자하듯 비판하

---

357) Hume, *A Treatise of Human Nature*, 172쪽.

면서 지리와 항해술에 정통한 새 항해사를 갖추고 함선을 다시 출항시키려는 '제국주의적 야심'을 부린다.

- 그것이 이전에 아무도 생각하지 못했던, 단순한 이념조차도 알려지지 않았던, 흄의 회의가 줄 수 있었던 눈짓 외에 지금까지 주어진 것 중 아무것도 활용되지 않은, 완전히 새로운 과학이라는 것을 통찰하는 선까지 데려다 줄 것이다. 흄은 마찬가지로 그와 같은 가능한 형식적인 과학에 대해 아무것도 예감하지 못했고, 그의 배가 난파되지 않도록 안전하게 지키려고 해안(회의주의) 위에 정착시켜 놓았다. 그러나 내게 중요한 것은 이것이 아니라, 지구의 지식으로부터 얻은 조타술의 확실한 원리에 따라 완벽한 항해 지도와 나침반을 갖추고 자기가 좋다고 생각하는 방향으로 배를 확실히 몰 수 있는 항해사를 배에 배치하는 것이다.[358]

그러나 칸트의 이 합리주의적 함선은 새로운 지리지식과 항해술, 유능한 항해사만을 장착한 것이 아니라, 허황된 선험적 연역의 '범주', 공허하고 위험한 '선험적 종합판단'의 합리론적 이데올로기로 부풀려진 허영스런 이성과 광적 지식욕, 이 광적 지식욕의 산물인 새로운 과학 무기와 함포, 그리고 살기등등한 제국주의적 침략군대를 실은 전함이었다.

'인간학적 단잠'에 빠진 선장과 항해사가 서구 중심의 합리론적 나침반에 입각해 "자기가 좋다고 생각하는 방향으로" 조종하는 합리론적 서구중심주의와 자연파괴적 인간파시즘을 실은 이 칸트주의 전함은 100여 년간 식민주의적·제국주의적 침략을 전지구적 차원에서 자행했다. 그 끝은 결국 20세기의 난파였다. 이 배는 지구 도처에서 원주민, 이민

---

358) Kant, *Prolegomena*, A121.

족, 비서구문명권에 대한 제국주의적 경략을 일삼고, 20세기 전반에는 공산주의·파시즘·나치즘·세계대전과 과학적 무기기술로 인간파괴를 전대미문의 규모로 자행하고, 전후에는 대량소비사회에서 과학적 생산기술로 자연파괴를 전지구적 차원으로 확장했다. 20세기 말 요란하게 일어났다가 지금은 잠잠해진 포스트모더니즘은 칸트의 새 함선의 홀로코스트적 만행과 난파를 '인간학적 단잠'이라는 때늦은 지적으로 재확인해 주었다.[359]

데카르트로부터 칸트와 헤겔을 거쳐 마르크스에 이르는 합리주의와 과학주의의 광신도들과 니체의 과학적 인종주의의 광신도들도, 흄이 「미신과 광신에 대하여」라는 글에서 기대했듯이, 상식적인 인간으로 변할 수 있을까? 흄은 과거의 '퀘이커교파', '조합교회파(independents)', 장로교파 등 각종 광신주의 교파들이 초장에 "인간 사회 안에서 가장 잔악한 무질서"를 야기하지만 "단시간에 힘을 소진하고 이전보다 더 차분하고 평온한 공기를 남겨두는 벼락천둥과 폭풍" 같이 광포한 "맹위"를 떨치다가 "무기력과 냉정함 속으로 침잠해" 결국 "자유의 벗"이 되었음을 지적한다.[360] 앞서 시사했듯이 공자의 사상을 잘 알고 좋아했던 흄은 광신도들의 이러한 변모와 정상화를 공자와 그 제자들과 비유하며 다음과 같이 결론짓는다. "이전에 그렇게 위험한 고집불통이었던 우리의 종파주의자들은 이제 아주 자유롭고 사리에 밝은 자들이 되었다. 퀘이커교도들은, 우주 안에서 유일한 이신론자들의 정규단체(the only regular body of deists in the universe)인 선비집단, 즉 중국의 공자의 제자들에 가까이 접근하는 듯하다."[361] 현재 우리로서는 서구 합리주의자들이 19-20세기 내내 제국주의·공산주의·인종주의로 광신적 맹위를 떨친 후

---

359) 참조: Foucault, *Die Ordnung der Dinge*, 410-412쪽.
360) Hume, "Of superstition and enthusiasm", 47-48쪽.
361) Hume, "Of superstition and enthusiasm", 49쪽.

에 포스트모더니즘적 자기고백과 자기비판 속에서 차분해져 '공자의 제자'가 될 것이라고 흄과 더불어 기대해 볼 수밖에 없다. 리처드 로티 같이 "Anything goes"를 외치며 설치는 철학적 자포자기의 무책임한 지적·도덕적 피론주의자들이 나타나 젊은이들을 사로잡는 흐름과 풍조도 있어 우려스럽지만, 이것도 전 유럽에서 네오파시즘과 네오나치즘이 이 풍조를 타고 다시 고개를 들자 이내 잠잠해진 것 같다.

제9절

흄의
자유상업경제론

흄은 공자의 무위이치와 중국 시장경제의 영향 아래 자유상업론을 전개했다. 이것은 애덤 스미스에게 결정적 영향을 미쳤다.

9.1. 공자의 무위이치無爲而治와 흄의 자유상공업론

흄에 대한 공맹철학과 중국 정치·경제의 영향은 도덕감정론과 그의 근대 민주주의론을 넘어 그의 상공업 중시, 자유상업론, 경제적 무위이치의 관점에서 두드러진다.

■ 흄의 근대 경제학과 유교적 '무위이치' 사상

흄은 1741년 「시민자유론(Of Civil Liberty)」에서 서구에서 상업을 국가의 중대사로 여기는 전통이 전무했고 상업을 중시하는 사상이 극동에서 유래되었음을 확인한다. 유럽에서 "교역은 지난 세기까지", 즉 17세기까지 "결코 국사國事로 여겨지지 않았다"는 것이다. 게다가 "이것을 언급한 고대의 정치학 저자도 거의 없었다. 지금은 사변적 추리가 들뿐만 아니라 국가 장관들의 주된 관심마저 사로잡고 있을지라도 이탈리아인들조차 이에 관한 심오한 침묵을 지켰다." 여기서 흄은 "크세노폰은 교역을 언급했으나, 이것이 국가에 이로운 것인지 의심을 곁들였다"고 각주에서 밝힌다. 근세에 "광범한 상업의 중요성을 인류에게 처음 가르쳐 준 것"은 중국 및 아시아와 교역을 통해 이룩된 "두 해양강국(포르투갈과 스페인 – 인용자)의 거대한 풍요와 번영, 군사적 성취"라는 것이다.[362] 예수회 선교사들을 중국과 동남아에 파견한 포르투갈·스페인이라는 '두 해양국가'를 통로로 자유상공업 사상이 중국에서 유럽으로 처음 전파되었음을 시사하는 구절이다.

이어서 흄은 1752년 「상업론(Of Commerce)」에서 인간의 본성에 부응되는 자연스런 정책을 최선의 정책으로 천명하는 '무위이치' 사상을 피력한다.

- 자유롭고 아주 호전적인 국민들 사이에서는 교역과 제조업의 부재가 종종 국가를 더 강력하게 만들어 주는 효과를 가질지라도, 인간사의 통상적 과정에서는 그것이 아주 상반된 경향을 갖게 될 것임이 확실하다. 주권자는 인간을 있는 그대로 취해야하지, 감히 인간의 사고원리와 사고방식을 폭력적으로 변경하려고 주장해서는 아니 된다. 시간의 오랜 경과는 사건과 사정의 다양성과 함께 인간사의 면모를 그렇게 상이하게 만드는 저 커다란 혁명들을 낳는 데 필수적이다. 개별 사회를

---

362) David Hume, "Of Civil Liberty" [1741], 52쪽. Hume, *Political Essays* (Cambridge·New York: Cambridge University Press, 1994·2006).

지탱해 주는 일련의 원리들이 덜 자연스러우면 덜 자연스러울수록 입법자는 인간사를 일으키고 개발하는 데서 그 만큼 더 많은 난관을 겪게 될 것이다. 인간의 통상적 성향에 부응하고 이 통상적 성향이 받아들일 수 있는 모든 향상을 이 성향에 보장하는 것이 입법자의 최선의 정책이다. 사물의 가장 자연스런 과정에 따라 산업과 예술과 교역은 피치자들의 행복뿐만 아니라 주권자의 권력을 함께 증대시킬 것이기 때문이다.[363]

"주권자는 인간을 있는 그대로 취해야하지, 감히 인간의 사고원리와 사고방식을 폭력적으로 변경하려고 주장해서는 아니 된다"는 구절은 공자의 "무위이치'를 반복하는 듯하고, "시간의 오랜 경과는 사건과 사정의 다양성과 함께 인간사의 면모를 그렇게 상이하게 만드는 저 커다란 혁명들을 낳는 데 필수적이다"라는 구절은 "유구함은 일을 성취하는 소이다(悠久所以成物也)"는 『중용』의 한 구절을[364] 그대로 옮겨 놓은 것 같다. 그리고 "개별 사회를 지탱해 주는 일련의 원리들이 덜 자연스러우면 덜 자연스러울수록 입법자는 인간사를 일으키고 개발하는 데서 그 만큼 더 많은 난관을 겪게 될 것이다"는 구절은 『중용』의 "무위이성"의 "천지지도"를 말하고 있다.

또한 흄은 주장하기를, 상업은 자유로운 국가에서 더 번창한다고 말한다. "상업이 자유헌정 이외의 헌정에서 결코 번영할 수 없다는 것은 확립된 의견이 되었다. 그리고 이 의견은 (…) 더 오래고 더 넓은 경험에 기초한 것으로 보인다." 우리가 아테네·시라쿠사·카르타고와 베네치아·피렌체·제노아, 그리고 안트워프·네덜란드·잉글랜드 등을 관통하는 "발전 중

---

363) Hume, "Of Commerce", 98쪽.
364) 『中庸』(二十六章).

인 상업"을 추적해 보면, "우리는 언제나 상업이 자유헌정에 정착한다는 점을 발견한다." 18세기 중반 "세계 3대 무역도시는 런던, 암스테르담, 함부르크"였다. "이들은 모두 자유도시들이고 프로테스탄트 도시들, 즉 이중적 자유를 누리는 도시들이다." 그러나 자유 없는 절대왕정이면서도 대외무역을 발전시킨 프랑스와 같은 나라가 있어서 '상업이 자유헌정 이외의 헌정에서 결코 번영할 수 없다'는 저 확립된 격률을 "확실하지 않고 불가류적이지 않은" 것으로 만드는 듯하지만, "프랑스인들의 노력에도 불구하고 절대헌정의 바로 그 본성에 내재하고 이것과 불가분적인, 상업에 해로운 어떤 것이 존재한다." 이 반反상업적 요소는 바로 이런 왕정에 본질적인 풍조인, 작위爵位 선망과 상업 멸시 풍조다. "절대헌정에서" 상업은 "덜 영예롭기 때문에 쇠락한다." 이런 헌정체제에서 "신분작위의 상하질서는 군주정의 지탱에 절대 필요하다." 그리하여 "탄생·칭호·지위는 근면과 재부보다 영예롭게 여겨질 수밖에 없다. 이 관념들이 지배하는 한, 모든 적잖은 상인들이 특권과 영예가 결부된 저 모종의 업종을 구입하기 위해 상업을 내던지고 싶은 유혹을 받을 것이다."365) 따라서 상업의 고도성장은 영국 같은 자유헌정이나 귀족도 노비도 없는 자유·평등한 중국 같은 제국에서만 가능한 것이다.

흄은 세습귀족의 귀족주의적 나태와 반反노동 풍조가 상업정신을 좀먹고 파괴한다는 견해를 '중국에서 세습귀족의 부재가 상업정신을 고취한다'고 강조한 르콩트와 실루에트로부터 배웠을 것이다. 앞서 두세 번 밝혔듯이 르콩트는 세습귀족의 부재가 상업을 촉진한다는 견해를 대변했다. "국가가 이 (세습귀족의 부재) 준칙으로부터 얻는 이점은 첫째, 상업이 더 번창하는 상황에 있는 것이다. 귀족의 나태는 상업을 멸망시키는 가장 쉬운 수단이다. 둘째, 황제의 세수가 이 준칙에 의해 증대된다.

---

365) Hume, "Of Civil Liberty", 54-55쪽.

어떤 신분도 세금을 면제받지 않기 때문이다. 인두세를 내는 도시에서는 어떤 사람도 면제가 아니다."366) 르콩트는 세습귀족의 부재를 상업발달의 한 요인으로 파악한 것이다. 나아가 그는 만다린까지 투자하는 것을 꺼리지 않는 상업의 보편성을 말한다. "상업은 백성들의 관심사항일 뿐만 아니라, 돈을 가장 잘 굴리기 위해 믿음직한 상인들에게 돈을 투자하는 신사들의 관심사항이기도 있다. 만주인들을 중국으로 데리고 들어온 산서山西(Chensi)의 소왕小王 오삼계吳三桂는 이 사적 방법으로 아주 부강해져서 자력으로 황제를 공격하는 전쟁을 오랫동안 후원할 수 있을 정도였다."367) 르콩트는 청대 초인 1696년 '신사'가 '상인'과 결탁하고 융해되는 과정을 정확하게 채록하고 있다. 또 실루에트는 르콩트처럼 중국에서 세습귀족의 부재와 상업의 번창 간의 인과관계를 부각시킨다. "중국인들은 덕성 외에 이와 다른 어떤 귀족도, 사람들이 책무에 의해 올라가는 것 외에 어떤 지위서열도 인정하지 않는다. 이 지혜로운 정치에 의해 그들은 귀족들의 나태가 관습에 의해 망가뜨리는 상업을 번영하게 만들고 있다."368) 이 구절은 유럽의 세습귀족제에 대한 비판과 중국의 번영하는 자유상업의 원인에 대한 규명을 동시에 기술함으로써 넌지시 유럽 귀족제의 폐지와 자유상업의 진흥을 주장하고 있다.

9.2. 상업발달·개인자유·부국강병의 상승작용에 관하여

흄은 상공업의 발달과 그에 따른 중간층 부자들 – 왕후장상과 맞먹는 사마천의 '소봉' 같은 갑부들 – 의 형성과 증가가 나라의 자유와 균형을 유지하게 해 줄 것이라고 갈파한다.

---

366) Le Compte, *Memoirs and Observations* (1697), 285쪽.
367) Le Compte, *Memoirs and Observations* (1697), 290쪽.
368) Silhouette, *Idée genénérale du goubernement et de la morale des Chinois*, 41쪽:

● 우리는 (…) 기술의 진보가 오히려 자유에 이롭고, 자유정부를 산출하지는 않을지라도 보전하는 자연적 경향을 갖는다는 것을 발견한다. 기술이 소홀히 취급되는 야생적인 미개국민에게서 모든 노동은 땅의 경작에 쏟아 부어진다. 그리고 전 사회는 두 계급, 즉 지주와 그 가신 아니면 소작인으로 나뉜다. 후자는 필연적으로 종속적이고, 예종과 복종에 적격이다. 특히 그들이 아무런 부도 갖지 못하고 농업지식으로 평가받지 못하는 곳에서는 언제나 기술도 소홀히 취급된다. 전자는 자연스럽게 소소참주로 자신의 지위를 구축하고, 평화와 질서를 위해 절대적 주인에게 복종한다. 그렇지 않고 그들이 만약 고대 남자들처럼 독립을 유지한다면 그들 간의 불화와 경쟁에 빠져 전 사회를 혼란 속으로 내동댕이쳐야 할 것이다. 이것은 전제국가보다 더 나쁜 것이다. 그러나 사치가 상공업을 양성하는 곳에서는 농민이 농지의 정확한 경작에 의해 부유해지고 독립적이 되는 한편, 무역인과 상인들이 재산의 한 몫을 획득하고 공적 자유의 가장 훌륭하고 가장 공고한 토대인 중간신분(middling rank)에게 권위와 존중을 가져다준다. 이들은 농사꾼들처럼 빈곤과 저열한 기개로 노예상태에 굴종하지 않는다. 이들은 영주들처럼 타인들에게 폭군 노릇을 하고 싶은 욕망도 없고 이 욕망의 충족을 위해 다른 폭군적 주권자에게 굴복하도록 유혹되지도 않는다. 그들은 그들의 재산을 확실히 지켜 주고 그들을 귀족적 폭정만이 아니라 군주적 폭정으로부터도 지켜 줄 동등한 법률을 갈망한다.[369]

애덤 스미스는 훗날 상공업의 자유 효과에 대한 흄의 이 지적을 높이 평가했다. "상공업은 점차 질서와 훌륭한 통치를 도입하고, (…) 개인들

---

369) David Hume, "Of Refinements in the Arts" [1752], 111-112쪽. David Hume, *Political Essays* (Cambridge·New York: Cambridge University Press, 1994·2006).

의 자유와 안전을 도입한다." 이것은 상업의 "모든 중요한 효과들 가운데 가장 중요한 효과"다. "흄은 내가 아는 한 지금까지 이것을 본 유일한 필자다."[370]

흄은 무위이치·자유상공업·부국강병의 상호연관성을 확신한다. 일단 그는 상업에서 국가가 위대해지는 것과 국민이 행복해지는 것은 상호조화를 이룬다고 강조한다. "국가의 위력과 피치자들의 행복은 양자가 늘 어떤 점에서 아무리 독립적이라고 상정되더라도 상업의 관점에서 흔히 불가분적인 것으로 인정된다. 사인들이 무역과 부의 보유에서 공공의 권력으로부터 더 큰 안전을 얻는 것처럼, 공공은 사인들의 풍요 및 광범한 상업과 비례해서 강력해진다. 이 준칙은 일반적으로 참이다."[371]

그런데 백성이 행복해지려면, 케네의 중농주의와 반대로 상공업이 발달해 백성들이 사치품들을 수입·생산·향유할 수 있어야, 그리하여 농업의 발달과 상공업의 발달이 일정한 조화를 이루어야 한다. "모든 국가의 대중은 농부와 제조업자로 나뉜다. 전자는 농경에 고용되고, 후자는 전자가 공급하는 재료들을 가공해 인간생활에 필수적인 또는 장식적인 온갖 상품을 만든다. 사람들은 주로 수렵과 어로에 의해 살던 야만적 단계를 떠나자마자, 이 두 직업부류에 속해야 한다. 처음에는 농업기술이 사회의 가장 많은 부분을 고용한다. 그러나 시간과 경험은 농업기술을 아주 많이 향상시켜서, 경작에 금방 고용된 사람들보다 더 큰 수의 사람들을, 또는 이렇게 고용된 사람들에게 더 많은 필수적 제조품을 대는 사람들(제조업자들)보다 훨씬 더 큰 수의 사람들을 기존 농토가 손쉽게 먹여 살릴 수 있게 된다. 이러한 잉여일손이 흔히 사치공예라고 명명되는 기예공예에 응용된다면 국가의 행복을 더해 줄 것이다. 이 일손들은 많은

---

370) Smith, Wealth of Nations, III. iv. 3-4, 412쪽.
371) Hume, "Of Commerce", 94쪽.

사람들에게 - 그렇지 않으면 알지 못할 - 즐거움을 얻을 기회를 제공할 것이기 때문이다."[372] 반대로 제조업과 공학기술이 낙후한 나라는 가난하고 취약하다.

- 제조업과 공학기술이 발달하지 않은 곳에서는 대부분의 국민이 농업에 종사하지 않을 수 없다. 그리고 그들의 숙련기능과 산업이 증대되면 그들의 노동으로부터 그들을 먹여 살리기에 족한 수준을 넘어 커다란 잉여가 생겨나지 않을 수 없다. 그런데 그들은 숙련과 근면을 증대시킬 유혹이 없다. 왜냐하면 그들은 이 잉여를 그들의 쾌락이나 허영에 쓸 상품과 교환할 수 없기 때문이다. 그래서 나태의 습관이 자연스럽게 그들을 지배한다. 농토의 더 큰 부분은 경작되지 않은 채 방치된다. 경작되는 것은 농부들의 숙련과 부지런함의 부족으로 극대치를 산출하지 않는다. 어느 때 공적 비상시국이 되어 커다란 수가 공적 복무에 고용되어야 할 상황이 오더라도, 인민의 노동은 이 수를 먹여 살릴 어떤 잉여물도 제공하지 못한다. 노동자들은 그들의 숙련과 근면을 갑자기 증대시킬 수 없다. 경작되지 않던 농토는 경작지로 복구되는 데 몇 년이 필요하다. 군대는 그 사이 갑작스럽고 폭력적인 정벌을 감행하거나, 군량의 부재로 해체되어야 한다.[373]

그러나 반대로 상공업이 발달하면 주권자의 권력과 국가의 권위·부국강병이 국민의 행복에 비례해 증대된다. 이것에 대해 흄은 사상초유의 '노동가치이론'으로 놀랍도록 쉽게 탁월한 설명을 제시한다.

---

372) Hume, "Of Commerce", 95쪽.
373) Hume, "Of Commerce", 98-99쪽.

- 세계의 모든 것은 노동에 의해 구입되어야 한다. 그리고 우리의 감정은 노동의 유일한 원인이다. 제조업과 공학기술이 풍요로운 국민은 농부만이 아니라 지주도 농업을 학문으로 연구하고 그 근면과 관심을 배가한다. 노동에서 나오는 잉여는 상실되는 것이 아니라, 사람들의 사치가 그들로 하여금 탐내게 하는 저 상품들을 통해 제조업자들과 교환된다. 이러한 방법에 의해 땅은 그것을 경작하는 사람들에게 충분한 것보다 훨씬 더 많은 생필품을 공급한다. 평화와 평온의 시기에는 이 잉여가 제조업자들과 기술 개량자들을 먹여 살리는 데 들어간다. 그러나 (공적 비상시국에는) 정부가 이 제조업자들 대부분을 군인으로 전환시키고 이들을 농부의 노동으로부터 나오는 잉여로 손쉽게 먹여 살릴 수 있다. (…) 주권자는 군대를 키우기 위해 세금을 부과한다. 이 세금은 모든 국민에게 군대의 생계에 최소한으로 필요한 것을 절약하도록 강제한다. 상품을 취급하는 사람들은 입대하든지 농업으로 돌아가야 하고, 이로써 이제 일자리가 없으므로 어쩔 수 없이 일부 노동자들을 입대하도록 만든다. 문제를 추상적으로 고찰하자면, 제조업은 아주 많은 노동을 축적하는 만큼, 그것도 공공기관이 생필품을 하나도 박탈하지 않으면서 요구하는 종류의 노동을 축적하는 만큼, 국가권력을 증대시킨다. 그러므로 노동이 단순한 생필품부문 저편에 더 많이 고용되면 고용될수록, 국가는 그만큼 강해진다. 그 노동에 참여하는 사람들은 쉽사리 공적 복무로 전환될 수 있다. (…) 그러므로 주권자의 위력과 국가의 행복은 대개 상공업의 관점에서 결합된다.[374]

상공업은 국민이 사치를 줄이고 긴축해 최소의 의식주로 전쟁을 치러야 할 때 엄청난 세금을 대고 병력을 공급한다. 농업의 생산력은 어차피

---

374) Hume, "Of Commerce", 99-100쪽.

평시에도 농업에 종사하지 않는 상공업 인구를 먹여 살렸으므로 상공업 인구의 대부분이 군인으로 전환되더라도 이 군인들을 충분히 먹여 살릴 수 있다. 민군民軍 의식주를 빼고 남는 잉여는 전쟁비용으로 충당하면 된다. 자유상공업에 기초한 흄의 이 부국강병론은 사마천이 언급한 저 월나라 개연의 부국강병론을 마치 그대로 재현한 듯하다.

나아가 흄은 케네와 달리, 사마천처럼 사치품의 대외무역도 차별하지 않는다. 대외무역은 백성의 사치품 향유와 행복을 증진시키고 국가의 모든 경제부분에서 근면·생산·기술발전을 자극하기 때문이다.

- 역사를 참조하면, 우리는 대부분의 나라에서 대외무역이 국내 제조업에서의 어떤 세련화에 선행하고 국내적 사치를 야기해 왔다는 것을 발견한다. 곧바로 사용할 수 있도록 이미 완성되어 있고 우리에게 완전히 새로운 외국 상품을 쓰려는 유혹은, 느린 속도로 발전할 뿐만 아니라 결코 그 진기함으로 우리를 감동시키지 않는 국내 상품을 개선하려는 유혹보다 더 크다. 국내에서 남아돌아 가격이 없는 상품을 토양이나 기후가 알맞지 않은 나라에 수출하는 일은 이윤도 막대하다. 그리하여 사람들은 사치품의 기쁨과 상업이윤을 알게 된다. 그리고 이 기쁨의 정교한 감각과 근면은 일단 일깨워지면 대외무역과 국내교역 양쪽의 모든 부문에서 향상을 촉진시키도록 사람들을 부추긴다. 이것이 아마도 이방인들과의 사업으로부터 생겨나는 주요 이익일 것이다. 그것은 사람들을 나태로부터 깨워 일으킨다. (…) 모방은 곧 이 모든 기술들을 전파시키는 한편, 국내 제조업은 기술향상에서 외국 제조업들을 흉내 내려고 경쟁하고 모든 국내 상품을 가능한 한 완벽성의 극치로 끌어올린다.[375]

---

375) Hume, "Of Commerce", 101-102쪽.

그러나 대외무역이 충분한 수준에 이르러 더 이상 불필요해지거나 외국이 정복에 의해 내국으로 변하는 경우는 대외무역 대신 세련된 사치품의 국내소비를 위한 국내 상공업이 발달할 수 있다.

9.3. 흄의 '세계 최고의 번영국가' 중국제국

다시 1752년의 「상업론」에서 흄은 이런 식으로 변화되었음에도 여전히 강대함을 유지하는 '세계 최고의 번영국가'의 사례로 중국을 든다.

- 사회의 일들이 한번 이 상황에 이르는 경우에, 어떤 국민은 대부분의 대외무역을 잃더라도 강대한 국민의 지위를 계속 이어갈 수 있다. 이 방인들이 우리의 상품을 가져가려고 하지 않는다면, 우리는 이 상품을 만드는 것을 그만두어야 한다. 그리고 그 일손은 국내에서 필요한 다른 상품들의 어떤 세련화로 전환될 것이다. 부를 가진 모든 내국인들이 그들이 바라는 만큼 풍부한 국내 상품을, 있을 수 없을 만큼 대단한 완벽화 속에서 즐기기까지 그 일손들이 일할 자재들은 언제나 남아 있을 것임에 틀림없다. 그래서 중국은 자국 영토의 경계를 넘는 무역이 아주 근소함에도 불구하고 세계에서 가장 번영하는 제국 가운데 하나로 대표된다.[376]

흄은 여기서 뒤알드가 잘못 입력한 정보에 따라 케네처럼 중국의 대외무역이 저조하다고 잘못 알고 있다. 아무튼 그는 중국 대외무역의 상대적 저조를 생필품과 사치품, 대내외 교역의 차별 없는 자유상공업 발달의 자연스런 결과라고 해석하고, 이런 까닭에 국력 유지에 별 지장이 없

---

376) Hume, "Of Commerce", 102쪽.

었다는 취지로 논평하고 있다. 그러나 앞서 상론했듯이 중국의 해외무역은 명나라부터 19세기까지 번창일로에 있었기 때문에 중국의 대외무역이 근소하다는 흄의 인식은 그릇된 것이다. 이런 그릇된 피상적 인식은 뒤에 상론하듯이 애덤 스미스도 공유한다.

이처럼 흄은 서양의 역사와 철학사에서 '단절적으로 새로운' 자유상공업론을 전개했다. '단절적으로 새롭다'는 것은 서양의 자유상공업과 그의 자유상공업론이 서양사상의 '내재적' 발전의 산물이 아니라는 것을 뜻한다. 흄이 밝히고 있듯이 자유상공업론은 17세기 이전까지 서구에 존재한 적이 없었고, 흄이 이 글을 쓰던 1741년과 1752년까지도 나타난 적이 없었다. 프랑스에서 상업감독관 뱅상 드 구르네(Vincent de Gournay)가 '레세페르'를 공개적으로 요구하기 시작한 것은 1755-56년경이었고, 튀르고가 뱅상 드 구르네를 지지하는 글을 처음 잡지에 기고한 것은 1759년이었다. 따라서 흄이 프랑스인들의 이런 뒤늦은 주장들로부터 영향 받지 않은 것도 확실하다. 하지만 흄의 완전한 자유상공업론을 순전히 그의 '개인적 천재성'의 산물로만 보는 것도 무리일 것이다. 흄은 '인간의 통상적 성향'에 부응해 이 성향의 온갖 향상을 보장하는 '자연스러운' 사회원리를 주장하고, 대외무역만을 중시하는 중상주의적 독점체의 특권도, 순수한 '농업국가'도 부정하며, 농업과 상공업, 생필품과 사치품, 대외무역과 국내상업을 차별하지 않고 중시하는 무차별적 자유상공업론, 그리고 이에 근거한 부국강병론 등을 주장한다. 그런데 흄의 이런 주장들은 공맹과 사마천의 양민정책 및 경세철학과 너무도 상통하고 또 그의 지론이 구현된 나라의 본보기를 중국으로 제시하고 있다.

게다가 이런 글들을 쓰던 때가 케네의 중농주의가 등장하기 이전이라서 흄은 중농주의의 자유상공업론을 접할 수 없었을 뿐만 아니라, 그 내용이 농업만을 '생산적' 부문으로 간주하는 중농주의의 핵심주장과 정면 배치되는 것이기도 하다. 주지하다시피 중농주의는 원활한 경제순환과 재생산을 위해 자유교역을 전제하되, 농업을 중시하는 가운데 상공업을 비생산적·불임적인 것으로 차별하고, 생필품 생산을 중시하는 가운데 장식용 사치품 생산을 비판하며, 금은을 얻고 사치품을 사들이는 대외무역을 중시하는 중상주의를 비판하고 국내상업을 중시하고 원자재의 대외무역만을 중시하기 때문이다.

정황과 내용으로 볼 때, 흄의 자유상공업론이 서 있는 물적 토대는 분명 서구제국의 대내외 시장을 다 합친 것보다 더 크고 더 자유로운 국내시장을 가진 '세계에서 가장 번영하는 나라' 중국의 실존, 중국과의 교역의 확대와 대중국 무역국가들의 상업적 번영이고, 그 이론적 토대는 공맹철학과 중국의 '무위이치' 사상과 전통적 농·상 양본주의 경제원칙 및 그 실천의 유구한 역사였다.

흄은 지금까지 필자가 제시한 일련의 인용문들을 담고 있는 1752년의 「상업론」에 스스로 중국의 농·상 양본주의 경제를 참조했음을 알려주는 그야말로 '결정적 단서'를 남겨 놓고 있다. 그는 장 프랑수아 멜롱(Jean François Melon, 1675-1738)의 저 유명한 『상업에 관한 정치평론』제2판(1736)을 인용해 「상업론」의 첫 각주를 달고 있기 때문이다.[377] 멜롱의 『상업에 관한 정치평론』은 르콩트의 『중국의 현재 상태에 대한 신비망록』(1696)에 의거해 중국의 농업·상업·도덕·정치 등을 비교적 면밀하게 분석한 실루에트의 『중국인의 통치와 도덕의 일반이념』(1729)의 내용을 받아들여 별도의 절節로 중국의 농업과 상업을 논하고 있다. 흄은 멜롱의 저 책을 독파했을 것이고, 이를 통해 분명 중국의 농·상 양본주의에 관한 정확한 지식·정보를 습득했을 것이다. 앞서 시사했듯이 흄은 중국

---

377) Hume, "Of Commerce", 95쪽, 각주a.

의 자유상공업을 실감나게 묘사한 르콩트의 저작도 직접 읽었다.[378] 나아가 그는 실루에트의 『중국인의 통치와 도덕의 일반이념』과, 중국을 서구제국의 대내외 시장을 다 합친 것보다 더 크고 더 자유로운 국내시장을 가진 나라로 소개하는 뒤알드의 『중국통사』(1735)도 독파했을 것으로 보인다. 흄은 적어도 『중국통사』로부터 바로 이 대목("중국의 국내시장은 서구제국의 대내외 시장을 다 합친 것보다 더 크다")을 인용하고 있는 몽테스키외의 『법의 정신』(1748)을 다 읽었고 이에 대해 상세히 비판하기도 했다.[379]

세계에서 가장 번영하는 중국 상공업에 대한 이런저런 긴밀한 정보지식 속에서만 흄의 저 '단절적으로 새로운' 자유상업론이 등장할 수 있었다. 또 이런 연관에서 등장한 자유상업론만이 프랑스와 비교할 수 없이

---

[378] 흄은 『종교의 자연사』의 섹션 IV에서 "중국인들은 그들의 기도에 (신이) 응답하지 않을 때 그들의 불상을 때린다"는 구절에 르콩트를 출처로 붙이고 있다. David Hume, *The Natural History of Religion* [1757] (London: A. and H. Bradlaugh Bonner, not-dated[1779]), 17쪽. 국역본: 데이비드 흄(이태하 역), 『종교의 자연사』(서울: 이카넷, 2004), 65-66쪽. 그는 르콩트의 불어표기 'Le Comte'를 'le Compte'라고 영자로 표기하고 있는 것으로 보아 『중국의 현재상태에 대한 신비망록』을 영역본으로 읽었음이 틀림없다. 영역본: Louis Le Compte, *Memoirs and Observations made in a Late Journey through the Empire of China* (London: Printed for Benj. Tooke, 1697).

[379] 1748년 가을 흄은 제네바에서 익명으로 출간된 『법의 정신』을 "관심 있고 주의 깊게" 읽고 몽테스키외에게 건네줄 "성찰 리스트"를 만들었다. Mossner, *The Life of David Hume*, 218쪽. 몽테스키외도 같은 해에 출판된 흄의 『도덕·정치 에세이집(Essays Moral and Political)』을 읽었고 거기에 실린 「국민성에 관하여」을 주의 깊게 읽었다. 몽테스키외는 이때 흄에게 이미 읽은 『법의 정신』을 한 권 보냈다. 흄은 긴 감사의 편지와 함께 답례로 몽테스키외에게 "『법의 정신』에 대한 상세한 비평"을 송부했다. 몽테스키외는 흄의 논평을 "명지(明智)와 양식(良識)으로 가득한 것"으로 느꼈다. Mossner, *The Life of David Hume*, 229쪽. 몽테스키외는 즉각 『법의 정신』을 수정하기 시작했고, 흄은 이 책의 앞 두 장의 영역본을 준비하던 중 1749년 최종 수정항목들을 보내왔다. 흄의 영역본은 1750년 4월 에든버러에서 출판되었다. Mossner, *The Life of David Hume*, 229, 230쪽. 『법의 정신』의 불어원본 개정판은 몽테스키외에 남긴 수정메모를 바탕으로 그의 아들의 지휘 아래 준비되어 1755년에 나왔다. Montesquieu, *The Spirit of the Laws*, xxx쪽.

강력하게 상업이 발달한 영국의 경제현실을 선구적으로 설명할 수 있었다. 이런 까닭에 공맹과 사마천의 정치·경제철학은 케네에게서보다 흄에게서 덜 굴절되고 더 완전한 형태로 구현될 수 있었다.

앞서 시사했듯이, 영국 경험론자들은 18세기 내내 영국에 비해 정치적으로 낙후했던 프랑스의 합리주의자들이나 절충주의자들보다 겉으로 공맹철학에 덜 열광적인 것처럼 보였다. 하지만 이들은 프랑스 철학자들보다 실은 훨씬 더 많이, 그리고 더 실질적으로 공맹철학을 먼저 그들의 철학의 근본 내용으로 받아들였고, 이를 바탕으로 그리스철학과 기독교신학의 합리주의적·지성주의적 세계관을 극복한 '신新철학', 즉 '경험주의적 근대철학'과 근대적 정치경제학을 창조했다. 이를 통해 영국인들은 조용하지만 확실하게 그리스전통과 기독교전통으로부터 벗어나 – 극동제국에서 수천 년 동안 향유해 오던 – 학문적·예술적·종교적·정치적·도덕적·경제적 자유를 유럽에서 제일 먼저 수용해 청교도혁명과 명예혁명 등 유·무혈의 혁명투쟁을 통해 확립해 나갔던 것이다. 특히 애덤 스미스의 도덕론과 자유경제론은 흄의 철학보다 더 깊이, 더 은밀하게 공맹의 도덕철학과 중국의 유학적 경제철학을 내면화하고 있다.

제10절

흄의
공리주의 미학

  '아름다움'은 '기쁨'도 아니고, '재미'도 아니고, '선량함'도 아니다. 아름다움은 단지 '아름다움'일 뿐이다. 작품의 주제와 형식은 매우 아름답지만, 제구실을 못하는 실업자들의 '기쁘지 않은' 이야기를 주제로 삼은 심각한 예술작품이 수두룩하기 때문이고, 아름답지만 재미없는 지루한 장편명작들도 수두룩하고, 아름답지만 불량한 부덕자의 삶을 스토리로 한 작품도 적지 않기 때문이다. 남녀 가릴 것 없이 사람의 미모도 팜므파탈이나 천박하고 야한 미인 또는 기생오라비처럼 '기분 나쁘게 잘생긴' 경우들이 많다. 기쁨·재미·아름다움은 서로 어울리는 경우도 있지만 상반되는 경우도 허다하다는 말이다. 그도 그럴 것이 쾌통감각, 재미감각, 미추감각은 본질적으로 서로 다른 내감의 판단감각들이기 때문이다.
  아름다움을 기쁨(쾌락)이나 이익과 동일시하는 것은 공리주의의 '시발점'이다. 기쁨과 이익, 아픔과 손해는 동전의 양면과 같다. 이익이 욕망을 만족시켜 기쁨을 일으키는 물질적 이용가능성(material availability)이라면, 손해는 욕망충족을 불가능하게 해서 아픔(안달하는 감정)을 야기하는 물질적 불가용성이기 때문이다.

앞서 살펴보았듯이 아름다움을 이익과 구별하려고 시도했던 허치슨은 이익(=유용성 = 이로움)이나 아름다움을 둘 다 '쾌락(기쁨)' 또는 '쾌감'으로 간주했다. 이것은 쾌락과 미의 동일시로 통한다. 이것은 이익과 미를 분리시키는 칸트에게서도 반복된다. 그러나 미를 쾌락으로 규정하면서 이익과 분리시키는 것은 이론적 미숙성의 산물이다. 흄과 공리주의자들이 말하듯이 이익은 쾌락을 주는 수단의 가용성(이용가능성)을 표현하는 것에 지나지 않기 때문이다. 허치슨과 칸트는 비단옷을 무명옷과 구분하는 데 성공한 반면, 비단옷을 무명과 구분하는 데는 실패한 꼴이다. 또는 그들의 논변은 '비단옷은 무명옷이 아니다'라고 말하면서 다시 '비단옷은 무명으로 짠다'고 말하는 꼴이다.

쾌락과 미의 동일시는 결국 '이利'와 '미美'의 동일시로 귀착된다. 상론했듯이 '이'와 '미'의 동일시는 '미'가 아직 '이'와 분화되지 못했던 원시적 미美 관념에서 유래한다. 원시시대에 미와 이는 전혀 분화되어 있지 않았을 것이고, 오늘날도 원시종족들에게서 '이'와 '미'의 이러한 동일시는 일반화되어 있다.

흄은 '미美'와 '이利'를 동일시하는 플라톤의 원시적 미학테제를 의식적으로 수용한다.[380] 그리하여 흄은 미의 원인을 이익 외에 다른 것으로 언급하기도 하는 까닭에 미의 원인 또는 미의 근거에 대해 줄곧 오락가락하지만 미를 이익으로 보는 중년 플라톤의 저 '원시적' 실언 테제를 주로 애용한다. 그러나 전체적으로 보면 그는 오락가락이다. 왜냐하면 그는 공리적 미학을 대변하다가 갑자기 형상의 미학을 대변하고, 중화론적

---

380) 참조: Hume, *An Enquiry concerning the Principles of Morals*, 29쪽 각주.

미학을 선보이다가 다시 허치슨처럼 규칙성과 질서의 미학을 논변하고, 또는 객관적 미학을 말하다가 갑자기 주관주의 미학을 대변하는 등 실로 스스로 갈피를 잡지 못하기 때문이다.

10.1. 미美와 이利의 동일시: '오락가락 공리주의 미학'

흄은 미美를 '미학적 아름다움'으로 보는 것이 아니라 '쾌락론적·공리적 쾌감'과 동일한 것으로 보고 미의 근거를 유용성·이익·편리로 보는 공리주의 미학을 대변한다.

- 모든 종류의 미는 우리에게 특유한 쾌감과 만족을 준다. 그리고 마찬가지로 추醜는 어떤 주체에 얹혀 있든, 그리고 생명 있는 대상 안에서 관찰되든, 생명 없는 대상 안에서 관찰되든 통감을 산출한다. 그러므로 미추가 우리 자신의 몸에 얹혀 있다면, 이 쾌감과 불쾌감은 이 경우에 인상들과 관념들의 완전한 이행을 산출하는 데 필요한 모든 정황을 다 가지고 있는 만큼 자부심이나 위축감으로 전환되어야 한다. (…) 미추는 이 감정들의 객체인 자아와 긴밀히 관련되어 있다. (…) 미는 인간본성의 일차적 만듦새나 관습, 또는 변덕 덕택에 영혼에 쾌감과 만족감을 주는, 부분들의 질서와 구조(order and construction)다. 이것은 미의 특별난 성격이고, 미와 - 불쾌감을 산출하는 경향을 가진 - 추 사이의 모든 차이를 형성한다. 그러므로 쾌·통감은 미추의 필수적 동반 요소일 뿐만 아니라, 바로 미추의 정수를 구성한다. 그리고 우리가 동물이나 다른 대상 안에서 찬탄하는 미의 대부분이 편의와 유용성의 관념에서 생겨난다면, 우리는 주저 없이 진정 이 의견에 동의할 것이다. 이 동물에서는 강력한 힘을 산출하는 저 모양이 아름답다면, 저 동물

에서는 민첩함의 표시인 것이 아름답다. 어느 궁전의 질서와 편의성은 그것의 모양과 겉모습 못지않게 궁전의 미에 본질적이다. 같은 방식으로 건축의 규칙은 기둥의 꼭대기가 그 기단 부분보다 더 날씬할 것을 요구한다. 이 모양이 우리에게 기쁜 안전의 관념을 전하는 반면, 반대의 모양은 불쾌한 위험의 우려를 우리에게 주기 때문이다. 이런 유의 셀 수 없는 사례들로부터, 그리고 미가 재치와 같이 정의될 수는 없지만, 미감이나 감흥에 의해서만 식별될 수 있음을 고려하는 것으로부터 우리는 추가 통감을 전하는 부분들의 구조인 것처럼 미는 쾌감을 산출하는 어떤 형상(form) 외에 다른 것이 아니라고 결론짓는다. 그리고 쾌·통감을 산출하는 힘이 이런 식으로 미추의 정수를 이루기 때문에 이 자질들의 모든 결과는 감흥으로부터 도출되어야 한다.[381]

인간에게 있어 '기분좋음' 또는 '기분 좋은 느낌'은 네 가지다. 기쁨(쾌락), 재미, 미, 선善이 그것이다. 따라서 재미는 기쁨·미·선과 혼동되어서는 아니 되고, 미는 쾌락·재미·선과 혼동되어서는 아니 된다. 그러나 위 글에서 흄은 미와 추를 자꾸 쾌락(쾌감)과 고통(통감)으로 환원시키는 범주적 오류를 범하고 있다. 이것은 흄이 상위의 지붕개념(roof conception)인 '기분좋음' 또는 '가미하게 여김(approbation)'을 하위의 공리적 쾌락(쾌감)과 동일시하는 개념적 혼동에 빠졌기 때문이다. 이런 까닭에 흄이 "쾌·통감을 산출하는 힘이 이런 식으로 미추의 정수를 이룬다"는 혼돈스런 명제를 내놓는 것이다. 이것은 말(馬)의 종류가 흑마, 백마, 적토마, 조랑말이 있는 경우에 "흑마를 산출하는 힘이 백마의 정수를 이룬다"고 말하는 꼴이다. 또는 흄이 '기분좋음'이라는 지붕개념을 사용해야 할 곳에 '쾌감'이라는 단어를 잘못 쓴 거라면, 흄의 저 테제는 "말

---

381) Hume, *A Treatise of Human Nature*, Book 2. *Of the Passions*, 195-196쪽.

(馬)을 산출하는 힘이 백마의 정수를 이룬다"고 언명하는 꼴이다.

이 개념혼란을 차치할 때 저 논변은 흄의 미학에서 가장 결정적인 구절 중의 하나다. 저 논변에서 그는 주관주의와 객관주의 사이를 오락가락하고 있다. 그가 미를 "부분들의 질서와 구조"로 말할 때와, "추醜가 통감을 전하는 부분들의 구조인 것처럼 미는 쾌감을 산출하는 어떤 형상 외에 다른 것이 아니다"라고 말할 때는 분명 객관주의 미학을 대변하고 있다. 그러나 그가 "쾌·통감은 미추의 필수적 동반요소일 뿐만 아니라, 바로 미추의 정수를 구성한다"라고 주장할 때는 전형적으로 공리적(쾌락론적) 주관주의 미학을 대변하고 있다. 그런데 그는 "미의 대부분이 편의와 유용성의 관념에서 생겨난다"고 말함으로써 '대강(대부분)' 공리주의 미학을 대변하고 있다. 그런데 여기서 미의 전부가 아니라 미의 "대부분"이 '편의와 유용성의 관념에서 생겨난다'고 말함으로써 공리적이지 않은 미가 따로 존재한다는 것을 인정하는 조심성을 보이고 있다.

흄의 이 '극악한' 공리적 미학을 좀 더 살펴보자. 그는 이번에 남의 이익의 경우에도 공감적 상상력에 의해 남의 이익에 대한 남의 쾌감에 동참한다고 말하면서 대부분의 미가 공감에서 나온다고 논변한다.

- 미는 대부분의 종류가 이 원천(공감의 힘 – 인용자)으로부터 유래한다. 우리의 첫 객체가 모종의 무감각·무생명의 물질 조각일지라도, 우리가 그곳에 멈춰 우리의 시선을, 감성과 이성을 가진 피조물들에 대한 저 객체의 영향으로 돌리지 않는 경우는 좀처럼 없다. 우리에게 주택이나 건물을 보여주는 사람은 아파트먼트의 편리성, 그 위치의 이점, 계단에 숨겨진 작은 방, 맞은편 방, 통로를 드러내기 위해 다른 사물들 사이에서 특별히 신경 쓴다. 그리고 진정으로 분명한 것은 미의 주요 부분은 이 세목들에 있다. 편리성의 관찰은 편리성도 일종의 미이기에

쾌감을 준다. 그러나 그것은 어떤 방식으로 쾌감을 주는가? 우리 자신의 이익이 조금도 관련되어 있지 않은 것은 확실하다. 이 미가 형태의 미가 아니라 이익의 미인 만큼, 말하자면, 이 미는 단순히 전달에 의해서만, 그리고 우리가 숙소의 소유자와 공감함으로써만 우리를 기쁘게 함이 틀림없다. 우리는 상상의 힘에 의해 그의 이익에 동참해 객체들이 그에게서 자연적으로 일으키는 것과 동일한 만족을 느낀다. 이 말은 테이블, 의자, 대형 캐비닛, 굴뚝들, 카우치들, 말안장, 쟁기, 그리고 진정 모든 인공작품들로 확장된다. 이것들의 미가 주로 이것들의 공리성(utility)으로부터, 그리고 이것들이 결정 받은 저 목적에 대한 이것들의 적합성으로부터 유래하는 것이 보편법칙이기 때문이다. 그러나 이것이 소유자와만 관계되는 편익이어서, 관찰자의 관심을 끌 수 있는 것은 공감 외에 아무것도 없다.[382]

여기서 흄은 "형태의 미(beauty of form)"와 "이익의 미(beauty of interest)"를 구분하고 병렬시키고 있다. "형태의 미"는 '공리적이지 않은 형상의 미'를 뜻하고, "이익의 미"는 '편의와 유용성의 관념에서 생겨나는' 공리적 미를 뜻하는 것 같다.

흄에 의하면, 인간은 타인이 소유한 유익한 사물들에 대해서도 공감을 통해 이 유익함의 쾌감에 동참해 이 사물의 공리적 아름다움('이익의 미')을 같이 느낀다. 흄의 공리주의 미학의 압권은 가치를 아는 사람에게 먹을 수 있는 과일을 기대할 수 있는 과수원 언덕이 들꽃과 잡초로 뒤덮인 평원보다 더 아름답다고 주장하는 대목이다.

● 분명한 것은 들녁을 들녁의 비옥도보다 더 기분좋게 만드는 것이 없다

---

382) Hume, *A Treatise of Human Nature*, Book 2. *Of the Passions*, 235쪽.

는 것, 그리고 장식이나 위치의 이점이 이 미에 필적할 수 없다는 것이다. 나무와 식물이 자라는 들녘의 경우와 동일한 것이 그대로 이 나무와 식물에도 적용된다. 이 각각의 가치를 잘 아는 사람에게는 결코 그렇게 보이지 않을지라도, 아마 가시금작화와 양골담초로 뒤덮인 평원은 그 자체에 있어, 포도넝쿨이나 올리브나무로 덮인 언덕만큼이나 아름다울 것이다. 그러나 이것은 단지 상상만의 미일 뿐이고, 감각에 드러나는 것에 아무 기초를 두고 있지 않다. 비옥도와 가치는 쓸모와 명백한 관계를 맺고 있고, 나아가 부, 기쁨, 풍요와도 명백한 관계를 맺고 있다. 우리는 이것에 참여할 아무런 희망이 없을지라도 상상력의 생동성에 의해 이것에 동참하고 이것을 어느 정도 그 소유자와 공유한다.[383]

전제적으로 공리주의 미학이다. 그런데 여기서 흄이 부차적으로 언급하는 중요한 대목은 "가시금작화와 양골담초로 뒤덮인 평원"의 '형태의 미'도 "그 자체에 있어, 포도넝쿨이나 올리브나무로 덮인 언덕만큼이나 아름답다'고 인정하는 대목이다. 여기서 흄은 이익과 관련 없는 순수한 미도 있다고 인정하고 있다. 그러나 이 순수한 형태적 미의 본질이 무엇인지는 말하지 않고 있다.

아무튼 흄의 미학은 전체적으로 '오락가락 공리주의 미학'으로 보인다. 그러므로 흄은 허치슨과 달리 그림의 경우 균형과 무게중심을 잡은 것을 미의 근거로 말하기도 하지만 중화적 측면을 서둘러 이익과 해악의 관념으로 환원하고 만다.

- 그림을 그리는 데 있어서는 도형들을 균형 맞추고 이 도형들을 최대

---

[383] Hume, *A Treatise of Human Nature*, Book 2. *Of the Passions*, 235쪽.

의 정확성에 따라 정확한 무게중심에 맞춰 놓는 규칙 말고는 더 합당한 규칙이 있을 수 없다. 정확하게 균형 잡히지 않는 도형은 기분나쁘다. 게다가 이 도형이 추락·해악·고통의 관념들을 전달하기 때문에 이런 관념들은 공감에 의해 강렬성과 생동성을 얻을 때 고통스럽다.[384]

심지어 흄은 섀프츠베리처럼 육체미도 건강·활력·강한 힘과 활동성으로 환원한다. "신체적 미의 주요부분은 건강과 활력의 풍모와, 강한 힘과 활동성을 약속하는 구성요소들의 구조(construction)다." 남의 이 신체적 "미 관념"은 "공감에 의해서만 설명"할 수 있다는 것이다.[385] 신체적 아름다움에 대한 흄의 이 공리주의적 미학은 일관된 것이다.

- 우리가 육체적 이점을 바라보는 것으로부터 얻는 쾌감의 다른 원천은 이 이점을 가진 사람 자신에 대한 이 이점의 유용성이다. 다른 동물의 아름다움과 마찬가지로 인간들의 아름다움의 상당부분이 우리가 경험으로 발견하듯이 힘과 민첩성을 수반하고 피조물에게 어떤 행동이나 발휘의 능력을 주는 신체부위들의 배열에 있는 것은 확실하다. 넓은 어깨, 호리호리한 배, 굳건한 관절, 강건한 다리 등 이 모든 것은 우리의 종 안에서 아름답고, 이것들은 다 우리가 자연적으로 공감하는 이점들인 힘과 기운의 기호이기에, 이것들은 관찰자에게 이것들이 이것의 보유자에게서 산출하는 만족감의 한 몫을 전달한다. 육체의 어떤 자질이든 따라다닐 수 있는 유용성에 대해서는 이 정도로 그친다. 즉 각적 쾌감에 관한 한, 힘과 민첩함의 풍모와 마찬가지로 건강의 풍모가 아름다움의 상당한 부분을 이룬다는 것, 그리고 다른 사람에게서의

---

384) Hume, *A Treatise of Human Nature*, Book 2. *Of the Passions*, 235-236쪽.
385) Hume, *A Treatise of Human Nature*, Book 2. *Of the Passions*, 235-236쪽.

병든 외모는 이것이 우리에게 전달하는 고통과 불쾌감의 저 관념 때문에 언제나 기분나쁘다는 것은 확실하다. 다른 한편, 우리는 우리 자신의 이목구비의 정연한 규칙성(regularity)에 대해 이것이 우리 자신에게도, 타인들에게도 유용하지 않을지라도 기뻐한다. 우리들이 어떤 의미에서 우리 자신에 대해 거리를 취하고 이 규칙성으로 하여금 우리에게 만족감을 전달하도록 만드는 것이 필요하다. 우리는 일반적으로 우리 자신을 우리가 타인들의 눈에서 비치는 바대로 주시하고 타인들이 우리와 관련해 품고 있는 이로운 감정들과 공감한다.[386]

"신체적 미의 주요부분은 건강과 활력의 풍모와, 강한 힘과 활동성을 약속하는 구성요소들의 구조다"는 흄의 말은 '연약하고 날씬한 미녀'나 '물 찬 제비 같이 멋지게 날씬한 꽃미남'의 존재를 몰각한 헛소리다. 말하자면, 그의 공리적 신체미학은 신체적 건강과 아름다움 간의 상응성, 신체적 힘과 아름다움 간의 상응성이 불확실하기 때문에, 또는 '건강미'라는 것이 따로 있다손 치더라도 그것은 신체적 아름다움의 일부에 불과하기 때문에 설득력이 없다. 섬섬옥수와 가냘픈 몸매의 미녀, 연약한 미소녀, 지성미 넘치는 조각미남 등도 미인대열의 대세로 존재한다. 이 때문에 신체적 구성요소들의 '구조'에서 나오는 미는 반드시 건강, 활력, 힘, 활동성과 상응하는 것이 아니다.

동시에 흄은 중화(균형과 조화)의 개념으로 통하는 신체부위들의 '배열'과 이목구비의 '정연한 규칙성'은 언급하기도 하지만 단지 슬쩍 스쳐 가는 식으로 언급하는 통에 마치 허치슨의 '다양성 속의 일률성'과 '규칙성'의 미학과 유사하게 느껴진다. 또한 흄의 이 공리적 신체미학은 자신의 다른 올바른 논변과 모순된다. 그는 다른 곳에서 "우리의 신체의 아름

---

[386] Hume, *A Treatise of Human Nature*, Book 3. *Of Morals*, 392쪽.

다움은 그 자체만으로, 그리고 바로 그 모습에 의해 기쁨과 자부심을 주고, 그 추함은 고통과 위축감을 준다"라고 주장하고,[387] "우리 육체의 아름다움과 낯선 외부대상들의 아름다움 사이에 근원적으로 다른 것은 아무것도 없다"고 언명한다.[388] 흄의 공리적 신체미학도 다시 앞뒤가 맞지 않는 '오락가락 미학'이다.

"미는 대부분의 종류가 공감의 힘으로부터 유래한다"는 흄의 앞말은 공리적·쾌락론적 불순물들과 다분히 섞여있다. 따라서 그의 '미적 공감'은 사실상 '쾌락적 공감'을 나타낸다. 이를 위해서는 '교감미감'이 아니라 '교감쾌감'으로 족할 것이다. 다음 인용문은 이를 더욱 분명히 해준다.

- 우리의 미 감각은 이 공감원리에 아주 많이 달려있다. 어떤 대상이 이것의 소유자에게서 쾌감을 산출하는 경향이 있는 경우에, 그것은 언제나 아름다운 것으로 여겨진다. 마찬가지로 고통을 산출하는 경향이 있는 모든 대상은 다 불쾌하고 추한 것으로 여겨진다. 이와 같이 집의 편의성, 농지의 비옥함, 말의 힘셈, 함선의 용적·안전성·쾌속항해는 이 여러 대상들의 주된 아름다움을 형성한다. 여기서 아름다운 것으로 명명되는 대상은 일정한 결과를 낳는 그것의 기여경향에 의해서만 우리를 기쁘게 한다. 이 결과는 어떤 타인의 쾌락이나 편익이다. 우리가 아무런 우인友人관계를 맺고 있지 않은 낯선 사람들의 쾌감은 공감에 의해서만 우리를 기쁘게 한다. 그러므로 유용한 모든 것에서 발견하는 아름다움은 모두 다 이 공감 원리에 기인한다. 이 공감 원리가 아름다움의 얼마나 상당한 부분인지는 잘 숙고할 때 쉽게 드러난다. 어떤 대상

---

387) Hume, *A Treatise of Human Nature*, Book 2. *Of the Passions*, 187쪽.
388) Hume, *A Treatise of Human Nature*, Book 2. *Of the Passions*, 196쪽.

이 그 소유자에게서 쾌감을 산출하는 경향이 있는, 환언하면 쾌감의 본래적 원인인 경우에는 어떤 경우든, 그것은 이 소유자와의 미묘한 공감에 의해 관찰자도 확실히 기쁘게 해준다. 대부분의 기술작품들은 인간의 사용에 대한 적합성과 비례해 아름다운 것으로 평가되고, 자연산물의 많은 것도 그 아름다움을 저 출처로부터 끌어낸다. 잘생기고 아름다운 것은 대부분의 경우에 절대적인 성질이 아니라 상대적인 성질이고, 기분좋은 결말을 산출하는 그 경향에 의해서만 우리를 기쁘게 한다.[389]

타인의 쾌락과 이익에 대한 공감으로 느끼는 공감적 쾌감은 공감적 미가 아니라 공감적 쾌락이다. 이와 같이 흄의 미 개념은 본질적으로 공리적이고 교감쾌감적이다. 반면, 칸트의 미 개념은 이익에 적대적이지만 모순되게 쾌감과 한통속이다. 이것은 마치 "쪽풀(藍)에 대해 적대적이면서도 청색을 좋아하는" 꼴이다.

흄은 목적과 수단의 관계에 대해 심각한 개념혼동에 빠진다. 어떤 사물이나 노동이 목적실현에 적합하다면, 이 사물과 노동은 이로운 것이다. 따라서 '목적적합성(합목적성)' 또는 '목적합리성'(도구적 합리성과 전략적 합리성)은 '이로움'이나 '공리성', 또는 '이익(편익)'이나 '유용성(이용가능성)'의 이명異名이다. 그러나 그는 이 합목적성을 '아름다움'으로 오인한다.

- 우리는 어떤 대상이 그것의 모든 부분에 있어 기분좋은 목적을 달성하기에 적합한 경우에 그것은 어떤 외적 사정이 그것을 온전히 효과적으로 만들기에 부족하더라도 자연적으로 우리에게 쾌락을 주고 아름답

---

389) Hume, *A Treatise of Human Nature*, Book 3. *Of Morals*, 368-369쪽.

게 평가된다고 응수할 수 있다. 대상에서 모든 것이 완벽하다면 이것으로 족하다.[390]

합목적성(이익), 기분좋음, 쾌락, 아름다움이 모조리 하나로 통합되어 있다. 이것이 흄의 공리주의적 미학의 진면목이다. 그가 스스로 스치듯 언급한 '형태의 미', '구성의 미', '배열의 미'는 이익 또는 쾌락과 별개로 객관적으로 존재한다. 그는 이 형태적·형상적 아름다움에 대해서는 그의 저작 어느 곳에서도 천착하지 않고 방치하고 있다.

'형태·형상·구성·배열의 미'는 유형적 대상(유형적 사물과 유체流體 또는 유형적 신체동작 등)의 구성·배열·색상·소리·움직임(동세)의 객관적 중화(균형과 조화)에 대한 미적 감정을 가리킨다. 이것이 미의 본질이다. 이 미의 본질개념에 따를 때, 미는 언제나 객관적이면서 주관적인 것이다. 상론했듯이 미가 객관적인 까닭은 미가 유형적 대상의 외적 구성·배열·색상·소리·움직임(동세)과 관련된 것이기 때문이고, 동시에 미가 주관적인 까닭은 인간이 반드시 이 외형적 구성의 객관적 중화성을 그 자체로서 직접 지각할 수 없고 인간주체가 주관적으로 '아름답다·추하다'고 느끼는 미감범주로만 지각할 수 있기 때문이다. 그러므로 미 또는 아름다움은 언제나 '주객관적인 것'이다. 말하자면 우리는 객체위주로 '원이 아름답다'고 말하면서도 동시에 주체 위주로 "원이 아름답게 느껴진다"고도 말하는 것이다. 이 두 명제는 둘 다 동시에 성립하고, 따라서 둘이 서로 양립할 수 있고, 둘 다 동시에 옳다.

10.2. 후기 형태미학의 주관주의 경향

---

390) Hume, A Treatise of Human Nature, Book 3. Of Morals, 373쪽.

미에 관한 흄의 후기 논변들을 읽다 보면 흄이 미를 이익으로부터 순화시킨 경우에도 미가 '감정의 사실'임을 강조하다가 미의 객관성을 몰각하고 주관성만을 과도히 부각시키는 주관주의 미학을 추구하는 것으로 비쳐진다. 그는 『도덕원리론』에서 이렇게 말한다.

- 도덕의 일반적 토대에 관해, 최근에 개시된, 면밀히 검토해볼 만한 가치가 아주 많은 논쟁이 있다. 이것은, 도덕이 이성에서 오는 것인가, 아니면 감정에서 오는 것인가, 우리가 도덕의 지식을 논증과 연역의 사실에 의해 얻는가, 아니면 직접적 느낌과 보다 고상한 내감에 의해 얻는 것인가, 진위의 모든 건전한 판단과 같이 도덕은 모든 합리적·지성적 존재자에게 동일해야 하는 것인가, 아니면 미추의 감지와 마찬가지로 도덕은 완전히 인간종족의 특수한 짜임새와 만듦새에 기초한 것인가에 관한 논쟁이다. 고대 철학자들은, 종종 덕성이 이성에 대한 순응일 뿐이라고 주장할지라도, 일반적으로 도덕을 미감과 감정에서 그 존재를 도출하는 것으로 간주하는 것처럼 보인다.[391]

이 문제제기 방식으로 보면 흄은 진위의 이성적 판단은 "모든 합리적·지성적 존재자에게 동일한" 반면, 미추美醜의 감지는 "완전히 인간종족의 특수한 짜임새와 만듦새에 기초해서" 모든 합리적·지성적 존재자에게 '동일하지 않다'고 주장하는 것처럼 들린다. 이것은 주관주의 미학의 징조다.

이런 의심은 흄의 다른 논변을 따라가면 더욱 강해진다. 그는 「도덕감정」에 관한 글에서 "도덕적 아름다움"을 "많은 세목에서 "자연미"와 아주 가까운 유사성을 갖고 있는" 것으로 전제하고 이렇게 말한다.

---

391) Hume, *An Enquiry concerning the Principles of Morals*, 3-4쪽.

- 모든 자연미는 부분들의 비례·관계·위치에 의지하지만, 여기로부터 미의 지각의 본질이 기하학적 문제에서의 진리의 지각처럼 전적으로 관계의 지각에 있고 전적으로 지성 또는 지성적 능력에 의해 수행된다고 추론하는 것은 우스꽝스러울 것이다. 모든 과학에서 우리의 정신은 알려진 관계로부터 알려지지 않은 관계를 조사한다. 그러나 미감 또는 외적 아름다움의 모든 결정에서 모든 관계는 사전에 눈에 명백하다. 우리는 이것으로부터 대상의 본성과 우리의 감관의 성향에 따라 마음에 흡족함과 역겨움의 감정을 느끼기 시작한다. 유클리드는 원의 모든 성질을 완전히 설명했지만, 어떤 명제에서도 원이 아름답다는 말을 한 마디도 하지 않았다. 아름다움은 원의 성질이 아닌 것이다. 그 아름다움은 공통된 중심으로부터 같은 거리에 있는 부분들의 선의 어떤 부분에도 들어 있지 않다. 이 도형은 이러한 감정의 능력을 가지게 만드는 특별한 조직이나 구조를 가진 정신에 대해 단지 효과만을 생산할 뿐이다. 팔라디오(Palladio)와 페로([Claude] Perrault)가 한 기둥의 모든 부분과 비례관계를 설명하는 동안 이들에게 주목하라. (…) 그런데 당신이 그 아름다움의 기술과 위치를 물으면 이들은 즉각 그 아름다움은 기둥의 어떤 부분이나 구성요소에 들어 있는 것이 아니라, 이 복잡한 모양이 보다 멋진 저 감정 능력을 가진 지성적 정신에 현시될 때 전체로부터 결과한다고 대답할 것이다. 이러한 관찰자가 나타나기까지 이러한 개별적 차원과 비례의 모양 외에 어떤 것도 존재하지 않는다. 이 모양의 우아함과 아름다움은 관찰자의 감정으로부터만 생긴다.[392]

이 미학 논변은 공리적 이익관념으로부터 완전히 해방된 순수한 형태 미학이다. 그러나 "이 모양의 우아함과 아름다움은 관찰자의 감정으로

---

392) Hume, "Concerning Moral Sentiment", 87-88쪽.

부터만 생긴다"는 구절을 명문대로 읽는다면 바로 칸트의 주관주의 미학과 상통하는 주장이다. 여기서 미의 주관적 감지(아름다움의 느낌)와 그 객관적 원인을 종합하는 통합적 관점이 지성적 추론능력의 미학적 무용성을 강조하다가 심각하게 약화되어 있다. 이로 인해 주관주의로 경사된 것이다.

그러나 그도 미의 객관적 원인을 스치면서 거론하고 있다. 첫 구절 "모든 자연적 아름다움은 부분들의 비례·관계·위치에 의지한다"는 구절이 대표적이다. "개별적 차원과 비례의 모양"도 미적 느낌의 객관적 원인을 말하는 것이다. "사전에 눈에 명백한 모든 관계"로부터 "대상의 본성과 우리의 감관의 성향에 따라 마음에 흡족함과 역겨움의 감정을 느낀다"는 구절은 객관('대상의 본성')과 주관('감관의 성향')을 둘 다 언급해주고 있다. 또 이 "도형"은 "정신에 대해 단지 효과만을 생산할 뿐이다"라는 구절도 도형의 '효과'와 정신을 동시에 언급하고 있다. 그러나 "아름다움은 원의 성질이 아닌 것이다"라는 말과 마지막의 "이 모양의 우아함과 아름다움은 그의 감정으로부터만 생긴다"는 주장은 전체 논변을 주관주의로 기울여놓기에 충분하다. "이 모양의 우아함과 아름다움"은 실은 이 객관적 모양의 중화성中和性과 이에 대한 주체의 미감적 감지로부터 생기기 때문이다. 어떤 사람이 아무리 섬세한 심미안을 갖췄더라도 그러한 중화의 객관적 모양이 없다면 또는 이 모양이 중화적이지 않다면 죽었다가 깨어나도 정녕 아름다움을 느낄 수 없을 것이기 때문이다.

따라서 '원이 아름답다'는 말을 유클리드가 하지 않았더라도 '원이 아름답다'는 이 명제는 '나는 이 원을 아름답게 느낀다'는 명제와 동시에 성립하는 것이다. 흄은 말년에 자신의 미학을 공리주의로부터 말끔히 순화시키고 "부분들의 비례·관계·위치"를 중시하는 중화론적 '형태미학'으로 단일화했지만, 끝내 이 객관적 중화의 측면과 주관적 미감의 측면을 결합시키지 않고 반대로 자꾸만 분리시켜 논변의 강세를 주관적 측면으로 기울게 만들어 '미학적 주관주의'에 빠져들고 말았다.

10.3. 중국을 모델로 한 '방대한' 민주국가론

전통적 서양 국가론의 종지宗旨에 따르면, 소국에는 민주정이 적합하고 대국에는 군주정이 적합하다는 것이다. 미국 민주공화국은 영토의 대소를 기준으로 민주정과 군주정을 배정하는 이 전통적 국가론을 분쇄하지 않고는 출현할 수 없었다. 그런데 미국은 연방공화국만이 아니라 구성공화국 하나하나도 그 영토면적과 인구 면에서 고대와 현대 유럽의 소국을 능가했다. 고대 아테네는 미국독립 당시 13개 주 중 가장 작은 주인 로드아일랜드의 영토(4,144㎢)의 10분의 1, 100분의 1도 안 되는, 그야말로 "협소한" 소국이었다. 따라서 미국의 출현은 연방 차원에서나 구성공화국 차원에서나 작은 도시공화국들의 연합체를 의도한 몽테스키외의 연방공화국론까지도 '쓰레기'로 만드는 일대 사건이었다. 몽테스키외는 연방의 구성공화국을 아테네 정도의 규모로 설정했기 때문이다.

또한 미국의 혁명적 건국은 몽테스키외가 염두에 둔 대귀족 주도의 '귀족공화국'이 아니라 선거권과 피선거권을 이론상 '만백성'에게 확대한 '민주공화국'인 점에서도 몽테스키외만이 아니라 로크도 분쇄하는 대사건이다. 또한 미국의 창건은 서양역사상 최초로 종교의 무제한적 자유와 관용을 보장한 점에서 개신교의 우월성을 고수하고 무신론자와 가톨릭에 대한 국가적 박해를 부추긴 로크의 관용론을 정면으로 부정하고, 기독교와 '절제국가'의 선택적 친화성 테제를 고집스럽게 주장한 몽테스키외를 부정한 대사건이었다.

거듭 말하지만, 미국혁명은 '반反몽테스키외·반反로크적 혁명', 구체적으로 '공자의 혁명', '흄의 혁명'이었다. 그것은 속속들이 '흄의 혁명'이었고, 궁극적으로 흄이 추앙한 '공자의 혁명'이었다. 미국은 1770년 보르네오에서 중국 객가인들에 의해 창건된 세계역사상 최초의 '순수한' 유교적 민주공화국 '난방대총제'와[393] 별도로 1787년 헌법제정과 동시에 북미 땅에 들어선 '유교적 민주공화국'으로 창건된 것이다. 미국 헌법제정을 기준으로 하면 미국은 난방대총제보다 17년 늦게 탄생했고, 1776년 6월 6일 버지니아 공화국의 창건을 기준으로 해도 난방대총제보다 6년 늦게 창설되었다.

■ 중국을 모델로 한 '방대한' 민본주의적 민주국가

흄은 영토적 방대성(광대성)을 민주공화국의 장기적 존속조건으로 삼고, 선거권의 민본주의적 확대를 민주공화국의 정치적 의의로 규정함으로써 "소국 민주정과 대국 군주정"이라는 유럽의 전통적 국가론 도식을 분쇄하고 28세까지의 미성년자와 여성과 노예와 하층백성을 배제하는 노예소유주나 귀족민주주의를 완전히 민주화하는 평민민주국가를 기획한다. 특별히 이를 위해 그는 북미식민지의 임박한 독립을 내다보며 1752년 「완벽한 공화국의 이념(Idea of a Perfect Commonwealth)」이라는 장문의 에세이를 집필했다.

흄은 유럽제국의 영토와 인구를 다 합친 것보다 광대한 영토와 엄청난 인구를 가진 '방대한' 중국제국을 모델로 영토적·인구적 '방대성'이 중국제국의 인민들에게 집회의 "절제와 자유"를 보장해준다는 소중한 아이디어를 얻는다. 또한 중국 민병제도로부터 무기를 언제나 민병으로서의 백성의 수중에 들어있도록 해주는 군사제도가 의회와 민주주의를 위협

---

[393] '난방대총제'에 대한 상세한 분석은 참조: 황태연, 『공자의 자유·평등철학과 사상초유의 민주공화국』(서울: 공감의 힘, 2021), 414-453쪽.

하는 상비군의 위험성에 대항하여 민주주의와 법치주의를 보장하는 기능이 있다는 것을 배운다.

흄은 중국제국과 같이 영토나 인구 면에서 광대한 국가가 군주정을 택하고 있고 국민성이 하나의 유교적 도덕철학으로 통일되어 있으면서도 왜 '절대군주정' 또는 '전제정'으로 굴러 떨어지지 않고 '세계에서 가장 훌륭한 정부'로 유지되는가라는 의문을 제기하고 이에 답한다. 흄의 답은 '영토와 인구가 방대한 대국에서는 인민결사체들의 중도적 절제와 자유가 저절로 보장되고 민병제도와 도입되어 있으면 더욱 잘 보장된다는 것이다. 흄은 중국인들이 "언제나 단독 군주에 의해 다스려져왔고 자유로운 정부의 사상을 거의 형성하지 못한다", 또는 "중국정부가 순수한 군주정이다"라고 하는 그의 말로 미루어 그 자신이 중국의 방대한 나라에서 유래하는 공자의 "백성칙군이자치百姓則君以自治" 사상도 몰랐고 중국정부가 순수한 군주정이 아니라 '내각제적 제한군주정'이고 영국내각제는 이 중국내각제를 받아들였다는 사실을 몰랐던 것이 확실하다. 즉, 흄은 중국제국의 분석에서 이 제국이 '절대군주정'으로 절대 추락하는 않는 이유에 대한 탐구에서 공자철학의 결정적 역할을 전혀 고려하지 않았다. 그럼에도 불구하고 흄은 나름대로 중국제국의 영토와 인구의 방대성에서 다수파의 신속한 형성과 '다수의 횡포'를 원천적으로 어렵게 하는 인민의 정치적 이합집산의 '중도적 절제와 자유'를 간파한 것이다.

흄은 「예술과 과학의 흥기와 진보에 관하여」(1742)에서 중국을 논하면서 중국은 영토와 인구의 방대성에도 불구하고 공감에 의해 하나의 동일한 언어·여론·법률·철학으로 획일화되어 있다고 말했다가 다시 각주에서 인구가 극도로 많은 여러 지방을 품은 방대한 영토 덕택에 모든 지방적 여론과 정치운동들이 하나로 획일화되기는커녕 중화·절제되고 자유롭게 난무한다고 주장하는, 즉 앞뒤가 조금 어긋나는 논변을 전개한다.

일단 그는 중국의 문화적 획일성을 지적한다.

- 중국에서는 예의범절(politeness)과 학문의 꽤 상당한 축적이 있는 것으로 보인다. 이 축적은 수많은 세기의 행정 속에서 지금까지 생겨난 것들보다 더 완벽하고 더 완결적인 것으로 성숙해 들어갔을 것으로 당연히 기대될 것이다. 그러나 중국은 하나의 언어를 말하고 하나의 법에 의해 다스려지고 동일한 예법으로 공감하는 방대한 제국이다. 따라서 공자와 같은 어떤 스승의 권위가 제국의 이 구석에서 저 구석으로 쉽사리 파급되었다. 아무도 여론의 흐름에 저항할 용기가 없었다.[394]

흄은 이 중국문화의 획일성과 제일성齊一性을 중국 과학의 '느린 진보'의 원인으로 말하고 있지만, 다른 언어를 쓰는 수많은 민족과 유·불·선 계통의 3천여 종파들이'백가쟁명'하는 나라 중국은 애당초 그런 동일성과 제일성을 아예 모른다는 사실을 무시하고 있다. 그러나 흄은 4년 뒤에 몽테스키외의 풍토결정론을 부정하기 위해 집필한 또 다른 논고「국민성에 관하여(Of National Characters)」(1748)에서도 중국의 문화적 제일성에 대한 주장을 반복한다.

- 우리는 아주 광대한 국가가 수많은 세기에 걸쳐 확립되어 온 곳에서 이 국가가 제국 전체로 국민성을 퍼트리고 모든 부분마다에 유사한 행동양식을 전달한다고 말할 수 있다. 그러므로 중국인들은 저 방대한 영역의 상이한 부분들에서 공기와 기후가 아주 대단한 변화를 나타낼지라도 상상할 수 있는 최대의 제일성을 지닌다.[395]

---

394) Hume, "Of the Rise and Progress of the Arts and Science"(1742), 66쪽.
395) Hume, "Of National Characters", 83쪽.

흄의 이 중국관은 지나치게 단순화된 것이다. 3천여 종파로 파생되어 발전한 중국의 유교·불교·도교·회교·기독교 등 전혀 이질적인 종파들과 철학들의 역사적 각축과 훈고학·성리학·양명학·고증학·한학파유학·개신유학 등 유학의 다양한 유파, 춘추·전국시대의 제자백가의 유산 등 많은 중국적 문화와 학문 요소들의 지극한 다양성과 이질성이 무시되고, 또 춘추·전국시대 이래 다국체제로 분열되었던 기간이 통일제국을 이룬 기간보다 더 길다는 사실, 중국 땅이 역사적으로 수많은 민족의 다언어·다문화 지역들로 분열된 땅이라는 사실, 중국인의 혁명적 기질, 중국의 잦은 혁명과 잦은 왕조 교체, 길면 300여 년, 짧으면 15년밖에 되지 않은 중국왕조 특유의 단명함 등이 모두 무시되고 있기 때문이다.

하지만 흄은 「예술과 과학의 흥기와 진보에 관하여」의 본문에서 전개한 저 '문화적 획일성' 논변이 문제가 있다는 것을 스스로 느끼고 재빨리 긴 각주를 달아 정반대의 논변으로 이 문제점을 해소하려고 한다.

- 만약 우리가 언제나 단독적 군주에 의해 다스려져왔고 자유정부의 사상을 거의 형성할 수 없는 중국인들의 행복·국부·선정善政(good police)을 우리가 어떻게 앞서 말한 원리(학문과 기술의 발전을 촉진하는 자유의 원리)에 화해시킬 수 있을지를 물어온다면, 나는 중국정부가 순수한 군주정일지라도 이 정부는 정확히 말하면 절대군주정이 아니라고 답할 것이다. 이것은 이 나라의 상황의 특이성에서 생겨난다.[396]

흄은 중국제국이 절대군주정이 아니라는 것을 공자철학으로가 아니라 중국제국의 국가상황으로 설명하려고 하고 있다. 이것은 완전히 올바

---

396) Hume, "Of the Rise and Progress of the Arts and Science" [1742], 66쪽 각주c. 괄호는 인용자.

른 접근법은 아니지만, 흄은 중국제국의 특이한 상황에 대한 치우친 천착으로부터 뜻밖의 새로운 인식을 끌어낸다.

- 그들은 타타르 외에 이웃이 없다. 그들은 유명한 만리장성과 그들의 수적 우월성에 의해 타타르로부터 상당히 안전해졌고, 적어도 안전해진 것처럼 보인다. 이것에 의해 군사기강은 그들 사이에서 언제나 많이 소홀히 되어왔다. 그리고 그들의 상비군은 그처럼 극도로 인구가 많은 여러 지방에서 일어나는 어떤 일반적 반란도 진압하기에 부적합한 최악 유형의 단순한 민병대(*militia*)다. 그러므로 정확하게 칼은 언제나 백성의 손안에 들어 있다고 말해도 있다. 이런 상황은 군주에 대한 충분한 제약이고, 이 때문에 군주는 이런 반란들을 예방하기 위해 지방정부의 만다린이나 태수들을 일반적 법률의 통제 아래 두지 않을 수 없다. 우리는 역사로부터 이 반란들이 그 국가에서 아주 빈번하고 위험했다고 배웠다. 아마 이런 종류의 순수한 군주정은 외적에 대해 방위에 적합하다면 왕권적 권력에 수반되는 평온과 인민결사체들의 중도적 절제와 자유를 둘 다 가진 만큼 모든 정부 중에서 최선의 정부일 것이다.[397]

흄은 중국정부를 "순수한 군주정일지라도 이 정부는 정확히 말하면 절대군주정이 아니고", 왕권(kingly power)으로 "평온"이 보장됨과 동시에 인구적·영토적 방대성 덕택에 인민결사체들의 "중도적 절제와 자유(*moderation and freedom*)"가 함께 보장되는 "최선의 정부"라고 찬양하고 있다. 그러나 중국정부를 "순수한 군주정"으로 판단하는 그의 이

---

[397] Hume, "Of the Rise and Progress of the Arts and Science" [1742], 66쪽 각주c. 괄호는 인용자.

그릇된 인식은 중국의 정부형태가 내각제적 제한군주정이라는 사실에 대한 그의 무지를 다시 한번 확인해준다. 흄은 찰스 2세와 윌리엄 템플이 제도화하려고 시도한 '신新추밀원(New Privy Council)'이 시원적 내각제인 것도 몰랐고, 이 '신추밀원' 기획이 명·청대 중국의 내각제를 모방한 것인지도 몰랐다.[398]

여기서 흄이 말하는 인민결사체들의 중도적 '절제'란 중국의 영토가 너무 광대하고 그 인구가 너무 방대해서 어느 인민결사체든 순식간에 하나의 압도적 다수파로 성장해서 전국을 일사분란하게 장악하기 전에 다른 지방들에서 이합집산하는 수많은 결사체에 의해 견제당해 '중도화'되므로 모든 결사체들의 정치적 성향과 활동이 원만하게 절제되어 다른 결사체들의 자유를 유린하며 '다수의 횡포'를 부릴 압도적 다수파의 형성이 저절로 저지된다는 것을 뜻한다. 그리고 인민결사체들의 '자유'란 중국제국의 영토적 광대성과 인구적 방대성 때문에 중앙정부가 자치하도록 방임할 수밖에 없는 멀고 먼 지방들이 하도 많아서 민병제도에 의

---

[398] 흄은 템플이 1679년 시도한 중국내각제 도입을 이렇게 단순한 시도로 기술하고 있다. 템플은 궁전음모에 너무 관심이 없었고 세간에 만연된 보편적 불만과 경계심에 경악했지만, 국왕이 그에게 부여하는 신임을 거절할 수가 없었다. 그는 왕의 이 특별한 신임을 활용해 왕에게 특별한 헌정개혁을 건의했다. 그의 첫 번째 건의는 국민의 경계심이 극단적인 만큼 어떤 새로운 처방에 의해 이 경계심을 치유하고 국왕과 백성 양편의 안전에 아주 필수적인 상호신뢰를 회복하는 것이 필요하다는 말이었다. 또 그는 현재의 격앙된 의회에 모든 것을 거부하는 것도, 모든 것을 양보하는 것도 헌정체제와 공적 안녕에 동시에 위험하다고 말했다. 그리고 그는 왕이 그의 추밀원에 백성의 신뢰를 누리는 인물들을 집어넣는다면 의회에 양보할 것이 더 적을 것이고, 부조리한 요구들을 거부해야 하는 경우에도 왕은 추밀원 위원들의 뒷받침을 받아 보다 안전하게 이 요구들을 거부할 수 있게 될 것이라고 설득하고, 대중의 인기가 높은 당파의 수뇌들이 자신들을 추밀원에 넣어준 왕의 호의에 흡족해서 당장 대중의 비위를 맞추려다가 거칠어진 그들의 과격한 주장을 누그러뜨릴 것이라고 조언했다. 왕은 이 논변에 동의했고, 템플과의 협주 속에서 "왕이 스스로 금후에는 추밀원의 조언 없이 어떤 중요한 조치도 취하지 않기로 결정했다고 선언하는 신추밀원(New Privy Council)의 계획"을 수립했다. Hume, *The History of England. From the Invasion of Julius Caesar to the Revolution in 1688*, vol.6, 362쪽.

해 자기 수중에 칼을 쥔 인민대중이 집회·결사할 정치사회적 공간이 도처에 열려있다는 말이다. 흄은 민병제를 토색질할 지방관청과 관군에 대해 민본주의적 자유와 평등, 즉 백성의 자연적 자유와 평등을 지키는 필수요건의 하나로 인식한 것이다. 중국의 민병제는 역사적으로 민본주의적 군사제도로 도입되었었다.

중국의 민병대와 잦은 혁명적 민란에 관한 흄의 기술은 그가 읽은 루이 르콩트(Louis de Comte)의 『중국제국의 현상태에 대한 신新비망록(Nouveax memoirs sur l'estat present de la China)』(1696)에서[399] 참조한 것으로 보인다. 여기서 르콩트는 중국 상비군과 민병대를 비교하면서 이렇게 기술하고 있다.

- 그들의 일곱 번째 정책원칙은 전시나 평시나 국내에서 발생할 수 있는 어떤 소요나 반란이든 진압하거나 방지하는 것만큼 잘 이웃국가들로부터 신용과 존경을 보존하기 위해 대군을 유지하는 것이다. 그러므로 100만 명의 병력이 그들의 장성을 수비하기 위해 배치되어 있다. 그들의 일선과 대도읍들을 수비하기 위해 이것보다 더 적은 수의 병력은 너무 적었을 것이다. 이제 그들은 가장 중요한 도읍들에 수비대들을 두는 것을 충분하다고 생각한다. 이 상비군 외에 민간 장교들의 지휘 하에 각 성省에 1만 5,000명 내지 2만 명의 병력이 존재한다. 그들은 도서들, 특히 해남과 대만을 지키는 병력들이기도 하다. 북경의 기병대는 6만 내지 10만 명이다. 그리하여 나는 가장 태평하고 가장 안전한 평화기에 황제가 모두 나라의 전통에 따라 비늘갑옷과 활로 무장한 500만 명보다 적지 않은 유효병력을 유급으로 소집하고 있다고 생

---

[399] 영역판: Le Compte, *Memoirs and Observations made in a Late Journey through the Empire of China* (London: Printed for Benj. Tooke, 1697). 흄은 『종교의 자연사』 "IV"에서 르콩트를 직접 인용하고 있다.

각한다. 그들은 아주 작은 보병부대만을 가졌고, 창병은 없고, 화승총 사수는 아주 소수다.[400]

중국의 민병대는 "이 상비군 외에 민간 장교들의 지휘 하에 각 성省에 존재하는 1만 5,000명 내지 2만 명의 병력"이다. 이들의 열악한 무장은 "아주 작은 보병부대만을 가졌고, 창병은 없고 화승총사수는 아주 소수다"는 문장으로 집작할 수 있다. "어떤 일반적 반란도 진압하기에 부적합한 최악 유형의 단순한 민병대"라는 흄의 판단은 이 대목을 바탕으로 한 것으로 보인다.

그리고 르콩트는 그럼에도 '백성의 자유'를 지키는 중국의 최후의 방책을 백성들의 혁명 능력과 혁명적 기질로 제시한다.

- 중국인들의 기질은 그들의 황제가 폭력과 격정으로 가득하거나 그의 책임을 아주 태만히 할 때 그의 신민들도 동일한 삐딱함의 정신을 보유한 기질이다. 모든 만다린은 자기가 근무하는 지방이나 도시가 상위 권력으로부터 보살핌을 받지 않는다고 느낄 때 자신이 그 지방이나 도시의 군주라고 생각한다. 최고위 각료들은 자리를 채울 자격이 없는 사람들에게 자리를 매관매직한다. 총독들은 그들 수만큼 많은 참주들이 된다. 치자들이 더 이상 정의의 규칙을 준수하지 않는 것이다. 백성들은 이런 식으로 억압받고 발밑에 밟히고, 결과적으로 이 비참한 백성들은 쉽사리 동요하고 반란에 떨쳐나선다. 무뢰한들이 늘어나고 때로 건방을 떤다. 그리고 백성들이 거의 셀 수 없이 많은 지방에서는 공공 평화와 평온을 혼란시키는 기회 외에 아무것도 기다리지 않는 수많은 군대들이 순식간에 모인다. 이와 같은 발단들은 치명적 결과를 일

---

400) Le Compte, *Memoirs and Observations* […] *through the Empire of China*, 285쪽.

으키고, (그러면) 중국은 종종 새로운 주군의 휘하에 놓이게 한다. 그리하여 황제가 황위에 자신을 확립하는 가장 좋고 확실한 길은 4000년 이상의 경험에 의해 그 효력이 확인된 그 법률들에 대해 정확한 존경과 완전한 복종을 바치는 것이다.[401]

"이런 상황은 군주에 대한 충분한 제약이고, 이 때문에 군주는 이런 반란들을 예방하기 위해 지방정부의 만다린이나 태수들을 일반적 법률의 통제 아래 두지 않을 수 없다"는 흄의 판단과 "우리는 역사로부터 이 반란들이 그 국가에서 아주 빈번하고 위험했다고 배웠다"는 흄의 기술은 르콩트의 이 글에 근거한 것이 틀림없다.

한편, 흄은 본문에서 중국을 "방대한 제국"으로 기술하고, 각주에서는 "그렇게 극도로 인구가 많은 여러 지방(countries so extremely populous)"이라는 표현으로 중국의 '인구·영토적 방대성'을 둘 다 시사하고 있다. "그렇게 극도로 인구가 많은 여러 지방"을 가진 "방대한 제국" 중국에서 인민결사체들이 누리는 "중도적 절제와 자유"는 영토와 인구가 '방대함'을 빼놓고 설명할 수 없는 것이다. 그는 「완벽한 공화국의 이념」에서 압도적 다수파가 '후다닥' 생겨나는 것을 어렵게 하여 '다수의 횡포'를 애당초 차단함으로써 민주국가의 항구적 지속가능성(Sustainability)을 보장하는 광대한 영토와 방대한 인구의 이 자연스런 혜택을 강조한다.

게다가 "칼이 언제나 백성의 손안에 들어 있는" 상황은 절대군주정과 독재를 불가능하게 만들어 민본주의(인민주권)를 지키고 백성의 자연적 자유와 평등을 보호한다. "칼이 언제나 백성의 손에 들어 있는" 이런 정치상황 때문에 황제는 지방태수와 수령들에게 법치를 강제하지 않을 수

---

401) Le Compte, *Memoirs and Observations* [⋯] *through the Empire of China*, 257쪽.

없다. 황제는 민중의 무장반란의 위험으로부터 살아남기 위해 지방관의 준법을 주도하고 준법여부를 철저히 감시할 수밖에 없기 때문이다. 중국에서는 "칼은 언제나 백성의 손안에 들어 있는" 반면, 유럽제국에서는, 아니 영국 같은 제한군주정에서조차도 칼은 언제나 상비군을 육성하고 장악한 군주의 손아귀에 들어 있었다. (육군을 의회가 장악한 뒤에도 해군은 왕이 장악했다.) 이런 까닭에 흄은 중국정부를 "순수한 군주정"임에도 절대군주정으로 전락하기는커녕, 유럽에서 가장 훌륭한 영국 제한군주정보다 더 나은 정부, 즉 "왕권에 수반되는 평온과 인민결사체들의 중도적 절제와 자유를 둘 다 가진 만큼 모든 정부 중에서 최선의 정부"라고 극찬한 것이다.

■ **민주공화정의 민본주의적 민주화**

이렇게 하여 흄은 1752년의 「완벽한 공화국의 이념」에서 중국의 내각제를 몰랐을지라도 인민결사들의 '절제'와 '자유'를 인구·영토적 방대성과 민병제도의 결합상황 덕택으로 파악함으로써 획기적 민주주의론을 발전시킨다. 그의 대안은 소국의 민주공화정을 부정하고 대국大國 민주공화정의 기획이었다.

흄은 중국제국의 영토·인구의 방대성의 이점과 민병제도의 자유 보장 기능, 크롬웰공화국의 역사적 경험, 그리고 네덜란드(귀족)공화국의 실제와 해링턴의 민주공화국론 등을 결합시켜 자기의 독창적 민주공화국론을 발전시킨다. 흄의 이 민주공화국론은 '작은 민주공화국들의 안보연합체'였다. 그런데 흄이 구상한 한 개의 '작은 구성공화국'의 영토도 여러 카운티(county)로 구성되었고, 다시 한 카운티가 여러 개의 도시와 농촌지역들을 포괄했다. 따라서 흄이 말하는 이 '작은 공화국'도 몽테스키외의 구성공화국보다 몇 곱절 더 큰 규모다. 따라서 흄의 연방공화국은 영토와 인구 면에서 '방대한' 광역국가다.

「완벽한 공화국의 이념」에서 흄은 북미 식민지의 독립 가능성을 예견하는 언급을 한다. "이 논란이 지자와 식자들의 보편적 동의에 의해 확정되지만 미래 시대에 세계의 어떤 멀고먼 지역에서 옛 정부의 해체에 의하거나 새로운 정부를 형성할 사람들의 연합에 의해 이론을 실천으로 옮길 기회가 주어질 수 있을지를 누가 알겠는가?"[402] 미래 시대에 옛 정부(식민정부)가 해체되거나 새로운 정부가 형성될 "세계의 어떤 멀리 떨어진 지역"이라는 표현으로 북미식민지를 시사하고 있다.

흄은 중국처럼 군주의 상비군이 아니라 방대한 백성의 민병대를 가진 대국이 "외적에 대해 방위에 적합하다면 왕권에 수반되는 평온과 인민 결사체들의 중도적 절제와 자유를 둘 다 가진 만큼 모든 정부 중에서 최선의 정부"라는 중국제국 분석을 근거로 '민주정은 소국에서나 가능하고 대국은 반드시 군주정을 해야 한다'는 유럽의 오랜 정치철학적 공식을 먼저 과감하게 분쇄하는 데 착수한다.

- 우리는 프랑스나 영국과 같은 어떤 광역국가(large state)든 공화국으로 리모델링될 수 없고, 이러한 정부형태는 오직 도시나 작은 영토에서만 자리 잡을 수 있을 뿐이라는 흔한 견해의 허위성을 언급함으로써 이 주제를 결론지어야 한다.[403]

흄이 마지막에 언급한 "이 주제"란 대·소국과 민주정·군주정의 연관 문제를 가리킨다.

흄은 광대한 국가의 민주공화정이 수립하기 어렵지만 일단 수립되면

---

402) David Hume, "Idea of a Perfect Commonwealth" [1752], 222쪽. David Hume, *Political Essays* (Cambridge·New York: Cambridge University Press, 1994·2006).
403) Hume, "Idea of a Perfect Commonwealth" [1752], 232쪽.

'보전가능성'이 가장 크다고 확언한다.

- 광대한 국가(extensive country)에서 공화제 정부를 형성하는 것이 도시에서보다 더 어려울지라도 일단 이것이 형성되고 나면 소동이나 당파싸움 없이 그것을 꾸준하고 한결같이 보전할 더 많은 용이성이 존재한다. 대국의 멀고먼 여러 지역이 합쳐져 자유정부의 어떤 계획이든 이루는 것은 쉬운 일이 아니다. 오히려 이 지역들은 이런 대중적 호감에 의해 권력을 장악할 수 있고 보다 고집스럽게 버티는 자들을 굴복하도록 강제해 군주제적 정부를 수립할 수 있는 한 명의 단독 인물에 대한 존경과 공경 속에서 쉽사리 작당한다. (…) 거장의 솜씨로 설계된 대국(large government)에서는 공화국의 첫 선거나 첫 구성에 입장하는 하층 인민들로부터 모든 움직임을 지도하는 더 높은 치자들에 이르기까지 민주주의를 세련시키기에 충분한 범위와 공간이 존재한다. 동시에 지역들이 아주 멀고 아득히 동떨어져 있어서, 흉계나 편견 또는 열정에 의해 이 지역들을 공익과 배치되는 어떤 조치 속으로 후다닥 몰아넣는 것은 아주 어렵다.[404]

흄은 방대한 국가 중국의 "자유와 중도적 절제"를 염두에 두고서 거장의 솜씨로 설계된 대국이 자유공화국으로 수립된다면 소동이나 당파싸움 없이 이 자유공화국을 "꾸준하고 한결같이 보전하기" 더 쉽다고 말하고 있다. 그리고 그는 그 이유로 대국의 연방공화정에서는 "민주주의를 세련시키기에 충분한 범위와 공간이 존재하는" 점과, "지역들이 아주 멀고 아득히 동떨어져 있어서 흉계나 편견 또는 열정에 의해 이 지역들을 공익과 배치되는 어떤 조치 속으로 후다닥 몰아넣는 것은 아주 어렵다"

---

404) Hume, "Idea of a Perfect Commonwealth" [1752], 232쪽.

는 사실을 들고 있다.

흄은 반대로 도시의 공화국은 수립하기 쉽지만 한 도시의 협소한 영토의 인구밀집과 근접한 거주상황으로 인해 여론몰이를 통한 압도적 다수파의 집권과 폭정 위험이 커서 공화국이 무너지기 쉽다고 말한다.

- 다른 한편으로, 한 도시는 동일한 정부 개념에 쉽사리 일치를 볼 수 있고, 재산의 자연적 균등은 자유를 촉진하고, 거주의 근접성은 사람들로 하여금 상호적으로 서로를 돕는 것을 가능케 한다. 심지어 절대군주 아래서도 도시들의 하위 정부는 흔히 공화정이다. 반면, 카운티와 지방의 하위정부는 군주제적이다. 그러나 도시에서 공화국의 수립을 수월하게 만드는 동일한 사정이 그들의 헌정체제를 보다 취약하고 불확실하게 만든다. 민주주의는 소란스럽다. 인민들이 아무리 투표나 선거에서 작은 부분들로 분리되고 분열되어 있더라도 한 도시 안에서 그들의 근접한 거주는 언제나 대중적 조류와 시류의 힘을 아주 민감하게 느끼도록 만든다. 귀족정은 평화와 질서에 더 적합했고, 이에 따라 고대 저자들에 의해 가장 많이 찬미되었다. 그러나 귀족정들은 조바심하고 억압적이었다.[405]

흄은 도시의 "근접한 거주" 또는 "거주의 근접성"이 사람들의 상호원조를 가능케 하여 도시에서 "공화국의 수립을 수월하게 만듦"과 동시에 "언제나 대중적 조류와 시류의 힘"에 아주 민감하게 휩쓸리도록 만들어 "그들의 헌정체제를 보다 취약하고 불확실하게 만든다"고 말하고 있다. 한 마디로, 도시소국의 공화정은 시민들의 근접한 거주방식 때문에 쉽사리 감정과 정서가 전념되어 찬성이나 반대의 여론이 지나치게 한쪽으로

---

405) Hume, "Idea of a Perfect Commonwealth" [1752], 232쪽.

쏠리는 정치적 쓰나미 현상이 다반사라서 '다수의 횡포'의 위험과, 이로 인해 민주공화정이 중우정치衆愚政治로 타락하고 붕괴할 위험이 크다는 것이다. 그리고 흄은 권력엘리트들이 이를 예방하기 위해 "대중적 조류와 시류의 힘"을 제도적으로 억압하면 '민주공화정'이 '귀족공화정'으로 변질되고, '귀족공화정'은 귀족들이 저들의 특권을 지키려고 "조바심하는" 통에 "억압적"이라고 분석하고 있다.

흄은 대국에 공화정을 배정하고 대국이 "소동이나 당파싸움 없이 공화정을 꾸준하고 한결같이 보전하기가 더 수월할" 것이라고 확언하면서, 나중에 여기에다 시민들의 '민병대'를 국가방위의 주력군으로서 덧붙인다. 이렇게 흄은 중국분석을 근거로 작은 공화국들의 거대한 연방체제로서의 민주공화국을 몽테스키외처럼 단순히 안보를 위한 '소극적' 연합체로 간주한 것이 아니라, 자유와 민주주의의 장기적 보전을 위해 선택해야 할 '적극적' 연합체제로 설계하고 있다.

흄은 "거장의 솜씨로 설계된 대국에서는 (…) 지역들이 아주 멀고 아득히 동떨어져 있어서, 흉계나 편견 또는 열정에 의해 이 지역들을 공익과 배치되는 어떤 조치 속으로 후다닥 몰아넣는 것은 아주 어렵다"고 명시하고 있다. 한 마디로, 대국에서는 '다수의 횡포'의 위험이 거의 없다. 반면, 작은 도시공화국에서는 여론몰이와 '쓰나미 선거'의 위험이 커서 소국의 민주정이 '다수파의 횡포'로 중우정치로 몰락하기 쉽다. 결론적으로, 영토가 광대하고 인구가 방대한 대국에서 민주주의의 존속가능성은 소국에서보다 더 크다는 것이다.

환언하면, 대국에서는 '다수의 횡포'를 초래할 '압도적 다수파'가 영토와 인구의 방대성으로 인해 형성되기 아주 어려운 반면, 주민들이 도시의 좁은 거주지와 활동구역에 밀집되어 있는 소국에서는 늘 '감정전염'에 휩쓸리기 때문에 다수파가 형성되기 매우 쉽고, 따라서 한쪽으로의

'표 쏠림 현상'이 지나친 나머지 '쓰나미 선거'와 '다수의 횡포'가 벌어지기 일쑤다. '다수의 횡포'에 빈번하게 시달리는 소국 민주주의는 결국 아테네에서처럼 쉽사리 '우민愚民정치(*mobocracy*)', 또는 시쳇말로 '떼거리정치'로 타락한다. 반면, 대국에서 민주주의는 '다수의 폭정'과 우민정치의 위험으로부터 거의 항구적으로 벗어나 있다. 흄은 일국의 영토면적과 인구의 '방대성'으로부터 오히려 절대권력과 '다수의 횡포'를 분쇄할 수 있는 '자유의 여유 공간'을 도출하고 대국이 더 용이하게 '다수파의 폭정'으로부터 해방된 민주국가가 될 수 있고, 또 민주국가로 오래 존속할 수 있다고 생각한 것이다.

그런데 흄은 작은 민주공화국에 큰 정치적 이점이 있다고 본다. 그것은 국사를 '한 눈에 둘러보기 쉬운' 덕택에 '통치가능성'이 큰 것이다.

- 작은 공화국(*commonwealth*)은 만사가 치자의 눈 아래 들어 있기 때문에 그것 자체 안에서 세상에서 가장 행복한 국가일 것이다.[406]

하지만 흄은 작은 공화국이 주변의 군주제적·전제적 대국에 의해 점령당할 위험이 크다는 점을 놓치지 않는다.

- 그러나 이 작은 공화국은 외부로부터 오는 큰 힘에 의해 쉽게 정복될 수 있다.[407]

그러므로 흄은 "큰 공화국과 작은 공화국 둘 다의 모든 이점을 지닌" 작은 공화국들이 하나의 거대한 연방국가를 형성하는 방안을[408] 제시한

---

406) Hume, "Idea of a Perfect Commonwealth" [1752], 230쪽.
407) Hume, "Idea of a Perfect Commonwealth" [1752], 230쪽.
408) Hume, "Idea of a Perfect Commonwealth" [1752], 230쪽.

것이다.

흄은 공화국의 헌정체제 구상에서 제임스 해링턴(James Harrington)이 『오세아나 공화국(The Commonwealth of Oceana)』에서 전개한 민주공화국 모델을 '유일하게 가치 있는 모델'로 평가하고, 그레이트브리튼과 아일랜드를 합한 큰 영토규모의 대국大國에 수립될 민주공화국연방론의 화두를 해링턴의 '오세아나공화국'에 결부시킨다.

- 인류의 (통치)방식의 대개혁을 가정하는 모든 정부기획들은 순전히 상상적이다. 플라톤의 『국가론』과 토마스 모어 경의 『유토피아』는 이런 상상적 성질의 것이었다. 『오세아나』는 여태까지 공중에게 제공된 것들 중에서 유일하게 유가치한 공화국 모델이다.[409]

이 구절은 흄이 군주제를 염두에 두고 있는 것이 아니라 공화제를 애당초 자신의 논의의 전제로서 선취하고 있다는 것을 보여준다.

이어서 흄은 제임스 해링턴의 『오세아나 공화국』의 여러 결함들을 분석적으로 열거한다.

- 『오세아나』의 주요 결함들은 이런 것들인 것으로 보인다. 첫째, 오세아나 공화국의 윤번제가 어떤 능력이든 능력 있는 자들을 일정한 기간 뒤에 공적 고용으로부터 내몰기 때문에 폐가 된다는 것이다. 둘째, 그것의 토지균분제(Agrarian)가 실천불가능하다는 것이다. 사람들은 고대 로마에서 실행된, 타인 명의로 자기의 보유지를 은폐하는 기법을 곧 배우게 될 것이다. 마침내 이런 남용은 아주 흔해져서 사람들이 억제의 외양조차도 내던지게 될 것이다. 셋째, 『오세아나』는 자유를 위

---

[409] Hume, "Idea of a Perfect Commonwealth" [1752], 222쪽.

한 충분한 안전보장이나 민막民瘼의 시정을 제공하지 않는다. 상원이 제기하고 백성은 동의해야 한다. 이런 수단에 의해 상원은 인민에 대해 거부권만을 가진 것이 아니라, 훨씬 더 중요한 것인 바, 상원의 거부권이 인민의 표결에 앞서 행사된다. 왕의 동일 성격의 거부권이 영국헌정 안에 존재하고 의회로 들어오는 어떤 법안이든 방지할 있다면, 그는 절대군주일 것이다. 그런데 왕의 거부권이 양원의 표결 뒤에 행사되는 만큼, 이 거부권은 거의 대수롭지 않다. 이러한 차이는 동일한 것(거부권)을 위치시키는 방식 속에 존재한다. 인기 있는 법안이 의회에서 논란되고 무르익게 된다면, 이 법안의 온갖 편의와 폐단은 모조리 헤아려지고 균형 잡힌다. 나중에 이 법안이 왕의 동의를 위해 왕 앞에 제출된다면 감히 인민의 만장일치 바람을 배척할 군주들은 거의 없을 것이다. 그러나 (스코틀랜드 의회에서 상당한 기간 동안 조항심사 상원의원회에 의해 그런 일이 가능했듯이) 왕이 기분 나쁜 법안을 태아 단계에서 분쇄할 수 있다면, 영국 정부는 아무런 균형도 없고, 또한 민막은 시정될 수 없을 것이다. 그리고 지나친 권한은 어떤 정부에서든 새 법률로부터 발생하는 것이 아니라, 빈번히 옛 법률로부터 생겨나는 남용들을 치유하는 것을 게을리 하는 것으로부터 발생하는 것이 확실하다. (…) 그렇다면 『오세아나』에서 온전한 입법부가 상원에 있는 것으로 얘기될 수 있는 것으로 보인다. 해링턴은 이것이 특히 토지균분제가 폐지된 뒤라면 곤란한 정부형태라고 자인할 것이다.[410]

따라서 흄은 해링턴의 '오세아나공화국'과 다른 그 자신의 정부형태를 제시한다. 그것은 "이론상 어떤 상당한 반대도 발견할 수 없는 정부형

---

410) Hume, "Idea of a Perfect Commonwealth" [1752], 222-223쪽.

태"이어야 한다.[411]

흄은 그레이트브리튼(잉글랜드·스코틀랜드)과 아일랜드 3국을 합한 규모의 대국을 정부형태 논의의 전제로 삼고, 이 대국 안에 100여 개의 작은 카운티 공화국을 창출하고 이 카운티 공화국들이 하나로 묶여 연방국가가 되는 국가형태를 논한다.

- 그레이트브리튼과 아일랜드 또는 동일한 면적의 어떤 영토든 100개의 카운티로 나누고, 각 카운티를 100개의 관구로 나눠 모두 1만 개의 관구를 만들라. 하나의 나라(commonwealth)로 세워질 것으로 제안되는 나라가 보다 좁은 면적을 가졌다면, 우리는 카운티의 수를 줄여도 되지만, 30개 이하로 줄여서는 아니 된다. 더 큰 면적을 가졌다면, 카운티의 수를 늘리는 것보다 관구를 확장하거나 더 많은 관구들을 하나의 카운트로 합치는 것이 더 나을 것이다.[412]

또 흄은 "각 카운티는 그 자체 안에서 일종의 공화국(Every county is a kind of republic within itself)이고, 대의원들은 카운티 법률을 제정한다"고 말한다.[413]

그레이트브리튼(잉글랜드·스코틀랜드)과 아일랜드를 다 합한 영토면적은 31만 3,883km²다. 이 영토 면적은 뉴잉글랜드 전체의 영토면적인 18만 5,629km²의[414] 약 2배에 달하고, 미국 독립 당시 13개 주의 영토를 다 합한 면적(76만 526km²)의[415] 약 절반에 해당한다. 흄이 위에서 그레

---

411) Hume, "Idea of a Perfect Commonwealth" [1752], 223쪽.
412) Hume, "Idea of a Perfect Commonwealth" [1752], 223쪽.
413) Hume, "Idea of a Perfect Commonwealth" [1752], 228쪽.
414) '뉴잉글랜드'는 코네티컷(14357㎢), 메인(91646㎢), 매사추세츠(27337㎢), 뉴햄프셔(24214㎢), 로드아일랜드(3144㎢), 버몬트(24913㎢) 등 6개주다.
415) 미국 독립 당시 13개 주는 코네티컷(1만 4,357km²), 매사추세츠(2,7337km²), 뉴

이트브리튼(잉글랜드·스코틀랜드)과 아일랜드를 다 합한 영토면적 31만 3,883㎢를 100개의 카운티로 나눈다고 말하고 있으므로, 1개 카운티의 평균 면적은 3,138.83㎢다. 따라서 1개 카운티의 평균 영토규모는 스위스연방공화국의 전체 영토(4,130㎢)보다 조금 작고, 네덜란드 영토 면적(4만 1,526㎢)의 약 13/1이다.

미국 독립 당시 13개 주의 영토를 다 합한 면적은 흄이 연방공화국에 적합한 영토면적으로 제시한 그레이트브리튼·아일랜드 합산 영토면적보다 2배 크다. 흄은 이런 경우에 "카운티의 수를 늘리는 것보다 관구를 확장하거나 더 많은 관구들을 하나의 카운트로 합치는 것이 더 나을 것"이라고 조언하고 있다. 따라서 그의 말대로라면 200개의 카운트를 설치하기보다 한 카운티 속한 관구의 면적과 수를 늘려 다시 30-100개의 카운티를 유지하는 것이 낫다.

그러나 북미식민지는 13개 주의 국경선을 재조정하거나 무너뜨릴 수 없을 정도로 이미 고착되어 있었다. 그리고 기존 주가 독립 후에 개척으로 확대되어 분할되고 연방의 변경이 태평양연안까지 서부로 계속 확장됨으로써 주州의 수는 더 늘어났다. 따라서 이 주의 수를 기준으로 구성 공화국의 수는 50개로 정해졌다.

그리고 흄은 이 민주공화국 연방의 민본주의적 민주주의 성격을 강화하기 위해 두 가지 조치를 취한다. 그 하나는 투표권 요건을 영국보다 낮추는 것이고, 다른 하나는 민병제도를 법제화하는 것이다.

먼저 흄은 투표권자를 유산자로 한정하되 그 장원(에스테이트)조건을 폐지하고 경제적 능력조건을 소득의 화폐산정액으로 설정하고 도농都

햄프셔(2만 4,214km²), 로드아일랜드(3,144km²), 뉴욕(市 1,213km² + 버몬트 2만 4,913km²), 뉴저지(2만 1,591km²), 펜실베이니아(11만 9,283km²). 메릴랜드(3만 2,133km² + 워싱턴DC 177km²), 델라웨어(5,130km²), 버지니아(11만 0,786km²), 노스캐롤라이나(13만 9,390km²), 사우스캐롤라이나(8만 2,931km²), 조지아(15만 3,909km²) 등이다.

農차별을 없앴다.

- 농촌에서 연간 20파운드(400실링, 1실링 = 12 펜스) 소득을 얻는 모든 (부동산)자유보유자들과 도시 관구에서 500파운드 소득을 얻는 모든 자유보유자들을 매년 관구 교회에 소집하고 투표로 농촌의 어떤 자유보유자를 우리가 카운티 의원(county representative)이라고 불러야 할 그들의 멤버로 (관구당 1명씩) 선출하게 한다. 100명의 카운티 대의원들을 선거 이틀 뒤에 농촌 읍내에 모이게 하고 투표로 그들 자신의 단체로부터 10명의 카운티 행정관들과 1명의 상원의원(senator)을 선출하게 한다.[416]

1752년 당시 영국의 선거권자 자격은 1530년 이래 "40실링 자유보유자(forty-shilling freeholders)" 조건으로 묶여 있었다. '40실링 자유보유자' 자격조항은 에스테이트(장원)의 연간 지대地代수입이 40실링(2파운드) 이상에 달하는 토지소유자나 왕의직영지 경작자들을 의미했다. 따라서 도시 신흥부르주아지들은 소득에 관계없이 유권자에서 배제되었다. 1430년 당시 지대수입 40실링은 상당한 액수였고, 토지로 환원하면 반드시 장원(에스테이트)의 보유를 함의했다. 결국 영지가 있는 대귀족과 장원을 가진 소귀족(젠트리) 및 성직자 및 소수의 고위관리만이 유권자였다. 이후 이 '지대수입 40실링 자유보유자'라는 수입 하한선의 인하는 화폐가치의 평가절하를 통해서만 이루어졌다. 오히려 1712년에는 여기에 토지세 납세자 자격 조항이 추가되었다. 따라서 흄이 「완벽한 공화국의 이념」을 쓸 당시인 1752년경 영국의 유권자는 전 국민의 4% 정도에 지나지 않았다. 96%의 백성이 선거에서 배제되어 있었던 것이다. 1752

---

416) Hume, "Idea of a Perfect Commonwealth" [1752], 223쪽. 괄호는 인용자.

년 당시에도 영국은 군주정 외피의 귀족국가였던 것이다.

그런데 흄은 위 인용문에서 "농촌에서 연간 20파운드 소득을 얻는 모든 (부동산)자유보유자들과 도시 관구에서 500파운드 소득을 얻는 모든 자유보유자들을 투표로 농촌의 어떤 자유보유자를 '카운티 의원'으로 선출하게 한다"고 하고 있다. 이것은 '지대수입'이 아니라 '소득'을 기준하고 있다. 소득을 기준으로 하면 농촌의 자유보유자가 지주의 지대든 농업자본가의 이윤이든 가리지 않고 20파운드의 소득을 벌면 유권자 자격이 있고, 도시에서 500파운드의 소득을 올리는 상공업자들도 유권자가 된다. '농촌'의 장원을 가진 사람으로 한정된 영국적 유권자 조건을 폐지해 농촌의 농업자본가(장원이 없지만 마소와 농기구 및 곡물을 보유한 대차지농)와 도시 상공자본가의 대부분도 선거권을 얻게 된다. 그런데 영국에서 도시 상공업 부르주아지의 상층 소수집단이 투표권을 얻은 것은 제1차 선거법개정이 있었던 1832년이었다. 이것에 비교하면 흄의 제한선거제는 당시로서 대단한 파격적 진보적 제안이었다.

1832년의 제1차 선거법개정은 '40실링 자유보유자' 자격을 고친 것이 아니라 이것을 전제로 '40실링 자유보유'에 상당하는 평가액의 재력을 가진 대도시의 상층 상공업자(자본가)들에게 선거권을 추가로 부여한 최소한의 개정이었다. 그러나 제1차 개정은 '40실링 자유보유자들'을 남성으로 제한하여 이전에 선거권을 누렸던 소수의 예외적 유력여성들이 배제되는 '퇴행'도 동시에 포함했다. 여성이 전반적으로 배제되고 도시의 상층 부르주아지가 대신 유권자로 편입된 것이다. 그리하여 제1차 개정에 따른 하원선거 유권자 수는 전 국민의 5.9%에 불과했다.

그런데 흄은 저 유산자 선거자격 요건에 성별 조건을 붙이지 않고 있다. 따라서 명문상으로는 유권자자격에서 남녀차별이 없으므로 남자유권자가 수가 얼마나 될지 모르겠지만 유권자 수는 곱절로 증가한다. 따라서 흄의 선거권 규정에서는 민본주의가 크게 강화된 셈이다. 그리하여 유산자에 대한 흄의 일반적 선거자격 구상은 차티스트운동의 압박으로 유권자 수를 전 국민의 14.2%로 올린 1867년의 제2차 선거법 개정을 능가하고, 유권자 수를 전 국민의 29.3%로 올린 1884-1885년 제3차 개정도 능가하고, 전 국민의 74.8%로 올린 1918년 제4차 개정(남 21세, 여 30세)에 육박하는 수준이었다고 평할 수 있다.

다만 흄은 북미신국新國을 농업국가로 전제하고 민본주의를 농본주의 또는 중농주의로 이해한 측면이 있다. 그가 "투표로 농촌의 어떤 자유보유자를 '카운티 의원'을 선출하게 한다"고 언명함으로써 카운티 의원의 피선거권 자격을 '농촌 자유보유자'로 한정하고 있기 때문이다.

한편, "모든 자유보유자들을 매년 관구 교회에 소집하고 투표로 농촌의 어떤 자유보유자를 카운티 대의원 선출하게 한다"고 하고 있으므로 대의원의 임기는 1년이다. 임기를 1년으로 정한 이유를 그는 폴란드 귀족정의 사례를 들어 이렇게 설명한다. "1만 명(100명 × 100카운티 - 인용자)은 매년 선출되지 않아도 어떤 자유정부에게 충분히 큰 기반이다. 폴란드의 귀족들이 1만 명보다 많다는 것은 사실이지만 이들이 인민을 억압한다. 그러나 권력이 언제나 같은 인물들과 같은 가문에 계속 머무르는 만큼 이것은 그들을 어떤 식으로 인민과 다른 국민으로 만든다. 게다가 귀족들은 거기서 소수의 가문 수장들 아래 통일되어 있다."[417] 흄은 1년 임기 규정으로써 '부자'를 인정했지만 '세습귀족'은 정치적 요소로서 부정한 셈이다.

흄은 '유산자 민주주의'의 제도적 주요 요소들을 일단 위의 기안대로 이렇게 종합한다.

---

417) Hume, "Idea of a Perfect Commonwealth" [1752], 228쪽.

- 그리하여 전체 공화국에는 100명의 상원의원과 1,100명의 카운티 행정관들, 그리고 1만 명의 카운티 대의원이 존재한다. 왜냐하면 우리는 모든 상원의원들에게 카운티 행정관의 권위를 부여하고 모든 카운티 행정관들에게 카운티 대의원의 권위를 부여해야 하기 때문이다.[418]

이 기획에는 흄이 계산착오를 범하는 부분이 있는 것 같다. "모든 상원의원들에게 카운티 행정관의 권위를 부여하고 모든 카운티 행정관들에게 카운티 대의원의 권위를 부여해야 하기" 때문에 카운티 행정관의 전체 수를 1,100명으로 계산했다면 대의원의 전체 수도 1만 1,000명으로 계산해야 할 것인데, 카운티 대의원의 전체 수를 1만 명이라고 말하고 있기 때문이다.

한편, 흄은 상원이 "필요하되 사소한 법안들"도 카운티 행정관들이나 카운티 대의원들에게 위임할 수 있다고 규정한다. 그러면,

- 행정관들은 법률이 (상원에 의해) 자기들에게 위임되었어도 원하면 대의원들을 소집하고 그 사안을 그들의 결정에 넘겨도 된다. 법안이 상원에 의해 카운티 행정관들에게 위임되든, 대의원들에게 위임되든, 법안의 사본과 상원의 이유의 사본은 법안에 관해 숙의하기 위해 모이기로 한 날 8일 전에 모든 대의원들에게 송부되어야 한다. 그리고 결정이 상원에 의해 행정관들에게 위임된 경우에도 카운티의 5명의 대의원이 행정관들에게 대의원 전체 회의를 소집해 전체의 결정에 회부할 것을 명령하면, 행정관들은 이에 복종해야 한다. 카운티 행정관들이나 대의원들은 카운티 상원의원에게 상원에게 제출될 법안의 사본을 주어도 된다. 그리고 5개의 카운티가 동일한 명령에 합의한다면, 상원에 의해

---

418) Hume, "Idea of a Perfect Commonwealth" [1752], 223-224쪽.

거부된 법안도 5개 카운티의 명령 속에 포함된 대로 카운티 행정관들이나 대의원들에게 가야 한다.[419]

이어서 데이비드 흄은 부자 민주공화국의 중앙정부체제와 그 기능을 기획한다.

- (100명의) 상원의원들을 수도에 모이게 하고 이들에게 공화국의 전체적 집행권을 부여하는데, 이것은 장군들과 제독들, 대사들에게 명령을 내리는 평화와 전쟁의 권한, 한 마디로 거부권을 제외한 영국 국왕의 모든 대권이다. 카운트 대의원들을 그들의 개별 카운티들에 모여 공화국의 전체적 입법권을 가지게 한다. 최다의 카운트들이 문제를 결정한다. 동수인 경우에는 상원의원이 캐스팅보트를 갖는다. 모든 새 법률은 (수도의) 상원(*senate*)에서 먼저 논의된다. 그리고 상원에 의해 거부될지라도 10명의 상원의원들이 고집하고 항의한다면 그 법안은 카운티들로 내려 보내져야 한다. 상원은 원하면 법안의 사본에 그것을 수락하거나 기각하는 이유를 붙일 수 있다.[420]

그런데 흄은 "어떤 20개 카운티든 그들의 행정관들이나 대의원들의 투표에 의해 어떤 사람이든 모든 공직으로부터 1년 동안 추방할 수 있고, 30개 카운티는 3년 동안 추방할 수 있다"고 말한다.[421] 그런데 20개나 30개의 카운티가 어디서 단합하는지(중앙의 상원에서?, 또는 카운티 차원의 수평적 연결을 통해서?)도 불투명하고, 어떤 특정한 카운티에 속한 공직자(행정관이나 대의원, 또는 상원의원)를 이 특정한 카운티와 다른 카

---

419) Hume, "Idea of a Perfect Commonwealth" [1752], 224쪽.
420) Hume, "Idea of a Perfect Commonwealth" [1752], 223-224쪽.
421) Hume, "Idea of a Perfect Commonwealth" [1752], 224쪽.

운티들이 이 특정한 카운티의 상황을 모르면서 또는 상원의 내부사정을 모르면서 어떤 특정한 행정관이나 대의원, 또는 상원의원을 추방할 수 있다는 이 규정은 심히 부조리하다. 그런데 흄은 다시 "상원이 그 자신의 집단의 어떤 회원이나 어떤 수의 회원들이든 추방해 그 해에 재선되지 않게 할 권한을 갖고", 다만 "상원은 같은 카운티의 상원의원을 1년에 두 번 추방할 수 없다"고 중복 규정한다.[422]

그리고 흄은 상원의 권한에 관한 경과규정을 두고 중앙정부의 구조와 정부인사를 뽑는 규정들을 기획하고 있다. "옛 상원의 권한은 카운티 대의원들의 연례 선거 직후 3주 동안 지속된다. 그때 (대의원 선거 이틀 뒤 뽑힌 – 인용자) 모든 새 상원의원들은 추기경들처럼 비밀회의장(conclave)에 갇히고 베니스나 몰타의 투표와 같은 복잡한 투표에 의해 다음과 같은 치자들을 뽑는다. 전체 공화국의 권위를 대표하고 상원에서 회의를 주재하는 1명의 호국경(protector), 2명의 국무장관(secretaries of state), 국무위원회(council of state)·종교학술위원회(council of religion and learning)·상무위원회(council of trade)·전쟁위원회·제독위원회 등 6개의 위원회를 6명의 재정판무관(commissioners of treasury)과 1명의 제1판무관과 더불어 뽑는데, 각 위원회는 5명의 인원으로 구성된다. 이들은 모두 원로원의원이어야 한다. 상원은 상원의원이거나 상원의원이 아니어도 되는 외국정부에 파견될 모든 대사들도 임명한다. 상원은 이 인원들의 어떤 인물 또는 전부를 그 지위에 머물러 있게 할 수 있지만, 매년 그들을 재선출해야 한다."[423] 호국경·국무장관 등 관직들과 그 관직명은 대개 크롬웰 공화국의 그것들을 본뜬 것들이다. 주지하다시피 독립 후 미국은 각주各州에서 1명씩 대표되는 상원(senate)을 2명씩

---

422) Hume, "Idea of a Perfect Commonwealth" [1752], 224쪽.
423) Hume, "Idea of a Perfect Commonwealth" [1752], 224-225쪽.

대표되는 상원으로 수정해 받아들이고 '2명의 국무장관'을 '1명의 국무장관'으로 고치고 '국무위원회'를 '국무부(Department of State)'로 고쳐 수용한 것 외에는 흄의 이 중앙정부조직을 거의 수용하지 않았다. 특히 미국은 중앙공직자들이 "모두 다 상원의원이어야 한다"는 흄의 규정과 반대로 의원이 행정부 장관들을 겸직할 수 없게 함으로써 행정부와 의회를 완전히 분립시켰다.

이어서 흄은 규정한다. "호국경과 2명의 국무장관은 국무위원회에서 회의참석권과 표결권을 갖는다. 이 위원회의 일은 모두 대외정치다. 국무위원회는 다른 모든 위원회에서 회의참석권과 표결권을 가진다."[424] 흄은 "이 위원회들이나 관청 외에 경쟁자관청(court of competitors)이라고 불리는 또 다른 기구가 있다"고 말한다. 이 기구는 이렇게 구성된다. "어떤 상원의원 후보든 대의원들의 3분의 1 이상의 투표권을 가진다면 상원의원으로 선출된 후보 다음으로 가장 많은 투표권을 가진 후보는 1년 동안 행정관이나 대의원을 포함한 모든 공직을 수행할 수 없게 된다. 그러나 그는 경쟁자관청에서 자리를 차지한다. 그러면 여기에 때로 100명의 구성원으로 구성되거나 때로는 어떤 구성원도 없을 수 있는, 따라서 1년 동안 폐지되는 관청이 있게 된다. 경쟁자관청은 공화국 안에서 아무런 권한도 없다. 이 관청은 오직 공적 보고서들의 감독과 상원 앞에 어떤 인물이든 고소하는 기능만을 가진다. 상원이 경쟁자를 해고하면, 경쟁자관청은 원하면 행정관들이나 대의원들과 같은 사람에게 호소할 수 있다."[425]

그리고 흄은 상원의 규모와 구성, 그리고 당파싸움의 위험과 방지에 관해 논한다.

---

424) Hume, "Idea of a Perfect Commonwealth" [1752], 225쪽.
425) Hume, "Idea of a Perfect Commonwealth" [1752], 225쪽.

- 모든 자유로운 정부는 큰 위원회와 작은 위원회, 이 두 위원회로 구성되어 있다. 또는 환언하면, 상원과 인민으로 구성되어 있다. 해링턴이 논평하듯이 인민은 상원이 없다면 지혜를 결할 것이고, 상원은 인민이 없다면 정직성을 결할 것이다. 인민을 대의하는 1,000명의 큰 의회는 가령 논쟁하는 것이 허용된다면 무질서 속으로 추락할 것이다. 논쟁하는 것이 허락되지 않으면 상원은 그들에 대해 거부권을, 그것도 가장 최악의 종류의 거부권을, 즉 의결 전의 거부권을 과할 것이다. 그러므로 여기에 어떤 정부도 아직 완전히 치유하지 못한 고충이 있는 것이지만, 이것은 세상에서 가장 치유되기 쉬운 고충이다. 인민이 논쟁한다면 만사는 혼돈이다. 인민이 논쟁하지 않는다면 인민은 결정할 수만 있을 것이다. 이때 상원이 그들을 대신해 진로를 터줄 것이다. 인민을 많은 개별 집체集體들로 분할하라. 그러면 인민은 안전하게 논쟁하고 모든 고충은 방지될 것으로 보인다. 카디날 드 레츠(Cardinal de Retz)는 모든 머릿수가 많은 의회들이 어떻게 구성되었든 단순한 우중이고 그들의 논쟁에서 최소의 동기에 의해서도 휘둘린다. 이것을 우리는 매일 경험에 의해 확인되는 것으로 느낀다. 황당한 생각이 한 구성원을 때릴 때, 그는 이 황당한 것을 이웃에게 전달하고, 전체가 전염될 때까지 그렇게 계속될 것이다. 이 큰 집체를 분리하라. 그러면 각 구성원의 지각이 중간 수준만 되어도 아마 이성 외에 어떤 것도 전체를 압도하지 못할 것이다. 영향력과 전례前例가 제거되면, 수많은 인민 사이에서 좋은 지각은 언제나 나쁜 지각을 이길 것이다.[426]

흄은 이 결론을 상원의 내재적 위험과, 이를 막는 내부구성에 대한 논의와 연결시킨다.

---

426) Hume, "Idea of a Perfect Commonwealth" [1752], 224쪽.

- 모든 상원에서는 두 가지 방어되어야 할 것이 있다. 그것은 (인민으로부터 분리되어 인민 위에 올라서는 - 인용자) 상원의 단체적 도당화徒黨化(combination)와 분파화(division)다. 상원의 도당화는 지극히 위험하다. 그리고 이 폐단에 대해서 우리는 다음 치료책을 준비했다. 1. 연례선거에 의해, 그것도 영국 유권자들과 같은 무차별적 어중이떠중이들의 선거가 아니라 재산과 교육을 갖춘 사람들의 선거에 의해 상원의원들을 인민에 크게 종속시키는 것. 2. 상원의원들에게 적은 권한을 부여하는 것이다. (여기서는) 그들은 마음대로 할 관직이 적다. 거의 모든 관직은 카운티 안에서 행정관들에 의해 주어진다. 3. 이해관계에서 그들 다음으로 대기 중이고 그들의 현상황에서 불편한 그들의 적수인 사람들로 구성된 경쟁자관청은 그들에 대립되게 온갖 기회를 이용할 것이 확실하다.[427]

상원의원을 선출하는 선거를 "영국 유권자들과 같은 무차별적 어중이떠중이들의 선거", 즉 장원 외에 실질적 소득의 재산도 별로 없고 배움도 없는 혈통귀족들의 선거가 아니라 "재산과 교육을 갖춘 사람들의 선거"로 만든다는 흄의 이 말에서 앞서 지적된 바와 같이 그가 추구하는 유산자 민주주의의 제한성이 드러난다. 그리고 인민으로부터 상원의 자립화·도당화를 너무 잦은 연례선거로 막아보려는 치유방안은 비현실적이다.

상원의 분파형성과 당파싸움을 막아보려는 흄의 방책은 근대적 정당형성을 가로막는 것이다.

- 상원의 분파화는 이런 것에 의해 방지된다. (1) 상원의 머릿수의 적음에 의해, 그리고 (2) 파벌(fraction)이 개별적 이익에 입각한 도당적 연

---

427) Hume, "Idea of a Perfect Commonwealth" [1752], 228-229쪽.

합을 전제하는 만큼, 분열은 인민에 대한 상원의원들의 종속에 의해 방지된다. (3) 그들은 어떤 파벌적 구성원이든 추방할 권한을 가지고 있다. 동일한 정신을 가진 또 다른 구성원이 카운티로부터 온다면 그들이 그를 추방할 아무런 권한이 없다는 것은 사실이다. 더욱이 그들이 이 권한을 가져야 하는 것도 적합지 않다. 왜냐하면 그것은 그런 기분이 인민 속에 들어있음을 보여주고 어쩌면 공사公事에서의 어떤 그릇된 행동에서 생겨날 수 있기 때문이다. (4) 그렇게 정규적으로 인민에 의해 뽑힌 상원에서 거의 모든 사람은 어떤 공직에 적합한 것으로 상정될 수 있다. 그러므로 상원이 구성원들 사이에 공직들을 처분하는 것과 관련된 어떤 일반적 결의를 채택하는 것이 적절할 수 있다. (…) 가령 어떤 사람도 상원에 4년 동안 앉아있을 때까지 어떤 관직도 누리지 않아야 한다. 또는 대사를 제외하면 어떤 사람도 관직에 연속해서 2년 동안 관직에 있지 않아야 한다. 어떤 사람도 호국경을 두 번 해서는 아니 된다는 등의 결의를 채택할 수 있다. 베니스의 상원은 이러한 결의들에 의해 스스로를 다스리고 있다.[428]

호국경의 재선을 금지하는 것을 제외하면 이 결의들도 광역국가의 복잡다단한 행정에서 전문적 직업정치인을 육성하는 것을 가로막을 위험이 큰 비현실적 조치들로 보인다.

그리고 흄의 통치기획은 "치자들은 모든 교구에 파견할 신학교장(rectors) 또는 교구목사들을 임명한다", "치자들은 장로를 시험하고 해임하거나 유예할 수 있다"고 말하고[429] "국가 치자에 대한 성직자의 종속"을 명시하는 것[430] 등에서 보듯이 국교분리를 인정치 않는 전근대적·

---

428) Hume, "Idea of a Perfect Commonwealth" [1752], 228-229쪽.
429) Hume, "Idea of a Perfect Commonwealth" [1752], 226쪽.
430) Hume, "Idea of a Perfect Commonwealth" [1752], 228쪽.

영국적 오류를 담고 있기도 하고, 하위 행정관의 무無봉급 규정과[431] 같이 비현실적 구절도 있다. 그리고 흄은 그가 제안한 기획이 네덜란드 귀족공화국(the commonwealth of the United Provinces)을 닮았기 때문에 "전술한 정부계획의 실행가능성을 아무도 의심할 수 없다"고 장담한다.[432] 그리고 네덜란드 통치체제에서 각 지방의 거부권 제한 등 몇 가지 손질사항을 열거한다.[433] 나아가 그는 당시의 영국정부를 첫째 "대의를 균등하게 만들고 200파운드 가치의 재산을 갖지 않는 어떤 사람에게도 카운티 선거에서 투표하는 것을 인정하지 않는" 식으로, 그리고 상원(귀족원)을 강화하기 위해 주교와 스코틀랜드귀족들을 상원에서 제거하고 상원의석을 세습직에서 종신직으로 변경하고 상원의 수를 "300-400명으로 늘리는" 식으로 "크롬웰 의회의 계획을 복원해야 한다"고 주장한다.[434]

그리고 흄은 이렇게 손질하더라도 영국의 제한군주정은 공화국에 비해 세 가지 폐단을 해결하지 못한다고 본다. "첫째, 그것은 조정당朝庭黨(여당)과 농촌당(여당)의 당파성을 완화시킬 수 있을지언정 완전히 제거할 수 없다. 둘째, 왕의 개인적 성격이 여전히 정부에 대해 큰 영향력을 가지지 않을 수 없다. 셋째, 칼은 상비군을 유지할 구실을 얻기 위해 민병대를 훈련시키는 것을 언제나 게을리 하는 단독적 개인의 손안에 들어있다."[435] 흄의 이 지적들 중에서 여·야당의 형성을 부정적으로 보는 것은 근대적 정당정치의 발전에 심히 배치되는 것이다.

---

431) Hume, "Idea of a Perfect Commonwealth" [1752], 228쪽.
432) Hume, "Idea of a Perfect Commonwealth" [1752], 231쪽.
433) Hume, "Idea of a Perfect Commonwealth" [1752], 231쪽.
434) Hume, "Idea of a Perfect Commonwealth" [1752], 231쪽.
435) Hume, "Idea of a Perfect Commonwealth" [1752], 232쪽.

■ **중국식 민병제의 변조와 제도화: 총칼을 인민의 손안에!**

흄은 이 민주공화국 연방의 민본주의적 민주주의 성격을 강화하기 위해 두 가지 조치 중 다른 하나, 즉 단독적 개인의 손안에 칼을 쥐어주는 상비군과 반대로 백성의 손안에 칼을 쥐어주는 민병제도의 법제화를 논한다. 상비군제도 아래서는 "칼"이 "단독적 개인의 손안에 들어 있다"는 흄의 표현은 1742년의 에세이 「예술과 과학의 흥기와 진보에 관하여」에서 중국의 민병제도에서 "칼은 언제나 백성의 손안에 들어 있다"는 언명과 대비된다. 민병대와 관련된 흄의 언급은 신생국가 미국 민병대를 수정헌법 제2조에 규정하게 하는 데 아주 큰 영향을 끼쳤다. 흄은 칼이 늘 백성의 손에 들어 있게 만드는 중국의 민병대를 본뜨되, 중국의 민병대가 "어떤 일반적 반란도 진압하기에 부적합한 최악 유형의 민병대"이기 때문에 스위스 민병대의 훈련과 편제, 그리고 뛰어난 전투력을 모방할 것을 권한다.

- 민병대는 스위스의 민병대를 모방하여 설치된다. 스위스 민병대는 잘 알려 있으므로 우리가 이를 집요하게 강조할 필요가 없다. 다만 2만 명의 군대가 연간 교대로 소집되고 여름 6주 동안 급료를 받고 병영생활을 하고, 한 병영의 군무는 몽땅 미지未知상태여서는 아니 된다는 이 추가를 덧붙이는 것으로 적절할 것이다.[436]

흄은 이 민병대의 설치로써 '민병대 훈련을 게을리 하며 상비군을 유지하는 단독적 개인의 손안에 들어 있는 칼'에 맞서 '백성의 손안에 칼이 들어 있는 것'을 보장하는 중국의 민병제도에서 확인한 기능들, 즉 인민의 민본주의적 자유와 주권을 지키고 치자들의 법치주의 행정을 유지시

---

436) Hume, "Idea of a Perfect Commonwealth" [1752], 226쪽.

키는 기능을 기대하고 있다.

흄은 이 민병제도의 편제와 관련하여 대령계급을 기준으로 상하를 구분하고 장교계급 지명권자들을 이에 따라 여러 가지로 구분해 배치하는 세세한 사안들까지 언급한다.

- 치자들은 대령들과 그 아래의 계급을 지명한다. 상원은 그 위의 계급들을 지명한다. 전쟁 기간 동안에 장군은 대령과 그 아래 계급들을 지명하고, 그의 임관은 12개월 동안 유효하다. 그러나 이 기간 뒤에는 임관은 그 연대가 속한 카운티의 치자들에 의해 확인되어야 한다. 치자들은 카운티 연대의 어떤 장교든 해직할 수 있다. 그리고 상원은 복무 중의 어떤 장교에 대해서든 동일한 해직을 할 수 있다. 치자들은 장군의 선발을 확인하는 것을 적절하다고 생각하지 않으면 그들이 제척한 장교 대신에 또 다른 장교를 지명할 수 있다.[437]

흄의 이 장교계급 지명 및 장교선발의 세세한 계획은 미국 연방공화국에 의해 도입될 수 없었고, 다른 사항들과 마찬가지로 그 대강만 도입되고 이 같이 세세한 문제들은 미국의 혁명전쟁 후 사정에 의해 결정되었다.

아무튼 여기서 중요한 것은 이 단독적 개인의 손안에 칼을 쥐어주는 상비군과 반대로 백성의 손안에 칼을 쥐어주는 이 민병제도의 설치가 민주공화국 연방의 '민주주의의 민본주의적 민주화'를 관철시키는 방안이라는 사실이다. 그는 민병대의 이 민본주의적 중요성을, "민병대가 없다면 어떤 자유정부든 항상 안전이나 안정을 누릴 것이라고 생각하는 것은

---

437) Hume, "Idea of a Perfect Commonwealth" [1752], 226쪽.

헛된 일이다"라는 단언으로써[438] 다시 확인한다. 그리하여 이 민병제도는 미국 수정헌법 제2조로 법제화되었다.

정부구성에 관한 흄의 모든 논의는 대강에서 최초의 근대국가 미국 연방공화국의 창건에 본질적 도움을 주었다. 흄의 '완벽한 공화국' 아이디어의 획기적 탁월성은 영국·스코틀랜드·웨일즈·아일랜드를 통합한 면적의 두 배에 달하는 미주 13개 주의 방대한 영토에 군주국의 국가제도가 아니라 연방공화국의 국가제도를 권고한 데 있었다. 흄은 100개의 작은 카운티 공화국들을 큰 공화국으로 연합한 자신의 "이 계획은 큰 나라와 작은 나라 둘 다의 이점을 모두 가졌다"고 말한다.[439] 작은 나라의 이점이란 치자가 만사를 한 눈에 둘러볼 수 있기 때문에 개개 분야를 세심하게 배려하고 통치를 구체화·효율화할 수 있는 것이고, 작은 공화국들을 연합시킨 큰 연방공화국의 이점은 이웃 대국의 침공 위험에 맞서 자신을 방어할 수 있는 안보상의 이점이다. 그러나 이보다 더 중요한 이점은 상론했듯이 대국에서 형성된 공화제적 헌정체제가 "소동이나 당파싸움 없이 그것을 꾸준하고 한결같이 보전하기"가 소국의 공화제에서보다 "더 수월하다"는 점이다. 왜냐하면 대국에서는 "민주주의를 세련시키기에 충분한 범위와 공간이 존재하고" 동시에 지역들이 아주 멀고 아득히 동떨어져 있어서 "흉계나 편견 또는 열정에 의해 이 지역들을 후다닥 공익과 배치되는 어떤 조치 속으로 몰아넣는 것은 아주 어렵기" 때문이다.

영토와 인구가 방대한 광역국가의 안정적이고 항구적인 민주공화정을 개인적으로든, 역사서적을 통해서든 단 한 번도 경험한 적이 없는 데이비드 흄의 이 확언적 판단에는 그가 방대한 영토와 인구를 가진 중국의 백성들이 군주정에 고유한 정치사회적 "평온"에 더해 군주정임에도

---

438) Hume, "Idea of a Perfect Commonwealth" [1752], 230쪽.
439) Hume, "Idea of a Perfect Commonwealth" [1752], 230쪽.

불구하고 "그처럼 극도로 인구 많은 여러 지방들"을 가진 방대한 영토 덕택에 누리는 "중도적 절제와 자유"에 대한 분석을 통해 얻은 10년 전 (1742년)의 놀라운 정치철학적 각성이 들어 있다. 그것은 중국제국에 "그처럼 극도로 인구 많은 지방들"이 사방팔방에 널려 있을 정도로 방대하기 때문에 인구가 넘치는 이 여러 지방에서 일어나는 여러 정치운동들이 전국 차원으로 나아가면 상호 간의 대립·알력·갈등 속에서 중화·절제되는 통에 체제를 전복할 말한 한 다수집단의 압도적·지배적·전국적 운동으로 발전하기가 거의 불가능하다는, 흄이 중국에서 얻은 정치철학적 깨달음이다.

미국의 국부들은 지중해와 흑해 연안에 존재한 고대의 작은 도시에 수립되었던 모든 민주공화정이 '다수의 횡포' 때문에 중우정치와 1인 독재체제로 몰락하든가 큰 군주국에 의해 정복당했다는 사실에 대한 역사적 각성을 바탕으로 대국에서의 압도적·획일적·편파적 여론형성의 불가능성과 대국 민주주의의 안정적 존속가능성에 대한 흄의 정치철학적 확신을 대국에서의 '다수의 횡포'의 불가능성 테제로 발전시켜 미국 특유의 '대국 민주공화국론'을 전개하고 세계역사상 최초로 '방대한 민주공화국'을 건설했다. 광활한 땅 북미의 이 '방대한 민주공화국'은 서구 민주주의가 중유럽과 일본의 군국주의, 나치즘, 파시즘 앞에서 여지없이 무너지고 마지막 민주국가 영국이 풍전등화에 처했을 때, 그리고 소·동유럽과 중국·북한·인도차이나 등지의 공산주의 광풍 속에서 아시아 국가들이 도미노처럼 무너질 위기에 처했을 때 이 국가들을 구해내 민주국가로 발전시켰다. 오늘날 민주주의를 향유하는 나라들은 모두 북미의 이 '방대한 민주공화국'의 은덕을 입고 있는 것이다.

1752년 흄은 미국을 위해 바로 "완벽한 공화국"으로서의 이 '방대한 민주공화국'의 아이디어를 구상한 것이다. 그는 '영토적 방대성'을 단순히 '안보'에만 기여하는 필수요소로 본 것이 아니라, "흉계나 편견 또는 열정에 의해 여러 지역들을 후다닥 공익과 배치되는 어떤 조치 속으로 몰아넣는 것"을 "아주 어렵게" 만들어 "소동이나 당파싸움 없이" 민주공화국을 "꾸준하고 한결같이 보전하는 것"을 작은 공화국에서보다 "더 수월하게" 해주는 필수요소로 파악했다. 즉, 그는 영토적 방대성이 민주공화국을 자유로운 정치결사들을 '다수의 횡포'로부터 해방시켜 이 공화국의 안정적 존속에 결정적으로 기여하는 필수요소라는 것을 최초로 깨달았다. 그의 이 깨달음은 사방팔방에 "그처럼 극도로 인구 많은 여러 지방"을 가질 정도로 방대한 중국제국에서 자유로이 출몰하는 결사체들의 "자유와 절제"에 대한 그의 깨달음이었던 것이다.

제11절

흄의
유사類似유교적 종교철학

  흄은 자연종교와 이신론을 논하는 신학을 전개했다. 따라서 흄의 이 신학을 논하려면 먼저 자연종교와 이신론의 교리에 대해 알아야 한다.

11.1. 본성종교(자연종교) 또는 데이즘(이신론)

  '자연종교(natural religion)' 또는 '이신론(deism)' 종교는 훗날 루소가 말한 '시민종교(civil religion)'와 거의 동일한 일종의 상식적 종교를 말한다. 상식적 종교의 '상식'은 이성일 수도 있지만 더 압도적으로 인간의 본성적 감정과 감각을 뜻한다. 종교의 교리들 중에서 인간의 상식에 맞지 않는 교리들을 버리고 이에 맞는 교리만을 받아들여 믿는다는 것은 인간의 본성적 감정과 감각에 맞는 교리만을 용인한다는 말이기 때문이다. 따라서 'natural religion'을 '자연종교'로 국역한 것은 그릇된 것이다. '본성종교'로 옮겨야 옳다. 여기서는 '본성종교'라 하겠다. 그리고 이 '본성종교'의 다른 말인 'deism'을 '이신론理神論'으로 옮긴 것도 그릇된 번역이다. 'deism'은 라틴어 'deus(신)'에서 조어된 말로서 그냥 '신론神論'으로 옮기든가 '상식신론'으로 옮겨야 했다. 여기서는 그냥 '데이즘'이라 부르겠다.

자연종교, 즉 본성종교는 인간의 본성적 감정과 정서에 맞는 상식에 기초함으로 이 종교는 '그런 짓을 하다가는 천벌을 받을 것이다'는 일반적 천벌론 속에 집약된 시민종교이므로 기독교사회와 기타 문명권의 공통된 종교라 할 수 있다. 18세기 계몽철학자들은 자기의 필요에서 공자철학을 인간과학이라기보다 이 '본성종교'나 '데이즘'으로 받아들이는 경향이 우세했다.

본성종교 또는 데이즘은 긍정과 부정의 두 가지 점을 특징으로 한다. 본성종교는 ① 우주를 창조한 인격적 신의 존재에 대한 믿음, ② 신에 대한 예배 의무, ③ 도덕적 생활의 의무, ④ 죄를 회개할 필요성, ⑤ 이승과 사후세계에서의 하나님의 상벌에 대한 믿음 등을 긍정한다. 그러나 본성종교는 ① 존재하나 우주창조 후 다른 세상으로 물러난 신의 역사 개입, ② 삼위일체, 성육신, 성경의 계시적 권위, 예수의 속죄, 기적, 선민(이스라엘과 교회), 역사에서의 어떤 초자연적 속죄 사역事役 등의 기독교 교리 등을 부정한다. 따라서 17-18세기 본성종교는 "언제든지, 어디서든지, 모든 사람으로부터" 받아들여질 수 있는 상식적 종교관을 추구했다. 이런 까닭에 데이스트들(deists)은 공자철학에 열광했던 것이다.

흄도 공자처럼 신의 존재를 인정했다. 그가 신을 신앙하고 신에게 기도했는지는 확실치 않다. 그러나 그는 경험론자로 인지人智의 한계를 분명히 알고 있었다. 인간은 가령 인력의 법칙을 알지만 중력과 인력의 원인을 모르고, 매일 먹고 염도와 당도를 정확히 잴 수 있지만 소금이 짜게 느껴지고 꿀이 달게 느껴지는 궁극적 이유를 모르고, 자연과 사물의 아름다움과 오묘함, 유용함과 해로움을 알고 많은 연구를 했지만 삼라만상의 나무와 꽃과 동물들이 사는 이유를 모르고, 인간의 본성에 따라 살지만 본성의 일부만 알고 그 나머지는 전혀 모른다. 이런 식으로 인간과 자연을 바라보면 인지人智의 무지는 무한하다. 그래서 흄은 "무지의 망망대해(the main of our ignorance)"에 대해 말한 것이다. 흄은 '무지의 망망대해'를 신의 영역으로 넘긴 것이다. 이렇게 생각했기 때문에 그는 "무지의 망망대해 안에서 완전히 만족한다"고 실토한 것이다. 따라서 흄은 신의 존재를 증명하지도 못하고 알지도 못하지만 그 존재를 부정하는 것도 오류라고 생각한 것이다. 그러므로 그는 무지의 망망대해를 신에게 맡기고 만족하는 한에서 신의 부재를 주장하지 않았지만, 신의 유무有無를 증명할 수 없었다. 그는 성서 속의 기적과 계시를 신의 언행으로 믿는 기독교인도 될 수 없었지만 무신론자가 될 수도 없었다. 흄은 신과 신의 운동을 알지 못하지만 본성종교와 신의 존재를 부정하지 않는 소극적·회의론적 데이스트였다. 그는 신의 존재를 주장하거나 증명하려 든 것이 아니라, 다만 신의 존재를 '부정하지 않는' 식으로 신의 존재를 소극적·부정적 (불가지론) 방식으로만 인정했다.

그래서 흄은 『인간본성론: 지성에 관하여』 서두의 짧은 구절에서 "자연종교조차도 어느 정도 인간과학에 의존한다", "자연종교의 과학이 인간과학에 이와 같이 종속해 있다", 과학의 "향상"이 "자연종교에서 더 많이 요구되고 있다"고 말하기도 하고, "자연종교는 우월적 권능들의 본성(the nature of superior powers)을 우리에게 가르치는 것에 만족하지 않고, 우리를 향한 이 우월적 권능들의 성향과 이 권능을 향한 우리의 의무로까지 자신의 관점을 더 밀고 나간다"고 설명하기도 한다.[440]

---

440) Hume, *A Treatise of Human Nature*, Book 1. *Of the Understanding*, 4쪽.

위의 짧은 글 안에서 본성종교를 네 번이나 언급하는 정도의 열정에서 흄은 훗날 불가지론적·회의론적 관점에서 두 권의 책으로 본성종교의 신학을 전개했다. 흄에 의하면, 본성종교는 "우월적 권능들(신들)의 본성"을 우리에게 가르쳐주고, 인간에 대한 신들(우월적 권능들)의 성향, 이 신들에 대한 인간의 도덕적 "의무"를 다룬다.

그런데 이 본성종교는 인간과학 안에 있는 한 분과인가, 인간과학의 향상에 영향을 받지만 인간과학 바깥에 있는 별개의 영역인가? 이 물음은 흄의 말을 분석함으로써 바로 답할 수 있다. 원래 흄은 위에서 "심지어 수학, 자연철학, 자연종교(본성종교)조차도 어느 정도 인간과학에 의존한다"고 언급했다. 수학과 자연철학(자연과학)은 분명 인간과학에 속하지 않고 인간과학에서 밝히는 인간본성(이성과 감성)에 대한 지식에 영향만 받는, 인간과학과 거리가 먼 영역, 즉 인간과학 밖의 영역이다. 그래서 "심지어(even)"라는 단어가 붙은 것이다. 따라서 수학·자연철학과 같이 열거된 '자연종교'도 인간과학 바깥의 영역이다. 따라서 흄은 신들에 대한 인간의 도덕적 "의무"를 인간과학 바깥으로 배제한 것이다. 그리하여 인간과학과 도덕과학의 영역은 그만큼 줄었고, 종교의 영역은 그만큼 보존되었다. 이 때문에 흄의 인간과학이 공자의 인간과학(도덕과학)에 비해 작고 흄의 신학 영역이 공자철학의 신학영역보다 넓다고 할 수 있다.

11.2. 흄의 불가지론적 신학

흄은 도덕을 본성적 도덕감정에 근거한 것으로 이론화함으로써 계시와 주술, 이성과 단순감각(쾌통감각)의 영역으로부터 본성적 도덕감정의 영역으로 이동시켜 과학화했다. 도덕을 인간과학의 영역으로 편입시켜

종교영역과 합리론적 도덕철학에서 도덕과학으로 격상시킨 것이다. 그리고 그는 경험론적 관점에서 공포감을 종교의 발단으로 보는 감정론적 데이즘을 전개함으로써 신학의 영역을 급격히 축소시키고 인간과학의 영역을 크게 확장한다. 그는 종교론 에세이『종교의 자연사(*The Natural History of Religion*)』(1757)와 사후에 출판된 유고『본성종교에 관한 대화(*Dialogues concerning Natural Religion*)』(1779)의 두 종의 신학서 또는 종교학 저서를 집필했다. 전자는 논고 형식이고, 후자는 저서 형식이다.

흄은 1757년에 쓴 논고『종교의 자연사』에서 "공포(두려움)"를 종교의 발단으로 보았다. 이것은 "세계 안에서 신을 처음 산출한 것은 공포였다(*primus in orbe deus feet timor*)"는 로크의 명제와 이에 대한 섀프츠베리의 지지 입장을[441] 수용한 것이다. 이로써 일단 흄은 종교를 정당화할 수 있는 좋은 근거가 신의 계시가 아니라 이성이라고 생각하는 합리론적 데이즘의 도식을 분쇄한 것이다. 그는 "다신론多神論, 또는 우상숭배가 필연적으로 인류의 최초의 가장 유구한 종교였고, 필연적으로 그러했음이 틀림없다"고 언명하면서,[442] 종교의 심리학적 기반은 이성이 아니라 미지의 미래에 대해 불안해하고 두려워하는 '감정'이라고 천명한다. "인류의 시원적 종교는 주로 미래 사건들에 대한 조마조마한 두려움(anxious fear)으로부터 발생한 것이다."[443] 미지未知의 것에 대한 두려움을 시원적 종교와 신앙의 동기로 보는 흄의 이 천명은 성직자와 신학

---

441) Shaftesbury's letter to Michael Ainsworth, June 3rd., 1709 (403-404쪽). 섀프츠베리는 '본유적'이라는 단어를 '본능(instinct)'으로 바꿔 부르기도 한다. 참조: Shaftesbury, *The Moralists, A Philosophical Rhapsody* (1709), 230쪽.
442) David Hume, *The Natural History of Religion* [1757], with an Introduction by John M. Robertson (London: A. and H. Bradlaugh Bonner, 1889), Section I. 첫 문단.
443) Hume, *The Natural History of Religion*, Section XIII. 첫 문단.

자의 농간으로부터 해방된 '순수한 이성'에 희망을 거는 합리주의적 데이스트들의 '장미 빛 그림'을 분쇄했다.

흄은 종교의 기원이 이성이 아니라 감정이라면 감정 중에서도 종교의 원리가 '희망'이 아니라 하필 '두려움'인지에 대해 근거를 대지 않았다. 이 근거는 사후에 출판된 자신의 최후의 저서『자연종교에 관한 대화』(1779)에 제시된다.

- 두려움(fear)과 희망이 둘 다 종교 속으로 들어가는 것은 사실이다. 이 두 감정이 둘 다 상이한 때에 인간정신을 선동하고 각 감정이 그 자에 적합한 종류의 신성神性을 형성한다. 그러나 인간은 유쾌한 기분에 들어있을 때 온갖 사업이나 사교나 위락에 적합하고, 당연히 인간은 이런 것들에 전념하고 종교를 생각지 않는다. 인간은 우울하고 시무룩할 때 불가시적 세계의 전율적 공포(terror)에 신경을 쓰고 괴로움 속에 훨씬 더 깊이 빠져들 일밖에 없다. 이런 식으로 인간이 종교적 의견을 그의 생각과 상상 속에 새겨 넣은 뒤에 그의 좋은 기분을 회복시킬 수 있고 미래에 대한 유쾌한 전망을 일으키면서 그를 기쁨과 승리감의 다른 극단으로 몰아넣을 수 있는 건강이나 환경의 변화가 일어나는 일이 벌어질 수 있다. 그러나 그래도 알아야 하는 것은 두려움이 종교의 일차적 원리인 만큼 두려움이 언제나 종교 안에서 지배하는 감정이고 이것은 짧은 막간의 기쁨만을 허용한다는 것이다.[444]

종교의 원리도 두려움이고, 종교의 지속적 상태도 두려움이며, 종교 속에서 유쾌한 미래전망(희망)과 기쁨은 "막간"일 뿐이다. 아무튼 두려

---

444) David Hume, *Dialogues Concerning Natural Religion* (London: 출판사 표기 없음, 1779), 257-258쪽.

움이든 기쁨 또는 희망이든 둘 다 이성과 무관한 인간의 단순감정들이다.

흄은 1757년 종교의 공포기원론을 설파하여 본성종교와 본성신학의 설명에서 이성에 기대는 이신론을 무력화시키고 무신론에 대한 우호적 정서를 북돋우었다. 다른 한편, 그는 유일신교 기독교의 불관용성을 다신교의 관용적·사교적社交的 특성과 대비시켜 원리적·근본적·일반적으로 비판했다.

흄의 본격적 신학은 『자연종교에 관한 대화』에서 전개된다. 흄은 자신을 종교재판에 무신론자로 회부하려고 벼르는 교단의 위협을 알고도 집필활동을 계속했으나, 불가지론적 데이즘을 옹호하는 『자연종교에 관한 대화』는 생전에 출판할 엄두도 내지 못했다. 그는 『자연종교에 관한 대화』원고의 관리권과 출판결정권을 애덤 스미스에게 넘긴다는 유언을 남기고 1776년 8월 사망했다. 그러나 스미스는 정세를 살피며 차일피일 출판을 미루다가 이 유언을 집행하지 못했다. 이 책의 출판은 스미스의 유언집행을 초조하게 기다리던 흄의 조카에 의해 1779년에 이루어졌다. 그러나 이것도 '출판사 표기'가 없는 해적판이었다.

『자연종교에 관한 대화』에서 흄은 신의 존재에 대해 공자와 유사한 회의론적 불가지론을 대변한다. 공자는 상론했듯이 "천지의 도는 한 마디 말로 다할 수 있으니 그 존재는 불변이라는 것이다(天地之道 可一言而盡也, 其爲物不貳)"라고[445] 함으로써 신의 '존재'를 부정하지 않았지만, "만물을 낳는 신의 움직임은 헤아릴 수 없다(則其生物不測)"고 말한다.[446] 또는 공자는 "음양을 헤아릴 수 없는 것을 일러 신이라고 한다(陰陽不測謂神])"고도 말하고,[447] 다시 "신의 움직임(납심)은 헤아릴 수 없다(神之格思

---

445) 『中庸』(第26章).
446) 『中庸』(二十六章).
447) 『易經』「繫辭上傳」(5).

不可度思)"고도 말한다.[448] "신은 종적이 없다(神无方)"는 것이다.[449] 이로써 공자는 인간의 인지능력으로 신의 연장·운동·출몰·산출을 알 수 있는 가능성을 거듭 부정했다. 따라서 공자는 "모르는 것을 모른다고 하는 것이 참 지식이다(不知爲不知 是知也)"는 진리원칙에[450] 따라 신(천명·천도·천성)에 관해 불언不言하거나 언급을 삼가는 불가지론을 견지했던 것이다.[451]

흄은 『자연종교에 관한 대화』에서 공자의 이 불가지론과 아주 유사한 불가지론을 대변한다. 이 책에서 대화자들은 신의 존재에 대한 목적론적 논증을 전개하는 철학자 클레안테스(Cleanthes), 클레안테스의 제자로서 대화 현장의 젊은 옵서버 팜필로스(Pamphilos), 신의 존재에 대한 우주론적 증명을 전개하는 철학적 유신론자 데메아(Demea), 흄의 입장을 대변하는 것으로 여겨지는 회의론적 불가지론자 필로(Philo)다. 고대 그리스의 거친 회의론자 필론(Philon)의 이름을 딴 필로는 신의 존재를 부인하지 않지만, 불확실하고 제한된 인간이성의 인지능력이 이성의 선험적 추론(목적론적·우주론적 추론)을 통해서든, 감성의 경험적 관찰과 실험을 동원해서든 그 존재의 증명에 미치지 못한다고 생각한다. 그리고 종교의 발생원인이 '두려움'인 까닭에 종교가 저승의 무한한 종교적 상벌의식이나 주입할 뿐이라서 도덕생활을 돕기보다 방해한다고 생각하고 종교 없이 본성적 성향의 박애 감정에 입각한 도덕생활을 권장한다.

필로는 촉구한다. "인간이성의 취약성, 맹목성, 협소한 한계를 철저히 지각하자. 보통 상황과 실행에서의 주제들에서조차도 이성의 불확실성

---

448) 『中庸』(十六章).
449) 『易經』「繫辭上傳(4)」.
450) 『論語』「爲政」(2-17).
451) 『論語』「述而」(7-21): "공자는 괴기와 힘, 그리고 난과 신에 대해서는 말하지 않았다 (子不言 怪力亂神)"; 『論語』「子罕」(9-1): "공자는 이익과 천명과 인仁을 말하는 경우가 드물었다(子罕言利與命與仁)."

과 무한한 상반성(가령 A = A가 맞으나 만물유전이므로 A ≠ A도 맞음)을 정당하게 고려하자, 그리고 바로 우리의 감각들의 오류와 기만을 우리 앞에 놓치지 않도록 하자." 그리고 그는 묻는다. "누가 보통 생활과 경험으로부터 아주 동떨어진 아주 초연하고 아주 난해한 항목들에서 이성의 결정을 고려할 정도로 이성의 이 취약한 역량에 신뢰를 보유할 수 있겠는가?"[452] 그는 이 이성과 감각의 원칙적 취약성을 하나의 전제로 삼고, 신의 존재를 부정하지 않고 추론적으로 인정하는 것을 다른 전제로 삼는다.

신의 존재를 부정하지 못하는 것은 소금이 짠 궁극적 원인, 중력과 인력이 존재하는 이유, 우주가 존재하는 원인 등을 우리는 모르지만 그럼에도 소금이 짜고 인력과 우주가 존재하므로 이 원인들을 귀속시키는 궁극의 원인자를 부정하는 것이 어폐가 있기 때문이다. 필로는 말한다.

- 그러나 확실히, 합리적 인간들이 이 주제들을 다루는 경우에 문제는 신의 존재에 관해서가 아니라 오직 신의 본성에 관한(never be concerning the Being, but only the Nature, of the Deity) 것일 수 있다. 전자(신의 존재)의 진리는 네가 잘 이야기하듯이 의심할 바 없고 자명한 것이다. 아무것도 원인 없이 존재하지 않기 때문이다. 그리고 이 우주의 기원적 원인(그것이 무엇이든)을 너는 신이라고 부른다. 그리고 우리는 경건하게 모든 종류의 완벽함을 신에게 돌린다.[453]

필로는 "신의 존재"를 인과적 논리로 "의심할 바 없고 자명한 것"으로 인정하고 있다. 그러나 필로는 신의 속성(연장, 운동[움직임·작용], 무게, 부

---

452) Hume, *Dialogues Concerning Natural Religion*, 17, 18쪽. 괄호는 인용자.
453) Hume, *Dialogues Concerning Natural Religion*, 44-45쪽.

피, 냄새, 소리, 모양, 색깔, 성질 등)과 관련해 이런 단서를 단다. "그러나 우리의 관념들이 어떤 식으로든 신의 완벽성에 상응한다거나 신의 속성들이 인간들 간의 이 성질들과 어떤 식으로든 닮았다고 생각하지 않도록 주의하자. 신은 우리의 제한된 시야와 이해보다 무한히 우월하다. 그래서 신은 학교에서의 논박의 대상이라기보다 사원에서의 숭배의 대상인 것이다. (…) 우리의 관념들은 경험보다 멀리 가지 못하고, 우리는 신적 속성과 작용에 관한 아무런 경험도 없다."[454]

필로는 신의 속성과 인간의 속성 간의 상이성 때문에, 그리고 이성의 경험론적 유사성 추론의 한계 때문에 신의 존재에 대한 목적론적(목적-수단 인과율적) 증명과 우주론적 증명을 동시에 부정한다. 말하자면, 흄은 신의 존재를 인과적 추론에 의해 인정하지만 그 존재와 운동에 대한 증명이 불가능하다고 주장하는 것이다.

- 돌은 낙하할 것이고 불은 탈 것이고 땅은 견고성을 가질 것임을 우리는 수천 번 또 수천 번 관찰했다. 그리고 이런 성질의 어떤 새로운 예例가 제시될 때 우리는 주저 없이 익숙한 추론을 끌어낸다. 사례들의 정확한 유사성은 우리에게 유사한 사건의 완전한 확신을 준다. 그리고 보다 더 강력한 증거는 결코 요구하지도 찾지도 않는다. 그러나 네가 사례들의 유사성으로부터 조금이라도 떠나는 경우에 너는 그와 비례해서 명증성을 경감시킨다. 그리고 마침내 이 명증성을 아주 취약한 비유로 가져가는데, 이 비유는 주지하다시피 오류와 불확실성에 빠지기 십상이다.[455]

---

454) Hume, *Dialogues Concerning Natural Religion*, 45-46쪽.
455) Hume, *Dialogues Concerning Natural Religion*, 49-50쪽.

우리는 인간의 혈액순환과 신의 혈액순환 간의 정확한 유사성을 확신할 수 없고, 다만 비유로 신의 혈액순환을 추정적으로 상상해볼 뿐이다. 그러나 이 추정은 '불확실한' 것이다.[456]

- 우리가 집을 하나 본다면, (…) 우리는 이 집은 건축가나 건설자가 있다고 최대의 확실성으로 결론짓는다. 왜냐하면 이것은 정확하게 이런 유형의 원인으로부터 생겨나는 것을 우리가 경험한 이런 유형의 결과이기 때문이다. 그러나 확실히 우리는 우주가 집과 같은 것을 가지고 확실하게 같은 원인을 추론할 수 있는, 또는 (집과 우주 간의) 비유가 여기서 온전하고 완벽한 그런 유사성을 지녔다고 단언하지 못할 것이다. 비유사성은 너무 충격적이어서 네가 요구할 수 있는 극한치는 유사한 원인에 관한 추측, 추정, 억측이다. 이 요구가 이 세상에서 어떻게 받아들여질지는 네 생각에 맡기겠다.[457]

'집'과 '우주'를 비교하면 양자 간의 유사성이란 입론될 수 없다. 따라서 오직 '비유적' 추정만이 가능하므로 우주를 집에 '비유'하는 것으로부터 '우주의 건축가' 또는 '조물주'의 존재를 도출하는 것은 어디까지나 불확실한 '비유'로 오류일 수 있는 것이다. '집의 건축가'가 있으므로 '우주의 건축가'도 있을 것이라는 상정은 비유적 추리이고, 경험론적으로나, 합리론적으로나 엉터리 추리다. '우주'는 편의상 '집'에 '비유'되고 있을 뿐이고, 엄밀히 말해서 '우주'는 결코 '집'이 아니기 때문이다.

따라서 집의 경우처럼 우주의 존재라는 '원인'으로부터 우주건축가(조물주)라는 '결과'를 도출하는 논변은 성립될 수 없다. 여기서 신의 존재에

---

456) Hume, *Dialogues Concerning Natural Religion*, 50쪽.
457) Hume, *Dialogues Concerning Natural Religion*, 51쪽.

관한 목적론적-인과율적 증명과 (우주가 있으므로 우주의 주재자도 계신다)는 우주론적 증명이 둘 다 불확실성과 오류의 위험에 빠지고 있다. 그렇기 때문에 흄은 공자처럼 신의 존재를 추론적으로 인정하지만 그 속성과 움직임을 헤아릴 수가 없어 그 존재를 경험론적으로 증명할 수 없고 따라서 더 이상의 언급을 삼간다. 이 때문에 '소극적 유신론자' 또는 '불가지론자' 흄과 공자는 '강성剛性 기독교인들'에게 단연 '무신론자'로 찍힐 수밖에 없었던 것이다.

필로는 인지人智로 알 수 없는 신의 속성과 운동에 관한 무용한 논란을 삼가고 종교와 도덕의 관계의 문제로 넘어간다. 종교는 도덕의 증진에 도움이 되는가? 클레안테스가 대답한다. "(…) 종교는 아무리 타락하더라도 종교가 전혀 없는 것보다 훨씬 낫다. 미래 상태의 독트린은 도덕에 대한 아주 강하고 아주 필수적인 안전보장이어서 우리는 결코 종교를 버리거나 소홀히 할 수 없을 것이다. 유한한 일시적 상벌이 우리가 매일 느끼는 것만큼 큰 효과를 가진다면, 무한하고 영원한 상벌로부터는 얼마나 훨씬 더 많은 것이 기대될 것이 틀림없는가?"[458] 그러나 필로(흄)는 타락한 종교는 미신으로 전락하므로 이렇게 대꾸한다.

- 속된 미신이 그토록 사회에 유익하다면 모든 역사가 공무公務에 대한 미신의 해로운 결과에 관한 보고들로 그토록 많이 가득한 것은 도대체 어이된 일인가? 당파싸움, 내전, 박해, 정부전복, 탄압, 노예제, 이것들은 언제나 인간들의 정신을 지배하는 미신의 창궐에 따라다니는 우울한 귀결들이다. 종교정신이 역사적 이야기 속에서 언급된다면, 우리는 나중에 이 종교정신에 따라다니는 불행의 세부사항을 알게 될 것이 확실하다. 그런데 어떤 시기도 이 종교정신이 결코 중시된 적이 없거나

---

458) Hume, *Dialogues Concerning Natural Religion*, 242-243쪽.

들어본 적이 없는 시기보다 더 행복하고 더 번영할 수 없다."⁴⁵⁹⁾

흄은 "어떤 시기도 이 종교정신이 결코 중시된 적이 없거나 들어본 적이 없는 시기보다 더 행복하고 더 번영할 수 없다"는 말로써 종교의 도덕적 유익함을 대폭 인정한 것이다. 이에 클레안테스가 답했다. "이 관찰의 이유는 명백하네. 종교의 적절한 직무는 인간의 마음을 조절하고, 인간의 행실을 인간화하고, 절제·질서·복종의 정신을 주입하는 것이네. 그리고 종교의 작용이 조용하고 오직 도덕과 정의의 동기를 강화하기만 하는 만큼, 종교는 간과되거나 이런 다른 동기들과 혼동될 위험에 처한다네. 종교가 자신을 뚜렷이 드러내 별개의 원리로서 사람들을 지배하는 것으로 작용할 때만, 종교는 자기의 본령을 떠나 당파싸움과 야망을 위한 보호막이 되었을 뿐이라네."⁴⁶⁰⁾

그러자 필로(흄)는 힘주어 클레안테스의 주장을 부정하며 다음과 같은 지론旨論을 개진했다.

- 철학적·합리적 유형의 종교(데이즘)를 제외하고 모든 종교가 그럴 것이다. 너의 추리는 나의 사실보다 더 쉽사리 잘 빠져나간다. 유한한 일시적 보상이 아주 큰 영향력을 가지기 때문에 영원하고 무한한 보상이 그토록 훨씬 큰 영향력을 가질 것이라는 추론은 옳지 않다. 우리가 목전의 현재적인 것에 대해 가지는 애착과 아주 멀고 불확실한 대상에 대해 느끼는 작은 관심을 고려해보기를 나는 간청한다. (…) 경험으로부터 확실한 것은 최소량의 본성적 정직과 인애(honesty and benevolence)라도 인간들의 행실에 대해 신학적 이론들과 이론체계

---

459) Hume, *Dialogues Concerning Natural Religion*, 243쪽.
460) Hume, *Dialogues Concerning Natural Religion*, 243-244쪽.

에 의해 제시된 지극히 화려한 견해보다 더 큰 영향력을 미친다. 인간의 본성적 성향은 인간에게 부단히 작용하고 정신에 대해 영원히 현재한다. 그리고 모든 견해와 고찰과 뒤섞인다. 반면, 종교적 동기들은 뭔가 작용하는 경우에도 시작과 경계境界에 의해서만 작동할 뿐이다.[461]

여기서 필로가 비판에서 제외시킨 "철학적·합리적 유형의 종교"는 바로 '데이즘(본성종교)'을 말하는 것이고, 종교를 능가하는 진정한 도덕적 힘을 "본성적 정직과 인애"로 돌리는 이 도덕이론은 바로 경험론적이고 본성론적인 유학적 도덕론이다.

이어서 필로(흄)는 반대로 도덕에 대한 종교의 악영향을 거론하며 종교 일반을 비판한다.

- 그러나 미신과 광신이 도덕에 직접 맞서지 않을지라도, 관심을 딴 곳으로 돌리기, 새롭고 하찮은 종류의 가치의 육성, 칭찬과 나무람의 뒤바뀐 분배는 가장 해로운 결과를 가져오고 정의와 인간애의 본성적 동기들에 대한 인간들의 애착을 극단적으로 약화시키지 않을 수 없다. (…) 심장이 어떤 때 차갑고 나쁘게 느끼는 경우에 겉보기에 그럴 듯한 열정으로 많은 종교활동 속으로 들어간다. 그리하여 감정은폐의 습관이 점차 붙고, 사기와 허위가 지배적 원리가 되는 것이다. 여기로부터 종교에 대한 가장 높은 열성과, 비일관성과 아주 거리가 먼 가장 깊은 위선이 종종 또는 흔히 동일한 개인적 성격 속에 통합된다는 그런 속된 관찰의 이유가 생겨난다. 이러한 습관의 나쁜 결과는 보통생활 속에서도 쉽게 상상이 간다. 그러나 종교의 이해관계가 걸린 곳에서 어떤 도덕도 광신적 열성분자를 묶을 만큼 충분히 강력하지 못하

---

461) Hume, *Dialogues Concerning Natural Religion*, 244-246쪽.

다. (…) 영원한 구원의 이익만큼 중요한 이익에만 쏟아 붓는 꾸준한 관심은 인애적 애정을 소멸시키고 협소하고 축소된 이기심을 낳기 일쑤다. 이런 성정이 부추겨질 때 이런 관심은 박애와 인애의 모든 일반적 지침들을 쉽게 피한다. 그리하여 속된 미신의 동기들은 일반적 행실에 큰 영향력이 없고, 더욱이 그 동기들의 작용은 지배적인 사례들에서 도덕성에 아주 이롭지도 않다.[462]

"철학적·합리적 유형의 종교", 즉 '본성종교(데이즘)'만이 "해로운 결과를 가져오지 않을 것"이다. 흄은 측면에서 "철학적·합리적 유형의 종교"의 신학을 전개하고 있는 셈이다. 필로는 분명한 말로 "나는 참 종교가 이러한 해로운 결과를 가져오지 않는다고 인정하기"[463] 때문이다.

그리고 필로는 회의론이 건전한 기독교의 전제라는 주장으로 말을 끝맺는다.

- 자연적 이성의 불완전성에 대한 올바론 감각을 맛본 사람은 탐욕스럽게 계시 진리로 날아가려고 한다. 반면, 오만한 독단론자는 철학의 단순한 도움으로 완전한 신학체계를 세울 수 있다고 확신하고 그 이상의 어떤 도움도 경시하고 이런 우발적 교사도 거절한다. 식자들 안에서 철학적 회의론자가 되는 것은 건전하고 믿음 있는 기독교인이 되는 가장 본질적 첫걸음이다.[464]

필로의 이 마지막 말은 맹신적 기독교인이 들으면 경기驚氣를 일으킬 역설逆說로 끝나고 있다. "건전하고 믿음 있는 기독교인", 즉 '진짜 기독

---

462) Hume, *Dialogues Concerning Natural Religion*, 249-250쪽.
463) Hume, *Dialogues Concerning Natural Religion*, 252-253쪽.
464) Hume, *Dialogues Concerning Natural Religion*, 263-264쪽.

교인'은 바로 "철학적 회의론자"라고 말하고 있기 때문이다. 따라서 이것이 흄의 신학의 요지다. 이 신학의 요지는 "자연적 이성의 불완전성"을 올바로 깨닫고, "계시 진리"도, "철학의 도움으로 완전한 신학체계를 세울 수 있다"고 우기는 독단론도 물리친 "철학적 회의론자"로서 "건전하고 믿음 있는 기독교인"이 되는 신학이다. 흄의 신학은 건전한 상식에 기초한 신앙을 북돋우는 '믿음성 있는 기독교' 신학이다.

정리하면, 흄은 필로를 통해 신의 존재 자체를 부정하지 않고 추론적으로 인정하면서도 그 속성(연장·운동·출몰·산출 등)에 대한 모든 증명을 회의하는 불가지론을 논변하고 이럼으로써 신의 존재에 대한 '명백하고 판명한' 지식이 전혀 없음을 인정한다. 다른 한편으로, 흄은 통상적 종교의 도덕적 순기능 테제를 거부하면서 인애·인간애·박애·정직·정의의 본성적 감정들을 다 거론하면서 이 도덕감정들을 도덕의 원천으로 견지한다. 그러나 데이즘의 도덕적 순기능성을 예외적으로 인정하고 이를 위해 회의론과 건전한 상식에 기초한 '믿음성스런 기독교' 신학을 제시한다.

신의 존재를 부정하지 않는 방식의 '신의 존재'의 소극적·부정적 인정, 그러나 그 속성에 대한 불가지론, 그리고 종교적 상벌의식보다 더 강한 본성적 도덕감정에 대한 흄의 논변은 공자의 입장을 그대로 닮았다. 그러나 흄은 도덕적으로 "해로운 결과를 가져오지 않는" "철학적·합리적 유형의 종교"에 도덕화의 순기능을 인정하며 이 도덕화 기능에 기여하는 그 어떤 건전한 상식적 기독교 신앙과 이를 위한 '자연신학' 또는 '본성신학(natural theology)'을 추구했다. 흄의 인간과학은 그만큼 종교의 주술적 힘을 빌리는 것이고, 그만큼 주술적인 것이다.

이 대목에서 흄과 공자의 종교관을 엄밀히 비교해보자. 공자는 신의 존재를 소극적으로 인정하고 제사와 주술의 전통을 폐하지 않고 따랐으나 모든 주술행위(卜筮)와 종교행위(제사와 축원)를 탈脫주술화·세속화·

현세화·희소화해서 재정립하고 종교와 주술에다 도덕적 기능을 일절 인정치 않음으로써 종교와 주술의 영역을 최소로 축소하고 인간과학과 도덕과학의 영역을 최대로 확장했다. 공자는 제사로부터 도덕적 기능을 기대하기는커녕 오히려 현세에 산 부모를 진실한 효심으로 모시는 도덕행위의 독실한 자세가 내세의 죽은 조상의 제사를 엄숙하게 모시는 경건함으로 파급된다고 생각했다. 이 점에서 흄은 공자보다 덜 과학이고 더 종교적인 셈이다.

백세시대를 위한 서양철학사 시리즈 · 3

10 애덤 스미스의 도덕감정론과 시장경제론

제1절/
유학과 중국제국에 대한 스미스의 학습

제2절/
애덤 스미스의 공감적 도덕감정론

제3절/
스미스의 중국예찬과 농본적農本的 시장경제론

제4절/
애덤 스미스의 미학: 중도·정리정돈·체계성

서양 경험론과 정치철학 | 데이비드 흄에서 다윈까지 | 공자의 눈으로 읽고 맞추다

제10장

애덤 스미스의 도덕감정론과 시장경제론

애덤 스미스(Adam Smith, 1723-1790)는 '영국의 전라도'에 해당하는 스코틀랜드의 철학자·경제학자로서 데이비드 흄의 띠동갑 고향후배였다. 스미스는 흄이 자신의 유고遺稿관리인으로 지명할 만큼 흄과 절친한 사이였다. 스미스는 경험과학을 추구했으나 별도의 경험론적 인식론을 전개하지 않고 흄의 경험주의 인식론을 따랐다. 그는 이 경험론적 바탕 위에서 도덕·경제이론과 미학이론을 탐구했다.

그런데 애덤 스미스의 경제철학과 도덕이론에 대해서도 공맹의 영향은 결정적이고 본질적이었다. 도덕론과 경제론에서 공맹과 중국 경제제도의 영향은 여러 개념과 이론에서 충분히 명확하게 드러난다. 하지만 그는 공자와 맹자의 이름을 주저에서 단 한 번도 언급하지 않았다. 이런 의미에서 그의 이론은 '표절'의 산물이었다. 이런 '표절'은 당대 교단의 감시 때문에 널리 용인되었다.

애덤 스미스는 허치슨·흄·레이드(Thomas Reid)·애덤 퍼거슨 (Adam Ferguson) 등과 더불어 이른바 '스코틀랜드 계몽주의(Scottish Enlightenment)'와 영국 모럴리스트를 대표하는 세계적 대학자다. 당시 영국은 유럽에서 가장 자유로운 나라였고, 스코틀랜드는 1750년경에 이 미 문해능력을 갖춘 시민의 구성비가 75%에 달할 정도로 당시 유럽에서 문맹률이 가장 낮은 지역이었다. 하지만 이런 영국과 스코틀랜드 지역에 서도 학문·예술에 대한 국가와 종단의 종교적 억압과 박해는 계속되고 있었다. 한마디로 당시 영국의 정신적·종교적·사상적 자유는 중국과 조 선에 비해 형편없었던 것이다. 영국 성직자들은 끊임없이 철학자들의 서 적과 견해에 대해 시비를 걸었고, 심지어 18세기 중반에도 흄의 철학을 무신론으로 낙인찍고 사법절차로 흄을 '악마'로 몰아 사냥하려는 종교 재판을 벼를 정도였다. 당시 영국에도 가톨릭과 무신론자들까지 포용하 는 보편적 종교적 관용과 자유는 없었다. 따라서 이곳의 상황도 18세기 에도 마녀사냥을 계속해 중세 이래 18세기 말까지 도합 4-6만 명의 마녀 를 처형한 유럽 전반의 상황과 크게 다르지 않았던 것이다. 사실, 무신론 자를 처벌하는 법규를 두고 있다는 것 자체가 온갖 종교적·정신적·경제 적 자유를 만끽하던 동아시아 국가들과 비교하면 '너무 미개한' 것이었 다.

스미스는 14세에 글래스고대학에 입학해서 프랜시스 허치슨 아래 서 도덕철학을 공부했다. 그리고 1740년에 그는 옥스퍼드대학 밸리얼 (Balliol) 칼리지에 입학해서 1746년까지 대학원 과정을 다녔다. 스미스 는 훗날 글래스고대학의 학습시절을 옥스퍼드대학 시절보다 훨씬 더 좋 았다고 회상했다. 그는 『국부론』에서 "옥스퍼드대학에서 대부분의 공 적 교수들은 여러 해 동안 가르치는 외양적 구실조차 포기했다"고 적고 있다.[465] 스미스는 옥스퍼드대학 시절에 데이비드 흄의 『인간본성론』을 읽다가 발각된 적이 있었는데, 그는 이 책을 읽었다는 죄목으로 혹독하게 처벌받았다. 『인간본성론』을 몰수당했고 가혹한 견책을 받았다.[466] 이것은 1740년대에도 영국 교단과 강단의 사상탄압이 얼마나 극심했는지를 보여주는 전형적 사건이다. 옥스퍼드대학교는 스미스가 '근대인류의 걸작' 『국부론』을 집필하는 데 도움을 주기는커녕 철저히 방해한 것이다. 그는 이 대학의 도움 없이 독학으로, 즉 보들리언 도서관의 장서들을 뒤져 읽고 홀로 성장했다.[467] 그리고 1746년 그는 박사학위를 포기하고 옥스퍼드를 떠났다. 그럼에도 불구하고 세계인들, 특히 동아시아인들은 로크·뉴턴·섀프츠베리·흄·스미스 같은 거물 모럴리스트들이 케임브리지·옥스퍼드·에딘버러대학교 등 영국 대학교들에서 길러진 것으로 착각한다.

애덤 스미스는 흄에 의해 법적 유고관리인으로 지명되었다. 흄의 유고에는 수많은 편지, 완성된 형태의 종교론 원고(『자연종교에 대한 대화』) 등이 들어 있었다. 스미스는 생전에 흄을 가장 진실로 존경하며 따랐고, 사후에는 흄을 '제2의 소크라테스'로 찬미했다.[468] 스미스는 자신의 『도덕감정론』(1759)과 『국부론』(1776)에서도 "사유의 최대의 심오성을 표현의 최대의 우아함과 결합시키고 가장 난해한 주제들을 가장 완벽한 명쾌성으로, 또 가장 생생한 화술로 다루는 독특하고 행복한 재능을 보유한 가장 독창적이고 가장 마음에 드는 철학자,[469] "현시대의 비길 데 없이

---

465) Adam Smith, *An Inquiry into the Nature and Causes of the Wealth of Nations* [이하: *Wealth of Nations*] [1776], volume I·II, textually edited by W. B. Todd (Glasgow·New York: Oxford University Press, 1976), Bk.V, Ch.II.
466) John Rae, *Life of Adam Smith* (London & New York: Macmillan, 1985), 5, 24쪽.
467) Rae, *Life of Adam Smith*, 22쪽.
468) 참조: Buckle, "Introduction", ix.
469) Adam Smith, *The Theory of Moral Sentiments, or An Essay toward an Analysis of the Principles by which Men naturally judge concerning the Conduct and*

가장 걸출한 철학자 겸 역사가"[470] 등 여러 가지 극진한 수사를 동원하며 흄을 거듭 칭송하고 있다.

스미스는 흄이 남긴 편지들 중에서 중요한 편지들을 골라 서간집으로 출판했다. 그러나 옥스퍼드대학교에서 겪은 혹독한 사상탄압의 경험 때문에 겁먹은 스미스는 『자연종교에 관한 대화』 유고의 내용을 살펴보고 당시 분위기상 위험하다고 판단해 출판을 미루기만 했다. 이 종교론 유고는 결국 흄의 조카의 손에 의해 흄이 죽은 지 2년이 지난 1779년에야 세상에 나올 수 있었다.

당시 영국의 저런 종교·사상탄압 때문에 스미스는 『도덕감정론』과 『국부론』에서 공맹의 이교異敎철학의 영향을 철저히 포장해서 도용盜用·표절하고, 또 굴절·왜곡시켰다. 실제로 옥스퍼드 사상탄압의 스트레스에 평생 시달리던 스미스는 흄과 달리 공자를 찬양하지도, 언급하지도 않았다. 하지만 직간접으로 흄보다 더 많이 공맹철학을 표절해 자유시장이론과 도덕감정론을 구성했다.

스미스에 대한 공자철학과 중국 정치경제의 영향은 크게 두 가지로 대별된다. 첫째는 측은·수오·공경지심 등의 본성적 공감 감정에 근거한 인·의·예덕의 윤리적 삼덕과 칠정의 중화로 요약되는 공맹의 탈종교적·경험주의적·성선설적 도덕철학인데, 이것은 신학적 계시도덕론, 이성도덕론, 네오에피쿠리언들의 계약·동의에 의한 도덕론, 기획도덕론 등을 거부하고 인간의 자연본성적 도덕감정과 '공감'능력을 도덕의 기초로 보는 섀프츠베리·허치슨·흄·스미스의 세속적 도덕감정론에 영향을 끼쳤다. 스미스는 공맹의 경험주의적·성선설적 도덕이론을 굴절시키고 삭감

Character, first of their Neighbours, and afterwards of themselves [1759, Revision: 1761, Major Revision: 1790], edited by Knud Haakonssen (Cambridge/New York: Cambridge University Press, 2002·2009 [5. printing]), 209쪽.
470) Smith, *Wealth of Nations*, V. i. g. 3, 790쪽.

해 '소극적 덕목'인 '정의'를 앞세우고 '신적 덕목'인 '인애'를 뒤로하는 자신의 자유주의 도덕철학을 수립했다.

둘째는 공맹의 '무위이치' 사상과 자유시장론적 양민론養民論, 사마천의 자유경제론과 유구한 중국적 실천에서 확립된 정치경제적 자유론과 국민평등교육론인데, 이것은 케네의 중농주의 자유경제론과 평등·의무교육론, 흄과 스미스의 자유상업·자유시장론에 영향을 끼쳤다. 스미스는 공맹의 양민론에서 복지론을 배제하고 자유시장론만 수용해 플라톤의 야경국가로 복귀하려는 듯이 복지제도 없는 시장경제론을 수립했다.

제1절

유학과 중국제국에 대한 애덤 스미스의 학습

애덤 스미스가 공맹철학과 중국의 정치경제론을 받아들인 경로는 직접독서, 흄과의 평생 교육관계와 흄 중심의 에딘버러 학술모임, 프랑스 계몽철학자들과의 만남 등 세 가지였을 것으로 추정된다.

1.1. 스미스 자신의 직접독서

애덤 스미스가 공맹을 접한 첫째 경로는 스미스 자신의 직접 독서다. 스미스는 옥스퍼드 밸리얼 칼리지 시절(1740-1746)부터 한창 도덕론 논쟁을 벌이던 당대의 프랑스 절학서적을 몰래 광범하게 섭렵하면서 중국 관련 논문과 서적들도 읽었다. 그 증거는 스미스가 케네·튀르고·볼테르를 만나기(1764-1766) 전에 집필한 『도덕감정론』 초판(1759)에서 이미 중국을 자주 사례로 들거나 볼테르의 『중국의 고아』를 세 번이나 '아름다운 비극'으로 소개하고 있기[471] 때문이다.

　스미스의 보유 장서가 그의 독서범위를 다 보여주는 것이 아니고 장서가 다 전해지는 것도 아니지만, 대부분 남아 있는 그의 장서의 스펙트럼을 보면 공맹철학에 대한 그의 학식과 중국·극동아시아에 대한 그의 정보지식을 짐작케 한다.[472] 우선 스미스의 '공맹철학 관련 서적들'은 알려진 장서를 중심으로 다음과 같이 목록화될 수 있을 것 같다.

***

(1) 새뮤얼 퍼채스의 『퍼채스, 그의 순례』.[473] 상론했듯이 퍼채스의 이 책은 철학자 공자의 이름과 공자철학을 처음 유럽에 소개한 책이다.

(2) 프랑수아 베르니에의 『프랑수아 베르니에의 여행 (…) 대몽고, 힌두스탄의 국가와 케쉬미르 왕국의 기술을 포함하여(*Voyages de François Bernier [...] contenant la description, de l'Hindistan, du royaume de Kachemire*)』(1699). 베르니에(François Bernier, 1620-1688)는 공자찬미자로서 중국과 기타 아시아 지역들을 여행하고 "아시아제국諸國의 국부·국력·정의와 쇠락의 원칙적 원인"을 다루었다. 베르니에

---

471) 참조: Smith, *The Theory of Moral Sentiments*, III. iii. 4, 157쪽; VI. ii. i. 22, 267쪽; VI. ii. ii. 5, 270쪽.
472) 스미스 사후에 그의 개인서고의 장서들은 그의 조카 더글러스(David Douglas)에게 유증되었고 더글러스 사후 다시 그의 두 딸 배너맨(Mrs. Bannerman)과 커닝햄 부인(Mrs. Cunningham)에게 상속되었다. 배너맨 보유 장서는 몽땅 에든버러 대학에 기증되었고, 커닝햄 부인은 1878년 그녀의 스미스 장서를 여러 차례에 걸쳐 매각했다. 그리하여 이 커닝햄 부인의 장서는 영국, 미국, 캐나다, 이탈리아, 일본 등 전 세계로 흩어졌다. 이 중 141권의 장서는 일본의 제국주의 선동에 앞장섰던 니토베이나조(新渡戶稻造) 교수가 1920년 매입해서 소장하다가 동경대에 기증해서 동경대 도서관에 소장되어 있다. 세계적으로 흩어진 스미스의 장서들의 '목록(Catalogue)'은 여전히 실종된 장서들이 일부 있을지라도 일본학자 미추다(Hiroshi Mizuda)에 의해 그의 『애덤 스미스의 장서 카탈로그』(2000) 안에 최대로 담겼다. Hiroshi Mizuda, *Adam Smith's Library: A Catalogue* (Oxford: Oxford University Presss, 2000·2004). 이 책과 『국부론』의 인용문헌을 종합적으로 참조하면, 공맹철학 관련 서적, 중국 관련 서적, 아시아 관련 서적 등이 다수 포함되어 있다.
473) Mizuda, *Adam Smith's Library*, 목록번호 1384-1385(208쪽).

는 라 모트 르 베예를 추종했다. 라 모트 르 베예는 『이교도의 덕성에 관하여(*De La vertu des payens*)』(1640)에서 공자를 "중국의 소크라테스"라고 칭송한 루이 14세의 왕사다. 베르니에는 인토르케타·쿠플레·뤼지몽 등의 공자경전 역주서 『중국철학자 공자』를 읽고 감격해 그것을 불역佛譯하는 구상을 하면서 "아! 공자가 인간의 내면을 얼마나 잘 이해했는지, 그리고 군주의 행동과 국가의 통치에 대해 얼마나 위대한 안목을 가졌는지, 그 분은 그들이 덕스러울 때만 행복하다고 여길 정도였다!"고 쓰고 "내가 아는 한, 지금까지 어떤 인간도 그토록 많은 지혜, 그토록 많은 현명, 그토록 많은 진실성, 그토록 많은 경애심, 그토록 많은 박애심을 가진 것으로 보이지 않았다"고 확언한 세계여행가다. 그는 "나는 라 모트 르 베예 씨를 읽고 그가 '거룩한 공자님이시여, 우리를 위해 기도해주소서!'라고 말하는 것을 자제하려고 애썼다는 것을 알게 되었다"고 기술한 바 있다.[474] 스미스도 베르니에의 극동기행문을 읽고 그의 공자찬양 열기를 느꼈을 것이다.

(3) 『피에르 벨 전집(*Oeuvres diverse Mr. Pierre Bayle*)』(1727).[475] 스미스는 벨로부터 공자의 도덕철학과 휴머니즘 및 중국의 무제한적 관용의 종교·정치문화를 배웠을 것이다.

(4) 윌리엄 템플의 『전집(*The Works of Sir William Temple*)』(1754).[476] 이 전집에 실린 두 논문 "An Essay upon the Ancient and Modern Learning"과 "Of Heroic Virtue"에서 템플은 공자와 그 철학을 인류의 위대한 철학(자)로, 중국을 "실존하는 유토피아국가"로 칭송하고 있다.

---

474) François Bernier, "Introduction à la lecture de Confucius, Extrait de diverses pièces envoyées pour étrennes par M. Bernier à Madame de la Sablières", *Journal des Sçavans* (7 juin 1688) [pages 25-40], 38-39쪽.
475) Mizuda, *Adam Smith's Library*, 목록번호 127(21쪽).
476) Mizuda, *Adam Smith's Library*, 목록번호 1639(249쪽).

(5) 뒤알드의 『중국통사』. 이 책은 미추다의 카탈로그에는 빠져 있지만, 스미스는 이 책에서 필요한 구절들을 발췌해서 『국부론』의 여기저기에서 무단으로 사용하고 있다.[477] 뒤알드의 『중국통사』는 3권에서 공맹의 경전들과 유가의 도덕철학을 110여 쪽에 걸쳐 상당히 자세하게 설명·소개한다.[478]

(6) 프리드리히 2세의 『전집(Oeuvre du philosophe de Sans-Souci와 Oeuvre posthumes de Frédéric II)』(1760, 1788). 스미스의 장서에는 두 종류(1760, 1788)의 전집이 들어 있다.[479] 이 전집에는 공맹의 덕치철학의 관점에서 마키아벨리를 비판한 『반反마키아벨리론』(1740)과, 공자철학의 관점에서 교황을 비판한 『중국황제의 특사 피히후의 보고』(1760)가 포함되어 있다.

(7) 피에르 푸아브르(Pierre Poivre)의 『어느 철학자의 여행, 또는 아프리카, 아시아와 아메리카의 도덕과 예술의 관찰』(1768).[480] 이 책은 파리의 철학자들 사이에서 1740-50년대부터 나돌며 탐독되던 원고를 뒤늦게 출판한 것이다. 이 책에서 푸아브르는 중국의 농업과 상업을 상론하고 또 공자를 이렇게 극찬한다. "우리가 지상의 가장 강력한 사람들, 가장 부유한 사람들, 가장 행복한 주권자들이 될 영광을 열망하는가? 북경으로 가라, 이성 밖의 권좌 위에 앉은 필멸자들 중 가장 위력적인 분을 응시하라. 그 분은 명령하지 않는다. 그 분은 가르치

---

477) Smith, *Wealth of Nations* (I), I.Viii, §24(90쪽); (II), IV. ix, §40(679쪽).
478) Jean-Baptiste Du Halde, *Description géographique, historique, chronologique, politique, et physique de l'empire de la Chine et de la Tartarie chinoise, enrichie des cartes generales et particulieres de ces pays, de la carte generale et des cartes particulieres du Thibet, & de la Corée* (Paris: A la Haye, chez Henri Scheurleer, 1735). 영역판: P. Du Halde, *The General History of China*, Volume II (London: Printed by and for John Watts, 1736), Volume III, 238-356쪽.
479) Mizuda, *Adam Smith's Library*, 목록번호 634, 635(97쪽).
480) Mizuda, *Adam Smith's Library*, 목록번호 1340(200쪽).

신다. 그 분의 말씀은 정지停止가 아니다. 그것은 정의와 현명의 준칙이다."[481] 스미스는 이 책을 『국부론』에서 실명實名을 대며 인용하고 있다.[482]

(8) 케네의 『중농주의』(1767년 뒤퐁 드 네무르 편찬).[483]

(9) 케네의 『중국의 계몽전제정(Le Despotisme de la Chine)』(1767). 이 책은 중국의 정치·경제 원칙을 '무위이치無爲而治' 또는 '자연적 도(ordre naturel)'로 규명하고 공맹의 정치·도덕철학과 중국의 정치·경제체제를 분석한 책이다. 스미스는 케네의 이 책을 다음과 같이 '무단인용'하고 있다. "중국의 국내시장은 아마 그 크기에서 유럽의 모든 상이한 나라들의 시장을 다 합한 것보다 많이 열등하지 않을 것이다."[484] 케네는 『중국의 계몽전제정』에서 이렇게 말한다. "역사가들은 중국의 내부에서 행해지는 상업이 아주 커서 유럽의 상업은 여기에 비교할 수 없을 정도라고 말한다."[485] 케네의 이 말은 다시 뒤알드의 다음 구절로 거슬러 올라간다. "중국 국내에서 행해지는 교역은 아주 커서 전 유럽의 교역은 여기에 비교될 수 없을 정도다."[486] 이를 감안하면 스미스가 뒤알드와 케네 중 누구를 읽고 인용한 것인지, 또는 둘 다 읽은 것인지 분명치 않다. 스미스는 다른 곳에서도 『중국의

---

481) Pierre Poivre, *Voyages d'un philosophe ou observations sur les moeurs et les arts des peuples de l'Afrique, de l'Asie et de l'Amerique* (Yverdon: chez M. le Professeur de Felice, & à Paris, chez Desaint, Libraire rue du Foin Saint Jacques, 1768), 138-139쪽.
482) Smith, *Wealth of Nations* (I), I. xi.b §32(173쪽); (II), IV. ix, §40(679, 680쪽).
483) Mizuda, *Adam Smith's Library*, 목록번호 1384-1385(208쪽).
484) Smith, *Wealth of Nations* (II), IV. ix, §41(681쪽).
485) François Quesnay, *Despotism in China*, 208쪽. Lewis A. Maverick. *China - A Model for Europe*, Vol.II (San Antonio in Texas: Paul Anderson Company, 1946). 국역본: 프랑수와 케네 (나정원 본문대역), 『중국의 계몽군주정』(서울: 앰-메드, 2014), 불어원문 112쪽(국역문: 112-113쪽).
486) Du Halde, *The General History of China*, Volume II, 296쪽.

계몽전제정』을 무단 인용하고 있다. "장인들은 유럽에서처럼 자기 작업장에서 손님의 부름을 기다리는 것이 아니라 각 직업의 도구를 가지고 서비스를 제공하러 고용을 구걸하는 양 거리를 계속 이리저리 뛰어다니고 있다."[487] 케네는 이와 관련해 이렇게 기술한다. "장인들은 아침부터 저녁까지 일을 찾아 마을을 뛰어다닌다. 대부분의 중국 노동자들은 특정한 집 안에서 일한다. 가령 옷을 맞추고 싶은가? 그러면 재단사는 아침에 당신 집에 왔다가 다시 저녁에도 온다. 마찬가지로 모든 장인들로부터 일상적 도구를 만들기 위해 모루와 풍로를 가지고 다니는 대장장이나, 안락의자를 어깨에 메고 대야와 주전자를 손에 들고 다니는 이발사에 이르기까지 이들은 일감을 찾아 끊임없이 거리를 달린다."[488] 케네의 이 기술은 다시 뒤알드의 기록을 약간 부정확하게 과장해 옮겨 놓은 것이다. 뒤알드는『중국통사』에서 이렇게 말한다. "모든 도시에 온갖 장인들이 존재하는데, 이 중 일부는 자기들의 점포에서 일하고, 일부는 그들의 용역을 원하는 사람에게 제공하기 위해 이 가로에서 저 가로로 옮겨 다닌다. 대부분의 일은 개인 집에서 한다. 가령 당신이 옷 한 벌을 원하면 재단사가 아침 일찍 당신 집으로 왔다가 저녁에 귀가한다. 다른 직종에서도 동일하다. 심지어 대장장이들은 도구들, 모루, 풍로를 가지고와서 상용常用한다. 대부분의 이발사는 그들을 쓸 사람들에게 다가감을 알리기 위해 작은 종을 울리며 계속 가로를 걸어 다닌다. 그들은 어깨에 의자, 대야, 주전자, 불 등을 수건과 빗 상자와 함께 둘러메고, 가로에 서나 광장의 한복판에서, 또는 현관에서 또는 원하는 어디에서든 머리를 아주 능란하게 깎아 만주의 관습에 따라 긴 머리카락만 남겨둔

---

487) Smith, *Wealth of Nations* (I), I. viii, §24(89쪽).
488) 케네,『중국의 계몽전제정』, 불어원문 60쪽(국역문: 61쪽).

다."⁴⁸⁹⁾ 이것을 보면 다시 스미스가 케네를 인용한 것인지 뒤알드를 인용한 것인지 불분명하다.

(10) 메르시에 드 라 리비에르(Le Mercier de la Rivière)의 『정치사회의 자연적 도와 본질적 도』. 이 책은 『국부론』에서 실명 인용되고,⁴⁹⁰⁾ 미추다의 목록에도 들어 있다.⁴⁹¹⁾ 메르시에는 이 책에서 '유럽의 공자' 케네의 중농주의와 경제표를 대중적으로 해명하고 중국의 정치문화 및 정치철학과 관련된 설명도 제공하고 있다.⁴⁹²⁾

(11) 1730-1770년대 영국 식자층의 중심잡지 『젠틀맨의 매거진(Gentleman's Magazine)』과 『런던 매거진(Londons Magazine)』. 이 잡지들은 『스코츠 매거진(Scots Magazine)』, 『스펙테이터(The Spectator)』 등과 함께 공자와 그의 도덕·정치철학 및 중국의 통치원리를 찬양하며 집중적으로 소개하던 정기간행물들이었다. 따라서 스미스는 틀림없이 이 지식인 잡지들을 통해서도 공자철학과 중국의 정치경제 지식을 흡수했을 것이다. 스미스의 장서에 들어있는 『젠틀맨 매거진』과 『런던 매거진』의 권수(1769-1777)는 도합 18권이다.⁴⁹³⁾

(12) 올리버 골드스미스의 『골드스미스 저작집(Goldsmith's Poetical and Dramatick Works)』, 1-2권(1780). 이 저작에는 가상의 중국철학자가 공자철학의 관점에서 영국사회와 정치를 비평하는 『세계시민』이 들어 있다.

---

489) Du Halde, *The General History of China*, Volume II, 124-125쪽.
490) Smith, *Wealth of Nations* (II), IV. ix, §38(679쪽).
491) Mizuda, *Adam Smith's Library: A Catalogue*, 목록번호 970(145쪽). Le Mercier de la Rivière, *L'ordre naturel et essentiel des sociétés politiques* (Londres: Chez Jean Nourse, librairie, & se trouve à Paris, Chez Daint, librairie, 1767).
492) Le Mercier de la Rivière, *L'ordre naturel et essentiel des sociétés politiques*, 62-63쪽.
493) Mizuda, *Adam Smith's Library: A Catalogue*, 목록번호 666(100쪽).

(13) 돌바하(Paul Henri Thiry d'Holbach)의 『자연적 정치(La Politique naturelle)』, 1-2권(1773).[494] "참된 통치원리에 대한 논구(Discours sur les vrais principles du gouverement)"라는 부제를 단 이 책은 케네가 『중국의 계몽전제정』에서 피력한 '자연적 도' 개념을 추종해 공자의 '무위이치'의 이념과 중국의 '유자치국儒者治國' 전통을 직접 인용하며 이 '무위이치·유자치국론'을 '자연적 정치'와 '철인치자'의 이론으로 번안해 해명하려고 시도한 저작이다.[495]

(14) 코르넬리우스 드 포우(Cornelius de Pauw) 신부의 『이집트와 중국의 철학적 탐색(Recherches Philosophiques sur les Egyptiens et Les Chinois)』(1773).[496] 프리드리히 2세의 자문관이었던 포우는 중국비판가이고, 이 책도 중국철학에 대해 비판적인 책이다.

(15) 『볼테르 전집』. 스미스는 볼테르 전집의 여러 버전을 가지고 있었다.[497] 스미스는 이 전집에서 볼테르의 공자예찬과 중국분석, 그리고 중국과 극동제국의 종교적 관용 등에 대해 읽었을 것이다.

이상 스미스의 장서와 인용서들은 그가 공맹의 정치·도덕철학과 중국의 통치론을 접한 책들이다. 그런데 100년 이상 장기 베스트셀러였던 쿠플레 등의 경전번역서 『중국철학자 공자』(1687)와 노엘의 『중국제국의 경전6서』(1711)가 이 장서목록에서 빠져 있는데, 이 책들은 대량으로 한 번 인쇄되어 18세기 초에 각국 서적상에 보급된 이래 다시 인쇄되지 않아서 스미스가 개인장서로 입수할 수 없었기 때문이다. 그러나 이 책들

---

494) Mizuda, *Adam Smith's Library: A Catalogue*, 목록번호 790(120쪽).
495) Ancien Magistrat(Paul Henri Thiry d'Holbach), *La Politique naturelle, ou Discours sur les vrais principles du gouverement*, Tome premier et second (Londres: 1773).
496) Mizuda, *Adam Smith's Library*: A Catalogue, 목록번호 1275(191쪽).
497) Mizuda, *Adam Smith's Library*: A Catalogue, 목록번호 1744-1748(256-266쪽).

은 미국을 포함한 서구제국의 여러 도서관에 오늘날까지도 대다수가 남아있을 정도로 당시 유럽의 모든 도서관들이 소장하고 있었다. 그래서 흄도 이 책들을 읽을 수 있었다. 따라서 스미스도 어떤 도서관에서든 이 책들을 빌려 읽었을 것이다.

그러나 스미스는 흄처럼 이『중국철학자 공자』와『중국제국의 경전6서』를 단 한 번도 인용하지도, 언급하지도 않고 있다. 이는 다른 추정을 요한다. 지금으로서 짐작할 수 있는 것은 아마 그가 무신론자로 몰릴까 봐 흄의 유언을 저버리고 그의 종교관련 유고를 끝내 출판하지 않은 것과 같은 그의 '소심함'일 것이다. 스미스는 지극히 탈종교적·세속적인 도덕론인 자신의 '도덕감정론'과 관련해 무신론자로 논죄당하는 것을 피하기 위해 당시 이신론자나 무신론자로 숭상되기도 하고 배격되기도 하는 공맹의 경전번역서들을 차마 언급할 수 없었을 것이다.

한편, 스미스의 장서에는 중국·아시아·동양에 관한 서적들도 다수 포함되어 있다. 이런 서적들은 일본학자 미추다의 카탈로그로 파악된 것만 볼 때도 인도·태국 관련 서적(36권)을 제외하고도 도합 30여 권에 달한다.[498] 따라서 공맹과 중국·아시아·동양에 관한 잔존하는 장서와 인용된 저서는 다 합치면 45권을 상회한다. 스미스가 그밖에 장서로서 흔적이 남지 않은 중국 관련 서적들도 많이 보았다는 사실을 그의 말에서 알 수 있다. 그는『국부론』에서 "중국은 마르코 폴로 시대 훨씬 전에도 법률과 제도의 본성이 달성하도록 허용하는 부의 풍족한 완성을 달성했을 것"이지만, "모든 여행자들의 설명들은 다른 많은 점에서 엇갈려도 낮은 노동임금과 노동자가 중국에서 가족을 부양하는 데 직면하는 곤란에

---

498) Mizuda, *Adam Smith's Library: A Catalogue*, 목록번호 55, 128, 158, 203, 323, 333, 424, 474, 743, 750, 771, 885, 937, 1018, 1100, 1145-1146, 1236, 1275, 1340, 1359, 1384, 1385, 1602, 1636, 1637, 1657, 1660, 1668, 1695, 1749. 목록번호 1145-1146는 Jean F. Melon의 *Essai politique sur le commerce*(1739, 1761)다. 멜롱은 이 책의 한 절에서 중국의 상공업에 대해 상론하고 있다.

서 일치한다"고[499] 말하고 있기 때문이다. 이 "모든 여행자들의 설명들"이라는 구절을 통해 그가 장서목록에 없는 마르코 폴로의 『동방견문록』과 여러 여행자들의 보고서적들을 섭렵했다는 것을 알 수 있다. 따라서 스미스가 "중농주의자들에게 영향을 미친 중국학문에 문외한이었고 그가 그의 정신적 세계관에서 철두철미 유럽적이었다"는 제프리 허드슨 (Geoffrey F. Hudson)의 논평은[500] 전혀 '논평할 가치가 없을' 것이다.

공자철학과 중국정치에 대한 스미스의 학적 지식과 정보는 무엇보다도 먼저 이러한 서적들에 대한 독서를 통해서 형성되었다. 중국의 정치경제에 관한 그의 '무단 인용'과 공자철학에 대한 '표절'도 모두 이 독서루트 덕택에 가능했을 것이다.

1.2. 흄과의 평생지교와 에든버러 학술모임

공맹철학과 중국의 정치경제론을 받아들인 둘째 경로는 공자와 중국을 잘 알고 있던 데이비드 흄과의 교우다. 스미스는 에든버러 대학교에서 시간강사를 하던 시절(1748-1750) 흄 중심으로 모여 있던 에든버러의 여러 계몽주의 서클에 들어가 교류하면서 흄을 만나 평생지교를 맺었다.

이때 스미스는 이 서클과 흄을 통해 공자와 중국에 관한 당대 최고 수준의 지식과 정보를 접했을 것이다. 특히 자유시장론은 케네를 통해 배우기에 앞서 공맹의 무위시장론과 중국의 자유시장적 경제정책을 알고 있던 흄의 자유교역론을 통해 배웠을 것이다.

---

499) Smith, *Wealth of Nations*, I. viii. 24 (89쪽).
500) Geoffrey F. Hudson, *Europe and China: A Survey of their Relations from the Earliest Time to 1800* (Boston: Beacon Press, 1931·1961), 325쪽.

1.3. 프랑스 계몽철학자들과의 교류

셋째는 케네·튀르고·볼테르 등 프랑스철학자들과의 만남이다. 스미스는 글래스고대학의 도덕철학 교수직을 사임하고 버클루 공작(Duke of Buccleuch)을 위한 유럽여행 동행同行 교수직을 맡아 1764년부터 1766년까지 공작의 유럽투어를 수행했다. 그에게 평생 먹고 살 연금을 마련해 준 이 동행교수직 수행 중에 스미스는 이전에 책을 통해서만 알았던 볼테르를 제네바에서 만나는 영광을 얻었다. 볼테르는 18세기 당대의 대표적 '친중파親中派' 대문호로서 당시 건륭제와 시문들을 교환했다.[501] 그리고 프랑스 파리로 와서 체류할 때는 케네·튀르고와 북미식민지 지식인 벤저민 프랭클린(Benjamin Franklin, 1706-1790), 그리고 달랑베르·엘베시우스·모렐레(Andr Morellet) 등 백과전서파와도 교류했다. 1766년 2월에서 11월까지 9개월 동안 파리에 체류하는 사이, 스미스는 『도덕감정론』의 저자로서, 그리고 '흄의 친구'로서 중농주의자들의 살롱에서 따뜻한 환영을 받았다.[502]

특히 케네·튀르고와의 만남은 스미스가 이미 관여하고 있던 주요 작업을 분명히 자극했다. 이 작업은 '시민사회의 역사'에서 본 근대 경제체계의 포괄적 연구에 관한 그의 글래스고 강의의 정치경제학 분야의 개발이었다. 그는 1766년 평생연금을 가지고 귀국한 후 고향 커콜디(Kirkcaldy)에 정착해 처음으로 '재야철학자'로서 방해받지 않고 이미 유럽여행 중 첫 시기에 머물던 프랑스 툴루스에서부터 쓰기 시작한 방대한 프로젝트인 『국부론』 집필에 전념할 수 있었다.[503]

---

501) William W. Lockwood, "Adam Smith and Asia", *The Association for Asian Studies*, Vol.23, No.3(May, 1964), 348쪽.
502) 참조: Young, "The Tao of Markets: Sima Quian and the Invisible Hand", 142쪽.
503) Knud Haakonssen, "Introduction", xxi-xxii. Smith, *The Theory of Moral Sentiment*.

스미스는 파리 체류 시에 튀르고와 여타 중농주의자들을 여러 차례 만나 그들과 공통 관심사에 관해 심도 있게 토의했다. 모렐레는 이때의 만남과 토의에 대한 회상을 글로 남겼다.[504] 프랑스 중농주의자들과 여러 차례 만나는 가운데 당연히 중국에 대해서도 많은 이야기가 오갔을 것이다. 특히 튀르고는 두 중국 유학생을 위해 집필했던『부의 형성과 분배에 관한 성찰』을 니콜라 보도(Nicolas Baudeau, 1703-1792)의『시민일지(Les Ephémérides du Citoyen)』에 연재하던 중이었는데, 스미스가 남긴 유품 가운데『시민일지』에 연재된 튀르고 저작의 처음 두 부분이 들어있다. 스미스는 흄에게 보낸 한 편지(1766년 7월 6일자)에서 튀르고와의 만남에 대해 언급한 적이 있고, 로쉬푸코(Rochefoucauld)에게 보낸 편지(1785년 11월 1일자)에서도 그 만남에 대해 언급한다. 스미스는 이 편지에서 "나는 그와 알게 되는 행운을 얻었고, 내가 자랑으로 여기는 바, 그의 우정과 존경의 행운도 얻었다"고 적고 있다.[505]

그리고 스미스는 흄의 소개로 타운센드(Charles Townsend)도 알게 된다. 타운센드는 1763년 말 스미스에게 자신의 조카인 버클류크 공작을 소개해 준 인물이었다. 스미스는 타운센드에게 보낸 한 편지(1766년 8월 26일자)에서 케네가 버클루 공작을 진료했을 때 케네를 처음 만났다고 쓰고 있다. 스미스는 스콧(Frances Scott) 부인에게 보낸 편지(1766년 10월 15일자 편지)에서 케네를 "프랑스에서 가장 훌륭한 사람들 중 하나이자 모든 나라에서 만난 가장 훌륭한 의사들 중 한 사람"으로 묘사하고 "그는 의사일 뿐만 아니라 장점을 경시할 수 없는 여성인 퐁파두르 마담

---

504) "나처럼 형이상학적인 것을 좋아한 튀르고는 스미스의 재능을 크게 호평했다. 우리는 스미스를 여러 번 만났다. 그는 엘베시우스의 집에서 소개되었다. 우리는 상업이론, 은행, 공채, 그가 중개하는 큰 사업의 여러 가지 항목들에 대해 의견을 나누었다." Andr Morellet, Mmoires sur le XVIIIe sicle et la Rvolution, 2 vols. (Paris, 1821), 244쪽. Smith, Wealth of Nations, 672쪽, W. B. Todd의 주에서 재인용.
505) Smith, Wealth of Nations, 672쪽, W. B. Todd의 주.

(루이 15세의 정부)의 친구이자 측근이었다"라고 설명하고 있다. 스미스는 『국부론』을 케네에게 헌정하려고 마음먹었을 만큼 케네를 충심으로 높이 평가했다.[506]

스미스는 튀르고의 『부의 형성과 분배에 관한 성찰』을 영어로 옮겨 출판한 숨은 번역자로 추정되기도 한다.[507] 튀르고는 이 글의 성격을 뒤퐁에게 보낸 편지(1766년 12월 9일자)에서 수치도식을 뺀 케네의 『경제표(Tableau conomique)』라고 설명한다. "나는 내가 말한 두 중국인을 위한 약간의 질문을 완성했습니다. 그리고 이 질문들의 목적과 의미를 명확히 하기 위해 나는 그들에게 사회의 작동과 부의 분배를 분석한 일종의 개요서를 먼저 주었습니다. 나는 그 속에 어떤 대수학도 포함시키고 싶지 않았습니다. 거기에는 『경제표』의 형이상학적 부분만 들어 있습니다. 더구나 나는 이 저술을 완전하게 만들기 위해 다루어져야 할 많은 질문들을 빼놓았지만, 오히려 자본의 형성과 운동, 화폐이자 등을 철저히 다루었습니다. 그것은 짧은 개요서입니다."[508] 이 편지를 통해 다시 확인되듯이 애덤 스미스의 경제학이 빚진 튀르고의 『성찰』은 '고高'와 '양梁'이라는 두 중국인 유학생의 파리 방문이라는 우연적 사건 덕택에 집필된 것이다. 튀르고는 『성찰』을 수치계산('대수학')을 뺀 『경제표』라고 소개하고 있다.

스미스가 많은 빚을 진 케네의 『경제표』는 주지하다시피 중국을 모델로 한 것이다. 따라서 스미스는 『국부론』 집필 중에 만난 이 두 사람과 두 저서를 통해 중국의 경제이론적 의미를 정확히 알게 되었을 것으로 보인다. 이런 까닭에 몇몇 학자들은 스미스가 『성찰』을 영역한 것을 넘어 이

---

506) Smith, *Wealth of Nations*, 674쪽, W. B. Todd의 주.
507) 참조: Young, "The Tao of Markets: Sima Quian and the Invisible Hand", 142쪽.
508) Young, "The Tao of Markets: Sima Quian and the Invisible Hand", 143쪽에서 재인용.

것을 '표절'했다고 단정한다.[509]

---

509) 참조: Young, "The Tao of Markets: Sima Quian and the Invisible Hand", 143쪽.

제2절

애덤 스미스의
공감적 도덕감정론

매버릭·록우드·제이콥슨 등 여러 학자들은 이구동성으로 공맹철학이 애덤 스미스의 경제·도덕철학에 대해 경이로울 정도로 깊은 영향을 미쳤다고 말한다. 일단 이에 대해 먼저 살펴보고 나서, 그의 도덕이론을 분석해보자.

2.1. 공맹 도덕철학과 스미스 도덕론의 긴밀한 연관성

루이스 매버릭(Luise A. Maverick)은 뒤알드가 『중국통사』에서 『맹자』의 발췌 번역을 내고 나서부터 유럽에서 처음으로 맹자의 광범한 독자층이 나타났다고 말한다. "맹자의 '보편적 공감' 개념은 『도덕감정론』 집필에서 애덤 스미스를 움직였을 것이고, 맹자의 '수신', 또는 "인간의 완벽화가능성" 독트린은 고드윈(William Godwin, 1756-1836)에게 영향을 미쳤을 것이다"라고 추정한다.[510] 윌리엄 록우드(William W. Lockwood)도 매버릭의 이 추정에 동조한다.[511] 그리고 매버릭은 공맹의 도덕·정치철학을 논한 에티엔느 드 실루에트(Etienne de Silhouette)의 『중국인들의 통치와 도덕의 일반이념 - 특히 공자의 저작에서 유래한(*Idée générale du gouvernement et de la morale des Chinois tirée particulièrement des ouvrages de Confucius*)』(1729·1731·1764)도 스미스에게 큰 영향을 미쳤을 것으로 추정한다. 그리고 "스미스 윤리학의 학도들이 실루에트의 이 '인간애' 논의를 다 읽는다면 크게 보상받을 것"이라고 부연하고 있다.[512]

『중국인들의 통치와 도덕의 일반이념』에서 실루에트는 공자의 도덕철학에 관해 다음과 같이 설명하고 있다.

- 현자는 모든 도덕의 기반으로 인간애를 가지고 있다. 모든 사람들에 대해 느껴야 하는 사랑은 그에게 낯선 것이 아니다. 이 사랑은 인간 자체다(*c'est l'homme lui-même*). 인간의 본성이 모든 사람을 사랑하도록 인간을 야기한다. 이 감정은 자기애만큼 그에게 본성적인 것이다. 인간을 다른 모든 피조물들과 구별해 주는 것은 이 자질이다. 이것이 인간의 모든 법의 지지대(*analise*)다. 사람들이 자기 부모에게 반드시 바쳐야 하는 사랑은 온 인류를 대상으로 삼는 그 사랑보다 더 우선적인 힘이 있다. 사랑은 인간에게 차등적으로 베풀어지고, 우리들은 부지불식간 사랑에 지배된다. 각자에게 속한 것을 각자에게 주는 일을 맡는 정의가 나오는 출처는 이 보편적 사랑이다.[513]

---

510) Lewis A. Maverick, *China - A Model for Europe*, Vol. I (San Antonio in Texas: Paul Anderson Company, 1946), 25쪽.
511) Lockwood, "Adam Smith and Asia", 350쪽.
512) Maverick, *China - A Model for Europe*, 32쪽.
513) Etienne de Silhouette (Anonyme), *Idée genénérale du gouvernement et de la*

"이 사랑은 인간 자체다"는 구절은 "인애란 인간이다(仁者人也)"는 『중용』의 명제를, "사람들이 자기 부모에게 반드시 바쳐야 하는 사랑은 온 인류를 대상으로 삼는 그 사랑보다 더 우선적인 힘이 있다"는 구절은 "어버이를 친애하는 것은 가장 큰 일이다(親親爲大)"는 『중용』의 명제를, "사랑은 인간에게 차등적으로 베풀어진다"는 구절은 "어버이 친애를 촌수에 따라 차감하고 현자 존중을 차등화하는 것은 예법이 생겨나는 원천이다(親親之殺 尊賢之等 禮所生也)"는 『중용』의 명제들을[514] 그대로 옮겨 놓은 것으로 보인다. 그리고 더욱 놀라운 구절은 실루에트가 공맹의 도덕론을 정의가 보편적 사랑에 앞서는 도덕론이 아니라, "보편적 사랑"을 "정의가 나오는 출처"로 규정함으로써 인仁을 정의에 앞세우는 대목이다.

『중국인들의 통치와 도덕의 일반이념』이 1729년부터 1764년까지 무려 30-40년 동안 거듭 인쇄되고 판매되었기 때문에 공자의 도덕철학에 대한 실루에트의 이 논의는 분명 흄에게만이 아니라 스미스에게도 영향을 끼쳤을 것이다. 흄과 스미스는 공맹의 이런 직간접적 영향 아래 공감도덕론을 전개해 허치슨을 비판할 수 있었다.[515]

제이콥슨(Nolan P. Jacobson)은 1969년 공맹의 '공감'과 '측은지심' 개념을 맹자·흄·스미스를 삼각으로 연결시키는 핵심 개념으로 규정했다.

- 흄은 인간을 처음부터 끝까지 사회적 존재로 본다. 이것은 공감 또는 동점심의 역할을 오해하고 흄 안에서 오로지 인식론만을 보았던 (…)

---

morale des Chinois - tirée particulièrement des ouvrages de Confucius (Paris: Chez Quillau, 1729·1731·1764), 62-63쪽.
514) 『中庸』(二十章).
515) Jacobson, "The Possibility of Oriental Influences in the Philosophy of David Hume", 32쪽. 허치슨의 '도덕감각론'에 대한 스미스의 비판은 참조: Smith, *Theory of Moral Sentiment*, VII. iii. iii. 1-17, 379-386쪽.

영국 철학자들에 의해 경시되고 왜곡된 흄 철학의 한 측면이다. 우리는 흄이 맹자의 보편적 동정심(또는 측은지심)의 개념의 우물에서 얼마나 많은 물을 들이켰는지, 그리고 이 개념이 흄과 애덤 스미스, 두 사람에게 얼마나 깊은 영향을 미쳤는지에 대해 놀랄 기회를 가져야 한다. 자기의 동료 인간에게 자신을 투영하는 인간의 능력은 데이비드 흄이 보기에 세계의 경이驚異 가운데 하나였다.[516]

매버릭·록우드·제이콥슨은 공히 공맹의 도덕감정론과 공감이론이 애덤 스미스와 흄에게 '깊은' 영향을 미쳤다고 보고 있다. 공맹에 정통한 사람들은 이런 영향을 스미스의 『도덕감정론』의 여기저기서 실제로 확인할 뿐만 아니라, 어떤 경우는 문장표현까지 공맹경전을 표절한 것 같은 느낌이 들게 하는 구절들도 발견할 수 있다.

2.2. 스미스의 기본명제: 행위의 동력은 이성이 아니라 감정

스미스는 흄과 마찬가지로 인간행위의 일반적 동력 또는 동기는 이성이 아니라 감정이라고 주장한다. 이것은 도덕행위에 대해서도 마찬가지다. 스미스는 합리주의를 전적으로 배격한 것이다. 스미스는 우리의 천성에서 일단 도덕적 위반에 대한 처벌이 이성이 아니라 감정에 맡겨져 있다는 점을 지적한다.

- 바로 사회의 실존은 마땅치 않고 까닭 없는 악의가 적절한 처벌에 의해 제어될 것을, 따라서 이러한 처벌을 가하는 것이 적절하고 칭찬할

---

516) Jacobson, "The Possibility of Oriental Influences in the Philosophy of David Hume", 25쪽.

만한 행동으로 간주될 것을 요청한다. 그러므로 인간이 본성적으로 사회의 복지와 보존의 욕망을 부여받았을지라도, 본성을 만든 조물주(Author of nature)는 처벌의 일정한 적용이 이 목적을 달성하는 적절한 수단이라는 것을 발견하는 일을 인간의 이성에 맡긴 것이 아니라, 이 목적을 달성하는 데 가장 적절한 바로 저 처벌의 적용에 대한 즉각적·본능적 가부감정을 인간에게 부여했다. 자연본성의 질서(oeconomy of nature)는 이 점에서 다른 많은 경우들에서의 자연본성의 질서인 것과 정확히 동일하다.[517)]

스미스는 "본성을 만든 조물주"가 상벌수단의 발견 임무를 "인간의 이성에 맡긴 것이 아니라", 상벌에 대한 "즉각적·본능적 가부감정"에 맡겼다고 하고, 이것을 "본성의 질서"로 표현하면서 이것이 다른 경우들에서 보이는 "본성의 질서"와 동일하다고 천명하고 있다.

그리고 스미스는 본성이 본성 고유의 목적의 인식과 설정, 그리고 이 목적을 실현하는 수단을 발견·획득하는 동력을 이성에 부여한 것이 아니라 욕망·혐오·공포 등의 감정에 부여했다고 말한다.

- 그 특유한 중요성 때문에, 이런 표현이 허용된다면, 본성의 총애받는 목적들로 간주될 수 있는 모든 목적들과 관련해, 본성은 이런 식으로 항상 인간에게 본성이 의도하는 목적에 대한 욕망을 부여했을 뿐만 아니라, 수단들 자체를 위한, 그리고 이 목적을 산출하는 수단들의 이바지 경향과 독립적인, 이 목적의 실현에 유일하게 기여할 수 있는 수단들에 대한 욕망도 부여했다. 그리하여 종의 자기보존과 확산은 자연본성이 모든 동물들의 형성에서 의도한 위대한 목적이다. 인간은 이러한

---

517) Smith, *The Theory of Moral Sentiments*, II. i. v. 각주10 (90쪽).

목적들의 욕망과 반대되는 것들에 대한 혐오감, 즉 생명의 사랑과 사멸의 공포, 종의 존속과 영구성의 욕망과 완전 멸종의 관념에 대한 혐오감을 부여받았다. 그러나 – 우리가 이런 식으로 저 목적들의 아주 강렬한 욕망을 부여받았을지라도 – 이 목적들을 실현하는 적절한 수단들을 찾아내는 일은 우리 이성의 느리고 불확실한 결정에 맡기지 않았다.[518]

여기에서 스미스는 조물주가 본성 고유의 목적의 인식과 설정 및 이 목적을 위한 수단의 발견·획득 임무를 이성에 부여한 것이 아니라 '욕망'·'혐오감'·'공포' 등 감정에 부여한 이유를 밝혀주고 있다. 그것은 이성의 결정이 "느리고 불확실하기" 때문이라는 것이다.

스미스는 인간이 배고픔·목마름·성욕·쾌감선호·고통기피 등이 본성적 감정이고 인간은 이성이 아니라 이 본성적 감정을 통해 생존수단을 알게 된다고 말한다.

- 자연적 본성은 우리에게 이 수단의 대부분을 본래적·즉각적 본능에 의해 가르쳐준다. 배고픔, 목마름, 양성을 결합시키는 감정, 쾌감의 애호, 그리고 고통의 두려움은 목적에 적합한 이 수단들을 그 자체를 위해 적용하도록, 그리고 자연본성의 위대한 관리자(the great Director of nature)가 이 수단들로 산출하려고 의도한 저 인혜적仁惠的 목적에 대한 이 수단들의 기여경향을 전혀 숙고하지 않고(without any consideration) 이 수단들을 적용하도록 우리를 촉구한다.[519]

---

518) Smith, *The Theory of Moral Sentiments*, Ⅱ. i. v. 각주10 (90쪽).
519) Smith, *The Theory of Moral Sentiments*, Ⅱ. i. v. 각주10 (90-91쪽).

스미스는 본성적 욕망·혐오·공포로 설정되는 "종의 자기보존과 확산" 및 "종의 존속과 영구성"의 본성적 목적을 실현하는 생존수단들을 이성적 "숙고" 없이 배고픔·목마름·성욕·쾌감선호·고통기피 등 본성적 감정들로 알고 찾고 마련한다는 것이다.

그리고 12쪽 뒤에 스미스는 합리주의자들을 비판하는 말투로 이 주장들의 논지를 다시 확인하고 종합한다. 그는 동물의 각 신체부위의 '의도 없는'(이성적 숙고 없는) 작용에서 목적인과 작용인의 차이를 – 당시가 기계역학적 세계관이 우세했던 시대였던 만큼 – '아무런 의도 없이' 작동하는 부속품들로 이루어진 시계의 예를 들어 설명한다.

- 우리의 모든 부분에서 우리는 어떤 수단들에 의해 실현되도록 의도된 목적들을 위한 가장 멋진 기교들로 조정된 수단들을 발견한다. 그리고 우리는 식물이나 동물 신체의 메커니즘에서 모든 것이 어떻게 자연의 두 가지 위대한 목적들, 즉 개인의 보존과 종의 번식을 추진하도록 고안되어 있는지에 대해 감탄한다. 그러나 이 동식물들 안에서, 그리고 모든 이러한 대상들 안에서 우리는 그래도 그들의 여러 운동과 조직들의 작용인(efficient cause)을 그 목적인(final cause)과 구분한다. 음식의 소화, 혈액의 순환, 혈액에서 나오는 여러 체액들의 분비는 동물적 생의 위대한 목적에 필요한 (음식, 혈액, 체액 등) 이 모든 것들의 작용효과들이다. 하지만 우리는 그것들의 작용효과를 그 작용인으로부터 설명하듯이 목적들로부터 설명하려고 애쓰지 않고, 또한 자발적으로, 그리고 순환이나 소화의 목적을 노리고 또는 이 목적을 의도해 피가 순환하거나 음식이 소화한다고 상상하지도 않는다. 시계의 바퀴들은 그것이 만들어진 목적, 즉 시간의 지시를 위해 모두 감탄할 정도로 맞춰져 있다. 바퀴들의 모든 다양한 운동들은 이 효과를 산출하기 위해

가장 멋진 방식으로 서로 협력한다. 시계 바퀴들이 이 효과를 산출할 욕망과 의도를 부여받았다고 해도, 이 효과를 이보다 더 잘 산출하지는 못할 것이다. 하지만 우리는 이러한 욕망이나 의도를 이 바퀴들로 돌리는 것이 아니라, 시계제작자에게로 돌린다. 그리고 우리는 바퀴들이 스프링에 의해 움직여진다는 것을 안다. 그러나 바퀴들이 이 스프링이 산출하는 효과를 조금도 의도하지 않듯이, 이 스프링도 이 효과를 조금도 의도하지 않는다.[520]

그러나 합리론자들은 정신작용에서 목적인과 작용인을 혼동하여 이런 무無의도적·무숙고적 작용을 이성 덕택으로 돌리는 나쁜 버릇이 있다고 스미스는 점잖게 비판한다.

- 물체의 작용을 설명하는 데 있어 우리가 반드시 이런 식으로 작용인을 목적인과 구분할지라도, 우리는 정신(mind)의 작용들을 설명하는 데 있어서는 우리가 아주 쉽사리 이 두 상이한 원인을 서로 혼동한다. 본성적 원리에 의해 (우리가 정련되고 개명된 이성이라면 우리에게 권고할지도 모를) 저 목적들을 행하도록 이끌어질 때, 우리는 아주 쉽사리 우리가 저 목적들을 행하는 감정들과 행동들을 이성이 마치 저 목적들의 작용인이나 되는 양 저 이성 덕택으로 돌리고, 실은 신의 지혜(wisdom of god)인 것을 인간의 지혜(wisdom of man)라 상상한다.[521]

조물주가 만든 본성의 작용을 이성적 숙고의 작용으로 돌림으로써 "신의 지혜"를 빼앗아 "인간의 지혜"로 만드는 것은 극단적 이성숭배로

---

520) Smith, *The Theory of Moral Sentiments*, II. ii. iii. §5 (102쪽).
521) Smith, *The Theory of Moral Sentiments*, II. ii. iii. §5 (102쪽).

서 합리주의자들의 합리주의적 오만이다. 이런 오만은 합리주의적 사고의 '피상성'과 단일원리로부터 연역하는 사고방식의 멋진 단순성 탓에 생기는 것이다.

- 피상적 관점에서 이 원인(작용인)은 저 원인(목적인)으로 돌려지는 효과를 산출하기에 충분한 것처럼 보인다. 그리고 인간본성의 체계는 이 본성의 모든 상이한 작용들이 이런 식으로 하나의 단일한 원리로부터 연역될 때 보다 단순하고 기분 좋은 것인 것처럼 보인다.

스미스는 여기서 합리주의자의 피상적 사고방식, 이로 인한 목적인과 작용인의 혼동, 단일원인으로부터 멋지게 연역하려는 나쁜 버릇 등을 조용히 비판하고 있다.

이 일련의 논변으로 스미스는 도덕행위를 포함한 행위 일반의 동력은 이성이 아니라 감정이라는 사실을 선명하게 정식화하고, 인간행위와 관련된 합리론의 피상적 사고방식과 오만을 점잖게 비판했다. 동시에 그는 이로써 자신이 도덕형이상학자가 아니라 흄을 계승하는 도덕감정론자임을 분명히 했다.

2.3. 스미스의 직접적 '공자 표절들'

휴 아너(Hugh Honour)에 의하면, '보다 피상적인' 계몽철학자들은 중국제국을 "유럽의 부조리"를 대조적으로 부각시키는 "표적"으로 사용하면서 공자철학을 그들 나름의 해석에 의해 유럽 전역에 전파한 반면, 신新이론을 수립한 '보다 심오한' 계몽철학자들은 결코 자기 독트린의 논증작업에 공자를 논거로 직접 끌어대는 모양새를 취하지 않고 새로운 독트린을 엄숙하게 자신들의 이름으로 반포했다. 그러나 우리는 애덤 스미스와 같이 "가장 확신에 차고 가장 진지한 비非공자주의자들(Non-Confucians)의 엄숙한 논고 아래에서도" 잔물결을 일으키며 흐르는 공자철학적 상상의 "저류"를, 정확히 말하면 공자철학을 의식적·무의식적으로 '표절'한 내용들을 "때때로 탐지할 수 있다".[522] 특히 스미스는 성격상 더욱 은근해서 공맹을 분명히 '표절'하고 있으면서도 표절의 출처를 오히려 비판하는 제스처를 취하거나 출처와 대립적인 제스처를 취한 뒤 슬쩍 출처의 견해를 받아들이는, 또는 엉뚱한 맥락에서 슬쩍 공맹의 지론을 끼워 넣는 수사법을 구사함으로써 표절의 흔적을 감추려고 애를 썼다.

가령 다음과 경우에 스미스는 『대학』의 해당 구절을 교묘하게 그대로 반복한다. 『대학』의 원래 구절은 이렇다.

- (『서경』「주서周書·진서秦誓」에 가로되) "남들이 가진 재주를 시기질시하고 미워하며 남의 위대함과 거룩함을 멀리하고 불통하게 한다면 이것은 용납할 능력이 없는 것이어서 나의 자손과 뭇 백성을 보전할 수 없으며 역시 위태하다고 할 것이니라." 오로지 인자만이 그들을 유배 보내 사이四夷의 땅으로 내쫓아 중국과 더불어 동거하지 않게 하니 이를 일러 사람을 사랑할 줄 알고 사람을 미워할 줄 안다고 하는 것이다. 현자를 보고도 발탁하지 못하고 발탁해도 앞세우지 못하는 것은 태만이고, 불선을 보고도 물리치지 않고 물리쳐도 멀리하지 못하는 것은 과오다. 사람들이 싫어하는 것을 좋아하고 사람들이 좋아하는 것을 싫어하는 것, 이를 일러 인성人性을 거스른다고 하는 것이다. 이러면 재

---

522) Honour, *Chinoiserie*, 23쪽.

앙이 반드시 몸에 미칠 것이다.[523]

스미스는 자신이 주장한 '정의의 선차성' 테제를 까맣게 잊고 『대학』의 이 구절과 아주 유사하게 이렇게 말한다.

- 만인은 그가 하는 대로 그에게 행해지는 것을 받게 되는데, 이 되갚음은 자연본성이 우리에게 명한 위대한 법칙이다. 우리는 후하고 인혜仁惠로운 사람들이 인혜와 후의를 받아야 마땅하다고 생각한다. 결코 인간애의 감정에 가슴을 열지 않는 사람들은 같은 방식으로 모든 동료피조물들의 사랑(affections)으로부터 추방되어야 하고, 사회 안에서 살고 있더라도 그들을 보살피거나 그들의 건강에 신경 쓸 사람이 아무도 없는 광막한 황야(great desert)에서 사는 것처럼 살도록 조치되어야 한다고 우리는 생각한다. 정의의 법칙을 위반한 자는 그가 타인에게 저지른 그 해악을 자신이 느껴야 하고, 그의 형제들의 고통에 대한 어떤 고려도 그를 억제할 수 없기에, 그는 그 자신의 공포에 의해 위압당해야 한다. 결백하기만 한, 타인들과 관련해 정의의 법률만을 준수할 뿐이고 단지 그의 이웃들을 해치는 것만을 삼갈 뿐인 사람은 그의 이웃들이 반대로 뒤집어 그의 결백을 존중하고 같은 법률이 그와 관련해 양심적으로(religiously) 준수되는 것만을 성취할 자격이 있을 뿐이다.[524]

"결코 인간애의 감정에 가슴을 열지 않는 사람들은 같은 방식으로 모

---

523) 『大學』「經文首章·傳10章」: "人之有技 媢(시기할모)疾以惡之 人之彦聖而違之 俾不通 寔不能容 以不能保我子孫黎民 亦曰殆哉. 唯仁人 放流之 迸諸四夷 不與同中國 此謂唯仁人爲能愛人 能惡人. 見賢而不能擧 擧而不能先 命也 見不善而不能退 退而不能遠 過也. 好人之所惡 惡人之所好 是謂拂人之性 菑必逮夫身."
524) Smith, Theory of Moral Sentiment, Ⅱ. ⅱ. ⅰ. §10, 96쪽.

든 동료피조물들의 사랑으로부터 추방되어야 하고, 사회 안에서 살더라도 그들을 보살피거나 그들의 건강에 신경 쓸 사람이 아무도 없는 광막한 황야에서 사는 것처럼 살도록 조치되어야 한다"는 논변은 "오로지 인자만이 '남들이 가진 재주를 시기질시하고 미워하며 남의 위대함과 거룩함을 멀리하고 불통하게 하는 자들'을 유배 보내 사이四夷의 땅으로 내쫓아 중국과 더불어 동거하지 않게 한다"는 『대학』 명제의 반복 또는 표절적 번안처럼 들린다.

어떤 맥락에서는 스미스가 공자경전의 특정한 구절을 부연·설명하는 경우도 있다. 『중용』은 말한다.

- 군자의 중용은 군자다우면서 때에 적중하는 것이고, 소인의 중용은 소인다우면서 기탄없는 것이다(君子之中庸也 君子而時中 小人之中庸也 小人而無忌憚也).[525]

이 구절은 전통적으로 난해한 것으로 알려져 왔다. 여기서 '군자다움'은 '대덕'의 도의(인의예지)를 밝게 펴고 견지하는 '지도자다움'을 가리킨다. 대덕의 도의에 대한 계신戒愼은 때맞춰 행동하는 사회지도자의 기본자세다. 반면 '소인다움'은 '이利'에 밝고 때를 가리지 않고 기탄없이 '이'를 민첩하게 추구한다. "군자는 도의에 밝고 소인은 이익에 밝다(君子喩於義 小人喩於利)".[526] 그러므로 '군자답다'는 것은 도의에 밝아지기 위해 '지도자답게 경계하고 홀로 있음을 신중히 한다'는 뜻을 함의한다. 이것은 군자가 늘 지도자답게 도의에 밝아 정사와 공무를 '꺼리고 어렵게 여긴다'는 말이다.

---

525) 『中庸』(2章).
526) 『論語』「里仁」(4-16).

스미스는 "군자의 중용은 군자다우면서 때에 적중하는 것이고, 소인의 중용은 소인다우면서 기탄없는 것이다"는 구절을 부연하는 것으로 보이는 내용을 이렇게 피력한다. 일단 스미스는 루이 14세를 모델로 '군자다움'에 관한 논변을 편다. 그는 군자를 '대인(the great)'으로, 소인을 '열등한 지위로 태어난 사람들'로 표현하면서, "대인들은 자기들이 공적 찬양을 획득할 수 있는 만만한 대가에 무감각한 것으로 보이는가?", 아니면 "어린 귀족은 무슨 중요한 소양에 의해 그의 신분의 존엄성을 뒷받침하고 그 자신을 그의 조상의 덕성이 그들을 키워왔던, 동포시민들을 능가하는 우월성의 값어치를 갖게 만들도록 가르쳐지는가?"라고 묻고[527] 이렇게 답한다.

- 대인의 모든 말, 그의 모든 움직임이 주목받는 만큼, 그는 일상적 품행의 모든 세부사항에 습관적으로 주의하는 것을 배우고 저 모든 작은 의무들을 가장 정확한 적절성으로 수행하려고 애쓴다. 어린 귀족은 그가 얼마나 주목받고 있는지를 의식하는 만큼, 그는 가장 무관한 경우에도 이것의 생각이 자연스럽게 불어넣는 저 자유와 고결함으로 행동한다. 어린 귀족의 외모, 매너, 처신은 모두 다, 열등한 지위로 태어난 사람들이 결코 도달할 수 없는 그 자신의 우월성의 저 우아하고 기품 있는 의미를 징험한다. 이것들은 그가 인간들을 그의 권위에 보다 쉽사리 복종하게 만들고 마음대로 그들을 다스리려고 의도하는 데 쓰이는 예술이다. 이것에 있어서 그는 좀처럼 실망하지 않는다. 이 예술들은 신분서열과 걸출함에 의해 뒷받침되어 보통의 경우에 세상을 지배하기에 충분하다. 루이 14세는 그 치세의 대부분의 기간 동안 프랑스에서만이 아니라 전 유럽에서 위대한 군주의 가장 완전한 모델로 존경

---

527) Smith, *The Theory of Moral Sentiments*, I. iii. ii. §4.

받았다.[528]

그러나 스미스는 다시 "루이 14세가 이런 커다란 명성을 얻게 한 재능과 덕목들은 무엇이었던가?"라고 묻고 이렇게 자답한다.

- 그의 역사기록자는 "루이14세는 그의 풍채의 우아함과 그의 모습의 장엄한 아름다움의 측면에서 그의 모든 수행원을 능가했다"고 말한다. 그의 고상한 매력적 목소리는 그의 존재가 위협하는 저 마음들을 얻었다. 그는 그에게만 어울리는, 다른 사람들의 경우라면 우스꽝스러웠을 걸음걸이와 거동을 가졌다. (…) 이러한 시시한 소양들은 그의 신분에 의해, 그리고 의심할 바 없이 역시, 중도를 많이 넘지 않는 것으로 보이는 일정한 정도의 다른 재능들과 덕성들에 의해서도 뒷받침되어 이 군주를 그의 시대의 존경 속에 세워주었고, 후세로부터도 상당량의 그의 기억에 대한 존경을 끌어냈다.[529]

증자曾子는 "덕성은 몸을 윤택하게 하니 마음이 넓어지고 신체가 펴진다(德潤身 心廣體胖)"고 말한다.[530] 그리고 맹자는 "군자의 본성은 인의예지가 마음에 뿌리박고 그 생색이 함치르르해 안면에 나타나고 등에 차고 사체에 펼쳐지니 사체는 말을 아니해도 밝다(君子所性 仁義禮智根於心 其生色也睟然 見於面 盎於背 施於四體 四體不言而喩)"고 말한다.[531] 같은 이치에서 루이 14세의 덕성과 군자다움은 풍채와 모습, 그리고 걸음걸이와 거동에서도 명확하게 드러났던 것이다.

---

528) Smith, *The Theory of Moral Sentiments*, I. iii. ii. §4.
529) Smith, *The Theory of Moral Sentiments*, I. iii. ii. §4.
530) 『大學』(傳6章).
531) 『大學』「盡心上」(13-21).

다른 한편, 소인이 '소인답게 기탄없어야 한다'는 것은 돈을 버는 화식
貨殖에 애쓰는 대중의 일원으로서 항심으로 자기의 전문적 항업을 자유
분방하게 추구해 기탄없이 이익을 밝히고 증식해야 한다는 말이다. 애덤
스미스는 소인을 '열등한 신분의 사람' 또는 '사사로운 사람'으로 부르면
서 소인의 풍모, 즉 '소인다움'을 이렇게 규정한다.

- 어울리는 동료들에게 마땅히 주어져야 할 존경에 부합될 만큼 많은 자
  유분방함과 결합된, 가장 완벽한 겸손과 소박함이 사사로운 사람의 품
  행의 주요 특징이어야 한다.[532]

스미스가 이해한 '소인다움'은 '자유분방함'(무기탄), 대인과 타인에 대
한 '완벽한 겸손', '소박함' 등의 소덕들로 특징지어진다. 이런 의미에서
'완벽한 겸손'과 '소박함'에 기초한 소인의 '무기탄' 또는 '자유분방함'은
바로 소인의 사회경제적으로 '자유로운 활동'을 말하는 것이다.

그리고 스미스는 이익에 밝아야 하는 소인이 대덕의 도의에 밝아야 하
는 군자의 태도를 흉내 내는 '꼴불견'에 대해 이렇게 말한다.

- 정중함은 대귀족들(the great) 자신 외에 누구에게도 영예가 될 수 없을
  정도로 대귀족의 덕성이다. 대귀족의 매너를 모방해 자신의 일상적 태
  도의 우월적 적절성에 의해 걸출한 척하는 겉멋쟁이는 그의 어리석음
  과 주제넘음 때문에 곱빼기의 경멸로 보상받는다. 아무도 처다볼 가치
  가 있다고 생각하지 않는 사람이 왜 머리를 똑바로 들고 다니는가? 방
  을 가로질러 걷는 동안 팔을 처리하는 방식에 왜 그리 노심초사하는
  가? 그는 확실히 아주 불필요한 관심에, 그리고 어떤 다른 중생들도 보

---

532) Smith, *The Theory of Moral Sentiments*, I. iii. ii. §5.

조를 맞출 수 없는 그 자신의 중요성의 감각을 표 나게 드러내려는 관심에 사로잡혀 있다.[533]

소인이 이렇게 '소인답지 않게 공작·후작·백작을 흉내 내며' 산다면 결코 성공할 수 없을 것이다.

스미스는 소인이 성공하려면 격식에 매이지 않는 소박한 풍모를 견지하면서, 이익에 밝아 시쳇말로 '돈 냄새'를 잘 맡고, 또 진정으로 '꺼리고 어렵게 여김이 없이' 눈치 빠르게 이익을 밝히고 기민하게 움직여야 한다는 말을 하고 있는 것이다. 소인은 성공의 기회를 기민하게 간파하고 기회를 잡으면 기탄없이 몸을 던지는 야심찬 비즈니스맨의 자유분방한 삶을 살며 남다른 전문능력과 사업수완으로 이익이 있는 일을 놓치지 않고 이 일에서 성공해야 한다. 야심을 이루고 성공하려는 소인은 이런 기탄없는 이익추구와 자유분방한 삶을 위해서 대인군자의 대덕과 큰 공적 소양을 갖춰야 하는 것이 아니라, 우수한 '소덕小德'(개인적 이익과 삶을 위한 개인덕목)을 철저히 갖춰야 한다. 철저한 '소덕'이란 탁월한 이해利害·기회판단력, 남다른 전문능력, 남다른 근면성, 인내심, 뚝심(정신력), 열성, 모험심, 야심, 정직성, 솔직성, 현명한 수완(노하우), 오뚝이 같은 칠전팔기의 불요불굴성, 눈치 빠른 기민성 등을 가리킨다. 소인이 이 소덕을 바탕으로 큰 사업을 이루면 군자와 맞설 만한 추종세력도 거느릴 수 있다. 스미스는 군자(사회지도층 인사)의 군자다움(지도자다움)과 대덕, 그리고 소인의 소인다움(대중적임)과 소덕이 어우러진 사회를 생각하고 있는 것이다.

군자다운 대덕과 소인다운 소덕에 대한 스미스의 이러한 이해는 공자철학의 관점에서 비교적 정확한 것이다. 공자는 소인의 소덕과 군자의

---

533) Smith, *The Theory of Moral Sentiments*, I. iii. ii. §5.

대덕이 같이 어우러지면 큰 나라를 이룬다고 갈파한다.

- 만물은 나란히 생육해도 서로 해치지 않고, 도는 병행해도 서로 어그러지지 않고, 소덕은 냇물처럼 재빨리 흐르고, 대덕은 도탑게(인정 많게) 하는데, 이것이 바로 천지가 커지는 소이다(萬物竝育而不相害 道竝行而不相悖 小德川流 大德敦化 此天地之所以爲大也).[534]

이런 까닭에 자하子夏는 소인의 일을 깔보지 않고 "온갖 전문제조업자들은 점포와 작업장에 살다시피 하여 제 사업을 성공시키고, 군자는 배움으로써 자기의 도를 이룬다(百工居肆以成其事 君子學以致其道)"라고 말한다.[535] 그러나 군자의 대덕은 중화의 시時에 적중해야 하므로 경계를 엄수해야 하는 반면, 소인의 소덕은 기탄없는 것이므로 경계에 크게 구애받지 않아도 된다. 그러므로 자하는 "대덕은 경계를 넘지 않고, 소덕은 경계를 드나듦이 가하다(大德不踰閑 小德出入可也)"라고 천명했던 것이다.[536]

스미스가 공맹을 표절했음을 짐작케 하는 대목은 이것들로 그치지 않는다. 스미스는 『도덕감정론』의 끝 부분에서 인애의 덕성을 베풀 시에 흄과 실루에트를 제외하고 서양철학자들이 전혀 거론치 않은 공맹의 '선근후원先近後遠' 원칙을 상론하고 있다.[537] 주지하다시피 공맹은 사랑과 덕행의 순서를 가까운 데로부터 먼 것으로 넓혀 가는 '선근후원'의 원칙

---

534) 『中庸』(30章).
535) 『論語』「子張」(19-7).
536) 『論語』「子張」(19-11).
537) 흄은 말한다. "사람은 본성적으로 그의 조카보다 자기 자식을 더 좋아하고, 그의 사촌보다 그의 조카를, 낯선 사람보다 그의 사촌을 더 좋아한다. 여기로부터 전자보다 후자를 더 선호하는 의무의 통상적 적도가 나오는 것이다. 우리의 의무감은 언제나 우리 감정의 통상적인 본성적 추세를 따른다." Hume, *A Treatise of Human Nature*, Book 3. *Of Morals*, 311쪽.

에 따라 부모보다 배우자를, 형제보다 부모와 자식을, 형제보다 자식을, 삼촌보다 형제를, 사촌조카보다 삼촌을 촌수에 따라 먼저 챙기고 자기 부모에서 남의 부모로, 자기 자식에서 남의 자식으로, 그리고 수신·제가·치국·평천하의 순서에 따라 자기로부터 가정으로, 가정에서 나라로, 나라에서 천하로 넓혀 가는 '친친지쇄親親之殺'(친족사랑을 촌수에 따라 차감하는 것)의 원칙(공자)과 '추은推恩' 원칙(맹자), 즉 선근후원先近後遠의 원칙을 수립했다. 애덤 스미스는 공맹처럼 논제를 흄의 가까운 친족원칙보다 보다 더욱 넓혀 가족, 나라, 인류에 대한 인애의 순서와 차등을 상론한다. 그는 보살핌·관심·인혜을 베푸는 순서를 '선근후원'의 원칙에 따라 "가장 따뜻한 애정의 대상들"로서 "자기 자신 다음으로는 같은 집에서 통상 자기와 함께 사는 자기 가족의 구성원들, 그의 부모·자녀·형제·자매들"이 "가장 따듯한 애착의 대상"이고, 그 다음에 "이전에 우리에게 인혜를 베풀어 준 사람들" 순으로 열거하고,[538] 사회단체로는 '인류'보다 '자기 나라'를 먼저 열거한다.[539] 서구의 어떤 도덕철학에서도 덕행의 순서를 논한 적이 없다. 또 논한다고 하더라도 묵자처럼 '보편적 인애' 또는 '자선'을 가족적 '친애'에 앞세우거나 양자를 동위에 놓는 기독교신학적 도덕론이 있었을 뿐이다. 그러나 스미스만은 예외적으로 이 순서를 논하고 있고, 그것도 공맹과 같은 덕행의 순서를 주장하고 있다. 이것을 보며 어찌 스미스의 '표절'을 언급치 않으랴!

표절은 여기서 그치지 않는다. 스미스는 상론했듯이 국가 차원에서 정의를 인혜에 앞세우는 실책을 범했을지라도 도덕론 차원에서 "덕성이 인애에 근거한다는 것은 인간본성 속의 많은 현상들에 의해 뒷받침되는 개념"이라고 언명하고 "적절한 인애는 모든 감정들 중 가장 우애

---

538) 참조: Smith, *The Theory of Moral Sentiments*, VI. ii. i. 2, 257쪽; 18, 264쪽; 19, 265쪽.
539) Smith, *The Theory of Moral Sentiments*, VI. ii. ii. 4, 270쪽.

적이고 가장 기분 좋은 감정이라는 것, 이 인애는 이중적 공감(a double sympathy)에 의해 우리의 사랑을 산다는 것"이라고 천명하고, "인애"를 "우리의 본성적 감정들에 대해 어떤 다른 감정들보다(따라서 정의감보다도 - 인용자) 우월한 가치를 가진" 감정이라고 주장한다.[540] 매버릭은 이와 관련해 스미스가 실루에트의 공자인애(인간애)론에서 배운 것으로 짐작했다.

이런 표절, 저런 표절들을 다 감안할 때, 스미스는 공맹경전의 도덕철학적 내용을 직간접적으로 다 알고 있었던 것이 틀림없다. 공맹철학에 정통하지 않은 서양철학자들은 스미스가 출처 제시 없이 공자철학을 '표절하는' 내용들을 스미스 특유의 독창적 철학으로 받아들였다. 그리고 그들은 공맹의 '사단칠정론'을 '도덕감정의 이론(Theory of Moral Sentiments)'이라는 완전히 새로운 표제 하에 논구하는 그의 도덕론의 표절 흔적들을 전혀 탐지할 수 없었던 것이다.

이렇듯이 애덤 스미스는 경제이론에서처럼[541] 도덕철학에서도 공맹의 번역된 저작이나 공맹과 사마천에 관한 저술로부터 직접, 또는 흄·케네·멜롱·실루에트 등을 통해 우회적으로 공맹 도덕철학을 어떤 계몽철학자보다도 더 본질적인 차원에서 수용했다. 그리하여 앞서 소개했듯이 매버릭은 "스미스의 윤리학을 연구하는 학도는 (공자의) 인간애(仁)에 관한 실루에트의 논의를 완전히 읽으면 후하게 보상받을 것이다"라고 말했던 것이다.[542]

---

540) Smith, *The Theory of Moral Sentiments*, VII. ii. iii. 4, 355쪽.
541) 스미스의 자유시장이론에 대한 공맹·사마천의 무위(無爲)시장이론의 영향에 관해서는 참조: 황태연,『근대 영국의 공자 숭배와 모럴리스트들』, 1150-1197쪽.
542) Maverick, *China A Model for Europe*, 32쪽.

2.4. 정의제일주의적 정의국가에서 인의국가로

애덤 스미스는 중국의 번영하는 시장경제를 연구한 뒤 정부는 모든 일을 시장에 맡기고 국방·사법·사회간접자본 투자(국민교육을 포함한 일정한 공공사업과 공공제도의 설립 운영) 등 세 가지 최소과업만 수행하면 된다고 생각했다. 중국정부의 광범한 양민·교민복지제도와 정책을 빼먹은 것이다. 공맹의 양민·교민론(시장경제 + 복지정책)을 제거한 스미스의 이 시장경제·최소국가는 바로 자유주의적 야경국가이다. 이런 '야경국가'의 맥락에서 스미스는 『도덕감정론』에서 서로에게 이익을 베푸는 '적극적 덕목'인 "인혜仁惠(beneficence)"보다, 서로에게 해를 끼치는 것을 방지하는 '소극적 덕목'인 '정의'를 우선덕목으로 규정하고 이 정의의 집행을 위한 '정확한 사법행정'의 근본적 중요성을 강조한다.

- 인간사회의 모든 구성원은 제각기 다른 사람의 부조扶助가 필요하기도 하고, 마찬가지로 상호적 위해危害에 처해 있기도 하다. 필요한 부조가 사랑·보은·우정·존경심으로부터 상호적으로 제공되는 곳에서 사회는 번영하고 행복하다. 모든 구성원들은 사랑과 애착의 기분 좋은 유대에 의해 서로 묶여있고, 교호적 선행의 공통 중심을 향해 구심적으로 견인된다.[543]

여기까지 스미스는 정상적으로 사고하고 있다. 그러나 그는 바로 이어서 "모든 사람들"을 "서로 묶어놓고" 또 "교호적 선행의 공통 중심을 향해 구심적으로 견인하는" 그 "사랑과 애착의 기분 좋은 유대"를 제거하는 말을 하면서 정의만 남은 사회를 상상한다. "사랑과 애착의 기분 좋은

---

543) Smith, *The Theory of Moral Sentiments*, II. ii. 1-4, 100쪽.

유대"를 제거하면 "교호적 선행의 공통 중심"을 향한 구심점이 사라져 사회가 해체될 것이다. 사회가 "교호적 선행의 공통 중심"을 향한 구심점이 사라져 해체된 상태에서는 "교호적 선행"의 하나인 정의의 교호적 시행도 불가능할 것이다. 그럼에도 실성한 사람처럼 스미스는 "사랑과 애착의 기분 좋은 유대"도, "교호적 선행"도 없는, 따라서 정의의 집행도 불가능한 정의사회를 말한다.

- 그러나 필요한 부조가 이러한 관대하고 사심 없는 동기들로부터 제공될 수 없을지라도, 사회의 서로 다른 구성들 간에 상호적인 사랑과 애착이 없을지라도 비록 사회가 덜 행복하고 덜 기분 좋을지는 모르지만 반드시 와해되지는 않는다. 사회는 다른 상인들 사이에서처럼 유용성의 감각에서, 상호적 사랑 없이 또는 애착 없이 상이한 사람들 간에 존속할 수 있다. 사회 안의 아무도 어떤 의무를 짊어지지 않고 남에 대한 보은의 마음에 묶여 있지 않다고 하더라도, 사회는 합의된 가치평가에 따라 선행의 금전적 교환에 의해 여전히 지탱될 수 있다. 그러나 서로를 항상 해치고 침해하려고 하는 사람들 사이에서는 사회가 존속할 수 없다. 침해가 시작되는 순간, 상호적 분개와 적개심이 발생하는 순간, 사회의 모든 유대는 산산조각이 나고, 사회를 구성하는 다른 구성원들은 말하자면 자기들 간의 어긋난 감정들의 침범과 대립에 의해 멀리 이산되고 흩어지게 된다. 강도와 살인자들의 사회가 있다면, 그들은 적어도 서로 강탈하고 살해하는 것을 삼가야 한다. 그러므로 인혜는 정의보다 사회의 존속에 덜 본질적인 것이다. 사회는 가장 편한 국가 안에 있지 않을지라도 인혜 없이 존속할 수 있다. 그러나 불의의 만연은 사회를 철저히 파괴하지 않을 수 없다. 그러므로 자연은 응분의 보상에 대한 기쁜 의식에 의해 인류에게 인혜의 행동을 권고할지라도 이

것을 소홀히 할 경우에 상응한 처벌의 공포에 의해 인혜의 실천을 지키고 강제하는 것이 필요하다고 생각하지 않았다. 인혜는 건물을 지탱해 주는 기초가 아니라 건물을 아름답게 하는 장식이다. 그러므로 장식은 권고하는 것으로 충분하며 결코 강제할 필요가 없다. 반대로 정의는 전체 구조물을 받쳐 주는 주된 기둥이다. 정의가 제거된다면, 인간사회의 커다랗고 엄청난 조직은 – 내가 이렇게 표현해 본다면, 이 조직을 키우고 지탱하는 것이 이 세계 안에서 자연의 특유하고 친애하는 보살핌인 것으로 보이는 바 – 한 순간 원자들로 부스러지고 말 것이다. 그러므로 정의의 준수를 강제하기 위해 자연은 악에 대한 응보의 의식, 즉 정의의 침범에 따르는 마땅한 처벌의 공포를, 약자를 보호하고 폭력적인 자들을 족쇄물리고 죄 있는 자들을 벌주기 위한 인류 연합의 위대한 파수꾼으로서 인간의 가슴속에 심어놓았다.[544]

애덤 스미스는 공자나 실루에트와 반대로 '인(인혜, 인애)'보다 '정의'를 우선시하고 국가의 임무를 국방 및 사회간접자본 투자와 함께 정의의 집행을 위한 '사법' 작용으로 한정하고 있다. 이로써 스미스는 최초로 근대 야경국가를 이론적으로 수립하고 있다.

정의를 중시하고 인애를 경시·배제하는 도덕론은 다름 아닌 플라톤주의적 야경국가론과 그대로 상응하는 것이다. 스미스의 이 단순한 플라톤적 정의국가가 근대적 야경국가의 효시라면, 그가 시장의 '보이지 않는 손'을 간접적으로 뒷받침하기 위해 마련한 이 야경국가의 '보이는 손(visible hand)'은 시장기제의 '보이지 않는 손'이 부민富民 목표의 달성에 이르지 못하는 경제적 실패나 시장이 '보이지 않게' 저지르고 악화시키는 각종 경제적 병폐(독과점, 부익부 빈익빈, 착취와 억압 등)를 해소하거

---

544) Smith, *The Theory of Moral Sentiments*, II. ii. 1-4, 100-101쪽.

나 완화시키기에 턱 없이 무력하고 직무유기 수준으로 무능한 것이다. '보이지 않는 손'은 결코 완전한 것이 아니라, 때로는 요구되는 것보다 느리고, 경우에 따라 그 능력에 한계가 있고, 최악의 상황에서는 망가져 버린다. 따라서 '보이지 않는 손'은 '간접적 뒷받침'만을 필요로 하는 것이 아니라, 국가와 도덕체계에 의한 '직접적인 가속, 보강(보완), 수선'(경제의 불균형과 소득분배의 불균등을 시정하기 위한 국가의 시장개입, 시장조절, 복지정책)을 필요로 하는 것이다.

스미스의 도덕론은 '인'을 '의'보다 앞세우는 공맹의 도덕론 및 양민·교민기구로서의 공맹의 국가관을 굴절·삭감시킨 것이고, 케네의 복지 개념이나 루소의 누진세 개념으로부터도 크게 벗어나는 것이다. 또한 그가 읽었을, "각자에게 속한 것을 각자에게 주는 일을 맡는 정의가 나오는 출처는 이 보편적 사랑이다"라는 실루에트의 유학적 인의仁義테제와 배치되는 것이다. '아름답고 행복한 사회'를 수립하고 유지하는 것까지 거론할 것 없이 최소한 '자연적 자유의 체계'를 수립·유지하기 위해서 국가는 야경국가의 저 소극적 임무들의 수행을 넘어 최소한의 '인혜'를 법적 의무로 강제해 하층계급의 궁핍화를 막아야 한다. 서민대중의 궁핍화로 인해 이들의 구매력이 축소되면, 서민대중은 소비에 덜 기여해 국민경제의 재생산과 순환이 위축되고 결국 난조에 빠져 '자연적 자유의 체계'마저 무너지기 때문이다. 상술했듯이 케네는 하층계급의 복지가 줄어들면 "하층민들이 국내에서만 소비될 수 있는 생산물의 소비에 충분히 기여할 수 없을 것"이고 "국민의 재생산과 수입은 줄어들 것이다"라고 말했다.[545] 애덤 스미스는 케네의 이론을 분명 개선했으나 이 점에서는 오히

---

545) François Quesnay, "Extract from the Royal Economic Maxims of M. de Sully" (Third Edition), 격률 14. François Quesnay, *Tableau économique*, edited and introduced by Marguerite Kuczynski and Ronald L. Meek (London: MacMillan, New York: Augustus M. Kelley Publishers, 1972).

려 케네의 이론을 개악해 시장경제적 야경국가론으로 만든 셈이다.

그러나 스미스의 이 정의제일주의적 또는 정의지상주의적 야경국가론은 앞서 지적했듯이 애당초 경제적 관점에서도 그릇된 것이고, 도덕론적으로도 자가당착적인 것이다. 정의는 '기초' 또는 '기둥'이고 인혜는 '장식'이므로 인혜는 '권고'하는 것으로 충분한 반면, 정의는 '강제'로라도 집행해야 한다는 논변을 정당화하기 위해, 스미스는 "침해가 시작되는 순간, 상호적 분개와 적개심이 발생하는 순간, 사회의 모든 유대는 산산조각이 난다"고 말하고 있다. 그러나 '사회의 모든 유대'가 불의의 침해로 산산조각이 나려면, 이 사회적 '유대', 즉 사랑(인애)이, 따라서 '인혜'도, 산산조각 나기에 앞서 먼저 존재해야 한다. 따라서 스미스의 이 말을 뜯어보아도 인혜가 정의보다 더 본질적인 '기초'임을 알 수 있다. 사회적 유대를 표현하는 물질적 인간애 또는 물적 인애(양민·교민)로서의 '인혜'가 없다면, 즉 기본적 인간애·인류애·믿음을 바탕으로 계속 존속하고 곤경에 빠진 서로를 구제하는 연대적 인간사회가 없다면, 바꿔 말하면, 미래를 기약할 수 없이 증오와 불신에 가득 찬 인간들이 떼로 모여 있다면, 인간들은 앞으로도, 또는 앞으로는 서로 선행할 것이라는 미래적 기대 속에서 정의를 준수하고 불의를 처벌할 필요도, 의의도 없는 것이다. 인간끼리의 인애적 기대, 그리고 이에 기초한 인간사회의 연대적 존속과 미래는 인간적 상호애착과 상호신뢰에 의해서만 창설되고, 이 인간적 상호애착·신뢰는 인간으로서 가진 최소한의 기본적 동질감·연대감·인애의 바탕 위에서만 싹트고 자라난다. 그러므로 '인仁'(인애 또는 인혜)이 '의義'보다 더 본질적인 '인간사회의 기초'다. '사랑 있는' 인간의 실존은 '정의'가 비로소 요구되고 논의될 진정한 '기초'인 것이다. 정의의 내용, 즉 정의롭게 분배하거나 나눠가져야 할 내용은 사랑과 이익이기 때문이다. 따라서 "각자에게 속한 것을 각자에게 주는 일을 맡는 정의가 나오는 출처는 이 보편적 사랑이다"라는 실루에트의 유학적 테제가 극명하듯이 '인'은 '의'의 '출처'이고 '근본'일 뿐만 아니라, 정의의 내용이기도 한 것이다. 그리고 '인정 있는 인간'의 실존상태는 다름 아닌 바로 상호적 '인'의 상태다. 이런 의미에서 공자도 "인이란 인간답다(仁者人也)"라고[546] 천명하고, 맹자도 "인은 인간다운 것이니 잃을 수 없다(仁人也不可失也)"라고[547] 갈파했던 것이다.

그리고 공자철학의 영향을 암암리에 수용해서 자기의 정의도덕론에 반영했던 고트프리트 라이프니츠도 국가의 치자와 관련해서 소극적 덕목으로서의 협의적 정의로 부족하고 신민들의 복리福利도 챙겨야한다고 말했던 것이다.

- 나는 사람들이 교사, 사회단체들의 지도자, 일정한 치자들과 같이 타인의 행동거지를 책임진 사람들은 단지 해악(evil)을 방지할 의무만이 아니라, 복리(the good)를 증진시킬 의무도 있다는 데 동의할 것이라고 믿는다.[548]

따라서 스미스는 플라톤주의적 국가관에 경도되어 공자철학을 왜곡시키고 뒤틀고 있을 뿐만 아니라 동시대의 이러한 정치·도덕철학도 무시한 것이다. 나아가 그는 플라톤주의적 야경국가론에 너무 홀린 나머지 아리스토텔레스의 윤리학도 철저히 우회한 것이다. 주지했다시피 '플라톤의 제자' 아리스토텔레스조차도 국가의 4덕을 지혜·용기·정심·정의로

---

546) 참조: 『禮記』「中庸」(제20장). 『禮記(下)』「表記」, 86쪽: "仁者人也, 道者義也".
547) 『孟子』「梁惠王下」(2-5).
548) Gottfried W. Leibniz, *Meditation on the Common Concept of Justice* [1702-1703], 54쪽. Gottfried Wilhelm Leibniz, *Political Writings*, Translated and edited with an Introduction and Notes by Patrick Riley (Cambridge: Cambridge University Press, 1972, reprint 2006).

규정하고 사랑을 배제한 플라톤과 반대로 『니코마코스윤리학』의 제8·9책에서 "필리아(φιλία)", 즉 "사랑"을 "덕성"으로서 또는 "덕성을 포함하는 것"으로서[549] 상론한다. 우선 그는 국가도 사랑에 기초한 것으로 보고, 정의의 최고형태도 이런 사랑하는 사람들 사이서만 존재한다고 말한다.

- 새끼에 대한 부모의 애정과 부모에 대한 새끼의 애정은 인간에게서만이 아니라 새와 대부분의 동물들에게서 자연적 본능인 것으로 보인다. 이것은 또한 동종의 개체들 간의 사랑과 유사하다. 그리고 이것은 특히 인류에게서 강하다. 이런 이유에서 우리는 동류인간들을 사랑하는 사람들을 칭찬한다. (…) 더구나 사랑은 국가의 결속력(bond)인 것으로 보이기도 하다. 그리고 입법자들은 정의보다 사랑을 위해 더 노력하는 것으로 보인다. 왜냐하면 사랑과 친한 것으로 보이는 화합을 증진하는 것은 입법자들의 주요목표인 한편, 적의敵意인 당파심은 그들이 가장 추방하려고 안달하기 때문이다. 그리고 친구들 간에는 정의도 필요 없고, 인간들 간에 단순한 정의는 충분치 않아서 사랑을 필요로 한다. 그리고 정의로운 것 가운데 가장 정의로운 것은 친구들 간에 정의로운 것이다.[550]

아리스토텔레스는 우애로운 친구들 간에는 정의도 필요 없다고 하면서 "국가의 결속력"을 "사랑"으로 갈파하고, 정의보다 사랑을 위한 더 큰 노력, 그리고 인간들 간의 사랑과 근사한 "화합"의 증진과 당파심의

---

549) Aristoteles, *Die Nilomachische Ethik*, 1155a4-5.
550) Aristoteles, *Die Nilomachische Ethik*, 1155a23-28. H. Rackham의 영역본은 마지막 문장을 "그리고 정의로운 것은 그 최고 단계에서 사랑을 보유하는 것으로 생각된다"로 옮겼다. Aristotle, *Nicomachean Ehthics*, 452쪽 각주b.

추방을 입법자의 "주요목표"로 설정하고 있다. 그리고 '최고의 정의'도 오로지 서로 사랑하는 인간들 사이에서만 존재한다고 덧붙이고 있다.

여기서 사랑하는 사람들 사이에서 도달하는 정의가 최고의 정의라면, 그 최고의 분배적 정의는 '비례적 평등'이 아니라 '양적 평등'이다.

- 하지만 사랑에서의 평등은 정의의 경우에서의 평등과 같은 것으로 보이지 않는다. 정의의 영역에서는 "평등함"(공정함)이 일차적으로 공적功績에 비례적임을 의미하고, "양적 평등"은 단지 이차적 의미에 불과하다. 반면, 사랑에서는 "양적으로 평등함"이 일차적 의미이고 "공적에 비례함"은 단지 이차적 의미에 불과하다.[551]

따라서 동포애적 연대의식이 강한 국가는 공적(능력·공로·성적·업적·장점·덕성)에 따라 재화·영예·권력을 분배하는 '비례적 평등(분배적 평등)'을 경시하지 않더라도 모든 필요한 사람들에게 필요의 양에 따라 양적으로 균등하게 분배하는 '양적 평등'을 '비례적 평등'보다 더 중시한다. 그러나 사랑에서 '양적 평등'이 더 중시되는 사실은 사랑하는 사람들 간에 덕성·재산·영예·권력의 격차가 지나칠 때 사랑이 약화·소멸하는 점에서 부정적으로도 드러난다. 아리스토텔레스는 말한다. "이것은 두 친구들 간에 덕성이나 악덕의 관점에서 또는 부나 그 밖의 다른 속성의 관점에서 광폭의 격차가 발생할 때 명백하게 드러난다. 이 경우에 친구들은 친구로 남지도 못하고, 친구로 남기를 기대하지도 못하기 때문이다. (…) 그것은 군주들의 경우에도 드러난다. 군주들의 경우에 신분상 그들보다 아주 아래에 있는 사람들도 군주의 친구이기를 기대하지 않고, 특별한 값어치가 없는 사람들도 특출나게 훌륭한 사람이나 특출난 지자들의 친구이기

---

551) Aristoteles, *Die Nilomachische Ethik*, 1155a29-33.

를 기대하지 않는다. 우리가 이런 경우에 두 사람이 여전히 친구일 수 있는 정확한 한계를 못 박을 수 없다는 것은 사실이다. 격차가 계속 벌어져도 우정이 남아 있기 때문이다. 그러나 신이 인간으로부터 먼만큼이나 이 사람이 저 사람으로부터 아주 멀어질 때 우정은 더 이상 가능하지 않다."[552] 따라서 사랑의 관계에서 사랑과 화합을 유지하기 위해 사랑하는 사람들 간의 능력·재산·권력격차를 줄이려면 '양적 평등'을 '비례적 평등'보다 앞세워야 하는 것이다. 불화와 다툼을 일으키는 '비례적 평등'으로서의 정의가 아니라 사랑과 화합의 유지에 이바지하는 '양적 평등'으로서의 정의가 '최고의 정의'이기 때문이다. 따라서 '최고의 정의'는 사랑 속에서만, 또는 국민적 동포애와 화합정신 속에서만 이룩될 수 있는 것이다.

공맹의 '인의仁義'는 인애(사랑)와 정의를 결합해 말하되 정의에 대한 인애의 선차성을 표현하는 복합개념이다. 이런 까닭에 맹자는 '인의'를 '도덕'과 동의어로 썼다.[553] 공자처럼 아리스토텔레스도 인애와 정의의 선후관계를 논하는 논변만을 보면 결론적으로 인애를 정의에 앞세우는 '인의의 윤리학'을 피력한 것이다. 말하자면, 그는 '군사적 정의국가'를 '이상국가'로 기획한 플라톤의 정의지상주의 또는 정의제일주의를 배격하고, 사랑과 정의를 동시에 추구하되 사랑을 정의보다 중시하는 '인의仁義국가'를 말하고 있다. 그는 국가의 존립이 사랑에 기초한다는 테제를 거듭 확인한다.[554] 그리고 국가의 세 가지 형태, 즉 왕정·귀족정·민주정을 각각 차례대로 가족적 친애의 세 가지 유형, 즉 부자간의 '부성애', 부부간의 '부부애', 형제간의 '형제애'에 대응하는 것으로 설명한다.[555]

---

552) Aristoteles, *Die Nilomachische Ethik*, 1158a33-1159a5.
553) 『孟子』「梁惠王上」(1-1); 「公孫丑下」(4-2); 「滕文公下」(6-4); 「離婁下」(8-19); 「告子上」 등 무수함.
554) Aristoteles, *Die Nilomachische Ethik*, 1160a28-30, 1161a10-11.
555) Aristoteles, *Die Nilomachische Ethik*, 1160a31-1162a33.

아리스토텔레스에게 있어서도 '사랑'은 국가형태를 결정지을 정도로 '정의'를 압도하는 덕목인 것이다.[556] 이 점에서 그의 황당무계한 '신적' 덕성론(비윤리적·초超인간적 지덕론)을 뺀 그의 '인간적' 윤리학은[557] 공맹의 인의윤리학과 거의 상통한다고 말해도 지나친 말이 아닐 것이다.

물론 사랑 또는 인애도 정의롭게, 즉 사람과 상황(부모, 가족, 향리, 동포, 인류, 친소, 시의, 필요 등)에 따라 적절하게 차등적으로 베풀어져야 한다. 제 부모(제 식구 또는 제 동포)보다 남의 부모(남의 식구 또는 타국인)를 더 사랑하는 것, 인간을 제치고 동물을 구하는 것, 가난한 사람을 제치고 부자에게 베푸는 것, 더 필요한 사람에게 적게 베풀고 덜 필요한 사람에게 많이 베푸는 것, 절박한 때에 외면하다가 불필요한 때 아부하듯이 베푸는 것, 애인보다 '원수를 더 사랑하는 것', 나아가 사랑할 필요가 없는 자, 사랑해서는 아니 되는 자를 사랑하는 것, 말하자면 덕자를 제치고 패덕자를 사랑하는 것 등은 다 인仁의 본의와 배치되는 것이고, 따라서 정의롭지 못한 것이다.

이 때문에 공자는 "원수는 (감정적 마음 없이) 법도로 갚고, 덕으로는 덕을 갚는 것이다(以直報怨 以德報德)"라고 천명했던 것이다.[558] 이 명제는 원수를 덕으로 갚거나, 덕을 아무런 감정적 마음 없이 법대로 갚아서는 아니 된다는 말이다. 왜냐하면 공자의 이 명제는 "원수를 덕으로 갚으면 어떻습니까?(或曰 以德報怨 何如?)"라고 묻는 누군가의 질문에 대한 답변으로 제기된 것이기 때문이다.[559]

---

556) 아리스토텔레스는 『니코마코스윤리학』에서 정의를 제5책에서, 그리고 사랑은 제8책에서 다룬다.
557) 아리스토텔레스는 덕성을 '윤리적 덕성'과 '비윤리적 지덕'으로 나눴다. 그리고 아리스토텔레스는 비윤리적 지덕의 관상적 행복을 '신적 행복'으로 격상시키는 반면, 윤리적 덕성을 행하는 실천의 행복은 '인간적 행복', '2등급 행복'으로 격하시켰다. Aristoteles, *Die Nikomachische Ethik*, 1177b19-37, 1178a5-23.
558) 『論語』「憲問」(14-34).
559) 『論語』「憲問」(14-34).

한마디로, 인仁, 또는 사랑은 그 적절한 안배를 위해 정의를 필요로 한다. 정의는 인을 사람과 상황(친소·선후·시의·필요 등)에 따라 적절하게 베푸는 척도다. 그러므로 인仁과 의義는 내용과 형식, 안팎의 관계로서 불가분적 상호결합 관계를 맺고 있다. 이런 까닭에 공자는 인에 의를 결합시키는 '지도至道'의 관점에서 "인은 의의 근본이다(仁者 義之本也)"인데 "의는 (…) 인을 적절히 나누는 절도다(義者 […] 仁之節也)"라고 갈파했던 것이다.[560] 따라서 "인혜는 정의보다 사회의 존속에 덜 본질적인 것이다"라는 스미스의 위 명제는 '인仁과 의義' 사이의 본말·시종·선후·내외 관계가 뒤바뀌었기 때문에 그릇된 것이다.

사랑이 정의의 근본인 까닭에 공자는 『예기』에서 인과 의를 결합해 지극에 달한 인의仁義의 도를 '지도至道'라 부르고 "지도로는 왕도를 행할 수 있다(至道以王)"고 논파했다. 그리고 공자는 이 '지도'와 '왕도'와 대비시키는 차원에서 '인'을 소홀히 하고 '의'만을 추구하는 도를 '의도義道'라 부르고 "의도로는 패도를 행할 수 있다(義道以覇)"고 갈파했던 것이다.[561] '의도'로는 왕도를 행할 수 없고 기껏해야 패도를 행할 수 있다는 말이다. 의도로는 결코 '왕도국가'를 세울 수 없고, 잘해야 유혈이 낭자한 플라톤적·법치적 '군사국가' 또는 전국시대의 군사적·예법적 '패권국가'로서의 '정의국가'를 세울 수 있는 것이다.

그리고 "사회는 인혜 없이 존속할 수 있다"는 스미스의 다른 명제는 '사회는 사람 없이 존속할 수 있다'는 말이나 다름없는 '말 같지 않은 말'이다. 왜냐하면 공맹의 말대로 "사랑은 사람 자체이기(仁者人也)" 때문이고, 아리스토텔레스의 말대로 "사랑은 삶에서 가장 필수불가결한 것에 속하는"데다, "아무도 다른 모든 좋은 것들을 소유하더라도 사랑 없

---

560) 『禮記(上)』「禮運」, 481쪽.
561) 『禮記(下)』「表記」, 86쪽.

이 살고 싶어 하지 않을 것이기"[562] 때문이다. 공자가 '민신民信'이 없으면 국가공동체가 존립할 수 없으므로 '민신'이 '족식'이나 '족병'보다 우선한다고 갈파했듯이, 사람들 간에 믿고 사랑하고 돕고 베푸는 최소한의 인정人情으로서의 '인혜'는 풍족한 의식주나 이것에 대한 위해를 방지하거나 손실을 배상해주는 '정의'보다 더 근본적인 것이다.

그렇다고 스미스의 말을 거꾸로 뒤집어서, 인애는 법으로 강제되어야 하는 '기초'이고, 정의는 법으로 강제될 필요가 없는 '장식'이라고 주장하려는 것이 아니다. '의'도 '기본적 최소한'에서 반드시 강행법규(ius cogens)로 '강제'되어야 하지만, '인'도 "강의强仁"으로 강요되어야 하기 때문이다. 다만 둘 중 '먼저', 그리고 '더 강하게' 강제되어야 하는 것은 정의가 아니라 '인'이라는 말이다.

스미스의 자유시장론이 공맹의 양민론과 사마천의 화식론을 불완전하게, 즉 일부만 복제했기 때문에 미흡한 면을 안고 있듯이, 그의 도덕론도 공맹의 도덕론과 이를 반영한 흄의 도덕론을 불완전하게 모방했기 때문에 역시 미흡한 면이 있다. 이런 까닭에 '정의'의 집행을 '인혜'보다 앞세우는 그의 논변은 자가당착적으로 "인간은 사회를 향한 본성적 사랑을 가졌고, 인류의 결합이 그 자체를 위해 보존되기를 바란다"고 말하기도 하고, "어떤 이유에서든 인간은 사회를 파괴할 경향을 가질 수 있는 모든 것에 혐오감을 가진다"고 말하는가 하면,[563] "인류에 대해 느끼는 더 확장된 연민"에 관해 언급하기도 한다.[564] 그는 '사회를 향한 본성적 사랑'이나 '인류의 결합'이 바로 '인혜'라는 사실을 모르는 듯하다.

스미스 도덕론의 이러한 문제점은 인혜를 도덕적 의무로 규정하는 것이 아니라 개인들의 '자유'로 방치하고 정의만을 의무로 보아 강제해야

---

562) Aristoteles, *Die Nilomachische Ethik*, 1155a5-7.
563) Smith, *The Theory of Moral Sentiments*, II. ii. iii. 6, 103쪽.
564) Smith, *The Theory of Moral Sentiments*, II. ii. iii. 7, 104쪽.

할 덕목으로 여기는 근본적 관점에 기인한다. 그는 말한다.

- 적절한 동기들로부터 생기는 인혜로운 성향의 행위들은 그 자체로서 보상을 요구하는 것으로 보인다. 이러한 행위들만이 가미하다고 느껴지는 감사 대상이거나, 관찰자의 공감적 감사함을 야기하기 때문이다. 부적절한 동기에서 생겨나는 해치는 성향의 행동들은 그 자체로서 마땅히 처벌을 받아야 하는 것으로 보인다. 이것만이 가하다고 느껴지는 분개 대상이거나 관찰자의 공감적 분개를 야기하기 때문이다. 인혜는 언제나 자유롭고, 강제력에 의해 강요될 수 없고, 인혜의 단순한 결여가 인간을 형벌에 처하지 않는다. 왜냐하면 인혜의 단순한 결여는 어떤 실재적인 적극적 악도 저지르지 않는 성향을 보이기 때문이다. 그것은 순리적으로 기대될 수 있는 선을 좌절시킬 수 있다. 이런 이유에서 그것은 정당하게 혐오와 불가부미감정을 야기할 수 있다. 하지만 그것이 인류가 공유하는 분개를 야기할 수는 없다. (…) 그러므로 보은의 결여는 처벌될 수 없다. (…) 그러나 인혜의 의무들 중에서 보은이 우리들에게 권고하는 의무들이 우리가 완전한 책무라고 부르는 것에 가장 가까이 접근한다. 우정·후함·자선이 보편적으로 가하다고 느껴지는 감정을 갖고 행하도록 우리를 촉구하는 것은 훨씬 더 자유롭고, 보은의 의무보다 강제력에 의해 훨씬 덜 강요될 수 있다.[565]

애덤 스미스는 의무로 강제되어야 할 최소한의 근본적 인애(强仁)와 최대한의 인애(安仁)를 구분하지 않음으로써 중대한 오류에 빠져들고 있다. 그의 이 도덕적 관점에 의하면, 사회의 존립과 존립 목적의 구현을 위해 필수적인 자살방조죄 처벌, 가족적 부양의무의 불이행에 대한 법적

---

565) Smith, *The Theory of Moral Sentiments*, II. ii. i. 1-3, 91-2쪽.

처벌, 사회부조의무 위반에 대한 처벌 등은 있을 수 없다. 그러나 그도 이런 주장과 모순되게 가령 빈부격차를 고려한 누진세제조차도 인정하고 있다.[566]

애덤 스미스는 인혜와 반대로 정의는 "그 준수가 우리 자신의 의지의 자유에 방치되지 않고 강제력에 의해 강요되고, 위반은 분노에, 따라서 처벌에 처해지는 덕목"이다. "정의의 침범은 가해행위다. 그것은 본성적으로 반감을 받는 동기로부터 어떤 특정인들에게 실재의 적극적 피해를 가한다. 따라서 그것은 정확한 분노 대상과, 분노의 자연적 귀결인 처벌의 정확한 대상이다."[567] 따라서 "늘 우리는 단지 비난받아야 할 것 또는 불가감정의 적절한 대상을, 처벌하거나 방지하기 위해 강제력이 투입되어야 하는 것과 주의 깊게 구별해야 한다."[568] 따라서 "의심할 바 없이 정의의 실천에는 바름이 있고, 그것은 이런 까닭에 바름에 기인한 온갖 가함의 느낌을 받을 만하다. 그러나 정의가 전혀 적극적 선을 행하지 않는 만큼, 그것은 보은을 받을 권리가 거의 없다. 대부분의 경우에 단순한 정의는 소극적 덕목(negative virtue)에 불과하고, 다만 우리를 우리의 이웃을 해치는 것으로부터 방지해 줄 뿐이다. 이웃들의 인신이나 재산 또는 명예를 훼손하는 것을 단지 삼가는 사람은 분명 거의 적극적으로 잘한 것이 없다."[569] 이 정의와 관련된 스미스의 논변은 그 타당성을 인정할 만하다.

그러나 공자의 '인' 또는 흄의 '인애(benevolence)'와 상통하는 '인혜(beneficence)'와 '인간애(humanity)'에 대한 스미스의 논변에 관한 한, 그것은 심각한 일탈을 뜻하는 것이다. 스미스는 중국을 예로 들어 다음

---

566) Smith, *The Theory of Moral Sentiments*, V. ii. e, 842쪽; V. ii. k, 871-872쪽.
567) Smith, *The Theory of Moral Sentiments*, II. ii. i. 5, 93쪽.
568) Smith, *The Theory of Moral Sentiments*, II. ii. i. 6, 93-4쪽.
569) Smith, *The Theory of Moral Sentiments*, II. ii. i. 9, 95쪽.

과 같이 논한다.

- 중국이라는 대제국이 그 무수한 주민들과 함께 갑자기 지진에 의해 함몰되어 버렸다고 가정해 보자. 그리고 세계의 저 부분과 아무런 관련도 없는 유럽의 어느 인간애 있는 사람이 이 끔찍한 재앙의 소식을 들었을 때 어떻게 영향을 받을지를 고찰해 보자. 나는 그가 무엇보다도 그 불행한 국민의 불운에 대해 슬픔을 강하게 표할 것이라고 상상한다. 그리고 인간적 삶의 위태로움과 일순간에 섬멸될 수 있는 사람의 모든 노고의 허망함에 대한 우울한 성찰을 많이 할 것이다. … 그러나 이 모든 훌륭한 철학이 끝났을 때, 이 모든 인간적인 감정들이 다 충분히 표명되었을 때, 그는 어떤 사고도 일어나지 않은 것처럼 안이하고 평온한 심정으로 그의 일이나 유흥을 추구하고 휴식이나 기분전환을 취할 것이다. 그 자신을 덮칠 수 있는 매우 사소한 재앙이 더 실질적인 혼란을 야기할 것이다. 만약 그가 내일 자기 새끼손가락을 잘라내야 한다면 그는 오늘밤 잠을 이루지 못할 것이다. 그러나 1억의 동포들을 결코 보지 못했다면, 이 형제들의 파멸에도 가장 깊은 안심 속에서 코를 골 것이다. 그에게 이 거대한 대중의 불행은 분명 그 자신의 하찮은 불운보다 덜 관심을 끄는 대상으로 보인다. 그렇다고 그 자신에게 닥친 이 하찮은 비운을 방지하기 위해 인간애를 가진 사람이 1억의 형제들의 생명을 – 그들을 한 번도 본 적이 없다고 가정한다면 – 희생시킬 용의가 있는가? 인간 본성은 이 생각에 전율해 소스라치게 놀랄 것이다. 그리고 아무리 타락하고 부패한 세상도 이런 생각을 즐길 수 있는 악한을 산출하지 않았다. 그러나 이 차이가 왜 생겨나는가? 우리의 피동적 감정들이 거의 항상 그렇게 인색하고 그렇게 이기적일 때, 우리

의 능동적인 원리는 어떻게 종종 그토록 후하고 그토록 고귀한가?[570]

여기까지 스미스의 논변은 제대로 되었고 질문도 정확하게 제기하고 있다. 그러나 이에 대한 그의 답변은 참으로 엉뚱하다.

- 우리가 늘 남과 관계된 일에 의해서보다 우리 자신과 관계된 일에 의해서 훨씬 더 깊이 영향을 받으면서도, 자기 이익을 더 큰 타인의 이익에 희생시키도록 - 후한 사람들을 모든 경우에, 평범한 사람들을 많은 경우에 - 촉구하는 것은 무엇인가? 자기애(self-love)의 가장 강한 충동에 대항할 수 있는 것은 인간애의 부드러운 힘도 아니고, 자연이 인간의 가슴에 밝혀놓은 인애의 연약한 섬광도 아니다. 이러한 경우에 발휘되는 것은 더 강한 힘, 더 강렬한 동기다. 그것은 이성, 원리, 양심, 가슴의 거주자, 내부의 인간, 우리의 행위의 위대한 판관이자 중재자다. (…) 많은 경우 저 신적 덕목(divine virtues)의 실천을 우리에게 촉구하는 것은 우리의 이웃에 대한 사랑도 아니고, 인류의 사랑도 아니다. 이런 경우에 발생하는 것은 더 강한 사랑, 다 강력한 애착이다. 그것은 영예롭고 고귀한 것, 우리 자신의 성품의 위대함, 존엄성, 우월성에 대한 사랑이다.[571]

애덤 스미스는 강한 자기애에 맞서는 '신적 덕목'의 강력한 실천적 대항 동력이 자애나 인간애(인애) 혹은 또 흄이 말하는 '다른 방향의 자기애'가 아니라 '이성·양심', 또는 '자기 성품의 존엄성과 명예에 대한 사랑'이고, 이것이 '인애'보다 '더 강한 사랑'이라는 것이다. 지극히 오락가락

---

570) Smith, *The Theory of Moral Sentiments*, III. iii. §9, 157-158쪽.
571) Smith, *The Theory of Moral Sentiments*, III. iii. §9, 158쪽.

하는 말이다.

　대항 동력이 '이성'이라면, 이것은 그의 도덕론의 기초인 감정과 공감으로부터 이탈해 합리주의적 도덕론으로 퇴락하는 것을 뜻한다. '자기 성품의 존엄성과 명예에 대한 사랑'이라면, 이것은 감정의 범위로 돌아오는 것이지만, 이런 '사랑'은 이기심에 불과한 것이다. 따라서 물욕(물적 자기애)를 명예욕으로 극복케 한다는 맨드빌의 주장과 같은 말이 되고 만다.

　상론했듯이 흄은 한 인간의 이타적 인간애의 총화는 그의 이기적 자기애보다 더 크고, 가족·친족·친구를 거쳐 낯선 인간들에까지 이르는 각종 타인들에 대한 배려의 총화는 자기에 대한 배려의 총화보다 더 크고 강렬하다고 말했다. 따라서 이타적 인간애의 총화는 이기적 자기애를 이긴다. 또한 흄은 인간의 더 강한 이기심 또는 다른 종류의 이기심은 어떤 특정한 종류의 이기심을 이기거나 이것의 방향을 바꿀 수 있다고 말했다. 따라서 물질적 이기심(물욕)은 정신적 명예욕을 이기고, 미래의 보다 큰 이익에 대한 이기적 기대욕구는 현재의 보다 적은 이익에 대한 이기적 욕구를 이긴다. 그러나 스미스는 반대로 명예욕이 물욕과 권력욕보다 더 강하고, 또 이 명예욕이 육적·심적 사랑, 각종 우정, 집단적 동질감과 연대감, 애국심, 인류애 등 '인간애'의 총화보다 더 강하다고 말하고 있는 셈이다. 그의 논변은 이쯤에서 모든 설득력을 다 잃어버리고 있다.

　논변의 출발이 근본적으로 잘못되었기 때문에 이런 일이 발생했다. 그의 말대로 자기의 작은 이익을 위해 1억의 생명을 희생시킬 용의가 있다는 생각에 "전율해 소스라치게 놀라는 것"은 이성이 아니라 측은지심의 공감적 성정性情이다. '놀람'은 어디까지나 인간의 감정이지 이성일 수 없고, 남의 불행에 놀라는 것은 공감감정으로서의 동정심이 발동하기 때문이다. 이 동정적 성정이 그가 연약한 것으로 취급하는 바로 이타적 인간애인 것이다.

공자의 '인仁', 흄의 '인애', 그리고 더 큰 '자기애' 또는 다른 방향의 '자기애'는 유일하게 인간의 특정한 자기애(이기심)에 맞설 수 있는 인간의 감정들이다. 물론 인 또는 인애의 인간애는 친소의 거리에 비례해 약화되지만 생면부지의 사람들에 대해서도 미약하게나마 발휘되는 것이고, 크고 작은 국가사회와 인류사회의 존립을 위해 필수적인 감정이다. 따라서 공자는 인의 실천을 위해 예법의 도움을 받아 인류애를 보편적으로 실천하는 것을 입론했다. "자기를 잘 다스려 예로 돌아오는 것이 인의 실천이다. 하루 자기를 잘 다스려 예로 돌아오면 천하가 인으로 돌아올 것이다.(克己復禮爲仁 一日克己復禮 天下歸仁)"[572]

또한 흄도 불평등을 완화하기 위해 부자들에게 보편적 인혜와 인애를 베풀도록 하여 소득을 어느 정도 재분배하는 법적 강제의 조세정책을 주장했다.

- 시민들 간의 너무 큰 불균등은 어떤 국가든 약화시킨다. 만인은 가급적 모든 생필품과 많은 생활상의 이기를 완전히 다 갖추고 자기 노동의 과실을 향유해야 한다. 평등이 인간본성에 가장 적합하고, 또 평등이 가난한 사람들의 행복에 보태주는 것보다 부자들의 행복으로부터 훨씬 더 적은 것을 감소시킨다는 것을 아무도 의심하지 않을 것이다. 따라서 평등은 국가의 권력을 증대시키고, 특별세나 과세를 보다 즐겁게 지불하도록 만든다.[573]

---

572) 『論語』「顏淵」(12-1). '克己復禮爲仁'의 '爲仁'은 '인을 행(실천)한다'는 말이다. "자신이 몸소 인으로 돌아오는 것이 인을 행하는 것이다(身能反禮則爲仁)"라는 하안의 주석을 참조하라. 『論語注疏』, 177쪽.
573) Hume, "Of Commerce", 102쪽.

이처럼 인애로부터 적극적으로 평등을 추구하는 것은 정의의 '소극적 덕목'에 앞서는 것이다.

　일반적으로 논하면, 공자는 '의'보다 '인'을, 스미스 식으로 표현하면 정의보다 자애(인혜)를 우선적 덕목으로 보고, 동시에 인을 일률적으로 파악하지 않고 안인安仁, 이인利仁, 강인强仁으로 구분했다. '안인'은 천성에 편안해서 인을 자발적으로 실천하는 것이고, '이인'은 이익에 의해 인의 실천으로 유도되는 것이고, '강인'은 사회존속에 필수적인 기본적 인의 사항들을 골라 법으로 그 실천을 강제하는 것이다.『예기』에서 공자는 말한다.

● 인仁에는 세 가지가 있는데, 그 효과는 인과 같지만 마음은 다르다. 효과가 인과 같으므로 그 인의 성격을 알 수 없지만, 인과 같이 (인을 행하지 못하는) 과오가 생긴 연후에는 그 인의 성격을 알 수 있다. 인자仁者는 안인安仁하고, 지자知者는 이인利仁하고, 처벌을 두려워하는 자(畏罪者)는 강인强仁한다. 인仁은 오른쪽이고, 도道는 왼쪽이다. 인은 바로 인간적인 것이고, 도는 의로운 것이다. 인에 후한 자는 의에 박하여 친하나 존엄하지 않고, 의에 후한 자는 인에 박하여 존엄하나 친하지 않다. 도에는 지도至道가 있고 의도義道가 있고 고도考道가 있다. 지도로는 왕도를 행할 수 있고, 의도로는 패도를 행할 수 있고, 고도로는 실책을 저지르지 않을 수 있다.[574]

　상론했듯이 '지도'는 '인'과 '의'를 겸행兼行해 지극에 달한 도이고, '의

---

574) 『禮記(下)』「表記」, 86쪽, "子曰 仁有三 與仁同功而異情. 與仁同功 其仁未可知也. 與仁同過 然後其仁可知也. 仁者 安仁 知者 利仁 畏罪者 强仁. 仁者 右也 道者 左也. 仁者 人也 道者 義也. 厚於仁者 薄於義 親而不尊. 厚於義者 薄於仁 尊而不親. 道有至義有考. 至道以王 義道以霸 考道以爲無失." [考: 이룰 고(=成)].

도의道義'는 인仁 없이 의義만을 갖춘 도이고, '고도考道'는 본성은 아니지만 때로 인仁의 일을, 때로 의義의 일을 취해 이 일을 힘써 이룬 도를 말한다.[575] 한편, 인仁과 의義, 인혜와 정의는 오른손과 왼손의 관계처럼 서로를 필수적으로 요구하되, 인은 사람이 오른손을 쓰는 것이 빠른 것처럼 그 행함이 급한 반면, 의란 도가 "밟고 따라가서 행하는 것"을 뜻하므로 인에 비하면 소극적이고 열등한 덕목이다.[576]

인은 공자 윤리학과 가치론의 최고 덕목이다. 지도至道에 달한 '안인安仁'은 왕의 덕이고, 의도義道를 이룬 지知의 '이인利仁'은 패자의 덕이고, 고도考道의 '강인强仁'은 외죄자畏罪者(일반대중)의 덕이다. 따라서 공자는 가정·국가·천하의 존속을 위한 최소한의 근본적 인仁을 법으로 강제하여 일반대중도 인을 행하게 하는 '강인'을 말하고 있다. 그러므로 법적 강제로 공자의 국가는 토지와 소득을 균제하고 천재·인재 시에 조세를 면제하거나 경감하고 가난을 구휼한다. 공자의 국가는 정의만을 법으로 강제하는 애덤 스미스의 '야경국가'가 아닌 것이다.

그러나 애덤 스미스도 야경국가의 덕목만으로는 가정과 국가의 존립이 어렵다는 것을 나름대로 감지한다. 그리고 그는 어쩔 수 없이 적절한 수준에서의 '인혜'의 강제에 대해 언급한다.

- 주상主上은 진정으로 종종 보편적으로 가하다는 느낌을 받으며 자기 관할의 사람들에게 이 점(더 많은 친절)에서 일정한 정도로 서로에 대해 바르게 행동할 책무를 지울 수 있다. 모든 문명국가의 법률들은 부모에게 자녀를, 자녀에게 부모를 부양할 책무를 지우고, 인혜의 다른

---

575) 『禮記正義』, 1720쪽, 孔穎達의 疏, "有義 (…) 仁義之中 唯有義無仁 故云有義. (…) 有考 於仁義之中 或取仁或取義之一事 勉力成之."
576) 『禮記正義』, 1719쪽, 孔穎達의 疏, "仁恩者 若人之右手 右手是用之便也 仁恩亦行之急也. 道是履蹈而行 比仁恩稍劣 故爲左也."

많은 의무들을 사람들에게 부과하고 있다. 공적 치자는 불의를 억제함으로써 공공평화를 보존할 뿐만 아니라 기율을 확립하고 모든 종류의 악덕과 바르지 않은 행동을 진압함으로써 나라의 번영을 촉진시킬 권한을 위임받았다. 그러므로 치자는 동료시민들 간의 상호적 침해를 금지할 뿐만 아니라 일정한 정도까지 상호적 선행을 명하는 법률을 제정할 수 있다. (…) 하지만 입법자의 모든 의무들 가운데 이 의무는 아마 바름과 판단력을 갖고 집행할 최대의 치밀함과 신중을 요구하는 의무일 것이다. 이 의무를 완전히 방기하면 나라는 극심한 무질서와 경악스런 범죄에 처하게 되고, 반대로 이것을 너무 멀리 밀어붙이면 모든 자유·안전·정의가 파괴될 것이다.[577]

스미스는 여기서 이 "인혜의 강제"를 "너무 멀리 밀어붙이는 것"을 꺼려하고 있을지라도 이 강제를 완전히 방기한 '불인不仁국가'는 "극심한 무질서와 경악스런 범죄에 처하게 될 것"이라고 경고하고 있다. 이 말은 필수적 수준에서 인혜를 강제적으로 집행하지 않고 "동료시민들 간의 상호적 침해를 금지할" 뿐인 정의의 사법만으로는 "극심한 무질서와 경악스런 범죄"를 막을 수 없다는 말이다. 공자와 맹자는 불인한 치자들에게 "극심한 무질서와 경악스런 범죄"만을 경고한 것이 아니라, 백성들이 혁명으로 봉기해 민심을 잃은 치자가 나라와 생명도 함께 잃을 것임을 경고했다. 아무튼 스미스는 위 글에서 부지불식간에 인덕의 '보이는 손'의 근본성을 인정하고 자기의 지론을 스스로 파괴함으로써 공맹의 도덕철학으로 다시 돌아오고 있다.

이 자가당착적 정의제일주의를 제외하면, 스미스는 도덕론에서 대체로 공맹을 따르고 있다. 우선 공맹이 3덕의 단초를 삼단지심의 공감적

---

577) Smith, *The Theory of Moral Sentiments*, II. ii. i. 8, 95쪽.

성정으로 보듯이 스미스는 흄처럼 도덕의 단초를 이성이 아니라 인간의 공감(sympathy)능력과 공감감정으로서의 도덕감정으로 본다.[578] 앞서 시사했듯이 매버릭은 '정의는 보편적 사랑에서 나온다'는 실루에트의 인간애 논의를 스미스의 『도덕감정론』을 연상시키는 것으로 풀이하면서 "스미스의 윤리학을 연구하는 학도가 실루에트의 '인간애' 논의를 다 읽는다면, 후하게 보상받을 것"이라고 말한 것이다.

정의와 불의 문제가 제기되기 위해서는 이것을 문제 삼는 공동체가 이 정의보다 먼저 존재해야 하고, 공동체가 존재하기 위해서는 감정적 공감능력에 기초한 사람들 간의 신뢰('民信'), 사랑, 동질감, 공감대, 상호적 공조共調 또는 동조同調의 감정, 즉 동심同心 등으로 다양하게 표출되는 인간다운 인애심이 있어야 한다. 스미스도 인정하듯이 이 인애심 또는 사회적 '동심'(공감적 일체감으로서의 사랑)이 바로 의덕·예덕 등의 덕성과 도리가 중시될 수 있는 공동체를 묶고 지켜주는 기본적 힘이다. 인애적 동심이 강할수록 공동체는 강력하다. 공동체가 강력할수록, 개인들의 사회적 정의감과 정의의 집행능력도 강력할 수 있다. 공자는 "두 사람이 동심이면, 그 예리함이 쇠를 끊고, 동심의 말은 그 향내가 난과 같다"고 말했다.[579] 두 사람의 동심이 이럴진댄, 5천만의 백성이 '동심'이라면 이들이 얼마나 강하고, 5천만의 '동심지언'은 또 얼마나 훈훈하겠는가! 인애의 덕은 강력함에서도 정의의 덕에 우선하는 것이다.

또한 스미스는 『도덕감정론』 제7장에서 국가 차원의 정의우선론과 완전히 모순되게 스스로 인애를 덕성의 근거로 거론하고 인애감정의 가치론적 선차성을 주장한다.

---

578) Smith, *The Theory of Moral Sentiments*, I. i. i-ii. 8, 11-20쪽 참조.
579) 『易經』「繫辭上傳」, "二人同心 其利斷金 同心之言 其臭如蘭."

- 덕성이 인애에 근거한다는 것은 인간본성 속의 많은 현상들에 의해 뒷받침되는 개념이다. 적절한 인애는 모든 감정들 중 가장 우애적이고 가장 기분좋은 감정이라는 것, 이 인애는 이중적 공감(a double sympathy)에 의해 우리의 사랑을 산다는 것, 인애의 기여경향이 반드시 인혜적인 만큼 인애는 감사와 포상의 적절한 대상이라는 것, 마지막으로 이 모든 경우에 인애는 우리의 본성적 감정들에 대해 어떤 다른 감정들보다 우월한 가치를 가진 것으로 보인다는 것은 이미 말했다. 또한 모든 다른 감정의 약점이 언제나 극단적으로 역겨운 것인 반면, 인애의 약점조차도 우리에게 아주 기분 나쁜 것이 아니라는 것도 이미 말했다. 누가 지나친 악의, 지나친 이기심, 지나친 분개를 혐오하지 않는단 말인가? 그러나 심지어 편애적 우정의 가장 지나친 관대함도 그토록 불쾌하지 않다. 인애감정만이 적절성에 대한 고려나 유의 없이 발휘되지만 매력적인 어떤 것을 자기 주위에 보유할 수 있다. 호의적 행위를, 이 행위에 의해 그것이 가부감정의 적절한 대상이 될지 말지를 한 번도 생각하지 않고 수행하는 것으로 계속 나아가는 본능적 선의善意 속에도 사람을 기쁘게 하는 어떤 것이 들어 있다.[580]

여기서야 스미스는 "인애"를 "우리의 본성적 감정들에 대해 어떤 다른 감정들보다(따라서 복수심 등의 정의감정보다도) 우월한 가치를 가진" 감정이라고 제대로 말하고 있다. 이것도 스미스 자신의 정의제일주의 주장을 파괴하는 자멸적 논변이지만, 이 명제로써 그는 공맹의 인의도덕론으로 완전히 복귀했다고 평가할 수 있다.

---

[580] Smith, *The Theory of Moral Sentiments*, VII. ii. iii. §4, 355-356쪽.

2.5. 공맹의 영향을 부정하는 월터 데이비스의 허술한 논변

매버릭의 해석에 대해 월터 데이비스(Walter W. Davis)는 "동양광자들과 친중국주의자들이 쓴 소설들이 일반적으로 이국적 등장인물들을 우호적으로 인간적·동정적 본능의 인물들로 묘사할지라도 인仁(jen)에서 생겨나는 동료인간들에 대한 측은지심(commiseration) 또는 연민(tender feeling)의 동양 이론과 인도적 감정에 대한 서양의 강조 간의 억측적 연결은 덜 확실하다"라고 반론을 제기한다.[581] 그리고 데이비스는 다음과 같이 부연한다.

- 확실히 인도주의는 소위 '계몽주의자들'의 공인된 이상이었고, 심지어 19세기 이전에도 필객들은 동료인간에 대한 사랑을 기독교계율이 명한 것으로 칭송했다. 케임브리지 플라톤주의자 헨리 무어(Henry Moore)는 한 걸음 더 나아가 그의 『윤리학 핸드북(Enchiridion Ethicum)』(1666)에서 인간감정들이 신에서 유래했고 '신과 정의'인 것을 규정하기 위해 믿을 수 있다고 선언했다. 그는 '측은지심'의 유력한 성격을 강조했는데, 이것은 타인들의 필요에 대한 감응을 불러일으키기 위해 인간의 가슴속에 신이 불어넣은 것이라고 한다.[582]

플라톤주의적 스콜라철학자 헨리 무어는 "측은지심"의 인도주의적 인간감정을 이웃사랑을 원수를 사랑하는 수준으로 확대한 예수의 계시로부터 도출하는 것이 아니라 "인간의 가슴속에 신이 불어넣은" 본성으로 도출하고 있다. 그러나 이 논변 자체는 기독교사상 계열에서 돌비적

---

581) Davis, *Eastern and Western History, Thought and Culture*, 358쪽.
582) Davis, *Eastern and Western History, Thought and Culture*, 358쪽.

인 것이다. 이 논변은 성서의 계시론이 아니라, 오히려『중용』(1장)의 "하늘이 명한 것을 본성이라 일컫는다(天命之謂性)" 명제에 더 가깝다. 데이비스는 무어의 논변 자체가 공맹으로부터 영향을 받은 것이라는 사실을 상상하지 못한 것 같다. 후앙 멘도자(1585), 발리냐노·산데(1590), 퍼채스(1613), 마테오 리치·트리고(1615), 버튼(1621), 세메도(1641), 라 모트 르 베예(1642), 마르티니(1655), 호르니우스(1655), 슈피첼(1660), 버튼 등의 공맹철학·중국소개서, 인토르케타와 다코스타의 경전(대학·논어)번역서(1662), 니우호프의 중국보고서(1665) 등이 무어의『윤리학 핸드북』의 출간(1666) 전에 이미 줄줄이 공간되었었다. 그는 이 사실을 모르고 있고, 따라서 이 책들이 무어에게 영향을 미쳤을 개연성을 황당하게도 완전히 배제하고 있다.

무어도 케임브리지 플라톤주의자인 컴벌랜드처럼 마찬가지로 공맹철학과 극동문화의 전파 속에서 암암리에 극동의 도덕감정론적(사단론적) 윤리학의 영향을 받았을 것이다. 데이비스가 '신에 대한 사랑'에 앞서는 '만인의 만인에 대한 인애'(인간애), 동정심(측은지심) 등 도덕감정에 기초한 윤리학이 무어 이전에 서양철학의 전통 안에 면면히 이어졌음을 입증하지 못한다면 그의 주장은 신빙성을 완전히 잃고 말 것이다. 그런데 주지하다시피 무어 이전의 서양철학전통에서는 이런 감정윤리학이 전개된 적이 전혀 없었다. 그리고 17세기 이전 서양에서 감정윤리학은커녕 인간의 감정 일반에 대한 탐구도 '진지하게', 그리고 '올바로' 이루어진 적이 전혀 없다.

서양철학자들은 공자철학을 잘 알기 전까지 가령 아리스토텔레스의 주요덕목이자 가장 중요한 도덕감정인 필리아와 정의에 대해서도 천착하지 않았다. 아마 아리스토텔레스의 사랑-정의 관계를 깊이 파고 들면 '신에 대한 사랑'이 불가능해진다는 것을 눈치챘기 때문이었을 것이다.

앞서 확인했듯이 아리스토텔레스는 "군주들의 경우에 신분상 그들보다 아주 아래에 있는 사람들도 군주의 친구이기를 기대하지 않고, 특별한 값어치가 없는 사람들도 특출나게 훌륭한 사람이나 특출난 지자들의 친구이기를 기대하지 않는다"고 말하고 "신이 인간으로부터 먼만큼이나 이 사람이 저 사람으로부터 아주 멀어질 때 사랑은 더 이상 가능하지 않다"고 말하고 있기 때문이다.[583] 이 구절은 인간과 신 사이의 거리는 너무 멀어서 신에 대한 인간의 사랑은 불가능하다는 뜻을 함의하고 있다. 이 불가능을 타파하는 유일한 길은 '양적 평등'의 정의인데 '인간과 신 사이의 양적 평등'도 가당치 않은 것이다. 따라서 아리스토텔레스의 도덕감정들(사랑과 정의감)에 대한 천착은 기독교신앙을 무너뜨릴 정도로 아주 위험해서 아무도 그 깊이까지 탐구하지 않았다. 또 세네카, 홉스, 스피노자, 데카르트는 감정을 탐구했으나 이들의 감정논의는 전혀 진지하지도, 전혀 올바르지도 않았다. 이들의 감정논의는 모두 다 피상적이고 오류에 오류를 더해 뒤범벅이 되어있다. 그리고 로크는 쾌·통감 외에 인간감정을 몰랐고 아예 도덕감정은 전혀 몰랐던 반면, 제논·클레안테스·에픽테투스·세네카 등 스토아학파 철학자들, 스피노자 등은 동정심 등의 도덕감정을 아예 적대하고 진멸鎭滅하려고 들었다. 훗날 칸트와 니체는 이 전통을 이어 받아 동정심을 적대시했고, 존 롤즈는 '인애'를 이등급 덕목으로 격하시켜 그의 정의도덕론에서 배제했다.

그런데도 무어가 '독자적'으로 그런 윤리학을 전개했다는 데이비스의 주장은 자칫 무어를 모든 서양철학자들을 능가하는 신적 천재로 격상시키는 짓이 될 것이다. 그러나 '독창성'의 외양 속에 숨겨진 스피노자·벨·로크·섀프츠베리·흄·스미스 등 걸출한 모럴리스트들도 모두 공자철학을 표절하거나 은밀하게 활용했다. 무어의 감정윤리학이 공맹의 도덕철학

---

583) Aristoteles, *Die Nilomachische Ethik*, 1158a33-1159a5.

을 은밀하게 활용하거나 표절하지 않았다는 억측 아래서 데이비스가 공맹의 측은지심론과 서양의 인도적 감정론 간의 연결가능성을 '억측'으로 단정하는 반론 자체가 걸출한 모럴리스트들이 즐겼던 저 은밀한 활용과 교묘한 표절을 상기할 때 오히려 전혀 신빙성이 없는 '억측'으로 들린다.

2.6. 스미스와 흄의 도덕론적 비교

애덤 스미스는 흄의 공감개념과 공리주의에 대해 얼마간 거리를 취하는 듯하지만, 결국 타협적인 자세를 취한다. 그러나 그는 도덕감각을 공감으로 대체하려던 청년 흄의 초기 시도를 그대로 계승해 흄에의해 단속적斷續的으로나마 명맥이 이어진 도덕감각 개념을 제거해버린다.

■ **흄의 공감적 공리주의에 대한 비판과 타협**

애덤 스미스는 상술했듯이 흄의 공리주의적 요소를 꺼려하지만 부분적으로 받아들이고 미학적 요소를 뒤섞어 덜 공리주의적인 도덕체계를 모색하면서 흄의 도덕론을 공감적 공리주의로 규정한다.

- 우리의 도덕감정의 기원을 설명하는 또 다른 체계, 내가 수립하려고 애써온 체계와 판이한 또 하나의 다른 체계가 있다. 그것은 덕성을 유용성 또는 공리성(utility)에 두고 관찰자가 어떤 자질의 유용성을 이 자질에 의해 영향받는 사람들의 행복에 대한 공감으로부터 관찰할 때 느끼는 기쁨을 설명하는 체계다."[584]

그러나 스미스는 흄의 이 공감과 자신의 공감은 다르다고 말한다. "이

---

584) Smith, *The Theory of Moral Sentiments*, VII. iii. iii. §17.

공감은 우리가 행위자의 동기에 동참할 때 의거하는 공감과 다르고, 동시에 행위자의 행동에 의해 혜택을 입은 사람들의 감사와 보조를 같이 할 때 의거하는 공감과도 다르다. 저 다른 체계의 공감은 우리가 잘 만들어진 기계를 가하다고 느낄 때 의거하는 공감과 동일한 원리다."[585] 즉, 흄의 공감은 기계에 대해서도 '가하다'고 평가할 때도 벌어질 수 있는 반면, 스미스 자신의 공감은 "행위자의 동기에 동참할 때 의거하는 공감"과 "행위자의 행동에 의해 혜택을 입은 사람들의 감사와 보조를 같이 할 때 의거하는 공감"이라서 기계에 공감하지 않는다는 것이다. "그러나 어떤 기계도 이 마지막에 언급된 두 공감 중 어느 공감의 대상도 될 수 없다."[586]

그러나 공감의 이 구분은 무고에 기초한 무의미한 구별 같다. 왜냐하면 흄은 기계나 유용한 돌멩이에 대한 공감을 말한 적이 없기 때문이다. 오히려 스미스 자신이 '선박'의 고마움에 대한 공감을 말한 적이 있다.[587]

그러나 스미스는 자신의 '적절성 도덕론'이 흄의 공리주의적 도덕이론과 잘 부합된다고 타협적으로 평가한다.

---

585) Smith, *The Theory of Moral Sentiments*, Ⅶ. ⅲ. ⅲ. §17.
586) Smith, *The Theory of Moral Sentiments*, Ⅶ. ⅲ. ⅲ. §17.
587) 스미스는 말한다. "우리는 우리에게 큰 쾌감의 원인 또는 빈번한 쾌감의 원인이었던 저 무생물 대상들에 대한 일종의 감사도 같은 방식으로 지각한다. 해안에 닿자마자 그가 방금 난파선에서 빠져나올 때 타고 왔었던 나무판자로 불을 지펴야 했던 사람은 몰인정 행위의 죄를 짓는 것처럼 보일 것이다. 우리는 그가 오히려 이 판자를 그에게 상당히 소중한 기념품처럼 정성과 애정을 갖고 보존하기를 기대할 것이다. 인간은 그가 오랫동안 사용해온 담뱃갑, 주머니칼, 지팡이를 애호하게 뇌고, 이것들에 대해 실제적 사랑과 애정 같은 어떤 것을 지각한다. 인간이 이런 것들을 부수거나 잃어버리면, 그는 손실의 가치와 전혀 비례하지 않게 화가 난다. 우리가 오래 산 집, 우리가 오랫동안 즐겨온 신록과 그늘을 주던 나무는 둘 다 저 시혜자들에게 마땅히 주어져야 하는 것처럼 보이는 일종으로 존경심으로 바라봐진다. 저 집이 썩어 문드러지고, 이 나무가 망가지는 것은 우리가 이로 인해 아무 손실도 입지 않을지라도 일종의 우울증으로 우리에게 영향을 미친다." Smith, *The Theory of Moral Sentiments*, Ⅱ. ⅲ. i. §2.

- 덕성의 근거를 공리성에 두는 체계도 적절성을 덕성의 근거로 삼는 체계와 합치된다. 이 체계에 의하면, 당사자 자신에게 또는 타인들에게 기분좋거나 이로운 모든 정신적 자질들은 덕스런 것으로서 가하다고 느껴지고, 반대의 자질들은 악덕한 것으로서 불가하게 느껴진다.[588]

하지만 스미스는 자신의 이론과 흄의 이론은 결국 다르다고 말한다. "어떤 감정의 기분좋음이나 공리성은 이 감정이 존재하도록 허용되는 정도에 좌우된다. 모든 감정은 일정한 정도의 중도에 한정될 때 유용하다. 그리고 모든 감정은 적절한 경계범위를 초과할 때 무용하다. 그러므로 이 체계에 의하면, 덕성은 어떤 한 감정에 근거하는 것이 아니라, 모든 감정들의 적절한 정도에 근거한다. 이 체계와, 내가 수립하려고 애써 온 체계 간의 유일한 차이는 전자가 공감 또는 관찰자의 감응적 감정을 이 적절한 정도의 자연적이고 근원적인 척도로 삼는 것이 아니라, 공리성을 이 척도로 삼는다는 것이다."[589]

스미스는 자신의 도덕이론이 공감을 이 적절한 정도의 자연적·근원적 '척도'로 삼는 반면, 흄의 도덕이론은 공리성을 적절한 정도의 척도로 삼는다고 말하고 있다. 스미스는 이 설명에서 흄의 공감론을 빠트리고, 자신의 공감이론만을 내세우고 공감을 도덕적 중도의 '척도'로 세우고 있다.

■ **공감에 의한 도덕감각의 대체와 이론적 혼돈**

객관적으로 보면, 스미스는 도덕적 변별능력을 공감에 귀속시키는 흄의 그릇된 초기이론을 계승해 더욱 공고화하려고 한 셈이다. 스미스에게

---

588) Smith, *The Theory of Moral Sentiments*, VII. ii. iii. §21.
589) Smith, *The Theory of Moral Sentiments*, VII. ii. iii. §21.

도덕적 변별은 감정과 행위의 '적절성', '적정성', '적합성(suitableness)', '중도' 등에 대한 공감적 판단이다. '중도'는 관찰자가 공감적 보조를 맞출 수 있는 모든 감정표출의 '적절성'의 근거다. '적합성'은 감정과 행동을 일으킨 대상적 '원인'에 대한 알맞음이다. 상술했듯이 스미스는 '적절성'을 관찰자의 공감의 유무·대소에 입각하여 규정한다. 당사자의 원천감정은 관찰자의 공감적 감정과 일치하면 적절한 감정으로 나타난다. 어떤 표출된 감정에 대해 공감이 있으면, 또는 공감이 크면, 이 감정의 표출정도는 '적절하다'고 평가된다는 말이다. 반면, 당사자의 원천감정을 일으킨 '원인'이 크고 강하면, 감정표출의 정도가 크더라도 이것은 '적합하다'고 평가된다.[590] 따라서 관찰자 자신의 공감적 감정 또는 공감정도가 관찰자가 당사자의 감정을 판단하는 기준과 척도로 간주된다. 일단 그는 감정의 공감적 '적절성'을 감정에 대한 판단척도로 만들어 감정의 인과적 '적합성'과 확연하게 구분한 것으로 보인다.

그러나 스미스는 슬그머니 '적절성'을 다시 '적합성'으로 환원시켜버린다. 그는 관찰자가 "대상을 고려하는 것으로부터 내가 그것에 의해 어떻게 영향받는지를 관찰하고" 나서야 "그의 감정과 나의 감정 사이에 크고 작은 불비례가 있는 것"을 지각하고, "크고 작은 정도의 불가감정"을 느낀다고 말하고 있기 때문이다.[591] 이것은 관찰자가 나의 감정적 원인에 대한 나의 감정의 적합성 여부를 판단하여 공감여부를 결정한다는 말이다. 그렇다면, 이것은 공감여부가 나의 감정의 공감적 적절성을 결정하는 것이 아니라, 역으로 감정의 인과적 적합성이 나의 감정에 대한 공감과 공감적 적절성을 둘 다 결성한다는 뜻이다. 이것은 적절성이 이 인과적 적합성에 종속변수이고, 이 적합성 여부에 대한 원천적 판단이 공

---

590) 참조: Smith, *The Theory of Moral Sentiments*, I. i. iii. §1.
591) Smith, *The Theory of Moral Sentiments*, I. i. iii. §1.

감 이전에 존재한다는 말이다. 스미스가 공감에게 부여한 판단력은 실은 이 원천적 판단력의 반영적 연장 또는 종속변수다. 이 원천적 판단력은 내감의 쾌통감각(쾌감), 재미감각, 미추감각(미감), 도덕감각 등 인간의 네 가지 본성적 판단감각이다.

스미스가 부지불식간에 '적절성'을 다시 '적합성'으로 환원시킨 것은 원천감정에 대한 공감의 – 주체적 자발성으로 인한 – 자의적 결여의 경우를 설명하기 위해 과거의 경험을 도입하는 것에서도 다시 반복된다. 그는 감정의 공감이나 상호감응 없이 가하다고 느끼는 것처럼 보이는 경우들이 있다는 것을 인정한다. 가령 우리가 어쩌면 근엄한 기질을 지녀서, 또는 우연히 우리의 관심이 다른 대상들과 관계되어 있어서 우리는 웃지 않을지라도, 우리는 종종 농담을 가하다고 느끼고 친구들의 웃음을 아주 정확하고 적절한 것으로 여길 수 있다. 우리는 우리의 웃음이 이런 원인적 대상(익살)에 적합하다는 것을 경험으로 이미 알고 있다는 것이다. 그는 이 웃음이 "이 웃음의 대상에 적합하다"고 말한다.[592] 여기서도 그는 공감의 저 반영적 '적절성 판단'을 포기하고 슬그머니 인과적 '적합성'을 채택하고 있다. 스미스는 스스로 관찰자의 근엄한 기질·무관심 등의 주관적 이유에서 공감이 부재한 경우들을 들고 있다. 공감의 이런 주관적 자의성·자발성·자율성은 공감에 적절성 판단의 변별력을 인정하는 스미스의 핵심주장을 약화시킨다.

더구나 스미스 자신도 인정하듯이 공감의 유무와 강약은 관찰자와 당사자 간의 호오·친소·원근관계 및 관찰자의 공감적 감수성의 차이에 의해 크게 좌우된다.[593] 게다가 공감을 감정·행동의 도덕적 적합성에 대한 판단력으로도 활용하려고 하는 스미스의 궁극적 의도까지 고려하면, 스

---

592) Smith, *The Theory of Moral Sentiments*, I. i. iii. §§3.
593) 참조: Smith, *The Theory of Moral Sentiments*, I. i. iv. §1; I. i. iv. §5.

미스의 공감적 적절성 및 판단력 이론은 진짜 불가능해지고 만다. 첫째, 부도덕성은 공감의 단순한 '부재'를 넘어, 도덕적 '반감(불가감정)'을 초래한다. 따라서 공감의 '부재'는 감정(동기)과 행동의 부도덕성의 기준이 될 수 없다. 또한 도덕적 거부감 또는 반감이 일어나려면 적어도 반감의 대상이 되는 감정이나 행동을 이미 인지하는 '교감' 작용이 있어야 하고 이 교감적으로 인지된 내용을 '불가'로 판단하는 변별력이 따로 있어야 한다. 그러나 흄과 마찬가지로 스미스도 이 '교감(Nachgefühl)' 개념을 모르는 한편, 이 변별력을 인정치 않으려고 한다. 그리고 지금까지도 영어에는 '공감(empathy)' 외에 '교감'을 나타내는 단어가 없다.

둘째, 공감은 도덕적 감정이나 행동에 대해서만 일어나는 것이 아니라, 쾌락적 감정이나 유용한 기술적·기능적·경제적 행위와 유희적 행위, 그리고 그도 인정하듯이[594] 미학적 감정과 미학적 행동에 대해서도 일어난다. 따라서 공감을 얻은 감정이라고 해서 다 도덕적인 감정인 것도 아니고, 공감을 얻은 행동이라고 해서 다 도덕적인 행위인 것도 아니다. 따라서 우리는 공감 개념으로 도덕감정·도덕행위의 경계를 구획 짓고 행위의 시비(선악)을 판단할 수 없다.

스미스는 갈피를 잡지 못하다가 결국 '적절성'을 '적합성'으로 환원할 뿐만 아니라, 결과적 행동의 적절성과 부적절성의 근거를 어떤 감정이 그 원인이나 대상과 맺는 적합성과 부적합성, 즉 비례와 불비례로 선언함으로써 인과적 '적합성'을 '적절성'의 유일근거로 천명하고 적절성을 적합성과 동일시하게 된다.[595]

감성표현과 감정원인 간의 이 '비례·불비례'론은 균형과 조화의 '중화'

---

594) 스미스는 "동일한 시나 동일한 그림을 찬미하고 이것들을 정확히 내가 찬미하는 것처럼 찬미하는 자는 나의 찬미의 적정성을 확실히 인정함이 틀림없다"고 말한다. 시와 그림을 찬미하는 이 감정은 미적 공감을 전제한다. Smith, *The Theory of Moral Sentiments*, I. i. iii. §1. 또 미학적 공감에 대해서는 다음도 참조: V. i. §§8-9.
595) 참조: Smith, *The Theory of Moral Sentiments*, I. i. iii. §§5-8.

이념을 담고 있다. 결국, 스미스는 우리가 이런 식으로 어떤 감정을, 이 감정을 일으킨 원인과 비례적인 또는 불비례적인 것으로 판단할 때, 우리가 우리 자신 안에서의 상응하는 감정 외에 다른 어떤 규칙이나 규범을 사용하는 것은 거의 가능하지 않다고 말한다. 이 경우를 우리 자신의 가슴에 절실하게 느끼자마자, 우리가 이 경우가 야기하는 감정이 우리 자신의 감정과 일치되거나 합치된다면, 우리는 반드시 이 감정을 이 감정의 '대상'에 비례적이고 적합한 것으로 여겨 이를 '가하다'고 느끼는 반면, 불합치된다면, 우리는 반드시 이 감정을 과도한 것으로, 비례를 벗어난 것으로 '불가'하게 느낀다는 것이다.[596] 결국 스미스는 적합성과 동일시되는 이 '적절성'의 근거를 '중도'로 밝혀준다. 이 "중도"에 "적절성의 핵심이 들어 있다"는 것이다.[597] 이렇게 적절성·적정성·적합성이 모두 다 결국 '중도'로 통합되었다.

그렇다면 공감 이전에 도덕감정과 도덕행동의 '중도'를 판단하는 도덕감각을 인정해야 할 것이다. 그러나 도덕감각을 공감의 기능으로 대체하려는 스미스의 기본의도는 갈피를 잡지 못한 채 끝까지 포기되지 않기 때문에 그는 시비감각으로서의 도덕감각을 끝내 자기의 개념으로 거론하지 않고 허치슨의 것으로 간주한다. 그러나 스미스는 이와 완전히 모순되게 허치슨의 미감, 즉 미적 판단력을 인정한다.[598] 하지만 미적 공감 이전에 존재하는 '미감'(미추감각)을 인정한다면 논리적으로 공감 이전의 '도덕감각'(시비감각)도 인정했어야 했다.

이런 이론적 결손으로 인해 스미스는 시비지심의 도덕적 평가감정으로서의 가부감정(approbation and disapprobation)을 도덕감각의 소산으로 파악하는 것이 아니라, 도덕감각 자체로 착각한다. "가부감정은 아

---

596) Smith, *The Theory of Moral Sentiments*, I. i. iii. §§9.
597) Smith, *The Theory of Moral Sentiments*, I. ii. §§1-2.
598) Smith, *The Theory of Moral Sentiments*, I. i. iv. §2.

주 정확하게 시비감각(sense of right and wrong) 또는 도덕감각(moral sense)이라는 명칭을 받을 수 있다."[599] "가부감정"이 "어떤 성품들을 우리에게 기분좋거나 기분나쁘게 만드는, 우리로 하여금 저 행동지침보다 이 행동지침을 더 선호하게 만드는, 전자를 바르다고, 후자를 잘못이라고 지칭하고 전자를 가한 느낌·영예·포상의 대상으로, 후자를 비난·비방·처벌의 대상으로 간주하는 저 정신의 능력 또는 역량"이라는 것이다.[600]

결국 스미스는 흄보다 깨끗이 섀프츠베리와 허치슨의 시비감각 또는 도덕감각의 이론을 제거해버렸다. 그렇다면 그는 자기의 스승인 허치슨의 '도덕감각'에 대해서는 어떻게 생각했는가? 그가 도덕감각을 반대하는 근거는 기실 '무지'에 지나지 않는다. "나는 섭리가 의심할 바 없이 인간본성의 지배적 원리로 의도한 이 감정이 지금까지 어떤 언어에서도 명칭을 얻지 못할 정도로 거의 주목받지 못한 것이 이상한 일이라서, 시비판단을 다른 모든 감정과 판이한 어떤 특별한 감정에 달려있게 만드는 가부감정 원리의 온갖 설명에 반대한다. 'moral sense'(도덕감각)라는 단어는 아주 최근의 생성물이고, 아직 영어의 일부를 이루는 것으로 간주될 수 없다. 'approbation'(가부감정)이라는 단어는 겨우 이 수년 사이에 특히 이런 종류의 어떤 것을 지목하기 위해 승인되었을 따름이다."[601] 스미스는 자신이 세상에 나오기(1723) 오래전에 섀프츠베리가 이미 '시비감각' 또는 '도덕감각'을 논했고(1711; 1713) 섀프츠베리에 대한 (수천 년 전에 이미 '시비지심'을 논한) 맹자의 영향에 대해 까막눈이다.

그리고 스미스는 맹자가 이 시비지심과 도덕감정을 합해 '양심'(양지 + 양능)이라고 부른 사실도[602] 모르고 있다.

---

599) Smith, *The Theory of Moral Sentiments*, Ⅶ. iii. iii. §11.
600) Smith, *The Theory of Moral Sentiments*, Ⅶ. iii. §1.
601) Smith, *The Theory of Moral Sentiments*, Ⅶ. iii. iii. §15.
602) 『孟子』「告子上」(11-8).

- 언어의 적절성에서 우리는 완전히 만족스럽게도 모든 것을, 가령 어떤 건물의 형태든, 어떤 기계의 장치든, 한 그릇의 고기의 냄새든 가하다고 느낀다. '양심'이라는 단어는 우리가 가부를 시비할 때 쓰는 도덕적 역량을 직접 지칭하지 않는다. 진정, 양심은 어떤 도덕적 역량의 실존을 상정하고 정확하게 이 역량의 방향과 합치되거나 배치되게 행동했다는 우리의 의식을 의미한다. 사랑·증오·즐거움·슬픔·감사·분개가 이 가부감정 원리의 주제들이라고 상정되는 아주 많은 모든 다른 감정들과 더불어 이 감정들을 식별하게 해주는 칭호를 얻기에 충분히 중요하게 되었을 때, 이 모든 감정들 중 그 주권적 감정이 소수의 철학자들을 빼면 아무도 이 감정을 이것에 명칭을 부여할 가치가 있다고 생각하지 않을 정도로 아직 거의 주목받지 못해왔다는 것은 놀랍지 않은가?[603]

 스미스는 '양심'을 "어떤 도덕적 역량의 실존을 상정하고 정확하게 이 역량의 방향과 합치되거나 배치되게 행동했다는 우리의 의식"으로 정의하고 있다. "양심"을 무의식적 느낌과 무의식적 행위동기도 포함하는 도덕적 '감정'(사단지심)으로 보지 않고 '의식'으로만 보고 있다. 또 여기서 "주권적 감정"은 도덕적 평가감정(시비감정)으로서의 가부감정을 말한다. 대다수의 어리석은 철학자들이 '도덕감정'이라는 명칭을 사용하지 않는 것은 섀프츠베리·허치슨·흄 등의 시비감각 또는 도덕감각론을 부정할 근거가 될 수 없다. 스미스의 논변이 이렇게까지 유치해지는 마당에 저 이상한 '양심' 개념까지 시비할 가치는 더욱 없을 것이다.
 스미스가 굳이 도덕감각을 부정하는 이유는 이런 유치한 근거라기보다, 적절성의 판단감각에 의해 개폐·좌우되는 공감을 적절성의 판단감각 자체로 착각하는 그의 본래적 논지일 것이다. 그는 이 점을 스스로 밝

---

603) Smith, *The Theory of Moral Sentiments*, VII. iii. iii. §15.

힌다.

- 우리가 어떤 성품이나 행동을 가하다고 느낄 때, 우리가 느끼는 감정들은 상술한 체계에 따르면 어떤 점에서 서로 다른 네 가지 원천에서 유래한다. 첫째, 우리는 행위자의 동기에 대해 공감한다. 둘째, 우리는 행위자의 행동의 혜택을 받는 사람들의 감사에 동참한다. 셋째, 우리는 이 두 공감이 일반적으로 작용할 때 의거하는 일반규칙에 합치되었다고 말한다. 마지막으로, 우리가 이러한 행동들을 개인이나 사회의 행복을 촉진하는 경향이 있는 품행체계의 일부를 이루는 것으로 간주할 때, 이 행동들은 우리가 잘 만들어진 어떤 기계에게 귀속시키는 아름다움과 다르지 않게 이 유용성으로부터 아름다움을 끌어오는 것으로 보인다. 어떤 한 특별한 경우에 이 네 원리 중 이런저런 원리로부터 생겨나는 것으로 인정되어야 하는 모든 것을 공제한 뒤에 나는 무엇이 남을지를 알고 싶고, 누군가 이 남은 것이 무엇인지를 정확히 규명하려고 한다면, 나는 자유롭게 이 남은 것을 도덕감각이나 어떤 다른 특별한 역량에 귀속시키는 것을 인정할 것이다.[604]

이것은 공감과 공리성만으로 가부감정의 원천에 대한 모든 설명이 다 완결되기 때문에 '도덕감각'을 상정할 필요가 없다는 말이다.

- 어떤 이러한 특별한 원리가 존재한다면, 이 도덕감정과 같은 것이 있는 것으로 상정되고, 우리가 송송 즐거움·슬픔·희망·공포를 순수하게, 다른 어떤 감정과도 섞이지 않게 느끼는 것처럼, 몇몇 특별한 경우에 우리가 이 도덕감각을 다른 모든 감각과 분리되고 떨어진 것으로 느낄

---

604) Smith, *The Theory of Moral Sentiments*, VII. iii. iii. §16.

것이라고 아마 기대될 것이다. 하지만 이것은 주장조차 할 수 없다고 나는 상상한다. 나는 이 원리가 공감이나 반감과 섞이지 않은 채, 감사나 분노와 섞이지 않은 채, 확립된 규칙에 대한 어떤 행동의 합치나 배치의 지각과, 또는 마지막으로 무생물 및 생물에 의해 불러일으켜지는 아름다움과 질서에 대한 저 일반적 미감과 섞이지 않은 채 홀로 발휘되는 것으로 얘기될 수 있는 공언된 어떤 사례를 들은 적이 없다.[605]

여기서 공감·공리성·미감을 시비판단력으로 보는 오류와 이 셋을 뒤섞는 오류로 이루어진 스미스의 도덕이론의 혼돈과 파탄이 여실히 드러난다.

이런 까닭에 19세기 후반 다윈은 애덤 스미스를 전혀 참조하지 않았고 직접 섀프츠베리·허치슨 및 이들을 추종하는 당대 약 32명의 도덕감각학파의 도덕감각론에 의거해, 그리고 기승을 부리기 시작한 밀과 시지윅(Henry Sidgwick)의 공리주의를 비판하면서 도덕감각의 진화적 형성과정을 밝혀낸다. 맹자의 '시비지심'에서 유래한 섀프츠베리와 허치슨의 도덕감각론은 이미 유럽 학계에 일반이론으로 확고하게 정착한 상황이었기 때문이다. 따라서 다윈은 『인간의 유래』에서 도덕감각을 논하면서 애덤 스미스를 비판적 맥락에서 딱 한 번 인용하는 것으로 그친다.[606] 그리고 흄은 "공감적 느낌(sympathetic feelings)"이라는 말을 인용한 것 외에 그의 공감적 공리주의 철학을 거의 완전히 무시한다.[607]

---

605) Smith, *The Theory of Moral Sentiments*, VII. iii. iii. §16.
606) Charles Darwin, *The Descent of Man, and Selection in Relation to Sex* [1871·1874] (London: John Murray, 2nd edition 1874), 106쪽.
607) Darwin, *The Descent of Man*, 109쪽 각주 23). "흄은 (*An Enquiry Concerning the Principles of Morals*, edit. of 1751, 132쪽에서) 이렇게 논평한다. '여기서, 남들의 행복과 불행이 우리와 완전히 무관한 광경이 아니고, 전자(행복)의 장면은 원인에서든 결과에서든 햇살처럼 또는 (우리의 허세를 더 이상 높이 끌고 갈 수 없을) 잘 가꾸어진 평야의 조망처럼 비밀스런 즐거움과 만족을 전달한다는 것을 고백할 필요가 있는 것

스미스는 이러저러한 크고 작은 오류에도 불구하고 도덕감각 대신 도덕감정을 가장 잘 알려지게 만듦으로써 서양 도덕론 주술적·합리적 도덕형이상학으로부터 해방하고 '과학화'하는 데 가장 크게 기여했다. 특히 당대로서는 실로 폭탄 같은 제목 The Theory of Moral Sentiments와 도발적인 부제목 An Essay toward an Analysis of the Principles by which Men naturally judge concerning the Conduct and Character, first of their Neighbours, and afterwards of themselves (인간들이 처음에 자기들의 이웃과 나중에 그들 자신의 행위와 성품에 관해 본성적으로 판단하는 원리들의 분석에 관한 에세이)는[608] 초판이 나온 1759년으로부터 최종판이 나온 1790년까지 30여 년 동안 서양의 신학적(주술적)·형이상학적(합리론적) 도덕철학자들을 혼비백산시킬 정도로 강타해 이런 계열의 도덕철학이 고개를 들지 못하게 만들었다. 이 점에서 스미스의 도덕감정론은 '도덕철학'이 '도덕과학'으로 발전하는 18세기 도정에서 시대적 정점 또는 완결점이었다고 평가할 만하다.

한편, 공맹 도덕과학을 수용·이해·활용한 18세기 서양 도덕론들은 일대 도덕(론)적 과학혁명을 일으켰으나 상론했듯이 크고 작은 오류와 오해들을 적잖이 안고 있다. 감정 일반과 도덕감정에 대한 현대과학적 연구들을 참조해서 다시 한번 도덕감정과 도덕감각의 정밀한 이해를 기해 이런 오류와 오해들을 바로잡아야 할 것이다. 그런데 미리 특기할 말한 것은 현대 뇌과학·진화생물학·도덕심리학·동물사회학 분야의 각종 실험·경험과학적 연구들이 거의 예외 없이 공맹의 직관적·자기관찰적 도

처럼 보인다. 후자(비참함)의 모습은 험악한 구름이나 불모의 풍경처럼 상상력에 우울한 습기를 던진다.'"
608) "인간들이 처음에 자기들의 이웃과 나중에 그들 자신의 행위와 성품에 관해 본성적으로 판단하는 원리들의 분석에 관한 에세이"라는 부제목에서 '가장 도발적인' 부분은 "인간들이 (…) 본성적으로 판단하는"이라는 대목이다. '본성적 도덕판단'이라는 개념은 합리적·주술적 도덕론자들을 극도로 도발하기에 충분했을 것이다.

덕과학의 기본개념들을 다시 한번 확고하게 입증해준다는 사실이다.

제3절

스미스의 중국경제 예찬과 농본적 시장경제론

3.1. '보이지 않는 손' 개념에 대한 공자의 '보이지 않은' 영향

애덤 스미스가 공자철학과 중국 정치경제에 대해 잘 알고 있었다는 가장 확실한 증거는 『국부론』과 『도덕감정론』에 등장하는 경제적·도덕적 논제들이다. 『국부론』(1776)도 『도덕감정론』만큼 유교적·중국적이다. 『국부론』 최종본은 1789년에 나왔다.

■ "보이지 않는 손"의 아롱거리는 의미변위

스미스는 '보이지 않는 손'이라는 표현을 「천문학의 역사」, 『도덕감정론』, 『국부론』에서 각각 한 번씩 사용해서 전 저작에서 총 3번 사용했다. 그런데 문제는 '보이지 않는 손'의 의미가 경우마다 제각기 아주 판이하게 다르다는 데 있다. 스미스는 「천문학의 역사」에서 다음과 같이 말한다.

- 그들 자체의 본성의 필연성에 의해, 불이 타고, 물이 깨끗해지고, 무거운 물체는 가라앉고, 보다 가벼운 물질은 위로 날아오른다. 또한 주피터의 보이지 않는 손이 이러한 일들에 간여되어 있는 것으로 이해된 적이 없었다.[609]

스미스가 젊은 시절에 쓴 글의 이 구절은 개체적 요소들이 필연적으로 깨지고 마모되고 타고 녹으며 상하로 운동하는 가운데 이리저리 재배치됨으로써 우주의 질서가 저절로 수립되는 스토아학파의 우주론적 섭리론을 대변하고 있다. 따라서 이 구절은 개체와 전체의 조화가 아니라 전체를 위한 개체들의 마모와 희생을 말하고 있다. 그런데 우리가 주목하는 케네의 '자연적 질서'와 스미스의 '보이지 않는 손' 사상의 '새롭고 획기적인 점'은 첫째, 자유경쟁시장에서 개인과 공공의 이익이 결과적 조화를 이룬다는 각성이고, 둘째, 이런 선량한 자연법 또는 자연적 질서의 개념을 최초로 이기적 약육강식 기제로 관념되어 온 경제분야에 적용함으로써 공익과 사익의 자연적 조화에 대한 저 각성을 바탕으로 개인들이 자유롭게 영리를 최대로 추구하는 것을 정당화하여 개인이익을 전체를 위한 희생으로부터 해방시켰다는 것이다. 따라서 「천문학의 역사」에서 얘기되는 주피터의 우주론적 "보이지 않는 손"은 개체의 희생과 마모 없이 개체와 전체가 자연지도自然之道에 의해 조화를 이루는 공자의 자연적 '무위이성', 케네의 '자연적 질서', 『국부론』의 "보이지 않는 손"과 의미론적으로 완전히 배치된다.

---

609) Adam Smith, "History of Astronomy", 49쪽. Adam Smith, *Essays on Philosophical Subjects* (Indianapolis: Liberty Classics, 1982).

스미스는 『국부론』 제3책 4절(ch. IV. "도시 상업은 어떻게 나라의 향상에 기여하는가?")에서 흄을 인용하며 상업의 정치경제적 효과를 종합하면서 "보이지 않는 손"을 개인의 자유로운 영리추구와 공공복리 간의 조화의 의미로 사용한다. 일단 그는 상업의 '국부증대'와 '자유화' 효과에 대해 말한다.

- 사업·제조업 도시들의 증가와 부는 이 도시들을 가진 나라의 향상과 발전에 세 가지 상이한 방식으로 기여했다. 첫째, 나라의 원자재 생산물을 위해 준비된 큰 시장을 제공함으로써 도시들은 나라의 발전과 계속적 향상을 북돋았다. (…) 둘째, 도시 거주자들에 의해 획득된 부는 대부분이 종종 미개발 상태에 있는, 팔려야 할 그런 땅들을 매입하는 데 쓰였다. 상인들은 흔히 농촌 젠틀맨이 되고자 하는 희망을 가졌다. 그들이 농촌 젠틀맨이 될 경우, 일반적으로 모든 개발자들 중 최선의 개발자가 되었다. 상인은 돈을 이윤이 있는 프로젝트에 투자하는 데 익숙한 반면, 시골 젠틀맨은 주로 소비지출에 쓰는 데 익숙하기 때문이다. (…) 셋째, 마지막으로 상업과 제조업은 점차 질서와 훌륭한 정부를 도입하고, 그와 함께 이웃 국가들과의 끊임없는 전쟁 상태와 우월자들에 대한 노예적 종속 상태에 살았던 국가 주민들 사이에 개인들의 자유와 안전을 도입한다. 이것은 거의 깨닫지 못했을지라도 모든 중요한 효과들 가운데 가장 중요한 효과다. 흄은 내가 아는 한 지금까지 그것을 본 유일한 필자다.[610]

스미스는 흄이 이미 논한 상업의 경제발전 효과와 자유화 효과에 더해 사마천의 '소봉'과 같은 대상공인의 농촌 투자와 이를 통한 도농都農 간

---

610) Smith, *Wealth of Nations*, III. iv. 1-4, 411-412쪽.

부의 재분배 현상을 새로 추가하고 있다. 도시에서 재물을 모은 상인이 농촌의 토지를 매입해 젠틀맨으로 변신하는 것은 '소봉'의 "이말치재以末致財 용본수지用本守之(상업으로 재물을 모으고 농업으로 재물을 지킴)"와 같은 것이다.

나아가 스미스는 '인간의 통상적 성향'에 부응해 이 성향의 온갖 향상을 보장하는 흄의 '자연스러운' 사회원리를 수용했든, 케네의 '자연적 도(ordre naturel)'를 수용했든, 공자의 '무위이성無爲而成의 천지지도' 또는 사마천의 '자연지험自然之驗'과 동일한 경제적 의미에서 '보이지 않는 손'을 말한다.

- 각 개인들은 일반적으로 진정 공익을 증진시키려고 의도하지도 않고, 또한 그들이 이 공익을 얼마만큼 증진시키는지를 알지도 못한다. 그들은 다만 외국산업의 지원보다 국내산업의 지원을 택함으로써 그들 자신의 안전만을 의도할 뿐이다. 그리고 국내 산업을 그 생산물이 최대가치가 될 수 있도록 하는 방식으로 관리함으로써 각 개인은 오로지 자기 자신의 이익만을 의도하는데, 그들은 이러는 중에, 다른 많은 경우에 그렇듯이, 그들의 의도의 일부가 아닌 목적을 증진시키도록 보이지 않는 손(invisible hand)에 의해 이끌려져 있는 것이다. 또한 이 목적이 의도의 일부가 아니라는 것이 언제나 사회에 더 나쁜 것이기만 한 것은 아니다. 모든 개인들은 자기 이익을 추구함으로써 각자가 실제로 사회의 이익을 촉진하려고 의도할 때보다 더 효과적으로 이 사회의 이익을 빈번하게(frequently) 촉진한다. 나는 공공복리를 위해 교역하는 체했던 자들이 행했다는 복리가 얼마나 많은지 알지 못한다.[611]

---

611) Smith, *Wealth of Nations*, IV. ii. 9, 456쪽.

스미스가 이 "보이지 않는 손"이라는 표현으로써 흄과 케네의 '자연스런 사회원리' 및 '자연적 질서'를 의미했든지, 공자의 '무위이성'과 사마천의 '자연지험'을 의미했든지 그것은 여기서 중요치 않다. 흄과 케네도 어차피 공자와 중국을 받아들여 그 같은 자연질서·자연원리의 사상을 전개하고 있었기 때문이다. 즉, "보이지 않는 손"의 사상의 궁극적 출처는 실루에트가 하늘의 "침묵의 웅변(silence loquent)"으로 표현하고 케네가 "자연적 질서의 법"으로, 흄이 "자연적 사회원리"로 표현한 공자와 중국의 "무위이성의 천지지도"이기 때문이다.

스미스는 여기서 '보이지 않는 손'을 대외무역에 대한 국내기업가들의 자연스런 대응 현상에 적용했지만 『도덕감정론』에서는 이것을 경제일반으로 확장해 이렇게 정식화한다.

- 우리가 이 모든 재물들이 제공할 수 있는 실질적 만족을 이 만족을 촉진해 주는 데 적합한 배치의 아름다움과 분리시켜 그 자체만으로 고찰한다면, 이 실질적 만족은 언제나 최고로 경멸할 만하고 하찮은 것으로 나타날 것이다. 그러나 우리가 이 만족을 이런 추상적이고 철학적인 관점에서 보는 경우는 드물다. 우리는 자연스럽게 이 만족을 우리의 상상 속에서, 만족을 산출하는 수단들인 체계·기제·경제의 질서, 즉 규칙적이고 조화로운 운동과 혼동한다. 이런 복합적 관점에서 고찰할 때 부와 강대함의 기쁨은 장대하고 아름답고 고귀한 것이 되어 우리의 상상력을 때린다. 이제 이것의 획득은 우리가 그토록 쉽사리 이것에 쏟는 온갖 노고와 온갖 열망을 보일 가치가 충분히 있는 것으로 나타난다. 그리고 자연이 우리를 이런 식으로 속이는 것은 잘된 일이다. 인류의 산업을 일으키고 계속적인 운동 중에 붙들어 두는 것은 이 기만이다. 인류에게 처음으로 땅을 갈고 집을 짓고 도시와 나라를 세우

고 인간의 삶을 고귀하게 하고 맛깔나게 하는 모든 과학과 예술을 발명하고 개선하도록 촉구한 것은 바로 이것이었고, 지구의 표면을 완전히 바꾸고 야생적 자연산림을 기분 좋고 비옥한 들판으로 탈바꿈시키고 전인미답의 불모적인 대양을 새로운 생계 기반으로 만들고 지구의 상이한 국민들 간의 소통을 위한 큰 도로를 만든 것은 바로 이것이었다. 땅은 인류의 이러한 노동에 의해 어쩔 수 없이 자연적 비옥도를 배가하고 더 많은 수의 주민들을 유지해야 한다. 오만하고 무정한 어떤 지주가 그의 광대한 들을 바라보면서 그의 동포들의 궁핍에 대한 아무런 생각도 없이 들판 위에서 자라는 전 수확물을 자기 혼자 소비할 것이라고 상상한다면, 그것은 소용없는 착각이다. '눈은 배보다 크다'는 소박한 속담은 이 지주와 관련하여 가장 완전하게 입증되는 말이다. 그의 위의 용량은 그의 욕망의 거대성과 비례하지 않으며, 가장 천한 농부의 위보다 더 많이 받아들이지 못할 것이다. (…) 부자는 단지 쌓인 무더기 중에서 가장 값비싸고 맘에 드는 것을 고를 뿐이다. 그들은 빈자보다 조금 더 많이 소비하고, 자연적 이기성과 탐욕에도 불구하고 그들이 그들 자신의 편익만을 꾀하고 그들이 그가 고용한 수천 명 모두의 노동으로부터 의도하는 유일한 목적이 그들 자신의 헛되고 만족시킬 수 없는 욕망의 충족일지라도, 그들은 그들의 온갖 발전의 생산물을 빈자들과 나누게 된다. 그들은 보이지 않는 손(*invisible hand*)에 의해, 땅을 모든 주민들에게 동등한 분량으로 나누었을 때 이루어지는 것과 거의 동일한 생필품 분배를 이루도록 이끌어지고, 그리하여 그것을 의도함이 없이, 그것을 앎 없이 사회의 이익을 증진시키고, 인류 종족을 배가시킬 수단들을 제공한다. 섭리는 소수의 영주들에게 지구의 땅을 나누어주었을 때, 이 분할에서 제외된 것으로 보이는 사람들을

잊지도 않았고, 내버리지도 않았던 것이다.[612]

여기서 '보이지 않는 손'의 역할은 두 가지다. 하나는 '실질적 만족'의 '미학적 혼동(자기기만)'을 통해 부자들을 근면하게 경제발전에 매진하도록 유도하고, 다른 하나는 이 '발전의 생산물들'을 빈자들과 나누게 한다. 여기서 애덤 스미스는 경제를 너무 '경제주의적'으로만 생각해, 즉 경제를 재물의 생산과 교환과 금전의 축적으로만 생각해 노동자들에 대한 고용주의 착취적 '지배'와 중소자본가에 대한 대자본가의 수탈적 지배를 단지 "쌓인 무더기 중에서 가장 값비싸고 맘에 드는 것을 고를" 선택권쯤으로 축소하고 있다.

이런 까닭에 스미스는 부자들에게 주어지는 경제적 부의 이런 하찮은 기여효과에도 불구하고 부자들이 이에 매달리는 이유를 '미학적 혼동'으로 오인하고 이 경제 전체의 과정에 '보이지 않는 손'을 적용하고 있다. 즉, 그는 부자들이 이에 매달리는 이유로서 '정치적 권력'과 마찬가지로 무한히 추구되는 '경제적 권력'의 증대 욕구를 몰각하거나 제거해 버렸다. 이런 까닭에 스미스의 이 논변은 모든 부가 하찮은 것이라는 '비장한 철학(splenetic philosophy)' 뒤로 부자의 - 빈자들을 멋대로 좌지우지하는 - 살벌한 경제적 생사여탈권으로서의 지배권력을 은폐하고 안전하게 지켜 주려는 의도에 이바지하고 있다.『국부론』의 '보이지 않는 손'이 자유로운 사적 이익의 추구가 결과적으로 공공복리의 증대에 기여한다는 '자연적' 선의善意의 시장메커니즘을 뜻하는 것이라면,『도덕감정론』의 '보이지 않는 손'은 자본권력자와 경제적 약자 간의 불평등한 분배와 권력 격차를 속이고 감추는 '인위적' 악의惡意의 이데올로기적 은폐기제로 쓰이고 있다. 이 후자의 '보이지 않는 손'은 공자의 '무위이성',

---

612) Smith, *The Theory of Moral Sentiments*, IV. i. 9-10, 214-6쪽.

사마천의 '자연지험', 흄의 '자연스런' 사회원리와 케네의 '자연적 질서'의 본질적 변조와 악용에 속하는 것이다. 『국부론』의 '보이지 않는 손'만이 공자의 '무위이성'이나 사마천의 '자연지험'의 의미, 또는 실루에트의 '하늘의 침묵의 웅변'이나 케네의 '자연적 질서'의 의미와 부합된다.

■ 참 쓸데없는 논쟁

서양학자들 중에는 스미스의 '보이지 않는 손'이 서양 전통의 스토아적 자연법·섭리론에서 유래한 것이라는 새로운 해석으로 스미스 경제학이 서구 고유의 사상전통에서 산출되었다는 주장을 펴는 학자들이 있다. 서양의 전통적 '자연법'이나 '섭리'가 그렇게 선량한 자연적 질서였던가? 필자가 듣기에 자연상태를 지배한다는 서양 전통의 '자연법' 또는 '섭리'는 늘 징벌·대홍수·말살·파괴·폭력·양육강식·분규·전쟁·혼란 등의 사악하고 위험한 부조화의 무질서로 나타났다. 따라서 서양의 전통적 섭리론이나 자연법사상은 스미스의 『국부론』의 '보이지 않는 손'을 사상적으로 뒷받침해 줄 수 없는 것이다.

『국부론』의 '보이지 않는 손'은 사마천의 '자연지험'과 마찬가지로 개인의 사익추구를 선善으로 보고 개인과 전체의 이익 중 어느 쪽도 희생시키지 않는 차원에서 개인들의 사익추구와 전체의 공공복리를 조화롭게 상생적으로 상승시키는 메커니즘을 뜻한다. 그러나 서구전통의 '자연법' 사상에 따를 때 만인의 만인에 대한 전쟁상태로서의 '자연상태'에서는 공공복리를 희생시키는 개인들의 이기적·폭력적·파괴적 활동만이 난무하는 반면, '사회상태'에서는 역으로 개인의 이익이 더 높은 공공질서나 공공복리에 희생된다. 스토아학파의 우주론적 섭리론에서도 우주 전체의 이익을 위해 개인들이 희생된다. 바로 이런 까닭 스미스는 『국부론』의 '보이지 않는 손'을 설명하면서 자연법 개념을 전혀 동원하지 않았던 것이다.

　가령 공자의 "자연적 자유·평등" 이념의 영향을 받은 그로티우스의 자연법 사상 이전에 존재하던 키케로 전통의 자연법사상도 스토아학파의 저 섭리론 및 자연법사상과 마찬가지로 '보이지 않는 손'의 선량하고 조화·평화로운 '자연지도'·'자연지험' 철학과 대립적이다. 기독교적 섭리나 스토아·키케로 등의 이 자연법사상은 개인의 이기적 욕망을 희생시켜 우주의 질서에 맞추도록 하거나 사회의 공공복리에 굴복시키기 때문이다. '보이지 않는 손' 또는 '자연질서·자연지험' 철학은 물론 홉스의 '만인의 만인에 대한 전쟁' 상태로서의 자연상태 개념에서[613] 찾을 수 없다.

　또한 '보이지 않는 손'의 철학은, 자연상태를 인간들이 본성적 "유사성"으로부터 생겨나는 "공통된 친화관계"에서 "자연적 자유"와 "평등"을 구가하지만 – 역시 홉스나 다름없이 – "지속적 전쟁"이 지배하는 전쟁상태로 보는 푸펜도르프의 초기 자연상태론과 자연법사상에서도 도출될 수 없다. 초기에 홉스로부터 강한 영향을 받았던 푸펜도르프는 자연상태를 "인간 본성들의 유사성으로부터 생겨나는 저 공통된 친화관계의 관점에서만 바라보아야 한다"고 말한다. 따라서 "상호 자연상태에 사는" 사람들은 "어떤 공통된 윗사람도 인정하지 않고, 자기들 중 아무도 자기의 동료에 대한 지배권을 주장할 수 없다". 그러므로 자연상태에서는 '자연적 자유'와 '평등'이 있다. 하지만 자연적 "친화관계"는 "자연적 자유의 상태에서 문란하게 사는 자들 사이에서 거의 힘을 발휘하지 못한다". 따라서 "방종하게" 사는 "어떤 인간이든 진정적으로 취급되지는 않지만, 너무 자유로워서 신뢰할 수 없는 벗으로 간주될 수 있고", 따라

---

613) Thomas Hobbes, *Leviathan or The Matter, Form, and Power of a Commonwealth Ecclesiastical and Civil* [1651], 113, 114, 115쪽. *The Collected Works of Thomas Hobbes*, Vol. III, Part I and II, collected and edited by Sir William Molesworth (London: Routledge/Thoemmes Press, 1992).

서 "동료들에게 해를 가할 능력"과 "의지"가 있다. "본성의 타락, 야심이나 탐욕"에서 동료들에게 "모욕과 폭력"을 가하기 때문이다. 또 적수와 경쟁관계로 인해 "질투·불신·음모" 등이 존재할 수밖에 없다. 결국, 자연상태에서는 "공포·궁핍·불결·고독·야만성·무지·야수성 등을 수반하는 지속적 전쟁이 존재한다."[614) 이 자연상태는 이와 같이 "천지지도"의 "무위이성"이나 "자연지험"과 상반되는 원리가 지배하는 것이다.

그러나 푸펜도르프는『자연법과 국제법』(1672)의 여러 개정판(최종: 1692년 버전)에서는 공자와 컴벌랜드의 영향으로 홉스의 전쟁적 자연상태론을 버리고 평화상태로 '재再개념화'했다.[615) 그러나 푸펜도르프의 이 평화적 자연상태 개념에도 '무위이성'·'자연지험'의 메커니즘은 전혀 들어있지 않다. 그리고 남에게 피해를 주지 않는 소극적 원칙일 뿐인 로크의 평화적 자연상태 개념이나 이성적 자연법도 저 '보이지 않는 손'의 메커니즘을 전혀 포함하고 있지 않다.[616)

그리고 공자의 인애개념에 의거해 홉스를 배격하고 자연상태를 '만인의 만인에 대한 인애'의 상태로 규정하는 컴벌랜드, 섀프츠베리와 허치슨의 자연법론에서도 그것은 마찬가지다.[617) 이들은 모두 다 사적 이익

---

614) Samuel von Pufendorf, *The Whole Duty of Man According to the Law of Nature* [De officio hominis er civis juxta legem naturem, 1673] (Indianapolis: Liberty Fund, 2003), 114쪽 및 115-117쪽 곳곳.
615) 푸펜도르프에 대한 필자의 상세한 분석은 참조: 황태연,『근대 독일과 스위스의 유교적 계몽주의』(서울: 넥센 미디어, 2020), 26-67쪽.
616) John Locke, *Two Treatises of Government* [Dec., 1689, but marked 1690] (Cambridge: Cambridge University Press, 1960·2009), Bk.II Ch.I. §4. 6.
617) 참조: Richard Cumberland, *A Treatise of the Laws of Nature*, translated with Introduction and Appendix, by John Maxwell (London: K. Knapton, 1727). Republished, edited and with a Foreword by Jon Parkin (Indianapolis: Liberty Fund, 2005), 297-424쪽; Anthony Ashley Cooper, Third Earl of Shaftesbury, *Characteristicks of Men, Manners, Opinions, Times*, Vol. I in 3 volumes [1711·1713·1732] (Indianapolis: Liberty Fund, 2001). LF Printer PDF (Accessed from http://oll.libertyfund.org/title/811 on 2010-11-13), 69-70. 72쪽, Vol. 2, 21-2, 45, 122, 179쪽, Vol. 3, 90쪽; Francis Hutcheson, *An Inquiry into the Original*

을 극대화하려는 개인들의 자유로운 영리추구가 의도 없이 결과적으로 공공복리도 극대화시킨다는 '자연지험'의 시장기제가 아니라, 개인들의 자연스런 사익추구 활동에 대한 존중과 보장 없이 공공복리를 '직접' 겨냥하는 '인간애'나 '인애심'의 도덕성을 강조하기 때문이다.

이런 관점에서 보면 『국부론』의 '보이지 않는 손'은 결코 서양 고유의 자연법사상의 산물이 아니라는 점이 더욱 분명해진다. 그것은 스미스가 흄과 케네를 통해 수입한 '중국산'인 것이다. '보이지 않는 손'이라는 표현이 중국산이라는 말이 아니다. '보이지 않는 손'이라는 말은 스미스 고유의 표현이다. 그러나 '보이지 않는 손'이 담고 있는 두 가지 지식, 즉 경제적 사익의 자유로운 추구 속에서 개인들의 부가 가장 빠르게 증대된다는 테제와, 자유로운 사익추구 활동을 통한 이 개인적 부의 증대와 자연스럽게 연동되어 국부(공공복리)도 동시에 증대된다는 테제가 바로 '중국산'이라는 말이다.

이와 관련해 최근 일어난 '논쟁'을 돌아보자. 1964년 윌리엄 록우드(Willian W. Lockwood)는 「애덤 스미스와 아시아」라는 논문에서 애덤 스미스는 "그의 수중에 들어온 파편적 (중국 관련) 지식을 아주 효과적으로 이용했을"지라도 "정치경제에 대한 그의 견해는 동쪽에서 온 것이 아니다"라고 단언했다.[618] 그리고 록우드는 스미스는 공자가 아니라 노자의 사상에 더 가까웠다고 주장했다. "여기서 도가道家의 무위無爲 개념과 스미스의 자연적 자유의 체계 사이에 이런 평행선을 긋는 것은 솔깃

---

of Our Ideas of Beauty and Virtue (1725). Francis Hutcheson, Two Treatises. Edited by Wolfgang Leidhold. Indianapolis: Liberty Fund, 2004. (http://oll.libertyfund.org/title/858. 최종검색일: 2010. 11. 13.), Treatise II, Section I, §I, II, Section II, §II, Section III, §VIII, XV, Section VI, §I, II; Francis Hutcheson, An Essay on the Nature and Conduct of the Passions and Affections (Indianapolis: Liberty Fund, 2002), 19, 71쪽.
618) Lockwood, "Adam Smith and Asia", 349쪽.

하다. "작은 생선을 굽는 것처럼 큰 나라를 다스리라", "최선의 치자는 백성들이 단지 바라보기만 하는 치자다" - 이런 말들은 『국부론』의 비非 도가적 세속성에도 불구하고 이 책 안에서 반향을 얻고 있다. 스미스는 도가들처럼 좋은 사회의 열쇠로서의 도덕적 치자에 대한 유가들의 믿음도, 정책에서의 국가통제적 압도도 확신을 공유하지도 않았다."[619] 록우드는 노자의 '무위자연' 개념만 알고 공자의 '무위이치·무위이성' 사상에 대해서는 까막눈이었던 것으로 보인다. 이런 까닭에 그는 유가를 '국가통제주의자'로 몰아버리고 있다. 그러나 18세기에 거의 모든 유럽인들은 공자와 '공자의 중국'만을 알았고 아직 노자는 알지 못했다.

노자의 『도덕경』이 유럽에 소개된 것은 공자의 경전들에 비하면 아주 늦은 편이었다. 1750년경에 『도덕경』의 라틴어 번역 원고가 나타나 프랑스 지식인들 사이에 잠시 나돌았다는 소문은 전해진다. 하지만 19세기 초(1824)에야 겨우 『도덕경』의 네 절이 번역 출간되었다. 그리고 이 즈음에야 레뮈사(Charles de Rémusat, 1797-1875)라는 인물이 노자에 관한 몇 편의 논문들을 발표했다. 노자는 19세기에 가서야 공자처럼 유럽 사상계에서 일반적으로 알려지게 된다.[620] 스미스가 파리에 체류한 것은 1766년 2월에서 11월까지 9개월간이었다. 그는 이때 일시 방문객이었으므로 16년 전에 프랑스 지식인들 사이에 잠시 나돌았던 『도덕경』의 라틴어 번역 원고를 얻어 보기 어려웠을 것이다. 따라서 스미스가 노자의 영향을 받았을 것이라는 록우드의 추정은 무리가 있다. 하지만 록우드는 각주에 "스미스는 한나라 초기의 위대한 역사가 사마천과 훨씬 더 어울렸을 것이다"라는 말도 덧붙여 놓고 있다. 그가 이 말을 무슨 의도로 한 것인지는 짐작할 수 없지만 사마천의 '자연지험' 사상을 생각할 때 이것

---

619) Lockwood, "Adam Smith and Asia", 349-350쪽.
620) Reichwein, *China and Europe*, 125쪽.

은 틀린 말은 아니다.

1996년 레슬리 영(Leslie Young)은 「시장의 도: 사마천과 보이지 않는 손」이라는 논문에서 록우드와 반대로 '보이지 않는 손'과 관련해 사마천이 애덤 스미스를 선취했을 뿐만 아니라, ① 스미스에게 영향을 미친 중농주의자들의 '자연적 질서(자연의 도)'의 개념은 중국으로부터 수입된 것이고, ② 애덤 스미스의 '보이지 않는 손'은 정치경제에 대한 이 '자연질서' 개념의 적용이며, ③ 사마천은 이미 2000년 전에 '자연질서'의 개념을 정치경제에 적용했고, ④ 가격 메커니즘으로서의 '보이지 않는 손'의 명백한 언술을 정식화했다고 주장했다.[621] 그는 사마천의 「화식열전」의 핵심 논지를 개관하고 한나라 무제 때 상홍양의 관치경제에 대한 복식의 비판을 인용하며 사마천의 자유경제사상을 비교적 상세히 논한다.[622]

나아가 레슬리 영은 당시 모든 중국인 식자들이 사마천의 『사기』에 정통했던 만큼, 중국경제학에 관해 튀르고와 논의하는 가운데 '고'와 '양'이라는 두 중국유학생이 튀르고의 레세페르 경제가 사마천의 핵심적 결론과 아주 가까웠기 때문에 사마천의 경제이론으로 되돌아갔을 것으로 추측하면서, "사마천의 아이디어가 튀르고를 통해 애덤 스미스로 전달되었을 것"이라고 추단했다.[623] 그리고 영은 다음과 같이 결론지었다.

- 사마천의 저술이 중국제국을 모든 제국 중에서 가장 인구가 많고 가장 성공적이고 가장 지속적인 제국으로 번영하게 해 준 상업문화를 지탱하는 데 비판적 역할을 했다는 점에서 사마천은 중국의 애덤 스미스로

---

621) Young, "The Tao of Markets: Sima Quian and the Invisible Hand", 140쪽. 영은 사마천이 말하는 '道'가 공맹이 아니라, 노자의 '道'라고 오해하고 있다.
622) Young, "The Tao of Markets: Sima Quian and the Invisible Hand", 140-2쪽.
623) Young, "The Tao of Markets: Sima Quian and the Invisible Hand", 143쪽.

간주될 만하다. 예수회 신부들에 의해 보고된 중국의 성공이 계몽주의 철학자들과 레세페르의 대변자들을 고취하고 이들의 신뢰성을 높였다는 점에서 사마천은 또한 산업적 민주국가들의 탄생을 도왔다는 명예를 받을 만하다. 그리고 사마천이 애덤 스미스를 직접 고취했다는 점에서 그는 경제학의 참된 아담으로, 참된 스미스로 알려질 만하다.[624]

이것은 레슬리 영이 사마천의 경제사상이 애덤 스미스에게로 전달되는 경로를 사료나 스미스의 개인 도서관의 장서로 입증하지 않은 채 단순히 당시의 정황으로 미루어 짐작한 말이다. 당시 사마천이 유럽에 알려졌는지, 또는 특히 「화식열전」에서 전개된 그의 자유시장 경제사상과 '자연지험'의 개념이 알려져 있었는지는 궁금한 상태로 남겨져 있다.

레슬리 영의 이 추정에 대해 1999년 켄 맥코믹(Ken McCormick)은 「사마천과 애덤 스미스」라는 논문으로 영의 주장을 반박했다. 맥코믹은 스미스가 파리에서 중농주의자들과 지냈기 때문에 "사마천이 애덤 스미스에게 영향을 미쳤을 가능성"이 있다는 것, 또 "케네가 스미스에게 직접적 영향을 미쳤고 중국에 대해 잘 알고 있었다"는 것, 그리고 "튀르고와 케네가 스미스로 하여금 자생적인 자연적 질서에 관한 중국의 사상을 깨치게 만들었다"는 것 등을 다 인정하지만, '자연적 질서'의 개념 자체를 중국으로부터 수입했다는 주장이 "정확하지 않고" 또 "거친 과대평가"라고 반박했다. "스미스의 '보이지 않는 손'과 그의 '레세페르' 독트린은 서구의 자연법 철학에 확고하게 기초한 것"이라는 것이다.[625]

일단 맥코믹은 – 우리가 다 아는 사실이지만 – 스미스가 천문학적 맥

---

624) Young, "The Tao of Markets: Sima Quian and the Invisible Hand", 144쪽.
625) Ken McCormick, "Sima Qian and Adam Smith", *Pacific Economic Review* 4: 1 (1999), 85쪽.

락에서 '보이지 않는 손'이라는 표현을 일찍이 사용했다는 사실을 지적한다.[626] 그러나, 앞서 상술했듯이, 케네의 '자연적 질서'와 스미스의 '보이지 않는 손'의 사상의 '새롭고 획기적인 점'은 새로운 경제지식에 기초해 자연법사상을 경제영역에 적용했다는 것이기 때문에 맥코믹의 이 지적은 '보이지 않는 손'의 '표현'이 스미스 특유의 '표현'이라는 것을 알 수 있게 해 주지만, 스미스 사상의 자연법적 유래에 대해 밝혀 주는 점은 전혀 없다. 물론 맥코믹은 『국부론』과 『도덕감정론』의 '보이지 않는 손'도 인용하고 있다. 그러나 이것들은 이미 중국의 강한 영향을 받은 저작들이므로 증거능력이 없다.

맥코믹은 스미스가 경제외적인 선악의 맥락에서 제시하는 고대 스토아학파의 섭리론을 '보이지 않는 손'의 본질이라고 주장한다. 그러면서 스미스의 다음 설명을 인용한다. 스미스는 스토아학파의 우주관을 이렇게 설명했다.

- 고대 스토아학파는 세계가 지혜롭고 강력하고 선량한 신의 만물지배적 섭리에 의해 다스려지는 만큼, 개개의 단일 사건도 우주의 계획의 필수적 부분을 만드는 것이고 일반적 질서를 촉진하고 전체의 행복을 촉진하는 경향을 갖는 것으로 간주되어야 한다고 생각했다. 그러므로 인류의 악덕과 어리석음은 인류의 지혜나 미덕만큼 필수적인 이 계획의 부분으로 만들어지고 또 악으로부터 선을 끌어내는 영원한 기술에 의해 똑같이 위대한 자연체계의 번영과 완전성에 이바지한다고 생각

---

626) McCormick, "Sima Qian and Adam Smith", 86쪽. 스미스는 「천문학의 역사」에서 다음과 같이 말한다. "그들 자체의 본성의 필연성에 의해, 불이 타고, 물이 깨끗해지고, 무거운 물체는 가라앉고, 보다 가벼운 물질은 위로 날아오른다. 또한 주피터의 보이지 않는 손이 이러한 일들에 간여되어 있는 것으로 이해된 적이 없었다." Adam Smith, "History of Astronomy", 49쪽.

했다.[627]

스토아철학의 우주론에 대한 스미스의 이 설명을 근거로 맥코믹은 인간의 이기적 욕망을 "악덕과 어리석음"으로 보고, 공공복리를 "악으로부터 끌어내진 선"으로 보는 스토아학파의 저 인간경멸적 섭리론을 스미스의 '보이지 않는 손'의 본질적 의미로 해석한다. 이것이 경제적 '자연질서론'의 출처라는 것이다.[628]

그러나 공자도, 케네도, 흄도, 스미스도 인간의 이기적 욕망을 "악덕과 어리석음"으로 보지 않고, 공공복리를 "악으로부터 끌어내진 선"으로 보지도 않는다. 스토아학파의 섭리론은 애덤 스미스의 '보이지 않는 손'의 경제사상과 배치되는 것이다. 오히려 스미스는 스토아학파 섭리론을 딱 잘라 거부했다. 맥코믹은 위 구절에 바로 이어지는 문장을 생략했는데, 이 문장에서 스미스는 다음과 같이 말하고 있다.

- 하지만 이런 종류의 공리공담은 인간의 정신 속에 아무리 깊이 뿌리내릴지라도, 악덕에 대한 우리의 자연적 혐오감을 줄일 수 없을 것이다. 악덕의 직접적 결과는 아주 파괴적이고, 악덕의 원격적 결과는 너무 멀어서 상상력에 의해 추적될 수 없기 때문이다.[629]

애덤 스미스의 '시장'에서 자기이익을 추구하는 자는 의도적으로 직접 선덕을 베푸는 자도 아니지만 악덕을 저지르는 자도 아니다. 또 스미스가 『국부론』의 '보이지 않는 손'과 관련된 구절에서 분명히 하고 있듯이, 그는 사회의 이익을 촉진하는 이 목적이 시장행위자의 "의도의 일부가

---

627) Smith, *The Theory of Moral Sentiments*, I. ii. ii. 4, 44쪽.
628) McCormick, "Sima Qian and Adam Smith", 86쪽.
629) Smith, *The Theory of Moral Sentiments*, I. ii. ii. 4, 44쪽.

아니라는 것"도 "언제나 사회에 더 나쁜 것이기만 한 것은 아니다"라고 분명히 갈파하고 있다. 따라서 공자의 '자연지도' 또는 사마천의 '자연지험'의 메커니즘처럼 결과적으로 공공복리의 증대로 귀착되는 개인들의 이기적 영리활동을 '악'으로 보지 않는 스미스의 '보이지 않는 손' 비유는 "악으로부터 선을 끌어내는" 스토아철학의 '섭리'와 완전 배치되는 것이다. 이 점도 맥코믹은 완전히 간과했다.[630]

물론 고대 스토아학파의 섭리론이나 서구의 전통적 자연법사상이 애덤 스미스의 자유경제철학에 본질적인 영향을 미치지 않았다고 해서, 스미스의 선배세대와 동시대의 철학사조들마저도 그의 경제철학에 전혀 영향을 미치지 않았다고 주장하는 것은 무리일 것이다. 가령 버나드 맨드빌은 흄과 스미스가 공히 읽고 아는 유명한『꿀벌의 우화 – 사적 악덕, 공공복리』에서 "모든 업종들에서의 수적 비율은 저절로 생겨나고, 아무도 이것에 참견하고 간섭하지 않을 때 가장 잘 유지된다"고 말한 바 있다.[631] 스미스가 이런 맨드빌의 생각으로부터 전혀 영향을 받지 않았다고 말하기는 어려울 것이다. 그러나 맨드빌이 쓴 이 구절이 중국의 자유상공업론을 본뜬 것이고, 또 공맹·사마천 또는 중국의 실례와 달리 스치는 단상斷想에 지나지 않기 때문에, 스미스에게 '참조'로 그쳤을 것이다.

■ 스미스의 학문적 태도의 꺼림칙한 측면

스미스의 학문적 양심과 관련해 특이하고 꺼림칙한 것은, 공맹과 사마

---

630) 그리스월드도 이 점을 보지 못하고 맥코믹 같은 오류를 노정하고 있다. 그는 "선이 악의 비의도적 결과일 수 있다는 원리는 처음부터 죽 스미스의 설명에 중심적이다"고 말하고, 이어서 "잘 알려진 비유, "보이지 않는 손"은 정확히 선이 악으로부터 끌어내질 수 있는 저 과정을 표현하고, 이 비유의 스토아철학적 배경은 부정할 수 없다"고 단정한다. Charles L. Grisworld, Jr., *Adam Smith and the Virtues of Enlightenment* (Cambridge/New York: Cambridge University Press, 1999), 111, 319쪽.
631) Mandeville, *The Fable of the Bees or Private Vices, Publick Benefits* [1714·1723], vol. I, 299-300쪽(342쪽).

천의 이론 및 중국의 오랜 경제적 실제의 경우에 대해서나, 케네와 흄의 이론에 대해서나, 맨드빌의 철학에 대해서나 그가 이들로부터 받은 사상적 영향에 대해 전적으로 침묵하는 것을 넘어, 중국에 대한 섣부른 비판적 권고, 케네에 대한 배은망덕한 비판, 맨드빌에 대한 격렬한 비난 등을 통해, 이 영향관계를 덮고 감추는 데 급급해하고 있다는 인상을 지울 수 없다는 것이다. 마르크스는 애덤 스미스에 대해 정치경제학이 "지금까지도" 은덕을 입고 있는 "최고로 천재적인, 논란의 여지없이 가장 천재적인 착상"을 내놓은 케네의 중농주의 유산을 계승해 한낱 "설명도구의 개별적 항목들을 보다 엄격하게 명명하고 특화시켰을 뿐"이고 케네가 '경제표'에서 시사한 만큼 정확한 수준에서 자본운동 전체를 설명하고 해석하지 못했다고 평했다. 마르크스는 스미스가 『국부론』에서 중농주의자들에 대해 "그들의 노력이 분명 그 나라에 '얼마간' 이바지했다"는 인색한 평가를 한 것에 대해 중농주의자들, 가령 "튀르고의 역할을 비하하는 불손한 표현"이라고 자못 격하게 비판했다.[632]

동시에 마르크스는 스미스가 맨드빌로부터 말없이 베껴 쓴 명백한 '표절'도 지적하고 있다. 마르크스는 "문명화되고 번영하는 나라의 가장 평범한 수공업자와 날품 노동자의 살림살이를 보라"로 시작하는 『국부론』 제1장(분업론)의 그 "유명한 구절"이 맨드빌로부터 "아주 글자 그대로 베껴 놓은" 것이라고 지적한다.[633] 맨드빌은 말한다.

- 두터운 빈민용 겉옷에 조잡한 셔츠를 받쳐 입고 걸어다니는 한 빈자의 평범한 의상에서 사치를 보는 사람은 비웃음을 살 것이다. 그러나 얼마나 많은 수의 사람들, 얼마나 많은 상이한 업종들이 가장 평범한 요

---

632) Karl Marx, *Theorien über den Mehrwert*, MEW. Bd. 26.1, 319쪽.
633) Karl Marx, *Das Kapital I, Marx Engels Werke (MEW)*. Bd. 23 (Berlin: Dietz Verlag, 1979), 375쪽 각주57.

커셔 천을 얻기 위해 투입되어야 하는가? 이것이 얼마나 깊은 생각과 창의, 어떤 노고와 노동, 그리고 얼마나 긴 시간이 씨앗으로부터 아마포와 같이 유용한 생산물을 키우고 마련하는 일을 배우는 데 소비되어야 하는가!" 또한 "좋은 진홍색 의상이나 진홍색 천을 생산하려면, 세계의 여러 지방에서 얼마나 법석을 떨어야 하는가! 얼마나 다양한 업종과 수공업자들이 투입되어야 하는가! 털 빗는 일꾼, 방적공, 직조공, 천 무두질 일꾼, 세탁 일꾼, 염색 일꾼, 박아 넣는 일꾼, 제도사, 짐 꾸리는 일꾼 등과 같이 대번에 알 수 있는 일꾼들만이 아니라, 이미 거명된 업종들에 속하는 연장, 용구와 기타 기구들을 얻기 위해 대다수의 다른 수공업만이 아니라 모두 필수적인 기계기술자, 백랍세공인, 화공업자와 같이 보다 멀고 낯선 다른 일꾼들도 투입되어야 한다. 그러나 이 모든 것들은 국내에서 이루어지는 것이고 유별난 피로나 위험 없이 수행될 수 있다. 우리가 해외에서 겪어야 하는 노고와 위험, 우리가 건너야 하는 방대한 바다들, 우리가 견디어야 하는 상이한 기후들, 우리가 고맙게도 도움을 받는 여러 나라들을 성찰할 때 가장 놀라운 조망이 뒤로 지나간다." 이어서 맨드빌은 스페인, 라인강, 헝가리, 동인도, 서인도, 러시아 등을 열거하며 세계적인 물자 획득과 수송 활동을 언급한다. 이에 덧붙여 그는 말한다. "내가 말하는 목적을 달성하기 위해 우리가 겪어야 하는 노고와 노동, 역경과 재난에 대해 철두철미 정통할 때, 그리고 우리가 많은 사람들의 건강과 복지뿐만이 아니라 생명마저도 소모하지 않고는 이루어진 적이 거의 없는 저 항해 속에서 감수해야 하는 위험을 고려할 때, (…) 내가 거명한 것들에 우리가 정통하고 이것들을 정당하게 고려할 때, 사물들을 동일한 관점에서 보면서도 이러한 가공스런 부역을 순진무구한 노예들로부터 뽑아낼 정도로 비

인간적이고 몰염치한 폭군을 생각하는 것은 거의 불가능할 것이다.[634]

스미스도 저 '유명한' 구절에서 유사하게 말한다. "당신은 자신들의 산업 부분이 비록 작은 부분에 지나지 않을지라도 저 노동자에게 살림살이를 마련해 주는 데 투입되는 사람들의 수가 계산을 초월한다는 것을 깨달을 것이다. 가령, 날품 노동자를 덮어 주는 모직 코트는 아무리 거칠고 조잡하게 보일지라도 근로자 대중의 결합 노동의 산물이다. 목동, 털 가리는 일꾼, 털 빗는 일꾼, 염색 일꾼, 얼레빗질 일꾼, 방적공, 직조공, 천 바래는 직공, 마무르는 일꾼 등이 다른 많은 사람들과 더불어 모두 이 수수한 생산을 완성하기 위해 상이한 기술들을 결합해야 한다. 게다가 얼마나 많은 상인들과 수송업자들이 이 근로자들로부터 종종 나라의 아주 먼 지방에 사는 저 근로자들에게로 물자를 수송하는 데 투입되어야 하는가! 특히 얼마나 많은 상업과 항해, 얼마나 많은 조선업자, 항해사, 돛 제조업자, 밧줄 제조업자들이, 종종 세계의 가장 먼 구석에서도 오는, 염색 일꾼이 쓰는 상이한 약품들을 모으기 위해 투입되어야 하는가! 얼마나 다양한 노동이 또한 저 가장 평범한 일꾼들의 연장들을 생산하기 위해 필요한가! 항해사의 선박, 천 바래는 직공의 기계, 직조공의 직기 등과 같이 복잡한 기계들은 그만두고, 아주 간단한 기계인 목동의 털을 자르는 가위를 만드는 데 얼마나 다양한 노동이 필요한지만을 생각해 보자."[635] 마르크스의 말대로 "아주 글자 그대로 베껴 놓았다"고 말하면 좀 어폐가 있지만, 스미스는 맨드빌의 묘사를 '대강' 반복하고 있다. 그럼에도 스미스는 '맨드빌'에 대한 어떤 명시적 언급도, 암시도 없이 출처를 철저히 비밀에 부치고 있다.

---

634) Mandeville, *The Fable of the Bees*, 169-170쪽(182-3쪽); 356-357쪽(411-413쪽).
635) Smith, *Wealth of Nations*, I. i. 11, 22-23쪽.

나아가 스미스가 이교도들인 공맹과 사마천을 자신의 경제철학의 가장 결정적이고 궁극적인 출처로 밝힌다는 것은 언감생심이었다. 스미스는 공맹과 사마천, 그리고 실루에트·케네·미라보·흄을 밝히는 것 자체가 아마 그 자신의 독창성에 대한 세간의 인식에 치명적 타격을 가하는 것으로 여겼을 것이다.

말년의 케네는 뒤에 상론하듯이 일평생 물밑에서 자신의 이른바 '새로운 과학'인 중농주의 경제철학의 '수호성인'으로 삼아 온 '공자'와 실증적 자연질서인 '중국'의 실제를 자신의 경제철학의 원천으로 만천하에 양심적으로 명백히 밝힌 바 있다. 이에 비하면 스미스는 '비양심적' 표절자인 셈이다. 그의 이 '비양심적' 행태 때문에 후세에 영과 맥코믹 간의 논쟁과 같은 기실 불필요한 논란이 야기되는 것이다.

종합하자면,『국부론』에 서구의 다른 사조의 영향이 없지 않았을지라도 스미스가 자유로운 자연질서를 경제에 타당한 질서로 정립하는 데는 중국사상이 결정적이고 본질적인 역할을 했다고 최종적으로 확언할 수 있다. 요는 스미스의 '보이지 않는 손'의 표현 자체가 '중국산'은 아니지만, '보이지 않는 손'의 '경제적' 적용과 여기에 담긴 지식은 100% 순도의 '중국산'이라는 말이다.

3.2. 스미스의 모순적 중국관: '세계최부국의 최장 정체'?

애덤 스미스는『국부론』에서 중국에 대해 몽테스키외, 마르크스, 비트포겔처럼 사실무근의 비난을 퍼붓지도 않지만, 볼테르나 케네의 중국예찬론처럼 중국을 일변도로 찬양하지도 않는다.[636] 그 이유는 첫째, 스미

---

636) 참조: Giovanni Arrigi, *Adam Smith in Beijing: Lineages of the Twenty-First Century* (2007). 조바니 아리기(강진아 역),『베이징의 애덤 스미스』(서울: 길, 2009), 92쪽.

스는 볼테르나 케네보다 한 세대 뒤의 인물로서 그간의 세계무역으로 발전된 유럽 상업사회의 시각에서 절정기에 도달한 중국을 관찰 대상으로 하고 있었기 때문이다. 둘째, 스미스는 여행가들과 특히 가톨릭 선교사들의 보고와 평가를 말 그대로 믿지 않고 근거 있게 평가하고자 했기 때문이다. 스미스는 말한다. "저 모든 아시아 국가들은 이 공공행정부문을 아주 잘 보살핀다고 하는데, 특히 유럽에 알려진 같은 항목의 모든 것을 아주 많이 능가한다는 중국이 그렇다. 하지만 유럽에 전달된 저 토목사업에 관한 평가들은 일반적으로 박약하고 경탄 일색인 여행가들과 어리석고 거짓말하는 선교사들로부터 나온 것이다. 이 평가들을 보다 지성적인 눈으로 검토한다면, 그리고 그런 평가들이 보다 신뢰할 만한 증인들에 의해 보고된다면, 이 평가들은 아마 그렇게 놀라운 것으로 보이지 않을 것이다."[637] 스미스는 중국보고서들의 저자들을 "박약하고 경탄 일색인 여행가들과 어리석고 거짓말하는 선교사들"로 심하게 헐뜯고 있다.

■ 중국을 "세계최부국"으로 경외하는 스미스의 관점

아무튼 스미스는 "풍요의 자연적 진보"를 케네의 중농주의적 관점에서 분석하고 이해하려고 한다.

- 모든 문명사회에서 거대한 상업은 도시 거주자와 농촌 거주자 사이에 수행되는 상업이다. 그것은 (…) 원자재와 제조된 생산물 간의 교환에 있다. 농촌은 도시에 생계수단과 원자재들을 공급한다. 도시는 농촌 거주자들에게 제조품의 일부를 되돌려 보냄으로써 저 공급을 상쇄한다.[638]

---

637) Smith, *Wealth of Nations*, V. i. d. 17, 729-730쪽.
638) Smith, *Wealth of Nations*, III. i. 1, 376쪽.

그런데,

- 사물의 본성에서 생계가 편리와 사치보다 우선하는 만큼, 전자를 공급하는 산업은 후자를 충족시키는 산업보다 앞선다. 그러므로 생계를 공급하는 농촌의 개발과 향상이 필연적으로 편리와 사치 수단만을 공급하는 도시의 증대보다 우선되어야 한다. 그러므로 이 잉여생산물의 증가와 함께만 증가할 수 있는 도시의 생계를 대체하는 것은 농촌의 잉여생산물, 즉 경작자들의 생계유지 이상의 것일 뿐이다."[639]

경작기술과 농업이 발달해 자연스럽게 진보하는 사회에서는 다음 단계의 발전이 이루어진다. "경작되지 않는 땅이 전혀 없거나 용이한 조건으로 보유할 수 있는 땅이 전혀 없는 나라에서는 이웃의 일시적인 일에 투하할 수 있는 것보다 더 많은 축적물을 획득한 모든 공인工人이 원거리 판매를 위한 일거리를 마련하려고 노력한다."[640] 이와 함께 상이한 제조업들이 독립적으로 일어나고 내부분화를 거듭하며 기술을 향상시킨다. 그리하여 잉여자본의 투자 순서가 정해진다.

- 자본투자의 기회를 찾는 데서 농업이 제조업보다 자연스럽게 더 선호되는 것과 동일한 이유에서 제조업은 같은 또는 거의 같은 이윤의 경우에 자연스럽게 상업보다 선호된다. 지주나 농장주의 자본이 제조업자의 자본보다 더 안전한 만큼, 제조업자의 자본은 그의 시야 안에, 그리고 그의 휘하에 항상 들어 있기 때문에 대외무역상의 자본보다 더 안전하다. 진정으로 모든 사회의 모든 시기에 원자재 생산물과 제조업

---

639) Smith, *Wealth of Nations*, III. i. 2, 377쪽.
640) Smith, *Wealth of Nations*, III. i. 6, 379쪽.

생산물의 두 잉여부분, 즉 국내에서 전혀 수요가 없는 것들은 국내에서 수요가 있는 그 어떤 물건들과 교환되기 위해 해외로 보내져야 한다. 그러나 이 잉여생산물들을 해외로 운반하는 자본이 외국자본인지, 국내자본인지는 거의 중요하지 않다. 사회가 모든 땅을 개발하고, 원자재 생산물을 가장 완전한 방법으로 가공하기에 충분한 자본을 마련하지 못했다면, 원자재 생산물이 외국자본에 의해 수출되어 사회의 전 축적이 보다 유용한 목적에 투하되는 상당한 이점이 있을 수 있다. 고대 이집트의 부 및 중국과 인도의 부는 한 국민이 대부분의 수출무역의 수행을 외국인들에게 넘기더라도 아주 높은 정도의 풍요를 달성할 수 있다는 것을 충분하게 증명한다.[641]

그런데 스미스는 "만약 우리가 중국, 고대 이집트, 고대 인도국가의 부와 경작에 대한 모든 놀라운 평가들을 신뢰하지 않는다면", "인간적 번영의 과정"은 어떤 대국이든 농업·공업·대외무역 등의 "세 가지 목적에 충분한 자본"을 획득할 만큼 "오래 지속되지 못한" 것처럼 보인다고 부연한다. "지금까지 세계에 존재했던 나라 중 가장 부유했던 저 세 나라조차도 주로 농업과 제조업에서의 우월성으로 유명하다. 이들은 무역에 탁월한 나라가 아니었다. 고대 이집트는 바다에 미신적 반감을 가졌다. 거의 동일한 종류의 미신이 인도인들 사이에도 만연되어 있었다. 중국인들도 결코 대외무역에서 탁월하지 않았다."[642] 물론 '중국인들이 대외무역에 탁월하지 않았다'는 마지막 말은 사실이 아니다. 줄곧 말했듯이 중국인은 세계에서 가장 광범하고 가장 방대한 국제무역을 수행해 왔기 때문이다.

---

641) Smith, *Wealth of Nations*, III. i. 7, 379-80쪽.
642) Smith, *Wealth of Nations*, II. v. 22, 367쪽.

아무튼 여기서 스미스는 저 세 나라가 인류역사상 가장 잘사는 나라들이라고 말하고 있는데 이 중 두 나라는 사라진 고대국가이고 중국만이 현존하는 국가다. 따라서 애덤 스미스는 실은 중국이 세계 유일의 '최부국最富國'이라고 말하고 있는 셈이다. 이 명제를 스미스는 이렇게 다시 더욱 명확하게 정식화한다.

- 중국은 오랜 세월 세계에서 가장 부유한 나라들 가운데 하나, 즉 가장 비옥하고 가장 잘 문명화되고 가장 근면하고 가장 인구 많은 나라 가운데 하나였다.[643]

여기서 "가장 부유한 나라들"은 다시 중국, 고대 인도, 고대 이집트를 가리키므로 이 문장도 실은 당대의 중국을 '세계 유일의 최부국'으로 평가한 것이다. 또한 스미스는 중국의 경제력 수준을 유럽과 직접 비교하면서 다음과 같이 중국의 세계 최부국 지위를 다시 확인한다.

- 중국은 유럽의 어느 지역보다도 훨씬 부유한 나라다. 중국과 유럽의 생계수단의 가격 차이는 아주 크다. 중국의 쌀은 유럽의 어느 곳의 밀 가격보다 훨씬 더 싸다.[644]

스미스는 중국이 '풍요의 자연적 진보' 과정을 통해 이 단계에 도달한 것으로 보고, 다만 아직 대외무역에 많은 자본이 투하되는 단계에 이르지 못했을 뿐이라고 이해하는 듯하다.

그런데 스미스는 앞서 조금 시사되었듯이 케네의 중농주의적 경향을

---

643) Smith, *Wealth of Nations*, I. viii. 24, 89쪽.
644) Smith, *Wealth of Nations*, I. xi. 34, 208쪽. 스미스는 I. xi. n. 1, 255쪽에서도 중국을 "유럽의 어느 지역보다도 훨씬 부유한 나라"로 묘사한다.

계속 노정한다.

- 사물의 자연적 과정에 따르면, 모든 성장하는 사회의 대부분의 자유는 맨 먼저 농업으로 향하고, 그 다음 제조업으로 향하고, 최후에 대외상업으로 향한다. 이 사물의 질서는 아주 자연스러워서, 영토를 가진 모든 사회에서 언제나 상당한 정도로 지켜졌다고 생각된다. 상당한 도시들이 건설되기 전에 상당한 양의 땅이 개발되어야 했다. 그리고 대외무역에 투하될 것을 생각하기 전에 상당한 제조업종의 거친 산업이 저 도시들 안에서 경영되어야 했다.[645]

그러나 유럽제국은 중국이 걷고 있는 "사물의 자연적 과정"과 반대로 가고 있다는 것이다. 스미스의 눈에는 당시 유럽의 모든 국가들은 중국이 걷는 '사물의 자연스런 과정'과 배치되는 '부자연스럽고 퇴보적인 순서'를 따르고 있었다.

- 이 모든 사회에서 이 사물의 자연스런 순서가 상당한 정도로 관철되었을지라도, 유럽의 모든 국가에서는 이것이 많은 관점에서 완전히 뒤집혔다. 이 나라들의 어떤 도시들의 대외상업은 원격판매에 적합한 것과 같은 모든 좀 더 세련된 제조업을 일으켰다. 제조업과 대외무역은 둘 다 농업의 주된 향상을 일으켰다. 유럽 나라들의 본래적 통치의 본성이 도입한 방법과 관습이 통치가 크게 바뀐 뒤에도 여전히 남아 있다가 이 나라들에게 부자연스런 퇴보적 순서를 강제한 것이다.[646]

---

645) Smith, *Wealth of Nations*, III. i. 22쪽.
646) Smith, *Wealth of Nations*, III. i. 380쪽.

스미스는 여기서 프랑스의 중농주의를 그대로 따르는 입장을 대변하면서 유럽이 취한 "부자연스런 퇴보적 순서"를 비판하고 있다. 따라서 이것은 중국에게 유럽의 이 전도된 순서를 걸으라고 요구하는 것이 결코 아니다. 또한 그는 『국부론』어디서도 중국이 유럽의 순서를 따라야 한다고 주장하지도 않았다.[647]

스미스는 중국경제를 줄곧 호평한다. 중국의 기술력과 시장 규모를 스미스는 50년 전 유럽인들의 관측과 달리, 유럽이 조금 앞서는 방향으로 미묘한 격차가 생기고 있는 것으로 평가한다. 그러나 그래도 아직도 상당한 수준임을 부정하지 않는다.

- 제조기술과 산업에서 중국과 인도는 유럽의 어떤 지역에 비해서도 열등하지만 그렇게 많이 열등하지는 않은 것으로 보인다.[648]

17세기 말 라이프니츠는 중국의 자연학적 지식과 산업기술·의술이 유럽보다 앞섰다고 말했다. 그러나 90년 뒤, 즉 산업혁명 직전인 18세기 말엽(1776) 유럽의 산업기술 수준은 중국과 대등해졌을 뿐만 아니라, 중국을 넘어서고 있다.

한편, 스미스는 중국의 국내시장 규모가 유럽 전체의 시장보다 조금 작지만, 아직도 대단하다고 말한다.

- 중국제국의 광대한 크기, 주민의 방대한 수, 기후의 다양성, 결과적으로 싱이한 지방들에서의 생산물의 다양성, 그리고 대부분의 지방들 간의 수로수송에 의한 용이한 소통은 이 나라의 국내시장을 이것만으로

---

647) 참조: 조바니 아리기, 『베이징의 애덤 스미스』, 94쪽.
648) Smith, *Wealth of Nations*, I. xi. g. 28, 224쪽.

도 아주 큰 제조업을 지탱하고 상당한 노동분업을 허용할 만큼 광대한 것으로 만들어 준다. 중국의 국내시장은 아마 규모 면에서 유럽의 모든 상이한 나라들의 시장을 다 합친 것보다 많이 열등하지 않다.[649]

토드(W. B. Todd)는 애덤 스미스가 케네의 말, 즉 "역사가들은 중국 내부에서 벌어지는 상업이 아주 커서 전 유럽의 상업도 이에 비교할 바가 못 된다고 말한다"는 구절을 인용하는 것으로 보았다.[650] 그런데 이 구절에서 케네가 말하는 "역사가들"은 뒤알드를 뜻하는 것으로 보인다. 1735년 『중국통사』에서 뒤알드는 17세기 말과 18세기 초의 선교사들과 유럽 상인들의 보고를 바탕으로 중국의 국내시장이 유럽 전체의 국내외 시장을 다 합친 것보다 크다고 말했다. 이 말들을 비교해 보면, 그 사이 중국시장이 위축된 것은 아니지만, 유럽의 내외시장이 좀 더 확대되었음을 알 수 있다.

그래도 당시 중국은 애덤 스미스의 눈에 '세계 최부국'의 위용을 잃지 않고 있었다. 스미스는 루소처럼 중국의 이러한 부가 내륙의 수로에서 나온다고 판단한다.

- 중국의 동부지방에서도 역시, 여러 대하大河는 다양한 지류, 다수의 운하, 상호 간의 소통에 의해 나일 강이나 갠지스 강의 항해보다, 아니 이 두 강의 항해를 합친 것보다 훨씬 더 광범한 내륙항해를 제공한다. 고대 이집트인들도, 인도인들도, 중국인들도 대외무역을 장려하지 않고 모두 이 내륙항해로부터 거대한 풍요를 도출하는 것처럼 보이는 것은 주목할 만하다.[651]

---

649) Smith, *Wealth of Nations*, IV. ix. 41, 681쪽.
650) Smith, *Wealth of Nations*, IV. ix. 41, 681쪽 W. B. Todd의 각주 37).
651) Smith, *Wealth of Nations*, I. iii. 7, 35쪽.

중국의 길고 다양한 운하와 내륙수로는 애덤 스미스만이 아니라 일반적으로 유럽 지식인들의 찬탄을 자아냈다. 이런 찬탄과 함께 유럽인들은 18세기 내내 다투어 운하를 건설하고 강과 호수를 정비해 우리가 오늘날 볼 수 있는 내륙수로 체계를 갖추게 된다.

■ 중국을 "최장 정체" 국가로 보는 스미스의 관점

흄은 중국경제를 단순히 경탄의 눈으로 바라보았지만, 스미스는 그렇지만은 않았다. 스미스의 눈에는 번영하는 중국을 헐뜯고 싶은 질투심도 서려 있었다. 스미스는 갑자기 중국최부국론에서 방향을 돌려 500년 전 마르코 폴로의 보고를 불러와 현재의 임금과 비교하며 중국경제의 역사적 '최장最長 정체'를 논하고 이로부터 비참해진 중국 하층계급의 삶을 설명하려고 한다.

- 국부가 아주 클지라도 그것이 오래 정체停滯되어 왔다면, 우리는 거기에서 노동임금이 아주 높을 것이라고 기대해서는 아니 된다. 임금 지불에 할당된 기금, 즉 거주민들의 소득과 저축이 최대 규모일지 모르지만, 이것이 동일한 규모 또는 거의 근사치로 동일한 규모로 여러 세기 동안 계속된다면, 매년 고용되는 노동자들의 수는 다음에 필요한 수를 쉽게 공급할 것이고 심지어 이보다 더 많이 공급할 것이다. 일손 부족은 거의 드물고, 또한 주인들은 일손을 구하기 위해 서로 경쟁할 필요가 없다. 반대로 일손은 이 경우에 자연적으로 그 고용량을 넘어 배가될 것이다. 그리히여 고용의 항구적 부속상태가 벌어질 것이고, 노동자들이 고용되기 위해 서로 경쟁해야 할 것이다. 이러한 나라에서 노동임금이 노동자를 먹여 살리고 가족을 키우게 하기에 충분한 것 이상이었다면, 노동자들의 경쟁과 고용주의 이해관계는 곧 임금을 범상

한 인류애와 합치되는 최저율로 떨어뜨릴 것이다. 오랫동안 중국은 세계에서 가장 부유한 나라 가운데 하나, 즉 가장 비옥하고 가장 잘 문명화되고 가장 근면하고 가장 인구 많은 나라 가운데 하나였다. 그러나 중국은 오랫동안 정체되어 온 것으로 보인다. 500여 년 전에 중국을 방문한 마르코 폴로는 중국의 개발·산업·다多인구를, 현재 여행자들이 묘사하는 것과 거의 동일한 말로 묘사한다. 중국은 마르코 폴로 시대 훨씬 전에도 법률과 제도의 본성이 달성하도록 허용하는 부의 풍족한 완성을 달성했을 것이다. 모든 여행자들의 설명들은 다른 많은 점에서 엇갈리지만 낮은 노동임금과, 노동자가 중국에서 가족을 부양하는 데 직면하는 곤란에서 일치한다. 노동자가 하루 종일 땅을 파서 저녁에 소량의 쌀을 살 만한 대가를 얻을 수 있다면, 그는 만족한다. 기술자의 조건은 훨씬 더 나쁘다. 유럽에서는 장인匠人들이 고객의 부름을 자기 공방工房에서 한가하게 기다리지만, 중국 장인들은 각 직분의 연장을 들고 가로를 뛰어다니며 그들의 서비스를 제공하고 말하자면 고용을 구걸한다. 중국 하층백성들의 빈곤은 유럽의 가장 거지같은 나라의 하층백성의 빈곤을 훨씬 능가한다.[652]

　우리가 이미 앞서 입증한 것처럼 중국의 가경·도광 불황을 인정하지만 500-600년 장기정체는 있을 없는 '신화'일 것이다. 하지만 스미스는 "여러 세기 동안 계속된 정체"를 주장하고 있다. 그러나 이 정체현상은 500-600년의 역사적 '최장 정체' 현상이 아니라, 유럽의 시누아즈리 수입대체산업이 등장해서 중국 공예사치품들에 대한 유럽의 수요가 감소되기 시작하면서 18세기 중반부터 기미를 보이기 시작해서 스미스 시대에 좀 더 분명해지기 시작한 100년 '불황' 현상에 불과한 것이었다. 중국에서

---

652) Smith, *Wealth of Nations*, I. viii. 24 (89쪽).

도 기계화·자동화·대량생산을 가능케 할 신기술들은 중국인들의 창의성과 발명재능 덕택에 높이 발전되어 있었다. 그러나 이 수많은 신기술들은 대량실업을 초래할 위험 때문에 산업화되지 못한 채 경제영역 바깥에 방치되어 있거나 일반적으로 확산되지 못했다. 그렇지 않아도 중국 공예품과 기타 고급사치품에 대한 유럽의 수입이 급감하면서부터 시장이 위축된 데다 신기술에 의해 대량으로 생산될 상품은 더욱 판로가 없었던 것이다. 18세기 초부터 시작된 이 수요부족 현상은 이후 만성화되었다. 이 만성적 수요위축 현상은 조용히 중국경제에 장기불황의 암울한 땅거미를 드리우기 시작했다. 18세기 말엽에는 유럽에서 온 여행자들도 이 것을 피부로 느꼈기 때문에 중국인들도 아마 체감하기 시작했을 것이다. 애덤 스미스는 중국으로부터 이역만리 떨어진 유럽에서 서책들만 보고도 중국의 이 '불황' 징후를 '역사적 정체'로 과장하면서도 예리하게 간취하고 있다.

스미스는 '역사적 정체'로까지 과장된 이 '장기불황' 현상으로부터 중국 하층계급의 삶의 참상을 설명하며 예증적으로 상론한다.[653] 여기서 스미스는 그가 다른 곳에서 그렇게 불신하던 선교사들의 말을 수집한 뒤 알드의 『중국통사』의 중국의 영아유기 관행에 관한 기술을 과신하고 표절·인용하고 있다.[654] 스미스는 당시 유럽 또는 영국에서도 어디서나 볼

---

653) Smith, *Wealth of Nations*, I. viii. 24-25 (89-90쪽).
654) 『국부론』의 주석편찬자 토드는 스미스가 불어판 『중국통사』 2권(1735)의 "토지의 비옥성, 그들의 농업, 그리고 그들이 농업에 종사하는 사람들에게 갖는 존경심에 관하여"라는 절(節)의 73-74쪽에서 중국의 영아유기에 관한 이야기를 표절·인용하고 있는 것으로 추정한다. 참조: Smith, *Wealth of Nations*, I. viii. 90쪽 주석(각주21). 그러나 토드의 이 추정은 그릇된 것이다. 영아유기 이야기는 『중국통사』 제2권의 "토지의 비옥성 (...)" 절에 들어있는 것이 아니라 "기계의 독창성과 평민백성의 근면" 절에 있기 때문이다. 여기서 뒤알드는 이렇게 말한다. "하지만 이 백성들은 비록 절제적이고 근면할지라도 아주 수많은 주민들이 대규모의 참상을 야기한다고 고백해야 한다. 자기 자식에게 흔한 생필품도 대줄 수 없을 정도로 가난한 사람들이 상당수 존재한다. 이런 이유에서 그들은 특히 어머니가 병져 눕거나 아기를 먹일 모유가 없을 때 자식들을 거

수 있었던 극빈층의 영아살해(*infanticide*)와 영아유기·방치 현상을 중국 고유의 참상인 양 유일화해서 턱없이 과장하고 있다. 그리고 그가 인용하는 뒤알드의 저 영아살해 이야기는 모든 영아를 살해하는 것이 아니라 여자 영아를 살해하는 이야기이고, 또 청대 중국의 이야기가 아니라 200-300년 전 명대의 이야기다. 중국에서 노비와 유사노비들은 17세기 말·18세기 초를 거치면서 전반적으로 해방된다. 이러기 전에 향촌에서 딸을 낳은 소작인은 딸에게 이름을 지어주기 전에 그들의 지주에게 은화를 상납해야 하는 관습법이 있었다. 이런 까닭에 많은 가난한 전호 소작인들은 은화를 낼 수 없어 딸을 낳는 즉시 물에 빠뜨려 죽였다. 그러나 명말·청초 장원체제와 노비제가 소멸하자 소작인이 딸을 기르기 위해 지주에게 은화를 상납해야 하는 관습적 의무로부터 완전히 해방되었고, 따라서 은 상납을 피하기 위해 딸을 익사시켜야 했던 끔찍한 불행으로부터도 해방되었다. 이후 청대에 소작인 가구들과 소농가들은 딸을 낳아도 낳는 대로 다 길렀다.[655] 청대에는 여아살해의 관행이 완전히 사라진 것이다. 따라서 스미스는 뒤알드를 인용해 200년 전의 중국풍습을 뒤늦게 재탕하고 있는 것이다. 중국에 가본 적이 없는 뒤알드는 다시 120년 전에 공간된 마테오 리치·트리고의 『중국인들 사이에서의 기독교 포교』(1615)를

리에 유기한다. 이 순진무구한 작은 자식들은 어떤 의미에서 살기 시작하자마자 죽음으로 떨어지는 셈이다. 이것은 북경·광동과 같은 대도시에서 아주 흔한 일이지만, 다른 도시에서 이런 사례는 단지 극소수일 뿐이다. 이 때문에 인구가 많은 장소의 선교사들은 전 도시를 그들 간에 구획하고 있는 수많은 전도사들에게 매일 아침에 걸어 나와 죽어가는 많은 아이들에게 세례를 주라고 교육시켜왔다. 같은 견해에서 그들은 때로 이교도 산파들을 설득해 가톨릭 여성들에게 산파를 부른 집으로 산파를 따라가는 것을 허용하게 했다. 왜냐하면 중국인들은 자식 많은 가족을 키울 수 없는 사정이면 산파들에게 여아일 경우에 태어나자마자 물대야 속에 빠뜨려 죽이도록 하기 때문이다. 이 경우에 이 기독교인들은 이 아이들에게 세례를 베풀고 이 방법에 의해 부모의 빈곤의 희생자들은 그들로부터 짧고 일시적인 존재를 앗아가는 동일한 물속에서 영생을 얻는다." Du Halde, *The General History of China*, vol. II, 126-127쪽.

655) Elvin, *The Pattern of the Chinese Past*, 255-257쪽.

인용하고 있다.[656] 이것은 노비해방 직전 명말의 참상을 묘사하고 있다.

그러나 마테오 리치는 그때도 노비·유사노비(전호)만이 이런 만행을 저질렀고, 거기에는 딸을 기르려면 지주에게 은을 바쳐야 하는 저런 향촌 관습이 잠복해 있었다는 것을 - 아마 몰라서 - 말하지 않고 있다. 그래도 일단 한번 그가 17세기 초에 이런 보고를 하자 이 구절은 여러 가지로 변형되어 여러 사람들에 의해 재생산된다. 뒤알드도 재상산자들 중의 하나이고, 스미스는 뒤알드의 재생산자다. 재생산이 거듭되면서 18세기 말에 이르자 그저 허위보고의 재생산이 되고 만 것이다. 물론 18세기에도 여아女兒에 대한 영아살해 풍조가 완전히 자취를 감춘 것은 아니었고 빈민가의 여아들은 이후에도 25% 정도 탄생 즉시 살해되거나 유기되었다. 이 경우의 영아살해는 가족계획의 일환으로 광범하게 활용되었고, 이것은 18세기에 절정을 이루었다가 18세기 말에 소멸했다.[657] 이런 가족계획 차원의 영아살해는 당시 유럽의 빈민가계에서도 광범하게 시행

---

656) 마테오 리치는 이 책의 원고를 1600-1610년 사이에 썼다. 이 책에서 그는 이렇게 말한다. "여기서 훨씬 더 심각한 악은 몇몇 지방에서 여아들을 익사시킴으로써 이들을 처치하는 관행이다. 이것에 붙여지는 이유는 그들의 부모들이 그들을 부양할 능력에 미치지 못하는 것이다. 때로는 부모들이 지극히 빈한하지 않을 때도 이들을 돌보지 못해 어쩔 수 없이 그들을 미지의 주인이나 잔인한 노예주에게 팔게 될 때가 올까봐 이런 짓을 저지른다. 그리하여 부모들은 사려 깊이 행동하려는 노력 속에서 잔학해진다. 이 야만적 행위는 윤회, 즉 영혼의 이전에 대한 그들의 신앙에 의해 덜 잔혹하게 변안된다. 영혼이 존재하기를 그치는 이 몸에서 존재하기 시작하는 저 몸으로 이전한다고 믿고 그들은 아이를 살해함으로써 아이에게 혜택을 베푼다고 생각하며 동정심을 구실로 그들의 끔찍한 잔학행위를 덮는다. 그들의 사고방식에 따르면 그들은 보다 유복한 가정으로 재생하도록 아이가 태어난 가정의 빈곤으로부터 해방시키고 있는 것이다. 그리하여 죄 없는 아이의 학살이 비밀 속에서가 아니라 공개장에서 그리고 일반인들의 다 알고 있는 가운데 수행되는 일이 벌어지는 것이다." Luis J. Gallagher, *China in the Sixteenth Century: The Journals of Matthew Ricci* (New York: Random House, 1942.1953), 86-87쪽. Nicolas Trigault, *De Christiana expeditione apud Sinas* (Augsburg, 1615)의 영역본. 국역본: 마테오 리치 (신진호·전미경 역), 『중국견문록』(서울: 문사철, 2011).

657) Kenneth Pomeranz, *The Great Divergence: China, Europe, and the Making of the Modern World Economy* (Princeton: Princeton University Press, 2000), 38쪽.

되었다. 스미스는 이런 전후 정황을 전혀 모른 채 유럽중심주의적 오만 속에서 18세기 말 즈음인 1776년에도 허위보고를 두고 경솔하게도 저런 '과장된' 비평을 가하고 있는 것이다.

영아살해로 내몰리는 중국 하층계급의 빈곤에 대한 스미스의 과장은 실은 "중국이 유럽의 어느 지역보다 부유하고" 중국의 쌀 가격이 유럽의 밀 가격보다 "훨씬 더 싸다"는 중국의 생활수준에 대한 그 자신의 다른 평가들과 모순되는 것이다. 게다가 당시 유럽 상황과 비교하면 중국 극빈층의 상황에 대한 스미스의 평가는 균형을 완전히 잃은 것이다. 당시 유럽과 영국 하층계급의 생활상은 스미스 자신의 보고에 의하더라도 중국 하층계급의 생활보다 더 처참했기 때문이다. 유럽에서 태어난 어린이의 절반은 17세 이전에 다 죽었다. 유럽대륙보다 더 잘살았던 스코틀랜드에서도 종종 신발 없이 맨발로 다녔던 빈민계급의 여성들, 특히 굶주린 아일랜드 여성은 대개 20명 이상의 자식을 낳아 이 중 겨우 2명만을 살릴 수 있었다. 군인 가정에서는 거의 모든 자녀들이 9세 또는 10세 이전에 다 죽었다.[658] 따라서 18세기 중국 극빈층의 사회적 상황은 이런 영국과 기타 유럽국가들의 상황보다 나은 처지에 있었다. 스미스는 남의 눈의 티끌을 보면서도 제 눈의 들보도 보지 못한 것이다.

또 스미스가 청대 중국에서 유행하는 것으로 잘못 과장해 고발하고 있는 영아유기 또는 영아살해는 태어난 자식들의 절반이 17세 이전에 죽은 유럽 전역과, 태어난 20명의 자식 중 18명이 죽음에 처한 아일랜드 빈민가족, 태어난 자식이 전멸하는 영국 군인가족 안에서 어쩌면 저질러졌을 것으로 추정된다. 영국 목사 맬서스(Thomas R. Malthus, 1766-1834)는 영국과 유럽 전역에서 막 개시된 산업혁명과 완만한 인구증가 속에서 영아유기·영아살해·인공유산 등이 은밀하게 자행되었음을 암시하며 인

---

658) Smith, *Wealth of Nations*, I. viii. 37-8 (96-7).

구의 '기하급수적' 증가에 대한 '적극적 제어' 또는 '기타 제어' 수단의 하나로 예시하고 있다. 이것은 은밀한 집단적 유아살해를 암시하는 것이다.[659]

중국의 '공공연한' 영아유기 풍습은 과장과 왜곡의 거짓 보고였다.[660] 동시에 그것은 송·명대 이래 '폭발적' 인구증가를 동반해온 중국경제의 지속적 '고도성장'이 중국 빈곤층에 가하는 사회적 부작용과 불안정에 대한 '기형적' 대처방도였다. 중국의 빈민층은 불황이 도래할 때마다 빈민가정에 살인적으로 편중되는 폭발적 인구압박에 '공공연한' 영아유기 등 사적 가족계획으로 대응한 것이다. 18세기 당시 중국의 인구증가는

---

659) Thomas Robert Malthus, *An Essay on the Principle of Population* (London: J. Johnson, 1798), Chapter IV. Accessed from http://oll.libertyfund.org/title/311 on 2013-04-02. 맬더스의 이 암시적 유아살해론에 대한 필자의 상론은 참조: 황태연, 『17-18세기 영국의 공자숭배와 모럴리스트들』, 1101-1105쪽.

660) 모스는 말한다. "여아를 부양할 수 없는 부모들은 물 위에 뜨도록 아이를 조롱박에 묶어 강 속에 내던진다. 그러면 측은지심이 있는 부자들은 아이의 울음소리에 마음이 움직여 아이를 궁핍으로부터 구한다." Jedidiah Morse, *The American Universal Geography*, Part II (Boston: By Thomas and Andrews, 1793·801), 509쪽. 이 기술 내용은 애덤 스미스가 유아를 태어나자마자 강물에 빠뜨려 죽인다고 위조한 것과 아주 다르다. 스웨덴의 오스벡은 "여아를 부양할 수 없는 부모들은 강물 위에 뜨도록 조롱박을 아이에게 묶어 강 속에 내던진다"고 했다. Peter Osbeck, *A Voyage to China and East Indies*, Vol. II (London: Benjamin White, 1771), 272쪽. 토렌도 유사하게 보고한다. "중국은 아무것도 얻지 못하고 물속에 아이들을 던지기보다 어린이들을 대가로 돈을 취하고 싶어 한다. 나는 내가 시사하는 사실을 의심할 이유가 없다. 왜냐하면 나는 물속에 떠 있는 여러 어린이들을 보았기 때문이다. 그러나 나는 그들이 치자의 허가를 얻어 죽이는지, 허가 없이 죽이는지 주제넘게 말할 수 없다." Osbeck, *A Voyage to China and East Indies*, Vol. II, 236-237쪽. 중국의 영아유기와 관련된 진상은 19세기에야 밝혀졌다. 1840년 중국주재 영국 제1판무관 존 데이비스(John F. Davis)는 그 진상을 추적해서 그 여아살해 사실을 부정했다. 그는 인구가 밀집된 중국 대도시에서 "생계의 어려움이 극빈층으로부터 그들의 새끼들을 기를 수 있는 모든 희망을 앗아가는" 한계상황에서 유아살해가 존재하는 것이 사실이지만, 그 규모는 과장되어 왔을 뿐만 아니라, 이 과장은 중국 부모들의 끔찍한 자식사랑 및 부자·모자간의 상호적 친애와 반하는 것이라고 밝혔다. 영아살해는 "이따금씩" 발생하지만, 강물 위에 영아시체들이 떠다니는 경우는 "빈번치 않는 것"이고, 또 이 사례들 중 "상당한 경우들"은 선상생활에서 발생하는 "사고"라고 못 박았다. Davis, *The Chinese*, 120-121쪽.

영국이나 유럽의 완만한 인구증가에 비해 폭발적이었고, 이 폭발적 인구증가는 경제성장의 증가분이 인구의 급증분의 부양에 다 소비되어 국민소득 성장률이 통계수치상 제로로 나타나더라도 중국경제가 성장을 지속하고 있었음을 함의한다. 이 점에서 중국 빈민가정의 영아유기는 아이러니컬하게도 영국의 비로소 개시되는 '완만한' 근대적 경제성장과 대비되는 중국경제의 지속적 '고도'성장을 증명하는 것이었다. 그런데 과잉인구를 방출할 해외식민지가 거의 없이 인구압박을 내적 생산성 향상으로 해소해야 했던 중국의 '내포적' 경제체제는 폭발적 인구증가가 지속적으로 고도성장의 소득증가 효과를 상쇄하는 '근대적' 경제동학에 들어 있었다.

애덤 스미스는 과잉인구를 끊임없이 해외로 방출한 영국과 유럽의 식민주의로 인해 식민지 없는 내포적 경제체제의 이런 '근대적' 경제동학에 대해 장님이었다. 이로 인해 그는 '내포적' 중국경제의 성장과 인구 간의 저 상쇄현상과 이로 인한 임금소득과 자본이윤의 저조현상을 '중국경제의 정체'의 증거로 해석한다. 그리하여 그는 중국경제가 중국의 풍토적 잠재력에 비하면 열등한 부를 산출하고 있다고 진단하고 그 원인을 엉뚱하게도 대외무역의 부재로 규정한다.[661] 애덤 스미스는 중국이 대외무역을 경시한다는 사실을 반복해서 지적하고 있다.[662] 스미스는 중국이

---

661) "토양과 기후의 본성, 그리고 타국과 관련된 상황이 획득하도록 허용하는 부의 완전한 전량을 획득한, 그러므로 더 앞으로 발전할 수 없고 뒤로 퇴행하지도 않은 나라에서 노동임금과 자본이윤은 둘 다 아마 아주 낮을 것이다. (…) 그러나 아마 어떤 나라도 이러한 정도의 풍요에 도달한 적이 없을 것이다. 중국은 오랫동안 정체되어 온 것으로 보이고 아마 오래 전에 그 나라의 법과 제도의 본성과 일치되는 부의 전량을 획득했을 것이다. 그러나 이 전량의 부는 다른 법과 제도, 토양과 기후와 상황이 허용할 수 있는 것보다 훨씬 열등한 것이다. 대외무역을 소홀히 하거나 멸시해 외국의 선박을 단지 한두 항구로만 들어오도록 허가하는 나라는 다른 법과 제도 아래서 거래하는 것과 동일한 양의 사업을 거래할 수 없다." Smith, *Wealth of Nations*, I. ix. 14-5, 111-2쪽.
662) Smith, *Wealth of Nations*, I. iii. 7, 35쪽; II. v. 22, 367쪽; III. i. 7, 379-380쪽.

대외무역을 전통적으로 경시한 것은 주변이 무역할 가치가 없는 오랑캐들이기 때문이라고 말한다. "모든 측면에서, 방랑하는 야인들과 가난한 야만인들에 의해 둘러싸인 대국은 의심할 바 없이 대외무역에 의해서가 아니라 자국 땅의 개발과 자국내의 상업에 의해 부를 달성한다. 고대 이집트인들과 현대 중국인들은 이런 방법으로 거대한 부를 이룩한 것으로 보인다. (…) 근대 중국인들은 대외상업을 극도의 경멸 속에서 유지하고 이것에 황공하게도 법률의 사소한 보호를 제공하는 일이 없다. 의도한 효과를 산출할 수 있는 한에서 될수록 모든 이웃국가를 궁핍화시키는 것을 목표로 삼는 현대적 대외상업의 좌우명은 바로 그 상업을 무의미하고 경멸받도록 만드는 경향이 있다."[663]

그러나 스미스는 지금이라도 중국이 대외무역을 확대하면 제조업과 기술을 크게 발전시킬 수 있을 것이라고 충고한다.[664] 애덤 스미스는 여기서 국운이 쇠하는 징후를 보이던 청나라 건륭제(재위 1735-1795) 말엽

---

663) Smith, *Wealth of Nations*, IV. iii. c. 11, 495쪽.
664) "중국인들은 대외무역에 대한 존중심이 거의 없다. '당신의 거지같은 상업!'이라는 말은 북경의 만다린이 러시아공사 드 랑글레(De Langlet)와 상업에 관해 대담하면서 쓴 말이다. 일본과의 무역을 제외하고 중국인들은 그들 스스로가, 그들의 땅 위에서 거의 또는 전혀 대외무역을 수행하지 않는다. 그들이 외국 선박의 출입을 허용하는 곳은 그들 왕국의 한두 항구뿐이다. 그러므로 중국의 대외무역은, 더 많은 자유가 주어진다면 자국 선박으로든 외국 선박으로든 자연스럽게 확장될 것보다 훨씬 좁은 범위 안에 갇힌 방법으로 한정되어 있다. 제조업 제품은 대개가 작은 크기 속에 많은 가치를 포함하고 있고 이 때문에 대부분의 원자재보다 더 적은 비용으로 이 나라에서 저 나라로 수송될 수 있는 만큼, 거의 모든 나라에서 대외무역의 주된 토대다. (…) 중국의 국내시장은 규모 면에서 유럽의 모든 상이한 나라들의 시장을 다 합친 것보다 그리 적지 않다. 만약 더 광범한 대외무역이 이 큰 국내시장에 나머지 모든 세계의 대외시장을 보태 주고, 그것도 이 대외무역의 상당한 부분이 중국 선박으로 수행된다면 반드시 중국 제조업을 아주 크게 증대시키고 제조업의 생산력을 아주 크게 향상시킬 수 있을 것이다. 더 광범한 항해를 통해 중국인들은 타국에서 사용되는 모든 다른 기계들을 스스로 사용하고 건조하는 기술과 세계의 다른 모든 부분에서 실천되는 기술과 산업의 다른 개량품들을 자연스럽게 배울 것이다. 그들의 현재 계획에 따른다면 그들은 일본을 제외하고는 다른 나라의 선례에 의해 자신들을 향상시킬 기회가 거의 없다." Smith, *Wealth of Nations*, IV. ix. 40-1, 679-81쪽.

의 중국을 보고 '정체상태 타파'의 비책으로 대외무역 확대를 제안하고 있다.

그러나 앞서 스미스 자신이 대외무역을 앞세우는 유럽의 상업을 "부자연스런 퇴보적 순서"라며 비판하고 있다는 점에서 그의 이 제안을 중국이 유럽처럼 대외무역에 전념해야 한다는 뜻으로 왜곡시켜서는 아니될 것이다. 스미스의 견해를 종합하면, 유럽은 너무 대외무역만을 앞세우고 농업을 경시하는 반면, 중국은 그 반대라는 것이다. 따라서 여기에 함의된 애덤 스미스의 진의는 유럽과 중국 사이의 어떤 '중도'를 취하는 제3의 새로운 정책노선이다.

그럼에도 스미스의 역사적 중국정체론과 무역경시론은 그의 이 제안과 함께 다 그릇된 것이다. 중국경제는 19세기 초까지 계속 발전했고, 국제무역도 확대일로에 있던 개방적 상업경제였기 때문이다. 스미스는 조공무역·공식무역·밀무역, 그리고 세계경제에서의 중국경제의 '기축機軸' 역할을 전혀 이해하지 못했다.

이런 무지 때문에 스미스는 미묘한 입장을 취한다. 그는 대외무역의 저조로 '역사적' 정체현상이 나타났다고 판단하면서도 중국이 퇴보한다는 징후는 없다고 진단하고, '세계 최부국' 중국의 여전한 건재를 언급하는 것을 잊지 않고 있기 때문이다.

- 하지만 중국은 정체해 있을지라도 퇴보하는 것처럼 보이지는 않는다. 중국의 어떤 도시도 주민들에게 버려지지 않고 있으며, 한번 경작된 땅은 어디서도 소홀히 관리되지 않는다. 그러므로 동일한 또는 거의 동일한 연간 노동이 계속 수행됨에 틀림없다.[665]

---

665) Smith, *Wealth of Nations*, I. viii. 25, 90쪽.

무릇 정체론은 늘 쇠퇴론을 함의하는 것이기 때문에 중국경제의 '퇴보'를 부정하는 이 평가는 실은 스미스 자신의 정체론과 모순되게도 실은 중국경제의 '진보'를 긍정적으로 함의하는 것이다.

어찌되었든 애덤 스미스의 눈에 중국은 여전히 주목해야 할 강대국이었던 것이다. 다시 확인하지만, 중국경제는 계속 성장 중이었고, 중국의 문은 그의 이해와 달리 18세기에도 합법·불법으로 늘 개방되어 있었고 대외무역은 확장일로에 있었다. 1700년 이래로 19세기를 넘어서까지 계속된 중국 인구의 급팽창이 그 증거다. 중국이 서양에 뒤떨어져 제국주의 열강의 지배에 들어가게 된 것은 정체나 대외무역의 저조가 아니었다. 그 원인은 무역적자를 항구화하는 중국상품 수입을 줄이려는 서양제국의 수입대체산업의 일반적 성공, 이로 인한 18세기 말엽 중국제품에 대한 서방특수의 소멸, 이로 인한 중국제품의 수출 격감 등에 기인하는 중국경제의 100년 장기불황(1780-1880), 즉 가경·도광불황이었고, 번영에 겨워 이에 대처하지 못하고 경제적으로 '안락사'하면서도 서구를 '양이'로 무시하고 다른 문명권으로부터 배우지 않은 '안주적安住的' 중국정부와 '안주적' 중국자본들의 오만 때문이었다.

3.3. 케네의 '자연질서'를 본뜬 스미스의 '자연적 자유'

애덤 스미스는 케네의 경제표와 중농주의를 상론함으로써 자신의 자유시장경제론을 수립한다. 공자의 '천지지도天地之道'·'무위이치'와 '사마천'의 '자연지험'을 불역한 중농주의자들의 용어 '레세페르', 그리고 케네의 '자연적 도(ordre naturel)'와 '완전한 자유'를 스미스는 슬그머니 밀턴과 로크의 개념 '자연적 자유(natural liberty)'로 영역했다. 그러나 로크가 뷰캐넌·수아레스·밀턴 등으로부터 넘겨받아 무단으로 논증한

'자연적 자유'는 공자의 '무위無爲'와 '자치' 개념의 번안 술어였다.

■ **스미스의 넓은 '생산적 노동' 개념과 케네 비판**

애덤 스미스는 『국부론』에서 농업노동만을 '생산적 노동'으로 보고 상공업노동을 '비생산적 불임노동'으로 격하하는 케네의 중농주의 이론을 이렇게 소개한다.

- 이 중농적 체계에 따라 토지의 연간 생산물의 총합계가 어떤 방식으로 위에 언급된 세 계급(지주·농민·상공계급 – 인용자) 사이에 배분되는지, 그리고 비생산적 계급의 노동이 어떤 방식으로 어떤 점에서도 저 총합계의 가치를 증가시키지 않고 그 자신의 소비의 가치를 대체하는 것 이상의 것을 하지 않는지는 이 중농적 체계의 아주 독창적이고 심오한 저자인 케네에 의해 몇 개의 산술공식으로 표현된다. 그가 '경제표'라는 이름으로 탁월하게 그리고 특유한 방식으로 구별하는 이 공식들의 첫 번째 것은 '가장 완전한 자유'의 상태에서, 그러므로 최고도의 번영 상태에서 이 분배가 벌어질 것이라고 가정하는 방법을 나타내고 있다. 이 '가장 완전한 자유'의 상태에서는 연간생산이 최대의 가능한 순생산물을 제공하게 되고, 각 계급이 전체 연간생산에서 제대로 된 제 몫을 향유하기 때문이다. 그 다음의 몇 가지 공식은 이 분배가 상이한 억제·규제 상태들에서 이루어지는 것으로 가정하는 방법을 나타내고 있다. 이 상태에서는 지주계급이나 불임적·비생산적 계급이 경작자계급보다 더 유리해지고, 또한 지주계급이나 비생산적 계급이 이 생산적 계급에 본래 귀속되어야 할 몫을 다소간에 침범하게 된다. 가장 완전한 자유가 확립할 저 자연적 분배에 대한 모든 이러한 침범, 모든 위반은, 이 중농적 체계에 의하면, 연간생산의 가치와 총합계를 매년 다소

하락시키고 필연적으로 사회의 실재적 부와 수입에서의 점진적 감소를 야기하지 않을 수 없다. 이것은 이 침범의 정도에 따라 '가장 완전한 자유'가 확립할 저 자연적 분배가 다소간 침범되는 것에 비례해 그 진행이 더 빠르거나 더 느릴 것임이 틀림없는 감소다. 다음 공식들은 이 체계에 따라 물건들의 자연적 분배가 침범되는 상이한 정도에 상응하는 상이한 감소 정도를 나타내는 것들이다.[666]

바로 이어서 스미스는 일단 케네 이론의 경직된 교조적 측면을 비판적으로 지적하고 경제적 자유개념을 좀 더 유연화시킨다.

- 몇몇 사변적 내과의사들은 인간신체의 건강이 식이와 운동의 일정한 정밀 양생법에 의해서만 보존될 수 있고 이 양생법을 조금이라도 위반하면 필연적으로 위반의 정도에 비례해 질병이나 혼란을 야기할 것이라고 생각하는 듯하다. 하지만 경험을 통해 입증되는 사실은 인간신체가 지극히 다양한 양생법 아래서도, 심지어 건강한 것과 아주 거리가 먼 어떤 양생법 아래서도 가장 완전한 상태를 종종 보존한다는 것이다. 인간신체의 건강한 상태는 아주 그릇된 양생법의 나쁜 영향들을 많은 점에서 방지하거나 교정할 수 있는 미지의 보존원리를 자기 안에 포함하고 있는 듯하다. 케네 씨는 그 자신이 내과의사였고 그것도 아주 사변적인 내과의사였는데, 정체政體에 관해서도 동일한 유형의 생각을 품었던 것으로 보인다. 그는 오직 일정한 정밀 양생법, 즉 완전한 자유(perfect liberty)와 완전한 정의의 정확한 양생법 아래서만 정체가 번성·번영할 것이라고 상상했다. 그는 정체 안에서 모든 인간이 지속적으로 그 자신의 조건을 더 나은 조건으로 만들고자 하는 자

---

666) Smith, *Wealth of Nations*, IV. iv. 27, 672-673쪽.

연적 노력이 어느 정도 편파적이기도 하고 억압적이기도 한 정치경제론의 나쁜 영향을 많은 점에서 방지하고 교정할 수 있는 보존의 한 원리라고 생각하지 않는 것으로 보인다. 이런 정치경제론은 의심할 바 없이 언제나 부와 번영을 향한 국민의 자연적 진행을 완전히 정지시킬 수 있는 것도 아니고, 더욱이 후퇴시킬 수 있는 것도 아니다. 한 나라가 완전한 자유와 완전한 정의 없이 번영할 수 없다면, 세계에서 한 나라도 번영할 수 없을 것이다. 하지만 정치적 신체에서 자연의 지혜(the wisdom of nature)는 다행히도 인간의 어리석음과 불의의 나쁜 영향 중 많은 것을 치유하기 위해, 그것이 자연적 신체에서 해온 것과 동일한 방식으로 인간의 게으름과 무절제의 나쁜 영향들을 치유하기 위해 충분히 대비해 왔다. 하지만 이 이론체계의 최대 오류는 공인工人(artificers), 제조업자(manufacturers), 상인(merchants) 계급을 전부 다 불임적이고 비생산적인 것으로 표현하는 데 있는 것으로 보인다.[667]

여기서 스미스는 '가장 완전한 자유'가 아니면 발전과 번영이 없다는 케네의 경직된 주장을 문제 삼으면서 '자연의 지혜'에 따른 경제과정의 자연적 수정능력이 '가장 완전한 자유'에 대한 제약들의 저해작용보다 더 강하다고 지적하고 있다. 그리고 상인과 공인, 매뉴팩처자본가를 "불임적·비생산적"으로 규정하는 것을 중농주의 이론의 "최대 오류"라고 밝히고 있다.

이어서 애덤 스미스는 케네와 반대로 이 상공계급들을 전부 '생산적 계급'으로 분류한다.

---

667) Smith, *Wealth of Nations*, IV. ix, §28, 673-674쪽.

● 첫째, 이 공인·매뉴팩처업자·상인들의 계급이 매년 그 자신의 연간 소비를 재생산하고 적어도 이 계급을 먹여 살리고 고용하는 자본의 비축량의 존재를 지속시킨다는 것이 인정된다. (…) 우리는 결혼이 한 아들과 한 딸만을 낳아 아비와 어미를 대체할지라도, 그리하여 인류의 수를 늘리지 않을 뿐만 아니라 전에 있던 대로 유지시킬 뿐일지라도 이 결혼을 불임적이거나 비생산적이라고 불러서는 아니 된다. 대농과 농촌노동자들은 진정으로, 그들을 먹여 살리고 고용하는 자본금(stock)을 넘어 매년 순생산물, 즉 지주에 대한 무상 지대를 재생산한다. 세 자식을 제공하는 결혼은 두 자식만을 제공하는 결혼보다 더 생산적일 것이다. 농장경영주와 농촌노동자의 노동은 상인·공인·제조업자의 노동보다 확실히 더 생산적이다. 하지만, 한 계급의 우월한 생산량은 다른 계급을 불임적이거나 비생산적으로 만들지 못한다. 둘째, 이런 까닭에 공인·제조업자·상인을 하인과 같은 관점에서 고찰하는 것은 전적으로 부적절한 것으로 보인다. (…) 반대로 공인·제조업자·상인의 노동은 자연적으로 모종의 팔 수 있는 상품 속에서 고정되고 실현된다. 이런 까닭에 나는 생산적·비생산적 노동을 다루는 장에서 장인·제조업자·상인을 생산적 노동자로 분류했고 하인들을 불임적·비생산적 노동자로 분류했다. 셋째, 모든 가정에 따라, 공인·제조업자·상인이 사회의 실질수입을 증가시키지 않는다고 말하는 것은 부적절한 것으로 보인다. 우리가 가령 케네의 이론체계에서 가정되는 것처럼 이 계급의 일간·월간·연간 소비의 가치가 이 계급의 일간·월간·연간 생산의 가치와 동일할지라도, 여기로부터 이 계급의 노동이 실질수입에, 즉 사회의 대지와 노동의 연간 생산물의 실질가치에 아무것도 보태지 않았다는 결론은 나오지 않을 것이다. 가령 추수 이후 처음 6개월 동안 10파운드어치의 노동을 수행하는 공인은 동일한 기간에 10파운드어치의 곡물과

기타 생필품의 가치를 소비해야 할지라도 실질적으로 10파운드의 가치를 사회의 대지와 노동의 연간 생산물에 보태는 것이다.[668]

스미스는 공인이 자신의 소비를 상쇄하는 처음 6개월의 노동에 더해 나중 6개월의 노동을 더 수행하기 때문에 대지·노동생산물에 10파운드의 가치를 더하는 것이라고 말하고 있다. 그러므로 상공인과 제조업자가 모두 다 생산적이라는 것이다. 생산적 노동을 상공업노동으로까지 확대해야 한다는 이 주장은 스미스의 독창적 견해가 아니다. 우리가 앞서 살펴보았듯이 실루에트·미라보·흄·유스티 등이 대변한 일반적 견해였다.

■ 스미스의 생산적 노동 개념에 대한 마르크스의 비판

엄밀하게 논하자면 상공업 노동을 몽땅 생산적으로 보는 것은 그릇된 것이다. 상업에서 제품의 위치를 변형시켜 가치를 추가로 투하하는 수송·배달노동과, 제품의 외관을 더 좋게 변형시켜 제품에 가치를 더하거나 제품 가치의 수명을 연장하는 포장·보관노동은 '생산적'이다. 하지만 마르크스의 말대로 임금노동자들을 고용한 상업자본가와 매뉴팩처자본가의 착취(지배)기능과 순수한 상업노동(상품진열·거래·회계 등)은 비생산적 노동이다. 이 점에서 상공노동을 몽땅 비생산적으로 본 스미스의 분류는 부분적으로 그릇된 것이다. 마르크스는 훗날 이런 관점에서 애덤 스미스의 '너무 넓은' 생산적 노동개념을 비판하게 된다.

3.4. 스미스의 '자연적 자유의 체계'와 그 내재적 모순

스미스는 정부가 농업을 특별히 촉진하거나 제조업과 대외무역을 특

---

668) Smith, *Wealth of Nations*, IV. ix. 30-32, 674-675쪽.

별히 촉진하는 것이 저 '완전한 자유'와 배치되고 이로 인해 경제발전을 저해한다고 본다. 위에서 스미스는 "농장경영주와 농촌노동자의 노동은 상인·공인·제조업자의 노동보다 확실히 더 생산적이다"라고 말하고 있다.

■ 스미스의 엉큼한 농본주의

"농장경영주와 농촌노동자의 노동이 상인·공인·제조업자의 노동보다 확실히 더 생산적이다"는 이 말은 스미스의 입장이 그가 내건 간판과 달리 중농주의를 추종한다는 것을 함의한다. 그의 이 중농주의는 케네의 '교조적·절대적 중농주의'의 완화된 것이지만, 그럼에도 스미스도 '중농주의자'라고 부를 만할 것이다. 말하자면, 애덤 스미스는 중농주의 이론체계의 "최대 오류"를 "장인·매뉴팩처업자·상인들의 계급을 전부 다 불임적이고 비생산적인 것으로 표현하는 것"으로 비판했음에도 불구하고 케네의 '중농주의'를 슬그머니 추종한 것이다.

이런 까닭에 1985년 케이턴(Hiram Caton)은 "『국부론』이 산업생산의 사실을 인정치 않고 이 책의 가격분석은 산업적 시장의 근본적 국면인, 기술공학적 응용에 의해 획득되는 기하급수적 성장에 기초한 산출 단위당 하락하는 가격을 설명하지 않는다"고 비판하면서 "스미스의 자유방임 독트린은 중농주의 정신에서 평등주의적 농업자본주의를 선포하려고 의도된 분명한 가치요청을 포함하고 있다"고 지적했다.[669] 애덤 스미스가 당시 그의 주변에서 진행되고 있는 기술발전과 산업혁명, 그리고 그 귀결인 '기하급수적 성장'을 완전히 놓쳤다는 말이다.

스미스는 농업노동이 상공업노동보다 더 생산적이라는 말을 다른 곳

---

669) Hiram Caton, "The Preindustrial Economics of Adam Smith", *The Journal of Economic History*, Vol.45, No.4(Dec. 1985), 833쪽.

에서도 반복한다.

- 어떤 동일량의 자본도 농장주의 자본보다 더 큰 양의 생산적 노동을 움직이게 하지 못한다. (…) 농업에 고용된 노동자와 일하는 가축들은 매뉴팩처의 일꾼들과 마찬가지로 자본소유자의 이윤과 함께 그들 자신의 소비나 그들을 고용하는 자본과 등가인 가치의 재생산뿐만 아니라, 훨씬 큰 가치의 재생산을 일으킨다. 그들은 대농(농업자본가)의 자본과 그 이윤을 넘어 정규적으로 지주의 지대의 재생산을 일으킨다. 이 지대는 자연의 저 힘들의 생산물로 간주될 수 있는데, 지주는 이 자연의 사용을 대농에게 빌려 주는 것이다. 생산물은 저 힘의 상정되는 크기에 따라, 환언하면 토지의 상정되는 자연적 비옥도 또는 향상된 비옥도에 따라 더 크거나 더 작다. 사람의 작품으로 간주될 수 있는 모든 것을 **빼고** 난 뒤, 또는 상쇄시킨 뒤 남는 것은 자연의 작품이다. 자연의 작용은 거의 전체 생산물의 4분의 1보다 적지 않고, 종종 3분의 1보다 더 많다. 매뉴팩처에 고용된 동일량의 생산적 노동은 결코 이렇게 큰 재생산을 일으킬 수 없다. 매뉴팩처에서는 자연이 아무것도 하지 않는다. 사람이 모든 것을 한다. 그리고 재생산은 언제나 이것을 일으키는 행위자들의 힘에 비례해야 한다. 그러므로 농업에 투하된 자본은 매뉴팩처에 고용된 어떤 동일량의 자본보다 더 큰 양의 생산적 노동을 움직일 뿐만 아니라, 그 자본이 고용하는 생산적 노동의 양에 비례해서 그 자본은 나라의 토지와 노동의 연간 생산물에, 즉 나라의 거주자들의 실질적 부와 소득에 훨씬 더 큰 가치를 더한다. 자본이 투하될 수 있는 모든 방식 중에서 농업자본은 사회에 단연 가장 이롭다.[670]

---

670) Smith, *Wealth of Nations*, II.v. §12, 363-364쪽.

이것을 보면 애덤 스미스는 엄격한 노동가치론을 따르지 않고 있다. 매뉴팩처 제품에 농산품보다 더 많은 노동이 투하되었다면 그만큼 더 가치 있다고 생각하지 않는다. 반면, 농업에서 4분의 1 이상의 '자연적 생산'을 '노동'으로 착각하고 있다. 스미스는 케네의 중농주의를 그대로 모방해서 농업노동과 농업자본을 편애하고 있다. 그의 편파성은 "매뉴팩처에서는 자연이 아무것도 하지 않고 사람이 모든 것을 한다"는, 제조업 속의 '자연적 생산'을 완전히 무시하는 말에서 극치에 달한다. 물론 이 말은 아주 그릇된 것이다. 그는 매뉴팩처에서도 종종 물레방아와 풍차방아에 이용되는 물과 바람의 작용, 포도주와 각종 발효식품 숙성과정에서의 효모의 작용, 각종 제품 건조과정과 섬유 표백과정에서의 햇볕의 역할, 식품을 식히는 과정에서의 주변공기의 냉각작용 등의 자연적 생산을 완전히 놓치고 있다.

스미스는 농업에 '올인'한 새로운 식민지들에서의 **빠른 경제성장**을 이 중농주의적 농본農本입장의 연장선상에서 설명한다.

- (그러나) 토지의 개량과 경작에 고용된 노동은 사회에서 가장 크고 가장 가치 있는 생산물을 제공한다. 이 경우에 노동의 생산물은 그 자신의 임금과 이 노동을 고용하는 자본금의 이윤을 지불할 뿐만 아니라, 자본금이 투하된 토지의 지대로 지불한다. 그러므로 영국 식민지이주자들의 노동은 토지의 개량과 경작에 투입되는 까닭에 토지의 전용專用에 의해 다소간에 다른 고용으로 돌려지는, 다른 세 국민들 중 어떤 국민의 노동보다 더 크고 더 가치 있는 생산물을 공급하는 것 같다.[671]

스미스는 이 같은 관점을 북미주에 대입해 북미 식민지의 경제적 급성

---

671) Smith, *Wealth of Nations*, IV.viii. b. §19, 363-364쪽.

장을 설명한다.

- 미국 식민지들의 거의 전 자본이 지금까지 농업에 투하되어 왔다는 사실은 부와 강대성을 향한 우리 미국 식민지들의 **빠른** 진보의 주요 원인이다. (…) 미국인들이 폭력의 결합에 의서든 다른 종류의 폭력에 의해서든 유럽 매뉴팩처의 수입을 중지하고 유사한 재화를 제조하는 그들 동포들의 매뉴팩처에 독점권을 부여함으로써 상당한 양의 자본을 이 방향의 고용으로 전용專用한다면, 미국인들은 그들의 연간 생산물의 가치의 가일층적 증가를 가속화하는 대신에 지체시키고 부와 강대성을 향한 그 나라의 진보를 촉진하는 대신 저해할 것이다. 이것은 그들이 동일한 방식으로 그들의 전 수출무역을 그들 자신에게 독점하려고 기도한다면 훨씬 더 그럴 것이다.[672]

스미스의 이 오판은 1776년 이미 기술발전에 기초한 산업혁명으로 개시된 자본주의의 기하급수적 성장을 간파하지 못하고 엉큼하게도 케네의 중농주의를 슬그머니 추종한 결과다.

스미스는 이 '상대적 중농주의'의 관점에서 불가피하게 케네를 인색하게나마 찬양한다. 그러면서 마지못해 그의 중농주의적 자유경제론을 '진리에 가장 가까운 근사치'로 평가한다.

- 이 중농적 이론체계는 온갖 불완전성에도 불구하고 정치경제학의 주제로 지금까지 공간된 이론 중 진리에 가장 가까운 근사치다. 이런 까닭에 저 아주 중요한 학문의 원리들을 주의 깊게 정밀 검토하기를 바라는 모든 사람들이 고찰할 가치가 있는 것이다. 토지에 고용된 노동

---

672) Smith, Wealth of Nations, II.v. b. §19, 366-367쪽.

을 유일한 생산적 노동으로 규정한다는 점에서 이 이론체계가 주입하는 관념들이 너무 협소하고 한정된 것일지라도, 국부를 소비할 수 없는 화폐의 부가 아니라 사회의 노동에 의해 매년 재생산되는 소비할 수 있는 재화에 있는 것으로 규정한다는 점에서, 그리고 완전한 자유를 이 연간재생산을 최대로 가능한 것으로 만드는 데 유일하게 효과적인 방책으로 내세운다는 점에서 이 체계의 학설은 모든 점에서 관대하고 자유로운 것만큼 정당한 것으로 보인다. 이 체계의 추종자들은 수적으로 아주 많다. (…) 추종자들은 지난 몇 년 동안, 프랑스 식자공화국 안에서 '이코노미스트들(Oeconomists)'이라는 이름으로 두드러진 꽤 상당한 학파를 만들었다. 그들의 저작들은 이전에 검토된 적이 없는 많은 주제들을 일반적인 토론 속으로 끌어들였을 뿐만 아니라 농업을 위한 공적 행정에 상당한 정도로 영향을 끼침으로써 확실히 그 나라에 얼마간 이바지했다. 그리하여 프랑스 농업이 이전에 괴로움을 당하던 여러 억압으로부터 해방된 것은 그들의 주장의 결과다. 모든 미래 구입자나 지주에 대해 타당한 임대차가 보장되는 기간은 9년에서 27년으로 연장되었다. 왕국의 이 지방에서 저 지방으로의 곡물 이송에 대한 오래된 지방적 억제는 완전히 철폐되었고, 모든 외국으로 곡물을 수출할 자유도 왕국의 민법으로 확립되었다. 이 학파는 '정치경제학'이라고 불리는 것, 또는 정확하게 국부의 본성과 원인뿐만 아니라 시민정부의 체계의 모든 부분을 다루는 그들의 수많은 저작들에서 모두 암묵적으로 그리고 뚜렷한 수정 없이 케네의 학설을 따르고 있다. 이런 까닭에 그들의 저작은 대부분에서 다양성이 거의 없다. (…) 매우 겸손하고 소박한 인물이었던 그 사부에 대한 이 학파 구성원들의 찬미는 제각각의 체계 창시자들에 대한 어떤 철학자들의 찬미에도 뒤지지 않는다. 아주 근면하고 존경할 만한 저술가 마르키 미라보는 "세계가 시작된 이래 정치사회를 풍요롭게 만든 다른 발명들과 별개로 원리적으로 정치사회에 안정을 가져다준 세 가지 위대한 발명이 있었다"고 말한다. "첫째는 문자의 발명이다. 이것은 그 자체로 인간본성에 법률, 계약, 연대기, 발견들을 변질 없이 전달하는 힘을 부여한다. 둘째는 화폐의 발명이다. 이것은 문명사회를 하나로 묶는다. 셋째는 다른 두 발명의 결과인 '경제표'다. 이것은 두 발명들의 대상을 완벽하게 함으로써 두 발명을 완전하게 만든다. 이것은 우리 시대의 위대한 발견이지만, 우리의 후손들이 그 이익을 거둘 것이다."[673]

스미스는 케네의 명제 중에서 중농주의 명제를 제외하고 "국부를 소비할 수 없는 화폐의 부에 있는 것이 아니라 사회의 노동에 의해 매년 재생산되는 소비할 수 있는 재화에 있는 것으로 규정하는" 명제와 "완전한 자유를 이 연간 재생산을 최대로 가능한 것으로 만드는 데 유일하게 효과적인 방책으로 내세우는" 명제 등 두 가지 핵심명제를 "정당한 것"으로 수용하고 있다. 그러나 스미스는 프랑스왕국에 대한 중농주의자들의 공헌을 "얼마간" 이바지했다고 말함으로써 아주 야박하게 평가하고 있는데, 이것은 상술했듯이 마르크스의 격한 비판("불손한 표현")을 듣게 된다. 스미스가 인용하는 미라보의 '엄청난' 말은 그의 『농촌철학』(1766)에 들어 있다.

스미스는 케네의 중농주의를 다루는 맥락에서 중국의 중농적 농본주의 정책을 바로 논하고 있다.

- 현대 유럽제국의 정치경제학이 '농촌 산업'인 농업보다 도시의 산업인 제조업과 대외무역을 더 이롭게 하는 것만큼, 다른 국가들의 정치경제

---

673) Smith, *Wealth of Nations*, IV. ix. 38, 678-679쪽.

학은 다른 계획을 추종하고 제조업과 대외무역보다 농업을 더 이롭게 한다. 중국의 정책은 다른 모든 고용부문보다 농업을 중시한다. (…) 중국에서 모든 사람들의 커다란 야심은 소유하든 임차하든 작은 땅 조각이라도 보유하는 것이다. 임차는 아주 관대한 조건으로 이루어지고 임차인들은 충분한 면적을 확보한다.[674]

케네에 의해 대변되는 중농주의 논의를 중국의 농본주의와 연결시키는 것으로 보아 스미스는 케네의 중농주의가 중국의 농본주의 경제노선의 복사판이라는 사실을 알고 있었던 것으로 보인다. 그러면서도 스미스는 케네처럼 중국의 농본주의를 따라 그것을 상대적·경향적 중농주의로 변형시키고 있는 것이다. 스미스의 이 경제관은 케네의 그것보다 중국의 농·상 양본주의와 더 근접한 것이지만, 흄과 유스티의 상공업중시론에 비하면 덜 진보적·근대적인 것이다.

■ "단순한 자연적 자유의 체계"로서의 스미스의 경제학:

애덤 스미스는 자신의 자유시장경제론을 "분명하고 단순한 자연적 자유의 체계"로 제시한다.

- 이와 같이(중상·중농체계에서와 같이 – 인용자) 특별한 장려에 의해 산업의 특별한 부문으로 자연스럽게 이 부문으로 가는 것보다 더 많은 사회 자본의 몫을 끌어다 두려고 애쓰거나 특별한 억제에 의해 특별한 산업부문으로부터 그렇지 않으면 그곳에 고용되어 있을 자본의 어떤 몫을 강제적으로 밀어내려고 애쓰는 모든 정책체계는 실제로 그것이 촉진하려 의도하는 큰 목적에 파괴적이다. 그것은 진정한 부와 강

---

674) Smith, *Wealth of Nations*, IV. ix. 39-40, 679-680쪽.

대성을 향한 행진을 가속화하기보다 지체시키고 토지와 노동의 가치와 연간생산량을 늘리기보다 줄인다. 그러므로 선호나 억제의 모든 체계들이 이와 같이 제거된다면, 분명하고 단순한 '자연적 자유(natural liberty)의 체계'가 저절로 확립될 것이다. 모든 사람들은 정의의 법을 위반하지 않는 한, 완전하게 자유롭도록 방임되어(left to perfectly free) 그 자신의 이익을 그 자신의 방식으로 추구하고 그의 근면과 자본을 가지고 다른 사람 또는 다른 인간집단과의 경쟁에 들어간다. 주권자는 하나의 의무로부터, 즉 이 의무를 이행하려고 시도하면 주권자가 언제나 무수한 기망欺罔에 빠질 수밖에 없고, 이 의무를 정확하게 이행할라치면 어떤 인간적 지혜나 지식도 그것을 감당하기에 충분할 수 없는 의무, 말하자면 사적인 사람들의 근면을 감독하고 사회의 가장 적절한 이익에 가장 적합한 고용 쪽으로 지도하는 의무로부터 완전히 해방되는 것이다. '자연적 자유의 체계'에 따르면 주권자는 배려해야 할 세 가지 의무, 말하자면 아주 중요한, 그것도 보통 지성에도 명백하고 가지적可知的인 세 가지 의무만 있다. 첫째, 다른 독립적 사회들의 폭력과 침략으로부터 사회를 보호할 의무, 둘째, 가능한 한 사회의 모든 구성원들을 다른 사회구성원의 불의나 억압으로부터 보호할 의무, 또는 정확한 사법행정을 수립할 의무, 셋째 일정한 공공사업과 일정한 공공제도를 설립하고 유지할 의무다. 이것을 설립하고 유지하는 것은 어떤 개인이나 소수의 개인들의 이익을 위한 것일 수 없다. 이윤(이윤욕 - 인용자)이란 큰 사회에 그 비용을 보상하는 것보다 훨씬 더 많은 것을 종종 해 줄 수 있을지라도 어떤 개인이나 소수의 개인들에게 그 비용을 보상해 줄 수 없기 때문이다.[675]

---

675) Smith, *Wealth of Nations*, IV. ix. 50-51, 687-688쪽.

그러나 "특별한 장려나 억제에 의해 산업의 특별한 부문으로 자연스럽게 이 부문으로 가는 것보다 더 많은 사회 자본의 몫을 끌어다 두려고 애쓰는 모든 정책체계"는 "그것이 촉진하려 의도하는 큰 목적에 파괴적"이라는 스미스 자신의 논변은 자신의 상대적 중농주의에도 그대로 적용되는 것이다. 그의 이 논변은 농업노동이 상공업노동보다 훨씬 더 생산적이라는 엉터리 논변으로 농업에 대한 투자를 권장한 자신의 경향적 중농주의 논변과 정면으로 모순된다는 말이다.

그리고 스미스의 상대적 중농주의도 케네의 절대적 중농주의와 마찬가지로 사마천의 경제적 황금률과 정면으로 배치된다. 기원전에 이미 사마천은 주지하다시피 "부를 구하는 경우에 농업은 공업만 못하고, 공업은 상업만 못하다", 또는 "상업으로 재물을 모으고 농업으로 재물을 지킨다"는 천재적 논변을 전개했기 때문이다.

케네의 '완전한 자유' 개념을 '번안'한 스미스의 '자연적 자유'는 - 공자의 '무위이성' 또는 사마천의 '자연지험'의 불역어인 - '레세페르'를 영어로 중역重譯한 것이 틀림없다. 애덤 스미스는 공자의 '무위이치'와 중국의 농본주의와 화식론적 상본주의를 수용한 케네의 자유주의적 중농주의를 수정하는 듯한 제스처 아래 실은 중농주의를 모방하고 케네의 '완전한 자유의 체계'를 슬쩍 자신의 '자연적 자유의 체계'라는 말로 포장해 사실상 '표절'한 것이다.

아무튼 스미스는 이 '자연적 자유의 체계'에서 자연스럽게 '어떤 인간적 지혜나 지식'도 능가하는 "자연의 지혜(wisdom of nature)"가[676] '보이지 않는 손'으로 작동한다고 생각했다. 공사의 '무위'는 케네의 "완전한 자유"("자연적 질서"의 "무한·자유경쟁") 또는 튀르고·다르장송을 비롯한 중농주의자들의 '레세페르'를 거쳐 스미스의 "자연적 자유"로 유전되

---

676) Smith, *Wealth of Nations*, IV. ix. 28, 674쪽.

었다. 그러나 스미스는 주지하다시피 국가의 책무를 네 가지 과업(국방·사법·공공사업·국민교육)으로 축소함으로써[677] 공맹과 역대 중국의 '적극적 양민정책', 즉 복지정책을 방기한 '야경국가'를 기획하고 있다. 그럼에도 불구하고 스미스의 자유시장경제학은 케네의 표절을 경로로 자유시장의 진흥을 의미하는 공맹과 역대중국의 '소극적 양민론'을 근대적 형태로 리메이크하는 데 케네의 중농주의와 더불어 완전히 성공한 것이다. 이를 통해 케네와 스미스는 스위스·미국·영국·프랑스·독일 등이 차례로 자유시장을 확립하는 데 크게 기여했다.

---

677) Smith, *Wealth of Nations*, IV. ix. 689-818쪽.

제4절

애덤 스미스의 미학:
중도·정리정돈·체계성

서양 철학자들은 '자연미'를 논하는 경우도 드물지만, '귀여움(cuteness)'의 미美를 말하는 경우는 아예 전무하다. 또한 아름다움의 본질을 꿰뚫는 논의도 드물다. 스미스의 미학도 아름다움의 본질을 놓고 헤매는 이론의 한 종류다.

4.1. 최소자의 미(귀여움)를 모르는 스미스의 중도 미학

스미스는 중도를 미의 본질이라고 생각한다. 그렇다면 '중도'에 대한 원천적 판단력이 있어야 할 것이다. 따라서 쾌감, 재미감각, 미감, 시비감각 등 4대 판단력 중에서 허치슨이 중시한 '미감美感(taste)' 또는 '심미안'만은 스미스도 건너뛰지 못하고 언급한다.

- 우리 자신이나, 우리가 판단하는 감정을 지닌 사람과의 어떤 특별한 관계 없이 고려되는 저 대상들과 관련해, 그 사람의 감정이 완전히 우리 자신의 감정과 상응하는 경우에, 우리는 미감과 좋은 판단력의 자질을 그 사람에게 귀속시킨다. 어느 평원의 아름다움, 어느 산악의 장엄성, 한 건물의 장식, 어떤 그림의 표현법, 한 논의의 구성, 제3자의 품행, 상이한 수량들의 비례, 우주의 장대한 기계가 다양한 현상들을 낳는 비밀스런 바퀴와 스프링들과 더불어 영구적으로 펼쳐 보이는 다양한 현상 등 과학과 미감의 모든 일반적 주제들은 우리와 우리의 친구가 우리들 중 어느 누구와도 아무런 특별한 관계도 없는 것으로 간주하는 것이다.[678]

친구의 감정이 우리 자신의 감정과 "일치할" 뿐만 아니라 우리 자신의 감정을 "이끌고 지도할" 때, 그 감정을 형성하는 데 있어, 우리가 간과했던 많은 것들에 그가 유의하고 이것들을 그 감정의 대상의 모든 다양한 상황에 맞춰 조율한 것으로 보일 때, 우리는 그의 감정을 "가미하게 느낄" 뿐만 아니라, "그 감정의 뜻밖의 비범한 예리성과 포괄성에 놀라고 경탄한다". 그리고 그는 "아주 높은 정도의 찬미와 갈채를 받을 만한 것"으로 보인다. 왜냐하면 경탄과 놀람에 의해 고조된 "가미하다(좋다)는 감정"은 정확히 "찬탄"이라고 불리는 감정, 그리고 갈채가 그것의 자연적 표현이 되는 감정을 구성하기 때문이다. "절묘한 아름다움"이 "지독한 추악함"보다 더 선호할 만하다고 판단하는 사람의 결정은 전 세계가 확실히 가하다고 느낄 것임이 틀림없지만, 이 미감은 확실히 많이 감탄하지 않을 것이다. 감탄하는 미감은 "미추美醜의 거의 지각할 수 없는 미세한 차이를 구별하는 심미안"을 가진 사람의 "예리하고 섬세한 감식

---

[678] Smith, *The Theory of Moral Sentiments*, I. i. iv. §2.

력"이다. 우리의 감탄을 일으키고 우리의 갈채를 받을 만한 것처럼 보이는 사람은 "미감에서의 지도자", "우리 자신의 감정들을 지도하고 안내하는 사람", "그 범위와 탁월한 정확성이 우리를 경탄과 놀람으로 경악케 하는 재능을 가진 사람"이다.[679] "미감"은 "원래 이로운 것으로 여겨져서가 아니라, 적정한 것으로, 맛좋은 것으로, 미감의 대상에 정확히 적합한 것으로 여겨져 가미하게 느껴지는 것이다."[680] 여기서 분명 스미스는 흄의 공리주의 미학도, 주관주의 미학도 뛰어넘고 있다.

스미스의 미학을 좀 더 들여다본다면, 스미스는 다양한 종류의 사물들에서 아름다움의 기준도 사물들의 '형태의 통례적 중간 또는 중도'로 본다. 미감은 각 종류의 사물과 동식물의 형태에 고유한 통례적 중도 또는 평균적 배열구조(conformation)의 비례적 중화를 판단하는 변별력이다.

- 서로 다른 종류의 사물들에 있어서 얼마나 다양하고 대립적인 형태들이 아름답게 여겨지는가? 이 동물에게서 찬탄되는 비율은 저 동물에게서 평가받는 비율들과 전적으로 다르다. 각 부류의 사물들은 모두 다 가한 느낌을 자아내게 하는 제 나름의 특유한 배열구조를 지니고 있고, 모든 다른 종들과 다른 제 나름의 종의 아름다움을 가지고 있다.[681]

각 대상물의 아름다움은 다 이 대상이 속하는 그 종류의 사물들 사이에서 그것의 "가장 통례적인" 형태와 색깔에 근거한다는 것이다. 그러므로,

---

679) Smith, *The Theory of Moral Sentiments*, I. i. iv. §3.
680) Smith, *The Theory of Moral Sentiments*, I. i. iv. §4.
681) Smith, *The Theory of Moral Sentiments*, V. i. §8.

● 인간의 외모형태에서 각 얼굴의 아름다움은 못생긴 다양한 기타 외모형태들로부터 같은 간격으로 떨어져 있는 일정한 중간(middle)에 근거한다. 가령 아름다운 코는 아주 길지도 않고 아주 짧지도 않고, 아주 반듯하지도 않고 아주 구부러지지도 않은, 이 모든 극단적 코들 사이에서 일종의 중도인 코, 이 모든 극단적 코들 중 어느 것과 비교해도 이 극단적 코들끼리의 차이보다 더 적은 차이를 보이는 중도의 코다. 그것은 자연이 이 모든 코들 안에서 목표로 삼은 것 같지만 아주 다양한 방식으로 일탈시키고 아주 드물게만 정확하게 적중시키는 형태다. 그러나 이 모든 일탈들은 그래도 이 형태와 아주 강한 유사성을 보인다." 같은 방식으로 "각 종의 피조물들에 있어서 가장 아름다운 피조물은 그 종의 일반적 만듦새의 가장 강렬한 특성들을 지니고 있고, 또 같은 종으로 분류되는 개체들의 대부분과 가장 강한 유사성을 보여준다".[682]

"인간의 외모형태에서 각 얼굴의 아름다움은 못생긴 다양한 기타 외모형태들로부터 같은 간격으로 떨어져 있는 일정한 중간에 근거한다"는 구절은 '말인지 막걸리인지' 알 수 없다. 반대로 "괴물이나 완전히 볼품없는 것은 언제나 가장 특이하고 가장 괴상하고, 또 이것들이 속한 그 종의 일반성과 가장 적게 닮았다"는 것이다.[683]

그리하여 "각 종의 아름다움을 지닌 사물들은, 개체들이 정확하게 이 중도적 형태에 적중한 경우가 거의 없기에 어떤 의미에서 모든 사물들 중 가장 희귀한 사물일지라도, 다른 의미에서 가장 흔한 것이다. 왜냐하면 중도적 형태로부터의 온갖 일탈물들은 끼리끼리 닮은 것보다 이 중도

---

682) Smith, *The Theory of Moral Sentiments*, V. i. §8.
683) Smith, *The Theory of Moral Sentiments*, V. i. §8.

적 형태를 더 많이 닮았기 때문이다." 그러므로 "가장 통례적인 형태"는 각 종류의 사물들에 있어서 "가장 아름다운 형태"다. 그래서 각 종류의 대상물들의 "아름다움"을 판단하거나 "그 중도적 형태와 그 가장 통례적인 형태"가 어디에 근거하는지를 알 수 있으려면 먼저 그 대상물을 관조하는 일정한 "관행과 경험"이 필요한 것이다. "인간 종자의 아름다움에 관한 가장 정교한 판단도 꽃이나 말, 또는 어떤 다른 종류의 사물들의 아름다움을 판단하는 데 도움을 주지 않는다." 같은 이유에서 상이한 기후대에서, 그리고 상이한 관습과 생활양식이 자리 잡은 곳에서 어떤 종류의 일반성이든 그 주변상황으로부터 다른 배열구조를 받아들이는 만큼 그 아름다움의 그만큼 상이한 관념들이 힘을 떨칠 것이다. 무어 말의 아름다움은 영국 말의 아름다움과 정확히 같은 것이 아니다.[684]

스미스의 이 미학적 사고는 "동물 신체의 미를 판단하는 데서 우리는 언제나 품종의 체격조건을 염두에 두고, 사지와 생김새가 그 품종에 공통된 비율을 준수하는 경우에 이 신체를 잘생기고 아름답다고 언명한다"는[685] 흄의 '평균적 공통성 미학'을 따르고 있다.

여기서 스미스는 미의 본질에 아주 가까이 접근했으나 적중시키지는 못하고 있다. 각 종의 특유한 통례성과 중도성에 관심을 집중한 나머지 모든 종을 관통하는 보편적 미의 기준인 '유형적有形的·형상적形像的 구성·배열·색상·소리·움직임(동세)의 중화성', 즉 유형적·형상적 대상의 객관적 구성·배열·색상·소리·움직임(동세)의 균형과 조화를 놓치고 있다. 모든 종을 관통하는 '형태적 균형과 조화' 또는 유형적 형상의 '구성짐'은 '평균적·공통적' 형태가 아니라, 언제나 '이상적(*ideal*)' 형태, 즉 발전하는 동세動勢를 느끼게 해주는 형태다. 따라서 우리는 인간의 평균보

---

684) Smith, *The Theory of Moral Sentiments*, V. i. §8.
685) Hume, *A Treatise of Human Nature*, Book 3. Of Morals, 311쪽.

다 좀 더 큰 신장과 덩치를 가진 바랄만한 이상적 체격의 남녀를 훨씬 더 휜칠하고 멋있게 본다. 평균을 약간 넘는 신장은 계속 클 것 같은 일정한 '동세'가 느껴지기 때문이다. 동세에는 조화와 비율의 아름다움이 따른다. 평균보다 조금 큰 사람은 신체의 균형에 더해 조화로운 동세가 있어 더 멋져 보이는 것이다. 스미스는 이 점을 간과했다. 이 점을 놓쳤기 때문에 스미스는 이 평균보다 조금 더 큰 선남·선녀들의 아름다움을 결코 설명할 수 없었다.

또한 스미스의 중간치 개념으로는 작은 어린것들에게서 느끼는 '귀여움(cuteness)의 미美'도 설명할 수 없다. 상론했듯이 작지만 갖출 것을 다 갖춘 사람과 동물의 어린 새끼들은 앙증맞게 귀엽고 예쁘다(cute and pretty). 이 어린것들은 중간 크기보다 훨씬 작은 최소단위의 개체들이다. 스미스의 논지에 따르면 이 어린것들은 가장 작기 때문에, 중간 크기로부터 가장 멀리 떨어져 있기 때문에 가장 추해야 한다. 그러나 성인들의 본능적 눈에 이 작은 아기들은 깜찍하게 예쁘고 앙증맞게 귀엽다. 이 '귀여움의 미'는 중화의 법칙을 벗어난 예외적 아름다움이다. 그리고 특별히 이 귀여움을 느끼게 하는 이 '귀여움의 미감'은 '중화의 미감'에 대한 유일한 예외적 미감이다.

또한 스미스는 나무늘보는 가장 통례적인 중간 형태라도 왜 '괴물'처럼 느껴지는지 설명하지 못한다. 역으로 그는 가장 통례적인 중도의 형태를 갖춘 수컷 공작새가 왜 마찬가지로 가장 통례적인 중도의 형태를 갖춘 왜가리나, 펠리컨보다 아름다운지를 설명하지 못한다. 침팬지·고릴라 등은 그 종의 가장 통례적이고 가장 정상적正常的인 중간 형태라도 왜 못생기게 느껴지는지 설명하지 못한다.[686]

---

686) 칸트는 각 동물종자의 평균적 '정상이념'을 미의 근거로서 부인한다. "정상이념의 묘사는 아름다움 때문에 마음에 드는 것이 아니라, 단순히 유일하게 이 종류의 한 개체가 아름다울 수 있는 조건과 모순되지 않기 때문에 마음에 드는 것이다. 이 묘사는 단

그러나 유형적 대상의 구성·배열·색상·소리·움직임(동세)의 객관적 균형과 조화에 대한 미감적 변별의 일반적 관점에서는 가령 각 종류의 가장 평균적인 정상체형을 가진 왜가리, 펠리컨, 나무늘보 등의 특정한 개체들의 상대적 추함을 완전히 설명할 수 있다. 왜가리, 펠리컨, 나무늘보의 특정 개체가 아무리 그 종의 가장 통례적인 정상유형이라고 하더라도 한 '존재자'로서의 정태적 형상에서 균형 잡히지 않았고, 동태적 형상의 동세動勢에서 조화롭지도 못하다. 이들이 내는 소리는 화성和聲과 거리가 멀어서 듣기에 거북하거나, 늘보는 소리가 없어 그 분위기가 음침하다. 이 중화(균형과 조화)의 미감이론은 까투리에게 아름다운 자태를 뽐내는 장끼가 까투리에게 아름답게 보이고 동시에 인간에게도 아름답게 보이듯이, 수컷 공작새가 암컷 공작새에게 아름답게 보이고 동시에 인간에게도 아름답게 보이는 '보편적 아름다움'도 설명해준다. 따라서 "인간 종자의 아름다움에 관한 가장 정교한 판단"이 침팬지·고릴라·원숭이 등 유인원의 못생김에 대한 판단에 아무런 "도움을 주지 않는" 것이 아니다!

4.2. 정리정돈과 체계성의 미학?

다양한 종류의 사물들에서 아름다움의 기준을 사물들의 '형태의 통례적 중간 또는 중도'로 보는 스미스 미학의 무력성은 이미 살펴보았다. 그에게 미감은 각 종류의 사물과 동식물의 형태에 고유한 통례적 중간치를 판단하는 변별력이다. 따라서 그는 인간이 사물의 중간크기나 동물과 인간의 중간치를 아름답게 느낀다고 말한다. 그러나 이런 미美 판단은 인

지 규율 바른 것일 뿐이다." Immanuel Kant, *Kritik der Urteilskraft* (A1790.B1793), B59쪽. *Kant Werke*, Bd. 8 (Darmstadt: Wissenschaftliche Buchgesellschaft, 1983).

간에게 찾아볼 수 없다. 이것은 중화에서 '화'(동적 조화와 비례)를 제외시키고 '중'(균형)만을 말하고 있기 때문이다.

인간들은 보통보다 조금 큰 이상적理想的 크기의 동물과 사람들을 아름답게 느낀다. 인간들의 미감은 정태적 '중'(균형)의 대도大道만이 아니라 동태적 성장과 변화·발전과 관련된 달도達道로서의 동태적 '화'(조화로운 비례적 동세動勢)도 느끼기 때문이다. 따라서 중간크기의 사람은 정태적 균형의 대도만 갖춰져 있고 동태적 조화와 비례적 움직임의 달도를 갖추지 못한 것이다. 비례적 조화로운 성장의 동태적 달도는 키가 중간치보다 조금 큰 사람의 계속 성장하는 것 같은 동세에 더 친화적이고 우리의 미감은 이런 사람에게서 더 많은 아름다움을 느낀다. 각 종의 평균적 중도의 미학이 이렇게 부적절하다는 것에 대해서는 이미 상론했다.

스미스는 모든 종을 관통하는 보편적 미의 기준인 '객관적 구성의 중화'에서 유형적 대상의 외적 구성·배열·색상·소리·움직임(동세)의 객관적 조화 부분을 놓친 까닭에 가령 평균보다 좀 더 큰 이상적 신장과 체격을 가진 남녀가 훨씬 더 멋있어 보이는지를 설명하지 못했고, 그는 가장 통례적인 중도의 형태를 갖춘 수컷 공작새가 왜 마찬가지로 가장 통례적인 중도의 형태를 갖춘 왜가리나, 펠리컨보다 아름다운지를 설명하지 못했다.

그러나 스미스는 그릇된 평균적 중도의 미학 외에 정리정돈과 체계성의 미학도 전개한다. 상술했듯이 허치슨은 '정리정돈', '질서 있음', '규칙성', '체계성', '깨끗함' 등의 '일목요연함'을 '아름다움'으로 착각했었다. 그러나 '일목요연함'은 '지각知覺하기에 용이함'을 뜻할 뿐이지, '아름다움'과 관계없는 것이다. 그런데도 스미스는 자신의 스승 허치슨의 이 그릇된 미 개념을 거의 그대로 계승해 확대 적용하고 동시에 흄의 공리주의 미학도 답습한다. 스미스는 『도덕감정론』에서 이렇게 말한다.

- 유용성이 아름다움의 주요원천들 중 하나라는 것은 얼마간의 관심을 갖고 아름다움의 본성을 구성하는 것을 고찰한 모든 사람들에 의해 언급되어왔다. 어떤 집의 편리성은 이 집의 균형·규칙성과 마찬가지로 관찰자에게 기쁨을 주고, 관찰자는 이와 반대되는 결함을 관찰할 때도 마주보는 창문들이 형태가 다르거나 출입문이 정확히 건물의 중간에 놓이지 않은 것을 볼 때와 마찬가지로 기분이 많이 상한다. 어떤 체계나 기계가 의도된 목적을 산출하기에 적합하다는 것이 전체에 대해 일정한 적절성과 아름다움을 부여해주고 이것에 대한 바로 그 생각과 관조를 기분좋게 만든다는 것은 아무도 간과할 수 없을 정도로 아주 확실하다.[687]

스미스는 허치슨의 객관주의적 미학과 흄의 공리주의 미학을 답습해 여기서 유용성(공리성)과 형태적 균형·규칙성을 둘 다 아름다움의 원인으로, 해로움과 형태적 불균형·불규칙성을 추함의 원인으로 말하고 있다. 허치슨은 중화의 한 요소인 "비율"과 "조화"를 가볍게 언급했지만, 스미스는 중화의 한 요소인 '균형'을 언급하고 있다. 이것은 그의 논의에서 부차적이지만 매우 중요하다. 균형과 불균형은 미의 중요한 요소이기 때문이다. 중도의 철학자들인 허치슨·흄·스미스 등은 이렇듯이 적어도 균형·조화·비율 등 중화의 요소들을 조금씩이나마 미학 속으로 끌어들였다. 하지만 스미스는 인간의 미적 크기에 대한 논의에서처럼 역시 정태적 중中(균형)의 대도만 언급하고 화和(동태적 조화와 비례)의 달도를 몰각하고 있다. 그리고 스미스가 허치슨과 달리 흄을 답습해 미의 요소로 언급하는 유용성과 이익은 기실 미와 무관한 것이다.

그러나 스미스는 흄의 공리주의 미학으로부터 허치슨의 객관주의 미

---

687) Smith, *The Theory of Moral Sentiments*, IV. i. §1.

학 쪽으로 방향을 선회하려고 시도한다.

- 어떤 기술제품의 이 적합성, 이 어울리는 장치성은 종종 의도된 바로 그 목적보다 더 많이 평가되어야 한다는 것, 그리고 어떤 편의나 기쁨을 얻기 위한 수단들의 정확한 조정이 종종 이 수단들의 전체적 가치가 본질을 두고 있는 것처럼 보이는 달성목표인 바로 그 편의나 기쁨보다 더 많이 중시되는 것은, 내가 아는 한, 아무도 아직 주목하지 못했다. (…) 어떤 사람이 자기 방에 들어가 의자들이 방 한가운데 놓여있는 것을 발견할 때, 그는 하인에게 화를 내고 이 무질서 속에서 이 의자들이 계속 놓여 있는 것을 보기보다 오히려 어쩌면 이 의자들을 모두 그것들의 원래 위치로 보내 의자 뒤가 벽을 보도록 놓는 수고를 몸소 할 것이다. 이 새로운 상황의 전체적 적절성은 방바닥을 비워 자유롭게 남겨두는 속에 발생하는 더 우월한 편의성으로부터 생겨난다. 이 편의성을 달성하기 위해 그는 자원해서, 이 편의성이 없어서 겪었을 수 있는 고생보다 더 많은 고생을 스스로 무릅쓴다. 왜냐하면 그의 노동이 끝났을 때 아마 그가 할 동작인 것, 즉 이 의자들 중 한 의자에 그냥 앉는 것이 더 쉬웠기 때문이다. 그러므로 그가 원한 것은 이 편의성이 아니라 이 편의성을 촉진하는 사물들의 정리정돈이었던 것처럼 보인다. 하지만 궁극적으로 이 정리정돈을 마음에 들게 하고 이 정리정돈에 대해 전체적 적절성과 아름다움을 부여하는 것은 이 편의성이다.[688]

목적에 대한 어떤 사물의 수단적 적합성(합목적성)은 이 사물의 유용성(이로움)이다. 이 유용한 사물에 대한 그 부품들의 구성적 적합성과 기능적 작동의 완벽성은 부품들과 그 기능의 종속적 유용성이다. 이 종속적

---

688) Smith, *The Theory of Moral Sentiments*, IV. i. §3-4.

유용성은 사물의 본래적 유용성보다 못한 것이다. 스미스가 위에서 말하는 "어떤 기술제품의 이 적합성, 이 어울리는 장치성"은 종속적 유용성이다. 그리고 "의도된 바로 그 목적"에 대한 적합성, 즉 합목적성은 본래적 유용성이다. 따라서 "어떤 기술제품의 이 적합성, 이 어울리는 장치성"이 "의도된 바로 그 목적보다 더 많이 평가되어야 한다는 것"은 난센스다. 또한 본래적 유용성이 미가 아니므로 종속적 유용성도 미일 수 없다. 그가 다음에 들고 있는 방의 '정리정돈'은 일목요연하게 하거나 편하고 깨끗하게 할지언정 아름답게 하지는 않는다. 스미스는 허치슨처럼 여기서 일목요연성과 깨끗함을 아름다움으로 착각하고 있다. 또한 '편의성'도 편익일 뿐이지, 아름다움이 아니다.

물론 용도가 정해진 도구들이라도 원래의 용도를 잃고 골동품이나 공예품으로 둔갑함으로써 역사적·공예적 의미의 관상용이나 공예적 장신구로 바뀔 수 있다. 이때 이 도구들의 만듦새는 원래의 용도와 분리·독립된 또는 원래의 용도를 능가하는 공예적 가치를 갖게 된다. 그러나 이 가치는 스미스가 말하려고 하는 저 적합성(유용성)과 관계가 없다. 그러나 스미스는 자기의 목적에 부적합한 그릇된 사례를 들고 있다. "하찮은 용도의 자질구레한 장신구들에 돈을 씀으로써 얼마나 많은 사람들이 스스로를 파멸시키는가? 이런 노리개 애호가들을 기쁘게 해주는 것은 유용성이 아니라 이 유용성을 촉진하는 데 안성맞춤인 기구들의 적합성이다."[689] 그러나 이런 장신구와 공예품은 생활예술의 관점에서 봐야 하는 것이지, 장신구와 공예품의 안성맞춤 성격을 미로 보아서는 아니 될 것이다.

그럼에도 스미스는 이 어설픈 논리를 거창하게 흥기하는 자본주의 국가의 관료체제와 자본권력을 정당화하고 미화하는 데 활용하고자 한다.

---

689) Smith, *The Theory of Moral Sentiments*, IV. i. §6.

- 관찰자가 왜 그러한 감탄으로 부자와 빈자의 상황을 구별하는지를 우리가 검토해본다면, 우리는 부자들이 향유한다고 상정되는 우월한 편안이나 기쁨 때문이 아니라, 이 편안이나 기쁨을 추진하는 셀 수 없는 인공적이고 격조 높은 장치들 때문이라는 것을 발견할 것이다. 관찰자는 부자들이 실제로 다른 사람들보다 더 행복하다고 상상조차도 하지 않는다. 그러나 관찰자는 다만 부자들이 행복의 더 많은 수단들을 보유한다고 생각한다. 관찰자의 감탄의 주된 원인은 수단들이 의도하는 목적에 대한 이 수단들의 독창적이고 기교적인 조정調整이다. (…) 이 때 권력과 부는 지극히 약간의 사소한 육체적 편의성을 산출하기 위해 고안된 기계, 말하자면 지극히 조마조마한 주의로 관리되고 우리의 모든 보살핌에도 매순간 산산조각으로 분쇄되고 파멸 중에 그 불행한 소유자를 짓뭉개버리기 일쑤인, 민감하고 미묘한 스프링들로 구성된 거창하고 정교한 기계들인 것으로 나타난다. 부와 권력은 이것을 일으키기 위해 일생의 노동을 요하는, 매순간 그 안에 들어 사는 사람을 압도할 듯이 위협하고, 유지되는 동안에는 이 사람을 보다 작은 몇몇 불편으로부터 면해줄지 모르지만 어떤 보다 모진 계절적 혹독함으로부터도 보호할 수 없는 거대한 공장이다.[690]

스미스는 여기서 부유한 대인의 향유나 관찰자의 공감적 감탄은 부의 향유에 있는 것이 아니라, "인공적이고 격조 높은 장치들" 또는 "수단들이 의도하는 목적에 대한 이 수단들의 독창적이고 기교적인 조정"의 아름다움이라고 말하고 싶어 한다. 그런데 관찰자와 부유한 당사자는 이 아름다움의 향유를 부富 자체의 향유로 착각한다는 것이다.

---

690) Smith, *The Theory of Moral Sentiments*, IV. i. §8.

- 이때 우리는 대인부자의 궁택과 관리조직 안에서 힘을 떨치는 저 시설의 아름다움에 매료되고, 만물만사가 어떻게 그들의 편안을 촉진하고, 그들의 결핍을 방지하고, 그들의 소망을 충족시키고, 그들의 하찮은 욕구들을 풀어주고 즐기게 하는지에 대해 감탄한다. 우리가 이 모든 것들이 제공할 수 있는 실질적 만족을, 이 만족을 촉진해주는 데 적합한 정돈된 배열의 아름다움과 분리시켜 그 자체만으로 고찰한다면, 이 실질적 만족은 언제나 최고로 경멸할 만하고 하찮은 것으로 나타날 것이다. 그러나 우리가 이 만족을 이런 추상적이고 철학적인 관점에서 보는 경우는 드물다. 우리는 자연스럽게 우리의 상상 속에서 이 만족을, 이 만족을 산출하는 수단인 체계·기제·관리조직의 질서, 즉 규칙적이고 조화로운 운동으로 혼동한다. 이런 복합적 관점에서 고찰할 때 부귀의 기쁨은 웅대하고 아름답고 고귀한 것이 되어 우리의 상상력을 때린다.[691]

여기서 부차적으로 중요하고 새로운 대목은 스미스가 "규칙적이고 조화로운 운동"을 미의 근거로 제시한 대목이다. 그러나 스미스는 여기에 주목하지 않고 이런 '혼동' 또는 착각은 "자연이 우리를 이런 식으로 속이는 것"으로 보고 "잘된 일"이라고 말한다. "인류의 산업을 일으키고 계속적인 운동 중에 붙들어 두는 것은 이 기만이다. 인류에게 처음으로 땅을 갈고 집을 짓고 도시와 나라를 세우고 인간의 삶을 고상하게 하고 맛깔나게 하는 모든 과학과 예술을 발명하고 개선하도록 촉구한 것은 바로 이 기만이었고, 지구의 표면을 완전히 바꾸고 야생적 자연산림을 기분좋고 비옥한 들판으로 탈바꿈시키고 전인미답의 불모적인 대양을 새로운 생계기반으로 만들고 지구의 상이한 국민들 간의 소통을 위

---

691) Smith, *The Theory of Moral Sentiments*, IV. i. §9.

한 큰 도로를 만든 것은 바로 이 기만이었다." 가령 대지주의 "위장의 용량"은 "그의 욕망의 거대성과 비례하지 않으며, 가장 천한 농부의 위장보다 더 많이 받아들이지 못할 것이다". 그는 "어쩔 수 없이 가장 멋진 방식으로 그 자신이 쓰는 저 작은 것을 준비하는 사람들 사이에" 나머지 부를 "분배해야 한다". 부자들은 "단지 쌓인 무더기 중에서 가장 값비싸고 맘에 드는 것을 고를 뿐이다".[692] 스미스는 자본증식의 규칙적이고 조화로운 조직체계의 미학으로 자신을 위해 일하는 저 사람들을 고용하고 다스리고 그리하여 '쌓인 무더기 중에서 가장 값비싸고 맘에 드는 것을 고를' 부자의 엄청난 경제사회적 '권력'을 은폐하고 있다. 스미스의 말대로라면 부자가 부의 계속적 증대를 추구하는 이유는 경제적 권력추구가 아니라, '미적' 자기기만의 추구다. 부를 사회경제적 '권력'으로 보지 못하는 스미스의 경제주의적 맹시증盲視症은[693] 그의 논변 전체를 희화화시키고 있다.

또 추가적으로 강조할 필요가 있는 것은 인간조직의 체계성이나 규칙적 작동은 무형이기에 미감(미추감각)의 대상이 아니므로 미를 논할 수도, 미를 논할 수도 없다. 조직의 체계성과 규칙적 작동능력은 효율성을 높일 뿐이지, 결코 아름다움을 낳지 않는다. 아름다움은 정의상 오직 '유형적' 대상의 외적 구성·배열·색상·소리·움직임(동세)의 객관적 중화성에 대한 주관적 호감일 뿐이기 때문이다.

부富로부터 이 권력 요소를 배제하고 관리조직과 시설의 미·질서·조화의 쾌감에만 초점을 맞추고 '장치·시설·체계'의 "정돈된 배열"을 미적 요소로 보는 '사이비미학적' 오류는 허치슨으로부터 전해진 것이다. 다시

---

692) Smith, *The Theory of Moral Sentiments*, IV. i. §10.
693) 마르크스는 19세기 주류경제학을 자본관계의 '심층'(생산영역의 권력관계와 위계)을 보지 않고 그 '표층'에 불과한 가치의 교환영역에 초점을 맞추는 정치경제학이라고 비판하고 이것을 '경제주의'라고 명명했다.

강조하지만, 유형적 대상의 정돈된 배열은 아름답지만, 무형적 조직·체계·제도 등의 정돈된 배열은 효율적일 수 있지만 결코 아름다울 수 없다. 허치슨은 이렇게 논했었다.

- 풍요는 향유 속의 모든 쾌감에 필수적인 그 욕망을 넌더리나게 만든다. 간단히, (…) 아주 작은 재산을 넘어가는 큰 재산의 유일한 용도는 우리에게 미·질서·조화의 쾌감을 제공하는 것임이 틀림없다. 그뿐만 아니라 참된 것은 자연의 작품들에 대한 관상에서의 내감들의 가장 고상한 쾌감의 향유가 비용지출 없이 만인에게 드러나 있다는 것이다. 빈천한 자들은 이런 식으로 이 대상들을 부귀한 자들만큼이나 자유롭게 이용할 수 있다. 그리고 사유될 수 있는 대상들에서조차도 소유권은 소유권자 외에도 다른 사람들에 의해 자주 향유되는 이 대상들의 아름다움의 향유에 거의 중요하지 않다. 그러나 그 다음에는, 대상들의 이용을 우리가 욕구하는 만큼 빈번하게 주선하기 위해 부귀를 필요로 하는 이 내감들의 다른 대상들이 있다. 이런 것들은 우리가 소유권 없이 완전한 향유를 얻을 수 없는 건축물·음악·정원·회화·의상·마차·가구 등으로 현상한다. 그리고 종종 그 대상들의 완전한 향유에 불필요한 대상들에서도 소유권을 추구하도록 우리를 이끄는 상당히 혼돈된 상상들이 존재한다. 이 혼돈된 상상들은 (…) 우리가 더 큰 등급의 부를 추구하는 궁극적 동기들이다.[694]

허치슨도 부자의 사회적 '권력'과 정치적 '영향력'을 까마득하게 잊은 채 개인적 향유를 위해 필요한 '아주 작은 재산'을 넘어가는 '큰 재산'의

---

694) Hutcheson, *An Inquiry into the Original of Our Ideas of Beauty and Virtue*, 76-78쪽.

용도를 단지 "미·질서·조화의 쾌감"으로 못 박고 있다. 스미스는 위에서 기계나 부의 이런 '미학적' 중요성을 "아무도 아직 주목하지 못했다"고 말하면서 자기의 독창성을 자화자찬하지만, 그의 스승 허치슨은 이미 이를 언급해 두고 있다.

스미스는 '아름답고 질서 바른 체제' 또는 '질서·기술·장치의 아름다움'의 이 '사이비미학'을 정부조직에도 확대적용한다.

- 동일한 원리, 동일한 체계 애호, 질서·기술·장치의 아름다움에 대한 동일한 존중은 공공복지를 촉진하는 경향이 있는 저 제도들을 장려하는 데 종종 기여한다. 어떤 애국자가 공공치안의 어떤 부분의 향상을 위해 노력할 때, 그의 행동이 언제나 이 행동의 혜택을 거두게 되어 있는 사람들의 행복에 대한 순수한 공감으로부터 생겨나는 것은 아니다. 공공심이 있는 사람이 대로大路의 보수를 독려하는 것은 일반적으로 짐꾼들과 짐마차꾼에 대한 연대적 감정 때문이 아니다. 입법부가 아마포나 양모 매뉴팩처를 진흥하는 특혜와 다른 장려책들을 수립할 때, 입법부의 행동은 값싼 또는 질 좋은 의상을 걸치는 사람들에 대한 순수한 공감으로 생겨나는 경우가 드물고, 매뉴팩처업자나 상인에 대한 공감으로부터 생겨나는 경우는 더욱 드물다. 치안의 완벽화, 무역과 매뉴팩처의 확장은 고상하고 격조 높은 목표들이다. 이것들의 관조는 우리를 기쁘게 하고, 우리는 이것들을 진흥하는 경향을 지닐 수 있는 모든 것에 관심을 갖는다. 이것들은 정부의 위대한 체계의 부분을 이루고, 정치기구의 수레바퀴들은 이것들에 의해 더 조화롭게, 그리고 더 용이하게 작동하는 것처럼 보인다. 우리는 그토록 아름답고 웅대한 체계의 완벽성을 바라보는 데서 기쁨을 취하고, 우리는 이 체계의 작동의 규칙성을 조금이라도 교란하거나 거치적거리게 할 수 있는 어떤 장

애물이든 제거하기까지 불쾌하다. 하지만 정부의 헌정체제는 이 체제 아래 사는 사람들의 행복을 진흥하는 경향이 있는 것에 비례해서만 평가된다. 이것이 헌정체제의 유일한 용도이고 목적이다. 하지만 체제의 일정한 정신으로부터, 기술과 정치에 대한 일정한 사랑으로부터 우리는 종종 목적보다 수단을 더 많이 평가해주고, 우리의 동료피조물들이 겪거나 향유하는 것에 대한 직접적 감각이나 느낌에서 이 동료피조물들의 행복을 진흥하기보다 오히려 일정한 아름답고 질서 바른 체제를 완벽화하고 개선시키려는 전망에서 동료피조물들의 행복을 열심히 진흥하는 것처럼 보인다.[695]

허치슨과 스미스가 말하는 무형적 '조직체제'의 '아름다움'이라는 이 '사이비미학'은 훗날 니체에게서 재현되어 그의 잔학한 철인총통의 사이비미학적 '예술정치'의 한 요소로 쓰인다. 그런데 스미스는 여기서도 부차적으로나마 미의 근거요소로 '조화'와 '비례'를 짚고 있다.

그러나 이번에도 그는 여기에 주목하지 않고 인애심 없는 표트르 대제의 개혁조치를 미학적 근거에서 설명하고 제임스 1세의 애국심 부재를 미학적 기쁨의 무지에서 설명하는 우스꽝스런 억지를 부린다.

- 다른 관점에서 인간애의 느낌들에 아주 민감한 것으로 보이지 않지만 최대의 공공정신을 가진 사람들이 있어왔다. 반대로 공공정신을 완전히 결여한 것처럼 보이지 않지만 최대의 인간애를 가진 사람들이 있어왔다. 모든 사람들은 자기들의 면식 범위 안에서 전자와 후자의 사례들을 둘 다 발견할 수 있을 것이다. 누가 러시아의 유명한 입법자(표트르 대제 - 인용자)보다 더 적은 인간애, 또는 더 많은 공공정신을 가졌

---

695) Smith, *The Theory of Moral Sentiments*, IV. i. §11.

었나? 반대로 사교적이고 성품이 착했던 영국의 제임스 1세는 자기 조국의 영광이나 국익을 지지하는 어떤 감정도 거의 갖지 않았던 것처럼 보인다.[696]

표트르 대제는 왕권을 위협하는 정적들에게 잔학했지만, 백성들에게 일반적으로 인애적이었고, 공공조직의 미학을 추구해서가 아니라, 무엇보다도 '권력욕과 영예욕', 그리고 '국위선양에 대한 욕망'에서 조국의 개혁을 추구했다. 또 최초로 스튜어트 왕가를 개창한 스코틀랜드 왕 제임스 1세는 사사로운 권력욕이 적었을지 모르지만 1603년 잉글랜드 왕을 겸임해 잉글랜드·스코틀랜드 통합왕국 '영국'을 건설하고 오늘날 쓰고 있는 국기 유니언잭을 만든 왕이다. 따라서 이 왕이 통합왕국을 위해 자기의 조국이자 스미스의 조국인 스코틀랜드를 소홀하게 대했을지 모르지만 '자기 조국의 영광이나 국익을 지지하는' 미학적 감정이 없었다고 단정하는 것은 공정치 못한 것이다. 따라서 표트르 대제와 제임스 1세에 대한 그의 묘사는 둘 다 스미스 자신의 미학적 논변을 위한 견강부회다.

그러나 이런 식의 논리는 계속된다. "만일 당신이 야망에 대해 거의 죽은 것처럼 보이는 사람의 근면을 깨우려고 한다면", 다름이 아니라 "당신은 그들의 궁택에서 상이한 방들의 편이성과 정돈된 안배를 그에게 묘사해주어야 한다". 그리고 "당신은 궁택의 마차들의 적절성을 그에게 설명해주고, 그에게 모든 시종들의 수, 등급질서, 상이한 직무들을 적시해주어야 한다". 또한 "당신이 이런 이점들을 마련해주는 공공치안의 커다란 체계를 설명한다면, 당신이 이 체계의 개별적 부분들의 연관과 의존성, 서로에 대한 상호종속, 그리고 사회의 행복에 대한 이 부분들의 공헌

---

696) Smith, *The Theory of Moral Sentiments*, IV. i. §12.

성을 설명한다면, 당신이 이 체계가 어떻게 그 자신의 조국에 도입될 수 있을지, 현재 이것이 이루어지는 것을 방해하는 것이 무엇인지, 그리고 이 방해물이 어떻게 제거될 수 있는지, 정부기구의 모든 개별적 바퀴들이 어떻게 서로 비벼대며 삐걱거리거나 서로의 동작을 상호적으로 저지하지 않은 채 더 많은 조화와 부드러움으로 작동될 수 있는지를 보여준다면, 당신은 더 설득력을 가질 것이다." 이 사람은 적어도 당분간 "저 장애물들을 제거하고 그토록 아름답고 그토록 질서 바른 기구를 작동시키고 싶은 얼마간의 욕망"을 느낄 것이다.[697]

스미스는 허치슨과 흄의 미학의 전제 위에서 허치슨 쪽으로 더 가까이 가기 위해 공리와 무관한 또 다른 아름다움의 존재를 밝히려고 노력하고 있지만, 그의 노력은, 그가 미학적 대상의 '유형성有形性' 요청을 몰각하고 무형의 조직체계의 질서정연함과 정리정돈에서 아름다움을 찾는 한, 미의 본질을 밝히기에 역부족이었다. 스미스의 미학적 업적은 그가 오히려 이 과정에서 부차적으로 등장하는 '균형·비례·조화'라는 미美의 객관적 근거에 대한 언급이다. 공자와 플라톤이 중시한 이 중화의 미 이념은 아리스토텔레스·허치슨·흄에게서 전무하거나 적대시되지는 않지만 미흡하고 불완전하고, 칸트와 니체에게서는 완전히 결여되고 적대시되는 것이다. 미학적 대상의 '유형성'과 미적美的 근거의 '객관성'으로서의 '중화성中和性'은 미감의 '주관적 일반성'만큼이나 미美 개념의 이해에 결정적이기 때문에 하는 말이다.[698]

---

697) Smith, *The Theory of Moral Sentiments*, IV. i. §12.
698) 공자·플라톤·아리스토텔레스로부터 칸트·니체·푸코와 현대미학에 이르는 동서 미학 일반에 대한 비판적 분석과 대안(代案)이론은 참조: 황태연, 『예술과 자연의 미학』(서울: 지식산업사, 2024).

백세시대를 위한 서양철학사 시리즈 · 3

11 찰스 다윈의 경험과학적 인간진화론

제1절/
다윈의 진화론적 메타도덕론
제2절/
정체성도덕의 인간선택적 진화

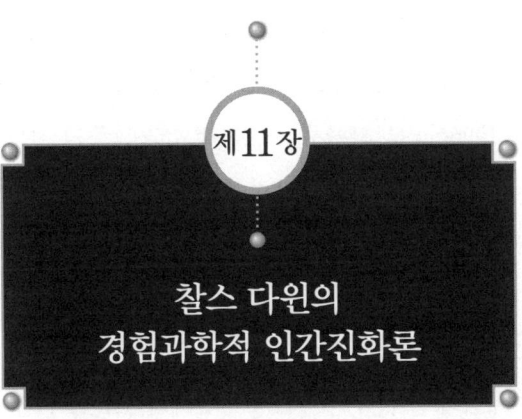

제11장
찰스 다윈의 경험과학적 인간진화론

 컴벌랜드의 인애도덕론과 섀프츠베리와 허치슨의 본성적 시비감각·도덕감각에 기초한 흄과 스미스의 도덕감정론적 도덕과학이 18-19세기에 확산된 이래 서양의 본성론적 도덕이론은 도덕론 자체에 대한 논의보다 도덕과학의 토대인 도덕본능의 존재에 대한 입증과 그 형성과정에 대한 경험과학적 설명으로, 즉 철학과 도덕론 바깥의 다각적 연구에 의거하는 '메타도덕이론(meta-theory of moral)'으로 나아갔다. 이 메타도덕론의 효시는 찰스 다윈(Charles Dawin, 1731-1802)이었다. 그는 기독교적 인간창조론을 부정하고 도덕적 인간의 기원과 발전을 진화론적으로 설명하려는 신기원적 시도를 개시했다.
 반면, 임마누엘 칸트로부터 존 롤스로 이어지는 합리주의 계열의 도덕철학은 도덕을 이성으로부터 도출된 도덕법칙으로 설명하거나 논리적으로 구성해 내려는 사이코패스적 도덕형이상학 속으로 추락했다. 아니면 조지 무어(George Moore)처럼 도덕을 설명하거나 정초하기보다 '존재와 당위의 엄격한 분리'에 관한 칸트의 낡은 오誤추리를 고수하며 경험주의 계열의 본성론적·도덕감정론적 도덕이론을 '자연주의적 오류(naturalistic fallacy)'로 비판하는 근본적으로 그릇된 반反비판에만 매달리거나, 루트비히 비트겐슈타인처럼 아예 도덕을 다시 신학적·신비적 영역으로 추방해버리는 자포자기에 빠져들었다. 한마디로, 전통적으로 철학의 본령에 속하는 '도덕철학', 또는 '도덕과학'에 대한 완전한 포기였다.[699]

그러나 20세기 후반부터 흥기하기 시작하여 오늘날 만개하고 있는 진화론적·사회생물학적(특히 사회동물학적)·실험심리학적·뇌과학적 메타도덕론은 최첨단 과학기술을 이용한 새로운 연구성과들로 다윈의 여러 진화론적 설명을 보강하고, 나아가 다윈의 진화론적 메타도덕론을 거의 '완성' 수준으로 끌어올렸다. 이 점에서 다윈은 본성론적 메타도덕론의 비조이고, 그의 인간진화론은 본성론적(본능이론적) 메타도덕론의 효시인 것이다.

'메타도덕론'은 생득적 도덕본능의 본유성을 전제로 하고 이 도덕본능이 사회적 동물로서의 인간의 본성적 염기서열 속에 유전자(DNA)로 착근着根해서 발달하는 과정을 진화론적·사회생물학적·실험심리학적·뇌과학적·신경과학적으로 엄정하게 설명하는 방향으로 나갔다. 최신 메타도덕론 분야에서는 다윈을 계승한 제임스 윌슨, 래리 안하트, 리처드 조이스, 데니스 크렙스, 크리스토퍼 봄이 수행한 진화론적 도덕연구와 프랜시스 드발의 경험과학적 동물사회학과 사회생물학, 또 안토니오 다마시오, 조수아 그린, 리안 영 등의 뇌과학과 실험심리학, 그리고 자크 팽

---

699) 칸트·무어·비트겐슈타인·롤스 등의 도덕이론에 대한 비판적 상론은 참조: 황태연, 『도덕의 일반이론(하)』, 973-1025쪽.

크셉의 신경과학 등이 모두 빛나는 메타도덕론적 명제들을 내놓고 있다. (이에 대해서는 제12장에서 상론한다.)

제1절

다윈의
진화론적 메타도덕론

계몽주의 시대의 마지막 단계에 등장한 찰스 다윈의 진화이론은 동식물진화론과 인간진화론 및 인간과 동물의 감정연구로 구성되어 있다. 자연선택론에 의거한 그의 동식물진화론은 잘 알려져 있다. 그러나 그의 인간진화론과 인간과 동물의 감정연구는 잘 알려져 있지 않다. 하지만 다윈 이론의 진수는 실은 그의 인간진화론과 감정연구에 있다. 그의 자연선택적 동식물진화론은 정치·실천철학과 무관하지만, 그의 경험과학적 인간진화론과 감정연구는 실천철학과 접해 있고 또 '도덕철학'을 경험과학적으로 뒷받침함으로 '도덕과학'으로 발전시키는 데 큰 도움을 준다. 여기서는 인간의 도덕과 감정의 진화에 대한 그의 경험론적 연구에 논의의 초점을 맞춘다.

상론했듯이 공맹의 사단론, 즉 도덕감정·도덕감각론은 상론했듯이 서양에 전해져 섀프츠베리·허치슨·흄·애덤 스미스 등에 의해 수용되었다.

섀프츠베리·허치슨·흄·스미스의 도덕감정론적 도덕철학이 합리주의적 도덕형이상학을 분쇄하고 서양 도덕론을 과학화하자 곧 영국·미국·프랑스학계에서는 제임스 매킨토시, 장 드 카트르파지, 알렉산더 베인, 섀드워스 호지슨, 존 러복, 레이드(Thomas Reid), 비티(James Beattie)와 기타 26명으로 이루어진 '도덕감각학파(moral sense school)'가 형성되어 19세기를 풍미하며 칸트 류의 도덕형이상학이 영·미·불 세계에 발붙이는 것을 거의 '완봉完封' 수준으로 저지했다. 그러나 섀프츠베리·허치슨·흄·스미스와 도덕감각학파의 도덕감각·도덕감정론은 기독교 세계 안에 갇혀 자기체험과 직관적 경험을 활용해 탐구했기 때문에 보편타당한 경험과학적 입증과 증거제시에 미흡했고, 또 그로 인해 오류가 적지 않았다.

그러나 19세기 후반부터 다윈의 등장과 함께 다시 한번 고도로 발달하기 시작한 경험과학은 실험심리학적·진화생물학적·동물사회학적 증명과 화석생물학적 증거들을 통해 도덕감정과 도덕감각의 실존과 형성과정을 과학적으로 입증하고 설명함으로써 도덕과학을 다시 한번 현대과학적으로 정초했다. 그 결과, 서양 도덕감각학파의 여러 오류들이 교정되고 그들과 공맹 사이에 이견을 보인 부분들은 거의 모두 공맹이론이 옳은 것으로 입증되었다. 그리하여 도덕감각과 도덕감정에 기초한 도덕과학은 모든 회의를 초월한, 어떤 도덕형이상학의 도전도 다 물리칠 수 있는 명실상부한 현대적 '인간과학'이 되었다.

도덕감각·도덕감정론을 현대 경험과학적·반反형이상학적·반反칸트적으로 정초하는 방향으로 물꼬를 튼 학자는 다윈과 스펜서였다. 앞서 시사했듯이 최근에는 제임스 윌슨, 래리 안하트, 리처드 조이스, 데니스 크렙스, 크리스토퍼 뵘 등이 다윈의 진화론적 과학정신을 계승해 도덕감각·도덕감정론의 현대과학적 정초에 기여하고 있다. 다마시오(A.

Damasio)·리촐라티(G. Rizzolati)·야코보니(M. Iacoboni) 등의 뇌과학적 공감·감정연구, 하이트(Haidt)·그린(Green)·켈트너(Keltner)의 도덕심리학과 도덕신경과학, 드발의 동물사회학, 팽크셉의 동물신경과학도 도덕감정론의 현대과학적 정초에 크게 기여했다. 그러나 이들의 연구결과는 논의과정에 줄곧 동원되었고 또 앞으로도 계속 동원되기 때문에 이 논의에서는 제외한다. 따라서 여기서 도덕감정론의 형성과 발달과정을 현대과학적으로 입증하는 여러 논의에 대한 분석은 다윈·스펜서·윌슨·안하트·조이스·크렙스·뵘의 현대 진화론과 기타 과학이론에 한정한다. 이 분석은 ① 성선론의 정당성과 성악설의 사이코패스적 성격, 그리고 ② 인간선택에 의한 '인의적 정체성도덕'의 진화적 유래 등을 보다 경험과학적으로 규명하고 설명할 궁극적 도덕이론을 완성하는 데 필요한 풍부한 정보·자료·논리를 제공해 줄 것이다.

다윈의 인간진화론 또는 도덕진화론은 도덕(도덕감정, 도덕감각, 도덕적 덕목, 덕목들의 관계, 도덕률, 도덕행위 등)을 연구한 이론이 아니라, 도덕론을 진화론적 경험과학으로 뒷받침해주는 메타도덕이론이다. 다윈의 진화론적 '메타도덕론'은 본성적 도덕의 존재 여부를 논하는 것이 아니라 이 본성적 도덕의 존재를 전제로 하여 이 도덕성 유전자의 형성과 발달 과정을 인간의 유래에 관한 경험과학으로 규명하는 이론이다. 따라서 다윈의 인간·도덕진화론은 본성도덕론에 대한 최강의 과학적 뒷받침이자 버팀목이 된다. 따라서 도덕감정(사단지심)론에 기초한 공맹의 본성도덕론도 다윈의 이 진화론적 메타도덕론에 의해 과학적 확증을 얻어 공고화된다. 또한 다윈의 19세기 진화론을 계승한 현대 진화론과 동물사회학, 그리고 사회생물학은 공맹의 본성도덕론에 더 강력한 경험과학적 메타이론들을 제공해주고 있다.

1.1. 도덕감각의 진화 요인(본능적 사회성·지능·여론·습관)

다윈은 1871년에 공간한『인간의 유래(The Descent of Man)』에서 '도덕감각(morals sense)'을 "인간을 한 순간도 주저 없이 동료 피조물의 생명을 위해 자기 생명의 위험을 무릅쓰도록 (…) 자기의 생명을 희생하도록 이끄는, 인간의 속성들 중 가장 고상한 속성"으로 찬미하면서 이 도덕감각을 '양심'과 등치시켰다. 그리고 '도덕감각'을 인간의 가장 현격한 특징으로 선언한다.[700] 다윈의 '도덕감각(morals sense)'은 도덕감각학파의 '도덕감각'처럼 '도덕감정(moral emotions)'도 포함하는 개념이다. 다윈은 "도덕감각 또는 양심이 현격하게도 가장 중요하다고 주장하는 필자들" 중 한 명으로 장 드 카트르파지(Jean L. A. de Quatrefages)와 그의 저서『인류의 일원성(Unité de l'Espèce Humaine)』(1861), 그리고 제임스 매킨토시(James Mackintosh)와 그의 저서『윤리철학에 관한 논고(Dissertation on [the Progress of] Ethical Philosophy)』(1837)를 들고 있다. 다윈은 이들 말고도 도덕감각의 기원에 관해 당시 심오한 논의를 전개하던 "최고의 능력"을 가진 "26명의 저자들"에 더해『정신·도덕과학』(1868)을 쓴 알렉산더 베인(Alexander Bain), 섀드워스 호지슨(Shadworth Hodgson), 존 러복(John Lubbock) 등을 덧붙이고 있다.[701]

이어서 다윈은 단도직입적으로 칸트의 합리론적 의무도덕론을 끄집어내 비아냥거린다. "의무! 그대 고상하고 위대한 이름이여", "그대의 위엄 있는 근원은 어느 것인가?" '실천이성의 정언적 도덕법칙'이라는 답을 이미 예비한 칸트 자신의 이 수사적 물음에 대해 "배타적으로 자연사 쪽에서" 이 물음에 접근해 "동물의 연구"가 이 도덕적 의무에 "얼마나

---

700) Darwin, *The Descent of Man*, 97쪽.
701) Darwin, *The Descent of Man*, 97쪽 각주4.

멀리 빛을 비춰줄 수 있는지"를 알려주는 의미에서 도덕감각론으로 들이박는다.

- 아주 뚜렷한 사회적 본능을 부여받은 동물은 무슨 동물이든 그 동물의 지능이 인간만큼 잘 발전되자마자, 또는 거의 그만큼 잘 발전되자마자 불가피하게 도덕감각 또는 양심을 획득할 것이라는 명제는 내게 고도로 개연적인 듯하다.[702]

그리고 다윈은 '사회적 동물로서의 인간' 명제로 도덕감각의 존재에 관한 논란에 종지부를 찍어야 한다는 당시의 주장을 소개하면서 도덕감각을 획득형질로 보는 제임스 밀과 알렉산더 베인의 주장을 '진화론적으로 개연성이 없는 것'으로 물리친다.[703]

다윈은 허치슨처럼 인간이 도덕감각을 본능으로 보유하는 것을 인간이 미감을 본능으로 보유하는 것과 동일시한다. 그에 의하면, 인간은 다른 사회적 동물과의 연속성 속에서 사회성을 가지고 있고, 나아가 동물들을 능가하는 미감과 함께 현격하게 인간적인 '도덕감각'을 가졌는데 이 감각은 "사회적 본능의 주춧돌"로서의 '공감'과 "여론"의 뒷받침을 받아 인간 안에서 점진적으로 자기보존·시기질투·육욕 등의 덜 강력한 본능을 정복한 사회적 본능에서 기원하는 과정을 ① 사회적 즐거움의 느낌 속의 상호배려·봉사·상조相助, ② 항구적 사회본능에 의한 다른 욕구본능들의 심적 정복, ③ 공감적 여론의 평가, ④ 여론의 평가에 대한 습관적 복종 등 네 가지 단계적 요인으로 정리한다.[704] 그러나 이 느낌과 봉

---

702) Darwin, *The Descent of Man*, 98쪽.
703) 참조: Darwin, *The Descent of Man*, 98쪽 각주5.
704) Darwin, *The Descent of Man*, 98쪽: "첫째, 사회적 본능은 동료들의 사회 속에서 기쁨을 취하고 동료들과의 일정량의 공감을 느끼고 동료들을 위해 다양한 봉사를 수행하도록 동물을 이끌 것이기 때문이다. 봉사는 특정한 성질, 명백하게 본능적인 성질의

제11장/ 찰스 다윈의 경험과학적 인간진화론 | 549

사는 결코 동종의 "모든" 개체들에게 확장되는 것이 아니고, 오직 "같은 연합의 개체들"에게 한정되어 확장된다.[705)]

분명 가령 배고픔·목마름 등 수많은 본능적 욕망들은 그 본성에서 "지속기간이 짧고", 충족되고 난 뒤에는 "손쉽게 또는 생생하게 회상되지 않는다". 그러므로 다른 자잘한 본능들에 굴복한 사실에 대해 "불만감"을 느끼는 "사회적 본능"은 결국 "지속시간이 짧고 생생하게 회상되지 않는" 이런 자잘한 본능적 욕망들을 제압하기에 이른다는 것이다. 이어서 다윈은 공동체 구성원들의 언어적 공론과 공감적 평가가 구성원 개개인의 행태를 규제하여 도덕적으로 만드는 단계를 논한다.[706)]

다윈은 공감이 사회적 본능의 본질적 부분을 형성하고, 진정으로 이 사회적 본능의 "주춧돌"이라고 생각한다. 여기에 다윈은 반복적 행동을 통해 형성되는 '습관'의 역할을 더한다. "마지막으로, 개인의 습관은 궁극적으로 각 구성원의 행동을 안내하는 데 있어 아주 중요한 역할을 할 것이다."[707)] 왜냐하면 사회적 본능은 다른 모든 본능처럼 공감에 의해서만이 아니라 습관에 의해서도 크게 강화되고, 그리하여 결과적으로 공동체의 사회적 소망과 판단에 대한 순응도 그렇게 강화될 것이기 때문이다.

것이다. 또는 대부분의 더 높은 사회적 동물들에게서처럼, 오직 그들의 동료를 일정한 일반적 방식으로 돕고 싶은 소망과 용의만이 있을 것이다."
705) Darwin, *The Descent of Man*, 98-99쪽: "둘째, 정신적 능력들이 높이 발전하자마자, 모든 과거 행동과 동기의 이미지들이 부단하게 각 개체의 두뇌를 통과하고 있을 것이다. (…) 미충족된 욕망으로부터 불변적으로 생겨나는 저 불만감은 항구적이고 늘 현재하는 사회적 본능이 – 한때 더 강하지만 그 성질상 영속하지도 않고 아주 생생한 인상을 제 뒤에 남겨놓지도 않는 – 어떤 다른 본능에 굴복했다는 사실이 지각되는 만큼 종종 일어날 것이다."
706) Darwin, *The Descent of Man*, 99쪽: "셋째, 언어능력이 획득되고 같은 공동체의 구성원들의 소망이 분명하게 표명될 수 있게 된 뒤에 각 구성원들이 공공복리를 위해 어떻게 해야 하는지에 대한 공론은 자연스럽게 탁절한 정도로 행동의 지침이 될 것이다. 그러나 염두에 두어야 하는 것은 우리가 공론에 얼마나 큰 비중을 귀속시키든 우리의 동료들에 대한 가·불가감정은 공감에 달려있다는 것이다."
707) Darwin, *The Descent of Man*, 99쪽.

나아가 다윈은 "엄격한 사회성을 갖춘 어떤 동물이든" 그 "지성능력(intellectual faculties)이 인간만큼 역동적으로, 그리고 높이 발달한다면" 인간의 "시비감각(sense of right and wrong)"과 "정확히 똑같은 시비감각은 아닐"지라도 인간의 그것과 비견될만한 특유의 시비감각을 갖추게 될 것이라고 동물들의 미美감각에 빗대어 주장한다.[708] 시비'감각'의 획득을 논하면서 '지능'만 거론한다면 이는 부적절한 말일 것이다. 그러나 '지능'의 발달을 '감성과 지능'의 발달로 대체한다면 다윈의 이 주장은 전적으로 옳은 말이다.

따라서 다윈은 만약에 어떤 "엄격한 사회적 동물", 즉 꿀벌의 감성과 지능이 인간만큼 높이 발달한다면 꿀벌도 비견될만한 특유의 시비감각을 갖추게 될 것이라고 말한다. 이 대목에서 다윈은 '도덕감각'을 거듭 '시비감각(feeling of right and wrong)'으로 바꿔 쓰고, '내감(inward sense)', '내부 감독자(inward monitor)' 등을 언급한 있다.[709] 이것으로 보아 지금 그는 분명히 맹자(시비지심)와 섀프츠베리('시비감각')로부터 허치슨('내감'과 '내부감독자')으로 이어지는 도덕철학 계통의 술어체계를 따르고 있다.

---

708) Darwin, *The Descent of Man*, 99쪽: "다양한 동물들이 찬미하는 다른 대상들이 크게 달라도 상당한 미 감각을 갖추고 있는 것과 동일한 방식으로 폭넓게 상이한 행동노선을 따르도록 이끌어지더라도 그들도 시비감각을 갖추고 있을 것이다."
709) Darwin, *The Descent of Man*, 99-100쪽: "인간들이 꿀벌과 정확히 같은 조건 아래서 길러진다면, 우리의 미혼 여성들이 일벌들처럼 그 형제들을 죽이는 것을 의무로 생각하고 어머니는 자기의 수태능력 있는 딸들을 죽이려고 노력할 것이라는 것은 거의 의심할 바가 없을 것이다. (…) 그럼에도 꿀벌 또는 어떤 다른 사회적 동물이든 상정된 경우에 내게 그렇게 보이듯이 모종의 시비감각, 또는 양심을 얻을 것이다. 왜냐하면 각 개체는 더 강하거나 더 지속적인 일정한 본능과 덜 강하거나 덜 지속적인 다른 본능을 보유하는 것에 대한 내감을 지녀서 종종 어느 충동을 따를 것인가를 두고 내부갈등이 있을 것이고, 과거 인상들이 정신을 관통해 부단히 통과하는 동안 비교될 것인 만큼 만족, 불만족, 심지어 불행도 느껴질 것이기 때문이다. 이런 경우에 내부 감독자는 동물에게 이 충동을 따르는 것이 저 충동을 따르는 것보다 더 낫다고 말해줄 것이다. '이 코스를 따랐어야 했다.' '이 코스가 옳았고 저 코스가 잘못이었을 게다'라고."

다윈에 의하면, 아무튼 이렇게 하여 인간은 지속적으로 강렬한 사회적 욕구에 따른 행동을 앞세우고 약한 일시적 욕구에 대한 행동을 제압하는 습관화된 자제력을 유전자적 본능으로 획득했다. 그리하여 인간은 자제력을 갖고 강렬한 사회적 감정의 행동을 내부갈등 없이 즉각적·무조건적·(정언적)으로 수행하는 것을 수칙으로 확립하기에 이르렀다.

1.2. 강렬한 도덕감정의 즉각 충동으로서 의무 개념

이런 논의를 바탕으로 다윈은 칸트의 실천이성과 그 신성한 교조적 의무개념을 비판한다. 칸트는 '제왕적' 의무개념이나 '정언명령'의 도덕법칙이 실천이성으로부터 입법된 것이라고 주장했다. 이에 맞서 다윈은 칸트의 저 '제왕적' 의무, '정언명령'이라는 것도 결코 실천이성으로부터 생기는 것이 아니라 "내부갈등 없을" 정도도 '강렬한' 무조건적 시비감정으로부터 저절로 생긴다고 갈파한다. '의무'란 "사회적 동정심과 (도덕)본능"의 "즉각적 충동"에 따른 "행동수칙의 존재에 대한 의식을 함의하는 것"에 불과하다.[710] 도덕감정은 그 무조건적 강렬성 때문에 '해야 한다'는 '의무감'에 의해 반드시 '행동'으로 관철해야 하고, 불가항력적 힘에 의에 저지당한 것이 아닌데도 관철하지 못하면 자아와 타아의 도덕적 시비감각의 작동으로 안팎의 제재(양심의 가책과 사회적 비난·처벌)에

---

710) Darwin, *The Descent of Man*, 115-116쪽: "자신의 양심에 의해 촉발되는 인간은 오랜 습관을 통해, 자신의 욕망과 감정이 마침내 즉각적으로 그리고 내부갈등 없이 자신의 동료들의 판단에 대한 자신의 감각을 포함하는 자신의 사회적 동정심과 본능에 굴복할 정도의 그런 완벽한 자제력을 획득할 것이다. 아직 배고픈 사람이나 아직 복수심이 강한 사람도 먹을 것을 도둑질하거나 복수를 하는 것을 생각지 않을 것이다. 자제의 습관은 다른 습관처럼 유전되는 것이 가능하고, 지금부터 보게 될 것이지만, 그럴 개연성이 있다. 그리하여 마침내 인간은 자신의 보다 지속적인 충동에 복종하는 것이 자신에게 최선이라는 것을, 획득된 습관과 아마 유전된 습관을 통해 느끼게 된다. 제왕적 단어 "해야 한다"는 어떤 행동의 규칙이 어떻게 유래했든 단지 이 행위규칙의 존재에 대한 의식을 함의하는 것에 불과한 것으로 보일 따름이다."

직면한다. '의무'는 모종의 습관화·유전자화된 "즉각적" 행동감정의 의식화다. 따라서 '의무' 개념은 칸트가 가장 극적으로 그랬듯이 '이성신비주의'로 둘러쳐서는 아니 되는 것이다. 의무의 정언명령적 성격은 모든 비도덕적 감정과 욕구들을 제압할 수 있는 동정심, 정의감, 공경심 등의 사회적 감정들의 충동적·즉각적·무조건적 강렬성에 지나지 않기 때문이다.

타아와 자아의 어떤 도덕적 행위와 도덕적 부작위 및 이것의 불이행 또는 해태를 판단·평가해서 도덕적 평가감정(도덕적 가·불가감정, 그리고 자찬감·결백감·죄책감)을 낳게 하는 것은 '도덕감각'이다. 더 높고 더 강한 도덕감정을 가진 인간들이 도덕감각에 따라 선택되어 그렇지 못한 인간들을 제치고 진화하는 까닭에 인간과 인간집단은 더욱 강하게 도덕화된다.

다윈은 도덕감각의 진화과정에서 동료들의 '사회적 칭찬과 비난'의 상벌 제재가 '습관'보다 더 강력한 역할을 한 것으로 본다.

- 구성원들의 추리력과 예견력이 향상되는 만큼, 각 인간은 곧 그가 그의 동료인간들을 돕는다면 그가 보통 도움을 다시 받을 것이라는 사실을 경험으로부터 곧 알게 될 것이다. 이 저급한 동기로부터 그는 그의 동료를 돕는 습관을 획득하게 되고, 인애행동을 수행하는 습관은 확실히, 인애행동에 첫 충동을 주는 동정심의 느낌들을 강화해준다. 더구나 습관은 여러 세대에 의해 추종되면서 유전되는 경향이 있다. 그러나 사회적 덕성들의 발전에 대한 훨씬 더 강력한 또 다른 자극, 즉 우리의 동료인간들의 칭찬과 비난이 있다. 동조감의 애호와 악평의 두려움만이 아니라 칭찬과 비난의 부여는 (…) 일차적으로 공감 본능에 기인한다. 그리고 이 공감의 본능은 의심할 바 없이 원천적으로 다른 모든 사회적 본능처럼 자연선택을 통해 획득되었다. (…) 그러므로 우리는 아주 먼 시기에 원시적 인간은 그의 동료들의 칭찬과 비난에 의해 영

향을 받았을 것이라고 결론지어도 된다. 같은 부족의 구성원들이 그들에게 일반복리를 위한 것으로 보이는 행위에 대해 동조감을 표하고 악으로 보이는 행위를 비난할 것이라는 것은 명백하다. 남들에게 잘해주는 것 – 남들이 그대에게 해주기를 바라는 것을 남에게 해주는 것 – 은 도덕성의 주춧돌이다.[711]

결국 주변동료들의 가벼운 칭찬과 입방아, 공동체의 공개적 찬양과 포상, 추방과 처형의 처벌 등이 가·불가의 평가감정을 더욱 강렬하게 만든다. 본능적 공감능력으로 인해 가급적 칭찬을 듣고 상을 받으려고 하지만 어떻게든 비난을 듣지 않고 벌을 받지 않으려는 습관화된 욕망이 다시 본능차원 유전자로 착근된다. 그리하여 무조건적이 되면서 남에게 잘해주고, 따라서 자기의 욕구를 조절해 남을 먼저 챙겨주고 사랑 속에서도 사랑하는 자로부터 비난을 듣지 않고 칭찬을 들으려는, 또는 적어도 애인·동료들의 입방아와 만인의 사회적 배척을 피하려는 습관은 자기를 단속하는 정심正心·정조 등의 도덕감정들도 본능화된다.

다윈은 이것을, "경험과 이성이 증대됨에 따라 인간은 그의 행위의 보다 먼 귀결을 지각하고, 우리가 이전에 보았듯이 이른 시대 동안에 극단적으로 경시되던 정심·정조 등과 같은 자기관련 덕목들이 높이 존중되거나 신성시된다"고 표현한다. 그리하여 "궁극적으로 고도로 복잡한 감정은 동료인간들의 동조감에 의해 안내받고, 이성과 이기심에 의해, 나중에는 깊은 종교적 느낌에 의해 다스려지고, 훈화와 습관에 의해 확인된 사회적 본능들에 최초의 기원을 두기에, 이 모든 것이 합쳐져 우리의 도덕감각, 또는 양심을 구성한다."[712] 여기서 '도덕감각'은 맹자의 시비지

---

711) Darwin, *The Descent of Man*, 131-132쪽.
712) Darwin, *The Descent of Man*, 132쪽.

심만이 아니라 도덕감정들도 포괄하는 의미로 쓰이고 있다. 다윈은 여기서 이 광의의 도덕감각을 '양심'과 등치시키고 있는데, 이것은 상술했듯이 맹자의 '양심' 개념과 일치한다.

다윈은 본능적 도덕감각의 진화과정을 "첫째, 사회적 본능의 항구적이고 상존하는 성질로부터, 둘째, 자신의 동료들의 가·불가감정에 대한 인간의 감상感賞으로부터, 셋째, 극히 생생한 과거 인상에 수반되는 인간의 정신능력의 고도의 활동성으로부터 생겨난다"고[713] 설명하고 있다. 이 세 가지 점에서 인간은 동물과 다르다. 그럼에도 인간과 동물을 가장 확실하게 구별해주는 특징은 '협의의 양심'으로 불리는 자기반성적 "죄책감"과 "의무감"이다. "영구히 다른 본능보다 더 강렬하고 더 항구적인 모든 본능은 우리가 '복종해야 한다'고 말함으로써 표명하는 그런 느낌을 낳는다."[714] 이 느낌이 바로 '해야 한다'는 의무감이고, "충족되지 않은 온갖 사회적 본능들이 뒤에 남겨놓은 불만의 저 감각"은 죄책감, 또는 이른바 '양심의 가책'이다. 동물들은 이 죄책감이 없는 것으로 보이고, 의무감은 분명 없는 것으로 보인다. 잘 훈련된 포인터도 자기반성적 의무감이 없기 때문에 주인에게 사냥감을 알려주는 것으로 그치는 것이 아니라, 자신이 사냥감을 사냥하곤 한다. 이런 실책에도 포인터는 양심의 가책을 보이지 않는다. 개도 도덕감정이 있을 수 있지만, '의무적' 수준의 도덕감정은 아니라는 말이다.

나아가 『인간과 동물의 감정 표현(The Expression of Emotion in Man and Animals)』(1872-1890)에서 다윈은 주지하다시피 인간의 도덕감각이 상론하듯이 다시 낯붉힘 또는 홍조를 동반하는 도덕적 수치심도 초래한다는 생물학적 사실을 입증하기 위해 노력했다. 낯붉힘은 피부색을 가

---

713) Darwin, The Descent of Man, 610쪽.
714) Darwin, The Descent of Man, 610-611쪽.

리지 않고 인간에게만 고유한 것이다. 어떤 동물도, 어떤 유인원도 이런 생리적 반응을 보이지 않는다.[715] 이 생물학적 사실은 도덕성을 그 신비화된 신성한 '이성'으로부터 연역해내려는 일체의 병리적·사이코패스적 시도를 박멸한다.

이렇게 하여 다윈은 19세기 후반에 도덕감각의 생물학적 근거를 경험과학적으로 입증했다. 그럼에도 불구하고 다윈의 도덕감각론은 철학자·정치학자들에 거의 알려지지 않았다. 가장 큰 이유는 자연과학과 인문사회과학의 분업장벽이었겠지만, 두 번째 큰 이유는 아마 다윈이 『종의 기원』을 쓴 진화론자라는 사실에 가려 『인간의 유래』와 『인간과 동물의 감정 표현』도 집필한 철학자라는 사실이 알려지지 않았기 때문이거나, 각각 700쪽, 400쪽에 육박하는 이 방대한 저작들이 읽히고 소화되는 데 오랜 세월이 걸린 탓이었을 것이다. 그러나 오늘날 다윈은 『종의 기원』 때문이 아니라 『인간의 유래』와 『인간과 동물의 감정 표현』 때문에 다시 '과학의 세계'를 평정하기에 이르렀다. 이번에는 철학·정치학도, 인류학·심리학도 전혀 성역이 아니다.

---

715) Charles Darwin, *The Expression of Emotion in Man and Animals* (London: John Murray, 1872·1890), 352쪽.

제2절

정체성도덕의 인간선택적 진화

 필자가 주장해 온 인간선택과 이 인간선택에 의한 정언적 도덕감정과 정체성도덕(인의도덕)의 진화라는 인간진화론은 다윈의 이론의 정밀 독해에 의해 충분히 설명될 수 있는 한에서 사실상 본질적으로 다윈의 이론이다. 물론 도덕감각의 진화에 관한 다윈의 논변의 중심선을 따라가다 보면, "불행히도 이것은 우리의 특유하게 인간적인 양심에다 지능과 공감의 단순한 부산물, 즉 부수효과처럼 보이는 진화론적 외양을 부여하는 것"이[716] 사실이다. 그러나 다윈 자신이 여기저기 지선支線에서 깔아놓고 있는 상이한, 또는 보다 고차적인 진화수단들에 대한 언급들에 유의한다면 인간선택에 의한 도덕감정과 도덕감각의 진화는 다윈의 이론 틀 내에서 '충분히', 그리고 잘 설명된다.

---

716) Christopher Boehm, *Moral Origins: The Evolution of Virtue, Altruism, and Shame* (New York: Basic Books, 2012), 7쪽.

2.1. 다윈의 자연선택론과 인간선택론

다윈은 『종의 기원』의 '서론'에서 자연선택을 명시적으로 상대화하고 여러 진화노선을 인정한다. 그리고 본론에서 동식물의 개량과 관련된 인간선택의 사례들을 열거식으로 설명한다. 나아가 『인간의 유래』에서 선선택이나 상벌·훈련·모방·반성 등 인간진화의 여러 인간선택론의 단초들을 제시한다.

■ 자연선택의 상대화

필자는 인간선택의 진화를 먼저 찰스 다윈의 진화론의 '일반적' 관점에서, 그 다음은 다윈이 명시적으로 언급하는 '구체적' 관점에서 설명하고자 한다. "자연선택 또는 생존투쟁에서의 혜택받은 품종들의 보존에 의한(by means of natural selection or the preservation of favored races in the struggle for life)"이라는 긴 부제를 단 제목의 저서 『종의 기원』 제1판(1859)의 '서론'에서 일단 다윈은 "나는 자연선택이 변화의 가장 중요한 수단이었지만 배타적 수단은 아니었다(Natural Selection has been the most important, but not the exclusive, means of modification)고 확신한다"라고 말한다.[717] 그리고 6판(1876)에서 이 책의 결론에 덧붙인 한 구절에서 이렇게 주의를 환기시킨다.

- 이것(종의 변화)은 주로 수많은 성공적인, 하찮은, 유리한 변이들의 자연선택을 통해 이룩되었다. 이것은 부분들의 용·불용(use and disuse)의 유전된 효과들에 의해 중요한 방식으로 도움을 받고, 외부조건의

---

717) Charles Darwin, *The Origin of Species by means of natural selection or the preservation of favored races in the struggle for life* (London: John Murray, 1859 1st. ed.; 1876 corrections ed.), "Introduction", 4쪽.

직접작용에 의해, 그리고 우리가 모르는 가운데 동시에 일어나는 것으로 우리에게 보이는 변이들에 의해 적응적 구조와의 관계 속에 들어 있는 중요치 않은 방식으로 도움을 받아 이룩되었다. 나는 이전에 이 후자의 변이 형태들의 빈도와 가치를 과소평가했다. 그러나 나의 결론이 최근에 많이 잘못 전해져온 만큼, 그리고 내가 종의 변화를 배타적으로 자연선택에만 돌린다고 진술되어온 만큼, 나는 이 저작의 초판에서, 그리고 그 뒤를 이어서 내가 가장 눈에 띄는 위치에서 - 말하자면 '서론'의 마지막 줄에서 - 다음 말을 집어넣었다고 언급하는 것이 양허될 수 있을 것이다. "나는 자연선택이 변화의 주요한 수단이었지만 배타적 수단이 아니었음(natural selection has been the main but not the exclusive means of modification)을 확신한다." 이 구절이 전혀 먹히지 않았다.[718]

다윈은 "the most important, but not the exclusive, means"인 '서론'의 마지막 말을 "the main but not the exclusive means"로 부정확하게 표현하는 착오를 보이고 있지만, 자연선택의 주된 수단과 분명히 다른 병행적·보조적 진화방법들, 가령 용불용설의 '용·불용', '외부조건의 직접작용', '우리가 모르는 가운데 일어나는 변이들' 등을 열거하고 있다. 이 변이에는 돌연변이(mutation)도 속한다. 그리고 그는 "나는 이전에 이 후자의 변이 형태들의 빈도와 가치를 과소평가했다"고 자기반성을 하고 있다.

또한 다윈은 이미 당시에 "자연선택의 한계"를 지적하는 다른 학자의 비판적 견해를 기꺼이 긍정적으로 수용했다. 촌시 라이트(Chauncey Wright)라는 학자가 「자연선택의 한계에 관하여(On the Limits of

---

718) Darwin, *The Origin of Species*, 421쪽. 괄호는 인용자.

Natural Selection)」라는 제하에 언어발달을 사례로 다윈을 비판하는 논문을 *North American Review* (1870년 10월호)에 발표했는데, 다윈은 이를 인용하며 언어와 뇌의 상호작용적 발달에 언어의 용불용설을 적용해 이렇게 말한다.

- 언어의 계속적 사용(continued use)은 뇌에 반작용을 가해 유전되는 효과를 산출했고, 이것은 다시 언어의 발달에 반작용을 가했을 것이다. 촌시 라이트가 잘 지적했듯이, 몸과 비교되는, 그리고 동물들과 비교되는 인간의 뇌의 대형화는 주로 모종의 단순한 언어 – 온갖 대상들과 성질들에다 기호를 붙이고 감각들의 단순한 인상으로부터 결코 생겨나지 않거나 생겨나더라도 끝까지 추적하지 못할 사유의 제諸특성을 야기하는 놀라운 엔진 – 의 이른 사용(early use)의 덕택일 것이다."[719]

여기서 다윈은 분명 자연선택의 한계를 인정하고 언어의 '계속적 사용'과 '이른 사용'의 인간선택(인간이 이른 계속적 언어사용을 선택한 것)에 의한 뇌와 언어 간의 상호작용적 진화를 설명하고 있다.

■ 다윈 자신이 인정한 인간선택론의 여러 단초들

다윈은 『인간의 유래』에다 "그리고 성과의 관계에서의 선택(and Selection in Relation to Sex)"이라는 연결제목을 붙임으로써 '성선택'도 자연선택과 구별되는 인간의 중요한 진화방식 중 하나임을 분명히 밝히고 있다. 남성과 여성이 만약 자신의 짝을 선택하는 데 있어 공리적 능력으로서의 재생산 능력(생식능력, 체력, 부양능력 등)을 유일한 기준으로 삼

---

719) Darwin, *The Descent of Man*, 610쪽 본문 및 각주.

는 것이 아니라, 재생산과 직결되지 않은 위트·미모·예술능력·덕성 등도 기준으로 삼는다면, 그리고 재생산능력과 위트·미모·예술능력·덕성 간에 상관관계가 약하거나 거의 없다면, 이 유희적·미학적·도덕적 능력(위트·미모·예술능력·덕성)에 따른 배우자 선택은 인간선택적 진화방법 중 중요한 방법이 된다. 인간들의 사회적 선호가 유전자적 결과에 영향을 끼칠 수 있는 여러 길이 있는데, 그 중 한 길이 개인들로서 사람들이 좋은 평판을 가진 타인들을 혼인배우자로 선택하는 것이다.[720] 게다가 성선택은 공작의 꼬리처럼 재생산에 부적응적이고 '과장된' 특색들을 잘 설명해준다.[721]

사람들에게 있어 재생산능력과 가령 따뜻한 동정심 간에 상관관계가 거의 없거나 반비례하는 경우에, 일평생의 일체감적 즐거움을 위해 취약한 재생산능력을 가진 인간다운 동정적 배우자를 맞아들이는 이성異性의 '인간적 선택'은 가령 선택된 배우자나 인간종족 전체에 '거대한' 재생산적 혜택을 제공할 것이라는[722] 기대를 전혀 주지 않는다. 그럼에도 불구하고 이런 인간적 성선택이 반복된다면, 인간종의 개체수, 즉 인구의 재생산은 확대되지 않거나 심지어 축소되겠지만, 부덕자不德者나 불인자不仁者들이 이성의 선택을 받지 못함으로써 이들의 유전자는 재생산능력이 왕성하더라도 점차 퇴출되어 '절대적·상대적으로' 감소할 것이다. "수치스럽게 빈약한 도덕적 평판을 갖는 것도 이런 평판의 부담 때문에 진화적 행위자의 혼인 전망이나 기타 동반 전망에 악영향을 끼칠 수 있기 때문이다."[723] 반면, 인정 많은 덕자들은 재생산능력이 약하더라도 이성異性의 선호에 의해 유전자를 보존하거나 확대할 것이다.

---

720) 참조: Boehm, *Moral Origins*, 15쪽.
721) 참조: Boehm, *Moral Origins*, 163쪽.
722) Boehm, *Moral Origins*, 164쪽.
723) Boehm, *Moral Origins*, 165쪽.

여성들이 인정 많은 덕자를 배우자로 선택하는 것은 필자의 단순한 가설이 아니라, 상론했듯이 37개국에서 추출한 1만 명의 20대 남녀에게 배우자 선택에 관한 데이비드 부스의 광범한 연구조사에 의해 실제로 밝혀진 사실이기도 하다. 상기해보자면, 남성은 3점 만점 중 외모에 약 2.1, 경제력에 1.1의 낮은 점수를 준 반면, 친절에는 2.5를 상회하는 점수를 주었고, 여성들은 경제력에 1.9, 외모에 1.6의 낮은 점수를 준 반면, 친절에는 약2.4의 높은 점수를 주었다. 오늘날 여성도 남성과 거의 마찬가지로 배우자 선택의 가장 중요한 기준을 '친절(인정)'로 꼽고 있는 것이다.[724] 동정적 인덕자의 이런 단순·확대재생산은 인덕자가 성적으로 선택되는 짝짓기의 보상을 노린 것이 아니기 때문에 특별한 "초점맞춤(focused)" 선택패턴에[725] 속하는 것도 아니다. 그리하여 인정 있는 자기희생적 덕자들에 대한 이런 인간적·도덕적 성선택에 입각한 진화는 왕성한 재생산능력을 보유한 이기적 '깡패들'의 수를 줄임으로써 이들을 배우자로 맞는 자연선택의 경우에 비해 전체 인구를 상대적으로 감소시키고 재생산적 적응성을 떨어뜨릴 것이다.

인구를 상대적으로 줄이지만 인간의 도덕성을 높이는 진화는 '내포적' 진화(intensive evolution)라 부를 수 있다. 이 내포적 진화는 거대동물 수렵시대에 충분히, 그리고 25-30만 년 동안 장기적으로 가능했을 것이다. 왜냐하면 거대동물 수렵시대는 의식주와 살코기가 풍부했고, 이에 따라 인구가 저절로 팽창하고 있었고, 따라서 인간종족의 개체수를 늘리는 데 기여하는 공리적 생존도덕과 생존투쟁이 '특별한' 의미를 잃어가고 있었을 것이기 때문이다. 이 인간선택의 내포적 진화과정을 통해 전체 인구가 줄어들더라도 또는 인구가 육체적 생식(재생산)능력을 기준으

---

724) David M. Buss, "Sex Differences in Human mate Preference: Evolutionary Hypothesis Tested in 37 Countries". *Behavioral and Brain Sciences* 12 (1989)
725) Boehm, *Moral Origins*, 164쪽.

로 한 자연선택의 경우보다 느리게 증가하더라도 잠재적 덕자의 수는 전체 인구 안에서 늘어나고, 악덕자와 사이코패스는 크게 줄어들었을 것이다. 따라서 성적으로 선택하고 선택되는 당사자들뿐만이 아니라 이들이 속한 무리는 재생산적 적응성에서 상대적으로 손해를 감수하는 반면, 그들의 정체성도덕적 행복을 증가시켜 갔을 것이다.

그리고 외부집단과의 경쟁에서 '집단선택'의 상대적 적응성 제고를 통해 재생산적 적응성의 상대적 손실을 손실 이상으로 보완했을 것이다. 다윈은 자기희생적·동정적 인간들을 많이 가진 '부족'의 경쟁력 향상을 설명하는 데는 부족들 간의 '집단선택'을 적용했지만,[726] 도덕적 '개인'의 진화적 생존기회와 확산가능성을 설명하는 데는 '칭찬과 비난의 비평적 여론' 또는 '정의로운 여론'의 인간선택을 적용했다.[727] 이 여론평판에 따른 인간선택에는 동정심(인덕), 충성, 용덕 등의 '덕성'을 기준으로 한 '성선택'도 포함되는 것으로 해석될 수 있다. 사람들이 배우자를 선택할 때 사회적 비판과 제재, 또는 공동체의 처벌로 배제되거나 제거될 위험을 안은 부도덕자와 배덕자를 피하기 때문이다. 여성들이 몸집이 좋고 싸움을 잘하는 선머슴 같은 남자를 피하는 것도 같은 이유다. 따라서 다윈의 성선택은 "사회적 선택의 한 유형",[728] 즉 인간선택으로 이해될 수

---

726) Darwin, *The Descent of Man*, 130쪽. '집단선택'은 DNA 발견 후 부정되는 추세였다. Mike Hawkins, *Social Darwinism in Europe and American Thought 1860-1945* (Cambridge: Cambridge University Press, 1997), 293쪽. 그러나 최근 다시 진지하게 긍정되고 있다. 참조: Vero C. Wynne-Edwards, *Evolution through Group Selection* (Oxford: Blackwell, 1986); Elliot Sober, "Altruism, Biology and Society - Interview with Sober", *Imprints*, 3(3) [97-213쪽]. 또 참조: Dickens, *Social Darwinism*, 90쪽.
727) Darwin, *The Descent of Man*, 131쪽, 611-612쪽.
728) M. West-Eberhard, "Sexual Selection, Social Competition, and Speciation", *Quarterly Review of Biology* 58 (1983). 또 참조: Dickens, *Social Darwinism*, 18쪽. 하지만 호킨스는 성선택을 자연선택의 일종으로 오인한다. Hawkins, *Social Darwinism in Europe and American Thought 1860-1945*, 305쪽.

있는 것이다.

『인간의 유래』의 연결제목의 관점에서 보면 이런 해석은 당연한 것이다. 그러므로 진화과정에서 인간의 "의도"를 제거하기 위해 다윈의 진화론을 "맹목적 변종과 선택적 보존"의 이론으로 축소시키는 것은[729] 다윈을 '죽이는' 해석이다.

다윈은 『종의 기원』에서 "순치에 의한 종의 변이(Variation under Domestication)", 즉 "인간의 선택(man's selection)"에 의한 가축과 곡식들의 품종개량·품종개발과 관련된 여러 친숙한 사례들을 듦으로써 당시로서는 '충격적' 진화론의 첫 장을 아주 평이하게 열면서 자연스럽게 '인간선택'과 관련된 다양한 술어들을 선보이고 있다.[730] 그가 "man's selection"의 뜻으로 사용한 술어들로는 "man's power of selection", "artificial selection", "methodical selection" 등이 선보인다.[731] 그런데 추정컨대, 인간들은 인간에 의한 이 우생학적 선택의 가축순치·훈련·개량·개발방법을 쉽사리 반反우생학적 인간교육의 수신修身 형태로 개선해 인간 자체에도 적용할 수 있었을 것이다. 인간은 상술했듯이 오랜 세월 인간의 선택에 의해 개를 진화시키고 이 개와의 공생관계의 발달에 맞춰 자기순치(자기구성)를 행해 자신을 '현생인간'으로 만들었기 때문이다.

그렇다면, 인간은 이미 오래전에 생존투쟁과 자연선택의 사슬을 벗어나 인간 자신의 '수신과 상호교육' 및 '상벌'에 기초한 '인간선택'으로 도덕적 자질을 유전자로 침착시켰다는 것을 골자로 하는 진화이론이 가능

---

729) Donald T. Campbell, "On the Conflicts between Biological and Social Evolution and between Psychology and Moral Tradition", *American Psychologist* 30 (1975) [1103-1126쪽].
730) Darwin, *The Origin of Species*, 5-31쪽.
731) Darwin, *The Origin of Species*, xix쪽, 25 29, 33, 49, 63, 80, 85, 145, 159, 170, 210쪽.

한 것이다. 다윈도 이미 이런 결정적 명제를 제시하고 있다.

- 인간의 도덕본성은 부분적으로 추리능력과 이에 따른 정의로운 여론의 진보를 통해, 그러나 특히 동정심이 습관·모범사례·훈육·반성의 효과에 의해 더욱 다정다감해지고 널리 퍼짐으로써 지금까지 달성된 최고수준에 도달했다. 그래도 개연적인 것은 덕스런 성향이 오랜 관행을 통해 유전된다는 것이다.[732]

인간의 이 사회적 자기순치·상호훈육 능력은 아마 인간이 자기 자식을 바람직한 방향으로 기르는 능력에서 기원했을 것이다. 이 자식훈육 능력은 개의 순치에 전용되고 개의 순치 경험은 다시 다른 동물들의 순치에 전용되었을 것이다. 인간은 상술했듯이 20-40만 년 전부터 늑대를 '원형개(늑대개)'로 순치해 같이 거대동물을 사냥했고 늦어도 1-2만 년 전에 '완전한 개'의 종자를 얻고 1만 2000년부터 가축을 기르기 시작했을 것으로 추정된다. 따라서 인간은 개를 데리고 거대동물을 전업적으로 사냥하기 시작한 20-30만 년 전부터 인간 자신을 자신이 바라는 도덕적 방향으로 순치·수신했을 것이다. 그리하여 유전자 지도에서 인간은 공리적 생존도덕과 인의적 정체성도덕을 같이 가지고 있으면서도 생존도덕을 하시하고 정체성도덕을 중시하게 된 것으로 짐작된다. '정체성도덕(인의도덕)'이 인간다운 인간의 정체성을 충족시키는 도덕이기 때문이다.

위에서 『종의 기원』과 『인간의 유래』의 관점을 오가며 상론된 다윈의 논의가 인간선택적 진화론에 대한 '일반적' 정당화라면, '구체적' 관점에서의 정당화도 『인간의 유래』의 여러 구절들에 의해 풍부하게 뒷받침될 수 있다. 가령 '습관'은 자연적 요소가 아니라, 인간적·문화적 요소다. 그

---

732) Darwin, *The Descent of Man*, 612쪽.

런데 '획득형질은 유전되지 않는다'고 가르치며 레마르크의 용불용설을 부정하는 생물학 교과서들과 달리 다윈은 위에서 보듯이 용불용설을 인정하고 있을 뿐만 아니라, 대표적 획득형질인 이 '습관'도 유전된다고 주장한다.

- 일정한 밝은 색이 왜 쾌감을 일으키는지는 일정한 방향과 냄새가 왜 기분좋은지와 마찬가지로 설명될 수 없다. 그러나 습관은 결과와 모종의 관련이 있다. 왜냐하면 처음에 우리의 감각에 불쾌했던 것이 궁극적으로 쾌락적이 되고 습관은 유전되기 때문이다.[733]

나아가 동정심도 습관에 의해 강화되고, 이 강화된 동정하고 측은히 여기는 습관이 유전된다. "사회적 본능은 동정심과 함께 다른 모든 본능처럼 습관에 의해 크게 강화된다".[734] 나아가 다윈은 사회적 본능과 동정심의 진화적 형성과 정언적 강화, 즉 정언적·무조건적 사회성 욕구의 유전자화도 이기적 '자연선택'의 단선 코드에 의해서만이 아니라 '수련과 습관적 수련기제로서의 인간선택' 등의 다른 코드들에 의해서도 이루어졌을 것이라는 점을 인정한다.

- 인류에게 있어서 이기심·경험·모방이 (…) 아마 동정심의 능력을 더했을 것이다. 왜냐하면 복리를 다시 되돌려 받을 것이라는 희망에 의해 우리는 타인들에 대한 동정적 친절의 행위를 수행하도록 이끌어지기 때문이다. 그리고 동정심은 습관에 의해 많이 강화된다. 이 동정적 감정이 서로 돕고 방어하는 모든 동물들에게 고도로 중요한 느낌인 만큼

---

733) Darwin, *The Descent of Man*, 92쪽.
734) Darwin, *The Descent of Man*, 99쪽. 또 "동정은 본능으로 얻었을지라도 역시 수련이나 습관에 의해 많이 강화된다."(611쪽)

아무리 복잡한 방식으로 기원했을지라도 이 느낌은 자연선택에 의해 증가했을 것이다. 왜냐하면 가장 동정적인 구성원들의 최대수를 포함한 그런 공동체가 가장 잘 번창하고 최대수의 새끼를 기를 것이기 때문이다. 하지만 일정한 사회적 본능들이 자연선택에 의해 획득된 것인지, 또는 동정심·이성·경험·모방성향과 같은 다른 본능과 역량의 간접적 결과인지, 다시 아니면 단순히 장기 지속된 습관의 결과인지를 판정하는 것은 불가능하다. 공동체에게 위험을 경고하기 위해 보초를 세우는 것처럼 놀라운 본능은 이 능력들 중 어떤 능력의 간접적 결과이었을 수 없다. 그러므로 그것은 직접 획득되어야 한다. 다른 한편으로 공동체를 방어하는, 그리고 적이나 먹이를 협주로 공격하는, 수컷들이 지키는 습관은 아마 상호적 공감으로부터 기원했을 수 있다.[735]

다윈은 여기서 인간의 "사회적 본능"과 같은 결정적 본능이 '자연선택'의 단선코드를 따라 발달하지 않았을 수 있다는 입장을 취함으로써 "동정심·이성·경험·모방성향과 같은 다른 본능과 역량의 간접적 결과일" 수도 있고, 또는 "단순히 장기 계속된 습관의 결과일" 수도 있는 가능성을 열어두고 있다. 그리하여 이기심에 앞서 즉각 작동하는 정언적·무조건적(의무적) 동정심 기제도 자연선택의 단순코드에 의해서가 아니라, '장기 지속된 습관'에 의해 영혼의 '게놈 지도' 속에 착근되었을 수도 있는 것이다. 다윈은 천명한다.

- 자신의 양심에 의해 촉발되는 인간은 오랜 습관을 통해, 자신의 욕망과 감정이 마침내 즉각적으로, 그리고 갈등 없이 자신의 동료들의 판단에 대한 자신의 감각을 포함하는 자신의 사회적 동정심과 본능에 굴

---

735) Darwin, *The Descent of Man*, 107쪽.

복할 정도의 그런 완벽한 자제력을 획득할 것이다. 아직 배고픈 사람이나 아직 복수심이 강한 사람도 먹을 것을 도둑질하거나 복수할 것을 생각지 않을 것이다. 자제의 습관은 다른 습관들처럼 유전되는 것이 가능하고, (…) 그럴 개연성이 있다. 그리하여 마침내 인간은 자신의 보다 지속적인 충동에 복종하는 것이 자신에게 최선이라는 것을, 획득된 습관과 아마 유전된 습관을 통해 느끼게 된다.[736]

따라서 다윈은 칸트의 신성한 제왕적 의무라는 것도 "즉각적으로, 그리고 갈등 없이 자신의 사회적 동정심과 본능에 굴복할 정도의 그런 완벽한 자제력"의 존재를 의식하는 것에 불과하다고 말한다.

- "해야 한다(ought)"는 제왕적 단어는 어떤 행동 규칙이 어떻게 기원했든 단지 이 행동 규칙의 존재에 대한 의식을 함의하는 것으로만 보일 따름이다. 예전에는 신사가 모욕당하면 결투를 '해야 한다'고 종종 견결하게 주장되었음이 틀림없다. 우리는 심지어 포인터 사냥개는 멈춰서서 사냥감의 위치를 '알려야 하고', 잡은 짐승을 찾아 가지고 오는 사냥개는 사냥감을 찾아 가지고 '와야 한다'고 말한다. 사냥개들이 이렇게 하는 것에 실패하면, 개들은 의무를 게을리하는 것이고 잘못 행동하는 것이다.[737]

이에 따르면, 우리는 동정심의 무조건적·즉각적 의무성격을 "획득된 습관"과 "유전된 습관"을 통해 느끼는 것이다. 이것은 의무적 동정심이 이기적·공리적 생존의 자연선택이 아니라, 인간의 습관화된 사회적·문

---

736) Darwin, *The Descent of Man*, 115쪽.
737) Darwin, *The Descent of Man*, 115-116쪽.

화적·도덕적 선택, 즉 '인간선택'에 의해 '진화했다'는 것을 의미한다. 훗날 스펜서도 유사한 견해를 표명했다. "자연선택 또는 적자생존은 식물세계를 관통해, 또는 상대적 피동성에 의해 특징지어지는 하등동물 세계를 관통해 거의 배타적으로 작동한다. 그러나 고등동물 유형으로 올라가면 그 효과는 점증적으로 획득형질의 유전에 의해 산출되는 것들과 연루된다. 그리하여 복합적 구조를 가진 동물들에게서는 획득형질의 유전이 진화의 제1원인이 아니더라도 중요한 원인이 된다."[738] 그리하여 우리는 도덕의 진화 일반의 진화적 형성을 "공리적 '생존도덕'은 자연선택적 진화를 통해 산출되었고, 인의적 '정체성도덕'은 인간선택적 진화를 통해 산출되었다고 종합할 수 있다.

다윈은 인간선택적 진화론과 유사한 설명을 더 선명하게 되풀이한다. 그는 "보다 동정적이고 보다 인애로운 부모의 새끼나 자기의 전우들에게 가장 충직한 사람들"과 그 "새끼들"의 생존가능성, 또는 "자신의 동료를 배반하기보다 자신의 생명을 희생할 각오가 된 사람"의 "사회적·도덕적 자질"이 "자연선택에 의해, 즉 적자생존에 의해 고양된다"라는 논변이 "거의 개연성이 없다"는 것을 인정한다.[739] 그는 도덕성의 진화에서 이처럼 자연선택을 부정하고 장구한 인애적 행위습관을, 즉 전통의 추종에 대한 '인간선택'을 인정한다. 인간은 "동료인간들을 돕는다면 보통 자신이 도움을 다시 받을 것"이라는 "저급한 동기"로부터 "그의 동료를 돕는 습관을 획득하게 되고", 이 "인애행동을 수행하는 습관은 확실히 인애행동에 첫 충동을 주는 동정심의 느낌들을 강화해주고 (…) 여러

---

738) Herbert Spencer, *The Inadequacy of Natural Selection* (London: Williams & Norgate, 1893), 45쪽. 스펜서가 말하는 획득형질의 유전은 '직접적응'(환경변화에 대한 자기개발적 대응)을 가리킨다. 따라서 저 말은 "인간에게는, 특히 인간의 지성·도덕능력의 발달에서는 직접적응이 압도적이었다"는 뜻이다. Hawkins, *Social Darwinism in Europe and American Thought 1860-1945*, 87쪽.
739) Darwin, The Descent of Man, 130쪽.

세대에 의해 추종되면서 유전된다".[740] 동료를 돕는 습관이 유전자로 착근하면 "동료인간들을 돕는다면 보통 자신이 도움을 다시 받을 것"이라는 "저급한 동기" 없이도 자동적으로 작동한다. 감정전염으로 대 이은 전통적 습관은 안으로 유전자가 된다. 다윈은 – 아마 2만 5000년 이상 장구한 – '전통'의 유전을 인정한 것이다. 다윈이 사회문화적 요소로서의 '전통적 습관의 유전'을 말한 것은 자연선택을 초극한 인간선택을 인정한 것이다.

여기에 "사회적 덕성들의 발전에 대한 훨씬 더 강력한 또 다른 자극, 즉 우리의 동료인간들의 칭찬과 비난"이라는 영욕榮辱기제 및 상벌기제가 추가된다. "가부감정의 애호와 악평의 두려움만이 아니라 칭찬과 비난의 부여"는 일차적으로 "공감 본능"에 기인한다. 이 공감본능은 의심할 바 없이 "원래" 다른 모든 사회적 본능처럼 "자연선택"(거대동물 수렵시대의 자연선택)을 통해 획득되었을 것이지만, 이것은 공감의 자질이 무조건화되고 정언적·의무적 본성으로 착근하는 것까지 설명해주지는 못한다. "개들도 격려와 칭찬과 비난을 인식한다". 인간 조상들은 발전과정에서 동료 인간의 "칭찬과 비난"을 느끼고 "이것에 의해 강요당했을" 것이고, "영광의 감정"을 느꼈을 것이다. 야만인들도 분명 모종의 작은 규칙의 침파도 수치스러워하고 후회한다. 자기 부족을 배신하느니 차라리 자신의 생명을 바치기를 바라는 야만인, 또는 자기의 맹서를 깨기보다 차라리 포로가 되기를 바라는 야만인이 "자신이 신성하게 여기는 의무의 이행에 실패했다면 자기의 가장 깊은 영혼 속에서 후회를 느낄" 것이다. 그러므로 "우리는 아주 먼 시기에 원시적 인간도 그의 동료들의 칭찬과 비난에 의해 영향을 받았을 것이라고 결론지어도 된다". 그리고 "동족의 구성원들이 그들에게 일반적 선을 위한 것으로 보이는 행위에

---

740) Darwin, The Descent of Man, 131쪽.

대해 동조감을 표하고 악하게 보이는 행위를 비난할 것이라는 것은 명백하다. 남들에게 잘해주는 것 - 남들이 그대에게 해주기를 바라는 것을 남에게 해주는 것 - 은 도덕성의 기초다." 그리하여 경험과 이성이 증대됨에 따라 인간은 "그의 행위의 보다 먼 귀결"을 지각하고 이른 시대 동안에 극단적으로 경시되던 "절제·정조貞操 등과 같은 자기관련 덕목들"도 높이 존중되거나 신성시된다. 궁극적으로 동정심·시비감정(도덕적 평가감정) 등의 "고도로 복잡한 감정"은 "사회적 본능들"에 최초의 기원을 두지만 이 모든 것이 합쳐져 우리의 "도덕감각, 또는 양심"을 구성하게 되는 것이다.[741)]

그러나 다윈은 이 인의도덕의 형성을 강렬한 도덕감정을 가진 성원들을 더 많이 가진 종족집단이 장기적으로 그렇지 못한 집단을 대체한다는 집단선택론으로 파악함으로써 대국적 관점에서 다시 자연선택으로 환원시켜 버리고 있다.

- 망각되어서는 아니 되는 것은 도덕성의 높은 수준이 개인적 인간과 그의 자식들에게 동족의 다른 인간들보다 경미하게 많은 이점을 주거나 전혀 아무런 이점도 주지 않을지라도 잘 품부받은 인간들과 도덕성의 수준의 향상이 확실히 저 종족보다 이 종족에게 엄청나게 많은 이점을 줄 것이라는 것이다. 애국심, 충성심, 복종심, 그리고 동정심을 고도로 보유하는 것으로부터 언제나 서로 돕고 공동선을 위해 자기희생을 할 준비가 된 구성원들을 많이 포함하는 종족은 대부분의 다른 종족들에 대해 승리할 것이다. 이것은 자연선택일 것이다.[742)]

---

741) Darwin, *The Descent of Man*, 131-132쪽.
742) Darwin, *The Descent of Man*, 132쪽.

다윈은 도덕형성을 종족강화의 각도에서만 봄으로써 넓혔던 시야를 다시 '자연선택'으로 좁히고 있다. 그가 거대동물의 협력적 수렵을 통한 동정심과 충성심(소속감)의 인간선택적 형성을 몰랐기에 달리 방법이 없었다.

그러나 집단적 자연선택의 논리로는 다윈 자신이 서술한 다른 현상, 즉 집단에 엄청난 부담을 주고 집단의 경쟁력을 떨어뜨리는 자활불능의 저능아·불구자·병자·빈민을 구제하는 동정적 구조행위, 즉 자연선택적 생존도덕의 관점에서 보면 '지나치지만', 아니 '무모하지만', 인간적으로 "고귀한" 동정심 현상을[743] 설명할 수 없다. 무력자들의 동정적 구제는 당장 집단에 부담이고 "허약한 구성원들이 자기들의 종자를 퍼트리기" 때문에 미래적으로도 부담이 되는 한에서 이런 '지나친' 동정심은 집단선택론으로 조금도 설명할 수 없다. 오직 다윈이 슬그머니 이중언어의 복화술로 흘리고 있듯이, 이 '지나친' 동정심을 의미 있게 만드는 길은 이 동정심을 (집단적 공리주의를 초월하는) "우리 본성의 가장 고귀한 부분"으로 파악하는 것이다. 그러나 불행히도 다윈은 동정심을 "우리 본성의 가장 고귀한 부분"으로 보면서도 "강요받는 것으로 느끼며 무력자들에게 부여하는 도움"을 동정심 본능의 "우연적 결과"로 이해하는 오류를 범하고 있다.[744] 동정심의 결과주의적 '우연'이란 도덕감정적으로 강요되는 저 도움을 동정심의 '관성' 또는 '타성'으로 보는 것이고, '없어도 되는' 동정심, 따라서 '불필요한' 또는 '지나친' 동정심이라는 의미를 내포한다. 따라서 이 지나친 동정심 본능의 '우연적 결과'의 관점에서 보면, "우리는 냉혹한 이성이 그토록 죄어진다고 해서 우리의 동정심을 억제하면 반드시 우리 본성의 가장 고귀한 부분을 약화시키게 될 것"이라

---

743) Darwin, *The Descent of Man*, 133-134쪽.
744) Darwin, *The Descent of Man*, 134쪽.

는 다윈 자신의 논변은[745] 가식적으로 들리고, 실은 '다행스럽게도 우리 본성의 가장 불필요한 부분을 약화시키게 될 것'이라고 고쳐야 할 것이다. 다윈의 이런 일련의 이해는 딜레마에 빠져 오락가락하면서 일관성을 잃고 있다.

다윈의 이 비일관성을 해소하는 길은 그 자신이 역설하듯이 인간선택의 다양한 조치들(칭찬과 비난의 영욕, 상벌, 훈육, 모방, 직접교육 등)에 의해 형성되어 유전자로 착근된 인간의 '가장 고귀한 본성 부분'인 동정심을 '지속적이고 강렬한 사회적 본능'으로 정립하고 이 동정심에다 '무조건적' 도덕감정의 위상을 부여하는 것이다. 동정 대상의 유·무용성, 자활능력의 유무, 동족성 여부를 따지지 않고 일관되게, 또는 동정자들의 생존 적합성의 증감에 개의치 않고 일관되게 인간의 '가장 고귀한' 본성 부분으로서의 동정심을 쏟아붓는 것은 쓸모나 이해利害를 초월한 인간 존재 일반에 대해 인간본성적 정체성을 다하는 것, 즉 '진성盡性'이다. 가축 사육자의 눈으로 동정 대상을 바라보고 이해를 타산한다면 이 인간다운 동정심의 발휘는 불합리한 것일 것이다. 따라서 다윈은 이 초합리성을 기준으로 인간과 동물(가축)을 가른다. "가축의 사육을 맡아본 어떤 사람도 이것(동정심)이 인간의 종족에 고도로 해로움이 틀림없다는 것을 의심하지 않을 것이다. 돌봄의 결핍, 또는 오도된 돌봄이 얼마나 빨리 가축 종족의 퇴화를 초래하는가는 놀랍다. 그러나 인간 자신의 경우를 제외하고, 누구도 그의 가장 나쁜 가축들을 키우는 것을 허용할 정도로 무지하지 않을 것이다."[746] 인간만이 이해타산 없이 동정심을 '일관되게' 발휘한다는 말이다.

인간의 동정심은 인간에게서 그치지 않는다. '가장 나쁜 가축들을 쳐

---

745) Darwin, *The Descent of Man*, 134쪽.
746) Darwin, *The Descent of Man*, 134쪽.

낼 것'이라는 다윈의 단정과 반대로 흔히 어떤 사람들은 늙거나 불구화된 가축이나 애완견도 죽을 때까지 키운다. 다윈 자신도 동물사랑을 훗날 일어날 '상승'으로 보는 오류를 범할지라도 "동정심은 더 감미로워지고 더 넓게 확산되어 모든 인종의 구성원들에게도, 저능아와 불구자들에게도, 다른 쓸모없는 사회구성원들에게도, 그리고 마지막으로 동물들에게까지도 확장될 정도가 되고", 그리하여 "인간의 도덕성의 수준이 점점 더 높이 높이 상승할 것이다"라고 기대한다.[747] 그리하여 다윈은 자신의 산만한 논의를 '인간선택'의 진화로 올바로 종결짓는다. "생존투쟁이 중요했고 또 아직도 중요하더라도, 인간본성의 최상부분에 관한 한, 그것과 다른 작용들이 보다 더 중요하다. 도덕감각의 발달의 기반을 제공하는 사회적 본능의 기원을 무리 없이 자연선택의 작용에 돌릴 수 있다고 할지라도 도덕적 자질은 자연선택의 작용을 통해서보다 훨씬 더 많이 습관의 효과·추리능력·훈육·종교 등을 통해 직간접적으로 진보된 것이다."[748] 이 도덕적 자질의 이 직간접적 진보는 "자연선택의 작용을 통해서보다 훨씬 더 많이" 바로 습관·추리능력·훈육·종교 등에 입각한 인간선택적 진화라는 말이다. 다윈은 여기서도 명시적으로 자연선택을 물리치고 있다.

불구화된 동물에까지 미치는 동정심의 '일관된 진성盡性'에 인간의 차별성이 있고, 인간다움이 있고, 인간의 고귀함이 있다. 인간에게 일반화된, 동정심 본성의 '일관된' 무조건적 '진성' 경향은 인의도덕의 본유성에 대한 증거다. 이 인의도덕과 함께 '인간다운 인간', 즉 '현생인류'가 탄생한 것이다.

---

747) Darwin, *The Descent of Man*, 124-125쪽.
748) Darwin, *The Descent of Man*, 618쪽.

2.2. 인간선택적 인간진화를 함의하는 현대진화이론들

필자의 '인간선택적 진화' 테제는 신경과학자나 현대 진화론자에 의해서도 뒷받침될 수 있다. 여기서는 자연선택 외에 다른 선택들, 즉 인간의 자기순치, 사회적 선택, 평판적 선택, 문화적 선택 등을 논하는 자크 팽크셉, 리처드 랭검, 크리스토퍼 뵘, 에드워드 윌슨 등의 현대진화론을 취급할 것이다.

■ 자크 팽크셉의 '사회적 선택' 명제

우선 진화론적 신경과학자 자크 팽크셉은 뇌의 발달과정에서 자연선택과 다른 노선의 진화, 즉 인간 자신의 '사회적 선택' 및 인간의 '환경선택' 노선의 진화를 입론한다.

> 관념들이 일단 조야한 힘을 지배하기 시작하면서 새로운 발달의 길들이 열렸고, 새로 출현하는 행동 기회들은 확실히 우리 뇌의 가일층 발전에 기여했다. 환언하면, 우리의 두뇌 성장은 단순히 자연선택에 의해서만 안내되는 것이 아니라, 우리 자신의 사회적 선택에 의해서도 안내되고, 또한 들어 살 새로운 환경을 선택하고 건설할 수 있는 우리의 능력에 의해서도 안내된다.[749]

팽크셉은 여기서 자연선택의 단일코드를 부정하고 '사회적 선택'을 말하고 있다.

필자는 자연선택과 구별되는 이 '사회적 선택' 개념이 필자의 '인간선

---

749) Jaak Panksepp, "Bones, Brains, and Human Origines", Appendix A to Jaak Panksepp, *Affective Neuroscience*: The Foundations of Human and Animal Emotions (Oxford: oxford University Press, 1998), 327쪽.

택' 개념과 본질적으로 동일한 것이라고 생각한다. 나아가 인간의 사회적 선택에 의한 진화는 뇌 발달에만 적용되는 것이 아니라, 인간의 전 측면에 확대적용된다.

■ 리처드 랭검의 '인간의 자기순치론'

오늘날 리처드 랭검은 필자와 아주 유사하게 인간의 "자기순치"에 의한 진화를 말한다. 인간이 동물들을 순치해 품종을 개량하듯이 보노보와 침팬지도 자기를 순치해 젊은 유형의 종으로 자신을 개량했다. 이 침팬지들과 마찬가지로 인간도 자기순치를 통해 자기품종을 개량해 왔다는 것이다.

- 나는 인간들이 지난 3만, 4만, 또는 5만 년 동안 우리 자신을 순치해왔다는 아이디어에 대해 생각하기 시작해야 한다고 생각한다. 우리가 보노보나 개의 패턴을 따른다면, 우리는 점점 더 젊은 행태를 가진 우리 자신의 형태를 향해 움직이고 있는 것이다. 그리고 우리가 일단 이런 관점에서 생각하기 시작하면 놀라운 것은 우리가 여전히 빨리 움직이고 있다는 것을 당신이 깨닫는 것이다. 가령 치아 크기는 극히 강렬하게 유전자적으로 제어되고 환경의 영향이 거의 없이 발달하고 지속적으로 빨리 쇠락하고 있다. 나는 현재의 증거가 우리가 치아 크기가 하락하고 턱뼈 크기가 하락하고 뇌 크기가 하락하고 있는 진화적 사실의 한복판에 있고, 우리가 지속적으로 우리 자신을 순치하고 있다고 생각하는 것이 아주 합당하다고 생각한다. 이것이 일어나는 방법은 우리가 2-3만 년 전 또는 그 이전에 마을에 영구적으로 정착하게 된 이래 아마 일어났을 방법이다. 가령 반사회적인 사람들은 번식 기회가 감소한다. 이런 자들은 처형당할 수 있고, 투옥될 수 있거나, 번식의 풀로부

터 쫓겨날 정도로 호되게 처벌될 수 있다. 야생동물의 순치과정에서 길듦을 위한 선택이 있는 것과 꼭 마찬가지로, 또는 보노보들 사이에서 공격성을 줄이는 자연선택이 존재하는 것과 꼭 마찬가지로, 여기에서도 공동체 내부에서 과도하게 공격적인 사람들에 대항하는 일종의 사회적 선택이 존재한다. 이 때문에 인간들은 보다 공격적인 선조로부터 점점 평화적 형태가 되는 과정을 지금 겪고 있는 그림 속에 들어 있다.[750]

랭검은 여기서 사회적·평화적으로 순치된 인간들의 진화를 도덕적 행복과 연결시키는 것이 아니라 성선택에 의한 재생산적 번식기회와 연결시키는 점에서 도덕적 인간선택의 진화를 다시 '사회적 선택'의 이름으로 재생산적 '자연선택'의 맹목적 진화과정으로 전락시키고 있지만, 인간의 '자기순치'라는 '인간선택적' 진화방법에 대한 그의 인정은 분명 새롭고 유익한 것이다. (물론 '공격적 선조'를 거론하는 마지막 구절은 뒤에 상론하듯이 그릇된 말이다.)

■ 크리스토퍼 뵘의 '인간적·사회적 선택' 테제

에드워드 윌슨, 크리스토퍼 뵘 등 다른 진화론자들도 자연선택과 구별되는 '사회적 선택' 또는 '평판적 선택' 등을 거론한다. 상술했듯이 소형동물을 사냥하는 침팬지와 보노보는 유전자 지도 측면에서 사자나 늑대보다 인간과 더 가까울지라도 먹이를 두고 보이는 동정심과 양보심은 대형동물을 사냥하는 사자나 늑대보다 더 적다. 인간도 소형동물을 사냥하던 시대는 침팬지와 같은 행태를 보였을 것이고, 이 단계에서는 외적의

---

750) Richard W. Wrangham, "The Evolution of Cooking" A Talk with Richard Wrangham, Edge, Fri. Jun 06, 2014. 뵘도 인간의 자기순치 개념에 동조한다. 참조: Boehm, *Moral Origins*, 168쪽.

격퇴의무, 상호주의, 그리고 호혜주의를 위반하는 사기·기만·절도 등의 불로소득 행위(free riding)에 대한 가혹한 처벌 등으로 이루어진 생존도덕이 지배했을 것이다. 반면, 거대동물 사냥으로 의식주가 과잉으로 넘쳐나는 지난 25만 년 전 이래의 상황에서 인의도덕을 유전자로 갖춘 현생인류의 단계에서는 친족과 인간의 경계를 넘는 강렬한 동정심 위주의 인의도덕이 주도권을 잡았을 것이고 인심이 후해지면서 불로소득 행위에 대한 처벌도 현격히 느슨해졌을 것이다. 그러나 이미 인의도덕의 유전자를 갖춘 현생인류라고 할지라도 전쟁과 같은 생존위기 또는 소형동물 수렵으로 내몰리는 궁핍상황이 조성되면 생존도덕이 인의도덕을 일시적으로 압도할 수 있다.

필자는 이것을 크리스토퍼 뵘이 소개하는 위축된 현존 수렵채집 집단의 행동사례로 예시하면서 뵘의 '사회적 선택' 또는 '평판적 선택'을 알아보고자 한다. 사례는 그가 4만 5000년 전의 홍적세 이래 이전과 다름없이 지금도 대형동물사냥으로 살아가는 집단으로 보이는 콩고의 피그미 므부티(Mbuti) 집단이다. 뵘은 인류학자 턴불(Colin Turnbull)의 보고를 활용해 "수렵채집생활 속의 모종의 핵심적 도덕가치를 반영하는" 므부티 집단의 한 에피소드를 들려준다. 그러나 미리 말해두지만 뵘이 이 도덕가치의 해석에서 오류를 범하는 것으로 보이기 때문에 필자는 이 사례를 달리 해석할 것이다. 뵘에 의하면 이 집단의 핵심적 도덕가치는 "고기를 마련하고 공유하는 데에서의 정치적 평등주의와 협동"을 포함하고, 이 평등주의와 협동의 두 관행은 "오늘날의 이동생활을 하는 모든 수렵채집 집단들의 사회적 삶에서 중심 역할을 하는 것"과 똑같이 "양심의 진화의 선사시대 분석"에서 "핵심 역할"을 한다. 그런데 므부티 집단에서 한 치욕스런 에피소드가 발생했다. 이 집단에 체푸(Cephu)라는 이름의 한 교만한 성인 사냥꾼이 있었다. 그는 이 집단 속으로 잘 통합된 것으로 보이지 않는 자신의 확대된 가족을 가졌다. 므부티 집단에 속한 나머지 몇몇 가족들은 서로 근친이었지만, 대부분은 그렇지 않았다. 이런 혼합적 구성은 수렵채집 집단에 전형적인 것이다. 이 사람들은 자기들의 친족들을 더 친하게 느낄지라도 대개 모든 집단구성원을 거의 "가족"과 같이 대한다. 이것은 대형사냥감을 해체할 때 특히 그렇다. 대형사냥감은 기름진 고기와 일반적 영양가치 때문에 가장 애호하는 식료다.[751]

이동생활을 하는 수렵채집자들은 전 세계에 걸쳐 유능한 사냥꾼이 대형 포유동물을 잡을 경우 그가 잘난 체하지 않도록 도덕적 규칙들에 의해 규정되는 사회통제를 활용한다. (뵘이 말하는 '대형동물' 사냥감은 중소형동물과 거대 동물 사이의 중간 크기를 가리킨다. 따라서 이 대형동물 사냥에서는 중소동물 사냥 때처럼 개인이 공을 세울 수 있을 것이다.) 수렵과정에서 공을 세운 더 유능한 사냥꾼은 자신의 가족과 친족에게 더 큰 몫의 고기를 주는 정실주의적 혜택을 베풀 수 있는 결정적 위치로부터 배제된다. 그리고 통상적으로 "동료 평등주의자들"은 이 더 유능한 사냥꾼이 "고기에 관한 논의를 주재하고 고기를 분배하는 것"도 금지한다. 수렵채집자들은 이 더 유능한 사냥꾼이 이 지위를 이용하여 "정치적, 사회적 이익"을 얻을까봐 꺼려하는 것이다. 차라리 집단은 "어떤 중립적 인물이 규칙에 따라 고기를 공정하게, 그리고 균등하게 분배하도록" 한다. 물론 이 규칙은 "도덕"이다. "자기가 사냥한 동물"을 "집단 전체"에게 넘겨주는 것은 "덕스럽고 의무적인" 일이기 때문이다. 동시에 "소유한 고기를 가지고 뻐기는 것"은 "위험한 일탈"이고, 이 시스템을 "엉큼하게 속여 이용해 먹는" 것은 "노골적으로 수치스런" 짓이다. 바로 이 속이는 부정을 체푸가 저지른 것이다.[752]

---

751) Boehm, *Moral Origins*, 37쪽.
752) Boehm, *Moral Origins*, 37-38쪽.

수렵채집자들은 종종 작은 집단을 이루어 활을 쏘거나 창을 던져 대형 사냥감을 사냥하지만, 므부티 집단은 가끔 집단 전체가 나서는 협력적 그물사냥을 할 때도 있다. 사람들은 아주 긴 12개의 그물을 각각 소지하고 아주 긴 반원형 함정을 형성하도록 위치를 잡는다. 그리고 나서 여성과 어린이들은 그물보다 조금 앞으로 나아가 그물에 접근하면서 덤불을 두드려 이 함정 속으로 사슴 같은 작은 동물을 몰아넣는다. 각자는 걸려든 먹잇감을 창으로 찔러 잡아서 자기 가족에게 가져가도 된다. 사냥감이 중소형일 때 활용되는 이 변형된 사냥형태는 그물들이 모두가 대략 같은 양의 고기를 얻을 정도로 길기 때문에 공정한 고기분배자를 지명할 필요가 없다. 그러나 이것은 아무도 사기를 치지 않을 경우에만 타당하다. 이 그물사냥 때 이기적인 체푸는 몰래 자기의 그물을 옮겨 다른 사람들 앞에 재설치하고 먼저 사냥감을 잡아 챙겼다. 그러나 이 짓이 발각되고 만 것이다.[753]

그러나 체푸는 자기의 이 기만 행위가 발각되었다는 것을 알아채지 못했다. 대부분의 가족들이 캠프로 돌아왔고, 캠프의 분위기는 우울해졌다. 조용히 남녀들은 아직 귀가하지 않은 체푸를 욕해댔다. 마침내 켄지(Kenge)라는 성인 남성이 집단에게 이렇게 말했다.

- 체푸는 무능한 늙은 바보야. 아니, 그는 그게 아니라, 무능한 늙은 동물이야. 우리는 그를 충분히 오랫동안 인간으로 대했다. 이제 우리는 그를 동물로 취급해야 할 것이야, 동물로![754]

이 비난이 살얼음판을 깼고, 죄목들이 조심스럽게 더해지고 집단합의

---

753) Boehm, *Moral Origins*, 38쪽.
754) Boehm, *Moral Origins*, 38-39쪽.

가 여물어감에 따라 모종의 "심각한 입방아(gossip)"가 시작되었다. 체푸를 장황하게 비난한 결과, 모두가 차분해졌고 체푸의 평소 행태를 다 까발려 비판하기 시작한 것이다. 그가 언제나 그의 캠프를 따로 짓는 짓, 그가 그것을 심지어 별도의 캠프로 언급하는 짓, 그가 그의 친족을 학대하는 짓, 그의 일반적 기만성, 심지어 그 자신의 개인적 습관까지도 입방아에 올랐다. 바로 그때 체푸가 돌아왔고, 그가 그의 오두막에 멈춰 섰을 때, 켄지가 그에게 "너는 동물이야"라고 외쳤다. 체푸는 중앙오두막으로 천천히 걸어가면서 이 욕설을 굳세게 견디려고 했다. 너무 빨리 걷지 않으려고 애쓰고 너무 숙고하듯이 어정거리는 것을 두려워하면서 그는 어색한 태도로 중앙오두막에 입장했다. 그러나 아이들도 보통 때와 달리 그에게 자리를 양보하지 않았다. 그 다음 체푸가 주는 것보다 더 많은 도움을 다른 사람들에게서 가져간다는 비난이 들렸다. 체푸는 자신을 방어하려고 진땀을 뺐다. 그때 에키앙가(Ekianga)라는 다른 성인 남자가 벌떡 일어나 모닥불을 가로질러 그에게 주먹을 휘둘렀다. 그는 "체푸가 동물이므로 동물처럼 자신의 창끝에 고꾸라져 자살하기를 바란다"고 독설을 퍼부었다. 동물 외에 누가 타인으로부터 고기를 훔치는가? 모두로부터 분노의 외침이 있었고, 체푸는 강한 수치심에 눈물을 터트렸다. 체푸의 행위는 이 사회에서 "비상한" 일탈이고 "심각한 위반"이었다. 뵘에 의하면, 타이트하게 직조된 작은 수렵집단에서 생존은 지극히 긴밀한 협업에 의해, 그리고 모든 이에게 그 날의 포획물을 돌아가게 하는 것을 보장하는 정교한 상호의무 체계에 의해 보장될 수 있다. 그런데 "어느 날 한 사람이 타인들보다 많은 깃을 얻었지만, 아무도 빈손은 아니다." 그럼에도 "종종 그러는 것은 아니지만 사냥감의 분배를 두고 많은 다툼이 있다. 이것은 예상되는 일이다. 따라서 아무도 그의 몫이 아닌 것을 가져가려고 애쓰지 않는다."[755]

뵘에 의하면, 피그미 족에 속하는 므부티 집단은 후기홍적세의 지질조건에서 살았던 독립적 사냥채집 집단과 직접 비교될 수 있다. 약 1만 년 전 홀로세(충적세) 단계가 들어서기 전에 선사시대 세계는 주로 또는 배타적으로 "정치적 평등주의 수렵채집자들"이 살았다. 뵘에 의하면 사람들이 20-30명 또는 40명 인원의 작은 수렵단체 속에 살았다. (필자는 위에서 이 숫자를 50-100명으로 상향 조정했다.) 이 때문에 아무도 체푸처럼 집단의 눈 밖에 나려고 하지 않았다. "집단의 도덕적 공분"은 여러 가지 형태로 나타날 수 있는데, 이 중 대부분은 전 세계의 수렵채집 집단 안에서 "아주 획일적으로" 동일하다는 것이다. 이 공분적 반응은 온건한 욕설과 예리한 비판으로부터 사회적 매장(ostracism), 조롱, 치욕, 노골적 추방이다. 그 종극에는 공포스런 극형이 있다. "집단 안에서의 인간적 생활의 신성성을 도덕적으로 맛보고 또 아주 강렬하게 맛보는 수렵채집자들"은 이 극형조처를 "절망적 최후수단"으로서 "드물게", 그러나 "결정적으로" 사용한다.[756]

수렵채집사회에서 남의 몫을 몰래 가져가는 것은 이미 상당한 부도덕일 것이다. 그러나 곤경에 처한 비非가족적 일원에게도 동정심을 발휘하는 도덕성이 유전자상으로 보편화되어 있는 수렵사회에서 사기나 절도행위 등의 부정행위를 통해 남의 몫을 침범하거나 가져가는 것에 대한 처벌은 어려운 궁핍상황에서도 보편적 동정심의 인의도덕 덕택에 현저히 완화된다. 따라서 이런 불로소득 행위에 대한 '지나치게 엄격한' 제재는 인仁을 최고덕목으로 삼는 인의도덕과 배치된다. 이기적 행위자에 대한 제재는 이기심의 정반대 감정인 동정심이 무조건성을 더해갈수록 더

---

755) Boehm, *Moral Origins*, 39-40쪽.
756) Boehm, *Moral Origins*, 46쪽.

욱 관대해질 수밖에 없다. 이것은 불로소득 행위자 체푸가 상당히 매서운 비난과 동물을 빗댄 욕설을 들었지만, 그에게 살상의 체형은 가해지지 않고 있는 것으로 드러난다. 이것은 므부티 집단이 지금은 궁핍하게 살고 있더라도 이미 수만 년 전에 동정심을 유전자로 착근시킨 인의도덕이 완전히 확립되었음을 확인시켜주는 것이다. 그러나 빔은 이것을 놓치고 수렵집단 안에서는 불로소득 행위가 가장 큰 범죄라고 본다. 이 점에서 필자는 그와 의견을 달리하는 것이다.

필자가 보기에 많은 가족을 거느린 체푸의 불로소득 부정행위에 대한 제재는 매섭지만, 과·불급을 피해 중용을 지키고 있다. 빔은 므부티 집단을 4만 5000년 전의 홍적세 이래 이전과 다름없이 대형동물사냥으로 살아가는 수렵집단으로 소개했지만, 필자는 이 므부티 집단이 일상적으로 거대동물을 사냥하던 4만 5000년 전의 후기홍적세 수렵집단과 세 가지 점에서 본질적으로 다르다고 본다. 첫째, 기린·코뿔소·코끼리·들소 등 아프리카 거대동물은 1만 년 전에 다 멸종하지 않았을지라도 개체수가 격감해 오래 전부터 보호대상이 되어야 할 만큼 희소해졌다는 점이다. 둘째, 아프리카 콩고의 정글과 초원은 유럽인들까지 가세해서 19세기 이래 계속된 남획으로 사냥감이 4만 5000년 전에 비하면 턱없이 빈곤해졌다는 점이다. 셋째, 체푸의 부정행위와 관련된 소형동물 사냥은 침팬지의 소형동물 사냥처럼 먹잇감을 잡았을 때 구성원들을 지극히 민감하게 만든다는 점이다. 따라서 필자는 체푸에 대한 므부티 집단의 비교적 매서운 비난은 거대동물의 멸종 및 야생동물 사냥감의 감소로 인한 수렵집단의 생존조건의 결정적 악화 및 변형된 소형동물 사냥형태 탓이라고 생각한다.

생존문제의 중압이 굶어죽지 않고 살아갈 수준으로 경감되더라도 동정심은 보편화되어 강렬하게 작동하고, 이로 인해 먹을 깃을 훔쳐가는 동물을 관대하게 대하듯이 독식자나 사기꾼이나 도둑도 사람을 위협하거나 살상하지 않는다면 관대하게 대하고 탐욕적 독식·사기·절도 등의 불로소득 행각에 대한 처벌도 비교적 완화된다. 따라서 공리적 이익의 침해에 불과한 불로소득 행위에 대한 극형은 특별한 경우(공동체 식료의 대외 밀반출, 공동곳간의 대규모 횡령, 신체에 대한 위협과 살상을 동반한 강탈행위 등)가 아니면 사라질 것이다. 곤장 등의 체형·궁형·사지절단·사형 등의 극형은 무조건적 동정심과 진짜 상극으로 배치되는 범죄들, 가령 악의적 마법에 의한 저주살해, 반복된 살인, 폭군행각, 정신병적 공격, 금기위반, 집단을 배반하는 외환外患행위 등에 대해서만 집중된다. 오늘날도 이동식 수렵생활을 하고 있는 50개 수렵집단의 극형집행을 뵘 자신이 분석한 결과를 보면, 명목을 분류할 수 없는 건수(7건)를 제외한 총 38건의 극형 중에서 절도와 고기분배 사기 등의 불로소득 행위에 대한 극형은 겨우 2건에 불과한 반면, 동정심과 상극적인 저 범죄들에 대한 극형은 무려 32건에 달했다.[757] 이것은 수렵사회 단계에서 이미 보편적 동정심이 확립된 까닭에 불로소득 행각에 대한 극형이 거의 사라지고 그 처벌도 크게 완화된 것을 보여주는 것으로 해석될 수 있다.

이 단계의 동정심은 동물에게만이 아니라 일반범죄자에게도 미칠 정도로 진정 '보편적'이 된 것이다. 동물에게까지 미치는 동정심이 '일관성'을 유지하려면 '원수를 사랑하라'는 정신에 따라 범죄를 저지른 '원수'도 '사람'임을 깨닫고 이 범죄자에게도 사랑을 베풀어 처벌을 완화해야 할 것이기 때문이다. 이 '일관된' 보편적 동정심은 '인간선택'에 의해 더욱 권장되고 '정언명령적' 인간의무로 훈육되어, 수만 년, 아니 수십만 년 동안의 진화과정에서 유전자 풀에 침착되었다. 따라서 체포에 대한 비교적 호된 구두제재는 이미 보편적 동정심을 유전화한 현생인류에 속

---

757) Boehm, *Moral Origins*, 84쪽 표 1.

하는 므부티 집단이 상술된 세 가지 전제조건으로 인해 야기된 생존도덕의 부상을 인의도덕의 주도권으로 상쇄시킨 중용적 대응의 결과로 해석될 수 있다.

친족과 인간의 범위를 넘어 동물에게까지 일관되게 미치는 보편적 동정심은 인간선택에 의한 진화과정에서 강렬한 정언적 도덕감정을 인간다운 인성의 정체성으로 갖춘 현생인류의 '인의도덕'의 감정적 전제에 속한다. 따라서 동정심의 완전한 보편적 발휘를 '의무'로 느끼고 이것을 다하는 것은 인간다운 본성의 진성盡性이다. 이 '동정심 본성의 진성'은 인간적 정체성의 원천일 뿐만 아니라, 그것이 인간의 자기실현, 자기완성인 한에서 도덕적 행복의 원천이기도 하다. 말하자면 '도덕적 행복'은 행위자 자신이 대개 손해나 고통을 겪는 힘든 도덕행위의 의식적 '목적'이 아니라 '결과'일 뿐일지라도 섀프츠베리와 더불어 상술했듯이[758] 극한의 육체적 고통을 겪는 형틀 위에서도 이 육체적 불행을 뛰어넘어 느낄 수 있다. 또한 인간의 인간다운 정체성은 차라리 이 형틀 위에서 이 고통을 이겨냄으로써 더욱 빛나는 것이다. 또한 인간의 정체성이 일관된 동정심의 진성에 달려있는 한에서, 그리고 도덕적 행복이 이 진성에서 나오는 한에서 도덕적 행복 자체가 '인간다운' 인간의 존망과 사활이 걸린 '인간적 정체성'의 존속 조건이 된다. 즉, 도덕적으로 불행한 인간은 삶의 의미와 방향, 결국 자신의 정체성을 잃게 되고, 경우에 따라 바로 이 때문에 자살을 선택할 수도 있다는 말이다. 이와 같이 '자연선택적 진화' 개념에 대립되는 이 '정언적 도덕감정의 인간선택적 진화' 이론은 다윈의 저 미일관성과 딜레마를 말끔히 해결해준다.

뵘은 므부티 집단에서 벌어진 체푸에 대한 입방아와 구두비난과 같은 사회적 제재 메커니즘이 25만 년 이래의 수렵집단 안에서 전 세계에 걸

---

758) Shaftesbury, *An Inquiry Concerning Virtue or Merit*, 61쪽.

쳐 형성되어 유사하게 작동하면서 이 외적 제재의 '내면화'를 통해 체푸를 울게 만든 '도덕적 수치심'과 '양심' 또는 도덕성과 도덕감각의 진화를 설명하려고 시도한다. 이런 식의 도덕성 진화를 그는 "사회적 선택(social selection)", 또는 "평판적 선택(reputational selection)"에 의한 진화라고 부른다.[759]

이 '사회적 진화' 또는 '평판적 진화'의 개념들은 일찍이 리처드 알렉산더가 다윈의 '칭찬·비난의 진화' 메커니즘으로부터 전개한 "평판에 의한 진화" 이론을[760] 뵘이 받아들여 발전시킨 것이다. 그는 심지어 필자의 '인간선택'과 유사한 "인간적 사회선택(human social selection)"이라는 표현도 쓰고 있다.[761] 이 표현이 필자의 의도에 가장 가까이 다가온 술어사용이다.

그러나 뵘은 "인간적 사회선택"을 '평판선택'과 '처벌'로서의 "'목적의식적(purposeful)' 자연선택으로서의 사회적 선택"이라는 야릇한 형용모순의 개념으로 파악함으로써[762] 자연선택과 사회적 선택의 차이성을 다시 무효화시키려는 듯이 슬슬 뒷걸음질 친다. 이런 뒷걸음질은 그에게 생존도덕의 관념만이 존재할 뿐이고, '도덕적·동심적(인애적) 즐거움'의 고차적 행복을 향한 인의도덕의 관념은 존재하지 않기 때문에 빚어진 것으로 보인다.

다윈의 개념 '자연선택'은 원래 개체와 종의 '생존(재생산)'이라는 '내재적 목적'을 제외하면 '맹목적'이고 '무의식적'이다. 따라서 '맹목적·무의식적 자연선택'에 '목적의식적'이라는 형용어를 덧붙이는 것은 그 자체가 자가당착적 형용모순으로 느껴진다. '목적의식성'을 말하고 싶으

---

759) Boehm, *Moral Origins*, 15-16쪽, 187-188쪽, 234-237쪽, 293-297쪽.
760) Alexander, Richard D., *The Biology of Moral Systems* (New York: Aldine de Gruyter, 1987).
761) Boehm, *Moral Origins*, 15-16쪽.
762) Boehm, *Moral Origins*, 15쪽.

면 '인간선택'의 개념을 도입해야 할 것이다. 그리고 이 '인간선택'을 '생존(재생산) 목적'의 선택이 아니라, 도덕적 행복이나 유희적·미학적 행복을 목적으로 한 인간선택으로 개념화해야 한다. '인간선택'의 목적을 '생존(재생산)'으로 간주하면, 이런 '인간선택'은 궁극적으로 다시 생존을 위한 무의식적·맹목적 자연선택의 '목적의식적' 보조수단으로 전락해버리기 때문이다. 뵘의 저 자가당착적 개념은 그가 개체와 집단의 '생존목적'을 능가하는 '도덕적·인애적 즐거움'의 '진정한 행복'과 같은 다른 고차적 진화목적을 떠올리지 못한 탓이다. 이런 까닭에 그는 진화의 여러 선택방법들을 찾아냈지만, 이 방법들을 모조리 '생존'이나 '자연선택'과만 결부시키고, 도덕적 행복과 결부시키지 못한 것이다. 그리하여 결국 뵘의 사회적 선택이론은 광의의 자연선택이론으로 되떨어지고 말았다.

■ 윌슨의 '생명문화적 진화' 명제

우리는 뵘이 개인의 이기적 자연선택이나 집단적 자연선택과 구별되는 여러 '사회적 선택'의 방법들을 찾아낸 공을 인정할 수 있을 것이다. 에드워드 윌슨도 이와 무관하지 않은 의미맥락에서 "생명문화적 진화(biocultural evolution)" 또는 "유전자-문화 공동진화(gene-culture co-evolution)"의 이론을 제기한 바 있다.[763]

윌슨이 "생명문화적 진화"를 입론한다면 필자의 '인간선택적 진화' 이론은 무리 없이 받아들여져야 할 것이다. "생명문화적 진화"는 '인간선택적 진화'의 하위범주에 지나지 않기 때문이다.

2.3. 인간선택론의 이론적 특장

---

763) Wilson, "Biophilia and the Conservation Ethic", 32-33쪽.

다윈의 진화론에 내포된 광의의 함의에 입각할 때 '자연선택(natural selection)'에 대응하는 '인간선택(human selection)'만이 '자연선택'이나 동연변이 등 기타 변이에 대해 선명하게 대비될 수 있고 또 의미론적으로 정확한 개념이다. 자연선택은 생존과 번식을 주관한다고 관념되는 '자연'이 선택주체가 되는 것이다. 그러나 '평판적 선택'이나 '문화적 진화'에서 명성과 문화는 개인의 선택대상이 될 수 없다. 그리고 '사회적 진화'의 '사회'는 '사회적 본능', '사회적 곤충', '사회적 동물', '개미사회', '꿀벌사회', '사자가족' 등의 개념에서 보듯이 자연과 선명하게 대비될 수 있는 개념이 아니다. 따라서 필자는 '자연선택'에 대립해서 쓰기에 가장 적합한 술어는 '인간선택'이라고 생각한다.

인간선택의 구체적 실행과정은 추정적으로 논할 수 없을 것이다. 그러나 필자로서는 대대로 이어지는 도덕생활의 무의식적 관습과 문화전통, 칭찬·비난과 영욕, 사회적 제재, 사회적 비평여론과 공동체적 상벌체계, 그리고 의식적 훈육과 도덕교육이 가장 중요한 인간선택의 방법이었을 것이라고 생각한다. 특히 이런 체계적 훈육·교육 등의 초점조절된(focused) 목적의식적(puposeful) 인간선택에 의한 인간의 진화과정은 순치를 통한 가축의 품종개량 과정에 비해 오래 걸렸겠지만, 분명 인간들은 가축의 순치에 쏟아 부은 노력보다 훨씬 더 많은 노력을 인간의 자기선택에 의한 자신과 자식의 양육과 교육에 쏟아 부었을 것이다. 물론 교육에는 공동체의 사법적 제재·처벌·교도矯導행정도 포함된다. 이 점에서는 뷤의 도움을 받을 수 있다.

- 인간들의 사회적 선호가 유전자적 결과에 영향을 끼칠 수 있는 여러 길이 있다. 그 중 한 길이 개인들로서 사람들이 좋은 평판을 가진 타인들을 혼인배우자로, 또는 자기들의 적합성을 돕는 협업 속의 동업자로

선택하는 것이다. 다른 길은 집단 전체가 자기들의 적합성에 피해를 주는 혐오스런 사회적 일탈자들을 엄벌에 처하는 것이다. 나의 일반적 진화 가설은 도덕성이 양심을 보유하는 것으로 시작하고, 양심의 진화는 집단에 의한 체계적이지만 시초에 비도덕론적인 사회적 통제로부터 시작한다. 이것은 잘 무장된 대형동물 수렵자들의 화난 집단에 의한 개인적 "일탈자들"의 처벌을 포함했고, 뒤따르는 인심人心 설교처럼 이 처벌은 집단구성원들과 집단 전체의 사회적 선호가 유전자 풀에 대한 체계적 영향이기 때문에 "사회적 선택"이라고 부를 수 있을 것이다.[764]

따라서 인간들의 도덕적 선호도 유전자로 침착될 수 있고, 이런 토대 위에서 생존을 위한 개인과 집단의 자연선택이 아니라 인간다운 인간을 위한 인간의 자기선택도 가능한 것이다.

무의식적 생존적응 행동만이 유전자화되는 것이 아니다. 목적의식적 도덕교육과 그런 방향으로 초점이 조절된 훈육도 습관적 획득형질이 될 수 있고, 이런 습관이 수만 년 대를 잇는 전통이 되면, 다윈이 말한 '습관의 유전화' 테제에 따라 도덕적 습관은 강한 도덕감정의 유전자를 만들 수 있을 것이다. 이를 설명하기 위해서는 다윈이 『종의 기원』의 전편前篇에서 상론한, 인간선택에 의한 동물순치와 가축화 논리를 인간 자신에게 적용하는 것이 필요하고, 이것은 다윈주의의 가장 중요한 기본전제들 중의 하나를 약간 '수정'하는 것이다. 뵘도 자신의 '사회적 선택' 이론으로 다윈주의의 경미한 수정이 불가피하다는 것을 의식한다.

- 집단구성원들의 처벌 행동이 집단생활에 영향을 미칠 뿐만 아니라, 유

---

764) Boehm, *Moral Origins*, 15쪽.

사한 방향으로 유전자 풀을 형성한다는 것이 이 책의 한 주요테제다. 그러므로 우리는 모종의 제한된 목적의식적 요소가 이론 속에서 '맹목적으로' 작용하는 것으로 생각되는 생물학적 진화과정 속으로 실제로 잠입해 들어가는지를 물어야 한다. 즉, 사회적 선택이 모종의 목적의식적 투입이 자연선택 과정에 영향을 미칠 수 있을 것이라는 의미에서 그 어떤 '저차원 목적론'이라고 불릴 수 있을 것을 도입할 수 있는가? 이런 이론은 현대 다윈주의의 가장 기본적인 가정들 중 하나를 얼마간 수정하는 것이다.[765]

일반적으로 현대진화론자들은 안하트가 확인한 재생산적 '생존'이라는 내재적 목적도 망각하고 진화를 완전히 '맹목적'이라고 보거나 자연선택을 진화방법의 '전부'로 오해한다. 그러나 뵘은 이것을 물리치고 목적의식적 선택 사례로 동물사육, 유전공학, 나치의 우생학적 조치 등을 든다. 이 세 가지는 모두 다 유전자 풀을 건드리는 것이다. 그리고 이것들은 다 자기들의 시도에 대한 모종의 통찰을 가지고 있다. 뵘은 이것이 선사시대의 처벌적 교도에도 타당한 것으로 본다.

- 우리가 선사적 수렵채집자들을 전혀 이런 종류(목적의식적 선택 – 인용자)의 능동적 행위자들로 생각하지 않는 것은 그럴 만한 이유가 있다. 하지만 나는 '부지불식간에' 수렵채집자들의 사회적 의도가 예견할 수 있고 고도로 의미심장한 방식으로, 그리고 적어도 자기들의 삶의 질을 향상시키는 것과 관련된 차라리 세련된 직접적 목적들에 의해 안내받는 식으로 유전자 풀에 영향을 미쳤다는 견해를 제안할 것이다. 선사시대에 이것이 특별한 '초점', 즉 행위자들의 아주 일관된 실천적 목

---

765) Boehm, *Moral Origins*, 15-16쪽.

적으로부터 생겨난 초점을 인간적 사회선택(human social selection) 과정에 맞췄다고 나는 믿는다. 행위자들은 사람들을 보다 이타적으로 행실하게끔 설득하도록, 그리고 그들 가운데의 불로소득자들을 단념케 하도록 움직여졌고, 이 둘 다 직접적 일상생활에만이 아니라 그들의 유전자 풀에도 장기적으로 영향을 미쳤다.[766]

상술했듯이 뵘은 여기서 우연치 않게 필자의 '인간선택'과 유사한 '인간적·사회적 선택'이라는 술어를 쓰고 있다. 뵘은 선사시대 수렵채집자들의 이타행의 설득과 불로소득 규제의 목적의식적인 '인간적·사회적 선택'도 무의식적 자연선택과 마찬가지로 유전자 변형을 가져온 것으로 말하고 있다.

여기에 필자는 한 가지 중요한 가설을 덧붙일 것이다. 자연선택에 의한 진화의 내용이 유전자로 침착되는 데 필요한 시간은 길면 '수십만 년',[767] 짧으면 5만 년("2천 세대"),[768] 더 짧으면 "2만 5000년"이다.[769] 필자는 목적의식적 인간선택에 의한 진화적 유전자 변화에 필요한 시간은 자연선택에 의한 진화에 필요한 시간보다 더 짧을 것이라고 생각한다. 인간선택에 의한 야생동물의 순치, 가축화, 신품종의 출현에 걸리는 시간은 자연상태에서의 야생동물의 진화보다 훨씬 짧고, 또 물리적·사회적 환경의 변화가 획기적으로 빠르고 중대하면 유전자 변화의 속도도 가속화되기 때문이다.[770] 따라서 4만 5000년 전에 인간선택에 의해 평등주의가 '결정적으로' 확립되고 폭군적 우두머리(알파)에 대한 혁명적 저항·징치·처단이 정치도덕적·정치문화적으로 제도화되었다면, 4만 5000년

---

766) Boehm, *Moral Origins*, 16쪽.
767) Wilson, *Biophilia*, 97쪽.
768) Wilson, *On Human Nature*, 88쪽.
769) Boehm, *Moral Origins*, 87, 162쪽.
770) 참조: Boehm, *Moral Origins*, 162쪽.

의 기간은 자기희생적 이타주의를 충동질할 동정심이 넘치고 자제력 있는 인간 품성을 유전자화해 확산시키고 폭군과 이기적 일탈자의 억압·추방·처형을 통해 이들의 유전자를 결정적으로 감소시키기에 충분하고도 남는 시간일 것이다.

2.4. 자기선택적 존재로서의 인간

자연선택에 갇힌 진화이론은 측은·수오·공경·시비지심의 도덕감정과 도덕감각에 기초한 '인의도덕'을 설명할 수 없다. 자기 목숨을 건 동정적 구조행위는 다윈이 말하는 재활불능의 불구자와 불치·난치병자 등에 대해서까지도 초공리적 복지를 시혜하는 것과 마찬가지로 상술했듯이 이기적 자연선택이나 집단적 자연선택으로 설명할 수 없다. 물론 이것을 깨닫지 못한 수많은 속류진화론적 설명시도들이 없지 않다.

필자가 주창하는 인간의 인간선택적 진화론에 따르면 인간은 인간이 스스로 선택한 '자기선택적 존재'다. 그러나 옹졸하고 천박한 속류진화론자들은 자연선택이론을 붙들고 공리적 타산으로 동정심의 진화 문제를 설명하고 과학적 노장論場을 난장판으로 만들어 왔다.

■ **속류진화론을 넘어서**

오늘날 다윈의 진의와 딜레마를 제대로 깨치지 못한 천박한 진화생물학자들은 이런 현상을 설명하려는 기이한 수법을 고안했다. 가령 어떤 학자는 이렇게 설명한다. 구할 공산이 2:1이면 나는 내 자식을 구하러 목숨을 걸고 성난 강물 속으로 뛰어든다. 자식은 나와 유전자의 절반을 공유하기 때문이다. 그러나 구할 공산이 9 중 8인 경우에만 나는 나의 조카를 구하러 강물로 뛰어든다. 조카는 나의 유전자의 8분의 1만 가지고 있기 때문이다. 나의 할머니를 구하려고 강물에 뛰어드는 것은 아무런 의미가 없다. 아이를 낳을 나이가 지나서 나의 유전자를 누구에게도 전달할 수 없기 때문이다.[771] 이 설명을 제임스 Q. 윌슨은 "경박하지만 틀리지 않았다"고 평했다.[772] 하지만 필자는 이 설명을 '틀렸고 천박하다'고 생각한다. 또 다른 진화생물학자는 점잖은 자세로 유사내용을 말한다. 진화가 유전자를 나와 공유하는 타인들의 이익을 위해서 그리고 이 공유의 정도에 비례해서 위험을 무릅쓰는 인간과 동물을 선택할 것이라고 생각하는 '포괄적 적합성(inclusive fitness)'의 개념을 제시한다.[773]

이런 자연선택적 진화론의 계산법들은 실생활에서 인간이 할머니나 조카만이 아니라 낯선 사람, 심지어 강아지를 구하기 위해서도 강물에 뛰어드는 퍼즐을 풀지 못한다. 어떤 인간들은 동물들을 자기 아기만큼 사랑한다.

그런데도 일부 진화생물학자들은 좁은 자연선택적 진화론의 테두리 안에서 '상호적 이타심' 개념으로써 친족이 아닌 타인과 인간이 아닌 동물들에 대한 애정행동의 이 퍼즐을 풀려고 했다. 우리는 타인들에게 신뢰받을 수 있는 우리의 인상을 각인하고 이로써 이 타인들과의 이로운 교환의 기회를 늘리기 위해 근친이 아닌 타인·입양아·애완동물들을 돕거나 보살피는 이타적 행위를 한다는 것이다.[774] 이 치졸한 타산적 상호주의는 인간의 행위를 생존도덕 차원에서 얼마간 설명해주는 점이 있을 것이다. 그러나 이런 설명은 살신성인도 불사하게 만드는 자기희생적 사단지심의 도덕감정의 진화를 설명하기에 턱없이 역부족이다. 이에 제임

---

771) J. B. S. Haldane, "Population Genetics", *New Biology* 18 (1955) [34-51쪽].
772) Wilson, "The Moral Sense", 6쪽.
773) William D. Hamilton, "Evolution of Social Behavior", *Journal of Theoretical Biology* 7 (1964) [1-51쪽].
774) Robert L. Trivers, "The Evolution of Reciprocal Altruism", *Quarterly Review of Biology* 46 (1971) [35-57쪽]; Alexander, *The Biology of Moral System*.

스 Q. 윌슨은 이런 자연선택적 진화이론들의 어줍지 않은 설명 시도들을 타산적 명성은 의미가 없고 군중 속의 사람들보다 익명적 단독인이 아무도 보는 사람들이 없는데도 위험에 처한 사람을 더 잘 돕는 사례에 의해 적확하게 비판한 바 있다.[775] 여기에 윌슨은 이렇게 덧붙인다. "비인간적 새끼들과 피조물이 아닌 사람들에 대한 동정심은 거의 모든 인간들의 특징이다. 진정, 우리는 타인들에 대한 동정심이 전혀 없는 사람을 누구든 비인간으로 간주하고 이러한 연민을 날조하는 사람들을 진실성 없는 것으로 비판한다. (…) 진화는 (단지 재생산적 성공을 위해서가 아니라) 애정 반응을 위해 연민을 선택했다."[776] 다윈 자신의 다원주의 진화론에 반해서 자연선택의 단일원인에만 집착하는 존 스미스(John M. Smith), 리처드 도킨스(Richard Dawkins),[777] 대니얼 데니트(Daniel Dennett) 등은 소위 "다윈적 원리주의(Darwinian Fundamentalism)"라는 이름으로 천박하고 옹졸한 속류진화론을 대변해 왔다. 자연선택에 의한 개체의 생존과 재생산의 목적에만 집착하는 진화생물학, 오늘날 다윈의 진화론보다 더 옹졸하고 천박해진 속류진화론의 이러한 이론적 결손과 이에 대한 불만은[778] 다윈이 맹아적으로 길을 열어준, 보편적 사랑과 동정심을 향한 인간선택적 진화 개념의 도입 없이는 결코 해소될 수 없을 것이다.

---

775) "그러나 누군가 익명적 시혜를 하거나 단독의 방조자가 위험에 처한 사람을 도울 때처럼 종종 공리성에 의해 뒷받침되지 않는 감정이 홀로 우리의 행동에 동기를 부여한다. 익명적 시혜가 비교적 드문 한편, 단독의 방조자가 집단에 끼어 같이 있는 방조자보다 위협받는 사람을 도우러 나설 가능성이 더 크다는 것은 일반적으로 사실이다. 이것은 명성의 제고가 이타적 행위의 동기라면 우리가 예상할 것과 반대의 사태다. 진화생물학은 종의 차원에서 인간행동에 대한 유력한 통찰을 제공하지만, 일상행위의 차원에서는 설명력이 덜하다." Wilson, "The Moral Sense", 7쪽.
776) Wilson, "The Moral Sense", 7쪽. 괄호는 인용자.
777) Dawkins, Richard, *The Selfish Gene* (Oxford: Oxford University Press, 1976).
778) 존 스미스·도킨스·데니트 등의 옹졸·천박한 속류진화론에 대한 비판은 참조: Stephen Jay Gould, "Darwinian Fundamentalism", *New York Review of Books* 44 (12 June 1997): [34-37쪽].

■ 인간은 자기선택으로 진화한 존재

자연선택과 선명하게 대비되고 이것을 초월하는 이 '인간선택'의 개념에 이르러서야 비로소 우리는 인간이 개인적·집단적 생존의 이익과 공리성을 초월한 행복도덕의 정언적 성격을 설명할 수 있다. '인간선택'은 비로소 현생인류 호모사피엔스사피엔스의 진화적 발생이 동물의 자연선택적 진화 차원을 넘어서는 것을 알 수 있게 해준다. 이렇게 보면, 생존의 자발적 부정, 즉 산아조절적 인구통제와 자살도 불사하는 정언적·의무적·무조건적 정체성도덕을 갖춘 '인간다운 인간'은 인간의 자기선택적 진화(self-selective evolution)를 통해 탄생한 것이다. 이것에 인간의 비밀을 풀 수 있는 열쇠가 들어 있다. '인간다운 도덕적 인간'은 신의 창조물도 아니고, 자연선택적 진화로부터 출발했지만 자연선택적 진화의 소산도 아니고, 단연코 30만 년 인간선택의 소산이다. 인간은 인간이 스스로 선택한 '자기선택적 존재'인 것이다.

인간선택에 의한 정체성도덕의 진화이론은 왜 까마득한 옛날부터 '자살'이 있어왔고 인류가 왜 까마득한 옛날부터 인구를 늘리는 것이 아니라 줄이기 위해 각종 산아제한을 시행했는지도 이해할 수 있게 해준다. 인간은 인간선택에 의해 의무적 도덕감정과 인의도덕의 본능적·무조건적(즉각적) 도덕충동을 유전자화함으로써 진화의 방향을 자연선택에 의한 종의 생존과 개체수의 확대재생산을 겨냥한 '외연적 진화'로부터 덕행·사랑·연대의 행복을 늘리고 높이는 '내포적 진화'로 전환시킨 것이다.

종의 맹목적·무의식적 단순재생산(생존)과 확대재생산을 위한 자연선택적 진화가 무의미하다는 것은 오늘날의 학자들에 의해서도 지적된다. 데니스 크렙스는 기본적으로 옳은 사유방향을 보여준다.

● 복지나 일반복리를 (진화적) 적합성의 견지에서 정의하는 것은 합당하

지 않은 것으로 보인다. 왜냐하면 이것은 사람들이 어떤 방식으로 가장 잘 작용하든 가급적 많은 사람들의 생존과 재생산적 성공을 촉진해야 한다는 것을 함의할 것이기 때문이다. 이것은 옳은 것으로 보이지 않는다. 나는 세계를 인간들의 과잉인구로 과過포화시키는 것을 정말 도덕적 선으로 보지 않는다.[779]

크렙스는 "가급적 많은 사람들의 생존과 재생산적 성공을 촉진하는 것"과 "세계를 인간들의 과잉인구로 과過포화시키는 것"은 옳지도 않고 도덕적으로 선하지도 않다고 지적하고 인간적 인의도덕성을 진화론적으로 설명하기 위해서는 생존과 확대재생산을 뛰어넘는 인간적 의미가 필요하고 말하고 있다. 이 말은 기본적으로 골백번 옳은 말이다.

2.5. 다윈의 단초적 정체성도덕론과 동물사랑

다윈은 행복의 이중의미, 또는 '복지'와 '행복'(도덕적·동심적 행복)을 구분하는 새로운 관점에서 공리주의적·속류적 행복(쾌락) 개념을 공리적 '일반복리'로 격하시켜 교정하고 독자적 정체성도덕론을 내비친다.

- 도덕도출학파의 철학자들은 예전에 도덕성의 기초가 이기심의 한 형태에 있다고 가정했지만, 보다 최근에는 "최대행복 원리"를 현저하게 제기했다. 하지만 후자의 원리를 행위의 동기로서가 아니라 행위의 기준으로 얘기하는 것이 더 옳다. (…) 하등동물들의 경우에는 이 사회적 본능이 공동체의 일반적 행복을 위해서라기보다 일반복리를 위해 발달되어온 것으로 말하는 것이 훨씬 더 적절한 것으로 보인다. '일반복

---

779) Krebs, *The Origins of Morality*, 55쪽.

리'라는 술어는 완전한 활기와 건강 속에서, 그것들의 완전한 능력과 함께, 그것들이 처해 있는 조건 아래서 최대수의 개체들을 기르는 것으로 정의될 수 있다. 인간과 하등동물의 사회적 본능이 둘 다 의심할 바 없이 동일한 단계에 의해 발전되어온 만큼, 두 경우에 동일한 정의를 사용하고 '일반적 행복'보다 차라리 공동체의 '일반복리' 또는 '일반복지'를 도덕성의 기준으로 취하는 것은 실행 가능한 것으로 느껴지면 권고할 만할 것이다. (…) 어떤 인간이 동료의 생명을 구하기 위해 자기 생명의 위험을 무릅쓸 때, 그가 인간의 일반적 행복을 위해 행동한다기보다 차라리 일반복리나 일반복지를 위해 행동한다고 말하는 것이 더 적합할 듯하다.[780]

다윈은 여기서 '복지(복리)'와 '행복' 일반을 개념적으로 구분하고, 공리주의적 '최대행복'(최대쾌락 = 최대이익)이라는 표현보다 일차적으로 공동체의 '일반이익'으로서의 '일반복지'를 행동기준으로 사용하는 것이 인간을 '하등동물'과 상통하는 '복지형 인간'으로 볼 때 적합하다고 말하고 있다. 한 개인이 공동체의 생존이익과 직결된 '일반복지'가 아니라, 공동체의 생존이익보다 더 많은 '최대행복'을 위해 개인의 목숨을 바친다는 것은 의미론적으로 문제가 있기 때문이다. 어떤 공동체든 공동체 자체의 생존을 위해 구성원의 생명을 요구하지만, 공동체의 쾌락적·공리적 행복, 즉 공동체의 쾌락(이익)을 위해서는 결코 구성원의 생명의 희생을 요구하지 않을 것이다. 역으로 공동체는 전체의 쾌락(이익), 즉 '쾌락적·공리적(속류적) 행복'을 잠시 또는 일부 희생시켜 구성원의 목숨을 구할 것이다.

그러나 욕구의 충족은 '쾌락'을 수반하고 도덕적·인애적 행복의 기반

---

780) Darwin, *The Descent of Man*, 120-121쪽.

또는 전제를 마련해준다. 이런 까닭에 부차적 차원에서는 사람들이 이 속된 쾌락적 행복을 '최대로' 향유할 것을 원할 것이다. 그러나 한 번 소개했듯이 다윈에 의하면 인간은 다른 고차적 행복이 따로 있다.

- 항구적으로 단체 속에 사는 저 동물들에게 사회적 본능은 상존하고 지속적이다. (…) 그들은 모든 시간에 어떤 특별한 감정이나 욕구의 자극 없이도 동료들에 대한 상당한 정도의 사랑과 동정심을 느낀다. 동물들은 동료들로부터 오래 분리되어 있으면 불행하고 동료들과의 서로어울림(company) 속에 다시 들어와 있으면 언제나 행복하다. 이것은 우리 인간들에게도 그렇다. 우리가 아주 홀로일 때도 우리는 얼마나 자주 타인들이 우리에 대해 생각하는 것에 대해, 즉 타인들의 가부可否 감정에 대해 즐거움이나 괴로움을 갖고 생각하는가. 그리고 이 모든 것은 동정심, 즉 사회적 본능의 근본요소로부터 생겨난다.[781]

다윈이 자신의 언어로 '도덕적·동심적 행복(도덕적 즐거움과 서로어울림의 일체감적 즐거움)'을 말하고 있다. 동물과 인간에게 공통된 이 '도덕적·동심적(인애적) 행복'이 인간에게 있어서는 일차적·필수적인 것이 됨으로써 동물과 차별을 만든다. 따라서 공리주의적(속류적) '최대행복'(최대쾌락=최대이익)도 모두가 원하는 만큼 가장 중요한 지침이 되었지만 사랑·우애·연대·동정심 등 사회적 본능의 충족에서 나오는 '도덕적·동심적 행복'에 비하면 '이차 지침'에 불과한 것이다.

- 의심할 바 없이 개체의 복지와 행복(= 쾌락)은 보통 합치된다. 만족하고 행복한(= 쾌락을 만끽한) 종족은 불만족하고 불행한 종족보다 더 잘

---

781) Darwin, *The Descent of Man*, 112쪽.

번창할 것이기 때문이다. 우리는 심지어 인간 역사 안에서 태초시기에도 공동체의 표명된 소망이 자연스럽게 각 구성원의 품행에 커다란 정도의 영향을 미쳤을 것이라는 것을 살펴보았다. 모두가 행복(= 쾌락)을 소망하기 때문에 "최대행복의 (공리주의) 원리"는 가장 중요한 이차 지침이자 목적이 되었을 것이고, 동정심을 포함한 사회적 본능은 언제나 일차 충동과 지침으로 기능했을 것이다.[782]

동정심·정의감(사회적 정의감) 등의 도덕감정을 포함한 사회적 본능의 도덕적·동심적 행복이 '일차 지침'이 되고 쾌락설적 '최대행복'의 공리주의 원리는 '이차 지침'이 됨으로써 행복이 도덕적·동심적 행복과 쾌락적 복지(복리)로 분화되었다. 그리하여 도덕의 주도권이 바뀔 때 인간의 인의적 정체성도덕은 비로소 강렬한 의무가 되고, 일반복리(쾌락) 위주의 생존도덕은 "상스런 이기성의 원리"로[783] 주변화·잠재화된다.

강렬한 도덕감정과 예민한 도덕감각(시비지심)의 '양심'은 도덕행위의 칭찬과 동조감에서 나오는 도덕적 행복이 무조건적 일차욕구로 격상됨과 동시에, 또는 복지보다 행복이 더 중시될 때에 형성되어 나온다. 앞서 간략히 선보인 다윈의 말을 차제에 온전한 행태로 완전히 다 제시해보면,

- 의심할 바 없이 하등동물에 의해 그렇듯이 인간에 의해서도 공동체의 복리를 위해 획득되는 사회적 본능은 처음부터 인간에게 동포인간을 돕고 싶은 상당한 바람과 상당한 공감의 느낌을 주었을 것이다. 이러한 충동은 인간에게 아주 태초적인 시기에 대강 시비를 가리는 잣대로 쓰였을 것이다. 그러나 인간의 지능이 점진적으로 진보하고 인간이 그

---

782) Darwin, *The Descent of Man*, 121쪽. 괄호는 필자.
783) Darwin, *The Descent of Man*, 121쪽.

의 행동의 보다 먼 귀결을 추적할 수 있게 됨에 따라, 그리고 유해한 관습과 미신을 배격할 만큼 충분한 지식을 얻어감에 따라, 나아가 동포인간들의 복지만이 아니라 행복을 점점 더 많이 중시하게 됨에 따라, 습관에서 유익한 경험·교훈·모범사례를 따르게 됨에 따라, 동정심은 더 감미로워지고 넓게 확산되어 모든 인종의 구성원들에게도, 저능아와 불구자들에게도, 다른 쓸모없는 사회구성원들에게도, 그리고 마지막으로 동물들에게까지도 확장될 정도가 된다. 그리하여 인간의 도덕성 수준은 점점 더 높이 높이 상승할 것이다. 도덕성의 수준이 인간역사의 태초 시기 이래 높아져왔다는 것은 도출학파의 도덕론자들에 의해서도, 그리고 일부 직관주의자들에 의해서도 인정되는 바다.[784]

여기서 "도출학파의 도덕론자들"은 쾌락(이익)에서 도덕성을 도출하는 공리주의자들을 가리킨다. 동정심이 '모든 인종들', '저능아와 불구자', 그리고 다른 '쓸모없는 구성원들'에게만이 아니라 심지어 '동물들'에게도 적용되는 '무조건적 보편의무'가 된 것은 인간의 '양심적 행복의 욕구'를 따른 흐름이다. 다윈은 이것을 "도덕성 수준의 상승과 향상"이라 부르고 있다. 이것은 도덕감정의 격상, 즉 동물적 차원의 '공리적' 도덕성 수준에서 인간 차원의 '보편적' 동정심과 사랑의 인간다운 도덕성 수준으로의, 즉 '양심'으로의 격상을 뜻한다. 이것은 인간이 동포인간들의 "복지"만이 아니라 "인간다운 행복"을 점점 더 많이 중시하게 됨에 따라 "동정심은 더 감미로워지고", 즉 다정다감해지고 "넓게 확산되어서" 발생한 도덕감정과 도덕성 수준의 향상, 동물로서의 인간의 죽음, 인간다운 인간의 탄생을 의미한다. 이것은 '인간선택에 의한 새로운 진화'의 결과다. 그리하여 동정심은 이제 무조건적 의무임과 동시에 감미롭

---

784) Darwin, *The Descent of Man*, 124-125쪽.

고 다정다감한 인간적 행복의 원천이 되었다. 따라서 이제 인간의 도덕행위를 시비하고 판단하고 평가하는 "도덕감각"은 "인간과 하등동물 간의 가장 좋은 그리고 가장 높은 구별을 제공하게 된 것이다".[785] 맹아적인 본능적 동정심이 '인간선택'에 의해 생겨나 습관과 전통을 통해 확대되고 '무조건적 양심'으로 강화되는 과정에서 '정체성도덕적 인간' 호모사피엔스사피엔스가 탄생했기 때문이다.

정체성도덕의 '기초'는 '가족적 유대'를 포함하는 '사회적 본능'에 있다. 이 '사회적 본능'은 고도로 복합적인 성질의 것이다. 이 사회적 본능은 '동물들'의 경우에 어떤 "정해진 행위들"을 향한 특별한 성향들로 나타난다. 그러나 "더 중요한 요소"는 동물들의 "사랑과 뚜렷한 동정심의 감정(emotion of sympathy)"이다. 사회적 본능을 가진 "동물들"은 "서로어울림" 속에서 "위험에 대한 상호경고", "상호방어·상호지원" 등의 공리적 이익만 아니라, "즐거움"도 얻는다. 그런데 동물의 사회적 본능들은 매우 협소해서 "동종의 모든 개체들에게 확장되는 것이 아니라, 같은 공동체의 개체들에게만" 적용된다. 이런 수준의 사회적 본능들은 "종에게 고도로 이로운" 집단생존적 공리성을 가진 만큼 "자연선택"을 통해 획득되었다. 그런데 도덕적 존재자는 그의 과거와 미래의 행동 및 동기들을 비교할 수 있는 존재자, 즉 자기의 어떤 행동과 동기를 훌륭하다(가하다)고 동조하고 다른 행동과 동기를 잘못이다(불가하다)고 거부할 수 있는 존재자다. "인간은 확실히 그런 것으로 지목될 수 있는 유일한 존재자"라는 사실은 "인간과 동물들 사이의 온갖 변별들 중 가장 큰 변별"을 만든다.[786]

종합하면 이 "도덕감각"은 첫째, "사회적 본능의 항구적이고 상존하

---

785) Darwin, *The Descent of Man*, 126쪽.
786) Darwin, *The Descent of Man*, 610-611쪽.

는 성질"로부터, 둘째, "자신의 동료들의 가·불가감정에 대한 인간의 감상感賞"으로부터, 셋째, "극히 생생한 과거 인상을 수반하는 인간의 정신능력의 고도의 활동성"으로부터 생겨난다. 사회적 본능의 이 항구성·상존성·반성성에서 인간은 자기보다 낮은 동물들과 다르다. 항구적·상존적·반성적 성격의 사회적 본능에서 나오는 도덕감정과 도덕감각이 바로 '양심'이다. "영구히 다른 본능보다 더 강렬하고 더 항구적인 본능"은 그것이 어떤 본능이든 "우리가 '복종해야 한다'고 말함으로써 표명하는 그런 느낌", 즉 칸트가 실천이성의 산물로 착각하고 위조한 '양심적 의무감'을 낳는다. 포인터 사냥개는 그의 과거 행동을 반성할 수 있다면 우리가 진정으로 그에게 말하듯이 그 자신에게 '나는 토끼를 사냥하고 싶은 지나가는 유혹에 굴복하지 않고 그 토끼를 가리켰어야 한다'고 말할 것이다. 사회적 "동물들"은 같은 공동체의 구성원들을 일반적 방식으로 돕고 싶은 소망에 의해 부분적으로 강제되지만, 보다 흔히는 어떤 "정해진 행동들"을 수행하고 싶은 충동에 의해 휩싸인다. 인간은 그의 동료들을 돕고 싶은 동일한 일반적 충동에 의해 강제되지만, 거의 또는 전혀 이런 정해진 "특별한 본능"이 없다. 인간은 요구되고 부여되는 지원에 대한 안내지침이 되는 단어들로 그의 욕망을 표명할 수 있는 점에서 동물들과 다르다. 도움을 주고 싶어 하는 동기도 마찬가지로 인간에게서 어느 정도 "수정된다". 이 동기는 이제 "맹목적 본능충동"으로만 이루어져 있는 것이 아니라 크게는 그의 동료 인간들의 "칭찬과 비난"에 의해 영향을 받는다. 이 칭찬과 비난은 인간의 도덕적 행·불행을 좌우한다. "칭찬과 비난의 감지와 부여"는 행위자에 대한 "공감"에 근거한다. 다정다감하고 감미로운 공감감정인 '동정심'은 "사회적 본능"의 "가장 중요한 요소들 중 하나"다. 동정심도 "수련이나 습관"에 의해서 "많이 강화된다". 만인이 자기 자신의 행복을 욕망하는 만큼, "칭찬이나 비난"은 "행위와 동기가 이 목적(행복)의 원천이 되어감에 비례해서 이 행위와 동기에 대해 부여된다". 그리하여 이제 "행복은 일반적 선의 본질적 부분이다". 그런 만큼 공리주의자들이 복지와의 개념적 혼동 속에서 만지작거리던 "최대행복의 원리"는 "거의 안전한 시비기준"이 된다.[787] 여기서 "행위와 동기가 행복의 원천이 되어간다"는 것은 바로 '도덕적·동심적 행복'이 중시되어 간다는 것을 뜻하고, "행복이 일반적 선의 본질적 부분이 되는 것", 또는 "최대행복(최대의 즐거움)의 원리를 안전한 시비(선악)기준으로 삼는 것"은 도덕적 행복을 선악의 유일한 기준으로 삼는 '행복도덕'으로서의 '정체성도덕'이 등장한 것을 말하는 것이다.

이 과정에서 이성의 역할은 없는가? 다윈에 의하면, 이성도 부차적 차원에서 나름의 역할을 한다.

- 궁극적으로 인간은, 거의 아무도 칭찬과 비난의 영향을 피하지 못할지라도, 동료들의 이 칭찬과 비난을 자신의 주요 지침으로 더 이상 받아들이지 않지만, 이성에 의해 제어되는 인간의 습관적 확신은 그에게 가장 안전한 규칙을 제공할 것이다. 그러면 그의 양심은 최고 판관과 경고자가 된다.[788]

이성은 사후적으로 인간의 도덕감정적 확신을 '규칙'으로 정리·제공함으로써 양심을 최고의 판단기준으로 선명하게 만드는 역할을 한다. 그러나 이성의 사후적 역할에도 불구하고 "도덕감각의 첫 번째 기초나 기원은 공감을 포함하는 사회적 본능들에 있다. 그리고 이 사회적 본능들은 의심할 바 없이 동물들의 경우에서처럼 자연선택을 통해 일차적으로 얻

---

787) Darwin, *The Descent of Man*, 610쪽.
788) Darwin, *The Descent of Man*, 612쪽.

어진 것이다."⁷⁸⁹⁾ 다윈의 본래적 논지에 충실할 때 이 마지막 말의 "동물들의 경우에서처럼 자연선택을 통해"라는 구절은 '동물들과 달리 인간선택을 통해'로 대체했어야 옳다. 그러면 이 구절은 도덕감정의 합리적 '사후정리'를 도덕법칙의 실천이성적 '입법' 또는 '제정'으로 착각한 칸트를 공박하는 말이 될 것이다.

나아가 우리가 다윈의 마지막 결론을 완성하자. 어떤 옳은 도덕법칙이 혹시 우연하게 '순수이성'에 의해 도출될 수 있다고 하더라도 이 '법칙'은 인간선택에 의한 오랜 진화과정을 통해 유전자지도에 침착되어서 항구적으로 강렬한 무조건적 감정 본능의 일부로 유전되지 않는다면 '강렬하고 민감한 무조건성'을 갖출 수 없다. 다윈은 저 마지막 말 앞에 이런 말을 전제로 하기 때문이다. "인간들의 상상력을 더 생생하게 만들고 과거의 인상들을 상기하고 비교하는 습관을 강화하는 것은 그것이 무엇이든 양심을 더 민감하게 만들고, 어느 정도까지 약한 사회적 감정과 동정심을 보상補償하기까지 할 것이다."⁷⁹⁰⁾

상술했듯이 "인간의 도덕적 본성"은 "추리능력과 이에 따른 정의로운 여론의 진보"를 통해, 그리고 "동정심이 습관·모범사례·훈육·반성의 효과에 의해 더욱 다정다감해지고 널리 확산됨"을 통해 "지금까지 달성된 최고 수준"에 도달했다. 그리고 "덕스런 성향"은 "오랜 관행"을 통해 "유전된다". 이것은 다윈이 인간선택적 진화 쪽으로 크게 기울어진 결정적 논변이다. 따라서 우리가 이를 종합해보면, 이 대목에서 다윈은 자연선택과 인간선택 간의 상호작용을 말하고 싶었을 것이다. 상술했듯이 다윈은 기본적으로 '자연선택'을 말할지라도 스스로 이 "자연선택의 한계"를 인정하고, 이와 다른 '인간선택'의 길, 또는 자연선택과 인간선택의 상호

---

789) Darwin, *The Descent of Man*, 612쪽.
790) Darwin, *The Descent of Man*, 612쪽.

작용에 대해서도 간접적으로 논변하고 있기 때문이다.

마침내 다윈은 도덕감각과 도덕적 평가감정에 의해 뒷받침되는 동정심, 서회적 정의감, 공경심 등 강렬하고 민감한 무조건적 도덕감정에 기초한 이타적 보편도덕을 '높은 도덕률'이라고 부르고 자기이익관련적 '소덕小德'을 '낮은 도덕률'이라고 부른다.

- 인간은 일반적으로 그리고 기꺼이 높은 도덕률과 낮은 도덕률을 구별할 수 있다. 높은 도덕률은 사회적 본능에 기초해 있고, 타인들의 복지와 관계한다. 이 높은 도덕률은 동류인간들의 동조감정에 의해, 그리고 이성에 의해 뒷받침된다. 낮은 도덕률은 주로 자기와 관계하고, 여론에서 생겨나고 경험과 도야에 의해 성숙된다.[791]

저 "높은 도덕률"의 단초인 "사회적 본능과 동정심"의 적용범위는 보편적으로 확장되어 동물에까지 이른다. 다윈은 부연한다. "인간의 경계를 뛰어넘는 동정심, 즉 동물에 대한 인간애(humanity)는 최근의 도덕적 획득물들 중의 하나인 듯하다. 미개인들은 자기 애완동물에 대한 공감 외에 명백히 이런 공감을 느끼지 않는다."[792] 동물사랑은 "인간이 부여받은 가장 고귀한 덕목들 중의 하나"다. 다윈은 이 고귀한 덕목이 자연선택의 산물이 아니라, "우리의 동정심이 더 감미로워지고 감각을 가진 모든 존재자들에게까지 확장되기까지 더 널리 퍼지는 것"으로부터 "우연히" 생겨났다고 말한다.[793] 그런데 여기서 "우연히" 생겨났다는 말도 그릇된 것이고, "동물에 대한 인간애는 최근의 도덕적 획득물 중 하나인 듯하다"는 다윈의 추정은 물론 그릇된 것이다. 모든 생명체에까지 확장된

---

791) Darwin, *The Descent of Man*, 122쪽.
792) Darwin, *The Descent of Man*, 123쪽.
793) Darwin, *The Descent of Man*, 123쪽.

보편적 동정심은 "우연히"가 아니라 30만 년 동안의 거대동물 수렵과 개와 기타 가축의 순치라는 두 개의 혁명적 사건을 통해 발생했다. 또 "동물에 대한 인간애"는 "최근의 도덕적 획득물 중 하나"가 아니라, 쇼펜하우어의 논의와 관련하여 상술했듯이 동양의 힌두교·불교·유교사회에서 태고대로부터 교리로 삼아였다. 다른 경우들에서 그렇게 균형 잡힌 정신을 견지하던 다윈은 여기서 서양 기독교문명권의 유대교적 사조의 특수한 동물경멸 풍조를 다른 문명권들에까지 지나치게 확장하고 있다.

그러나 지금까지 다윈이 전개한 논의내용은 당대까지의 서구 도덕론 수준을 기준으로 볼 때 동물사랑으로까지 확대되는 행복지향의 '대덕'과 복리(공리)지향의 '소덕'의 구분을 논할 정도로 놀라운 단초적·시원적 정체성도덕론이라 충분히 칭할 수 있을 것이다. 이 점에서 그가 그 이후의 화석생물학이나 인류학의 발견들을 접하지 못해서 논의 중에 범한 자잘한 오류들은 눈감아 줄 수 있을 것이다.

백세시대를 위한 서양철학사 시리즈 · 3

12

현대의 진화론적 경험과학과 메타도덕론

제1절/
제임스 윌슨의 도덕감각론
제2절/
안하트·조이스·크렙스의 진화론적 도덕이론
제3절/
크리스토퍼 봄과 시비감각의 사회선택적 진화론

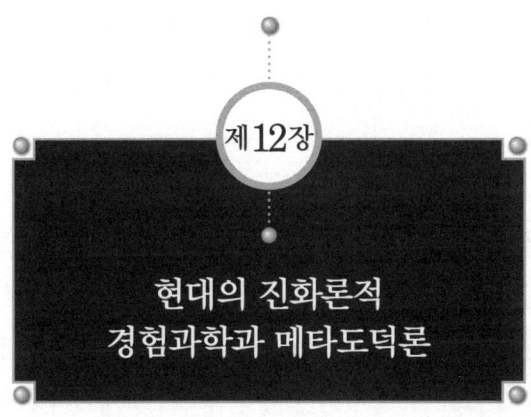

제12장
현대의 진화론적 경험과학과 메타도덕론

 공맹의 도덕철학은 2300여 년 전 도덕의 원인을 인간본성으로 귀속시킴으로써 도덕을 탈脫종교화·탈脫신학화·탈脫신비화·세속화·인간화·과학화하는 도덕혁명을 일으켰고 이를 통해 도덕을 '도덕과학'으로 논할 수 있는 대상으로 만들었다. 서양 계몽주의를 주도한 경험론적 모럴리스트들은 공맹의 도덕원칙을 바탕으로 서양 도덕철학을 스콜라철학으로부터 해방시켜 탈종교화·탈신학화·세속화했다. 그리고 다윈과 스펜서를 위시한 진화론자들은 계몽주의의 세속적·경험적 도덕론을 이어받아 자본주의적 공리주의를 극복하기 위해 본성적 도덕감각을 진화론적으로 정초함으로써 도덕의 과학성 논의를 한 차원 더 높이는 논장을 개창했다.

 그러나 다윈과 스펜서가 도덕감각을 논한 1870년대로부터 120년 동안 도덕감각론은 철학계에서 종적을 감추었다. 19세기 이래 제국주의 시대의 한복판으로 들어갈수록 밀과 칸트 류의 자본주의적·합리론적 공리주의가 더 시끄럽게 지배하기 시작했고, 20세기 초반부터 분석철학·과학철학이 득세하면서부터는 아예 도덕철학 자체가 철학세계에서 자취를 감췄다.

분석철학자 프레게(Gottlieb Frege, 1848-1925)와 분석철학자 조지 무어는 과학으로부터의 도덕철학의 고립을 초래하게 만든 장본인이었다. 프레게는 칸트의 '존재(Sein)와 당위(Sollen)의 교조적 철벽분리론'을 계승해서 본성적 '존재'에서 '당위'를 도출하는 윤리적 자연주의 또는 본성주의를 두들겨 팼다. 바로 이런 철학적 풍조가 도덕원리에 관해 진지하게 생각하는 사람들과 인간본성의 낙관을 밝히려는 사람들을 "지성적 고립"에 빠뜨렸다. 그리하여 도덕철학의 "이상"은 감정의 행동유발적·동기적 힘을 몰각하고 도덕행태적·도덕심리학적 "사실"로부터 유리되고 말았다.[794]

무어는 1903년 그 시대의 지배적인 철학적 관점이었던 존 스튜어트 밀의 공리주의조차도 '선(쾌락·복리)'에 호소함으로써 개별적 도덕을 정당화하려고 시도하는 '자연주의적 오류(naturalistic fallacy)'에 빈번하게 빠져들었다고 비난했다. 무어는 '선'(복리·쾌락)을 '자연적임'과 등치시킨 것을 오류로 본 것이다. 그러나 그는 헉슬리가 "도둑놈과 살인자도 박애주의자만큼 많이 자연본성을 따른다"고 악썼듯이 '나쁜 자연본성(소아마비, 눈멂)'도 있고 '비자연적인 좋음(백신, 안경)'도 있다는 것이다. 따라서 우리는 '자연적인 것'으로부터 '좋은 것'으로 이동할 면허가 없다는 것이다. 그는 자연주의적 오류의 보다 일반적인 확대판은 '존재(is)'로부터 '당위(ought)'를 도출하는 것이라고 말했다. 마크 하우저에 의하면,

---

794) Marc D. Hauser, *Moral Minds: The Nature of Right and Wrong* (New York: HarperCollins Publishers, 2006), 3쪽.

'당위'를 강제하는 '도덕감정'과 같은 특별한 자연적 '존재' 요소들이 있음을 몰각한 무어의 이 '무식한' 자연주의적 오류 논의는 이후 철학자들에게 생물학분야에서의 새로운 발견들을 무시하든가 조롱하도록 만들었다.[795]

무어와 프레게의 비판적 논변을 필자의 비유적 설명으로 바꿔 보자면, 그들은 자연적 사물의 존재로부터 (철鐵 조각을 강제로 끌어당기는) '자력磁力'을 도출하는 것을 본성주의적 오류라고 주장한 셈이다. 그러나 '자석'이라는 특별한 자연적 사물의 존재로부터는 얼마든지 저 '자력'을 도출할 수 있다. 무어와 프레게의 근본 오류는 자력을 가진 특별한 자연적 사물 '자석'의 존재를 몰랐던 원시인들의 무지와 비견된다.

상론했듯이 루트비히 비트겐슈타인의 언어분석철학은 여기서 한 걸음 더 나아갔다. 그는 도덕을 재再신격화·재再신비화되는 방향으로 '탈脫과학화'·재再주술화하고 말았다. 종교(주술)와 과학의 경계는 시대와 철학마다 달라서 주술(종교)의 영역이 커지기도 하고 과학의 영역이 커지기도 해왔다. 스콜라철학은 도덕을 신의 계시로 보았다. 반면, 공자는 도덕을 인간의 본성으로 보았다. 따라서 공자는 인간본성의 신비스런 궁극적 기원을 '천명'으로 제시하지만 그래도 하늘이 명한 본성에 근거한 도덕 자체는 신비스런 궁극적 원리의 차원으로 돌리지 않고 인성(인간본성) 차원으로 돌려 탈주술화·세속화·인간화하고, 인간본성을 천명으로 한 번 정해지면 변치 않는, 따라서 일단 하늘이 명한 뒤에는 하늘도 다시 변경할 수 없는 것으로 이해했다. 하지만 '과학'의 과학적 정의를 엄정하게 추구한 20세기의 분석·과학철학은 과학의 영역을 다시 더 좁혔다. 이런 통에 분석·과학철학에서는 주술의 영역이 오히려 확대되고 말았

---

795) Marc D. Hauser, *Moral Minds: The Nature of Right and Wrong* (New York: HarperCollins Publishers, 2006), 2-3쪽.

다. 비트겐슈타인 식의 도덕 재주술화에 말려들지 않으려는 리처드 로티(Richard Rorty) 같은 철학자들은 포스트모더니즘으로 도피해 "뭐든 다 돼!(Anything goes!)"라는 도덕상대주의에 빠져들어 도덕'과학'을 파괴하고 대학생들을 현혹시켰다.

따라서 오늘날도 우리는 공자의 도덕철학이 도덕에 관한 한 20세기 비트겐슈타인의 언어분석·논리철학이나 로티의 도덕상대주의보다도 더 과학적인 것이라고 단언할 수 있다. 공자는 과학의 영역을 최소화하고 불가지적 주술적 신의 영역을 최대화한 퇴행적 과학철학자 비트겐슈타인과 정반대로 신의神意를 묻는 점술, 귀신에 대한 제사, 기도 등 신과 주술의 영역을 최소화하고 경험과학의 영역을 최대화했기 때문이다. 그러나 반대로 비트겐슈타인의 분석철학은 자본주의적 공리주의와 더불어 다윈과 스펜서가 개척한 도덕논의를 한 차원 더 높이 과학화하는 길을 실종시켜버렸다.

도덕론의 과학적 지평은 20세기 말에 가서야 새로이 개창되었다. 섀프츠베리·허치슨·흄·다윈·스펜서 등의 철학적·과학적 도덕감각론을 현대 과학의 형태로 재발견해 부활시킨 학자는 철학자나 생물학자가 아니라, "깨진 유리창 이론(broken windows theory)"으로 유명한 미국의 정치학자 제임스 윌슨(James Quinn Wilson, 1931-2012)이었다. 그는 1992년 미국 정치학회 학회장 취임연설문으로 「도덕감각」을 발표했고,[796] 1993년에는 이 논문을 저작의 형태로 확대하는 『도덕감각』을 공간했다.[797]

윌슨은 정치학자로서 예리한 관찰력을 발휘해 현대의 이기적·합리론적 사회계약론, 공리주의·게임이론, 내면화(사회화)이론·정의제일주의에

---

796) James Q. Wilson, "The Moral Sense", Presidential Address of *American Political Science Association*, 1992, *American Political Science Review*, Vol. 87 (No.1 March 1993).
797) James Q. Wilson, *The Moral Sense* (New York·London: Free Press, 1993·1997).

경도된 롤스의 사이코패스적 정의이론과 도덕발달론·행태심리학 및 진화생물학 등의 '보편화된 광적狂的 편견'을 간취하고 전후에 최초로 이 경향에 대한 근본적 비판을 가했다.

이로써 윌슨은 이후 세계학계의 연구방향을 바꾸고 본유적 도덕성과 도덕감각에 대한 연구를 새로이 개창하는 데 크게 기여했다. 윌슨의 비판과 도덕감각론의 재발견 이후 래리 안하트(1998), 리처드 조이스(2006), 데니스 크렙스(2011), 크리스토 뵘(2012) 등이 줄이어 새로운 연구성과를 내놓았다.

윌슨·안하트·크렙스·조이스·뵘으로 대표되는 현대의 진화론적 도덕이론자들은 모두 다윈의 메타도덕론(meta-theory of moral)을 계승하는 이론가들이다. 본성적 도덕감정(사단지심)에 기초한 공맹의 도덕과학은 다윈을 잇는 이 현대 진화론적 메타도덕론자들이 전개하는 도덕의 경험과학에 의해 다시 한번 최신의 첨단과학적 토대를 얻었다.

제1절

제임스 윌슨의 도덕감각론

　제임스 윌슨(James Q. Wilson)은 근대 사회과학과 최근 수십 년 동안의 현대 사회과학의 흐름을 비판적으로 조감한 뒤, 사회과학의 중심문제는 사람들이 함께 사는 것을 관리하는 사회질서를 설명하는 것인데, 여기에는 이 물음에 답하는 두 가지 방법이 있어왔다고 말한다. 하나는 "규범적·공동체적"이다. 사람들은 갈등을 최소화하고 예양을 확보하는 방식으로 행위하도록 그들을 지도하는 내적 나침반을 제공하는 그들의 문화전통으로부터 배운다는 것이다. 다른 하나는 "합리론적·개인주의적"이다. 이 경우에 질서는 자율추구적인 개인들에 의해 약탈적 본능의 가장 나쁜 귀결을 회피하기 위해 맺는 명시적·묵시적 계약이나 협약에 의해 창출된다는 것이다. 규범적·공동체적 관점의 견해에서 질서는 자연적이고, 사회계약이나 정부제도에 앞서는 것이다. 합리론적·개인주의적 관점의 견해에서 질서는 고안되고 협약과 제재에 달려있다. 규범적 모델에서 규칙은 도덕적 힘을 가지기 때문에 준수되고, 계약모델에서는 개인적 이익을 전달하기 때문에 준수된다. 전자에서는 규칙준수가 자동적이고 일반적이다. 후자에서는 전략적이고 불확실하다.

그런데 월슨에 의하면, 규범적 관점은 지난 수십 년 동안 세 가지 이유에서 격심한 공격을 받아왔다. 이 관점은 ① 온건한 기능주의를 포함한 것으로 보인다, ② 갈등의 가치들을 최소화하거나 부인하는 것으로 보인다, ③ 사람들이 언제나 자기 자신의 이익을 추구한다는 이기주의적 가정에서 발견되는 이론적 힘을 결한다는 것 등이다. 월슨은 이 반론들을 모두 어느 정도까지 수용하지만, 그래도 여전히 그 대안, 즉 사회질서가 '고안'되었고, 계산에 기초하고, 개인적 동의에 달려있다'는 대안관점에 불만을 표한다.

1.1. 본유적·본성적 도덕감각의 개념

합리론적·개인주의적 관점에 맞서 월슨은 규범적 관점의 버전을 재확립하고자 한다. 그의 논변은 "사회 안에서 갈등이 편재적이고 사회들 간에 다양성이 명백한 반면, 사람들은 도처에서 완전히 공리성이나 협약의 산물인 것이 아닌 본성적 도덕감각을 가지고 있다"는 것이다. 그리고 바로 이어서 그는 "도덕감각"을 "우리가 자발적 행위를 판단하는 데 써야 하는 그 어떤 기준의 직감적 인상"으로 정의한다.[798] 그러나 『도덕감각』에서는 좀 달리 '행위의무에 대한 직감적 믿음'으로 정의한다.

- 나는 도덕감각을 우리가 자발적으로 행동할(즉, 강박 아래서 행동하지 않을) 때 우리가 어떻게 행동해야 하는가에 관한, 직감되거나 직관되

---

798) Wilson, "The Moral Sense", 1쪽.

는 믿음으로 정의한다. '해야 한다(ought)'를 나는 유사한 상황에 처한 모든 사람들을 구속하는 의무로 정의한다.[799]

윌슨은 아무튼 도덕감각을 행동의 시비변별에 근거한 "도덕적 판단력"으로 이해한다.[800]

윌슨에 의하면 도덕감각은 '본성적(natural)'이고, 부분적으로 '본유적(innate)'이다. "(비인간성에 대한 강한 혐오와 같은) 직관은 단순히 문화적 인공물이거나 학습된 위선이 아니다. 이 책(자신의 책 *The Moral Sense*)의 논변은 사람들이 본성적 도덕감정, 즉 그들의 본유적 자질과 이른 가족적 경험 간의 상호작용으로부터 형성되는 감각이라는 것이다. 이 도덕감각은 상이한 사람들 사이에 상이한 정도로, 그러나 거의 모든 사람들 사이에 상당히 중요한 정도로 인간행태와 – 사람들이 타인들의 행태에 대해 내리는 – 판단을 형성한다."[801] 그럼에도 도덕감각은 '직감적 인상'이나 '직관적 믿음'일 뿐이기 때문에 인간이 본성적으로 도덕규칙들의 '지식'을 갖추고 있다는 뜻으로 과장되게 이해해서는 아니 된다.

- 이 기준은 보통 일반적이고, 엄밀하지 않다(imprecise). 따라서 내가 사람들이 도덕감각을 가졌다고 말할 때, 나는 사람들이 도덕규칙의 직관적 지식을 갖췄다고 말하는 것으로 이해되는 것을 원치 않는다. 도덕규칙들은 종종 논란되고 보통 갈등에 처해 있다. 그러나 사람들이 이 논란을 풀거나 이 갈등을 해결하는 과정은 그들을 그들에게 직관적으로 명백한 가치를 가진 것으로 보이는 감정들로 되돌려 안내한다. 이 감정들은 사회의 기본적 접착제, 불완전하지만 사회질서를 상당한

---

799) Wilson, *The Moral Sense*, "Preface", xii쪽.
800) Wilson, *The Moral Sense*, 25쪽.
801) Wilson, *The Moral Sense*, 2쪽. 괄호는 인용자.

정도로 설명하기에 충분한 결속력을 가진 접착제다.802)

잇대서 윌슨은 허치슨·흄·애덤 스미스 등 스코틀랜드 계몽철학자들의 저작들을 독해하고, 생물학·진화론·사회과학에 의거해 이들의 근본적 주장이 우리가 18세기 중반 이래 배워온 것과 많이 합치된다는 것을 입증하겠다고 천명한다.

윌슨에 의하면, 도덕감각의 존재는 대도시의 낮은 범죄율이라는 사회적 사실로부터 간단히 추론할 수 있다. 도시의 범죄율이 낮게 유지되는 것은 경찰과 검찰의 검거·처벌 능력 때문이 아니라, 주로 도덕감각에 의한 시민들의 자율통제 때문이다. 이 사실은 소위 '개명된 이기심'이라는 개념을 가지고 설명할 수 없다. 1986년 미국의 경우를 보면, 모든 절도 중 4분의 1만이 경찰에 신고되고, 경찰에 신고된 100건의 절도 중 3건만 처벌을 받았다. 따라서 절도의 경우에 진짜 처벌건수는 100분의 1 미만이다. (따라서 발생한 모든 절도 중 0.25%만이 처벌된다.) 따라서 이렇게 낮은 처벌의 개연성 때문에만 절도범죄가 억제되는 것으로 보는 것은 어불성설이라는 것이다. 범죄는 경찰의 탐지·처벌의 개연성으로부터 기대되는 것보다 더 적기 때문이다. 가장 가난한 지역에서도 법과 질서가 완전히 붕괴되더라도 대부분의 사람들은 약탈에 가담하지 않는다. 단지 '의무를 지키는 것이 종종 유용하다는 것을 안다'는 것만으로 설명할 수 있는 것보다 의무가 더 많이 지켜진다. 우리는 ① 가령 약속을 지키는 것이 우리의 이익이 아닐 때도 종종 약속을 지킨다, ② 우리는 종종 결과에 영향을 미칠 수 없을 때도 선거에서 투표를 한다, ③ 우리는 우리에게 아무런 인정도 부여하지 않는 기구에게 자선기부를 한다, ④ 우리의 상당수는 아무도 우리의 선행을 갈채하는 것을 보지 않는 때도 곤경에 처한 사

---

802) Wilson, "The Moral Sense", 1쪽.

람들을 돕는다. 이런 약속이행·투표·기부·도움은 흔한 행동들이 아니고, 이 행위들의 우연적 수행사례로부터는 어떤 도덕적 의미도 도출할 수 없다는 반론이 없지 않을 것이다. 따라서 윌슨은 "아주 거의 보편적이고, 공리성의 개인적 계산이나 협상된 사회계약에 의해 설명될 수 없는, 그리고 '도덕'이라는 단어의 어떤 그럴싸한 의미 안에서도 명백한 도덕적 함의를 갖는 행태"로서 "자식 돌봄"을 든다.[803]

윌슨은 '자식'을 "도덕감각의 수용자이자 원천"으로 파악한다. 사람들은 자식을 낳고 긴 세월의 종속 상태에서 자식을 양육한다. 사람들은 즉각적 이득의 희망, 잠 없는 밤이나 재정부담, 그리고 양육의 일상적 귀찮음에 대한 아무런 기대 없이 이 일을 한다. 이 대목에서 윌슨은 흄의 논변을 활용한다. 흄은 도덕성을 감정에 근거 지으려는 시도에서 기초감정으로서의 부모·자식 관계를 끌어들였었다. 정의는 그에 의하면 재산을 보호하고 상속하는 '인공적' 장치이지만, 사람들은 왜 재산의 상속을 배려하는가? "부모가 자식들에게 품는 본성적 친애" 때문이다.[804] 이 본성적 친애는 의무를 함의한다. 사람들은 도처에서 자식들을 돌보는 사람들을 칭찬하고, 돌보지 않는 부모들을 경멸한다.[805] 이 대목과 관련해 예리하게 윌슨은 흄이 "자기가 '존재(is)'로부터 '당위(ought)'를 도출해서는 아니 된다고 주장하는 유명한 구절"로부터 8쪽도 나아가지 않은 곳에서 "얼마나 쉽사리 '존재' 명제로부터 '당위' 명제를 도출하는지를 주목하라"고 지적한다.[806] 강렬한 (무조건적) 도덕감정에 의해 성립하는 이 '존

---

803) Wilson, "The Moral Sense", 1쪽.
804) Hume, *A Treatise of Human Nature*, Book 3. *Of Morals*, 312쪽.
805) Hume, *A Treatise of Human Nature*, Book 3. *Of Morals*, 307쪽.
806) Wilson, "The Moral Sense", 1-2쪽. 이 글에서는 "'당위에서 '존재' 명제를 도출한다"고 말하고 있는 반면, 『도덕감각』에서는 "존재로부터 당위를 도출한다"고 말하고 있다. Wilson, *The Moral Sense*, 238쪽. 이 표현이 옳기 때문에 본문을 이에 따라 바로잡았다.

재와 당위의 통일성' 테제는 칸트의 존재와 당위의 엄격한 구분과 합리적·교조적 의무론에 대한 강력한 비판을 함의한다.

윌슨은 두 가지 반론을 염두에 둔다. 자기가 자기의 이익에 봉사하는 셀프서비스(self-service)로 설명하는 것을 강조하는 쪽에서 나오는 첫째 반론에서 자식부양은 부모의 미래적 보장에 기인하는 셀프서비스라는 반론이다. 이에 대해 윌슨은, 이 셀프서비스 반론은 자식들이 왜 아무런 미래적 보상도 기대할 수 없는 그들의 부모에 대해 의무감을 느껴야 하는지를 설명할 수 없다고 지적한다. 물론 우리는 여기에 실제로 대부분의 부모들이 자식들의 부양을 받기 전에 사망하거나 또 부양을 받지 못하거나 기대하지 않는다는 사실을 덧붙일 수 있다.[807]

문화주의적 도덕상대주의로부터 나오는 두 번째 반론은 "자식 돌봄은 결코 보편적이지 않다"는 주장이다. '아이다움(childhood)'의 감각과 '어린이 사랑'은 최근의 근대적 산물이고, 자식방치·자식혹사·자식학대·유아살해·유아유기 등이 일반적이었다는 것이다.

그러나 이에 맞서 윌슨은 "유아살해의 도덕적 의미를 평가하는 유일한 길은 부모의 감정을 직접 정밀하게 조사하거나 이 유아살해를 초래하는 조건이 변할 때 무슨 일이 일어나는지를 고려하는 것이다"라고 말한다. "자식방치의 경우에 더 일반적으로 그러는 것처럼, (결과적) 행동으로부터 감정을 도출하는 것은 실책이다. 현대세계에 유아살해가 일어나지만 이것이 얼마나 자주 일어나는지에 대한 믿을 만한 자료는 없다."[808] 유아살해는 오늘날 문명사회에서도 부모들이 과거와 동일한 조건에 처하면 발생한다. 모유가 부족한 쌍둥이, 아비논란의 아이, 미혼모 아이, 생존확률이 아주 낮은 불구아와 병약한 아이들은 오늘날도 재력·시설·윤

---

807) Wilson, "The Moral Sense", 2쪽.
808) Wilson, "The Moral Sense", 2쪽.

리가 완비되지 않는 사회에서 전세계적으로 몰래 유기되거나 살해된다.

  이 경우에 부모의 생존욕구와 아이에 대한 친애 감정, 이 자식에 대한 애정과 저 자식에 대한 엄마의 애정 간에는 갈등이 필연적이다. "어떤 감정도 주권적이지 않다. 각 감정은 다른 감정과 경쟁할 수밖에 없다." 한 아이에 대한 엄마의 애정은 다른 아이에 대한 엄마의 애정과 경쟁하고, 그녀 자신의 생존욕구와 경쟁한다. 브라질의 가난한 지역에서 엄마들은 아기의 생존이 확실해 보일 때까지 아기 이름을 짓지 않음으로써 이 경쟁에 대처한다. 아이에 대한 엄마의 애정이 주권적이지 않다는 것은 그것이 본성적이지 않다는 것을 뜻하지 않는다. 엄마-자식 관계가 단순히 협약의 문제라면, 유아살해는 아마 개인적 편익이나 문화적 관행에 의해 자행될 것이다. 이런 조건 아래서는 먹을 것이 풍요롭고 아비가 확실하고 아이가 건강하더라도 아기들이 살해될 것이다. 애정이 없다면, 건강하고 먹이기 쉬운 자식도 오랜 세월 동안 아주 귀찮은 존재이기 때문이다. 유아살해 시점은 보통과 달리 탄생 직후가 아니라, 신생아보다 더 보채고 귀찮게 하는 생후 2-3세 때가 될 것이다.[809]

  반론들을 이렇게 무력화시킨 뒤에 윌슨은 유아살해가 생후 1세 안에 발생한다는 사실에서 다시 부모의 본능적 자식사랑을 확인한다.

- 그러나 사실, 인간본성의 순수한 상대주의적 관점으로부터 생겨나는 모든 예견들은 우리가 말할 수 있는 한에서 틀렸다. 경제적 압박이 끝날 때, 유아살해도 훨씬 덜 흔해지고 거의 언제나 범죄행위로 규정된다. 확실한 부모의 건강한 아기는 거의 살해되는 일이 없다. 유아살해는 생후 1년 후에 발생하는 경우가 거의 결코 존재하지 않는다. 유아살해는 생후 몇 시간 사이 외에 벌어지는 경우가 거의 없다. 이것은 유대

---

809) Wilson, "The Moral Sense", 3쪽.

가 발생하기 전에 유아살해가 수행되어야 하기 때문이다.[810]

생후 1년 내에 벌어지는 유아살해로부터 역설적으로 윌슨은 자식을 돌보는 부모의 본능적 자식사랑의 도덕감정을 확인한 뒤에 '자식' 자체를 도덕감정의 원천으로 고찰한다.

1.2. 로티의 문화상대주의에 대한 윌슨의 맹박

사회질서를 설명하기에 충분한 본성적 도덕감정이 존재하지 않는다는 견해는 로크 같은 철학자들이 '인간정신은 백지'라고 주장했을 때부터 시작되었다. 도덕성을 포함한 모든 것이 배워야 하는 것이라면, 무엇이든 배울 수 있을 것이다. 윌슨은 문화적 상대주의를 인간본성을 "전적으로 수동적이고 완전히 전연展延할 수 있는 것"으로 간주하는 관점의 불가피한 결과로 단정한다.[811] 이와 관련해 『도덕감각』에서 윌슨은 '나치스보다 더 나치스적인 철학자' 하이데거를 좋아하는 로티를 비판한다. "아마 현재 아메리카에서 가장 중요한 철학적 필자일지 모르지만 리처드 로티는 '핵심 자아' 또는 '내재적으로 인간적인 자질' 같은 어떤 것이 있다는 것을 부정하고, 그리하여 (물론 로티가 비난하지만 역사와 상황이 그에게 일정한 '신념들'을 제공하기 때문에만 비난하는) 아우슈비츠 호러에 직면할 때도 우리가 어떤 행동이 내재적으로 비인간적인 것이라고 말할 길이 없다고 말한다."[812] 오늘날 대학생들도 우리가 도덕문제에 대한 상대주의적 입장을 옳다고 상정하는 것으로 보인다. 그들은 '타인의 이

---

810) Wilson, "The Moral Sense", 3쪽.
811) Wilson, "The Moral Sense", 3쪽.
812) Wilson, *The Moral Sense*, 4쪽. Richard Rorty, *Contingency, Irony, and Solidarity* (Cambridge: Cambridge University Press, 1989), 189쪽.

익과 가치가 걸린 문제라면, 벌어진 일을 우리가 어떻게 판단할 수 있단 말인가?'라고 묻는다. 윌슨은 이런 대학생들의 태도와 관련해 풍자의 칼끝을 로티에게 들이민다.

- 대학생들이 이런 식으로 말하는 것을 들으면서 나는 도덕적 판단에 대한 어떤 합리적(즉, 과학적) 기반도 발견하지 못한 현대철학의 실패를 기꺼이 얼싸안은 철학자 로티의 인기를 더 잘 이해할 수 있었다. 로티에게, 그리고 많은 대학생들에게 어떤 행동을 전적으로 비인간적인 것으로 만드는 인간본성은 존재하지 않는다. "품위 있는 인간으로 간주되는 것은 역사적 상황에 따라 상대적이다. 그것은 어떤 태도가 정상인지, 그리고 어떤 관행이 의롭거나 불의한지에 관한 일시적인 합의의 문제다." 대학생들은 로티 교수처럼 잔학행위와 씨름할 필요가 없고 그들이 들어 아는 잔학행위를 비난한 이유를 댈 필요도 없다. 그들에게 문화적 상대주의를 받아들이는 위험은 순수하게 가상적이다. 사람은 대부분의 시간을 일정한 뿌리 없는 믿음을 갖고 잘 지낼 수 있다. 로티는 "우연적 역사상황"이 "그것을 위해 죽을 가치가 있다고 생각할 만한" 믿음을 제공한다고 주장하고, 많은 대학생들은 아마 그에게 동의할 것이다. 그들은 대부분의 시간 동안 품위를 평가하는 사회 속에서 품위 있는 삶을 영위하고 있다.[813]

그러나 여기서 윌슨은 갑자기 방향을 돌려 로티와 로티처럼 생각하는 대학생들에게 경고한다.

- 그러나 다른 사람들에게는 위험이 아주 클 수 있다. 도덕감각이 문화

---

813) Wilson, *The Moral Sense*, 8-9쪽.

적 또는 역사적인 주사위 던지기보다 더 중요하지 않은 것의 결과라면, 기질이나 상황 때문에 자기 자신의 도덕감각에 취약하게 달라붙는 사람들에게는 그들이 방종한 자기몰입을 행하거나 분노한 이데올로기를 포옹함으로써 그들이 하고 싶은 대로 다 할 수 있는 것을 자유로이 저지르는 일이 발생할 것이다.[814]

현시대의 도덕적 상대주의는 범죄율의 증가, 특히 번영의 시기 동안 두드러진 범죄율의 증가에 기여했다. 그것은 개인적 책임을 사회적 원인으로 대체함으로써, 그리고 자기들이 어떤 식으로든 했었을 것을 한 것이라는 식의 정당화를 범죄위험에 처한 한계인간들에게 제공함으로써 범죄율 증가에 기여했을 것이다.[815]

윌슨은 확신에 차서 언명한다. "사회성의 본성적 자질에 대한 적절한 이해는 사회질서를 설명해줄 뿐만 아니라, 사회질서에 관한 우리의 판단의 기반도 제공한다. 우리는 순진무구한 아기를 고문하면서 웃는 사람을 칭찬하는 것을 상상할 수 없다. 우리는 만인이 그 자신의 사건에서 재판관일 권리가 있다고 말하는 원칙을 옹호할 수 없다. 우리는 아우슈비츠를 우연히, 그리고 반어적으로 비난하는 것에 국한되지 않는다. 우리는 아우슈비츠를 절대적으로, 그리고 확신에 차서 비난할 수 있다."[816] 우리를 범죄생활로부터 뒷걸음치게 하는 인간성 안의 어떤 것이 많이 있을수록 그것은 저런 로티와 같은 철학자들의 철학적 회의, 병리적 엉터리처방, 현시대가 그토록 철저히 감염된 이데올로기적 열성에 대해 적어도 우리 대부분이 면역성이 있는 것임이 틀림없다. "이 면역력은 내 생각에 우리 자신과 타인들을 판단하고 정염에 산란되지 않고 탐욕에 사로잡히

---

814) Wilson, *The Moral Sense*, 9쪽.
815) Wilson, *The Moral Sense*, 10쪽.
816) Wilson, "The Moral Sense", 8쪽.

지 않고, 조직에 매이지 않고, 또는 악당들에 의해 이끌리지 않을 때 우리가 내리는 판단에 의해 살려고 애쓰는 우리의 본성적 성향으로부터 생겨난다. 우리는 우리 자신의 이익을 증진시키려는 욕구와 이 이익이 어떻게 증진되어야 하는지를 사심 없이 판단하는 능력을 둘 다 포함하는, 전적으로 문화의 산물이 아닌 핵심자아를 가지고 있다."[817] 이런 까닭에 범죄자도 자기 자식의 범죄에 대해 거부감을 갖고 반대하는 것이다.

윌슨은 20세기의 사상사를 되돌아본다. 현대인이 지난 세기의 사상적 흐름을 심각하게 받아들인다면, 그 자신이 도덕적 선택을 하는 바로 그 가능성이 부정되었을 때 이 도덕적 선택을 할 필요에 직면해 있음을 발견할 것이다. 신은 죽었거나 침묵하고, 이성은 의심스럽거나 결함 있고, 자연본성은 의미 없거나 적대적이다. 그 결과로서 인간은 지도에 없는 바다에서 표류하고 어떤 나침반이나 북극성도 없이 도덕적 태도를 찾도록 내던져져, 개인적 선호를 말하거나 역사적 상황에 굴복하거나 사회적 관행을 수락하는 것 이상의 것을 할 수 없다.[818] 인간이 과연 이 정도일 뿐인가?

1.3. 아기는 직관적 도덕론자: 동정심과 공정심의 본성

현대과학은 인간본성을 전적으로 수동적이고 완전히 전연展延할 수 있는 것으로 간주하는 문화상대주의의 "저따위 견해"를 "분쇄했다". 왜냐하면 "본성이 아이로 하여금 그의 사회적 발달에 대한 능동적 참여자가 되도록 준비해주었던 것이 분명하기" 때문이다.[819] 이 대목에서 윌슨은 문화인류학자 겸 문화심리학자 리처드 쉐더(Richard A. Shweder)의

---

817) Wilson, *The Moral Sense*, 11쪽.
818) 참조: Wilson, *The Moral Sense*, 5쪽.
819) Wilson, "The Moral Sense", 3쪽.

와 문화심리학자 조나단 하이트(Jonathan Haidt)의 언어를 빌려 "아이"를 "직관적 도덕론자"라 부른다. "신생아는 가르쳐지기 전에 사회활동에 가담한다. 그들은 엄마의 가슴을 코로 휘젓고 빨고 다른 아기의 우는 소리에 괴로움을 표현한다. 그들은 다른 소리보다 인간의 소리를 더 좋아하고 남성의 소리보다 여성의 소리를, 다른 여성의 소리보다 엄마의 소리를 더 좋아한다. 이 친사회적 행태는 배운 것이 아니다. 장님으로 태어난 아이도 미소를 본 적이 한 번도 없을지라도 미소 짓는다. 귀먹고 눈먼 채 태어난 아기도 웃음소리를 들은 적이 없을지라도 놀 때 소리 내 웃고 찡그리는 것을 본 적이 없을지라도 화날 때 찡그린다. 생후 2주 이내에 몇 가지 얼굴 짓과 손짓을, 그리고 생후 32시간 이내에 상당한 제스처를 모방한다. 보편적 인간 얼굴표정의 전부는 아니지만 대부분 – 기쁨·슬픔·놀람·관심·역겨움·성냄·공포를 표현하는 표정들 – 이 신생아의 얼굴에서 관찰된다. 2주 내에 아기들은 제시된 대상을 향해 손을 뻗고, 다른 아기의 울음소리에 따라 울지만, 녹음된 자기 울음소리에는 따라 울지 않는다. 생후 6개월 이내에 아기들은 우호적 얼굴과 비우호적 얼굴을 구분할 줄 안다. 생후 2년 이내에 장난감을 같이 나누고, 도움을 주고, 괴로워하는 다른 사람을 위로한다."[820] 엄마는 아기의 이 친사회적 행태에 보살핌·애정·공감·소통으로 반응한다.

아이의 본성적 사회성은 아기의 애정욕구가 아이의 부모의 등가적 반응으로 채워질 때 아이를 더 큰 종속성과 조작성에 빠뜨리는 것이 아니라, 더 큰 자율성을 얻도록 유도한다. 윌슨은 이것을 "애정의 커다란 패러독스"라고 말한다. "애정적 유대로 맺어진 아이는 자라서 종속적이 되는 것이 아니라 문화가 허용하는 범위 내에서 독립적이 된다. 인간 아이는 먹을 것을 주든 안 주든 눈을 맞추는 인간들에게 애착을 갖는다. 유대

---

820) Wilson, "The Moral Sense", 3-4쪽.

감 형성은 한번 발생하면 학대당하는 아이들이 학대하는 부모에게 애착을 가진 상태로 남아 있을 정도로 처벌에도 불구하고 지속된다. 이러한 사실로부터 명백해지는 것은 유대감이 강력한 생물학적 힘에 의해 추동되고, 단순히 아이에게 즉각적 보상을 가져오는 어떤 행위들에 참여하는 공리성 극대화 조직의 결과가 아니라는 것이다."[821]

결론적으로, 아이들은 어떤 종류의 학습을 아주 쉽게 만들고 다른 종류를 아주 어렵게 만드는 소위 "형판型板"을 자기 안에 가지고 태어났다. 가령 아이가 오페라안경을 무서워하도록 프로그래밍되어 있지 않지만, 쥐와 거미를 무서워하도록 프로그래밍되어 있는 식이다. 이런 '형판' 식으로 프로그래밍된 이 본성적 사회성은 부모·친족·동년배에 대한 아이의 관계를 구성한다. 이런 만남에서 아이는 보상이 주어지면 뭐든지 따라하는 수동적 유기체가 아니다. 또한 아이는 세상이 어떤 메시지든 써넣을 수 있는 빈 석판이 아니다. 도덕감정들 중 두 감정, 즉 동정심과 정의감(공정심)의 자연본성적 발현을 고려할 때 명백한 것처럼 아이는 자신의 경험을 형성할 뿐만 아니라 판단하는 능동적 파트너다.[822]

이런 사실을 윌슨은 공맹처럼 측은·수오감정, 즉 동정심(sympathy)과 공정성(fairness)의 감정에 대한 분석으로 입증하고자 한다. 먼저 동정심에 관해 그는 설명한다. 아동들의 본유적 사회성은 그들을 타인들의 무드와 행동에 대해 민감하게 만든다. 처음에는 단순히 자기의 쾌락을 위해 이 무드와 행동을 통제하려고 하지만, 나중에는 자기들을 기쁘게 하는 것이 남을 기쁘지 않게 할 수 있다는 것을 알고 타인들의 느낌에 대한 얼마간의 지식에 따라 행동한다. 아동들은 많은 가르침 없이도 자기들의 기쁨이 어떤 식으로 타인의 행복에 의해 영향받는다는 사실을 배우

---

821) Wilson, "The Moral Sense", 4쪽.
822) 참조: Wilson, "The Moral Sense", 4쪽.

고, 조금만 가르치면 그들은 타인들의 기쁨이 자기들의 복지를 약간만 희생하면 향상될 수 있다는 것을 배운다. 그들 자신의 경험과 타인들의 가르침은 타인들의 감정을 일상적으로 고려하는 행동습성을 산출한다. 이 모든 것은 아동들이 설교를 이해하거나 도덕지침을 마스터하거나 교훈적 이야기를 읽기 전에 발생한다. 그러나 "최근까지 많은 심리학자들은 유아가 모든 것을 배워야 한다고 가정했다. 그들의 견해 안에서 유아의 동정 능력은 획득형질이었다." 이 심리학자들 중에는 미드·콜버그 등이 주도자로서 들어 있을 것이다. 하지만 "생후 10개월이면 걸음마를 배우는 아기는 타인들의 괴로움 표시에 눈에 띄게 반응하고 종종 동요하게 된다. 그들이 생후 1년 반이 되면 타인의 괴로움을 누그러뜨릴 어떤 일을 하려고 한다. 그리고 두 살이 될 무렵이면 아기들은 말로 동정하고 장난감을 주고 제언을 하고 도움을 찾는다." 아이들은 이런 것을 배우도록 '준비된' 존재자다. 유아들이 생물학적으로 도움과 관심을 찾는 성향을 가진 것이 명백한 만큼, 그들이 도움을 주고 관심을 주는 생물학적 성향을 가진 것도 명백하다. "타인들의 느낌에 대한 이 본유적 감수성 – 분명히 개인들 간에 편차를 보이는 이 감수성 – 은 아주 강력해서 친구들과 식구들의 느낌을 파악하도록 만들뿐만 아니라, 어떤 낯선 사람들, 많은 허구적 인물들, 심지어 동물들의 느낌을 파악하도록 만든다. 우리는 활동사진 주인공이 위협받을 때 움찔하고, 그가 승리할 때 희열을 느낀다. 우리는 상처 입은 개의 모습에 속상해하고, 남의 아기의 모습에 기뻐한다."[823] 윌슨은 동정심 논의를 무조건 이타심과 인애심으로 종결짓는다.

- 이타주의가 진짜 미래에 대한 이기적 투자라면, 사람들은 자기의 선행을 타인들이 보지 않을 때보다 볼 때 더 자주 희생자들을 도와야 할 것

---

823) Wilson, "The Moral Sense", 4쪽.

이다. 그러나 사람들은 이럴 때 돕는 경우가 오히려 덜하다. 아마 집단 안에서 개인적 책임감이 희석되는 통에 '도움에 대한 사회적 금단' 현상이 생기기 때문일 것이다. (…) 우리는 홀로 있을 때 책임의식을 더 예민하게 느낀다. 우리는 공중에 답하는 것이 아니라 내면의 목소리에 답해야 하는 것이다. 인애심은 종종 명성·지위·인기에 대한 욕구에 의해 동기를 부여받는다. 그러나 이것이 인애심에 들어 있는 전부라면, 우리의 언어는 이기적 행위를 비이기적 행동으로부터, 친절한 사람을 불친절한 사람으로부터, 영웅성을 허세로부터 구별하는 것에 지정된 단어들이 풍부하지 않을 것이다. 우리가 진짜로 이타심이 단지 상호성일 뿐이라고 믿는다면, 우리는 이러한 모든 구별의 언어들을 청소해야 할 것이다.[824]

우리는 남이 보지 않을 때도 희생자를 돕는다. 아니, 오히려 우리는 여럿이 있을 때 방관하는 경향이 있다. 내가 아니더라도 여럿 중에 누가 도울 것이라고 기대하기 때문에 자기의 책임의식이 옅어지기 때문이다. 따라서 우리는 자기 혼자일 때 본성에 따라 곤경에 처한 사람을 더 즉각적으로 돕는다. 윌슨은 이것만으로도 이타주의가 과시나 미래투자가 아니라 우리의 인간본성이라는 것이 분명히 입증된다고 생각한다.

공정심에 대해서 윌슨은 아동들이 내뱉는 최초의 도덕판단이 "그것은 공정치 않아!"라고 내뱉는 말을 예로 든다. "처음에는 이것이 크게 이기적일 수 있다. '나는 원한다'라는 실제적 주장을 설득력 있게 만드는 방법일 수 있다. 그러나 아주 이른 나이에 공정성 주장은 사심 없는 기준의 성질을 채택하기 시작한다. 돌아가는 순서 지키기, 장난감 나누기, 규칙 지키기와 같은 페어플레이가 아동들이 자기들의 본유적 사회성을 만족

---

824) Wilson, "The Moral Sense", 5쪽.

시키는 데 필수적인 조건이기 때문이다."[825] 생후 18개월에서 36개월 사이의 아기들은 반半자발적으로 물건을 나눠주고, 보다 더 어린 아기들도 장난감·고무젖꼭지·먹거리 등을 다른 아이에게 준다. 이 '주기'는 아기들 쪽에서 승인을 얻어 놀이를 개시하거나 접촉을 유지하고 싶은 욕구를 반영한다. 전세계적으로 아이들은 심지어 말할 수 있기 전에도 우호관계를 수립하는 한 방법으로 먹을 것을 준다. 나누고 싶은 이 성향은 나이가 먹을수록 증가하고 어떤 규칙이 놀이와 접촉을 지배해야 하는가에 대한 감각의 급속한 성장을 동반한다. 초등학교 무렵에는 공정성 관념이 상당히 명확한 의미를 획득한다. 사람들이 동등한 몫을 가져야 한다는 것이다. 그러나 일단 동등성 원칙이 포착되면, 이에 대한 예외도 뚜렷해진다. 가령 동일한 일을 할 때 게으른 아이가 정력적인 아이만큼 많이 지불받는 것을 옳은 것으로 보지 않는다. 또한 동시에 성인들 사이에서는 동등성을 유지하려는 경향이 나타난다. 이것은 여러 실험들로 확인된다. 가령 도급제 작업장에서 유능한 사람들은 천천히 일하고, 덜 유능한 사람들은 더 열심히 일해서 임금을 평준화하려는 경향이 뚜렷이 나타난다. 이것은 사람들이 이기적으로 임금을 극대화하려고만 한다면 나타날 수 없는 결과다. 윌슨은 이 대목에서 필자가 상론한 '사회적·이타적 정의감'을 말하고 있다. 사람은 자기 이익이 전혀 개입되어 있지 않지만 강렬한 페어플레이 느낌을 경험하고 또 종종 이에 따라 행동하는 경우가 많다는 것이다.[826]

윌슨은 이런 분석을 바탕으로 다윈의 『인간의 유래』에 대한 정밀독해에 의거해 밀을 비판한다. "존 스튜어트 밀조차도 기꺼이 이 본성적 사회성을 인정하지만, 그때 뚜렷한 이유 없이 (그리고 흄, 스미스와 아주 다

---

825) Wilson, "The Moral Sense", 5쪽.
826) Wilson, "The Moral Sense", 5-6쪽.

르게) '도덕적 느낌이 본유적이 아니라 획득적이다'라고 논변한다. 이로써 그는 '인간의 느낌과 목표와 그의 동료피조물들의 그것들 사이에 자연적 조화가 있어야 한다'는 '인간의 사회적 느낌'과 '깊이 뿌리박힌' 감각이 아무런 도덕적 내용이 없다는 것을 함의한다. 이것은 찰스 다윈이 8년 뒤에 논평하는 것처럼 '극히 있을 법하지 않은 일'이었다. 도덕감정이 아무런 본유적 기반이 없다면(즉, 진화에 의해 선택되지 않았다면), 우리들 중 그렇게 많은 사람들이 이 감정들을 획득하는 것은 아주 불가능하다."[827] 인간의 압도적 다수가 도덕감정과 도덕감각을 가졌다는 사실은 획득여부에 좌우되지 않는 도덕성의 유전자적 착근을 증언한다는 말이다.

1.4. 진화는 생존을 넘어 사랑을 향한다

윌슨은 개체의 (확대)재생산의 목적에만 집착하는 자연선택적 진화생물학, 다윈의 진화론보다 더 옹졸해지고 천박해진 오늘날의 대부분의 진화생물학의 이론적 오류와 결손을 비판한다. 가령 어떤 진화생물학자는 이런 말을 한다. 구할 공산이 2:1이면 나는 내 자식을 구하러 목숨을 걸고 성난 강물 속으로 뛰어든다. 자식은 나와 유전자의 절반을 공유하기 때문이다. 그러나 구할 공산이 9 중 8인 경우에만 나는 나의 조카를 구하러 강물로 뛰어든다. 조카는 나의 유전자의 8분의 1을 가지고 있기 때문이다. 나의 할머니를 구하려고 강물에 뛰어드는 것은 아무런 의미가 없다. 아이를 낳을 나이가 지나서 나의 유전자를 누구에게도 전달할 수 없기 때문이다. 이런 설명을 제임스 윌슨은 "경박하지만 틀리지 않았다"고

---

827) Wilson, "The Moral Sense", 6쪽.

평한다.[828] (하지만 필자는 이 설명을 '속되고 틀렸다'고 생각한다.) 또 다른 진화생물학자는 좀 더 점잖게 유사한 내용을 설명한다. 진화가 유전자를 공유하는 타인들의 이익을 위해서 그리고 이 공유의 정도에 비례해서 위험을 무릅쓰는 인간과 동물을 선택할 것이라고 생각하는 '포괄적 적합성(inclusive fitness)' 개념을 제시한다. 이런 자연선택적 진화론의 계산법들은 설명력이 전무하지 않지만, 실생활에서 인간이 할머니나 조카를 구하러 강물에 뛰어들 뿐만 아니라, 낯선 사람, 심지어 한국인 이수현 씨처럼 역사적으로 가증스런 일본인을 구하기 위해서 지하철 선로로 뛰어들어 그를 구하고 기차에 치어 죽는 수수께끼, 또는 개를 구하기 위해서도 거센 강물 속으로 뛰어드는 퍼즐을 풀지 못한다. 인간은 동물들도 자기의 아기만큼 사랑한다.

일부 진화생물학자들은 좁은 자연선택적 진화론의 테두리 안에서 '상호적 이타심' 개념에 갇혀 '친족이 아닌 타인'과 '인간이 아닌 동물들'에 대한 애정행동의 퍼즐을 풀려고 했다. 윌슨에 의하면, 우리는 타인들에게 우리가 신뢰받을 수 있다는 인상을 각인하고 이로써 이 타인들과의 이로운 교환의 기회를 늘리기 위해 근친이 아닌 타인들·입양아·애완동물들을 돕거나 보살피는 이타적 행위를 한다는 것이다.[829] 저 상호주의는 인간의 행위를 생존도덕 차원에서 얼마간 설명해줄 것이지만, 이런 설명은 자기희생적 도덕감정과 도덕감각의 진화를 설명하기에 역부족이다. 이에 제임스 윌슨은 이런 천박한 설명 시도들을 비판한다.

- 그러나 누군가 익명적 시혜를 하거나 단독의 방조자가 위험에 처한 사람을 도울 때처럼 종종 공리성에 의해 뒷받침되지 않는 감정이 홀로

---

828) Wilson, "The Moral Sense", 6쪽.
829) Trivers, "The Evolution of Reciprocal Altruism", 35-57쪽; Richard D. Alexander, *The Biology of Moral System* (New York: de gruyter, 1987).

우리의 행동에 동기를 부여한다. 익명적 시혜가 비교적 드문 한편, 단독의 방조자가 집단에 끼어 같이 있는 방조자보다 위협받는 사람을 도우러 나설 가능성이 더 크다는 것은 일반적으로 사실이다. 이것은 명성의 제고가 이타적 행위의 동기라면 우리가 예상할 것과 반대의 사태다. 진화생물학은 종의 차원에서 인간행동에 대한 유력한 통찰을 제공하지만, 일상행위의 차원에서는 설명력이 덜하다. 부분적으로 이 결손은 선택되는 특징이 특별한 개별사례에서 행동을 지배하는 심리기제를 진화생물학이 보통 때에 상세하게 설명하지 않기 때문에 발생한다. 사회적 곤충들의 엄격하고 배타적인 이타주의는 인간의 보다 포괄적인 이타주의와 다르다.[830]

이런 까닭에 "비인간적 새끼들이나 동물이 아닌 사람들에 대한 동정심은 거의 모든 인간들의 특징이다. 진정, 우리는 타인들에 대한 동정심이 전혀 없는 누구든 비인간으로 간주하고 이러한 연민을 날조하는 사람들을 진실성 없는 것으로 비판한다. 동정심이 널리 확산되어 있다면, 그것은 적응성이 있었음이 틀림없다. 그러나 이것이 선택되는 목적은 재생산적 성공에 대한 단순 욕구가 아니다. 그 목적은 재생산적 적합성을 고무하는 일과 동시에 동정적 자세를 자극하는 일을 둘 다 행하는 일반화된 특징이다. 이 특징이 친애행동(affiliative behavior)이라고 나는 제안한다. 진화는 애정 반응을 위해 이 친애행동을 선택했다."[831]

진화는 단순한 생존을 넘어 친애와 드높은 사랑을 지향한다는 말이다. 진화의 목적은 궁극적 생존도덕의 강화에 있는 것이 아니라 인의적 정체성도덕의 강화에 있는 것이다. 그러나 윌슨은 최근의 행태심리학이나 진

---

830) Wilson, "The Moral Sense", 7쪽.
831) Wilson, "The Moral Sense", 7쪽.

화생물학 안에는 공감감정들과, 도덕감정을 유발하는 이 공감감정들의 근본적 성향을 설명하는 것이 거의 없다고 비판한다.[832]

그리하여 윌슨은 사회적 본능을 도외시하고 '하나'의 충동으로 사회와 도덕을 몽땅 설명하려는 롤스·로크·홉스를 싸잡아 비판한다. 그는 "롤스가 '무지의 베일' 뒤의 '원초적 입장'에 처한 우리 자신을 상상하도록 요구할 것이지만, 어떤 인간존재자도 이러한 입장에 처한 적이 없고, 이 존재자가 인간인 한에서 도저히 무지할 수 없을 것이다"라고 비판한다.[833] 그리고 윌슨은 롤스가 말하듯이 아무런 동정심과 인애심도 없고 아무런 모험심도 없는 '머저리 이기주의자들'의 정의가 실제로 존재한다면, 이런 이기적 정의론은 '사이코패스 정의론'일 것이라고 비판한다.[834] 한편, 윌슨은 로크가 경험이 관념의 유일한 원천이라고 믿지만, 일정한 나이가 되면 거의 동시에 배우지 않고 이루어지는 어린이들의 언어습득을 설명할 수 없을 것이라고 비판하고, 홉스가 '폭력적 죽음의 공포'를 유일한 감정으로 말한다면 그는 이런 공포 속에서도 아기를 낳아 기르는 부모애를 설명하지 못할 것이라고 지적한다.[835]

본성적 도덕감정은 불완전한 부분적 행동지침이다. (그것은 맹자의 말로 도덕의 '단초', 필자의 말로 '메타도덕'이다.) 그것은 두 명의 사랑하는 사람 사이에서 또는 사랑하는 사람에게 친애를 베푸는 것과 사회적 의무 사이에서 결정해야 하는 선택을 해결할 수 없는 점에서 불완전하다. 그러나 이 결함이 "부주의한 철학자들"에게 감정이 모든 것을 해결하지 못한다면 어떤 것도 해결할 수 없다고 가정하거나, 사람들이 상이한 선택을 한다면 상이한 감정들의 기반 위에서 그런 선택을 하는 것이라고 추

---

832) Wilson, "The Moral Sense", 7-8쪽.
833) Wilson, "The Moral Sense", 8쪽.
834) Wilson, The Moral Sense, 78쪽 및 107쪽.
835) Wilson, "The Moral Sense", 8쪽.

론할 핑계를 주어서는 아니 될 것이다. 전자의 오류는 논리실증주의의 오류이고, 후자는 리처드 로티 부류의 문화상대주의의 오류다. 둘은 합하여 현대 니힐리즘이나 잘해야 '자유주의적 아이러니'의 흰소리에 빠질 것이다.[836]

도덕감정은 저런 결함에도 불구하고 아리스토텔레스가 의도했던 것, 즉 인간 생활 속에서 선한 것과 이 선들의 대략적 서열의 파악능력을 제공할 수 있다. 따라서 저런 반反본성주의적 이론들은 사회질서의 설명에 대한 탐구와, 상이한 질서체계들을 정당화하려는 노력을 저해한다. 전래의 규범적 이론은 우리의 본성적 자질이 무엇을 배우도록 되어 있는가를 우리가 물어볼 새도 없이 질서가 문화적 학습의 산물이라고 강조해왔다. 공리주의 이론들은 우리의 이익이 무엇인지 물어볼 새도 없이 우리가 우리의 이익을 증진시키는 것은 무엇이든 배울 자질이 있다고 말함으로써 자신 있게 응수했다. 이 이론들은 접근법이 다르지만 둘 다 일정한 위험을 초래할 환경결정론과 문화상대주의를 후원할 것이다. 인간이 무한정적으로 '전연적展延的'이라면, 인간이 어떤 생화학적 처리과정에 의해 완전히 꼴 지어질 경우에 그럴 것만큼 이승의 다양한 전제주의를 겪을 위험에 처할 것이다. 그러나 인간은 소련체제에서도 본성을 발휘해 물밑에서 서로 만나고 결속해서 그 체제를 무너뜨렸다.[837] 이에 윌슨은 최종적으로 결론짓는다. "인류의 도덕감각은 그것이 접촉하는 모든 것을 선명한 윤곽 속에 조명해주기 위해 방사하는 강렬한 횃불의 불빛이 아니다. 차라리 그것은 모호하고 다양한 그림자를 드리우고 정력과 정염의 강한 바람 속에서 깜박거리고 타닥거리는 작은 촛불이다. 그러나 충심으로 느끼고 손을 오므려 감싸면 그것은 어둠을 사르고 영혼을 따뜻하

---

836) Wilson, "The Moral Sense", 9쪽.
837) Wilson, "The Moral Sense", 9쪽.

게 한다."[838]

윌슨은 강한 비판을 동반하며 강렬한 논변을 구사하지만, 필자가 느끼기에 너무 방대한 반대론자들을 의식해 종말에는 너무 미약한 호소로 끝나는 듯하다. 도덕감각과 도덕감정은 촛불처럼 그렇게 꺼지기 쉽고 가냘픈 것이 아니기 때문에 하는 말이다. 차라리 맹자의 말대로 인간의 도덕감정의 발동 양상은 "불이 타오르기 시작하고 샘이 솟구치기 시작하는 것과 같은 것이다(若火之始然 泉之始達)". 윌슨의 글에서 "moral sense"라는 개념으로 싸잡는 정상적 도덕감각과 도덕감정을 부분적으로라도 부정하는 소련·북한 같은 사회체제가 있다면, 인간은 조만간 양심가책의 처절한 자괴감과 죄책감 속에서 자살하거나, 목숨을 걸고 탈소脫蘇·탈북·망명하거나, 유혈저항을 시도하거나, 윌슨의 말대로 끝내는 혁명을 일으켜 그 체제를 때려 부수고 도덕감각에 맞게 재구성할 것이다. 인간의 사단지심은 생존과 목숨도 바칠 정도로 그만큼 강력한 무조건적 정언명령인 것이다.

따라서 본성적 도덕감정은 '덕성화德性化'를 위해 도덕성을 확충·학습·습관화하는 '수신'이 필요한 점에서 불완전한 지침, 즉 단초적 메타도덕에 불과한 것임이 틀림없지만, 사랑하는 두 사람 사이에서의 선택문제를 해결할 수 없을 정도로 불완전한 것이 아니라, 이런 선택문제를 제기하고 설정하는 강렬한 원인이자, 이 문제를 해결할 선명한 나침반인 것이다. 사랑감정은 양자택일 상황에서 당사자로 하여금 모든 조건이 동일하다면 두 사람 중 조금이라도 더 사랑하는 사람을 선택하도록 만들 것이기 때문이다. 인간은 사랑감정의 명령대로 사적 사랑과 공적 애국심 사이에서도 동일한 방식으로 선택한다. 그리고 우리는 당사자가 상위의 강행법규를 어기지만 않는다면 어느 쪽을 선택하더라도 이를 양해해왔

---

838) Wilson, "The Moral Sense", 9쪽; Wilson, *The Moral Sense*, 251쪽.

고, 강행법규를 어기더라도 다른 한편으로 '국법위반에 따른 처벌을 감수하는 국경 없는 사랑'도 처벌조치와 별개로 도덕적으로 '예찬'해왔다.

제2절

안하트·조이스·크렙스의 진화론적 도덕이론

2.1. 래리 안하트의 진화론적 도덕감각론

제임스 윌슨과 같은 보조를 취해온 정치철학자 래리 안하트(Larry Arnhart)는 『다윈주의적 자연권(*Darwinian Natural Right*)』(1998)에서 도덕감정과 도덕감각의 생물학적 뿌리를 진화론적으로 입증함으로써 이른바 '다윈주의적 자연권' 이론을 방어하고자 한다. 이 이론은 아리스토텔레스·흄·다윈의 고전적 텍스트로부터, 그리고 로버트 맥쉬어(Robert J. Mcshea, 1917-1997), 로저 매스터스(Roger D. Masters)와 에느워드 윌슨의 인간본성론과 제임스 윌슨의 도덕감각론으로부터 얻은 아이디어들을 결합한다.

■ 그릇된 대립, 그릇된 분할들

안하트는 『다원주의적 자연권』에서 논의의 시작을 위해 자신의 본성적 도덕론 또는 도덕감각론을 10가지 테제로 제시한다.

- 1. 자율적으로 움직일 수 있는 모든 동물들이 세계에 관한 정보에 의해 안내받는 대로 욕구의 만족을 추구하기 때문에 복리는 욕구할 만한 것이다.
- 2. 하지만 오직 인간만이 그들이 현재의 행동을 과거의 경험과 미래에 대한 기대의 관점에서 판단할 수 있을 정도로 생활계획을 정식화하는 것을 허용한 이성과 언어 덕택에 인지능력을 가지고 있기 때문에 인간들은 행복을 평생에 걸친 자기들의 욕구들의 완전한 만족의 숙고된 개념으로 추구할 수 있다.
- 3. 호모사피엔스사피엔스의 種특유한 행동목록이 사회적·정치적 생 안에서 실현되는 타고난 욕구와 인식능력을 포함하기 때문에 인간 존재는 본성에 의해 사회적·정치적 동물이다.
- 4. 이 본성적 잠재력의 실현은 사회적 학습과 도덕적 습성화를 요구한다. 그리고 이 학습과 습성화의 특유한 내용이 각 인간집단의 사회적·자연적 상황에 따라 가변적일지라도, 욕구와 인지능력의 본성적 목록은 이 가변성을 구조화할 것이다.
- 5. 우리는 상이한 생활양식이 상이한 정황에서의 인간들의 본성적 욕구와 인식능력을 얼마나 잘 배양할 수 있는지에 의해 이 생활양식들을 판단할 수 있지만, 특별한 경우에 무엇이 행해져야 하는지를 결정하는 것은 집단의 사회적 관행을 존중하는 현명한 판단을 필요로 한다.
- 6. 도덕성을 이타적 무사심성과 동일시하기보다 차라리 우리는 인간들이 자기애에 의해 움직이고, 사회적 동물로서 인간들은 인간들이 자기 자신의 연장으로서 유대가 맺어진 타인들을 사랑하도록 움직

여진다는 것을 알 것이다.
7. 인간적 사회성의 두 일차적 형태는 부모와 자식 간의 가족적 유대와 남편과 아내 간의 부부 유대다.
8. 인간들은 동정심·분개와 같은 '도덕감정'과 친족성·상호성 같은 '도덕원칙'의 합작생산물로서 출현하는 본성적 도덕감각을 가지고 있다.
9. 현대 다원주의 생물학은 윤리적·사회적 본성이 어떻게 진화 역사를 통한 자연선택에 의해 발생할 수 있었는지를 보여줌으로써 인간들의 윤리적·사회적 본성의 이해를 뒷받침해준다.
10. 따라서 인간본성의 다원주의적 이해는 아리스토텔레스의 자연권의 현대적 버전을 뒷받침해준다.[839]

이 10가지 명제 중에서 '테제 6'은 본질적으로 문제가 있다. 상술했듯이 부자富者를 돕는 무사심한 이타행이 인간들 간의 불균형과 부조화를 더 악화시키기에 도덕적이지 않듯이 "도덕성을 이타적 무사심성과 동일시하는" 것을 그만두는 것은 옳다고 인정할지라도, "인간들이 자기나, 자기 자신의 연장으로서의 타인을 사랑하도록 움직인다"는 테제 6은 동식물에 대한 동정심을 포함한 인간의 또 다른 행위동기인 도덕감정의 테제 8과 충돌한다. 그리고 "인간들이 자기애에 의해 움직이고 사회적 동물로서 인간들은 인간들이 자기 자신의 연장으로서 유대가 맺어진 타인들을 사랑하도록 움직여지는" 것을 도덕으로 여긴다면, 그것은 그릇된 것이다. 무조건적 정체성도덕은 추상적 이타성보다 규정적이지만 동시에 친족이나 친구·지기知己에 한정된 비익명적 사랑(자기 자신의 연장으로서 유대가 맺어진 타인들에 대한 사랑)을 초월하기 때문이다. 상술했듯

---

839) Larry Arnhart, *Darwinian Natural Right: the Biological Ethics of Human Nature* (Albany, NY: State University of New York Press, 1998), 6-7쪽.

이 어려운 처지의 다급한 사람을 돕는 이타행만이 도덕적이다. 도덕성은 객관적 상황이나 인간행동으로 인해 발생하는 인간들끼리의, 또는 인간과 동물 간의 격차(비非중화 = 불균형 + 부조화)와 중화범위의 고루한 위축경향을 사심 없이 무조건 해소하려는 동정심·정의감·공경심 등의 도덕감정의 실천적 발동으로 타파하는 데 있다. 안하트의 생물학적 도덕이론에는 모든 인의적 정체성도덕의 근저에 놓여있는 감정적 '중화(균형과 조화)'의 원리가 결여되어 있다.

또 테제 9의 "윤리적·사회적 본성" 중 이 인간다운 도덕감정의 진화적 발생을 '자연선택'으로 설명하는 것은 상술했듯이 불가능하다. 그러나 안하트는 다윈이 "자연선택은 변화의 주요한 수단이지만 배타적 수단은 아니다"라고 말한 구절에 주목해 "자연선택"을 "진화적 변화의 일차적 힘"으로만 보고, 가령 운석의 추락에 의한 공룡의 멸종 등과 같은 "다른 기제들과 우연적 사건들이 종종 진화역사에 중요하다"고 말하고 있다.[840] 그러나 이 말로써 그가 인의적 정체성도덕의 진화를 자연선택 외의 방법으로 설명할 길을 열어 놓는 것 같지만 운석 추락으로 인해 변화된 자연환경에 적응하는 것도 광의의 자연선택에 속하는 한에서 그의 논변은 다윈으로부터 아무런 진전을 보이지 않고 있다. 다윈과 필자의 '인간선택', 크리스토퍼 봄의 '사회적 선택', 리처드 랭검의 '자기순치' 등에 의한 진화와 같은 기타 방법의 진화는 전혀 고려치 않고 있다는 말이다.

안하트는 자신의 이 10가지 테제에 대립하는 이론들을 ① 사실과 가치의 이분법, ② 인간적 자유, ③ 인간적 학습, ④ 인간문화, ⑤ 비영구적 종, ⑥ 목적론의 문제, ⑦ 종교적 초월성 등 7개 부류로 나누어 반박한다. 이 7개 반론은 대립적 안티테제를 함의한다. ① 사실과 가치의 이분법은 '생물학적 사실 대 도덕적 가치의 대립'을, ② 인간적 자유는 '생물학적

---

840) Arnhart, *Darwinian Natural Right*, 12쪽.

결정론 대 인간적 자유의 대립'을 함의하고, ③ 인간적 학습은 '생물학적 본능 대 사회적 학습의 대립'을 함의하고, ④ 인간문화는 '생물학적 보편성과 문화적 다양성의 대립'을 함의하고, ⑤ 비영구적 종種은 '아리스토텔레스의 '불변적 종' 대 다윈의 '가변적 종' 간의 대립', ⑥ 목적론의 문제는 '생물학적 메커니즘 대 인간적 목적성의 대립'을, ⑦ 종교적 초월성은 '본성적 도덕성 대 종교적 도덕성의 대립'을 함의한다.[841]

안하트는 이 대립들을 다 "그릇된 분할"로 비판한다. ① 인간적 선이 인간에게 욕구할 만한 것이라면 본성적 인간욕구에 관한 사실들은 당연히 윤리적 결론을 내포한다. 따라서 사실과 가치의 분할이란 있을 수 없다는 것이다. ② 인간본성의 생물학적 설명은 우리가 자유를 자기 자신의 욕구에 기초한 심사숙고와 선택의 능력으로 정의한다면 인간적 자유를 부정하지 않는다. 따라서 '생물학적 결정론 대 인간적 자유의 대립'이란 있을 수 없다는 것이다. ③ 경험에 의한 학습의 인간적 능력은 언어와 다른 상징주의의 특유한 인간능력을 통해 동물적 학습본능을 확장한다. 따라서 '생물학적 본능 대 사회적 학습의 대립'은 실제로 존재할 수 없다는 것이다. ④ 어떤 인간 공동체의 삶이든 "자연본성과 문화 간의 복합적 상호작용", 즉 "인간일반을 특징짓는 본성적 욕망, 능력"과 "특수한 사회전통을 특징짓는 역사적·생태적 상황" 간의 "복잡한 상호작용"을 반영한다. 그리하여 우리는 "특수한 개별사회들 안에서 표현되는 인간적 보편자들과 상황변동을 둘 다 이해할 필요가 있고" 또 이해할 수 있다. 따라서 '생물학적 보편성과 문화적 다양성 간의 대립'은 없다는 것이다. ⑤ 진화적 시간 속에서의 종의 변화가능성에도 불구하고 종의 변이의 패턴은 본성적 종들의 이해를 세계의 영구적 특징으로 정당화하기에 충분히 오랜 기간 동안 안정적이다. 따라서 '아리스토텔레스적 불변성 대 다윈

---

841) Arnhart, *Darwinian Natural Right*, 11쪽.

적 가변성의 대립'은 없다는 것이다. ⑥ 다윈의 진화론이 자연신학의 우주론적 목적론이나 신비적 물활론을 부정할지라도, 다윈 생물학은 살아 있는 존재자들의 내재적 목적론 – 목표지향적 성격 – 을 인정한다. 이것은 아리스토텔레스의 본성론에 필요한 유일한 종류의 목적론일 뿐이다. 따라서 '생물학적 메커니즘 대 인간적 목적성의 대립'은 없다는 것이다. 마지막으로 ⑦ 다윈적 자연권은 종교의 도덕성, 적어도 종교적 도덕성이 인간본성 속에 뿌리내린 것인 한에서 도덕적 가르침을 확인한다. 따라서 '본성적 도덕성 대 종교적 도덕성의 대립'도 있을 수 없다는 것이다.[842]

■ 존재와 당위의 통일

이제 안하트의 도덕감각론에 초점을 맞출 수 있다. 그는 도덕감각론의 논증과정에서 아리스토텔레스·흄·다윈에 의존한다. 그는 아리스토텔레스로부터 '인간은 본성적으로 사회적·정치적 동물'이라는 명제를 계승한다. 흄으로부터는 '인간이 본성상 도덕감각을 품부받았다'는 주장을 받아들인다. 그리고 다윈으로부터는 '인간적 사회성과 도덕성은 인간적 생물학에 뿌리박혀 있다'는 명제를 받아들인다.

안하트는 먼저 사회과학에 만연된, "존재(is)와 당위(ought) 사이에는 다리가 없다"는 칸트주의 테제를 분쇄하고자 한다. 이 테제를 정당화하기 위해 종종 흄을 끌어대지만 흄은 이와 다른 입장이라는 것이다. 사실판단과 가치판단의 이런 구별 때문에 사회과학의 과학적 객관성은 도덕적 상대주의를 강제한다는 생각이 나온다. 그 결과로서, 인간의 도덕성이 인간본성에 뿌리박혀 있다는 다윈의 인간도덕론에 대해 가장 일반적으로 '다윈이 자연본성적 사실로부터 도덕적 가치를 도출하는 오류를 범했다'는 반론이 제기된다. 그리하여 다윈의 윤리이론을 지지하는 많은

---

842) Arnhart, *Darwinian Natural Right*, 11쪽.

학자들도 사실-가치 분할론을 받아들이고 있다는 것이다. 논점은 더욱 꼬여서, 다윈이 하고 싶었던 마지막 일은 존재와 당위의 구별을 부정함으로써 흄의 법칙을 분쇄하는 것이었다고 주장하는 해석도 있다.

이에 맞서 안하트는 흄이 사실과 가치를 분리시키기는커녕 도덕적 가치판단이 어떻게 인간본성의 일정한 '사실'에 근거할 수 있는지를 입증했다고 주장한다. 이것을 아는 것은 다윈과 새로운 다윈주의 정치윤리학이 흄의 도덕감각론을 인간도덕성의 진화론적 설명 속으로 통합하는 기축이라는 것이다. 이에 안하트는 제임스 윌슨의 방식으로 흄의 정밀독해에 착수한다.

흄이 존재와 당위를 분리시켰다는 통속적 해석은 『인간본성론』의 단 한 패러그래프에 의거할 뿐이라는 주장이다. 그러나 최근 이 패러그래프의 문맥적·역사적 정밀독해를 통해 이런 통속적 독해가 오류라는 것이 이미 밝혀졌다는 것이다.[843] 문맥상 분명히 흄은 도덕적 변별이 순수한 이성으로부터만 도출되는 것이 아니라, 도덕감각으로부터 도출된다고 주장한다. 역사적 맥락에서 보면 분명히 흄은 근대 합리론자들에 대한 허치슨의 비판을 재론하고 있다. 당시 합리론자들은 도덕적 변별이 인간본성과 완전히 독립된 우주의 구조에 대한 추상적 추리로부터 도출된다고 믿었다.[844] 흄에 의하면 '도덕판단'은 '사실판단'의 도덕적 분과에 지나지 않는다는 말이다.

---

843) 안하트는 다음 전거들을 제시한다: Nicholas Capaldi, "Hume's Rejection of 'Ought' as a Moral Category", *Journal of Philosophy* 63 (1966) [126-137쪽]; Nicholas Capaldi, *Hume's Place in Moral Philosophy* (New York: Peter Lang, 1989); Stephen Buckle, *Natural Law and the Theory of Property: Grotius to Hume* (Oxford: Oxford University Press, 1991), 282-284쪽; Marie A. Martin, "Hutcheson and Hume on Explaining the Nature of Morality: Why It is Mistaken to Suppose Hume Ever Raised the 'IsOught' Question", *History of Philosophy Quarterly* 8 (1991) [277-289쪽].

844) Arnhart, *Darwinian Natural Right*, 70쪽.

흄은 도덕판단이 사실판단이라는 점을 부정하기는커녕, "우리의 도덕감정들이 주어진 상황에서 무언가를 올바로 보고할 경우에" 도덕판단이 정확하다고 주장했다는 것이다. 도덕판단이 인간들과 완전히 독립적으로 존재하는 구조에 순응하는 의미에서의 '우주적 객관성(cosmic objectivity)'을 가지고 있는 것은 아니지만, 도덕판단은 순수하게 개인적인 느낌들을 표현하는 의미에서의 '감정적 주관성(emotive subjectivity)'만을 가진 것도 아니다. 흄의 도덕판단은 특화된 상황에서 종에 특유한 도덕감정 패턴에 관한 사실판단에서 '간주관적 객관성'을 얻는 것이다.

흄은 도덕판단을 색깔과 같은 이차속성의 판단과 비교한다. (이것은 물적 '속성'의 '인식'과 도덕감정적 '의미'의 '이해'를 동일시하기 때문에 흄이 잘못 설명한 것이다. 그러나 안하트는 흄의 이 오류를 인지하지 못한다.) 이 토마토는 빨강의 인상을 유발하게끔 구성되어 있다면 빨간 것이다. 유사하게 이 사람은 도덕적으로 칭찬받을 만하다는 나의 판단은 이 사람의 행동이 가하다는 동조감정을 유발한다면 참이다. 객체가 사실 빨갛지 않은데도 내게 빨갛게 보이는 것처럼, 사람도 사실 칭찬할 만하지 않은데 칭찬할 만하게 보인다. 흄에 의하면, 어떤 행동이 정상적 관찰자에게 도덕적 동조감정을 주는지에 대한 도덕판단은 "명백한 사실문제(a plain matter of fact)"라는 것(「도덕감정에 관하여」 845))이다.846) 필자가 보기에

---

845) Hume, "Concerning Moral Sentiment", 86쪽. 안하트는 이 부록만을 인용하고 있지만, 흄은 그의 주저에서도 도덕감정을 '명백한 사실문제'로 규정한다. "도덕적 선악의 변별은 어떤 감정이나 성품의 관찰로부터 결과하는 쾌감과 고통에 기초한다. 이 쾌감과 고통이 이것을 느끼는 사람에게 알려지지 않을 수 없는 만큼, 이로부터 모든 개개인이 어떤 성품에 부여하는 꼭 그만큼만 덕성과 악덕이 있게 된다는 것, 그리고 이 대목에서 우리가 착오를 범한다는 것이 불가능하다는 결론이 나온다. 덕성과 악덕의 원천에 관한 우리의 판단이 덕성과 악덕의 등급에 관한 판단만큼 그렇게 확실하지 않을지라도, 이 경우의 물음이 책무의 어떤 철학적 원천이 아니라 명백한 사실문제(matter of fact)를 고려하기 때문에, 우리가 어떤 식으로 오류에 빠질 수 있을 거라고 쉬 생각되지 않는다." Hume, *A Treatise of Human Nature*, Book 3. Of Morals, 350쪽.
846) Arnhart, *Darwinian Natural Right*, 70-71쪽.

이 대목에서 안하트는 흄과 함께 오추리에 빠져들고 있다. '사람은 사실 칭찬할 만하지 않은데 칭찬할 만하게 보이는 것'이 아니라, 사람 자체가 성품이나 행실에서 사실 칭찬할 만하기 때문에 칭찬할 만하게 보이기 때문이다. 토마토도 속성이 빨간 것은 아니지만 인간의 눈에 빨갛게 보일 햇빛의 특정한 파장(610-700nm)만을 골라 반사하는 속성을 가졌기 때문에 빨갛게 보이는 것이다. '의미'와 '가치'는 결코 '사실'과 완전히 무관한 '상호주관적 집단착각'이 아니다.

아무튼 안하트는 주장을 계속한다. 흄이 "이성은 감정의 노예이고 감정의 노예이어야만 한다"고 선언할 때, 그는 감정적 비합리주의를 촉구하고 있는 것이 아니다. 이 선언의 문맥이 명백하게 드러내주듯이 그는 이성이 감정을 발동시키는 것이 아니라, 감정 발동에 방향만 줄 수 있을 뿐이라고 생각한다.

- 그 충동은 이성으로부터 생겨나는 것이 아니라 오로지 이성에 의해 방향 지어질 뿐이다.[847]

우리의 감정이 그릇된 판단에 의해 동반될 때, 이성은 적절하게 이 판단을 교정할 수 있다. "우리가 어떤 상정想定(supposition)의 그릇됨이든, 또는 어떤 수단의 불충분성이든 지각하는 순간 우리의 감정은 어떤 이의도 없이 우리의 이성에 굴복한다."[848] 그러므로 "이성과 판단은 진정 감정을 촉진하거나 방향을 줌으로써 행동의 매개적 원인일 수 있다."[849] 결과적으로 "이성과 감정은 거의 모든 도덕적 결정과 결론에서

---

847) Hume, *A Treatise of Human Nature*, Book 2. *Of the Passions*, 266쪽.
848) Hume, *A Treatise of Human Nature*, Book 2. *Of the Passions*, 267쪽.
849) Hume, *A Treatise of Human Nature*, Book 3. *Of Morals*, 298쪽.

동시에 나타난다".[850] 가령 이성은 정의가 어떻게 사회에 이로울 수 있는지에 관해 우리에게 가르쳐준다. 하지만 우리가 사회의 행복에 대한 배려의 감정을 느끼지 않았다면 이성은 홀로 도덕적 동조감을 산출할 수 없다. 따라서 흄은 인간본성에 관한 그의 과학이 궁극적으로 해부학이나 생리학과 같은 생물학적 과학에 뿌리박을 수 있다는 것을 시사한다. 왜냐하면 인간의 삶도 다른 모든 동물들의 삶과 동일한 법칙에 종속되기 때문이다.

다마시오의 연구 등 최근의 신경생물학적 연구는 합리적 행동이 선호체계를 실행하는 감정적 평가에 의해 지도받아야 하기 때문에 이성과 감정이 인간행태의 판이하지만 상보적인 원인이라는 흄의 논변을 확인해 주는 것으로 보인다. 이것이 그렇다면, 감정으로부터 완전히 자유로운 것으로서의 칸트의 윤리적 합리성 개념은 불가능하다. 이미 아리스토텔레스가 알았듯이, '감정'은 우리의 삶과 연결된 세상에 관한 판단을 포함하기 때문에 훌륭한 '추리'에 필수불가결한 것이다. '인간행동에 동기를 부여하는 것은 선차적으로 욕구나 감정이다'는 테제에 대해 아리스토텔레스와 흄의 의견은 같다. 아리스토텔레스는 이성이 우리를 움직이는 욕구를 지도할 수 있을지라도 "사유 자체는 아무것도 움직이지 못한다"고 생각했다. 언제나 욕구가 우리를 움직이지만, 사유는 결코 욕구 없이 우리를 움직임 수 없다.[851] 그러므로 아리스토텔레스에 의하면, 숙고된 선택은 "욕구적 사유" 또는 "사유적 욕구"로서의 욕구와 이성의 결합을 요구한다.[852] 오로지 욕구만이 도덕행위에 동기를 부여할 수 있다는 아리스토텔레스의 주장은 종종 도덕감각론자들이 동조적으로 인용한다.[853]

---

850) Hume, *An Enquiry concerning the Principles of Morals*, 5쪽.
851) Aristotle, *On the Soul*, 433a10-31.
852) Aristoteles, *Die Nikomachische Ethik*, 1139a36-b6.
853) Arnhart, *Darwinian Natural Right*, 71-72쪽.

흄처럼 아리스토텔레스도 감정이 분개나 공분과 같은 도덕감정에서 특히 명백히 나타나는 "본성적 도덕감각"을 표명한다고 믿는다. 아리스토텔레스는 도덕감정을 '칭찬할 만한 성격상태'로 인지한다. 도덕감정은 숙고된 선택에 의해 생겨나지 않기 때문에 "엄격한 의미에서의 덕성"이 아닐지라도 적절한 습성화와 현명한 판단의 함양을 통해 덕성이 되는 도덕성의 본성적 자질이다.[854] 그러나 이 대목에서 안하트는 좀 너무 나가는 것으로 보인다. 아리스토텔레스는 '공분' 같은 '도덕감정'을 말하기는 하지만,[855] 시비감각으로서의 '도덕감각'은 언급한 적이 없기 때문이다. 각설하고, 키케로는 아리스토텔레스의 입장을 재현해 모든 동물들이 본성적 욕구를 충족시키는 데 있어 본성에 따라 행동하는 반면, 인간들은 도덕적이고 지성적인 덕목들을 통해 '일차적인 본성적 욕구들'을 충족시키는 데 있어 판이하게 인간적인 본성에 따라 행동한다고 설명한다. 아리스토텔레스는 흄과 애덤 스미스와 같은 다른 철학자들이 조탁

---

[854] Aristotle, *The Eudemian Ethics*, 1233b16-1234b11; Aristoteles, *Die Nikomachische Ethik*, 1144b1 -18.『니코마코스윤리학』에서 아리스토텔레스는 "현명과 노련의 관계(현명은 노련과 유사하지만 동일하지 않다)는 본성적 덕성과 본격적 덕성의 관계와 같다"고 전제하고(1144b2-3), "의견을 만드는 영혼부분에 두 종류, 즉 노련과 현명이 존재하듯이, 윤리적 영혼부분에서도 본성적 덕성과 본격적 덕성이 존재하고, 이 본격적 덕성은 현명 없이 가능하지 않다"고 덧붙인다(1144b14-17). '본성적 덕성'은 도덕감정을 의미하는 것 같다. 그는 "모두는 물론 개별적 성격성향들을 본성상 일정한 정도로 보유하는 것으로 보인다(우리는 태어나자마자 즉시 정의롭고, 온건하고, 용감하다)"고 말하기 때문이다(1144b4-6). 그리고 '본격적 덕성'은 습성화와 현명으로 품성화된 선, 즉 완전한 '덕성'(덕성다운 덕성)을 말하는 것으로 보인다. 그런데 아리스토텔레스는 안하트가 해석하는 것과 달리 그가 덕성과 관련하여 강조하던 '습성화'를 여기서 망각하고 '현명', 즉 "정신"만을 언급하고 있다. "그래도 우리는 본격적 선을 (본성적 성격성향과 - 인용자) 다른 어떤 것으로 찾고, 이 사물들이 다른 방식으로 손재한다고 생각한다. 왜냐하면 본성적 행위양식은 어린이와 동물들에게도 존재하기 때문이다. 하지만 정신이 없다면 이 본성적 행위양식들은 해로운 것으로 입증된다. (…) 정신이 보태지면 행위는 탁월해진다. 지금까지 덕성과 유사했던 행태는 본격적 덕성이 된다."(1144b7-13) '본격적 덕성'을 경험·습성화의 산물이 아니라, 현명한 정신이 보태진 산물로 이해하는 것으로 보인다. 따라서 덕성과 관련해 습관화를 말한 전제와 모순된다.

[855] Aristotle, *The Eudemian Ethics*, 1233b23-27.

한 도덕감정의 윤리학의 심리학적 토대를 인정했지만, 이 심리학적 토대를 조탁하지 않았다는 것이다.[856] 그러나 여기서 안하트는 정밀성을 잃고 있다. 상론했듯이 흄은『인성론』에서 허치슨적 도덕감각과 공감과 이익 사이에서 헤매다가 후기에 와서야 도덕감각론으로 돌아왔고, 애덤 스미스는 도덕감각을 '조탁한' 것이 아니라, 명확하게 공감으로 대체했고 또 가부감정을 도덕감각의 산물이 아니라 공감의 산물로 오인했기 때문이다. 이런 까닭에 안하트의 흄 해석은 이후 갈수록 정교함이 떨어진다.

안하트는 "흄의 도덕감각이 인간들의 본성적인 사회적 감정에 뿌리박고 있다"고 말한다.[857] 그러나 상술했듯이 흄은 도덕감각과 도덕감정을 구분하고 있다. 그는 도덕감정은 도덕적 평가, 즉 도덕감각에 앞서야 한다고 말했다.[858] 따라서 도덕감정이 도덕감각에 큰 영향력을 미칠지 모르지만, 도덕감각이 도덕감정에 '뿌리박고 있는' 것이 아니다. 시비를 판단하는 변별감각으로서의 도덕감각은 도덕감정과 다른 것이다. 흄은 이렇게 갈파했었다. "도덕감각과 상이한, 모종의 동기나 강제하는 감정들이 없다면 어떤 행동도 칭찬할 만하거나 비난할 만할 수 없기 때문에, 이 상이한 감정들이 이 도덕감각에 큰 영향력을 가지는 것이 틀림없다."[859] 여기서 흄은 행위판단으로서의 '도덕감각'과 행위동기로서의 '도덕감정'을 확실하게 구별하고 있다. 그러나 섀프츠베리도 이미 명확하게 구분했던 도덕감정과 도덕감각을 계속 혼동하면서 안하트는 이렇게 논변한다. "인간의 본성적 사회성을 부인하는 홉스와 로크의 '이기적 도덕체계'를 배격하는 속에서 흄은 도덕감정의 진척이 '정치인들의 인공기술'을 요구할지라도 이 정치적 인공기술이 본성의 뒷받침으로써만 성공한

---

856) Arnhart, *Darwinian Natural Right*, 72쪽.
857) Arnhart, *Darwinian Natural Right*, 72쪽.
858) Hume, *A Treatise of Human Nature*, Book 3. *Of Morals*, 307쪽.
859) Hume, *A Treatise of Human Nature*, Book 3. *Of Morals*, 311쪽.

다고 주장한다. 인간이 완전히 본성에서 이기적이고 고독하다면, 인간은 도덕생활에 필요한 사회적 감정을 개발할 수 없을 것이다. '정치인들이 할 수 있는 최대의 것은 도덕감정을 원초적 경계를 넘어 확장하는 것이다. 그러나 그래도 본성이 질료를 제공하고, 우리에게 도덕변별의 모종의 개념을 부여해야 한다'."[860] 안하트는 홉스와 로크를 말하지만 맨 먼저 맨드빌을 거론해야 할 것이다. 그리고 흄이 '본성적 덕성'(인애 등)과 '인위적 덕성'(정의 등)을 (그릇되게도) 구별했다는 것, 즉 모든 덕성을 도덕감정의 소산으로 보지 않았다는 것을 망각하지 말아야 할 것이다.

흄은 부모의 돌봄에 대한 자식의 종속성을 인간적 사회성과 도덕성의 본성적 뿌리로 간주한다. 사람들을 가족으로 묶는 본성적 도덕감정은 더 큰 집단을 포괄하는 정도로 확장될 수 있다. 그 다음 점차 사회들 간의 상호적 교류의 경험을 통해 도덕감정의 경계는 사람들이 확장된 사회적 상호의존성의 공리성을 발견함에 따라 확대될 수 있다. 이 "인간적 감정의 본성적 발달"은 본성적 동정심 또는 "인간애의 감정", 즉 원칙적으로 인류의 모든 구성원들에게로 확장되는 동료인간들의 복지에 대한 배려심에 달려있다. 물론 낯선 사람들에 대한 배려심은 거의 언제나 자기 자신이나 가까운 가족과 친구들에 대한 배려심보다 약할 것이지만, 인간애의 감정은 도덕성의 보편원칙을 구성하기에 충분하게 강렬하다. 그것은 흄에 의하면 "자연본성에 의해 전 인류 안에서 보편적으로 만들어진 내감 또는 내적 느낌"이라는 것이다.[861]

이어서 안하트는 '논리적' 존재로부터의 도덕적 당위의 '합리적' 도출의 불가능성과 생물학적인 '도덕감정적' 존재로부터의 도덕적 당위의 도출의 필연성에 관한 흄의 논변을 상세히 분석한다. '당위(ought)'를

---

860) Arnhart, *Darwinian Natural Right*, 72쪽.
861) Arnhart, *Darwinian Natural Right*, 73쪽.

'존재(is)'로부터 도출할 수 없다고 주장했다는 흄에 대한 통상적 해석을 받아들인다면, 흄은 인간의 본성적 성향으로부터 도덕성을 도출함으로써 자가당착에 빠지는 것으로 보일 것이다. 하지만 일단 그릇되게도 흄에게 돌려진 "존재와 당위의 분할"이 실은 임마누엘 칸트에 의해 처음 정식화된 것을 알면 이런 자가당착은 사라진다. "칸트는 이 분할을 흄에 의해 전개된 윤리적 본성주의(naturalism)에 반대하는 논변으로 활용했다!" 나아가 일단 이 점이 이해되면 다윈적 본성주의의 대변자들이 흄주의자들인 반면, 그 비판자들이 칸트주의자들이라는 것이 명백해질 것이다.[862]

흄에 반대되는 자로서 칸트는 현실을 두 개의 형이상학적 영역으로 분리시키는 근본적 이원론자다. 칸트에 의하면, 사실인 것을 판단하는 것은 자연의 "현상적" 영역에 속하지만, '이어야 하는' 당위를 판단하는 것은 자유의 "본체적" 영역에 속한다. (영어의 *is*와 *ought*의 구별은 칸트의 독일어 Sein와 Sollen의 구별에 상응한다.) 칸트에게 자연세계는 자연과학에 의해 인식될 수 있는 인과법칙에 의해 지배되고, 이 세계에는 모든 사건이 인과적 기제에 의해 결정되기 때문에 어떤 자유의지도 없다. 반면, 우리의 도덕적 경험 속에서 우리는 자연을 초월하고, 따라서 자연과학에 의해 알 수 없는 도덕법칙에 따라 사람들을 칭찬하고 비난한다. 이 세계에서 우리는 우리가 사람들이 도덕법칙에 대한 복종과 불복종을 자유로이 선택할 수 있다고 가정하지 않는다면 도덕판단이 불가능하기 때문에 자유의지를 가정해야 한다. 도덕적 행위자로서 우리는 '이어야 하는' 당위의 정언명령에 복종하지만, 이 당위는 자연 속에 어떤 자리도 없는 도덕적 필연성을 표현한다. 칸트는 "우리가 오직 자연의 과정만을 시야 안에 둘 경우에, '당위'는 그 어떤 의미도 없다"고 말한다. 그의 존재

---

862) Arnhart, *Darwinian Natural Right*, 73쪽.

와 당위의 분리는 도덕성을 본성적 욕구나 이익과 같은 인간본성 속의 어떤 것도 조회하지 않는 그 자신의 내적 논리에 의해 지배되는 인간경험의 자율적 영역으로 취급하는 것이다. 그는 홉스의 인간관을 받아들이기 때문에 이 짓을 한다. 칸트의 관점은 인간이 본성상 비사회적이기 때문에, 정확히는 '비사회적인 사회적 동물(das ungesellige gesellige Tier)'이기 때문에, 인간들은 자기들 간의 갈등을 평화화하기 위해 이성에 의해 고안된 도덕규칙에 대한 자발적 복종에 의해 자기들의 본성적 성향을 정복하지 않는다면 함께 살 수 없다는 식의 관점이다.[863]

안하트는 이 올바른 해석에 이어 좀 그릇된 이해를 노정한다. "다윈은 도덕성의 진화이론을 전개할 때 칸트의 이원론이 아니라 흄의 본성주의를 채택한다. 다윈은 자연선택에 의한 진화이론이 흄과 애덤 스미스, 그리고 다른 스코틀랜드 도덕철학자들이 도덕감각으로 이해하는 것에 생물학적 설명을 제공할 것이라고 믿는다."[864] 그러나 이 진술은 그릇된 것으로 보인다. 왜냐하면 상술했듯이 다윈은 도덕감각 개념에 대해 모호한 입장을 취하거나 이 개념을 공감으로 대체·폐기한 흄과 애덤 스미스를 물리치고 직접 섀프츠베리와 허치슨을 추종하는 당대 약 32명의 도덕감각학파 철학자들의 도덕감각론에 의거해 도덕감각의 진화적 형성과정을 설명하고 있기 때문이다. 맹자의 '시비지심'에서 유래한 섀프츠베리의 시비감각론과 허치슨의 도덕감각론은 이미 19세기 유럽 학계에 일반이론으로 정착한 상황이었다. 상론했듯이 다윈은 『인간의 유래』에서 오히려 스미스를 비판하고, 흄은 딱 한 번 인용하는 것으로 그친다.

안하트에 의하면, 다윈은 『인간의 유래』에서 도덕감각의 설명을 시작할 때 칸트의 『실천이성비판』으로부터 도덕적 의무가 인간의 가장 고귀

---

863) Arnhart, *Darwinian Natural Right*, 73-74쪽.
864) Arnhart, *Darwinian Natural Right*, 74쪽.

한 특징 중의 하나인지에 관한 한 문장을 인용한다. 그러나 이 문장 바로 다음 구절에서 칸트는 도덕적 당위의 경험이 우리에게 "두 세계에 속하는 것으로서의 인간"을 보여준다고 말한다. 하지만 다윈은 이 이원론을 부정하고, 그가 도덕성을 "배타적으로 자연사 쪽에서" 접근할 것이라고 시사함으로써 칸트의 논리를 쳐부술 것이라고 선언한다. 안하트는 말한다.

- 다윈은 인간 종의 중심특징 중 하나가 아이 돌봄의 지속과 강도强度라고 본다. 이 이유 하나만으로 인간은 본성상 사회적 동물들이다. 인간의 재생산적 적합성은 유아와 부모 간, 그리고 친족집단 안에서의 강렬한 애착을 요구한다. 다윈은 부모와 자식 간의 이 본성적 유대가 모든 사회적 유대와 도덕감각의 기초라고 믿는다. "사회적 본능이 오랜 시간 동안 부모에게 남아 있는 새끼들에 의해 발달되는 것으로 보이기 때문에 사회성으로부터의 기쁨의 느낌은 아마 부모애적 또는 효성적 애정의 연장일 것이다. 그리고 이 연장은 부분적으로 습관 탓이고 주로 자연선택 탓일 것이다." 다윈에게 이것은 동정심과 인애의 도덕감정이 사회적 협동의 기반이라는 흄의 주장을 뒷받침해준다.[865]

안하트에 의하면, 다윈은 "자연선택"이 "상호성과 호혜성(mutuality and reciprocity)"을 "협동의 근거"로 유리하게 만들 것이라고 믿는다. 사회성과 인간의 지성을 가진 동물들은 사회적 협동이 상호적으로 모든 참가자들에게 이로울 수 있다는 것을 인지한다는 것이다. 동물들은 인애가 "보답받을 것" 같다면 타자들에게 인애로운 것이 장기적으로 자기에

---

865) Arnhart, *Darwinian Natural Right*, 75쪽. 다윈의 인용문은: Darwin, *The Descent of Man*, 105쪽.

게 혜택을 줄 수 있다는 것도 인지할 수 있다.[866)]

다른 곳에서도 안하트는 이처럼 상호성 또는 호혜성 차원을 넘지 않는 다윈 독해를 이어간다.

- 사회적 동물들에게 사회적 협업이 삶의 기본조건이다. 사회적 기생자는 어떤 일도 되돌려 기여하지 않은 채 타인들의 협동 작업을 이용해 먹는 '불로소득자'가 됨으로써 비용지불 없이 사회적 협업의 혜택을 확보할 수 있다. 하지만 이 전략은 기생자가 다른 동물들을 강압하거나 조작할 수 있는 한에서만 성공할 수 있다. 반면, 혜택을 확실히 하기 위해 협업의 비용을 상당히 감당하는 사회적 동물들은 호혜성에 기초한 사회적 관계 속으로 들어간다. 동물은 다른 동물들이 원하는 것을 얻는 경우에만 자기가 원하는 것을 얻는다.[867)]

상호성이나 호혜성을 모르지 않지만 기본적으로 호혜관계가 아닌 모자관계나 부자관계를 상기하면 안하트의 이 호혜성 논리와, 이것에만 호소하는 그의 자연선택적 진화론은 즉각 붕괴한다. 그도 상호성과 호혜성을 초월하는 모성애를 모든 사회적 유대의 원형으로 보기 때문에 그의 논리는 실로 자가당착적이다.

다윈은 자연선택을 유일시하고 상호성과 호혜성에 초점을 맞춘 안하트의 이 논리와 정확히 반대로 말하고 있다. 일단 다윈 자신은 자연선택의 방법적 유일성을 부정하고 진화수단의 다양성을 인정한다. "일정한 사회적 본능들이 자연선택에 의해 획득된 것인지, 또는 동정심·이성·경험·모방성향과 같은 다른 본능과 역량의 간접적 결과인지, 다시 아니면

---

866) Arnhart, *Darwinian Natural Right*, 75쪽.
867) Arnhart, *Darwinian Natural Right*, 167쪽.

단순히 장기 계속된 습관의 결과인지를 판정하는 것은 불가능하다."[868]
또 동정심 같은 도덕감정은 이 상호성·호혜성을 뛰어넘는 '본능'으로 규정한다. 다윈은 "이해당사자나 그를 대신한 타인들이 동정심과 되돌아올 배려에 의해 모든 희생을 보상할 것"이라는 호혜적 기대로부터 동정심을 설명하는 알렌산더 베인에 대해 "동정심은 엄격히 본능이다", 즉 호혜성을 뛰어넘는 무조건적 감정이라고 지적한다.[869] 또한 "각 인간은 곧 그가 그의 동료인간들을 돕는다면 그가 보통 도움을 다시 받을 것"이라는 호혜성의 기대를 "저급한 동기"라고 규정하고, 이 "저급한 동기"로부터 원조행위의 "습관"이 획득되고 이 습관을 통해 "동정심의 느낌들"이 강화되어 무조건적 본능이 되고 이것이 "유전된다"고 말하고 있다.[870] 필자의 범주로 다윈의 논변을 해설하면, 본능적 동정심은 호혜성의 '저급한 동기'의 차원을 넘어 발전해 나온 '고급의' 무조건적 감정, 즉 '인의적 정체성도덕'의 감정적 단초인 반면, 호혜성의 감정은 '저급한' 동기의 '생존도덕'에 상응하는 감정이라는 말이다. 사랑도 상호성을 조건으로 한다면, 인의적 정체성도덕의 관점에서는 도덕적으로 선하지 않은 것이다. 안하트는 "너희가 너희를 사랑하는 자를 사랑하면 무슨 상이 있으리요 세리도 이 같이 하느니라"라는 예수의 깊은 뜻을 몰각하고 있다.

■ **도덕감각은 인간의 본성적 판단력이다**

안하트에 의하면, 다윈은 인간이 자기들의 욕구들이나 감정들을 비교하고 이 중 어떤 것이 다른 것보다 더 중요하거나 더 지속적이라고 판단할 감지 능력을 가지고 있기 때문에 도덕적 동물이라고 설명한다. 사회

---

868) Darwin, *The Descent of Man*, 107쪽.
869) Darwin, *The Descent of Man*, 106쪽 각주 21).
870) Darwin, *The Descent of Man*, 130-132쪽.

적 동물로서 인간은 타인들의 복리에 대한 배려심을 느끼고 이기적 감정이 그들의 사회적 감정의 충족에 대한 저해를 허용했을 때 후회를 느낀다. 다윈은 '당위(ought)'라는 단어가 이 감정들이 저 감정들보다 더 지속적이고 더 강렬하기 때문에 이 더 강렬한 감정들을 만족시키지 않는다면 완전히 행복할 수 없다는 의식을 뜻한다고 결론짓는다.[871]

자기 집단의 복리를 위해 행동하는 도덕적 성향은 자연선택과 모순되는 것으로 보일 수 있을 것이다. 용감하고 동정적인 개체는 먼저 죽기 때문에 진화적 적합성이 없을 것으로 의심될 수 있다. 주지하다시피 이것을 다윈은 '집단적 자연선택'으로 설명한다. 다윈은 동정심이라는 사회적 자질을 충성심과 함께 '집단진화' 차원에서 숙고함으로써 동정적인 사회적 자질을 갖춘 부족이 진화론적으로 동정적이지 않은 부족에 비해 적응성이 높고 우월한 유전자를 가지게 된다고 논증하고 있다. 개체의 자연선택에만 집착하는 윌리엄스(George C. Williams), 리처드 도킨스 등 '저급하고 옹졸한' 진화생물학자들이 한때 '집단선택'에 대한 다윈의 이 설명을 다윈의 애석한 실수로 간주했을지라도, 아이블-아이베스펠트(Irenäus Eibl-Eibesfeldt),[872] 데이비드 윌슨(David S. Wilson)과 엘리어트 소버(Elliott Sober) 등의 최근 연구들은 다윈이 옳았음을 입증하고 있다. 자연선택이 집단 안에서 다른 개체들에 대해 이기적 개체들을 이롭게 하도록 작용할지라도, 자연선택은 집단들 간에도 다른 이기적 집단들에 비해 이타주의자들의 집단에게 이롭게 작용하는 것이다. 집단선택은 집단들 간의 자연선택이 집단 내에서의 자연선택보다 더 치열한 그런 상황에서 일어난다. 이런 경우에 집단이 진화적 '복제자'로서의 유전자의 진화적 '운반수단'일 수 있다(아이블-아이베스펠트와 소버).

---

871) Arnhart, *Darwinian Natural Right*, 75~76쪽.
872) Eibl-Eibesfeldt, Irenäus, *Human Ethology* (New York: De Gruyter, 1989).

그리고 우리가 다음에 다룰 크리스토퍼 뵘을 인용해 안하트는 대부분의 인간진화 역사를 관통해 인간은 집단 안에서 평등주의적 협동심을 강제한 수렵채집 집단 안에서 살았다고 말한다. 집단의 이익과 배치되는 이기적 이익을 위해 행동한 저런 개체들은 처벌되었다. 이런 상황에서 자연선택은 개체들이 다른 집단들과의 경쟁에서 자기 집단의 복리를 위해 행동하고 싶어 할 협동적 자질을 촉진하도록 집단차원에서 작용할 수 있을 것이라고 갈파한다.[873]

그러나 다윈의 이론을 왜곡시키고 탈구시키는 '옹졸한' 진화생물학자들의 일탈행위는 주지하다시피 오랫동안 계속되었다. 다윈이 본성론적 도덕성 이론을 『인간의 유래』로 출간하자마자, 그는 조지 미바트(St. George Mivart)로부터 비판을 받았다. 미바트(1871)는 칸트의 본성과 도덕성의 분리론을 고집했다. 인간 육체가 생물학적 진화의 자연적 산물로 설명될 수 있을지라도, 인간 영혼은 신적 창조의 초자연적 산물이라고 주장했다. 인간적 도덕성은 영혼의 자연초월성의 표현이고, 자연적 인과성으로부터의 유일무이한 인간적 자유를 표명한다는 것이다. 그러자 헉슬리(Thomas Huxley)는 즉시 다윈의 윤리적 자연주의(본성주의) 이론을 미바트의 이원론에 대해 방어했다. 그러나 그는 나중에, 특히 「진화와 윤리학」(1894)에서 미바트가 그 자신의 것으로 인지한(1893) 이원론으로 이동했다. 헉슬리는 인간이 자연상태에서 이기적이고 비사회적이었기 때문에 인간성의 도덕적 향상이 인간본성의 자기희생적 부정을 필요로 했다는 홉스-칸트의 견해를 채택했다. "본성(자연)의 도덕적 무관성" 때문에 우리는 도덕적 가치를 자연본성적 사실들로부터 결코 도출할 수 없다는 것이다. "도둑놈과 살인자도 박애주의자만큼 많이 자연본성을 따

---

873) Arnhart, *Darwinian Natural Right*, 77쪽.

른다."[874] 최근 다윈의 진화생물학의 윤리적 함의에 관한 이어진 논쟁에서 래크(David Lack, 1957), 이클스(John Eccles, 1989), 스텐트(Gunther Stent, 1978), 윌리엄스(George Williams, 1989, 1993)는 윤리학이 본성적 성향의 이기성과 도덕적 의무의 무사심성 간의 메울 수 없는 간격 때문에 인간본성에 뿌리 내릴 수 없다는 헉슬리의 칸트주의적 주장을 채택했다.

하지만 맥쉬어, 매스터스, 그리고 제임스 Q. 윌슨과 같은 정치학자들은 흄과 다윈이 제시한 것과 유사한 본성주의 윤리이론을 옹호했다. 그들은 사회적 행태를 설명하려는 현대의 생물학 이론들이 사회성과 도덕성의 뿌리를 동정심과 상호성과 호혜성으로 보는 다윈의 이론을 확인해주는 것이라고 주장한다. 윌리엄 해밀턴(William D. Hamilton)의 '포괄적 적합성' 이론(1964)은 자연선택이 어떻게 우리 자신과 우리의 새끼만이 아니라 우리의 가까운 친족에 대한 배려를 촉진할 수 있었는지를 설명한다. 로버트 트리버스(Robert Trivers), 리처드 알렉산더(Richard Alexander), 로버트 액슬로드(Robert Axelrod), 드발 등의 "호혜적 이타주의" 이론은 자연선택이 어떻게 타인원조를 촉진시키는지를, 그리고 이것이 미래에 타인들이 우리를 돕는다는 개연성을 증가시킨다면 기꺼이 돕는 것에 대한 명성을 얻는 것을 촉진시키는지를 설명해준다. 액슬로드는 협력이 보상전략을 통해 이기주의자들 사이에서 생겨날 수 있는 게임이론의 형식적 모델로 호혜성 관념을 확장했다.[875] 안하트는 침팬지

---

874) Thomas Huxley, *Evolution and Ethics* (1893·1894). Thomas Huxley, *Evolution and Ethics and Other Essays*, scanned and edited by T. Dave Gowan for Project Gutenberg HTML (검색일: 2014. 8. 21.), 34쪽, 44쪽(다운형식). 그러나 헉슬리는 본 논문의 분량에 육박하는 '서론(Prolegomena)'을 나중에 붙여 출판했는데, 이 '서론'에서는 '모자간의 본성적 상호애착', '공감', '공감감정', '동정심적 인간성', '감정의 진화', '인간사회의 원초적 유대', '사회적 유대의 점강(漸强)' 등의 소위 "윤리과정"의 "본유적 자질" 개념들을 도입함으로써 자신의 원래 논지를 다시 희석시키고 있다.
875) Arnhart, *Darwinian Natural Right*, 78쪽.

의 호혜적·보상적 먹이공유 및 보복적 투쟁 경향을 인간에게 적용하는 드발의 이론을 인용해 "인간의 보복감각, 즉 균등해지고 싶은 욕구는 인간적 정의감각의 가장 이른, 가장 깊은 표현이다"라고 주장한다.[876)]

그러나 안하트는 이런 호혜성 차원에 머물지 않는다. 그는 자연선택이 "애정(attachment)" 또는 "친애(affiliation)"의 일반화된 심리적 성향을 촉진했을 것이라는 제임스 Q. 윌슨의 이론을 인용한다. 윌슨이 '친애'라고 부르는 것은 아리스토텔레스가 '우애(필리아)'라고 부르는 것, 즉 성적·가족적·친우적·정치적·박애적 애정으로 다양하게 표현되는 사회적 유대의 본성적 충동에 해당한다. 주지하다시피 윌슨은 동정심과 인애의 인간감정이 대부분의 인간적 진화역사를 관통해 인간적 부모들에게 새끼들을 돌보고 싶게 만들고 재생산적 적합성을 높였을 뿐만 아니라, 자기 새끼가 아닌 사람들에게 또는 심지어 비인간적 동물들에게도 이제 확대될 수 있다고 생각한다. 안하트는 윌슨의 이 친애론을 통해 조건부적·가언적 호혜주의 차원을 넘어서 무조건적·정언적 도덕감정으로 나아가는 듯하다.[877)]

그러나 안하트는 거듭 거듭 호혜론 차원으로 퇴락한다. "다윈의 인간본성 이론은 인간이 호혜성과 사회생활을 촉진하는 도덕감정들과 도덕적 추리를 가지도록 자연선택에 의해 형성되었다는 결론을 뒷받침해준다. 가령 인간적 조상들이 사냥하거나 고기를 찾고 식물을 채집하는 것을 통해 에너지가 풍부한 먹이를 찾는 데 본성적으로 적응했다는 것은 명백하다. 이러한 수렵채집 전략은 호혜성에 기초한 협동을 확보하기 위해 복잡한 형태의 사회적 지성을 촉진했을 것이다." 이것은 타인들과 협력할 수 있는(가령 누가 사냥할 얼룩말 앞으로 달려야 하고 누가 뒤에서 달려

---

876) Arnhart, *Darwinian Natural Right*, 79쪽.
877) Arnhart, *Darwinian Natural Right*, 79쪽.

야 하는지에 관해 소통할 수 있는), 그리고 욕구충족을 미룰 수 있는(모두가 나누기 위해 합의 장소로 가져가기까지 음식을 아낄 수 있는), 그리고 아무 개의 공정한 몫을 결정하고 동시에 이 몫이 수령되는 것을 확실히 할 수 있는 능력을 필요로 했다는 것이다.[878]

안하트는 드발을 인용해 다윈의 생물학이 도덕성을 본성에 뿌리박은 것으로 설명할 수 있다는 결론을 내린다. 인간이 엄격한 의미에서의 유일한 도덕적 존재자일지라도 다른 동물들도 인간적 도덕성을 뒷받침해주는 많은 감정적 자질들과 인지능력을 가지고 있다. 침팬지 같은 동물들은 동정심, 호혜성, '규정적規程的(prescriptive)' 사회질서의 확립, 그리고 사회질서를 보존하기 위해 갈등을 무마하는 배려심을 보여주는데, 이것들은 모두 다 인간적 도덕성의 진화에 필요한 것들이다.

존재에서 당위로 이행하는 이러한 본성주의적 윤리추리는 오류인가? "도덕적 당위"가 자연세계를 초월하는 인간경험의 완전히 자율적인 영역에 속한다고 주장하는 칸트에 우리가 동의한다면, 우리는 인간본성에서 도덕성으로 이행하는 것은 그게 어떤 것이든 실책이라고 말해야 할 것이다. 그러나 도덕적 의무가 본성적 인간감정이나 욕구에 근거한다고 주장하는 흄에 우리가 동의한다면, 우리는 인간적 도덕성이 인간본성에 기초한다고 말해야 할 것이다. 맥쉬어(Robert J. Mcshea)에 의하면, "인간들을 위한 가치는 인간들의 종種특유한 느낌 패턴에 의해 인증되는 것이다". 부모애는 인간이 '부모적 돌봄'에 대한 강렬한 느낌을 가졌기 때문에 인간적 가치다. 우정은 인간이 친구들을 향한 강렬한 감정을 갖기 때문에 인간석 가치다. 전쟁터에서의 용기는 인간이 애국적 충성심을 향한 강렬한 감정을 갖기 때문에 인간적 가치다. 이러한 감정들이 "이 감정들을 받아들이도록 본성적으로 적응되어 있는 인간정신의 원래적 만듦

---

878) Arnhart, *Darwinian Natural Right*, 80쪽.

새와 구성"(흄)으로부터 생겨나기 때문에 이러한 가치들은 인간에게 본성적이다. 그러나 "순수이성은 감정을 창조할 수 없기 때문에 단독으로 가치를 창조할 수 없다". 그러나 이성은 생에 걸쳐 이 감정들의 완전한 만족을 확실히 하는 느낌들을 유도하고 지도하고 조직할 수 있다.[879]

진정, 인간적 도덕성을 다른 동물들의 행태와 구별해주는 것은 과거 경험과 미래적 기대의 관점에서 현재의 느낌들을 고찰하는 인간의 인지 능력이다. 그럼에도 불구하고 드발이 입증한 대로 침팬지도 그들이 사회적 집단 안에서 그들의 길을 성공적으로 항해해야 한다면 사회적 기대에 대한 순응이 필수적이라는 것을 배울 때 사회적 행태의 '규정적' 규칙에 복종한다.[880]

또 안하트는 맥쉬어를 인용해 인간적 진화로부터 생겨나 인간본성의 유전자적 구조 속에서 체화된 종種특유한 감정들이나 욕구들이 인간에 대한 동기부여의 보편적 패턴을 구성한다고 말한다. 인간에게 복리 또는 선은 그들의 욕구의 만족, 즉 인간이 좋아한다고 느끼는 것을 하는 것, 즉 인간이 하고 싶은 것을 하는 것이다. 이것은 우리가 하고 싶은 것을 하기 위해 우리가 진짜로 하고 싶은 것을 알아야 하기 때문에 어렵다. 우리의 본성적 욕구들이 상호 환원될 수 없기 때문에, 그리고 그들이 종종 갈등하기 때문에, 평생에 걸친 욕구의 충족은 선택의 좋은 습관과 현명한 판단을 요구한다. 우리가 궁극적으로 우리의 모든 행동 안에서 찾지만 결코 완전히 달성하지 못하는 것은 욕구들이 각각 다른 모든 욕구를 용인할 정도로 약화되는 "차분한 감정의 상태"(흄)다. 어떤 경우에 욕구의 다양성은 완전히 풀 수 없는 비극적 갈등을 산출한다. 이러한 불가해한 갈등들을 다루는 것이 현명의 일이다.[881]

---

879) Arnhart, *Darwinian Natural Right*, 80쪽.
880) Arnhart, *Darwinian Natural Right*, 81쪽.
881) Arnhart, *Darwinian Natural Right*, 81쪽.

안하트가 여기서 감정들을 모조리 욕구로 환원시키고, 또 복리 또는 선을 욕구의 충족으로 규정하는 것은 꺼림칙스럽다. 욕구는 여러 감정들 중 하나에 불과하고, 또 욕구의 충족이 복리 또는 선('the good')이라는 말은 도덕적 선과 비도덕적 복리의 구분을 없애버리고 도덕감정의 정언적 성격(무조건성)을 모호하게 만들기 때문이다. 우리가 1주일, 아니 1개월도 단식할 수 있지만, 사람을 구하러 불 속에 뛰어들도록 충동질하는 동정심은 몇 초도 억누를 수 없기 때문에 도덕감정은 식욕보다도 강렬하고 무조건적인 것이다. 이 강렬성 또는 무조건성(정언성)을 파악해야만 비로소 도덕적 '의무'를 논할 수 있다.

나아가 안하트는 맥쉬어에 의거해 이렇게 결론짓는다. "도덕성에 관한 이런 견해 속에서는 윤리적 본성주의자들이 '특별한 지성적 종에게 일정한 느낌들이 예견할 수 있게 일정한 사실들에 의해 불러일으켜지고 이러한 느낌들의 경험이 우리가 평가적 판단을 내릴 수 있는 유일한 토대라는 주장에 한정하는' 한에서 존재로부터 당위로의 이행은 전혀 실책이 아니다. '가치들은 우리가 이 가치들이 그렇다고 느끼기 때문에 규범적이고 의무를 함의한다. 의무의 사실은 의무의 느낌 이상도 이하도 아니다'(맥쉬어)." 로저 매스터스(Roger D. Masters)도 맥쉬어의 이 흄적 본성주의를 인증하고, 본성적 인간욕구에 도덕성의 기반을 두는 점에서 이 흄적 본성주의를 아리스토텔레스의 본성주의 및 다윈의 본성주의와 양립 가능한 것으로 본다. 다시 안하트는 "제임스 윌슨도 마찬가지로 그 자신의 도덕감각론을 전개하는 가운데 감정이나 느낌에 근거한 도덕성의 흄적 논변을 채택한다"고 이해한다. 또 "신경학으로부터의 증명, 행태생물학, 그리고 사회과학은 인간 뇌 안에서 이성과 감정의 상호작용으로부터 생겨나는 본성적 정의감이 존재한다는 신념을 뒷받침해준다"는 것이다. 이 "본성적 도덕감각"은 안히트가 '신은 바랄만하다(욕구할 만하다)

는 주장에 기초한 본성주의적 윤리학을 방어하는" 근거다.[882]

안하트는 다윈에 의존해 도덕감각을 인간특유의 감각으로 규정한다. "도덕감각은 인간이 다른 동물들과 공유하는 사회적 성향에 뿌리박고 있을지라도 일정한 사회적 감정에 적용된, 특유하게 인간적인 정신적 반성·언어 능력으로부터 생겨나기 때문에 특유하게 인간적이다. 다윈은 '도덕적 존재자는 자기의 과거 행동과 그 동기를 반성할 수 있는, 이 행동을 가하다고 동조하고 저 행동을 불가하다고 거부할 수 있는 능력을 가진 존재자다'라고 결론지었다. 다윈에 의하면, '그리고 인간이 확실하게 이런 칭호를 받을 만한 단 하나의 존재자라는 사실은 인간과 동물들 간의 모든 구별 중에서 가장 큰 구별이다'." 또는 안하트는 현대 다윈주의 이론가들에 의거해 "도덕감각이 합리적 능력과 감정적 능력의 합작생산물로서 생겨난다"고 주장한다. "인간은 부모애적 배려심과 호혜성을 행동규범으로 정식화할 능력을 가졌다. 인간은 사랑·고마움·죄책감·수치심·분노·공분과 같은 도덕감정을 통해 이 규범을 실행할 수 있는 감정능력을 가졌다. 인간은 자기를 도운 친구들에게 사랑과 고마움을 느낄 수 있다. 인간은 친구를 배반할 때 수치심과 죄책감을 느낄 수 있다. 그리고 인간은 자기를 배반하는 친구에 대해 분노와 공분을 느낀다."[883] 우리는 안하트의 이런 논변을 불편하게 느낀다. 그가 도덕감각을 "반성·언어능력"과 "합리적 능력"으로 변조하고 있기 때문이다. 우리는 도덕감각이 반성·언어능력이 아니라, 내감적 직감임을 알고 있다.

안하트는 군데군데 논리적 문제점과 독해의 부정확성을 노정하면서도 나름의 도덕감각론을 제시하고 주장하고 있다. 하지만 그가 섀프츠베리와 허치슨을 깊이 탐구한 제임스 윌슨과 달리 섀프츠베리와 허치슨을

---

882) Arnhart, *Darwinian Natural Right*, 81-82쪽.
883) Arnhart, *Darwinian Natural Right*, 166-167쪽.

전혀 탐구하지 않았다는 것은 그의 큰 이론적 결함일 것이다. 이 큰 결함 때문에 도덕감각이 도덕감정과 뒤섞이고, 도덕적 평가감정과도 뒤섞이고 있다. 또한 그가 진화론적 고찰에서 호혜성 또는 상호성이라는 '저급한 동기'에 경도되어 있다는 것, 그리고 '자연선택' 외의 진화의 다른 길들에 대한 탐구가 전무하다는 것, 따라서 '인간선택'에 대해서는 전혀 감도 잡지 못하고 있는 것이 무조건적 정체성도덕의 발생에 대한 그의 결정적 무지와 해명불능 상태를 초래하고 있는 것도 안타까운 일이다.

2.2. 리처드 조이스의 진화론적 도덕성 이론

철학분야에서 유력한 진화론적 도덕이론은 철학자 리처드 조이스(Richard Joyce)의 도덕감각론이다. 조이스는 『도덕성의 진화(The Evolution of Morality)』(2006)에서 철학적 엄정성을 기하기 위해 모든 개념을 세밀하게 파고들면서 "인간적 도덕성은 본유하는가?"와, 만약 그것이 본유한다면 "그래서 어떻다는 말인가(So what)?"라는 두 문제를 과제로 내걸고 이 문제들을 푸는 과정에서 도덕감각을 규명하고자 한다. 따라서 그도 도덕감각을 인간의 본성으로 규정지을 것이라고 짐작할 수 있다. 오랜 논의 끝에 조이스는 첫 번째 물음에 긍정으로 답한다. 그런데 두 번째 물음에 대한 답변은 고약해질 수 있다. 만약 도덕성이 본유적이라면, 이 답변은 어떤 측면에서 도덕성의 '정당한 권위'를 입증함으로써 도덕적 회의주의를 물리치는 것이고, 심지어 어쩌면 모종의 도덕실재론을 뒷받침하는 것이기도 하다. 그러나 도덕성이 궁극적으로 우리의 조상들을 도와 애를 낳도록 했던 것에 지나지 않는다면, 본유적 도덕성의 정확한 함의는 도덕의 권위를 무너뜨리는 것일 수 있다. 그러면 "도덕성은 우리의 유전자가 우리에게 속여 떠맡긴 집단적 환상이냐"라는 괴담이

맞을 것이다.[884]

■ 도덕성의 본유성에 대한 불완전한 논변

조이스는 맨 먼저 도덕성의 '본유성'의 정확한 의미를 천착하려고 한다. 그에 의하면 도덕성의 '본유성'이란 "도덕성은 유전자적 견지에서의 적응적 설명이 주어질 수 있는 것", 즉 "이 특성의 현존재는 유전자형이 조상들에게 재생산적 이익을 준 것에 대한 조회에 의해 설명될 수 있는 것"을 뜻한다. 그러나 이것은 '도덕성의 유전자'가 있다는 말이 아니다.[885] 그러나 조이스의 논변은 여기서부터 불길한 징조를 보이고 있다. 그는 유전자를 종의 '생존'과 '번창'을 위한 '적응'과 '재생산'의 '자연선택적' 진화의 관점에서만 바라보고, 인간적 행복이나 인의적 정체성도덕의 관점, 즉 필자가 논할 '인간선택적' 진화의 관점에서는 보지 못할 수 있기 때문이다. 생존도덕과 정체성도덕의 구별을 몰각하는 이런 근본적 결함은 '철학적 엄정성을 기하려는' 그의 후속 논변에서 오히려 엄정성을 훼손하게 된다.

조이스는 이 본유성 개념과 '인간본성'에 대한 조회가 "인간적 본질(human essence)"에 관한 어떤 미심쩍은 형이상학을 내포하는 것이 아니라고 주장한다. "두 발 보행이 본유적이고 인간본성의 일부라고 주장하는 것은 그것이 인간임의 필요조건이라는 것을 내포하지 않는다".[886] 불길한 예감이 적중하고 있다. 조이스는 인간의 정신적 본성으로서의 본유적 도덕성을 논하면서 육체적 본성과 대비시키는 부적절성을 보이고 있다. 이런 육체적 본능 '두 발 보행'과 정신적 본능 '도덕성'은 차원이 다

---

884) Richard Joyce, *The Evolution of Morality* (Cambridge, Massachusetts: The MIT Press, 2006), 1-2쪽.
885) Joyce, *The Evolution of Morality*, 2~3쪽.
886) Joyce, *The Evolution of Morality*, 3쪽.

르다. 맹자·쇼펜하우어·다윈·로버트 헤어 등이 한 목소리로 도덕성을 뒷받침해주는 도덕감정과 도덕감각이 없는 자는 '비인非人', '비인간', '괴물', '사이코패스'라고 하기 때문이다. 따라서 도덕감정과 도덕감각을 가진 앉은뱅이는 두 발 보행을 하지 못해도 '사람'이지만, 도덕감정과 도덕감각을 느끼지 못하는 인간은 두 발 보행을 해도 사람이 아니라 인면수심人面獸心의 '괴물'인 것이다.

정언적(무조건적) 도덕감정에 근거하는 도덕성은 다른 편의적 본성능력들과 달리 인간의 '정체성', 즉 '인간적 본질'을 구성한다. 다른 본성능력들의 결여는 '불편한' 것으로 그치는 반면, 도덕성의 결여는 '인간적 본질'의 결여, 인간으로서의 인간의 종말이다. 자연선택에 의한 생존도덕의 진화와 인간선택에 의한 인의적 정체성도덕의 진화 간의 본질적 차이에 대한 인식부족은 크리스토퍼 뵘의 경우에서와 마찬가지로 조이스의 논변들을 뒤틀리게 할 것이다.

조이스는 인간의 도덕적 선성善性과 관련해서도 오락가락한다. 인간적 도덕성이 본유적이라는 그의 명제는 '도덕성'의 모호한 정의 때문에 몹시 시달린다. 인간들이 본성적으로 도덕적 동물이라는 주장은 "본성적으로" 우리가 도덕적으로 칭찬할 만한 방식으로 행동한다는 것을 뜻한다. 우리가 부도덕하게 행동하는 경우가 있더라도 이 명제는 견지될 수 있다. 이 명제로써 우리는 인간의 저 부도덕한 측면들이 "비본성적"이라는 것, 두 측면이 다 "본유적"이지만 도덕적으로 칭찬할 만한 요소들이 "우세하다(predominant)"는 것을 뜻할 수도 있고, "더 어두운 요소들도 현존할지 몰라도 본성에 의해 주어진 것 속에서 어떤 도덕적으로 칭찬할 만한 측면들이 존재한다"는 것을 뜻하는 말도 될 수 있다는 것이다.[887] 이 짧은 구절에서, 부도덕한 측면들이 "비본성적"이라는 것과 두

---

887) Joyce, *The Evolution of Morality*, 3쪽.

측면이 둘 다 "본유적"이라는 말은 서로 모순되는 것이고, 도덕성 우세론이나 두 측면의 대등한 공존론은 둘 다 '선악양성설善惡兩性說'을 뜻한다. 엄정하게 따져보면, 조이스의 주장은 부도덕성이 가령 감정적 '중화'상태로부터의 '일시적 일탈'이 아니라, '항구적 본성'이라는 말이다. 그러나 상술했듯이 인간에게 있어 부도덕성은 도덕성에 대해 무상한 예외적·일시적 현상이다. 맹자는 가령 "인이 불인을 이기는 것은 물이 불을 이기는 것과 같다(仁之勝不仁也 猶水勝火)"고 말했고,[888] 심지어 스펜서조차도 "악은 항상 소멸하는 경향이 있다"고 논변했다.[889]

다른 한편, 조이스는 '인간은 본성상 도덕적 동물이다'라는 명제를 진화론적 차원에서 풀이해본다. 이 명제는 "진화과정이 우리를 도덕적 견지에서 생각하도록 설계했다", 또는 "생물학적 자연선택이 우리에게 도덕적 개념들을 채택하는 성향을 부여했다"는 것으로 풀이할 수 있다. 전자의 풀이는 '도덕적 동물'이 "도덕적으로 칭찬할 가치가 있는 동물"을 뜻하고, 후자의 풀이는 '도덕적 동물'이 "도덕적으로 판단하는 동물"을 뜻한다는 것이다. 필자의 관점에서는 이 풀이들이 둘 다 인간성을 좌우하는 도덕적 '정체성'에 관한 언급이 빠져 있기 때문에 그릇된 풀이라는 생각이 든다. 그러나 그는 후자의 풀이를 다시 두 가지로 해석한다. 첫째는 "우리가 본성상 도덕판단을 내리는 동물이라는 말은 우리가 개별유형의 일들에 대해 개별적 도덕판단을 내리도록 설계되어 있다(가령 근친상간과 부모시해를 도덕적 위반으로 느낀다)는 것을 뜻한다." 또는 그것은 "이것이나 저것을 도덕적 위반이라고(도덕적으로 칭찬할 만하다고) 느끼는 성향이 있다"는 것을 뜻할 수도 있다. 그러나 그는 이 두 번째의 도덕

---

888) 『孟子』「告子上」(11-18).
889) Herbert Spencer, *Social Statics: or, The Conditions essential to Happiness specified, and the First of them Developed* (London: John Chapman, 1851), 49쪽 (Chapter II, §2).

감각적 해석을 선호한다.[890] 그는 이 해석에 집중한다. 이를 위해 먼저 홍적세로부터의 이것의 진화를 상세히 논하려고 시도한다.[891]

■ **도덕본능과 언어본능의 유사성과 차이성**

조이스는 다음에 다룰 마크 하우저와 달리 언어본능과 도덕본능의 차이에 대해서 명확히 알고 있다. 우리는 위에서 이 차이를 확실히 해둔 바 있다. 그 핵심은 언어본능과 도덕본능은 둘 다 완벽화를 위해 경험적 숙련을 추가로 요하는 '반半본능'이지만 도덕본능은 아무런 내용적 보편성을 포함하지 않는 언어본능에 비해 상당한 수의 인류보편적 내용(동정적 원조 의무, 효도의 의무, 정의·공경·충성의 의무, 살상금기, 배신금기, 근친강간금기 등)을 포함하고 있다는 것이었다.

조이스는 일단 언어본능과 도덕본능의 유사성을 말한다. 도덕성이 본유적이라는 명제는 인간공동체들을 가로지르는 구체적 도덕규범들과 에치켓들의 커다란 차이 때문에 무력화되지 않는다. 이 주장은 얼마간의 개별적 내용들이 인간본성 속에 고정되어 있다고 생각하는 식으로 해석될 필요가 없다. 인간들이 본유적 언어학습기제를 가지고 있다는 유사한 주장은 일본어·이탈리아어·스왈리어가 본유한다는 것을 뜻하지 않는다. 우리는 이 언어나 저 언어를 학습하도록 예비되어 있을 뿐이다. 어떤 언어를 배울지는 경험적 사회환경이 정한다.

그러나 도덕본능은 언어본능과 좀 다르다. 조이스는 전 세계 모든 언어의 완전한 상이성을 허용하는 완전 평퍼짐한 언어본능과 달리 도덕본능이 포괄적이지만 "생물학적 자연선택", "적합성을 높이는 행동이나 판단", "학습의 시행착오 위험", "잠재적으로 값비싼 양의 시간"의 소요

---

890) Joyce, *The Evolution of Morality*, 3~4쪽.
891) 참조: Joyce, *The Evolution of Morality*, 45~71쪽.

등의 이유에서 상당히 구체적인 일반적 규정들, 즉 "넓고 일반적인 보편 요소들(broad and general universals)"을 갖추게 된다는 점을 지적한다.[892] 이 말은 옳다. 하지만 부분적으로만 옳다. 조이스가 자연선택·적합성·비용 등만을 거론하고 있기 때문에 자연상태와 사회상태에서의 생존투쟁을 위해 필수적인 '생존도덕'에 대해서만 타당할 것이다. 생존도덕의 정언적 덕목들, 즉 '일반자들'은 이기적 정의, 공리적 상호주의, 직간접적 호혜주의, 본능적 방어의무 및 전시 침략군살상 의무와 무용武勇, 가족·친족유대 의무, 남성우위, 각종 음식·섹스·출산 관련 금기 등으로 열거될 수 있다. 반면, 인의적仁義的 정체성도덕은 보편적 인애, 종신적 효도의 의무, 사회적 약자원조 의무, 살상의 보편적 금기, 이타적 정의(사회적 제재), 일정한 사회적 위계질서(노인, 손위, 수장 등)에 대한 보편적 존중(공경과 충성), 근친상간금기 등으로 이루어진다. 이런 '일반자들'로 이루어지는 인의적 정체성도덕은 자연선택에 의한 진화가 아니라, 다윈이『종의 기원』의 제1부에서 논한 '인간선택'에 의한 진화를 따른다. 이 때문에 '생물학적 자연선택에 의해 주조된 전문적 심리기제', '환경의 가변성', '적합성', '비용' 등만을 거론하는 조이스의 저 진화론적 설명은 인의적 정체성도덕에 전혀 타당하지 않다.

물론 공리적 상호주의, 직간접적 호혜주의, 침략군퇴치 의무와 용맹

---

892) Joyce, *The Evolution of Morality*, 10쪽: "어떤 도덕성의 내용과 윤곽이 고도로 문화에 의해 영향받는다는 것은 의심할 바 없을지라도, 한 공동체가 도덕성을 무릇 가지고 있다는 사실이 생물학적 자연선택에 의해 주조된 전문적 심리기제에 대한 조회를 통해 설명되어야 한다는 것은 있을 수 있다. 즉, 자연선택이 도덕성의 내용에 상당한 관심을 가지고 있었고 어쩌면 넓고 일반적인 보편요소들을 촉진했다는 것은 완전히 가능하다. (모든 도덕체계들 간에는 얼마간의 반복되는 주제들이 존재한다.) 이 고정된 내용은 조상의 환경의 가변성에도 불구하고 적합성을 높이는 행동이나 판단과 관련될 것이다. 환경이 가변적이라면, 신축성은 좋은 것이다. 그러나 가령 어떤 점에서 환경이 아주 안정적이라면, 고정된 내용의 도덕적 태도는 보다 더 효율적일 수 있다. 결국 일반적으로 말해서 표현형적 가소성(可塑性)은 비용이 들 수 있다. 학습은 시행착오 실험의 위험을 끌어들이고, 이것은 잠재적으로 값비싼 양의 시간을 요한다."

등 생존도덕의 "넓고 일반적인" 내용도 인류의 모든 공동체에 공통된다. 온갖 상호성과 호혜성을 초월하는 보편적 동정·원조의 이타주의 의무, 종신적 효도의 의무, 정의·공경·충성의 의무, 살상금기, 배신금기, 근친상간금기 등 인의적 정체성도덕의 "넓고 일반적인" 내용도 인류보편적으로 타당하다. 그러나 그는 이 생존도덕과 정체성도덕의 보편요소들을 마구 뒤섞어 나열하고 있다. 뒤섞여 나열되는 보편요소들은 ① 타인을 해치는 일정한 행동에 대한 부정적 평가(정체성도덕 요소), ② 호혜성 및 공정성과 관련된 가치들(생존도덕 요소), ③ 사회적 위계질서와 비교해 자신의 지위를 알맞게 하는 방식으로 처신하는 것에 관한 필요요건들(정체성도덕 요소), ④ 일반적으로 정淨·부정不淨의 관념에 의해 지배되는 신체(월경·음식·청결·섹스·시체처리 등) 관련 금기규정들(생존도덕 요소)이다. 그리고 그는 이 도덕적 보편규정들을 '상호인격적'이니, '자기관련적'이니 하는 범주로 뒤섞어 논하고 있다.[893]

그러나 조이스의 논변이 저 '근본관점의 결함'으로 인해 자꾸 뒤틀리기는 하지만 이타주의 등 정체성도덕의 차원에서 그의 경험적 확신은 인의적 정체성도덕의 '정당한 권위'에 순응적이다. 그는 먼저 "적응성 희생"이라는 '진화론적 이타주의'와[894] 구별해 "이타주의"를 "다른 개체의 복지안녕에 대한 비도구적 관심에 의해 동기를 부여받은 경우에 다른 개체에게 혜택을 주려는 의도를 가지고 행동하는 것"으로 정밀하게 정의한다. 그리고 그는 자신의 경험적 확신으로 인간의 지배적 이타주의 본성을 말한다.

- 어떤 이들은 무슨 인간행동이든 이런 관점에서 이타주의적인지를 의

---

893) Joyce, *The Evolution of Morality*, 65-66쪽.
894) Joyce, *The Evolution of Morality*, 13쪽.

심한다. 그들은 모든 행동들이 자기이득의 궁극적 동기로부터 행해진 다고 생각한다. (…) 이들(심리적 이기주의론자들)은 거의 확실하게 틀렸다. 많은 인간행동은 타인들에 대한 진정한 존중에서 행해지고, 자기이익의 고려에 의해 동기를 부여받지 않는다.[895]

많은 이타행이 "타인들에 대한 진정한 존중에서 행해진다"고 주장하는 점에서 조이스는 생존도덕보다 정체성도덕의 편에 서 있다.

그러나 조이스의 논변은 "모든 인간적 도덕체계가 호혜적 관계에 주도적 역할을 부여한다는 것"을 "확연한 기준"으로 보고 또 "인간적 도덕감각이 어떤 개별적 주제사안에 대해서든 예비되어 있는 것이라면, 그것은 확실히 그렇다"고 확언함으로써 다시 완전히 호혜적 생존도덕의 논리에 의해 본질적으로 뒤틀려 빗나가고 만다.[896] '호혜성'은 분명 생존도덕의 '확연한 기준'이다. 따라서 조이스의 논변은 아직 인의적 정체성도덕의 설명 수준에 이르지 못하고 있다. 그가 생존의 적응을 위한 자연선택에 의해 산출된 '호혜성' 위주의 '생존도덕'으로부터 '인의적 정체성도덕'으로 나아가려면 인의적 정체성도덕과 관련된 모든 도덕감정과 도덕

---

895) Joyce, *The Evolution of Morality*, 14쪽.
896) Joyce, *The Evolution of Morality*, 140-141쪽: "그러므로 호혜적 교환이 진화론의 중심 문제라고 가정하는 것은 엄청나게 합당한 것으로 보인다. 이렇게 말하는 것은 다른 과정을 중단시키는 것이 아니다. 집단선택은 문화수준에서 가장 개연적으로 주요 요인이었을 것이다. 그러나 나의 육감은 넓게 이해된 호혜성이 일을 시작하여 계속 진행시킨 것이라는 것이다. (가령 음식과 성교에 관한 금기를 낳는 역겨움의 도덕화를 나는 다른 시초적 목적을 위해 편의적으로 진화했었던 동기유발 기제를 끌어들인 자연선택의 일로 생각한다.) 영장류동물학, 실험경제학, 신경과학, 발달심리학과 인류학에서 나온 증명은 호혜성이 큰 역할을 했다는 과거의 흔적을 인간정신이 안고 있음을 시사한다. 타인들의 평판과 관련된 지식을 획득하고 자기 자신의 좋은 평판을 광고하는 것에 대한 인간적 관심, 교환에서의 분배적 공정성의 문제에 대한 우리의 민감성, 우연적 위해와 고의적 위해를 구별하는 우리의 능력(과 전자의 위반을 용서해주려는 우리의 성향), 기만에 대한 우리의 민감성과 반감(물적 자기비용으로라도 기어이 이것들을 처벌하려는 우리의 열성), 거의 틀림없이 본유적인 이 모든 성향들은 호혜보상을 위해 구축된 정신을 시사한다."

행위들을 호혜성의 '부수효과'로 설명하는 수밖에 없을 것이다.

아닌 게 아니라 마침내 조이스는 인의적 정체성도덕의 감정과 행위를 어쩌다 보니 – 실수로(?) – 멈추지 않고 계속 뻗어나가 버린 '관성'으로 설명하고 있다. 그는 두 개의 논변으로 이 설명을 수행한다. 그 첫 번째 논변은 이렇다.

- 첫째, 많은 현재적 도덕실천들이 호혜성과 거의 무관하다는 항의가 있을 수 있을 것이다. 즉, 자식들, 심각하게 불구화된 사람들, 미래세대, 동물들, 그리고 (원한다면) 환경에 대한 우리의 의무들이 모두 거의 틀림없이 보상기대 없이 부양되고 있다는 것이다. 하지만 이 반박은 진짜로 표적을 놓친 것이다. 왜냐하면 이 고려들은 도덕성이 일차적으로 진화한 것이 호혜적 교환을 조절하기 위한 것이라는 가설을 거의 무력화시키지 않기 때문이다. 상호성만이 단독적으로 사회적 관계를 계속 지탱하는 것이라고 주장되고 있지 않다. 상호성은 누군가에게 그의 동료들의 생명을 구하기 위해 수류탄 위에 자신의 몸을 던지도록 그를 야기하는, 그들에 대한 의무감각을 부여할 수 있다. 여기에 어떤 호혜보상도 – 이에 대한 기대조차도 – 없지만, 그럼에도 불구하고 호혜성은 희생행위를 촉진한 심리기제를 일으키는 과정일지도 모른다. 이 심리기제들이 (우리가 기대할 수 있는 바, 개인들이 어떤 종류의 관계를 맺고 있는지에 고도로 좌우되는 판단들을 산출하는) 호혜적 교환을 위해 진화되었을지라도, 말하자면 보다 보편적인 인애적 태도를 죄어치는 – 어쩌면 자기 파트너의 행동과 무관하게 관계를 주도하고 계속하도록(가령 다른 뺨을 대주도록) 고취하는 – 사회적 요인들이 발달할 수 있다는 것은 전혀 놀랄 일이 아닐 것이다.[897]

---

897) Joyce, *The Evolution of Morality*, 141~142쪽.

이 말을 엄정하게 해석하면, 대가를 바라지 않는 인의적 정체성도덕은 호혜적 생존도덕의 '관성적' 과잉팽창의 '부수효과'에 지나지 않는다는 말이다. 대가를 바라지 않는 동정적 시혜가 진정으로 관성적 '과잉'팽창의 부수효과에 불과한 것이라면 우리는 이 '과잉성'을 고통스럽게 느끼는 별도의 감정을 가졌을 것이다.

그러나 우리는 반대로 동정적 시혜를 '떳떳하게', 나아가 '뿌듯하게' 느낀다. 대가를 바라지 않는 동정적 시혜가 적어도 25만 년 동안 계속된 거대동물 수렵시대에 거대(초대형)동물들을 거의 멸종시켜버릴 정도로 진행된 수렵행위를 통해 계속 공급된 과잉의 먹을거리를 두고 사냥꾼들이 처자식, 지나가는 행인, 주변 마을, 쥐나 여우·늑대·곰과도 나눠 먹던 후한 인심에서 발원한 것이라는 진화론적·고고학적 상상력은 금물인가? '곳간에서 인심 난다'는 속담이 철학자가 이해하기에 그렇게 어려운 말인가? "양식이 물과 불처럼 풍부한데 백성 안에 어찌 인애하지 않는 자들이 있겠는가?(菽粟如水火 而民焉有不仁者乎?)"라는[898] 맹자의 가르침이 그리도 이해하기 어려운 말인가? 조이스는 "자기 파트너의 행동과 무관하게 관계를 주도하고 계속하도록(즉, 다른 뺨을 대주도록) 고취하는 사회적 요인들"의 발달의 근본원인에 대해 더 깊이 생각했어야 한다.

비유적으로 설명하자면, 인간은 원래 도자기를 실생활용 그릇으로 만들었다. 그러나 일부 도자기는 실생활용 그릇에서 '공예품'으로 격상되었다. 이 '격상'은 그릇의 실생활용 쓰임새의 '관성적 과잉팽창'의 결과가 아니다. 이 '격상'은 실생활용 그릇에 결여된 미학적 관점의 '예술적 아름다움'에 의해 벌어진 '도자기의 본질전환'인 것이다. 마찬가지로 대가를 바라지 않는 동정심과 인仁·의義 등의 정체성도덕은 호혜적 생존도덕의 '관성적' 과잉팽창의 '부수효과'가 아니라, 자연선택 단계에서 알려

---

898) 『孟子』「盡心上」(13-23).

지지 않은 인간선택 관점의 고귀한 '인간다움'에 의해 창출된 '도덕의 본질전환'의 소산인 것이다

호혜성에서 인의적 정체성도덕을 도출하는 그의 두 번째 논변은 철학자답지 않게 심지어 도덕행위에서 '동기'와 '의식'의 문제마저도 가볍게 여기고, 그러다가 다윈의 논변도 종국에 곡해·비판하기에 이른다.

- 둘째, 사람은 자기이득을 위해 호혜적 관계에 들어가고 따라서 완전히 자기이익으로부터 (비록 어쩌면 "개명된 이기심"일지라도) 동기를 부여받은 것이라는, 따라서 이것은 도덕적 사유의 바로 그 안티테제라는 반박이 있을 수 있을 것이다. 이 반박은 혼동의 산물이다. 호혜적 관계에 들어가는 것은 적합성 향상일 수 있다. 그러나 이것은 이러한 관계에 참여하도록 설계된 개인들의 동기유발에 관해 아무것도 함의하고 있지 않다. 다윈도 이 하나를 오해했다. 『인간의 유래』의 - 인간적 선사에서 호혜성의 중요성에 대한 그의 평가의 증거로서 종종 인용되는 - 한 구절에서 다윈은 호혜성의 기원을 "저급한 동기" 탓으로 돌리고 있다. 조지 윌리엄스(1966)는 정확하게 반응한다. "나는 의식적 동기가 왜 포함되어야 하는지 그 이유를 모르겠다. 타인들에게 제공되는 도움이 자연선택에 의해 촉진된다면 때로 호혜적으로 보상되는 것이 필연적이다." 나는 무의식적 동기가 포함될 필요가 있다는 것에 대해서도 그럴 이유가 없다고 덧붙일 것이다. 호혜적 파트너들은 이기적 동기 때문에 또는 이타적 동기들 때문에 이러한 교환 속으로 들어갈 수 있을 것이다. 또는 그들의 교환은 정확하게 이기적으로도, 이타적으로도 기술되지 않는, 단순히 조건화되거나 하드웨어에 내장된 반사작용일 수 있다.[899]

---

899) Joyce, *The Evolution of Morality*, 141~142쪽.

호혜적 '동기' 문제는 의식과 무의식의 문제가 아니다. 반감을 피하기 위해 처음 본 사람에게 미소 짓는 무의식적 동기도 동기이기 때문이다. 그런데 조이스가 "상호성만이 단독적으로 사회적 관계를 계속 지탱하는 것이라고 주장하지 않더라도" 호혜성의 관성적 과잉팽창만이 초超호혜적 이타행의 유일한 발생요인이라고 주장한다면, 이 이타행을 무의식적으로 행한 뒤에 이것이 호혜행위의 관성적 과잉팽창에서 나온 '실수'임을 의식적으로 깨닫는 일이 수십만 년 반복되는 가운데 이런 이타행은 ("하드웨어에 내장된 반사작용"으로서) 유전자 풀에 착근하기는커녕 진화의 법칙상 일찍이 소멸했을 것이다. 그러나 우리 인류는 이미 어떤 형태의 호혜성도 천박하게 ('낮은 동기'로) 생각하는 인의적 정체성도덕을 갖추고 있다. 조이스도 주장하듯이 "많은 인간행동은 타인들에 대한 진정한 존중에서 행해지고, 자기이익의 고려에 의해 동기를 부여받지 않기" 때문이다. 따라서 우리는 통상 협동행위의 호혜적 동기를 '저급한 동기'로 여기고, 그래서 다윈도 전혀 '오해' 없이 이 호혜성을 "저급한 동기"라고 말한 것이다.

이 호혜성의 "저급한 동기"를 뛰어넘어 인의적 정체성도덕이 진화해 나오기 위해 필요한 것은 호혜성이 과잉으로 팽창하는 관성이 아니라, 완전히 다른 새로운 가치의 추구, 즉 의식주의 풍요 속에서야 가능해진 후한 인심과 무제한적 동정심을 자타가 공감적으로 평가하는 새로운 인간적 가치인 행복(칭찬, 명성, 인기와 인화, 사랑과 일체감, 자기정체성 등에서 느끼는 즐거움)의 추구를 통해 호혜성의 '저급한' 생존가치를 뛰어넘는 '가치의 초월적 본질전환'이다. 이를 위해서는 25만 년에 걸친 저 거대동물 사냥을 통해 양식을 "물과 불처럼 풍부하게" 하는 풍요(맹자), 1만 년 이래의 농업과 오늘날과 같은 산업생산의 비약적 발전과 인정人情의 발달, 공감적 칭찬과 비난의 입방아 여론 등 "자기 파트너의 행동과 무관하게 관계를 주도하고 계속하도록(즉, 다른 뺨을 대주도록) 고취하는 사회적 요인들의 발달"이 요구되는 것이다. 조이스는 적어도 크리스토퍼 뵘의 도덕진화론에서 다른 영감을 얻었어야 한다.

■ 도덕감각의 '요소적' 보편성

조이스의 도덕이론의 일반적 장단점은 대강 드러났다. 이제 우리의 중심주제인 '도덕감각'에 대한 그의 견해를 알아보자. 그는 일단 통상적 도덕이론가들과 달리, 또는 흄처럼 도덕감정과 도덕감각을 구분할 줄 안다. "나의 주장은 오로지 사랑이나 이타주의에서만 행동하는 사람은 이렇게 행동함에 의해 도덕판단을 하는 것이 아니라는 (즉, [...] 이 감정들이 반드시 도덕판단을 내포하는 것이 아니라고 가정하는) 덜 논쟁적인 주장이다."[900] 조이스는 우리가 사랑·이타주의 등의 본성적 도덕감정을 가졌다는 것, 본성상 도덕적으로 훌륭하게 행동한다는 것에 대한 증명이 본성적 도덕판단(도덕감각)을 가졌다는 것에 대한 증명은 아니라고 말한다. 도덕감정과 도덕감각 간의 차이는 열 개의 손가락과 산술능력 간의 차이만큼 크기 때문이다.

도덕감정은 도덕행위를 가능케 하는 감정적 동기유발 능력인 반면, 도덕감각은 이 감정과 행동의 도덕성 여부를 변별하고 평가하는 본성적 '도덕판단' 능력이다. 그런데 '도덕판단'은 무엇인가? 조이스는 도덕판단을 이렇게 정리한다.

- ■ (공개적 발화發話로서의) 도덕판단은 종종 가하다는 동조·경멸, 또는 일반적으로 기준에 대한 동의와 같은 능동적 태도를 표현하는 방식이다. 도덕판단은 그럼에도 신념을 표현하기도 한다. 즉, 도덕

---

900) Joyce, *The Evolution of Morality*, 50쪽.

판단은 "단언(assertions)"이다.
- 행동에 관한 도덕판단은 이것이 향하는 사람들의 이익/목적과 무관하게 "심의적 숙고(deliberative considerations)"로 되어 있다. 따라서 그것은 현명한 조언의 조각이 아니다.
- 도덕판단은 불가피하게 되어 있다. '탈퇴'가 없다.
- 도덕판단은 인간적 관행협약을 초월하게 되어 있다.
- 도덕판단은 상호인격적 관계를 중심적으로 관리한다. 도덕판단은 특히 광포한 개인주의와 투쟁하도록 설계되어 있는 것으로 보인다.
- 도덕판단은 시비(merit)와 정의 개념("상벌"체계)을 함의한다.
- 인간과 같은 피조물에게 죄책감의 감정(또는 "도덕적 양심")은 도덕 행위를 조절하는 중요한 기제다.[901]

일종의 '단언'과 '심의적 숙고'로서의 도덕판단의 정의는 본성적 도덕판단이 도덕'감각'임을 몰각하는, 대단히 칸트주의적인 정의다. 이 주장을 밀어붙이면 조이스의 진화론적 도덕성 이론은 치명적 내상을 입을 것이다.

조이스는 도덕감각의 개념에 관한 논의를 이렇게 종합한다. "숨쉬기에 배정된 유전자가 없는 것처럼, 도덕성에 배정된 유전자도 없다. 더구나 옛날의 골상학자들이 생각하기 좋아했던 방식으로 도덕판단을 내리는 데 특별히 바쳐진 뇌의 작은 덩어리도 없다. 도덕성은 최선의 시점의 복잡하고 불투명한 사건이다. 그리고 도덕판단은 의심할 바 없이 많은 상이한 심리·신경기제를 내포한다." 하지만 "지나치게 단순하게 생각하는 사고에 대한 이 주의"는 "도덕적 사유가 생물학적으로 인간계보에서 선택되었다는 가설의 부정으로 통하는 것이 아니다". 더구나 "이 가설은

---

901) Joyce, *The Evolution of Morality*, 70쪽.

도덕적 사유가 환경적 뉘앙스에 고도로 반응적이라고 말함으로써 무력화되는 것도 아니다. 문화적 이행의 기제들은 개인의 도덕적 확신의 내용을 결정하는 데서 어쩌면 바닥을 보는 엄청난 역할을 한다. 이것은 이 개별 종류의 문화적 이행을 가능케 만들어주도록 정밀하게 설계된 본유적 '도덕감각'이 존재한다는 것과 일관성이 있다."[902] 조이스가 여기서 도덕판단을 내리는 뇌 부위의 존재를 부정하면서 "많은 상이한 심리·신경기제"를 거론하는 것은 의학적으로 모순이다. 뇌 기제와 심리·신경기제는 한 통속으로 결합되어 있고 결합되어 작동하기 때문이다. 그리고 도덕판단을 내리는 뇌 부위의 존재에 대한 부정은 전전두피질과 우뇌 측두두정 접합부를 도덕성 관련 부위로 밝혀낸 다마시오 등 뇌과학자들의 공적을 모독하는 말이다.

조이스가 본유적 도덕'감각'을 말한다면, 도덕판단을 저렇게 일종의 '단언'과 '심의적 숙고'로 정의하는 것이나, "도덕적 사유가 생물학적으로 인간계보에서 선택되었다"는 연목구어 식 가설을 운위하는 철학자적 말버릇은 피했어야 한다. '단언', '심의적 숙고', '도덕적 사유' 등은 도덕감각이 "생물학적으로 인간계보에서 선택된" 다음에야 비로소 거론될 수 있을 개념들이기 때문이다.

도덕성의 본성은 물론 '문화적 이행'과 관련하여 '이행'만을 가능케 해주는 '형식적' 기제로 그치지 않는다. 상술했듯이 도덕감각은 도덕감정들과 마찬가지로 문화권을 관통하는 일정한 '요소적' 공통성과 보편성이 있고, 이것은 인간본성의 생물학적 설계도에 속한다. 이에 대해서는 조이스도 건전한 논변을 전개한다. "문화권을 가로지르는 연구들로부터 나온 자료들은 인간의 도덕감각이 다른 요소들보다 차라리 가령 고의적 상해 사건, 호혜적 관계의 유지(공정성, 기만 등), 사회적 지위, 그리고 신

---

902) Joyce, *The Evolution of Morality*, 140쪽.

체와 신체적 기능과 관련된 주제집단과 같은 일정한 환경 요소들에 들러붙어있도록 예비되어 있다는 고도의 시사를 준다. 물론, 이 도덕적 범주들의 단순한 보편성이 본유적 예비(preparedness)를 함의한다는 것은 아니다. 하지만 (…) 도덕성의 보편적 성격들은 인간심리의 근저에 있는 '설계도 측면'의 표현이라는 말이 최선의 설명 같다."903)

그러나 인간본성의 설계도 차원에 놓여있는 보편적 성격을 가진 '도덕감각'은 조이스가 여기서 말하듯이 "고의적 상해 사건, 호혜적 관계의 유지(공정성, 기만 등), 사회적 지위, 그리고 신체와 신체적 기능과 관련된 주제집단과 같은 일정한 환경 요소들"과 관련된 생존도덕에 대해서만 판단을 내리는 것이 아니라, 동식물에까지 미치는 보편적 동정심과 인간애, 이타적 정의, 인간사회와 자기 공동체에 대한 보편적 공경·양보·겸손·충성, 보편적 살상금지, 근친상간금기 등의 도덕행위에 대해서도 판단을 내릴 것이다. 그는 이 점을 고려치 않고 있다. 그럼에도 불구하고 조이스는 도덕감각의 "보편적 성격"을 인정하고 이것을 "인간심리의 근저에 있는 '설계도 측면'의 표현"이라고 올바로 파악함으로써, 섀프츠베리로까지 거슬러 올라가는, 나아가 맹자로까지 거슬러 올라가는 '본성적 시비감각론'을 분명하게 계승하고 있다. 다만 그가 맹자나 섀프츠베리, 허치슨 등을 읽지 않아서 모르고 있을 뿐이다.

2.3. 데니스 크렙스의 다윈적 도덕감각론의 빛과 그림자

지난 2000년에서 2009년에 걸친 10년은 도덕성의 진화에 관한 이론과 연구보고가 폭발적으로 쏟아져 나온 기간이었다. 진화론적 사회심리학자 데니스 크렙스(Dennis L. Krebs)는 『도덕성의 기원(*The Origins of*

---

903) Joyce, The Evolution of Morality, 140쪽.

Morality)』(2011)에서 다윈의 진화론을 출발점으로 삼아 2000년대의 새로운 도덕진화이론과 연구들을 종합함으로써 도덕감각의 진화에 관한 '통합적 설명' 또는 '원대한 이론'을 정리차원에서 구성하고자 한다. 그는 다윈의 진화론에 자못 비판적이다. 그러나 필자는 그의 이 비판적 입장이 다윈에 대한 그의 오독과 도덕이론적 개념착오에서 빚어졌다고 본다. 그 밖의 점에서 도덕감각론에 대한 그의 접근은 많은 점에서 독창적이고 동시에 계발적이다.

■ 다윈의 자연선택론과 공리주의 문제

데니스 크렙스는 다윈의 진화론의 몇 가지 문제를 지적하며 논의를 시작한다. 그는 다윈의 도덕진화론을 "공리주의적 도덕기준"에 서있다고 판단한다.

첫째, 크렙스는 복지나 일반복리를 '(진화적) 적합성'의 견지에서 정의하는 것을 합당하지 않은 것으로 본다. 왜냐하면 이것은 "가급적 많은 사람들의 생존과 재생산적 성공"을 촉진해야 한다는 것을 함의할 것이기 때문이다. 그러나 그는 "세계를 인간들의 과잉인구로 과過포화시키는 것"을 "도덕적 선"으로 보는 것을 거부한다.[904] 가급적 많은 사람들의 생존과 재생산적 성공"의 촉진에 대해 "도덕적 선"을 부정하는 크렙스의 이 관점은 대단히 중요하다. 이 비판은 "가급적 많은 사람들의 생존과 재생산적 성공"을 위한 자연선택의 진화로부터 '도덕적·동심적 행복'을 위한 '인간선택'의 진화의 이론으로 나아갈 수도 있는, 대단히 중요한 관점전환을 함의할 수 있기 때문이다.

그러나 크렙스는 자신의 도덕진화론을 다시 "가급적 많은 사람들의

---

904) Dennis L. Krebs, *The Origins of Morality: An Evolutionary Account* (Oxford: Oxford University Press, 2011), 55쪽.

생존과 재생산적 성공"의 목적에 굴복시켜버리고 만다. 그는 결국 도덕적 유전자를 가진 인간들이 "생존하고 재생산하기 위한 투쟁"에서 "더 잘나갔다"고 토로하고 만다.[905] 이 토로는 크렙스의 도덕진화론도 궁극적으로 '생존과 재생산의 성공'을 위한 맹목적 자연선택의 진화이론으로 귀착된다는 말이다. "가급적 많은 사람들의 생존과 재생산적 성공"과 "과잉인구"에 의한 세계의 "과포화"를 "도덕적 선"으로 보지 않는다는 그 자신의 올바른 비판적 입장은 여기서 완전히 뭉개지고 만다.

둘째, 크렙스는 다윈의 오독으로 인해 다윈이 '행복'과 '적응성'의 공동변화를 주장했다고 비판한다.

- 나는 행복과 적응성이 이 둘을 등치시킬 만큼 충분하게 공동변화한다는 다윈의 주장을 의문시한다. 공동체 안에서 행복의 수준을 높이는 많은 – 어쩌면 가장 많은 – 행태들이 또한 그 구성원들의 적응성도 높일지라도 과식하거나 과음을 하는 것과 같이 사람들의 행복을 높이는 어떤 행태들은 그들의 적응성을 떨어뜨릴 수 있다. 그리고 행복은 도덕성의 적절한 기준일 수 없는 것으로 보인다. 왜냐하면 행복을 높여주지만 부도덕하게 보이는 행동들이나 행복을 낮추지만 도덕적으로 보이는 행동들을 생각하는 것은 쉽기 때문이다.[906]

---

905) Krebs, *The Origins of Morality*, 9쪽: "조지 윌리엄스와 같은 탁월한 진화이론가들은 적어도 도덕성을 매개하는 기제들 중의 하나 – 도덕적 추리 – 가 비도덕적 추리과정의 부산물로 진화했다고 주장해왔지만, 나는 이 설명이 전체 이야기를 다 말하는 것도 아니고 가장 중요한 부분들을 말하는 것도 아니라고 생각한다. 도덕감각의 일부 측면들 – 가령 도덕적 추리의 세련된 구조들로부터 생겨난 관념들 – 은 다른 적응적 목적에 봉사하기 위해 진화한 부수적인, 심지어 부적응적인 부산물일지도 모른다. 하지만 나는 도덕감각이 특별히 도덕문제들을 풀기 위해 진화한 기제에 뿌리박은 것이고, 자신들로 하여금 도덕적 방식으로 행동하고 싶도록 만들고 자신들에게 도덕성의 감각을 부여한 기제를 설계한 유전자를 물려받은 최초의 인간들이 생존하고 재생산하기 위한 투쟁에서 이 유전자를 물려받지 못한 인간들보다 더 잘나갔다고 주장한다."
906) Krebs, *The Origins of Morality*, 55쪽.

이 짧은 비판적 주장 안에서 크렙스는 두 가지 오류를 동시에 범하고 있다. 첫째, 그는 여기서 '행복' 일반을 '쾌락적·공리적 행복'과 등치시키는 그릇된 - 오히려 완전히 공리주의적으로 천박한 - 행복 개념을 노정하고 있다. 더구나 "과식이나 수음"은 '나중에 더 큰 괴로움을 낳는' 마약과 같이 에피쿠로스의 '쾌락적·공리적 행복' 축에도 끼지 못한다. "과식", "수음", 마약 섭취는 희열을 줄지언정 '중도적 희열'을 뜻하는 '쾌감'과 상치되는 '반反중도의 희열'이기 때문이다. 크렙스가 이런 개념적 미숙성으로 인해 도덕이론적 혼돈 속에 들어 있기 때문에 "행복을 높여주지만 부도덕하게 보이는 행동들이나 행복을 낮추지만 도덕적으로 보이는 행동들"이 있다고 알아들을 수 없이 부조리한 말을 하는 것이다. 어떤 행동은 공리적 쾌락, 유희적 재미, 미학적 아름다움을 높여주는 데도 부도덕해서 '인간적 행복'을 파괴하는 반면, 또 다른 어떤 행동은 '쾌락·재미·아름다움을 희생시키는데도 도덕적으로 합당해서 '도덕적 행복'을 높여준다고 고쳐 말한다면 백번 지당한 말이 될 것이다.

따라서 다윈은 "도덕문화에서의 최고의 가능한 단계는 우리가 우리의 생각을 통제해야 하고 과거를 '우리에게 그렇게 기쁘게' 만들어준 죄악들을 '가장 내밀한 생각 속에서도' 다시 생각하지 않아야 한다고 우리가 인정할 때다"라고 말한다.[907] 따라서 실생활에서 도덕본능을 가진 인간은 "쾌락적 행복을 높여주지만 부도덕하게 보이는 행동"을 저질렀다면 엄청난 도덕적 수치심과 죄책감의 괴로움을 맛볼 것이다. 천박한 쾌락을 얻으려다가 인간다운 행복을 잃고 커다란 불행을 맛본다는 말이다. 쾌락("쾌락적 행복")이 아니라 반대로 고통을 주지만 도덕적으로 선한 행동들은 엄청난 도덕적 자찬감(뿌듯함)의 즐거움(행복감)을 줄 것이다. 도덕적 행복과 사랑(공감적 일체감)의 행복을 몰각하고 쾌락을 행복으로 착각하

---

907) Darwin, *The Descent of Man*, 123쪽.

는 크렙스의 저 '상스런' 행복 개념이 그의 논변을 완전히 부조리하게 망가뜨려 놓고 말았다.

둘째, 크렙스는 다윈이 사람을 구하러 불에 데거나 타는 고통을 무릅쓰고 불 속으로 뛰어드는 동정심의 본능충동을 예로 들면서 공리주의의 '쾌락적 동기'를 비판하고 또 이 사회적 동정본능을 "공동체의 일반적 행복을 위해서라기보다는 '일반복리'를 위해 발달되어 온 것으로 말하는 것이 더 적절하다"고 지적하면서 쾌락과 등치되는 공리주의적 '행복' 개념을 비판하고 이를 '일반복리' 또는 '일반복지' 개념으로 대체하고 있다는 것을[908] 모르고 있다. 그는 공리주의적 행복·쾌락·복리·복지가 동일한 말인 줄 모르는 사람 같다. 또한 그는 다윈이 공리주의적 '최대행복' 개념, 즉 '최대쾌락' 개념을 '이차 지침'으로 격하시키고 사랑, 동정심 등의 사회적 본능의 충족에서 나오는 도덕적 행위와 사랑의 행복감(도덕적 즐거움과 사랑의 일체감적 즐거움)을 '일차 지침'으로 격상시킨 것을 몰각하고 있다.

다윈은 "만족하고 행복한 종족은 불만족하고 불행한 종족보다 더 잘 번창할 것이기"에 "개체의 복지와 행복은 보통 합치된다"고 말하면서도 "최대행복 원리", 즉 공리주의적 '최대쾌락 원리'는 "모두가 행복을 소망하기 때문에" "가장 중요한" 원리가 되었지만 그래도 "이차 지침이자 목적"에 지나지 않는다고 말하고 있다. "언제나 일차적 충동과 지침으로 기능한" 것은 "동정심을 포함한 사회적 본능"의 도덕적 행복이라는 것이다.[909] "저능아와 불구자들에게도, 다른 쓸모없는 사회구성원들에게도, 그리고 마지막으로 동물들에게까지도 확장될 정도가 된" 동정심의 '보편적' 확대의 한 요인으로 다윈은 사람들이 "복지만이 아니라 행

---

908) Darwin, *The Descent of Man*, 120~121쪽.
909) Darwin, *The Descent of Man*, 121쪽.

복을 점점 더 중시하는 것"을 들고 있다.[910] 복지와 대비되는 이 '행복'은 당연히 저 쾌락적 행복과 다른 도덕적 행복과 사랑·연대·유대의 행복을 함의한다. 그리고 다윈은 이 대비적 '행복'을 "동정심, 즉 사회적 본능의 근본요소로부터 생겨나는" 반려적 인간들과의 "서로어울림, 즉 연대(company) 속의 행복"으로 규정한다.[911]

마지막으로, 크렙스는 공리주의자들과 다윈이 결과주의적 도덕론을 공유한다고 비판한다. "도덕성을 행위자의 동기나 의도와 무관하게 이 도덕성이 산출하는 결과(최대복리)의 토대 위에서만 정의하는 것은 대부분의 사람들이 아주 중요하게 여기는 도덕성 측면, 즉 좋은 결과를 산출하는 방식으로 행동하는 개인들이 얻으려고 애쓰는 것을 소홀히 한다. 이 개인들이 목적 그 자체로서 공정하고 이타적이거나 정직하려고 애쓰지 않는가? 또는 그들이 남을 이용해먹거나 처벌을 피하는 것과 같은 이기적 목적을 얻기 위해 이런 형태의 행동들을 써먹지 않는가?"[912] 이 비판은 상론했듯이 다윈이 공리주의자들의 '쾌락적 동기'를 비판하면서 마치 쾌락 없는 무의식적 '충동'은 '동기'가 아닌 양 도덕행위의 '동기 일반'을 부정하는 대목을 상기한다면 타당성이 있다. 그러나 이 대목은 동기 '일반'이 아니라, '쾌락'을 유일한 동기로 보는 공리주의적 쾌락동기론을 비판한 것으로 이해해야 할 것이다. 왜냐하면 다윈이 생존과 재생산을 위한 자연선택의 결과적 공리성(적응성)을 진화의 목적으로 말하기도 하지만, 그가 "나는 자연선택이 변화의 가장 중요한 수단이지만 배타적 수단은 아니었다고 확신한다"라고 말하는가 하면,[913] 위에서 방금 밀했듯이 복시와 대비되는 행복("연대의 행복")을 중시하는 것을 인의적

---

910) Darwin, *The Descent of Man*, 124~125쪽.
911) Darwin, *The Descent of Man*, 112쪽.
912) Krebs, *The Origins of Morality*, 55쪽.
913) Darwin, *The Origin of Species*, "Introduction", 4쪽.

정체성도덕성의 진화 이유로 들고 있기 때문이다.

따라서 쾌락 없는 무의식적 동정심 충동도 '동기'이기 때문에, 다윈이 도덕적 행복을 위한 '인간선택'에 따른 측은·수오지심 등과 관련된 '인의적 정체성도덕의 진화 차원'에서까지 동기를 무시하고 결과적 적응성만을 중시했다는 비판은 그릇된 것이다. 그리고 자연선택에 입각한 공리적 '생존도덕의 진화 차원'의 설명에서 다윈이 동기를 배제하고 적응성을 중시하는 것만을 집어 그의 도덕진화론 일반을 '결과주의'로 낙인찍는 것은 '속단'일 것이다. 이 속단은 정체성도덕과 생존도덕의 '차원 혼동'에 기인한다.

■ 도덕감각의 여러 기원

근본적 시각을 조정했으므로 이제 크렙스의 '도덕감각의 기원' 이론 자체를 알아보자. 먼저 도덕감각의 진화에 대한 그의 설명요지를 보자면, 그는 동물로 하여금 사람들이 보통 선하다고 여기는 식으로 행동하고 싶어 하게 하는 정신적 기제가 어떻게 진화했는지를 설명하려고 한다. 그는 이러한 기제가 다양한 종에게서 진화되었다는 증거를 일단 살펴보고 이 기제가 설계된 방식을 알아본다. 그리고 그는 사람들이 도덕으로 판단하는 품행적 자질의 진화와, 이 판단을 하는 정신적 기제의 진화 간의 격차, 즉 도덕감정을 산출하는 기제와 도덕판단을 산출하는 기제 간의 격차를 연결하려고 한다.

크렙스는 사람들이 '도덕감각'을 가졌다고 말하는 것보다 '질적으로 상이한 여러 도덕성 감각들', 즉 '한 벌의 도덕감각들'을 가졌다고 말하는 것이 더 정확하다고 생각한다. 권위를 존경하는 감각은 우리가 유혹에 저항해야 하는 감각과 다르고, 이것은 다시 공정성이나 정의의 감각과 다르다. 또 특별한 방식으로 행동할 도덕적 의무가 있다고 느끼는 것은 타인들이 이런 방식으로 행동해야 한다고 느끼는 것과 다르다. 자기 자신에게 판단을 내리는 것은 타인에게 판단을 내리는 것과 다른 심리적 체험을 담고 있다. 가령 우리는 통상적으로 다른 사람들이 하는 일들에 대해 죄스럽다고 느끼지 않는다. 그리고 우리는 우리 자신의 비행에 대해 의분의 감각을 느끼지 않는다. 황금률과 같은 추상적 원칙 관념들과 윤리철학자들이 신봉하는 도덕적 대원칙들은 맥락화된 구체적 도덕권능과 다르다. 그리고 도덕적 신념은 도덕적 이성 및 도덕적 정당화와 현저하게 다르다.

크렙스는 도덕감각의 상이한 측면들을 진화론적 관점에서 설명하면서 가령 '의무감각'은 사람들을 친사회적 방식으로 행동하도록 유도하는 감정적·동기적 상태에서 기원했다고 말한다. 그리고 '권리감각'은 집단성원들이 자신들의 복지를 배양하도록 허용된 방법과 그들이 집단에게 주는 기여에 의해 그들에게 빚지는 것을 정의하는 암묵적 사회규범들의 의식에서 기원했다. 그리고 양심은 타인들이 행하는 사회적 제재에 대한 감정적 반응에서 기원했다는 것이다. (이 부분에 대해서는 뒤에 비판할 것이다.) 나아가 감사함과 공분과 같은 도덕감정은 타인들이 행하는 친사회적 또는 반사회적 행동에 대한 감정적 반응에서 기원했다. 정의감각은 협업적 교환에서 기만하는 것에 맞서는 수단에서 기원했다. 도덕성에 관한 추상적 관념은 태초의 인간들이 자신들의 도덕적 직관을 반성할 능력을 획득할 때 발생했다. 도덕감각들의 기원에 대한 이러한 설명이 '그대로의' 이야기들을 넘어가는 것이지만, 그래도 이것은 잘해야 이론의 발전을 향한 첫걸음일 뿐이다. 마지막으로, 크렙스는 도덕판단의 합리적 원천을 도덕적 직관과 대비시키고 하이트(Jonathan Haidt)의 도덕결정 모델을 논하고, 사람들이 종종 도덕판단을 '비합리적'으로 내린다는 깃을 논증하는 하이트의 연구를 논평한다.

크렙스에 의하면, 도덕감각들이 서로 구별되는 것은 다음 '네 가지 이유' 때문이다. 첫째, 도덕감각의 어떤 측면들은 뿌듯함·죄책감·감사함과 같은 "평가적 느낌들"로 되어 있는 반면, 다른 측면들은 "사람들이 타인들의 권리를 존중해야 한다"는 것과 같은 "평가적 생각들"로 되어 있기 때문이다. 둘째, 어떤 측면은 긍정적이고, 다른 측면은 부정적이다. 셋째, 어떤 측면은 도덕적 책무감·죄책감 등과 같이 "자신"과 관련된 것인데, 다른 측면은 감사함이나 도덕적 공분과 같이 "타인들"과 관련된 것이다. 넷째, 사람들이 (도덕적 책무감이나 사람들이 해야 하거나 하지 말아야 하는 것에 대한 관념과 같이) 도덕적 결정을 내리기 "전에" 갖는 생각이나 느낌은 (뿌듯함, 후회, 사람들이 행한 것에 관한 긍정적·부정적 판단 등과 같이) 도덕적 결정을 내린 뒤에 갖는 생각이나 느낌과 다르다. 이 도덕감각들의 여러 측면들은 2×2×2×2의 매트릭스로 분류될 수 있다.[914]

크렙스는 도덕감각의 기원을 도덕적 책무감각·양심·권리감각·(타인에 대한) 도덕감정·(도덕적)경멸·정의감각·의분 등으로 나누어 설명한다.

첫 번째는 의무감각의 기원이다. 콜버그의 도덕발달론이 전제하듯이 흔히 도덕감각은 도덕적 품행을 지도한다고 가정된다. 도덕적 결정에 직면해 사람들은 그들이 해야 하는 것을 결정하고 그 다음 그들이 적절하게 동기를 부여받으면 바른 것을 행한다는 것이다. 이 과정은 숙고하고 저울질하고 선택하는 기제와, 행동을 수행하도록 사람들을 유도하는 기제라는, 적어도 두 개의 정신적 메커니즘을 내포한다. 그러나 크렙스는 이것은 도덕감각이 행동과 연결되는 유일한 방법도 아니지만, "도덕감각이 기원상(originally) 행동과 연결되던 방법도 아니라는 것"이 거의 확실하다고 단언한다. "사람들은 먼저 행동한 다음, 그들의 행동을 도덕적 관점에서 평가한다. 이것이 진화론적으로 말이 되는 것이다." 친사회적

---

914) Krebs, *The Origins of Morality*, 204쪽.

결정들이 도덕감각에 앞서 진화했다고 가정할 유력한 이유가 있기 때문이다. "많은 동물들은 친사회적 방식으로 행동하고 싶도록 하는 자질이 있지만 이 동물들이 적어도 인간들이 가진 것과 같은 도덕성 감각을 보유한 것으로 보이지 않는다." 친사회적 행동자질을 산출하는 기제가 인간이 가진 유형의 도덕감각을 산출하는 기제 이전에 진화했다면 도덕성 감각의 기원에 대한 탐색을 시작할 좋은 지점은 이 행태적 자질들이다. 다윈은 사회적 본능들의 활성화 – 즉, 동물을 친사회적으로 행동하도록 유도하는 정신적 기제의 활성화 – 가 초보적 의무감각을 산출할 수 있다고 시사했다. "해야 한다(ought)는 제왕적 단어는 어떤 행동 규칙이 어떻게 기원했든 단지 이 행동 규칙의 존재에 대한 의식을 함의하는 것으로만 보일 따름이다."(다윈) 사람들로 하여금 친사회적 방식으로 행동하고 싶어 하도록 하는 근사치적 기제들이 활성화될 때, 이 기제들은 사람들이 원시적인 도덕적 의무감각 – 그들이 이런 방식으로 행동해야 한다는 감각 – 으로 체험하는 감정상태를 산출한다. 이 느낌의 기능은 태초적 인간들의 내포적 적합성을 증가시킨 종류의 이타행·협동·정심·공경의 방식으로 행동하도록 사람들을 유도하는 것이다. "단순한 책임감과 도덕적 의무감각 간의 심대한 차이는 도덕적 의무감각이 집단구성원들의 복지에 영향을 미치고 통상 제재에 의해 강화되는, 그들이 어떻게 행동해야 하는가에 관한 공유된 기준과 관계되어 있다는 것이다".[915] 도덕적 의무감각에 대한 크렙스의 이 진화론적 설명은 매우 설득력이 있는 것으로 느껴진다.

둘째, 양심의 기원에 관한 진화론적 설명이다. 여기서 '양심'은 가장 협의적인 의미의 양심, "과거에 행한 행위들에 대한 회고적 반응과 의도·동기 상태의 사후평가를 낳는" 양심이다. 이런 양심은 과거의 일에 대해 결

---

915) Krebs, *The Origins of Morality*, 206~207쪽.

백감이나 죄책감을 유발하는 기제에 지나지 않는다. 이것은 "도덕적으로 행동하라는 전망적 압박"을 낳는 미래지향적인 도덕적 의무감각과 대비된다. 그러나 크렙스는 양심은 그들을 "괴롭히고" 이에 더해 "그들은 예상되는 방식으로 행하려고 의도하는 행위들을 평가할 수 있다"고 말한다. 여기서 그의 '가장 협의적인' 양심 개념이 '전망적 방향'으로 전환되고 있다. "양심은 사람들을 유도해 그들 자신들과 그들의 행동에 대해 판단을 내리도록 하는 기제다. 그것은 자찬감이나 죄책감과 같은 도덕감정을 낳거나 이 도덕감정과 연결되어 있다."[916] 이 도덕감정은 시비감정(도덕적 평가감정)을 표현하는 것이다. 이제야 크렙스의 양심 개념이 도덕감각 또는 시비감각의 수준으로 정상화되었다. 그래도 이것은 사단지심을 다 포함하는 맹자의 양심 개념에 비하면 여전히 협의의 양심이다. 크렙스는 애당초 양심을 시비지심(시비감각[도덕감각]과 시비감정[도덕적 평가감정])과 등치시키는 차원에서 출발했어야 했다. 다윈은 양심을 도덕감각(시비감각)과 동일시했다. 그러나 다윈은 양심의 기능을 과거의 일에 대한 사후판단과 이를 바탕으로 한 미래의 일에 대한 사전판단에 한정하고 있다. 따라서 이 양심 개념은 자신의 행위에 대한 시비판단과 도덕적 평가감정(자찬감, 결백감, 죄책감)에 국한될 수밖에 없다. 그러나 우리는 일상 속에서 종종 '양심' 개념을 이보다 더 넓게, 즉 맹자의 양심 개념으로 사용한다. 가령 '나는 양심상 외면할 수 없어 어린이심장병재단에 후원금을 냈다'는 문장에서 '양심'은 도덕행위의 동기로서 기능하는 동정심이라는 '도덕감정'을 대신하기 때문이다.

크렙스는 찰스 다윈의 '양심' 이론을 다음과 같이 비판적으로 재해석한다.

---

916) Krebs, *The Origins of Morality*, 207쪽.

- 다윈의 양심 설명은 사회적 본능의 지속적 성격과 이 사회적 본능을 범하며 이기적·반사회적 방식으로 행동하는 것에 대한 사람들의 부정적 반응에 초점이 맞춰졌다. 하지만 양심은 이보다 더 많은 것이다. 지속적인 사회적 필요를 불만상태로 놓아두는, 압박적이지만 일시적인 개인적 필요를 만족시키는 선택은 물론 사람들을 유도하여 그들이 잘못된 선택을 했다고 느끼도록 할 수 있지만, 그것은 반드시 그 선택이 부도덕하다고 느끼도록 유도하지는 않는다. 더 많은 것이 필요하다. 나는 사람들이 자기들의 동료들의 "좋은 의견"에 대해 느끼는 "깊은 존경심"에 다윈이 유의할 때, 그리고 "인간이 동료 인간들의 소망·동조·비난에 의해 최고도로 영향을 받을 것이다"라는 인정에 유의할 때 그가 자기의 행동을 후회하는 것과 이 행동을 도덕적으로 책망하는 것으로 여기는 것 사이의 격차를 메우는 것을 책임질 요소를 감지했다고 생각한다.[917]

따라서 크렙스는 양심획득에 관한 다윈의 설명이 "협동적 사회질서를 지탱하는 사회적 조건화와 제재의 견지에서 재개념화될 수 있다"고 생각한다. 어린이들은 그들이 규칙에 복종할 때 동조를 불러일으키고, 이것은 그들을 좋게 느끼게 하는 반면, 그들이 규칙에 복종하지 않을 때 거부감을 불러일으키고, 이것은 그들을 나쁘게 느끼게 한다. 처벌받아왔고 따라서 처벌받을 수 있는 행동을 행하는 것을 예상하는 것은 공포를 유발한다. 어린이들은 사회적으로 받아들여질 수 있는 방식으로 행동하는 것이 옳다는 원시적 감각으로서 동조감과 거부감, 그리고 기타 포상과 처벌을 예상하는 것과 연결된 심리상태를 경험한다.[918] 크렙스는 양

---

917) Krebs, *The Origins of Morality*, 226쪽.
918) Krebs, *The Origins of Morality*, 209쪽.

심의 진화적 발생을 이렇게 설명한다. "진화의 관점에서 보았을 때 인간적 양심의 중요한 측면은 나의 행위에 타인이 반응하는 것의 내면화된 이미지다. 타인들의 부정적 반응을 이미지화하는 가운데 사람들은 그들이 죄책감이나 수치심으로 체험하는 예상적 공포·슬픔·당혹감을 느낀다."[919] 크렙스는 양심을 "1천 명의 증인"으로 규정한 홉스[920] 또는 양심을 "위대한 내부동거인"이나 "가슴속의 위대한 반신半神", 또는 "가슴속의 내부관찰자"로 본 애덤 스미스처럼[921] 양심의 발생을 오해하고 있다.

크렙스는 뷤의 논리를 닮은 이런 역지사지적 '내면화'로서의 양심 개념을 제임스 윌슨의 이론으로 뒷받침한다. 윌슨에 의하면, 처음에 우리는 타인을 판단하고, 그 다음에 우리는 우리 자신을 "타인이 우리를 판단한다고 우리가 생각하는 것처럼" 판단하기 시작하고, 마지막으로 우리는 "불편부당한, 사심 없는 제3자"로서 우리 자신을 판단하는 과정에서 양심이 형성된다. 또한 크렙스는 자신의 양심 개념을 어린이의 양심 형성에 부모의 동조·거부감이 중요한 역할을 한다는 다른 양심 연구들로도 보강한다. 무서움이 많은 어린이들이 특히 강렬한 양심을 발전시켰고, 심지어 개와 같은 동물들도 상벌체계에 의해 양심과 유사한 감정을 보이도록 '조건화'되었다는 것이다.[922] 즉, '양심'은 내면화된 '역지사지'와 '조건반사'의 혼합이다.

그러나 '역지사지'는 불가능한 것이고 무의미하고 불필요한 것이다. 입장을 바꿔 생각한다는 것은 나는 너와 관점·이익·처지 면에서 다른 '나'이고 너는 나와 관점·이익·처지 면에서 '너'이기 때문에 불가능하다. 그래서 채권자이면서 채무자인 사람이 채권자로서 타인에게 독촉함과

---

919) Krebs, *The Origins of Morality*, 226쪽.
920) Hobbes, *Leviathan*, 53쪽.
921) Smith, *The Theory of Moral Sentiments*, III. iii. §25, VI. iii. §18, VI. ii. ii. §2.
922) Krebs, *The Origins of Morality*, 207~208쪽.

동시에 채무자로 상황을 늦추려고 하는 것이다. 그리고 입장을 바꿔 생각한다는 것은 진짜 입장을 바꿀 수 있다면 상대방이 '나'가 되기 때문에 사대방을 이해하는 것이 도로 '나'를 이해하는 것이므로 무의미하다. 마지막으로, 입장을 바꿔 생각하는 역지사지는 (사이코패스를 제외한) 인간이라면 누구나 입장을 바꾸지 않고 내 입장에서도 남의 감정을 이해할 수 있는 공감능력이 있으므로 불필요하다. 그리고 '조건화', 즉 조건반사는 후천적인 것이다.

따라서 다른 연구보고들은 크렙스의 양심 개념의 재구성을 반박한다. 그가 인용하는 한 연구는 기질이 다른 아이들은 제각기 '다른 방식으로' 양심을 발달시킨다고 보고한다. 또 다른 보고는 어떤 아이들은 자기통제를 발휘할 본성적 성향을 갖췄고, 다른 아이들은 상벌에 강하게 반응을 보였고, 또 다른 아이들은 부모와의 좋은 관계를 유지하기 위해 행동했다고 말한다.[923] 이 사례들을 보면 타인들의 동조와 거부 또는 상벌은 양심형성에 부분적이거나 부차적 의미밖에 없다는 것을 보여준다.

동조와 거부(칭찬과 비난), 그리고 도덕적 상벌이 도덕적 효과를 가지려면 이미 일정한 본능적 도덕감정의 존재를 전제해야 할 것이다. 가령 '너는 무자비하다(동정심이 없다)'는 비난은 이 '너'라는 사람이 동정심을 본성적으로 갖춘 경우에만 도덕적 비난이 된다. 따라서 동조와 거부, 그리고 상벌체계가 크리스토퍼 뵘이 주장하듯이 인류의 진화과정에 엄청난 영향을 미쳤고 이 과정에서 양심이 동료들의 동조·거부 의견의 유전자적 '내면화'로서 진화한 것으로 보았지만, 주지하다시피 필자는 이런 '내면화' 논리를 그릇된 것으로 물리친다. 상벌의 제재가 도덕감정의 발달에 기여를 했다면 그것은 직접적 내면화(사회화)를 통해서가 아니라 아마 동정심·정의감·공경심 등의 보편화와 무조건적 강화에 기여하는

---

923) Krebs, *The Origins of Morality*, 208쪽.

우회적 경로를 통해서일 것이다. 그리고 상술했듯이 필자는 가령 동정심의 생명애적 보편화와 강화에 기여한 결정적 요인을 상벌의 제재가 아니라 25만 년 동안의 거대동물 수렵으로 마련된 활수한 인심人心으로 본다. 크렙스의 오류는 강렬한 '지속적인' 사회적 본능의 도덕감정들에 입각한 비판적 자기공감 과정 속에서 이루어지는 자기 행위에 대한 도덕적 자기판단을 '타인' 또는 '제3자'의 관점을 빌리는 '역지사지' 또는 '관점인계'로 오해하는 데 있다. 그러나 필자가 보기에 양심 차원에서의 자기비판은 타인의 눈을 빌리는 비판이 아니라, 타인의 행위를 변별하고 호·불호로 평가하던 자기의 그 비판적인 눈으로 자기의 행위를 똑같이 비판하는 일관된 '자기공감적 자기비판'인 것으로 보인다. 이렇게 보면 다윈의 양심발생론이 더 맞는 것이다.

크렙스가 다마시오로부터 인용하는 뇌손상으로 인한 후천적 사이코패시 보고나, 크렙스도 인용하는 영, 베카라, 트랜넬, 하우저, 다마시오 부부 등의 "복내측 전전두피질 손상은 해로운 의도의 판단을 해친다"는 연구보고도 크렙스의 재개념화와 배치된다. 이 보고들은 둘 다 도덕적 동기에 대한 양심의 판단이 내면화된 타인의 비판관점의 표현이 아니라, 자기의 본능적 도덕관점의 '자아비판적' 표출이라는 것을 증언하기 때문이다. 이후 크렙스의 논변들도 자기의 재개념화를 불리하게 하고 다윈을 유리하게 하는 것들이다. 그는 다윈이 '강렬한 지속적 성격'의 사회적 본능으로 지목하는 동정심·정의감·공경심(존경·충성·정조 등)의 '도덕감정'을 '핵심현장'으로까지 제시하는 조지 몰(Jorge Moll) 팀의 연구결과도 인용하고 있다.[924] 따라서 양심을 타인의 칭찬과 비난(상벌)의 유전적

---

924) Krebs, *The Origins of Morality*, 209쪽. 가령: "전체적으로 고찰하면 증거는 죄책감 같은 경험이 "포유류 안에 편재적인 기본적인 주관적 감정 경험들과 전형적으로 인간적인 감정적, 인지적 기제의 혼합"(J. Moll et al., 2008)으로부터 유래한다는 양심의 모델을 뒷받침해준다. 이 발견의 중요한 함의는 "도덕감정이 변연계와 같이 계통발생학적으로 오래된 신경체계가 도덕판단, 도덕적 추리와 행동을 산출하기 위해 어떻게 전

내면화로 '재개념화하는' 그의 양심 개념은 스스로 붕괴될 수밖에 없다. 결국 이렇게 하여 양심은 협의로 본능적 도덕감정들에 입각해서 이 도덕감정들을 구현하는 행동들을 판단하는 시비감각(도덕감각)이든가, 광의로 이 도덕감정과 도덕감각의 통합체(맹자)이어야 한다.

 셋째, 크렙스는 권리감각의 진화적 기원을 논한다. 그에 의하면 누군가가 일정한 방식으로 행동할 권리가 있다는 감각의 기원을 설명하는 것은 용이하다. 사람들이 그들의 '욕구'를 충족시킬 수 있게 하는 방식으로 행동할 권리원천이 있다고 느끼는 본성적 성향이 있기 때문이다. 문제의 '욕구', 가령 "생존하고 재생산할 욕구(즉, 생명권), 자유의 욕구, 행복의 욕구"가 기본적이면 기본적일수록 사람들이 이 욕구를 추구할 권리가 있다는 관념에 대한 사람들의 승인은 더 깊이 자리 잡는다. 어려움은 사람들이 자기들의 욕구를 그들이 원하는 식으로 충족시킬 권리가 '없다'는, 그리고 '다른' 사람들은 자기들의 욕구를 일정한 방식으로 충족시킬 권리를 가지고 있다는 사람들의 감각의 기원을 설명하는 데 있다. 크렙스는 "사회적 제재"가 태초 인간들의 권리감각을 압축하고 다른 집단구성원들에게 이 권리감각을 확장하는 데 심대한 역할을 했을 것이라고 본다. 자기들의 요구를 충족시키기 위해 태초의 인간들이 취한 전략들 중에서 타인들의 복지를 촉진하고 집단의 사회질서를 유지시키는 전략들은 동조를 얻었을 것이고, 타인들의 복지를 감소시키고 집단의 사회질서를 범한 전략들은 거부를 당했을 것이다. 또한 태초의 인간들은 타인의 친사회적 행동에 동조감을 표했을 것이고, 타인의 반사회적 행동에 거부감을 표했을 것이다. 이것은 집단구성원들이 허용될 수 있다고 여기는 형태들의 범위를 좁혔을 것이다. "친사회적으로 누군가의 생존과 재생

방 전전두피질과 같이 진화에 의해 보다 최근에 형성된 뇌영역과 통합되있는지를 이해하기 위한 핵심현장으로 입증될지도 모른다"는 것이다. (J. Moll et al.)"

산적 성공을 촉진하는 것이 사회적으로 받아들여질 수 있지만 반사회적으로 촉진하는 것은 그렇지 않다는 관념은 권리감각으로 경험되기에 이르렀다. 권리는 협동체계 안에서 의무와 연결되어 있다. 주는 사람들은 받을 권리를 얻는다."[925]

크렙스는 여기서 다시 '생존과 재생산'만을 염두에 두고 있다. 다윈 이후 천박화된 진화론자들처럼 도덕적 '행복'(도덕적 즐거움), 사랑·연대의 행복(공감적 일체감의 즐거움), 미학적 행복, 유희적 행복 등을 몰각한 것이다.

권리 개념의 진화론적 설명은 모든 문화권으로부터 온 사람들이 동일한 기본적 권리를 승인하지만 상이한 문화권으로부터 온 사람들이 이 기본적 권리들을 상이한 방식으로 실현한다는 증거와 부합된다. 어린이들의 권리 개념이 발달함으로써 더 인지적으로 세련된다는, 인지발달론자들이 제공하는 증명이 진화적 설명과 상치되지 않을지라도, "진화이론은 모든 발달단계에서 자기권리와 타인권리 간의 의미심장한 차이를 기대하게 해준다". 인지적 일관성의 욕구가 자기들이 권리가 있다는 감각과 타인들이 (동일한) 권리를 가졌다는 감각 간의 차이를 메우도록 장비되어 있다고 주장될지라도, 이 과정은 잘해야 사회적 인지 속에서의 이기적 편향에 대한 취약한 대립자다. 실은 "공적 책임성이 비일관성에 대한, 사적 반추보다 훨씬 더 강한 제어다."[926] 그러나 필자의 생각에는 인의적 정체성도덕이 주도하는 평상시에는 사적 반추(자기일관성)가 더 강한 제어장치인 반면, 생존도덕이 주도하는 비상시에는 공적 책임성(사회적 제재)이 더 강한 제어장치인 것으로 보인다.

넷째, "타인들에 관한 도덕감정"의 기원을 논한다. 크렙스가 여기서

---

925) Krebs, *The Origins of Morality*, 209~210쪽.
926) Krebs, *The Origins of Morality*, 210쪽.

말하는 이 '도덕감정'은 도덕적 평가감정(칭찬과 비난)과 협의의 도덕감정(감사, 경멸, 혐오, 공분)을 뒤섞고 있다. "우리는 긍지와 같은 '자찬' 감정과 죄책감이나 수치심 같은 '자기비판적' 감정을 설명한 것에 더해 찬미와 감사와 같은 '타자칭찬' 감정과 경멸, 혐오, 도덕적 공분과 같은 '타자비판적' 감정들을 설명해야 한다. 태초의 인간들은 타인들에 의해 잘 대우받으면 긍정적으로 반응했을 것이고, 오늘날의 인간들이 그렇듯이 박대당하면 부정적으로 반응했을 것이다. 존경스럽고 이타적이고 협동적인 방식으로 대접받는 것에 대한 긍정적 감정반응은 이 친사회적 행위가 옳다는 시원적 평가감각을 불러일으켰을 것이고, 이기적이고 해롭게 대접받은 것에 대한 부정적 감정반응은 이 행동이 그릇되었다는, 이 행동에 책임 있는 자들이 나쁘다는 시원적 감각을 불러일으켰을 것이다. 이런 감정적 반응이 이 반응을 야기하는 사람들의 행동이 아니라 이 사람들을 향하는 것과, 이 반응들이 특성 귀속을 구성하는 것에 주목하라."[927]

우리는 우리를 옳게 대하는 사람들에게 동조감을 느끼는 경향이 있고 이들을 좋게 여긴다. 우리는 우리에게 잘못하는 사람들에게 거부감을 느끼고 이들을 나쁘게 여긴다. 나아가 사람들이 타인들에 의해 취급받는 방식이 타인들에 대한 그들의 부정적·긍정적 반응의 가장 직접적인 원천일지라도, 이것이 유일한 원천은 아니다. 지위, 육체적 외모, 재주, 청결성과 같은 타인들의 측면들이 사람들이 그들에 대해 느끼는 방식에 영향을 미친다. 이것이 아무리 비합리적으로 보일지라도 이러한 변수들에 의해 야기되는 감정반응은 도덕판단에 영향을 끼친다.[928]

연구보고들은 도덕성과 아무 관계가 없는 '혐오스런 사건'이 도덕판단

---

927) Krebs, *The Origins of Morality*, 210쪽.
928) Krebs, *The Origins of Morality*, 210쪽.

에 영향을 미친다는 사실도 발견했다. 가령 더럽고 어지러운 방 안에 있는 사람들이 말끔하고 깨끗한 방에 있는 사람보다 가혹한 도덕적 판단을 내린다. 그리고 도덕적 혐오감은 소화상의 반발로부터 유래하는 비도덕적 역겨움의 "체현" 또는 연장이다. 이것은 일찍이 로진·하이트·맥콜레이(P. Rozin, J. Haidt, C. R. McCauley)의 '역겨움' 연구(2000·2008)와[929] 쉬낼·하이트·클로어(S. Schnall, J. Haidt & G. L. Clore, A. H. Jordan)의 '역겨움(disgust)' 연구(2005·2008)에서[930] 밝혀진 사실이다. 또 앞서 인용한 조지 몰 팀의 연구(2008)는 "역겨움의 신경적 표현은 전방뇌섬·전방대상·측두피질·기저핵·편도핵·안와전두피질을 포함한다"고 보고한다. 또한 폴 로진(Paul Rozin) 팀은 세균으로 인한 위해의 위험과 연결된 현상들(체액, 죽은 동물, 쓰레기, 악취와 같은 것들)이 혐오감을 일으키고 "이런 종류의 사건들과 연결된 행동과 사람들의 형상이 부도덕한 것으로 여겨지는 경향이 있다"고 보고한다. 섹스행위는 체액교환을 포함하고, 많은 성교금기는 오염이나 역겨움과 연결된 개념들(생리, 항문섹스, 수간)에 의해 구조화된다. 로진은 육체적 부정不淨과 정결에 대한 반응이 정신적 부정과 정결에 관한 관념으로 변환될 수 있다고 말한다. 마찬가지로 사람들의 정신을 오염시키는 행위들은 부도덕한 것으로 간주되고, 정신의 순수성은 도덕적인 것으로 간주된다. 여기로부터 크렙스는 "도덕적 혐오감의 적응적 기능이 다른 형태의 역겨움의 적응적 기능과 유사하다"고 추론한다. 그것은 성격상 물리적이든 사회적이든 잠재적으로 해로운 행동

---

929) Paul Rozin, Jonathan. Haidt, Clark R. McCauley, "Disgust". Michael Lewis, Jeannette M. Haviland-Jones & Lisa Feldman Barrett, *Handbook of Emotions* (New York: The Guilford Press, 2008) [757-776쪽].
930) S. Schnall, J. Haidt, G. L. Clore, & A. H. Jordan, "Disgust as embodied moral judgment", *Personality and Social Psychology Bulletin*, 34-8 (2008), 1096-1109쪽.

을 철회하고 배격하는 동기를 준다는 것이다.[931] 크렙스는 타인에 관한 도덕감정의 기원에 대한 논의에서 도덕감각과 도덕감정의 혼동, 협의의 도덕감정과 도덕적 평가감정의 혼동을 범하고 있지만, 그런대로 유익한 시사들을 던져주고 있다.

다섯째, 정의감각의 기원에 대한 진화론적 설명이다. 크렙스는 이 '정의감각'은 나와 남의 고유한 자연본성적 몫에 대한 판단력으로서의 '정의감각(sense of justice)'과 행위동기로서의 '정의감(righteous emotion)', 즉 '정의감정(emotion of justice)'을 뒤섞고 있다. 그리고 크렙스는 '자연적 몫' 개념을 결하고 있기 때문에 판단력으로서의 이 '정의감각'이 앞서 다룬 권리감각과 동일한 것인지를 모르고서 따로 다루고 있다. 아무튼 그는 트리버스(Robert L. Trivers)의 호혜성 연구와 드발의 '유인원의 공정성 감각' 연구에 의존해 - 각 개체의 '자연적 몫'과 이에 대한 자연적 권리에 대한 관점을 완전히 몰각한 채 - '기만(cheating)'에 대한 방어책으로서의 '이기적 정의'를 과중하게 논한다.[932] 여기에 필자가 쇼펜하우어의 보복적 징벌론 비판에 대한 반비판에서 상술한 바 있는 인간의 정의감각의 이기적 편향성에 대한 논의를 더한다. 그는 트리버스에 의거해 공정성이나 정의에 대한 애착은 이기적이고, 우리는 삶 속에서 불의의 희생자들이 무심한 방관자보다 더 강하게, 그리고 범행자보다 훨씬 더 강하게 고통을 느낀다고 주장한다. 또 이 주장을 사람들이 타인들을 공정하게 대하는 것보다 불공정하게 취급받는 것에 더 강하게 반응하고, 자기 자신에 적용하는 것보다 타인들을 더 높은 공정성의 기준에 묶어두고, 자기가 얼마나 받을 만한가를 과대평가하는 반면, 자기들이 남들에게 얼마나 많이 빚졌는지를 과소평가하고, 자기들과 남들

---

931) Krebs, *The Origins of Morality*, 210~211쪽.
932) Krebs, *The Origins of Morality*, 211~212쪽.

에 대한 비용과 혜택을 다른 방식으로 계산하는 성향이 있다고 확인하는 그린버그(Jerrold S. Greenberg)와 코헨(Ronald L. Cohen)의 사회행태적 공정성·정의 연구로 보강한다.[933] 하지만 필자가 볼 때, 우리는 남이 불공정한 대우를 받으면서도 이를 심각하게 생각하지 않는데 우리가 이를 심각하게 느껴 공분하는 경우도 허다하기 때문에, 정의의 셀프서비스 편향은 자기 외의 만인의 반발로 교정당하지 않을 수 없기 때문에 이 심리학자들의 이야기는 액면 그대로 받아들일 수 있는 보고가 아니다. 자아는 불편부당한 만인관찰자들의 공감대를 늘 고려하지 않을 수 없는 법이다. 따라서 크렙스는 "우리는 최적의 결과를 산출하기 위해 사람들의 정의감각 안에서 통제되지 않은 이기적 편향을 기대하고 싶지 않을 것이고, 증거들은 이기적 편향이 여러 요인들에 의해 억제된다는 것을 시사한다"고 덧붙인다. 그러고 나서 그는 바로 이어서 '이타적 정의감'으로서의 "정의로운 공분"을 논한다. 이 공분은 판단력으로서의 정의감각이 아니라 행위동기로서의 정의감정(정의감)이다. 크렙스는 이 둘을 구분하지 못한다. 아무튼 크렙스는 "다른 유인원들이 자기 집단의 구성원이 친사회적 규범을 위반할 때 부정적으로 반응하고 규범 위반자들을 처벌하는 조치를 취할지라도 인간은 제3자에게 불공정하게 행동하는 사람들과 불로소득자들을 처벌하려는 성향에서 동물의 왕국 안에서 단연코 현저한 존재다"라고 말한다. 그리고 그는 제임스 윌슨을 인용해 우리의 정의감각은 우리가 희생자가 아닐 때도 잘못한 자들을 처벌하려는 욕구를 포함하고 이 감각은 "자연발생적·본성적 감정"이라고 논변한다. 또한 그는 다른 학자들의 연구결과들에 의거해[934] 도처에서 '불로소득 행위'가 부

---

933) Krebs, *The Origins of Morality*, 212쪽. 그린버그와 코헨의 연구는 참조: Jerrold S. Greenberg & Ronald Cohen, *Equity and Justice in Social Behavior* (New York: Plenum Press, 1980).
934) S. Gächter & B. Herrman, "Human Cooperation from an Economic Perspective", 77쪽. P. M. Kappeler & C. P. van Schaik (eds.), *Cooperation in*

정적 반응을 일으킨다고 결론짓고 이것은 감정이 처벌을 격발시킨다는 가설과 부합된다고 논변한다. 그리고 그는 조지 몰의 연구에 의거해 공분이 안와전두피질·전전두피질·전방뇌섬·전측대상피질의 활성화를 유발한다고 말한다.[935]

전체적으로, 크렙스의 정의감각 기원 논의는 정의감각과 정의감을 뒤섞고, '이기적 정의감각'과 관련해서는 이해관계상의 '기만'에만 집착한 데 이어, '이타적 정의감'으로서의 '공분'과 관련해서는 개체의 가장 근본적인 '자연적 몫'인 자기 생명·육체·정신을 살상하고 재생산 기회를 파괴하는 불의를 몰각하고 불로소득 행위에만 집착하고 있다.

여섯째, 크렙스는 추상적 도덕성 관념의 기원에 관하여 논한다. 필자가 이해하기에 이것은 생존도덕을 제외하고 인간의 생물학적 도덕감정에서 기인하는 보편적 기본도덕율(인·의·예와 이것에 대한 위반을 처벌하는 것)을 다루는 것으로 보인다. 그에 의하면, 태초의 인간들이 친사회적·반사회적 방식으로 행동했을 때 자신들이 경험한 긍정적·부정적 느낌들은 타인들이 친사회적·반사회적 방식으로 행동할 때 자신들이 경험한 긍정적·부정적 느낌과 수렴했을 것이다. 그리고 이것은 친사회적 형태의 행동이 옳고 덕성을 이룬다는, 그리고 친사회적으로 행동하는 사람들이 "선하고" 반사회적 방식으로 행동하는 사람들이 "악하다"는 "보다 일반적인" 감각의 발생에 기여했을 것이다. "이것은 도덕적 형태의 품행이 정의되는 방법에서 문화권들 간에, 그리고 문화권 안에서의 의미심장한 차이들이 존재할지라도 모든 문화권에서 온 사람들이 이타적이고 협동적이고 정직하고 공경스럽고 정심적인 형태의 품행을 바르게 여기고, 모든 사람들이 이기적이고 침략적이고 비협동적이고 부정직하고 불공경

Primates and Humans (New York: Springer-Verlag, 2006) [275~302쪽].
935) Krebs, *The Origins of Morality*, 212쪽.

하고 자만한 형태의 품행을 그릇되게 여기는 이유다."[936)] 이것은 본능적 도덕감정에 기인하는 이른바 '보편요소들'의 관념을 말한 것이다.

■ 도덕감각의 직관과 이성 간의 관계

마지막으로, 크렙스는 여러 사회진화론적·사회심리학적 연구보고들을 바탕으로 도덕감각의 직관적 측면과 이성적 측면의 관계를 논한다. 그는 일단 사회심리학자 하이트의 「감정적 개와 그의 합리적 꼬리」(2001)에 의거하여 도덕판단이 어떻게 도덕감각의 기원의 프레임워크와 맞물리는지를 설명하려고 한다. 하이트에 의하면, 도덕판단은 질적으로 상이한 두 원천, 즉 '도덕적 직관'과 '도덕적 추리'로부터 도출된다. '도덕적 직관'은 "증거를 탐색하고 저울질하거나 결론을 추론하지 않은 채 감정적 수가數價(선악, 호오)를 포함하는, 의식 속에서의 도덕판단의 갑작스런 출현"이다. 도덕적 직관은 "마음속의 육감(gut feeling)"과 같은 것이다. 궁극적으로 도덕적 직관은 "진화된 본유적 성향"에서 유래하는 것이다. 크렙스는 하이트의 이러한 논변을 다마시오의 도덕적 결정에서의 '신체표지' 가설(2004)을 다시 확인해주는 것으로 풀이한다. 다마시오에 대한 필자의 논의를 돌이켜보면, 신체표지 가설은 도덕판단과 도덕행위가 물리적·사회적 환경에서의 '행동 신호들(cues)'의 심적 재현에 대한 '관행적으로 조건화된 감정적 반응'(자동적 신경체계 반응)을 말한다. 또한 크렙스는 하이트의 이 테제들이 "체득된 인지"에 관한 로진 팀의 개념도 확인해준다고 풀이한다. "체득된 인지"는 가령 썩은 음식과 같이 물리적으로 부정한 현상들에 의해 야기된 역겨움의 느낌이 섭생적·성적 금기를 지키는 것과 같은 도덕적 확신과 판단을 낳는 도덕적 부정에 관한 비유(즉, 썩은 악당, 부패집단)로 일반화되고, 이 비유 안에서 "체득·체

---

936) Krebs, *The Origins of Morality*, 212~213쪽.

화된다"는 것을 시사한다.[937]

크렙스는 이 대목에서는 전적으로 하이트에 의존한다. 하이트의 모델에서 사람들은 모든 언어의 소리를 생산할 능력을 타고나듯이 "온갖 종류의 특별한 도덕적 직관을 체험할 능력"을 타고난다. 하지만, 언어의 경우처럼 사람들의 문화적 경험은 그들이 획득하고 부분적으로 직관을 불러일으키는 것을 결정하고야 마는 도덕적 직관의 범위를 좁힌다. 어린이들이 성인들로부터 명시적으로 문화권의 규범을 배우기보다 그들이 집단의 관습복합체 속에 스며들어 감에 따라 이 규범을 "암묵적으로(특히 동년배들로부터)" 배운다는 것이 더 옳다. 크렙스는 "도덕발달이 일차적으로 성숙과 내재적 직관의 문화적 형성의 문제"라는 하이트의 명제에 공감한다. 하이트에 의하면 "사람들은 성인기에 시비에 관한 명시적 명제지식을 획득할 수 있지만, 우리가 물리적으로, 그리고 사회적으로 "도덕명제들의 자명한 진리성을 느끼게 되는 것"은 "늦은 유아시절과 청소년시절의 예민한 시기 동안 동년배들과 공유되는" 감각적·운동신경적 형태 및 기타 형태의 "암묵적 지식"을 포함하는 "문화복합체"에 대한 "참여"를 통해서다. 사람들이 합리적 방법으로 도덕판단을 도출하는 것을 하이트가 부인하지 않을지라도, 그는 사람들이 통상적으로 도덕판단을 도덕적 직관으로부터 도출한다고 주장한다. "도덕적 직관은 디폴트(애초값)다."[938]

크렙스는 근친상간 금기의 직관(비합리성)을 확인하는 하이트의 '줄리와 마크 남매의 근친상간 시나리오'도 인용한다. 이에 그는 국기를 갖고 변기를 닦는 것과 같은 행위, 자기의 죽은 개를 먹는 것과 같은 시나리오들을 덧붙여 이런 행동들의 도덕적 허용가능성에 관한 사람들의 평가 보

---

937) Krebs, *The Origins of Morality*, 213쪽.
938) Krebs, *The Origins of Morality*, 213~214쪽.

고도 활용한다. 이러한 시나리오들에서 가상적으로 모든 참가자들이 문제의 행동들을 잘못으로 간주했지만 왜 잘못인지를 설명하는 데 어려움을 겪었다. 이유를 대라고 압박하자 그들은 아무 말이나 해댔다. 이 말들의 비타당성을 지적했을 때 그들은 말을 잃고 "나는 설명할 수 없다. 그러나 나는 그것이 잘못이라는 것을 정확히 안다"고 말했다. 하이트는 이 현상을 "도덕적 아연실어啞然失語(moral dumbfounding)"라 불렀다.

크렙스는 하이트와 로진을 활용해 도덕판단에서의 도덕적 직관의 본유적 전제前提성격과 선차성을 잘 설명하고 있다. 그러나 그 자신이 문화권을 뛰어넘는 인류보편적인 '추상적 도덕성 관념의 기원'을 주장했고 또 근친상간 금기, 국가정체성에 대한 공경('국기로 변기를 닦는' 행위에 대한 혐오감), 동물에게까지 미치는 보편적 동정심('자기의 죽은 개를 먹는' 행위에 대한 혐오감)을 거론하면서도 하이트의 논의가 뭔가 부족하다는 것을 감지하지 못하고 있다. 하이트는 마크 하우저와 같은 언어유추에서 "온갖 종류의 특별한 도덕적 직관을 체험할 능력"만을 말하고 있지, 이 '능력'보다 더 많은 이른바 도덕적 '보편요소들'을 몰각하고 있다. 상론했듯이 리처드 조이스는 도덕적 직관'능력'에 더한 "넓고 일반적인 보편요소들(broad and general universals)"의 초문명적 존재를 강조함으로써 하이트·하우저 등과 달리 언어본능과 도덕본능 간의 유사성만이 아니라 그 본질적 차이에 대해서 명확히 밝히고 있다. 그 핵심은 언어본능과 도덕본능은 둘 다 완벽화를 위해 경험적 숙련을 추가로 요하는 '반半본능'이지만, 그래도 도덕본능은 보편언어의 극소 조각도 담고 있지 않은 언어본능에 비해 상당한 수의 구체적 요소들로 이루어진 보편적 도덕률들을 포함하고 있다는 것이다. 크렙스는 이 점을 보완해야 할 것이다.

제3절

크리스토퍼 뵘과
시비감각의 사회선택적 진화론

　미국 문화인류학자 크리스토퍼 뵘(Christopher Boehm)은 『도덕 기원(Moral Origins)』(2012)에서[939] 다윈의 정신에 따라 홍적세 전후 또는 신·구석기 시대 전후의 거시적 역사 관점에서 '시비감각(sense of wrong and right)', 또는 '양심'의 진화를 입증하는 데에 초점을 맞췄다. 두 가지 이론적 전제는 다윈의 맹목적 '자연선택' 개념을 보완하는 '목적의식적' 선택으로서의 '사회적 선택(social selection)' 개념이고, 다른 하나는 깡패알파·사기꾼·도둑 등의 무임승차자·불로소득자들(free riders)에 대한 사회적 처벌이 불로소득자들을 퇴출시키고 자기통제 능력이 있는 구성원들을 재생산적 적응성에서 유리하게 하는 일종의 평등주의적인 사회적 선택으로서 시비감각과 양심을 유전자화한다는 것이다. 이 시비감각

---

939) Christopher Boehm, *Moral Origins: The Evolution of Virtue, Altruism, and Shame* (New York: Basic Books, 2012).

의 유전자화는 25만 년 전부터 관철된 대형동물 수렵시대의 개막과 함께 확산된 평등주의가 늦어도 4만 5000년 전 후기홍적세 신석기시대에 '결정적'으로 확립되고 불로소득자들에 대한 처벌이 '도덕화'되면서 확고해졌다는 것이다.

3.1. '사회적 선택'과 시비감각의 진화

크리스토퍼 뵘은 인간들의 "사회적 선호"가 결과적으로 유전자 풀에 영향을 끼칠 수 있는 여러 가지 길이 있다고 말한다. 그 중 한 길이 개인들로서 사람들이 좋은 평판을 가진 타인들을 자기들의 적합성을 지원하는 혼인배우자나 협동파트너로 선택하는 것이다. (이것은 다윈이 성性선택의 개념으로 이미 밝힌 것이다.) 다른 길은 전체 집단이 적합성을 해치는 혐오스런 일탈자들을 엄벌에 처하는 것이다. 그의 일반적 진화가설은 도덕성이 양심을 가짐으로써 시작되었고, 양심의 진화는 집단에 의한 체계적인, 그러나 처음에는 비非도덕론적인 사회통제로부터 시작되었다는 것이다. 이것은 잘 무장된 대형사냥감 수렵인들의 성난 집단에 의한 개인적 일탈자들의 처벌을 포함했다. 이러한 처벌은 집단 성원들과 집단 전체의 사회적 선호가 유전자 풀에 대한 체계적 영향을 끼치고 있었기 때문에 '인심 좋음(generosity)'에 관한 '설교'와 함께 "사회적 선택"이라 불릴 수 있다는 것이다.[940]

일탈자들의 처벌은 사람들이 사회적 약탈자들에 의해 위협받거나 박탈당한다고 느끼기 때문에 벌어지지만, 더 큰 의미에서 사회적 교란을 야기하는 부정행위자들이 협동을 통해 번영할 수 있는 집단의 능력을 아주 명백하게 감소시키기 때문에도 벌어진다. '사회적 선택'의 이 징벌적

---

940) Boehm, *Moral Origins*, 15쪽.

측면은 적어도 "긍정적 사회목표"를 능동적으로, 그리고 종종 아주 통찰력 있게 추구하거나 갈등으로부터 생겨날 수 있는 사회적 재앙을 피하려는 '대형두뇌 인간들'이 의도하는 직접적 유형의 의도적 "목적"을 포함한다. "유전자적 결과는 의도하지 않을지라도 사회적 약탈을 하는 성향을 줄이고 사회적 협동을 향하는 성향을 늘리는 방향을 취한다". 그러므로 일상적 토대 위에서 "집단처벌"은 여러 세대가 흘러가는 동안 점차 유전자형을 유사한 방향으로 변형시켜 감에 따라서도 집단의 "사회적 삶의 직접적 質"을 향상시킬 수 있다.[941] 여기서 빔은 유전자화가 지향하는 '목적'으로서, 재생산의 쳇바퀴에 속하는 약탈축소와 협동증대만을 언급하고 인간들의 도덕적 행복(도덕적 즐거움)과 사랑·연대·유대의 행복(일체감적·동심적 즐거움)은 언급하지 않고 있다. 빔은 '가족외적 인심(extrafamilial generocity)'으로서의 이타주의를 설명하려는 의도를 보이면서도 논의를 계속 '생존도덕' 차원에 가둔다.

빔은 이타주의를 역사적으로 이해하기 위해서는 고전적 수렵채집 집단에 관해 세 가지를 잊지 말아야 한다고 말한다.

첫째는 이 집단들이 언제나 "친족적 가족들과 비非친족적 가족들의 혼성체"라는 것,

둘째는 "직접적이거나 정확한 교호적 보상의 기대 없이" 일정한 활동들 속에서 예측 가능하게 협동한다는 것,

셋째는 이기적·친족정실적인 인간적 성향이 인간 종 안에서 아주 강렬하기 때문에 그들이 적극적으로 집단 내에서의 "보다 광범한 인심"을 '설교'한다는 것이다.

이동생활을 하는 평등주의적 수렵집단 속의 개인들이 인심을 촉진하려고 할 때, 그들은 자기와 가족이 언제나 먼저이므로 사람들이 집단 전

---

941) Boehm, *Moral Origins*, 15쪽.

체에 왕성하게 기여하기 위해 특별한 "설복"을 필요로 한다는 것을 인정한다. 간단히, 구성원들은 "집단적 협업의 혜택"을 더 잘 거두려면 그들이 황금률의 국지적 버전을 조작적으로, 즉 인간본성 속에서 최선의 것을 끌어내도록 의도된 "세련된 유형의 사회적 압력"으로 적용할 필요가 있다는 것을 이해한다는 것이다.[942]

동시에 뵘은 생물학적 견지에서 '이타주의'를 "사람들로 하여금 상대적 적합성을 축소시키는 행동의 관점에서 자기들이 받는 것보다 더 많이 주고 싶게 만드는 관대한 행동 성향"으로 정의한다. 그는 이 이타적 행동들이 '분명히 실재한다'고 믿는다. 그는 사람들의 익명적 헌혈, 개발도상국의 아동들에 대한 익명적 지원, 지구상 어느 곳의 자연재해에 뒤따르는 활수한 원조행위 등을 열거한다. 여기에 "이타주의 미스터리"가 들어 있다는 것이다. 아주 이기적·친족정실적 인간 구성원들이 혈통적으로 아무 관계도 없고 심지어 알지도 못하는 사람들에게 아주 자기희생적인 기부자가 된다는 것, 이것이 바로 '미스터리'다.[943]

뵘은 '생존가능성'으로서의 '진화적 적합성(재생산 적응성)'을 감소시키는 가족외적 인심의 이타주의를 이렇게 잘 정의하고 과제로 정확히 설정했으면서도 양심과 시비감각의 기원을 설명하면서는 줄곧 궁극적으로 '재생산 적응성'으로 귀결되는 약탈축소와 협동증진 또는 구성원들의 고른 영양촉진 등만을 언급한다. '가족외적 이타주의'에는 정직하게 협동하는 자들의 생존을 위한 불로소득 행위 규제의 계기만 들어 있는 것이 아니기 때문에 하는 말이다. 그도 이타주의가 "상대적 적합성을 축소시키는 행동"이라고 말하고 있듯이, 이타주의에는 자기의 생존을 희생하는 계기도 들어 있다. 이 자기희생의 이타적 계기가 강렬하고 나아

---

942) Boehm, *Moral Origins*, 10-11쪽.
943) Boehm, *Moral Origins*, 9-10쪽.

가 유전자화된다면 그것은 다윈이 말하는 "강렬한 항구적 도덕본능"이 된다는 말이다. 이 이타적 도덕본능 또는 도덕본성이 인간의 인간다운 정체성이고, 이 본성의 진성盡性이 곧 정체성의 실현이다. 도덕적 본성의 진성, 정체성의 실현으로부터는 바로 도덕적 행복이 나온다. 즉, 상대적 적합성(재생산 적응성)을 축소시키는" 이타주의로부터는 '간접적'으로라도 결코 재생산적 이득이 나오는 것이 아니고, 도덕적 행복(도덕적 즐거움과 사랑·연대·유대의 동심적·일체감적 즐거움)이 나오는 것이다.

뵘은 인간의 '무조건적 이타주의'의 '미스터리'를 '사회적 제재에 의한 무조건적 이타주의의 유전자화' 테제로써 풀려고 한다. '사회적 선택'으로서의 '일탈 엄벌'이 인간들에게 이기주의와 친족정실주의를 제한하는 한편, 이타주의를 가족과 친족의 범위를 뛰어넘어 보상을 기약할 수 없는 무조건적 형태로 발전시키고, 결국 이 '무조건적 이타주의'를 유전자로 착근시켰다는 것이다. 이 증명과정에서 그의 가장 큰 명제는 "집단 구성원들의 징벌적 행동이 집단생활에 영향을 미칠 뿐만 아니라, 유사한 방향으로 유전자 풀을 변형시킨다는 것"이다. 따라서 모종의 제한된 "목적의식적 요소"가 "맹목적으로 작용하는 것으로 생각되는 생물학적 진화과정" 속으로 실제로 잠입해 들어가는지가 문제다. (물론 우리가 래리 안하트와 더불어 살펴보았듯이 자연선택적 진화라도 결코 맹목적이지 않다. 종과 개체의 '생존' 또는 '재생산'은 모든 '자연선택적 진화'의 내재적 목적이기 때문이다.) 뵘은 모종의 "목적의식적 투입"이 자연선택 과정에 영향을 미칠 수 있을 것이라는 의미에서 사회적 선택을 "저차원 목적론"이라고 부르고 이 개념을 도입한다.[944] 이로써 그는 현대 다윈주의의 가장 기본적인 가정들 중 하나를 얼마간 수정한다.

뵘은 자연선택 과정에 영향을 미치는 "목적의식적 투입"의 사례로 동

---

944) Boehm, *Moral Origins*, 16쪽.

물사육, 유전공학, 나치의 우생학적 조치를 들고 있다. 이 세 가지 사례에는 다 목적의식이 들어 있음에도 이 세 가지가 모두 유전자 풀에 변화를 가한다는 것이다. 븜은 선사시대 징벌행위의 "목적의식적 투입"도 이런 유전자 변화를 가져왔다고 가정한다. "수렵채집자들의 사회적 의도가 유전자 풀에 영향을 미쳤는데", 그 방식은 '부지불식간에' 수렵채집자들의 "사회적 의도"가 예견할 수 있는 고도로 의미심장한 방식, 적어도 "자기들의 삶의 질을 향상시키는 것"과 관련된 차라리 "세련된 직접적 목적들"에 의해 지도받는 방식으로 유전자 풀에 영향을 미쳤다는 것이다. 븜은 선사시대에 능동적 행위자들의 사회적 의도가 특별한 '초점', 즉 행위자들의 아주 일관된 실천적 목적으로부터 생겨난 초점을 "인간적·사회적 선택(human social selection)" 과정에 맞췄다고 믿는다.

행위자들은 사람들을 보다 이타적인 행실을 하게끔 설득하도록, 그리고 그들 가운데의 불로소득자들을 단념케 하도록 움직였고, 이 둘 다 직접적 일상생활에 영향을 미쳤을 뿐만 아니라 그들의 유전자 풀에도 장기적으로 영향을 미쳤다는 것이다.[945] 상론했듯이 븜은 이렇게 필자의 '인간선택' 개념에 거의 접근하는 "인간적·사회적 선택"이라는 술어를 쓰고 있다. 이런 의미에서 븜의 이론은 필자가 뒤에 수립할 인간선택적 도덕진화론을 한껏 뒷받침해준다.

그러나 이 '인간적·사회적 선택'을 븜은 "목적의식적 자연선택으로서의 사회적 선택(social selection as 'purposeful' natural selection)"이라는 제하에[946] 구겨 넣음으로써 자신의 독창적 이론의 중요한 의미를 삭감해버리고 있다. 상술했듯이 이 표현은 자가당착적 형용모순이기 때문이다. 다윈의 '자연선택' 개념은 '맹목적 재생산(생존)'을 내포한다. '목적

---

945) Boehm, *Moral Origins*, 16쪽.
946) Boehm, *Moral Origins*, 15쪽.

의식성'을 담으려면 '자연선택'이 아니라, '인간선택'을 말하되 이것을 재생산 목적과 결부시키지 말고, 행복(도덕적 행복과 각종 공감적 행복[사랑의 일체감적 행복, 공감적 재미와 미로서의 유희적·미학적 행복 등])과 연결시켜야 한다. '인간선택'을 '재생산' 목적과 결부시키자마자, 이 '인간선택'이 궁극적으로 다시 맹목적 재생산의 자연선택을 위한 '의식적' 보조수단으로 추락하기 때문이다.

이 보조수단으로서의 '인간선택', 또는 그의 표현대로 '인간적·사회적 선택'은 하늘로 비상을 기도하지만 퍼덕거리다 결국 땅바닥에 나둥그러지고 마는 닭 같은 신세다. 뵘의 저 "목적의식적 자연선택으로서의 사회적 선택"이라는[947] '뜨거운 얼음' 같은 형용모순적 표현은 그가 '재생산적 생존' 목적보다 훨씬 차원 높은 '도덕적·공감적 행복'과 같은 고차적 목적을 몰각한 탓이다. 이런 까닭에 결국 뵘의 논리는 자기희생적 이타행이 '생존도덕'으로부터 '인의적 정체성도덕'으로 넘어가는 분수령임에도 생존도덕과 인의적 정체성도덕의 경계선을 명확하게 의식하지 못하고 이 경계를 넘는 듯하다가 다시 맹목적 생존도덕 속으로 재추락하기를 반복한다.

다윈은 장기간에 걸친 진화적 발달의 분석이 특히 풍부한 본성주의적 세부내용을 포함하는 경우에 강력한 설명력을 낳는다고 생각했다. 하지만 이런 '전체론적인 자연사적 접근'은 오늘날 낡은 패션으로 간주되기 십상이다. 오늘날의 진화 연구는 통상적으로 한 시기에 나타나는 하나의 한정된 주제를 공격하는 식으로 조각조각 나뉘어 진행되고 있고, 행동패턴의 모델링과 유전자 풀에 대한 그것의 영향은 '기획'과 '적응'의 견지에서 '논리적으로' 접근하기 때문이다. 따라서 이런 세분화된 논리적 분석방법은 정작 역사적 차원에 초점을 맞춘 실제적인 다원주의적 분석을

---

947) Boehm, *Moral Origins*, 16쪽.

종종 제쳐놓고 만다. 그러나 이런 추세에 맞서 뵘은 수만 년, 수십만 년, 아니 수백만 년의 진화적 시간대에 걸친 인간의 변화를 살펴보는 다윈의 이 진화론적 분석을 따른다. 따라서 뵘은 수백만 년에 걸친 사회적 선택의 효과를 관찰하는 자신의 진화론적 도덕감각 연구가 오늘날의 유행에서 보면 "신기한" 것으로 느껴질 진화론적 시나리오를 개진할 것이라고 천명한다.

뵘의 핵심 아이디어는 한마디로 "선사시대에 인간들이 사회적 통제를 아주 집중적으로 사용하기 시작해서, 자기 자신의 반사회적 성향을 중지하는 데 더 능하게 된 개인들이 처벌의 공포를 통해서, 또는 집단의 규칙을 흡수하고 이것과 동일시하는 것을 통해서 우월한 적합성을 얻었다"는 것이다. 그에 의하면, 인류는 "규칙을 사회적으로 내면화하는 것을 배움"으로써 오랜 시간이 흐른 뒤에 그것을 유전자화해 "양심을 획득했다". 그런데 시초에 이것은 "불로소득자를 강력하게 억압하는 효과도 아울러 가졌던 징벌적 유형의 사회적 선택"으로부터 유래했다는 것이다. 그리고 그는 대형동물 사냥을 전업화한 지 오래되고 새로운 (현생적) 석기기술과 문화·예술을 창조한 후기홍적세 신석기시대 인간들이 4만 5000년 전에 도입한 "새로운 도덕주의적 유형의 불로소득자 억압"이 "가족외적 인심의 아주 놀라운 능력"의 진화적 발달에도 도움을 주었다는 것이다.[948]

그러나 필자가 앞서 양심이론에서 밝혀졌듯이 양심은 자아가 자신의 행동을 시비하는 타아의 눈을 내면화하는 것에서 유래한 것이 아니라, 타인 행동의 시비를 판단하는 자기의 마음과 동일한 자기의 마음으로 자기의 행동에 대해서도 동일한 시비판단을 내리는 것에서 유래한 것이다. 이 때문에 필자는 사회적 처벌의 공포의 내면화를 통해 양심이 진화했다

---

948) Boehm, *Moral Origins*, 17쪽.

는 븜의 핵심주장을 수용하기 어렵다고 생각한다. 또한 상론했듯이 보편적 동정심의 발달과 엄격한 불로소득자 억압기제의 발달은 반비례 관계에 있다고 생각한다. 동정심이 보편화되고 강렬해질수록, 불로소득자에 대한 억압은 완화되기 때문이다.

아무튼 븜은 "4만 5000년 전 최초의 완전한 현생인류의 행동방식"을 재구성하려고 한다. 왜냐하면 이 현생인류는 생물학적 의미에서 기본적으로 "도덕적 진화의 종결점"이기 때문이다. 오늘날, 우리가 도시에 살고 도덕성에 관한 책을 쓰고 읽을지라도, "우리의 실제적 도덕은 저 인간들의 도덕과 거의 다르지 않다".[949]

븜은 영국 인류학자 겸 영장류전문가 리처드 랭검(Richard W. Wrangham)이 제시한, 인간·침팬지와 고릴라를 아우르는 "공동조상(Common Ancestor)"이 인간·침팬지 계열과 고릴라 계열로 갈라지는 800만 년 이래의 자연상태를 "자연적 에덴동산"이라고 명명한다. 그는 이 '자연적 에덴동산'에서의 도덕의 기원에 분석의 초점을 맞춘다. 특히 정밀 조준된 초점은 '양심'에 맞춰진다. "이 특유하게 자기의식적인 기제"인 '양심'이 "어떻게 징벌적 사회환경의 결과로서 생겨나게 되었는지"가 핵심적 탐구과제다. 양심의 발생은 양심이 대형사냥감 수렵을 우리 조상들에게 보다 지속가능하고 유용한 기업으로 만든 선사시대에도, 그리고 동시에 우리가 도덕적 존재로 남아 있고 또 도덕적 존재로부터 계속 혜택을 받고 있는 오늘날에도 인간에게 "심오한 적응적 함의"를 가졌다. 븜은 "우리가 아무런 양심 또는 시비감각(sense of right and wrong)을 가지지 않은 현대인들의 사회를 생각한다면, 사회와 개인에 대한 범죄가 탐지되기 아주 어려운 오늘날의 거대한 익명적 도시환경에서 사는 것을 상상하기 어렵다"고 말한다. "대부분의 사람들이 강렬한

---

949) Boehm, *Moral Origins*, 17쪽.

적극적 양심을 가지고 있다는 것이 우리들에게 혜택을 주는 것이다."[950] 여기서도 뵘은 양심이 주는 공리적 의미의 '혜택'(범죄로부터의 안전)만을 말하고, 양심만이 가능케 해줄 수 있는 더 중요한 의미, 즉 인간적 정체성의 수립·견지·강화·향유로부터 나오는 '도덕적 행복감', 즉 자신의 떳떳함과 뿌듯함, 남에게서 자기가 도덕적으로 칭찬받고 존경받는 즐거움, 남의 훌륭함을 맛보는 즐거움, 도덕적 인간들끼리의 사랑 속에서 서로 어울려 사는 공감적 일체감의 즐거움, 기쁨·재미·미에 대한 공감에서 나오는 공리적·유희적·예술적 즐거움 등을 완전히 망각하고 있다.

아무튼 뵘은 일단 '양심의 기원' 문제가 해결되면 인간들이 어떻게 우리에게 "협동"을 가능케 하는 "비상한 정도의 (어떤 사람들에게는 거의 설명할 수 없는 정도의) 사회성과 동정적 인심"을 획득했는지를 설명하는 과제에서도 보다 유리한 위치를 점하게 될 것으로 생각한다. 그러나 그는 곧 전도된 주장으로 추락한다. "우리가 우리에게 원시적 시비감각(sense of right and wrong)을 준 모종의 양심을 획득하지 않았다면, 우리는 결코 우리가 오늘날 아는 만큼 인간적 사회생활을 풍요롭게 해주는 현저한 정도의 '공감(empathy)'과 이에 동반되는 특색의 가족외적 인심을 진화시키지 않았을 것이다."[951] 시비감각의 양심이 공감과 가족외적 인심의 진화를 가져왔다는 말이다. 뵘은 여기서 시비감각과 양심의 발달이 공감과 '가족외적 인심'(보편적 동정심)의 발달을 앞지르는 것인 양 거꾸로 말하고 있다. 뵘은 '시비감각'이 애당초 공감·교감감각이고 동정심과 정의감도 애당초 공감을 전제한다는 사실을 모르고 있다. 시비감각과 동정심은 교감·공감능력을 전제한다.

뵘은 시비감각의 핵심현상을 인류에게 공통되고 또 인간에게만 특유

---

950) Boehm, *Moral Origins*, 17~18쪽.
951) Boehm, *Moral Origins*, 18쪽.

한 도덕적 '수치심'과 '낯붉힘' 현상으로 좁힌다. 이른바 '양심의 가책'인 '죄책감' 현상은 문명권마다 다르다고 생각해 연구대상에서 배제한다. 그는 수치심과 낯붉힘으로 나타나는 감정이 "시비감각(sense of right and wrong)"을 예비하는 것으로 생각한다.[952] 그는 '도덕감각'이라는 술어를 거의 사용하지 않고,[953] 섀프츠베리가 수용한 맹자의 용어를 쓰는 어법으로, 또는 섀프츠베리의 용어를 수용한 다윈의 어법으로 줄곧 '시비감각'이라는 술어를 사용常用한다. 그는 이 시비감각을 양심과 동일시하고 "양심을 가짐"을 "반사회적 행태로부터 내적으로 제어됨"과 "사회의 규칙을 따르는 것으로부터 자기의 자존감을 끌어냄"을 뜻하는 것으로 정의한다.[954]

그러나 뵘은 '진화론적 양심'을 더 광의로 이해한다. "용납될 수 없는 위험을 야기하지 않고 우리 자신의 이익에 복무하는 일에서 얼마나 멀리 갈 수 있는지를 우리에게 말해주는 조용한 작은 목소리"라는 리처드 알렉산더 식의 양심 정의는 "친사회적 품행을 극대화하고 일탈을 극소화하는 '순수한' 도덕적 힘만큼의 마키아벨리적 위험계산 척도"처럼 보이는데, 뵘은 인간의 "적합성"에 대한 기여 여부를 중시하는 진화론적 관점에서 이 알렉산더의 현실주의적 정의를 "다윈의 정의보다 더 나은 것"으로 본다. 다윈은 양심을 "한 사람이 얼마나 많은 비도덕성을 봐줄 수 있는지를 전략적으로 타산하는 것"이라기보다 "비도덕성을 금하는 수단"으로 보았지만, 진화론적 양심은 이 두 의미를 다 갖는다는 것이

---

[952] Boehm, *Moral Origins*, 19-24쪽.
[953] 필자의 기억에 뵘은 딱 한 번 '도덕감각'이라는 술어를 쓴다. 그러나 그 의미가 아주 넓어서 '시비감각' 개념을 넘어가는 것으로 보인다. Boehm, *Moral Origins*, 321쪽. "도덕감각"은 "수치스런 악덕의 견지에서만이 아니라 사회적으로 매력적인 덕성의 견지에서 생각하는 것, 이에 따라 우리의 동료들에 관해 입방아 찧는 것, 우리의 도덕적 자아의 감각을 보유하는 것을 포함한다".
[954] Boehm, *Moral Origins*, 30쪽.

다.[955] 뵘은 여기서도 진화적 "적합성"에서 '재생산적 적합성'(생존과 재생산 적응성)만을 생각하고 사회적 적합성(도덕적·예술적·유희적 행복 및 사랑의 행복에 대한 적합성)을 빼놓고 있고, 양심에서도 공리적 위험계산 밖에 생각지 않고 '인간적 정체성'의 의미를 몰각하고 있다.

뵘은 동정심적 이타주의, 즉 가족과 친족을 뛰어넘는 무조건적이고 일관된 이타주의의 상극적 현상을 "불로소득 행위"로 본다. 그러나 그는 다윈이 주목한 동물에까지 미치는 동정심, 즉 인간을 뛰어넘는 이타주의에 무관심하다. 깡패 같은 또는 폭군 같은 독식獨食·사기·절도 등의 불로소득 행위에 대한 광범한 제어와 진압문제가 "치명적 사회적 통제"를 낳았고, 불로소득 행위는 '극형'으로 처벌되었다는 것이다. 그리고 이것이 늦어도 4만 5000년 전까지 인간의 '이타주의적 양심' 유전자를 형성했다는 것이다.[956]

그러나 뵘의 이 공리주의적 사고방식에는 얼마간의 자가당착성이 들어 있다. 인간의 무조건적 이타주의가 동물에까지 미칠 정도로 특유하게 인간적이 된 이래, 인간들은 사기·절도·독식 등의 불로소득 행위를 비교적 관대하게 대해왔고, 사회가 동정적(인간적)이 될수록 '극형' 자체를 지양하는 경향을 보이고 있기 때문이다. 물론 수렵채집사회에서 남의 몫을 가져가는 불로소득 행위가 이미 상당한 극악범죄였던 것은 사실로 인정될 수 있다. 보편적 동정심이 유전자상으로 이미 일반화되어 있는 수렵사회에서 독식·사기·절도 등의 부정행위를 통해 남의 몫을 침범하거나 가져가는 것은 보편적 동정심의 도덕성과 아주 배치되는 것이기 때문이다. 따라서 이런 부정행위를 엄격히 제재하는 것은 '생존'의 문제가 아니었을 것이다. 집단 내에서 독식·사기·절도 등의 부정행위는 개인의 생존

---

955) Boehm, *Moral Origins*, 30쪽.
956) Boehm, *Moral Origins*, 83쪽.

에 조금 손실을 끼칠지 몰라도 종의 재생산을 크게 건드리지 않는 행위들이기 때문이다. 아마 이 부정행위에 대한 제재는 이미 생존이 아니라 인간적 정체성을 위협하는 정언적 도덕원칙의 문제였을 것이다. 이기적 행위자에 대한 제재는 한편으로 이기심의 정반대 감정인 동정심이 무조건성을 더해갈수록 얼마간 더욱 가혹해질 수 있으나, 다른 한편으로 생존문제가 완화되고 이에 따라 동정심이 인간을 넘어 동물에까지 미치는 차원에 이르게 되면, 탐욕(독식)·사기·절도 등의 불로소득 행위에 대한 처벌은 현격히 경감될 수밖에 없었을 것이다. 공리적 이익을 침해한 불로소득 행위에 대해서는 이제 극형이 자제되고 용서와 관용이 일반화된다. 보편적 동정심은 '불로소득 행위'도 – 살상을 낀 강도·약탈행위가 아닌 한에서 – 얼마간 관용하고 포용할 수 있기 때문이다. 무조건적·보편적 동정심과 진짜 상극적으로 배치되는 범죄들은 불로소득 행위가 아니라, 가령 악의적 마법에 의한 살해협박, 살상, 인명을 경시하는 알파의 폭군 행각, 정신병적 공격, 금기위반(가족·친족관계를 위협하는 근친상간, 집단을 위태롭게 하는 타부위반 등), 외부인과 결탁해 집단을 배반하는 행위 등이기 때문이다. 따라서 거대(초대형)동물을 사냥하는 후기 수렵사회에서 사형 등의 극형은 불로소득자에 대해서가 아니라, 무조건적·보편적 동정심과 상극적인 저 범죄들에 대해서만 집중된다.

    그리하여 불로소득 행위를 동정적 이타주의와 가장 배치되는 최고의 극악범죄로 보는 뷤의 공리주의적 사고의 자가당착성은 그 자신이 제시하는 통계에 의해서도 극명하게 드러난다. 뷤이 전 세계에서 아직도 후기홍적세 식의 수렵생활을 하고 있는 50개 수렵채집 집단을 선택해 이 집단들의 극형집행을 분석한 결과를 보면, 명목을 분류할 수 없는 건수(7)를 제외한 총 38건의 극형 중에서 불로소득 행각(절도와 고기분배 사기)에 대한 극형은 겨우 2건에 불과한 반면, 보편적 동정심과 상극적인 저 범죄들(악의적 마법에 의한 살해협박, 살상, 알파의 폭군행각, 정신병적 공격, 금기위반, 외환죄 등)에 대한 극형은 32건에 달했고, 이 중에서 악의적 마법에 의한 살해협박, 반복살인, 폭군행각, 정신병적 무차별 공격 등 생명에 대한 극악범죄로 인한 극형이 무려 20건을 차지했다.[957] 인간의 생명을 파괴하거나 위협하는 이런 극악범죄야말로 진정 보편적 생명애(biophilia)에 기초한 인간의 보편적 인심 및 동정심과 극렬하게 배치되는 범죄이기 때문이다.

따라서 필자는 뵘의 이타주의적 양심(시비감각) 연구가 불로소득자에 대한 집단적 처벌이 아니라, 살상행위에 대한 집단적 처벌에 초점이 맞춰졌어야 하고, 폭군적 알파의 역사적 제거과정에서도 '탐욕적' 알파의 '고기 독식'이 아니라, 구성원을 무단히 해치는 알파의 살상행위, 자유와 자율성에 대한 구성원들의 열망 등에 맞춰졌어야 한다고 생각한다. 그러나 뵘은 자기가 조사한 저 극형사례에 대한 해석에서도 고기분배의 재생산적 적합성 관념에서 벗어나지 못한다. 그는 인명살상으로 극형을 집중적으로 받는 알파를 '폭군적' 알파로 보는 것이 아니라 '탐욕적' 알파로 보고 있다.[958]

아무튼 뵘은 '사회적 선택'을 '평판선택'과 '일탈자의 징벌을 통한 선택'이라는 두 유형으로 단순화하고 기본적으로 자기희생적인, 따라서 '재생산에 부적응적인(maladaptive)' 이타주의를 설명하려고 한다. 이 때문에 그는 '주고받는' 호혜적 이타주의를 제쳐놓는다.[959] 그는 '평판선택'과 관련해 먼저 이 부적응적 이타주의 또는 동정심에 대한 이론적 설명의 낙후성을 지적한다.[960] 이 지적과 설명에서도 뵘의 논변의 귀결은

---

957) Boehm, *Moral Origins*, 84쪽 표 1.
958) Boehm, *Moral Origins*, 156쪽.
959) Boehm, *Moral Origins*, 73쪽.
960) Boehm, *Moral Origins*, 73-74쪽: "평판에 의한 선택에 관한 한, 사람들의 행실에 대해 죽장 입방아를 찧어대는 작은 집단 안에서 좋은 관대한 평판을 가식으로 얻는 것은

다윈의 또 다른 이론적 의도, 즉 초공리적·초자연선택적 의도와 배치되는 진화론적 공리주의, 또는 재생산적 생존도덕으로 흘러가고 있다. 그리하여 평판선택도 혼인·생계파트너 획득, 정치적 동맹 안전망 원조 확장, 거주집단 결정과 입주허가 등의 공리적 생존가치와 독립된 평판 자체의 인간적 가치와 의미를 거론치 않고 있고, '부적응성' 개념도 재생산적 부적응성을 뜻할 뿐이고, 그것도 바로 유전자 재생산 기회의 혼인적 보상으로 흘러버리고 있다. 그러나 혼인이나 사랑은 번식(재생산)보다 차라리 오늘날처럼 동심(사랑)으로서의 공감적 일체감의 행복만을 추구했을 수 있다. 따라서 이타주의도 재생산에는 부적응적일지라도 바로 고차적인 인간정체성(결국 정체성도덕)의 확대·강화에는 매우 '적응적'인 것일 수 있는 것이다.

상대적 익명성 속에 사는 현대 도시사회에서보다 훨씬 더 어렵다. 불로소득 행위가 기본적으로 장악되어 감에 따라 평판에 의한 선택은 선명한 인간적 유형의 사회적 선택으로서 가족외적 인심을 촉진하는 중요하고 효율적인 수단일 수 있었을 것이다. 이것은 혼인선호에만 적용되는 것이 아니라, 생계파트너의 선호와 집단의 안팎에서의 정치적 동맹의 선호에도, 그리고 안전망 원조를 확장하는 데 있어 호감을 얻거나 냉대당하는 사람에게도, 그리고 보다 일반적으로, 가족들이 이 집단이나 저 집단에 살기를 선호하고 그렇게 하도록 허가를 보장받아야 하는 상황에도 적용될 수 있다. 자기희생적 인심을 촉진하는 선택 메커니즘으로서 사회적 선택이 가장 많은 이론적 발전을 필요로 한다고 나는 믿는다. 그리고 우리가 논한 이런 메커니즘들 중 어떤 것도 단독으로 이 일을 행할 수 없었던 한편, 나는 사회적 선택이 아주 중요한 것으로 입증될 것이라고 생각한다. 인간들에게 있어 (…) 사회적 선택은 '평판에 의한 선택'과 '불로소득 억압에 의한 선택'의 독특한 결합을 포함한다. 그리고 (…) 평판선택은 그 자체만으로도 다윈의 성性선택 안에서 발견되는 강력한 상호작용 효과에 기여한다. 평판선택에서 공작의 눈부시게 빛나지만 거추장스런 꼬리와 같은 과장된 부적응적 특징들은 여성의 선호에 의해 제자리를 얻는다. 여성의 선호는 유전자선택 차원에서 보상의 수단으로 기여한다. 이타주의도 정의상 기본적으로 부적응적이고, 이것은 집단선택이 강력하게 작용하지 않는다면, 모종의 개인적 보상이 벌어져야 한다는 것을 뜻한다. 사회적 선택은 아마 저 홀로 인간 종의 유전자 풀 속에 이타주의적 유전자를 고정시킬 수 없을 것이다. 이것은 이러한 모델링을 하는 학자들에 의한 더 많은 연구를 요할 것이다. 그러나 사회적 선택은 호혜적 이타주의와 집단선택을 포함한, 수많은 기제들로부터 생겨나는 기여들에 기초한 다측면적 선택과정 속에서 주도적 힘이었던 것으로 보인다."

3.2. 대형동물사냥과 평등주의의 유전자화

　뵘은 '자연적 에덴동산'에서 대형동물 수렵이 전업적으로 행해지는 25만 년 전의 홍적세에 대형동물사냥을 위해 생활단위의 집단이 초超가족적·초超친족적 성격의 20-40명 규모로 커지고, 이 초가족적 수렵집단 안에서 폭군적 알파 문제와 이 알파를 제거하는 종속적 구성원들의 '패거리 공격(gang attack)'이 벌어지고 마침내 보편적 이타주의와 상벌의식의 관철을 가능케 하는 사회·정치적 평등주의가 확립되는 과정을 묘사하고자 한다. 대형 유제류(들소·야크·야생마·영양)·코끼리·고래·메갈로돈(거대상어) 등 대형동물들의 사냥은 인류에게 과잉의 풍부한 의식주를 제공하고 인구의 증가를 가져왔다. 뵘은 고고학자 스타이너(Mary C. Stiner)를 인용해 대형사냥감 수렵이 호모사피엔스의 진지한 일상적 작업이었다는 증거는 25만 년 전 무렵에 압도적으로 증가한다고 말한다. 15-20만 년 전에 진화한 '해부학적 현생인간' 호모사피엔스 아프리카 조상들의 생계는 여전히 압도적으로 식물성 식료에 의존해 있었지만, 대형동물의 고기에도 식물성 식료만큼 의존적이었다. 그리고 동물 살코기는 이제 더 이상 "어쩌다 주어지는 귀중한 특별음식이 아니었다". 적극적으로 추적된 영양羚羊과 같은 큰 유제류는 이제 주식이 되었고, 이 주식의 획득과 처분은 이전에 식물성 식료를 주식으로 하며 어쩌다 별식으로 소형동물을 잡아먹던 유랑적 수렵채집 생활양식 속으로 잘 통합되어야 했다.[961] 그리하여 이 대형동물 수렵집단 내부에서 정치는 매우 복잡다단해지게 된다.

　뵘은 종속인들의 연합이 알파의 역할을 중립화시킬 정도로 충분히 강

---

961) Mary C. Stiner, "Carnivory, Coevolution, and the Geographic Spread of the Genus homo", *Journal of Archaeological Research* 10 (2002) [1-63쪽].

화되는 과정에 논의의 초점을 맞춘다. 행태적 계통발생학(behavioral phylogenetics)이 강력한 개연성으로 우리에게 말해준 것은 800만 년 전 '공동조상들'의 경우에 종속인들의 연합이 직접적 사회공동체와 잘못된 방식으로 마찰을 일으키는 지배자를 공격할 잠재력이 있었다는 사실이다. 인류와 공통성이 가장 적은 계통에 속하는 고릴라 사회에서는 이러한 반란이 보수적으로 판단할 때 단순히 잠재적인 것이거나 아주 드물었다. 하지만 600만 년 전 인간의 조상인 팬(Pan)은 드물지 않게 싫은 지배자(알파)를 공격해 그 권력을 감소시켰다. 결과는 알파의 부상이나 죽음으로 나타났다. 이 징벌적 유형의 사회적 선택은 적어도 공격받은 깡패의 유전자를 현저히 불리하게 만드는 효과를 가져왔다. 인간과 같은 계통에 속하는 침팬지와 보노보(아프리카의 작은 침팬지)는 고릴라와 달리 폭군적 알파를 공격해 추방하든가, 사회적으로 매장해버린다. 따라서 뵘은 "인간의 선사시대 전반에 걸쳐서 잘 무장된 종속적 구성원들의 패거리"가 "고위 집단구성원들을 공격해 이들에게 심각한 또는 치명적인 손상을 입힐 수 있다"고 가정한다. 나아가 그는 대형사냥감 수렵이 인간적 생계패턴에 보태졌을 경우에 이것은 "알파수컷 문제의 결정적 해결"을 촉진하는 "새로운 사회적 자극"을 제공했다고 가정한다.[962]

이를 설명하기 전에 뵘은 작업가설을 한 번 더 가다듬는다. 그의 가설은 "우리의 도덕적 양심의 도래가 자연선택의 특별한 유형, 즉 사회적 선택의 작용을 통해 이루어졌다"는 것이다. 기본적으로 이것은 "유용한 파트너관계에서 타인들을 고르거나 싫은 일탈자들을 엄벌에 처하는 인간적 선호의 효과"를 끌어들인다. 세분하면 "도덕 기원에 대한 논변의 첫 번째 부분은 집단처벌이 가혹해지고 빈번해지는 과거에 이 집단처벌은 일탈자들의 적합성을 축소시키기 때문에 인간적 유전자 풀에 의미심장

---

962) Boehm, *Moral Origins*, 148쪽.

한 영향을 미쳤다"는 것이다. 논변의 "두 번째 부분"은 "덜 확실한 부분"인데, "가혹성과 이러한 처벌의 비용이 올라감에 따라 이것은 보다 잘 개인적 자제력을 가진 개인들을 유리하게 하는 선택 압력을 낳았다"는 것이다. 이것이 평판에 의한 선택이다. "이 보다 나은 사회적 항해와 보다 효율적인 자기절제의 도구는 진화하는 양심이었다". '자연적 에덴동산'에서 "인간이 수렵에 무게를 두는 새로운 유형의 생계패턴을 개시했을 때 이 패턴은 예견할 수 있는 사회적 도전들을 야기했을 것이다". 이 도전들은 "아주 특별한 유형의 식료의 효율적 분배를 위협하는 행태를 보이는 개인들의 집단적 제압에 의해서만 대응될 수 있는" 도전들이었다.[963] 이 가설을 뵘은 일련의 핵심사실들의 제시로 입증하고자 한다.

모두 "5-6명의 사냥꾼"과 "25-30명의 구성원"으로 이루어진 원시적 수렵채집집단에서 균등한 고기분배 체계를 수립하는 데 가장 큰 장애물은 시조始祖유형의 알파 남성의 잔존이었다. 시조유형의 알파는 타인들의 고기를 전유하고 그의 친족과 정실인물들을 유리하게 하는 성향을 가진 지배자로 행동했을 것이다. 오늘날 우리의 유전자적 본성 속에는 상당한 알파 지배력이 여전히 남아 있다. 이 알파 지배력은 개인적으로 금제되지 않고 사회적으로 억제되지 않는다면, 신속하게 오늘날의 수렵채집 사회의 고기 소비에서도 커다란 불평등으로 전환될 것이다. 그것은 정치권력으로 변할 것이다. 고기를 차지한 자가 나머지 고기를 친족과 정치적 동맹자들, 그리고 짝짓기 배우자를 유리하게 하는 데 사용하기 일쑤일 것이기 때문이다.

조상 팬의 사회는 알파수컷이 있었고, 따라서 위계적이었다. 이것은 확실하다. 동시에 확실한 것은 "4만 5000년 전에 인간들이 결정적 평등주의 질서를 만들었다"는 사실이다. 이 평등주의 질서는 보노보나 (큰)

---

963) Boehm, *Moral Origins*, 149~150쪽.

침팬지 집단에서 열등한 자들의 반란에도 불구하고 (큰) 침팬지의 경우에 수컷알파가 남아 있고 보노보의 경우에는 암컷알파가 있기 때문에 결코 이룰 수 없는 것이다. 홍적세 선사시대의 어느 시점에 우리 인간들은 "수컷알파를 제거했고", 이로써 "평등주의적이 되었다". 평등주의 방향으로의 이러한 "결정적 발걸음"은 당연히 권력·식료·섹스와 관련된 "알파 폭군들(alpha bullies)의 특전"에 대한 "평민적 시기심"으로부터 동기를 부여받았다. 보다 기본적으로 이슈는 "개인적 자율성"이었다. 조상팬은 "으름장을 당하고 이거 해라 저거 해라 지시를 당하는 것"에 대한 "강렬한 혐오감"을 가졌다.[964] 여기서 뵘은 자신의 입으로 '개인적 자율성'과 폭군적 지배에 대한 '강렬한 혐오감'을 기본문제로 언급함으로써 알파문제에서 기본적인 것이 고기를 더 확보하려는 종속인들의 이익타산이라기보다 차라리 '자율성'의 문제라고 실토하고 있다. 또한 대형동물 사냥을 전업으로 하는 수렵자들의 사회문화적 관점에서 보아도 알파문제는 이 고기분배 관점에서 접근하지 않았을 가능성이 매우 크다. 대형동물 사냥을 통해 대량의 고기가 제공되었을 것이므로 사람들은 가족과 친족을 뛰어넘어 인심이 매우 후하고 서로에 대해 아주 관대했을 것이기 때문이다.

뵘 자신도 대형동물을 사냥하는 육식동물이 소형동물을 사냥하는 동물들보다 사냥한 동물의 고기를 "나누는 데" 더 관대하다고 말한다. 뵘은 큰 동물들을 사냥하는 "늑대나 사자 같은 전업적인 사회적 육식동물들"이 "훨씬 더 작은 동물을 잡는 보노보나 침팬지들"보다 고기를 더 잘 분배한다는 사실을 지적하고 큰 동물을 사냥하는 육식동물들의 소비에서 "진폭"이 "축소"된다고 말한다.[965] 이것은 분배의 큰 진폭을 없애 구

---

964) Boehm, *Moral Origins*, 151쪽.
965) Boehm, *Moral Origins*, 142-143쪽: "늑대나 사자 같은 전업적인 사회적 육식동물들은 불변적으로 위계적이고, 기본적으로 누가 얼마나 고기를 갖는지를 결정하는 것

성원의 건강유지에 필요한 "소비량의 항상성을 보장하는 것"을 뜻한다. 뵘의 이 논변에 의하면 '곳간에서 인심 난다'는 말은 동물세계에서도 타당하다. 그렇다면, 늑대나 사자가 사냥하는 들소·야생마·영양·사슴만이 아니라 이보다 더 큰 매머드·코끼리·코뿔소·하마·기린·고래 등도 사냥했던 태고대 수렵자들은 침팬지보다 더 관대했을 것임은 말할 것도 없고, 늑대나 사자보다도 훨씬 더 관대하고 더 인심이 좋았을 것이다. 이것은 인간의 보편적 인심과 동정심의 진정한 이유일 수 있다.

그러나 뵘은 가족과 친족을 뛰어넘는 보편적 인심에 대한 설명과정에서 태고대 수렵자들이 잡은 이 대형동물들의 고깃덩어리가 허용하는 섭생적 풍요와 사회적 관대함에 대한 이 논변을 더 이상 추적하지 않는다. 초대형동물 사냥에서 형성된 이 보편적 인심을 고려하면 알파문제도 고기분배가 아니라 구성원들의 자유와 도덕적·일체감적 행복을 유린하는 알파의 폭군성과 생명위험에서 기인했을 가능성이 더 크다.

그럼에도 뵘은 종속인들이 고기를 더 균등하게 나누어 재생산적 적응성을 높이기 위해 알파를 제거했다는 가설을 견지한다. "비교적 큰 뇌를 가진 태고대 인간들은 대형사냥감 수렵을 정규적 주업으로 채택했던 25만 년 전에 큰 고깃덩어리를 나눌 필요가 있었고", "전체 사냥 팀이 잘 영양을 공급받고 활기차게 유지되도록" 이 고깃덩어리를 "효율적으로" 나누어야 했다. 알파남성의 행태가 왕성하다면, 알파는 이러한 나누기에 대한 심각한 장애물이었을 것이다. 이 문제에 대한 유일한 해

은 진화된 사회적 구조다. (…) 이 모든 위계에도 불구하고 나누기는 낮은 서열의 팀 멤버들을 적절하게 먹이고 또한 집단 사냥의 전반적 이득이 고기를 둘러싼 싸움 속에서 상실되지 않는 것을 보장하기에 충분할 것을 요구한다. 가능한 기제는 높은 서열의 이기적·공격적 개체들이 고기를 종속적 개체들과 나누게 될 때 적어도 관대하도록 진화되는 것일 것이다. 그래서 분배가 결코 평등하지 않을지라도 그들이 잡는 큰 고깃덩어리가 훨씬 더 작은 동물을 잡는 보노보나 침팬지들에게서보다 더 잘 분산되곤 하는 것이다. 고기 소비의 이러한 균등화에 대한 기술적 이름은 '진폭축소(variance reduction)'다."

법은 "종속인들의 연합이 이 문제에 강력하게 대처한 것"이었다. 조상 팬 단계에서 제한적이지만 의미심장한 '종속인들의 반란'은 "사전적응(preadaption)"을 제공했다. 태고대 인간들은 이러한 행태를, 알파를 결정적으로 통제하기 위해 "집단화되고 잠재적으로 치명적인 사회통제의 어떤 체계적 유형"을 개발하는 선까지 밀어붙였다. 목표는 "집단구성원들이 잡은 큰 고깃덩어리를 바로 당연하게 독점하고 이럼으로써, 사냥에서 고된 노동을 많이 한 자들이 집단 내 타인들일 때 불로소득자로서 행동하지 못하게 고위 폭군들을 저지하는 것"이었을 것이다.[966] 뵘이 알파를 무조건 불로소득자로 모는 것은 필자가 보기에 이상하다. 알파는 보통 사냥에서 가장 큰 공을 세우고 이 공을 바탕으로 '사자의 몫'을 주장하는 힘센 유능자다. 유능한 알파가 폭군으로 돌변할 위험성 때문에 아직 잔존하는 전 세계의 수렵사회에서 사냥 중 가장 큰 공을 세운 유능한 사냥꾼은 고기 분배 임무를 맡지 못하도록 금지당한다고 뵘 자신이 말하고 있다.[967] 이 말을 종합하면 알파를 무조건 '억압자'로 모는 것은 가능할지 몰라도 무조건 '불로소득자'로 모는 것은 매우 꺼림칙한 것이다.

그럼에도 불구하고 뵘은 논변을 계속 끌고 가면서 알파문제의 해결 과정에서 "자신의 잠재적 공격성을 제어하는 데 더 유능한 저 힘센 개인들이 제어하지 않은, 그러다가 살해당한 힘센 개인들보다 더 나은 재생산적 성공이 있었을 것"이라고 말한다. "더 효과적인 개인적 자제력의 진화는 강렬하게 선택되었을 것이다. 이것은 도덕 기원의 시작단계로 받아들여질 수 있다. 왜냐하면 그것은 규칙의 내면화와 자기판단적 시비감각의 발달로 귀결되었을 것이기 때문이다." 더 나은 자기절제가 개인적으로 적응성을 갖게 되어감에 따라 "이 자기절제는 알파폭군에게만 적

---

966) Boehm, *Moral Origins*, 151-152쪽.
967) Boehm, *Moral Origins*, 37쪽.

용된 것이 아니라, 효율적 고기 나누기를 명백히 위협하는 반사회적 행태를 보이는 다른 개인들, 즉 그들이 잡은 짐승의 고기를 숨기고 싶은 기만자나 타인들의 분배 몫을 몰래 가져가고 싶은 도둑들에게도 적용될 수 있었을 것이다. 뵘은 알파·기만자·도둑 등 이 세 유형의 '일탈자들'이 집단에 의해 처벌되기 시작한 결과, "이러한 위험한 불로소득을 취하지 못하게 자기 자신을 더 잘 절제시킨 사람들이 더 큰 적합성을 얻는 것으로 나타났을 것"이라는 가설을 내놓는다. "이 가설이 양심의 기원을 설명할 수 있는 것은 정확히 우리의 양심이 종종 일탈적 행실을 심각하게 금하고 우리를 처벌로부터 구해줄 수 있기 때문"이라는 것이다.[968] 이것이 뵘의 제1가설이다.

뵘에 의하면, 이론에서 "협주적協奏的 집단처벌 형태의 사회적 선택"은 태고대 인간들이 "적극적 대형사냥감 수렵단계"에 들어섰을 때 차라리 "갑작스럽게" 시작되었을 것이다. 왜냐하면 "위협자들의 집단적 처벌"은 전적으로 또는 주로 "문화적 발달"로서 강화되었을 것이기 때문이다. 이러한 문화적 발달은 더 이상의 생물학적 진화가 필요치 않았다. 종속인들의 반란의 형태로 "실질적 사전적응"이 "600만 년 전에" 이미 예비되어 있었기 때문이다. 첫째, 일찍부터 죽 알파수컷 체제가 이미 상당히 실질적으로 약화되고 있었을 수 있다. 왜냐하면 조상 팬은 "지배당하는 것을 아주 싫어했기" 때문이다. 상당한 크기의 유제류의 정규적 수렵이 시작되기 오래 전에 이 인간들은 알파수컷 지배자들의 권력을 축소시키기 위해 종속인들의 연합을 사용하는 데 서서히 더 능해졌을 것이기 때문이다. 조상 팬 이래 인간들은 언제나 "지배보다 개인적 자율성을 강렬하게 선호했다". 그리고 "종속적 수컷들은 더 큰 몫의 짝짓기 기회를 원했다". 이와 같이 "더 나은 절제력의 일정한 진화를 완수하기에 충

---

968) Boehm, *Moral Origins*, 152쪽.

분한 처벌"은 "훨씬 더 일찍이" 시작했을 수 있다. 하지만 기본도덕 기원의 가설은 동일할 수 있다. 왜냐하면 대형동물 사냥이 시작되었을 때 – 4만 5000년 전 후기홍적세에야 뒤늦게 등장하는 – "보다 결정적인 집단권력 조처들"이 보다 나은 자제력을 가진 사람들에게 혜택을 주는 한편, 자신의 위협 능력에 따라 행동할 수밖에 없는 "잠재적 지배자들"을 제거하는 데 필요했을 것이기 때문이다. 유사한 사회적 선택은 고기의 합당하게 균등화된, 영양상 효율적인 할당을 위협하는 "심각한 사기꾼들과 도둑들"에 대해서도 적용되었다. 저 '보다 결정적인 집단권력 조처들'이 취해지기 전에 "평등주의 진화"는 "유전자적 요인들과 문화적 요인들 간의 상호작용"을 통해 "아주 점진적으로" 시작되었을 것이다. 고기 배분의 문제가 사회질서의 변화에 영향을 끼친 시점이 훨씬 일찍 시작했을 것이라는 추정을 배제할 수 없지만, 입수된 확고한 증거는 "상당히 크지만 거대하지는 않은 사냥감(sizable but not enormous game)의 적극적·정규적 수렵이 25만 년 전에 시작되었다"는 사실을 가리키고 있다. 뵘은 호모에렉투스 시기로 거슬러 올라갈 정도로 일찍이 종속인들의 반反위계적 연합이 심각하게 알파 권력을 줄여가기 시작했을지라도, "이후에 개시된 집중적 대형사냥감 수렵은 이 정치적 과정을 크게 가속화시켰을 것"이라고 추정한다.[969]

아주 확실한 것은 "조상 팬이 위계적이었다는 것", 그리고 "문화적 현생인류의 단계가 완전히 들어섰던 4만 5000년 전 무렵에 결정적으로 평등주의적이 되었다"는 사실이다.[970] 이는 알파 타입의 인물들이 자기 자신을 통제하고 자신들의 권력행동을 억제하지 못한 경우에 제압당했기 때문이다. 대형사냥감 수렵이 시작되었을 때, 이 수렵이 성공해야 한다

---

969) Boehm, *Moral Origins*, 152쪽.
970) Boehm, *Moral Origins*, 154쪽.

면, 그리고 결정적인 평등주의가 이미 제자리를 잡지 못했다면, "부적절하게 금지된 자기과장적 알파들이 – 탐욕적 도둑·기만자들과 나란히 – '공동체 재산'의 아주 가치 있는 형태로서의 고기를 통제하기 위해 떼거리로 일어난 집단 구성원들의 강력한 연합에 의해 공격받은" 만큼 "모종의 진짜 가혹한 제재가 필요했을 것"이다. 알파의 어정쩡한 제압은 당연히 고기를 둘러싼 아주 고도의 갈등을 유발했을 것이므로 "25만 년 전 이후부터는 효율적 고기 분배의 유일하게 유효한 진로"는 "알파 행각을 결정적으로 진압하는 것"이었을 것이다.[971]

뵘은 계속해서 '재생산적 적응성' 관념을 탈피하지 못하고 평등주의의 확립과 알파의 진압을 고기분배의 관점에서만 바라보고 있다. 이 때문에 대형동물 사냥으로부터 나올 수 있는 다른 필연적 사실들이 무시되고 있다. 필자의 생각은 뵘과 판이하게 다르다.

첫째, 필자는 중소형동물 사냥에서라면 개인적 능력과 기량이 큰 역할을 했을 것이기 때문에 사냥 과정에서 공을 세운 힘센 유능자가 수렵 후 고기분배에서도 가장 큰 발언권을 행사하는 '정당한' 알파 노릇을 했을 것인 반면, 대형동물 사냥에서는 다수인의 협동이 위력을 떨치고 개인적 능력과 기량은 공을 세우기 어려웠을 것이기 때문에 사냥 뒤 고기분배에서도 다수인의 발언권이 강화되고, 다수인들 앞에서는 힘센 자라도 목소리를 낼 수 없는 평등주의가 보편화되었을 것으로 추정한다. 또한 필자는 25만 년 전에 사냥하기 시작한 대형동물은 단순한 대형동물이 아니라, 4톤 이상의 매머드급의 거대동물이라고 주장했다. (그러나 뵘은 "상당히 큰 유제류", "상당히 큰 잡은 고기", "중간 크기의 대형사냥감", 또는 "상당히 크지만 거대하지 않은 사냥감"만을 주장하고 있다.[972]) 따라서 거대동물

---

971) Boehm, *Moral Origins*, 154-155쪽.
972) Boehm, *Moral Origins*, 153~154쪽.

사냥으로 확보된 풍족한 고기, 후한 인심, 보편화되는 동정심과 함께 평등주의가 더욱 강렬해졌을 것이다. 따라서 평등주의적 초대형동물 수렵시대에 동료를 이래라저래라 지시하고 살상하는 폭군적 알파행각은 즉각 강력한 사회적 저항과 제재에 봉착했을 것이다.

둘째, 필자는 사냥해 잡은 초대형동물에서 나온 풍족하고 기름진 고기의 양과 질을 고려하면 고기의 분배문제는 그렇게 심각한 문제가 아니었을 것이라고 추정한다. 오히려 고기를 해체하고 말리고 염장하고 훈제하고 저장하는 가공노동이 더 큰 문제였을 것으로 보인다.

알파를 진압한 목적은 고기의 균등분배가 아니라 개개 집단구성원들의 안전 및 자유와 행복(알파세력과 나머지 구성원 연합세력의 대결 구도의 청산과 일체감적 즐거움의 향유)의 완전한 확보였을 것이다. 뵘 자신도 이렇게 말한다. "우리는 더 이른 시기의 태고대인들이 25만 년 전보다 훨씬 이전에 이미 심지어 '완전히' 평등주의적이 되었고, 이것이 효율적으로 균등화된 고기분배가 훨씬 더 쉽사리 관철될 수 있을 것이기 때문에 신속하게 번영하고 훨씬 적게 갈등하며 대형사냥감 수렵으로 가는 길을 타개했을 가능성을 배제할 수 없다. 이 경우에 양심 진화와 도덕 기원은 더 일찍이 시작되었을 것이고, 사회적 선택은 잡은 대형사냥감의 고기를 나눌 필요에서보다 더 많이 개인적 자율성에 대한 평민적 갈망에서, 또는 번식기회에 대한 평민적 욕구에서 동기를 얻었을 것이다."[973] 다만 그러나 25만 년 전 대형사냥감에 대한 심각한 의존이 개시되었을 때쯤에는 이 새로운 전개가 아주 드물게, 그리고 이런 커다란 덩어리로 들어온 아주 진귀한 고기의 확실한 몫을 원하는 종속인들로부터 알파들이 패거리 공격을 받고 부상당하거나 살해당하는 속도를 가속화할 수 있었을 것이다. "이것은 양심 진화의 속도를 가속화시킬 수 있었을 것이다." 하지

---

973) Boehm, *Moral Origins*, 157쪽.

만 "오늘날의 결정적 종류의 평등주의가 번창하기 위해서는 종속인들이 그들의 집단 내의 알파들을 결정적으로 제어할 만큼 인간적인 사회적·정치적 지능이 강력해지는 것이 필요했을 것이다. 공포에 기초한 낡은 시원적 사회통제 기제가 도덕 진화를 이루어낸 새로이 진화된 특징들에 의해 대체될 수 있었던 것은 이러한 처벌이 진짜 도약한 때였다. 이 특징들은 보다 세련된 관점채택, 심각한 일탈자들을 죽이도록 준비된 집단 속에 살 위험에 대한 개인들의 보다 효율적인 조정을 예비하는 규칙들의 내면화, 수치심 감각, 자신과 타인들의 도덕론적 판단, 그리고 입방아 형태의 상징적 의사소통의 특별한 유형을 포함한다."[974] 2만 5000년의 시간대이면 유전자의 변형이 가능하다는 뵘의 계산에[975] 따를 때, 그리고 4만 5000년 전의 '문화적 현생인류'는 우리와 동일한 도덕적 유전자를 갖춘 것이라는 뵘의 주장을 고려할 때, 도덕적 인간은 늦어도 7-8만 년 전부터 진화하기 시작한 것으로 추정할 수 있다.

뵘은 알파 제거를 3점의 스페인 동굴벽화의 생생한 증거를 통해 형상화하고자 한다. 7-8만 년 전의 이 태고대인들에게 알파제거는 공맹이 말하는 '혁명'이나 다름없는 대변혁 사건이었을 것이다. 따라서 태고대인들은 이후에도 이런 혁명을 기념하고 또 도덕훈화용으로 활용하기 위해 벽화를 남긴 것으로 보인다. 그가 제시하는 스페인의 세 지역의 동물벽화는 구석기 시대 말엽 마들렌(Magdalenian)기에, 따라서 약 1-2만 년 전 홍적세와 충적세의 경계시기에 제작된 것이다. 한 벽화는 활을 공중에 치켜들고 자기들이 방금 행한 일에 즐거워하는 10명의 남성 궁수 무리의 모습을 담고 있다. 그런데 몸에 박힌 정확히 10개의 화살 때문에 거의 호저처럼 보이는 한 기력 없는 남자가 1-2미터 떨어진 땅바닥에 쓰러

---

974) Boehm, *Moral Origins*, 157쪽.
975) Boehm, *Moral Origins*, 162쪽.

져 있다. 뵘은 10명의 궁수들은 오늘날 수렵집단의 평균치보다 약간 큰 약 40명 규모의 집단이 그들의 배후에 있음을 보여주는 것으로 해석한다. 나머지 두 개의 유사한 벽화는 각각 3명의 궁수와 6명의 궁수의 모습을 그렸다. 이것으로부터 뵘은 3점의 벽화의 궁수 인원의 평균치를 약 6명(19 ÷ 3 = 6.33명)으로 계산하고 자신이 어림잡은 선사시대 대형동물 사냥꾼 추정치(6명) 및 오늘날 수렵집단의 사냥꾼 평균 숫자(6명)와 같다고 해석한다.

그러나 벽화의 궁수 평균치에 대한 뵘의 이 계산은 틀렸다. 그는 살해된 알파들을 빼먹고 있다. 이를 가산하면 총 22명이고 그 평균은 7.33명이다. 사람 0.33명은 없으므로 1명으로 올려 잡으면, 7.33명은 8명인 셈이다. 또한 3명의 궁수 그림은 비정상이다. 알파에 의해 살해되었든 부상당했든 이유를 알 수 없지만 처형에 불참한 궁수들은 그림에서 빠진 것으로 보인다. 이 3명을 10명과 6명의 평균인 8명으로 수정하면, 세 벽화의 궁수 평균치는 27÷3=9명으로 계산된다. 이 수치는 초대형동물 사냥시대의 한 수렵집단의 사냥꾼 평균 수치를 10-20명으로 어림잡는 필자의 추정치의 최솟값에 접근한다.

벽화에서 살해는 근거리에서 이루어진 것으로 추정된다. 따라서 이 살해는 집단들 간의 살해행위가 아니라 집단 내의 처형 사례로 보인다. 10:1, 3:1, 6:1의 비율은 너무 일방적으로 기울어진 것이라서 '집단들 간 살해'의 추정을 배제한다. 오늘날의 부시먼들도 한 연쇄살인범을 이런 식으로 화살을 집중적으로 쏘아 호저처럼 만들어 처형한 사례가 있기 때문이다. 이것은 문화적 현생인류가 자기들이 좋아하지 않는 누군가를 죽일 수 있었다는 것을 말해준다.[976]

뵘은 대형사냥감 고기에 대한 결정적인 평등주의적 통제가 25만 년 전

---

976) Boehm, *Moral Origins*, 158쪽.

보다 더 이른 시기에 시작된 것이 아니라, 바로 25만 년 전에 시작되었다는 다른 증거를 댄다. 고고학자 매리 스타이너 팀이 제시한, 40만 년 전에 도살된 동물의 뼈에 난 잘린 자국은 혼란스럽고 변화무쌍한 반면, 20만 년 전에 도살된 동물의 뼈에 난 잘린 자국은 단 한 명에 의해 한 방향으로 난 도끼 자국이었다. 이 후자의 도끼 자국은 중립적 분배자 1인에게 해체작업이 맡겨졌다는 것을 시사한다. 이것은 성공적인 사냥꾼이 고기를 이기적으로 독식하지 않게 하는 관행이 있었다는 뜻이다. 뵘은 20만 년 전의 단일 도축자는 이런 관행과 부합되는 것으로 보인다고 말한다. 앞에서 살펴본 후기홍적세의 분배체계의 종류는 이기적 알파들이 거의 제어되지 않은 채 잔존했다면, 또는 40만 년 전처럼 잡은 동물의 고기에 저렇게 개인주의적으로 달라붙어 도끼질을 했다면 효율적으로 작동하지 못할 것이다. 뵘에 의하면, 이 모든 것은 적어도 인간들의 좋은 영양 효율을 가진 대형사냥감을 정규적으로 먹어야 했고, 다시 모두가 치명적 무기들을 휴대하고 있을 때 부적절한 갈등 없이 먹어야 했다면, 정치적 평등주의의 결정적 체계가 관철될 필요가 있었다는 생각과 부합된다.[977]

3.3. 징벌에 의한 사회적 선택과 이타주의의 유전자화

알파문제에 대한 뵘의 논의를 추적하는 것은 이것으로 족할 것이다. 뵘은 이를 바탕으로 도덕 기원을 이렇게 요약한다. "자기조절적 양심"은 "인간적 도덕 진화의 첫 번째 이정표"다. 인간은 권력의 공포에 기초한 사회질서로부터, 규칙을 내면화하고 개인적 평판에 대해 걱정하는 것에 기초한 사회질서로 이동했다. 이것은 우리를 동물왕국에서 독특하게 만

---

[977] Boehm, *Moral Origins*, 160-161쪽.

들어주기에 충분하지만, 진짜 결정적인 사실은 "수치심을 동반한 낯붉힘"이다. 이것은 실로 "어떤 학자도 오늘날까지 설명하기를 시작하지 않은 자연선택의 미스터리"다. 진화론적 우선순위에서 뵘은 "규칙과 가치의 내면화가 아마 먼저 생기고, 낯붉힘은 어떤 식으로 이 자기통제 기능과 나중에 결합되었다"고 본다. "도덕적이 되는 것"은 우리의 전형적인 유혹들이 인간적 삶의 사실들로서 없어지는 것을 뜻하지 않는다. 오히려 유혹들은 "내부로부터 반사회적 행실을 자동적으로 금지하는 효과를 가진 예감적 수치심의 느낌들"과 얽히게 되었다. 또한 "도덕적이 되는 것"은 "원시적 유형의 공포 동기가 사라지는 것"을 뜻하지도 않는다. 우리는 부분적으로 우리가 동료들의 도덕적 분노나 경찰의 개입을 무서워하기 때문에 예의바르게 처신한다.[978]

발생한 것은 사회통제의 본성이 지나고 보니까 모종의 유용한 사전적응이 상당히 명백할지라도 어떤 과학자도 예견할 수 없었을 방법으로 변형된 것이다. 그리고 사람들이 일단 도덕적이 되었을 때, "사람들의 양심은 사람들을 안내하고 금지하는 것 이상의 일을 했다". 우리는 "높은 서열의 타인들의 권력에 많은 관심을 가져야 하는 '지배에 사로잡힌' 종"에서 "다른 집단구성원들의 도덕적 평판에 관해 부단하게 얘기하고 보다 명백한 사회문제들을 시비의 견지에서 의식적으로 정의하기 시작한, 그리고 일상적 일로서 집단 안에서 일탈자들을 집단적으로 다루기 시작한 종"으로 이행했다. 중요한 방식으로 "집단의 지배"가 "개인들의 지배"를 능가했다. 진정, 잠재적·현재적 일탈자들은 집단의 "잘 알려진 사회적 횡포"를 적어도 "수만 년 동안" 맛보았을 것이다.[979]

인간들이 "입방아 찧는 사회적 순응주의 도덕공동체"를 창출함에 따

---

978) Boehm, *Moral Origins*, 176쪽.
979) Boehm, *Moral Origins*, 176-177쪽.

라, 양심이 제공하는 "시비감각"은 "집단적 사회통제"를 일변시킬 수 있었다. 심각한 사회적 강탈의 위협을 받는 사람들이 다른 사람들과 연계하고 또 단순한 위협만으로도 많은 잠재적 일탈자들을 저지시킬 수 있는 공유된 도덕적 분노의 지점에 도달할 수 있을 정도로 연계를 아주 강하게 할 수 있었던 것은 도덕적 합의를 획득함을 통해서다. 결과적 징벌행위들은 그 실제적 표현에서 공동선을 심각하게 위협하거나 해치는 행위를 하는 사람들을 효과적으로, 그리고 통상 안전하게 제거할 수 있었다. 그 결과, 인간의 유전자 풀이 바뀌어 감에 따라 도덕성을 더해가는 사회생활은 어떤 다른 종들도 경험할 수 없었던 "새로운 진화적 가능성들"을 제공했다. 뵘은 이 가능성들 중의 하나로 "수렵채집자들이 인간본성에서 본 선성(the good)을 목적의식적으로 투입하기 시작함에 따라 생겨난 이타주의적 경향"을 든다.[980]

그 결과가 "인간이 그 이타주의로 유명한 종이 되는 것에 의미심장한 기여를 한 아주 색다른 유형의 사회적 선택"이었다는 것이다.[981] '색다른 유형의 사회적 선택'은 인간적 종과 개체의 생존과 확대재생산에 역행적인, 전문용어로 '부적응적'인 저 보편적 동정심의 이타주의를 산출한 점에서 필자가 말하는 '인간선택'과 동일한 것이다. 물론 이 말은 뵘이 다윈을 '죽이는' 저 '옹졸한' 진화생물학자들의 위세에 오갈이 들어 이 '색다른 유형의 사회적 선택'을 다시 '자연선택'으로 환원해버리지 않는 것을 조건으로 해서만 하는 말이다.

그러나 뵘은 리처드 랭검으로부터 인간적 종의 "자기순치(autodomestication)" 개념을 받아들이면서도[982] 자기의 이론을 종합하면서 이 '자기순치' 개념과 정면으로 모순되게 즉각 이것을 '자연선택'으로 격하

---

980) Boehm, *Moral Origins*, 177-178쪽.
981) Boehm, *Moral Origins*, 178쪽.
982) Boehm, *Moral Origins*, 177-178쪽.

시킨다. "나는 도덕 기원이 수치감각을 포함한 양심을 우리에게 준 자연선택을 통해 수천 세대가 흘러 점진적으로 벌어졌다고 제시했다." 이어서 다시 여기에 '사회적 선택'을 뒤섞는다.

- 다른 선택 사건들처럼 이것은 사전적응들만을 포함한 것이 아니라, 모든 개연성에서 의미심장한 환경변화를 포함했다. 나의 가설은 수치스러워하는 양심을 창출한 직접적 동인이 징벌에 의한 사회적 선택이고, 그래서 사실 (…) 도덕의 기원을 창출하는 데 도움을 준 두 환경이 있을 수 있었다는 것이었다.[983]

그러나 뵘도 '자연환경'에 압박당한 자연선택은 부차적이고 인간이 만든 징벌의 '사회적 환경'이 "더 직접적 선택력(selection forces)"이었다고 실토한다.

- 모종의 심각한 사냥무기를 만들 자료들, 채집할 식물성 먹이, 마실 물, 은신수단들, 모종의 약제, 그리고 때때 찾아든 스트레스 기간 등과 함께 사냥할 맛있고 영양가 높은 대형 유제류를 제공한 가변적 자연환경은 좀 더 떨어져 있었다. 하지만 더 직접적인 선택력을 제공한 것은 사회적 환경이었고, 이 사회적 틈새는 부분적으로 인간들 자신에 의해 만들어졌다. 원초적 징벌 유형의 사회적 선택이 우리에게 양심을 주었지만, 이러한 효율적 불로소득자 진압을 제공함으로써 그것은 나중에 이타주의적 특징이 인간들이 가진 만큼 강력하게 진화해 나오는 것을 가능하게 만들었다.[984]

---

983) Boehm, *Moral Origins*, 317쪽.
984) Boehm, *Moral Origins*, 317-318쪽.

봄의 설명모델은 '양심'을 외적 수치심이나 내적 죄책감 정도로 좁게 이해했기 때문에 그가 '평판선택'도 말하고 있지만 전체적으로 상벌의 제재 중 '처벌' 쪽으로 기울었다. 이런 까닭에 그는 양심의 '시비감각'에서 나오는 긍정적 시비감정(도덕적 평가감정)인 도덕적 행복감정, 즉 타인들의 칭찬과 포상에서 나오는 나의 도덕적 즐거움(남이 나를 훌륭하게 여기는 것을 공감적으로 실감하는 즐거움)과, 자기공감적 자기포상에서 나오는 자찬감으로서의 도덕적 즐거움(떳떳함과 뿌듯함)을 일절 언급하지 않고 있다. 이런 까닭에 그의 도덕기원론은 도덕적 행복과 결별한 이론으로 비쳐진다.

그럼에도 봄은 모든 도덕감정의 기저에 놓인 실질적 중화감정을 진화고고학적으로 이해하게 해주는 대형동물사냥과 평등주의의 관계, 그리고 폭군방벌의 선사적先史的 기원 등을 분명하게 밝혀주었다.[985] 필자는 인간의 도덕본성적 평등주의에 대한 봄의 이 독창적으로 슬기로운 진화과학적 해명에 동의한다. 그러나 상술했듯이 필자는 그 구체적 설명 속

---

[985] Boehm, *Moral Origins*, 319-320쪽: "나는 도덕 기원을, 위계적으로 살았던 종의 단계에서 경건하게 평등주의적인 종이 되는 단계로의 초기 인간들의 주요한 정치적 이행에 묶어 맸다. 바로 이 아주 결정적인 브랜드의 평등주의를 자리 잡게 한 것은 분노의 대상인 알파남성적 행실을 '불법화'하고 처벌할 수 있는 정치적으로 단합된 집단의 능력이었다. 충격은 심오했다. 왜냐하면 이것이 자제력에 진화적 프리미엄을 주었고, 또한 거의 특유하게 인간적인 방식으로 불로소득자들을 진압하기 시작했기 때문이다. 내가 현재의 증거로써 상세하게 설명할 수 없는 것은 방금 대형 유제류를 뒤쫓기 시작한 인간들이 여전히 거의 원숭이 조상이 그랬던 만큼 위계적이었는지, 또는 평등주의로의 이행이 이미 충분히 진행 중이었는지 하는 것이다. 종속적 수컷들이 보다 더 많은 개인적 자율성이나 번식을 위해 암컷에 대한 개선된 접근기회를 원했다는 것 외에 추가적 요인은 일찍부터 줄곧, 어떤 대형동물만이 아니라 분명 조상 팬이 사냥한 것과 같이 보다 작은 사냥감도 포함하는 획득·도살된 모든 동물고기를 보다 효율적으로 나누고 싶은 욕구였을 것이다. 앞선 시나리오가 무엇이든 나는 평등주의로의 이 총괄적인 정치적 이행이 인간들이 전업적 사냥꾼이 되는 시점에 의미심장하게 가속화되어 결정적인 것으로 만들어졌고 문화적으로 제도화될 수 있었다고 생각해왔다. (…) 어떤 식으로 그들은 상당히 크지만(sizable) 거대하지 않은 사냥감을 효율적으로 나누어야 했다. 왜냐하면 사냥 팀으로서 그들은 사냥감의 추적에서 아주 많은 에너지를 일상적으로 투입하고 있었기 때문이다."

의 몇몇 오류에 대해서는 불만이다. 뒤에 필자의 '인간선택에 의한 정체성도덕의 진화 이론'에서 이 오류들을 바로잡을 것이다.

3.4. 거대동물의 사냥과 동정심의 진화

뵘이 거듭거듭 각종 코끼리과 동물들·매머드·거대들소·고래·코뿔소·하마·기린·거대나무늘보 등 거대동물들 또는 초대형동물의 사냥에 대해서는 언급하지 않고 "상당히 크지만 거대하지 않은 사냥감" 또는 "중간 크기의 대형사냥감"만을 말하고 있기 때문에 강조를 위해 약간의 반복을 피할 수 없을 것 같다. 초대형동물 사냥은 필자가 보기에 평등주의와 일관된 무조건적 동정심의 보편적 이타주의의 발생을 촉진했다. 이 때문에 여기서 동물의 '크기'는 아주 중요하다.

보편적 동정심의 유전자화와 관련해서는 단순히 "상당히 큰 중간 크기의 대형사냥감"이 아니라, 반드시 사냥꾼 수의 확대, 개인의 능력보다 수렵의 조직력의 중시, 풍부한 고기공급, 후한 인심, 관심의 초超친족적·초인간적 확대 등을 가능케 하는 '거대동물' 또는 '초대형동물' 사냥을 염두에 두어야 할 것이다. 개인의 능력보다 수렵의 조직력을 중시할 수밖에 없는 수렵집단의 인원수의 증가와 협동전술적 기동력이 발군의 알파가 발휘할 뛰어난 개인적 역량을 능가하면서부터 알파의 발언권이 결정적으로 약화되고 알파의 무력화와 평등주의가 관철될 수 있었을 것이다. 또 초대형동물 수렵과 풍부한 고기공급은 동물에까지 뻗칠 수밖에 없는 후한 인심과 보편적 이타주의의 무조건적 동정심이 발생한 진정한 기반이었을 것이다. 이런 추정에 따르면 보편적 이타주의와 동정심의 인간다운 인간본성이 형성된 것은 상술했듯이 거대동물의 몰살과 멸종을 대가로 치른 것이다. 인의적 정체성도덕은 지구를 주름잡던 초대형 동물의 완전한 멸종을 통해 형성되었다는 말이다. 이런 마당에 어찌 인간이 동정심을 인간적 종의 테두리 안에만 가두어 두었을 것인가!

또한 빔이 동물성 단백질의 영양공급과 두뇌발달 간의 관계를 몰각하는 것도 문제가 없지 않다. 인간이 거대동물 사냥으로 어마어마한 양의 동물성 단백질을 충분히 섭취할 수 있게 되면서부터 인간의 뇌는 대폭적으로 발달했을 것이다. 이 뇌의 발달은 공감능력과 언어와 문화·기술 발달을 촉진해 결국 도덕발달에도 긍정적 영향을 끼쳤을 것이다. 그러나 빔은 이것을 무시하고 인간의 '큰 뇌' 또는 '뇌의 확대'를 그냥 전제하고 이것을 설명할 길이 없음을 실토한다.[986] 인간의 뇌의 확대와 발달은 빔에게 미스터리로 남아 있다. 엄격히 따져보면 평등주의 테제도 그에게 원인이 미스터리다. 평등주의가 대형동물사냥의 결과인지, 대형동물사냥이 평등주의의 결과인지에 대한 그의 견해는 애매하다.[987] 빔은 대형동물사냥을 위한 협동노동에서 힘세고 유능한 개인적 알파의 역할이 상대적 주변화 또는 무력화를 겪는 것과, 고기분배와 사회적 상호작용에서 힘세고 유능한 자의 발언권 약화를 전혀 고려치 않고 있기 때문에 애매한 말을 하는 것이다. 중요한 것은 사회통제의 규칙을 내면화하는 대목이 아니라, 대형동물 사냥과 더불어 가능해진 평등주의가 서열의 높낮이

---

986) Boehm, *Moral Origins*, 319-320쪽: "우리는 이런 평등주의적 발전을 우리가 뇌 크기에 대해 가진 대략적인 고고학적 증거에 입력할 수 있을 것이다. 왜냐하면 뇌가 클수록 자율성을 원하는 종속인들이 자신들의 경쟁적 지위를 향상시키기 위해 고기나 암컷을 얻는 데서 서열이 높은 지배자에 대해 무리지어 유력하게 저항할 수 있었을 것이라는 것은 적어도 논리적이다. 그러나 뇌가 언제 결정적·안정적 평등주의 질서의 창조를 사회적으로 허용하기에 충분히 강력해졌는지를 말할 방도가 전혀 없다."
987) Boehm, *Moral Origins*, 320쪽: "나는 태고대적 호모사피엔스가 아마 이미 25만 년 전에 완전히 평등주의적이었을 수 있다고 시사했다. 이것이 사실이라면, 우리는 상황을 거꾸로 뒤집어서 역으로가 아니라 결정적 평등주의가 사냥으로 가는 길을 타개했다고 이론화할 수도 있을 것이다. 도덕 기원에 이것은 중요하지 않다. 중요한 것은 더 이른 평등주의 질서를 가능하게 만들었던 강력한 사회적 통제가 인간적 양심의 진화를 야기했다는 것이다."

와 인간과 동물의 차이를 무시하고 모두를 평등하게 대하는 차원에서 동정심과 이타주의의 막힘없는 보편화를 가능케 하는 대목이다.

사회통제의 상벌규칙의 내면화로서의 양심이 진화했을 것이라는 가정도 필자에게 신빙성이 없게 느껴진다. 뵘이 수치심이나 죄책감으로 이해하는 협의의 양심은 그에 의하면 시비감각을 산출하고 통제한다. 그런가? 시비감각은 도덕감정(동정심, 수치, 정의감, 공분, 공경심, 근친상간 금기)의 유무와 과·불급 인지하고 판단하고 균형·비례·조화를 조절하는 중화감각이 아닌가? 시비감각으로서의 도덕감각이 도덕감정보다 먼저 진화했을 것이라고 볼 수 없을 것이다. 왜냐하면 도덕감정의 유무와 과·불급을 판단하고 조절하는 시비감각은 논리적으로 도덕감정을 전제해야 하기 때문이고, 또 많은 동물들이 옅은 도덕감정은 있지만 도덕감각이 거의 없기 때문이다. 따라서 시비감각은 '동정심', '정의감'과 도덕적 '공분' 등 도덕감정에 포함된 상황인지 능력으로부터 자라나서 독립적 능력으로 자립화·전문화된 감각일 것이다.

그러나 뵘은 '처벌규칙의 내면화'로서 양심이 발생했다는 가설을 끝까지 고수한다.[988] 사회적 통제규칙의 내면화로서의 양심 개념에 대한 논박을 제쳐두고 양심이 새겨진 이 뇌의 변화, 즉 유전자 변화에는 얼마만큼의 시간이 필요했을까? 뵘은 말한다. "이 과정은 사회적 선택이 그 초기에 추정상 종종 아주 대략적 작용 속에서 얼마나 강력했는지에 따라 적어도 1천 세대가 걸렸을 것이다." 이 수치는 뵘이 에드워드 윌슨이

---

[988] Boehm, *Moral Origins*, 321쪽: "평등주의적 이행이라고 불릴 수 있을 것의 시초에 공격을 당할 것이라는 공포는 자연적 지배자를 집단이 그에게 저항하면 굴복하도록 내몬 일차적·원초적 심리기제였을 것이다. 그리고 분개한 집단과 덜 억제된 지배자 간의 물리적 갈등이 오늘날보다 훨씬 더 빈번했고 사회적 선택을 강력하게 양심 쪽으로 추동했을 것이라는 것은 가장 개연적이다. 이 양심은 규칙의 내면화에 기초한 자제력이 더 효율적이 되어 감에 따라 진화되어 나왔다. 그리고 (…) 당신이나 내가 인정할 일정 정도의 양심의 진화를 만드는 것은 확실히 뇌에 변화를 포함한다."

'2천 세대'라고 말한 것을[989] 오독한 것이다. 뵘은 말한다. "이것은 2만 5000년밖에 되지 않는다. 그리고 아마 더 합리적인 수치는 2천-4천 세대(5-10만 년)일 것이지만, 우리가 살펴본 대로 8천 세대(20만 년)까지도 우리의 세 시나리오의 어떤 것에 대해서든 가용했을 것이다."[990]

아무튼 뵘에 의하면, 현대적 양심과 근접한 어떤 것이 진화했을 시점에, 그리고 이것이 감정적으로 규칙과 동일시하는 것만이 아니라 수치스러운 낯붉힘 반응을 포함했을 때, 우리는 도덕 기원에 관해 딱 부러지게 말해도 된다. 비교 포인트는 순치된 개나 늑대 또는 보노보나 침팬지의 공포에 기초한 복종적 자제력이다. 그는 "일단 우리가 수치스런 악덕의 견지에서만이 아니라 사회적으로 매력적인 덕성의 견지에서 생각하는 것, 이에 따라 우리의 동료들에 관해 입방아 찧는 것, 우리의 도덕적 자아의 감각을 보유하는 것을 포함하는 도덕감각을 획득하자, 그 차이는 심오해졌다"고 말한다. 마지막으로 정리할 그의 가설의 요지는 첫째, 우리에게 이 '육체적으로 진화된' 양심을 준 것은 집단에 의한 '성난' 징벌의 사회적 선택이었다는 것이다. 둘째, 자기들의 반사회적 충동을 통제할 수 없는 불로소득적 알파깡패와 기타 인간들로 하여금 자기들의 범죄에 대해 유전자적으로 대가를 지불케 만듦으로써 사회적 선택을 했다는 것이다. 그리고 이제 도덕성을 부여받은 유사한 힘들이 나중에 계속해서 잠재적 불로소득자들의 행실을 진압했다. 이것은 이타적 특성들이 유전자적으로 진화하는 것을 훨씬 더 쉽게 만들었다는 것이다. 뵘은 도덕 진화의 이 제2단계가 늦어도 약 20만 년 전에 시작되었을 것으로 짐작한다. 이타주의자들이 불로소득 행위에 대해 보호될 뿐만 아니라, 다른 이타주의자들과 짝이 되었기 때문에 유전자적으로 이타주의적 특성을 촉

---

989) Wilson, *On Human Nature*, 88쪽.
990) Boehm, *Moral Origins*, 321쪽.

진한 선택력은 오늘날 우리만큼 완전히 이타주의적으로 우리를 만드는 데 '몇 천 세대'밖에 걸리지 않을 정도로 충분히 강력했다는 것이다. 그는 해부학적 현생인간(호모사피엔스)인 아프리카 인간조상들이 문화적 현생인류시대(석기시대)의 언저리에 도달했던 약 15만 년 전, 우리는 도덕적 존재자가 되었고 우리의 더 먼 선조들보다 의미심장하게 더 이타적이 되는 도정에 거뜬히 올라설 수 있었을 것이라고 결론짓는다.[991]

만약 뵘이 반복되는 '불로소득'이라는 말을 '도덕적 불행'으로 대체하고 '이타주의자들과 짝이 되는 것'을 '자유'와 '도덕적 행복'으로 바꿔 생각해본다면, 그의 이 요약은 평가할 만할 것이다. 그러나 그는 최종적으로 "이러한 문화적 기초가 놓인 목적의식적 투입"을 "자연선택의 일부"나 "이것의 소산"으로 격하시키고, '양심'과 보편적 '인심'을 이런 과정의 "주요한, 그리고 전적으로 무의도적인 부수효과"로 추락시킨다.[992] 그는 도덕감각의 진화에 관한 다윈의 논변이 그 핵심적 논증 노선에서 보면 "불행히도" 우리의 "특유하게 인간적인 양심"을 "지능과 공감의 단순한 부산물, 즉 부수효과"에 불과한 것으로 만들었다고 비판적으로 지적했었다.[993] 하지만 뵘의 이론도 결국 생존도덕만이 아니라 인의적 정체성 도덕조차도 '고깃덩어리'를 둘러싼 처벌관행과 두뇌발달의 '부수효과'로 만들어버리고 있다. 필자는 다윈의 진화론적 도덕이론의 저 '불행한' 취약점을 해소해줄 것이라는 기대를 뵘의 『도덕 기원』을 독해하는 과정에서 내내 버리지 않았지만, 많은 배움에도 불구하고 먼 길을 돌아 원위치한 느낌을 감출 수 없다. 그 이상의 과학적 논증과 해명은 필자가 제5장과 제6장에서 제공하는 수밖에 없게 되었다. 다윈·스펜서·윌슨·안하트·조이스·크렙스·뵘의 핵심주장들은 도덕과학의 완성을 위한 경험과학

---

991) Boehm, *Moral Origins*, 321-322쪽.
992) Boehm, *Moral Origins*, 333쪽.
993) Boehm, *Moral Origins*, 7쪽.

적 증거자료와 새로운 사유의 단초들을 아주 많이 제공했다.

　지금까지 합리론적 분석철학의 견지에서 도덕을 재주술화한 비트겐슈타인의 도덕론과 칸트 계열의 도덕형이상학을 분쇄하고 도덕감각론을 새로운 진화론적·과학적 증명으로 뒷받침한 18세기 말의 다윈과 스펜서, 20세기 말과 21세기의 윌슨·안하트·조이스·크렙스·빔의 핵심주장들을 분석했다. 이들의 논변은 구체적 대목에서 자잘한 오류들을 노정하지만 역사상 공맹으로부터 발단된 본성론적·도덕감정론적 도덕과학에 탄탄한 경험과학적 기반을 마련해주었다. 이로써 최근의 합리주의적·사이코패스적 도덕형이상학을 해체하고 국가의 도덕적 기반을 새로이 모색할 수 있는 경험과학적 도덕과학의 토대도 완성되었다. 이로써 고대에 인간과학으로서의 공맹의 도덕과학으로 시작된 경험론적 도덕론도 진화론적 경험과학에 기초한 메타도덕론들에 의해 난공불락의 이론으로 확증되고 현대과학적으로 완성되었다.∎

맺음말

　서양 경험론은 서천西遷한 공맹철학으로부터 탄생했고, 이후 독창적 발전과 정교화를 거쳐 경험과학으로 확립되었다. 그 기원이 공맹철학이었기 때문에 서양 경험론을 공자의 눈으로 조감하고 질정叱正할 수 있었던 것이다. 그래서 공자와 맹자의 경험과학적 철학사상이 서양에 전해져서 서양철학에 2000년 동안 충격적 영향을 단속적으로 미침으로써 어떻게 고대 서양에서 경험론이 탄생했다가 근대에 갱신된 비판적 경험철학이 재탄생하고 현대에 '경험과학'으로 확립되게 되었는지를 비판적으로 논술했다.

　세상 사람들은 거의 다 서양 경험론을 서양철학사상 안에서 독자적으로 발전되어 나온 것으로 알지만, 서양의 철학사를 제대로 살피고 탐구해 들어가 보면 서양 경험론 전반이 다문다견의 박학과 술이부작을 중시하는 공맹철학이 고대로부터 18세기까지 서천西遷한 가운데 실사구시를 추구한 유교적 경험론과 중국의 경험적 과학기술의 영향 아래 발전된 것임을, 그리고 그 서천과정에서 왜곡과 변조, 오류와 누락이 끼어들었음을 낱낱이 밝혔다. 또한 공맹의 관점에서 로크, 흄, 스미스 등의 결함들을 비판하고 보완했다. 또한 다윈과 현대 진화론적 경험과학들을 상론함으로써 공맹의 도덕과학이 튼튼한 경험과학적 뒷받침을 얻게 된 점을 밝혔다.

  이 책은 이 점에서 서양경험론에 대한 세계 최초의 가장 포괄적이고 일반적인 이론서라고 할 수 있다. 동시에 포괄적 비판서이기도 하다. 따라서 필자는 이 책으로써 서양 철학이나 사상이라면 무조건 추앙하고 모방하려 드는 한국 철학계와 사상계의 줏대 없는 사대주의적 풍조가 청산되기를 바라마지 않는다.

참고문헌

■ 공맹경전

『大學』
『中庸』
『論語』
『孟子』
『書經』
『詩經』
『易經』
『禮記』
『春秋左氏傳』

■ 동양문헌

杜預(注)·孔穎達(疏), 『春秋左傳正義』(開封: 欽定四庫全書, 宋太宗 淳化元年[976年]).
司馬遷, 『史記世家』. 『史記列傳』.
宋時烈, 「雜著·雜錄」. 『송자대전(VII)』(서울: 민족문화추진위원회, 1983).
이영재, 「공자의 '恕' 개념에 관한 공감도덕론적 해석」. 『정치학회보』 47집 1호 (2013) [29-46쪽].
丁若鏞(全州大 호남학회연구소 역), 『與猶堂全書』「經集 I·II·中庸自箴·論語古今註」 (전주: 전주대학교출판부, 1989).
丁若鏞, 『孟子要義』[1814]. 丁若鏞(金誠鎭 編, 鄭寅普.安在鴻 同校), 『與猶堂全書』第二集 經集 第五卷.第六卷 (서울: 驪江出版社, 1985 영인본).
鄭玄(注)·賈公彦(疏), 『周禮注疏』 十三經注疏編纂委員會 간행 (北京: 北京大學校出版部, 2000).
鄭玄(注)·孔穎達(疏), 『禮記正義』. 十三經注疏整理委員會 (北京: 北京大學出版社,

2000).
조셉 니덤(김영식·김제란 역),『중국의 과학과 문명』(서울: 까치, 1998).
朱熹,『四書集註』. 주희 집주(임동석 역주),『四書集註諺解(전4권)』(서울: 학고방, 2006).
朱熹,『中庸章句』,「序」.
陳淳,『北溪字義』. 진순(김영민 역),『북계자의』(서울: 예문서원, 1994·2005).
何晏(注)·邢昺(疏),『論語注疏』, 十三經注疏整理本 (北京: 北京大學出版社, 2000).
韓非子,『韓非子』. 王先謙,『韓非子集解』(上海書店 諸子集成本).
劉安,『淮南子』. 劉安(안길환·편역),『淮南子(상·중·하)』(서울: 명문당, 2001).
황태연,『지배와 이성』(서울: 창작과비평사, 1996).
황태연,『계몽의 기획』(서울: 동국대학교출판부, 2004).
황태연,『실증주역』(파주: 청계, 2008·2012).
황태연,『공자와 세계(1-5)』(파주: 청계, 2011).
황태연,「서구 자유시장론과 복지국가론에 대한 공맹과 사마천의 무위시장 이념과 양민철학의 영향」,『정신문화연구』2012년 여름호 제35권 제2호 [316-410쪽].
황태연,「공자의 공감적 무위·현세주의와 서구 관용사상의 동아시아적 기원(上)」,『정신문화연구』제36권 제2호 통권 131호 (2013 여름호) [8-187쪽].
황태연,『감정과 공감의 해석학(1·2)』(파주: 청계, 2014·2015).
황태연,『공자의 인식론과 역학』(파주: 청계, 2018).
황태연,『공자철학과 서구 계몽주의의 기원』(파주: 청계, 2019).
황태연,『근대 영국의 공자 숭배와 모럴리스트들』(서울: 한국문화사, 2020·2023).
황태연,『극동의 격몽과 서구 관용국가의 탄생』(서울: 솔과학, 2021)
황태연,『한국 금속활자의 실크로드』(서울: 솔과학, 2023).
황태연,『유교적 근대의 일반이론』(서울: 한국문화사, 2023).
황태연,『근대 영국의 공자숭배와 모럴리스트들(상·하)』(서울: 한국문화사, 2023).
황태연,『공자와 미국의 건국(상)』(서울: 한국문화사, 2023).
황태연,『근대 프랑스의 공자 열광과 유교적 계몽철학』(서울: 한국문화사, 2023).
황태연,『도덕의 일반이론: 도덕철학에서 도덕과학으로』(서울: 한국문화사, 2024).
황태연,『정의국가에서 인의국가로: 국가변동의 일반이론』(서울: 지식산업사, 2024).
황태연,『예술과 자연의 미학』(서울: 지식산업사, 2024).

■ 서양문헌

Acosta, José de, *The Natural and Moral Histories of the East and West Indies* (London: Val. Sims, 1604).
Alexander, Richard D., *The Biology of Moral Systems* (New York: Aldine de Gruyter, 1987).
Anonym(Alessandro Valignano & Duarte de Sande), *Japanese Travellers in Sixteenth-Century Europe: A Dialogue Concerning the Mission of the*

    Japanese Ambassador to the Roman Curia [1590], edited and annotated with introduction by Derek Massarella, translated by J. F. Moran (London: Ashgate Publishing Ltd. for The Hakluyt Society, 2012).
Aristoteles, *Die Nikomachische Ethik*, übersetzt v. Olof Gigon (München: Deutscher Taschenbuch Verlag, 1951·1986).
Aristoteles, *Politik*, übersetzt v. Olof Gigon (München: Deutscher Taschenbuch Verlag, 1955·1986).
Aristotle, *Eudemian Ethics, Aristotle*, vol. 20 (Cambridge, MA: Harvard University Press, 1935·1981).
Armstrong, Karen, *The Great Transformation: The Beginning of Our Religious Traditions* (Toronto: Vintage Canada, 2006).
Arnhart, Larry, *Darwinian Natural Right: the Biological Ethics of Human Nature* (Albany, NY: State University of New York Press, 1998).
Augustine (Aurelius Augustinus), *On Free Choice of the Will* (AD 396), translated by Thomas Williams (Indianapolis·Cambridge: Hackett Publishing Co., 1993), 아우구스띠누스 (성염 역주), 『자유의지론』(서울: 분도출판사, 1998).
Bacon, Francis, *The Advancement of Learning* [1605], edited by Joseph Devey (New York: Press of P. F. Collier & Son, 1901).
Bacon, Francis, *The New Organon* [1620] (Cambridge: Cambridge University Press, 2000).
Bacon, Francis, *Sylva Sylvarum: Or a Natural Historie in Ten Centuries* (London: John Haviland Augustine Mathews, 1627).
Bacon, Francis, *The New Atlantis* [1627]. Charles M. Andrews, *Ideal Empires and Republics: Rousseau's Social Contract, More's Utopia, Bacon's New Atlantis, Campanella's City of the Sun* (Washington.London: M. Walter Dunne, 1901).
Bacon, Francis, *The Essays or Counsels, Civill and Morall* (Cambridge: Cambridge University Press, 1985).
Bamgbose, Oluyemisi, "Euthanasia: Another Face of Murder". *International Journal of Offender Therapy and Comparative Criminology*, 48-1(2004): [111-121쪽].
Basch, Michael F., "Empathic Understanding". *Journal of the American Psychoanalytic Association*, Vol. 31 (1983), No. I [101-126쪽].
Bayle, Pierre, *Dictionnaire historique et critique* (2 vols., 1697; 4 vols., 1702). Selected English translation by Richard Henry Popkin: *Historical and Critical Dictionary* (Indianapolis·Cambridge: Hackett Publishing Company, Inc., 1991).
Bayle, Pierre, *Continuation des Pensées diverses, Ecrites à un Docteur de Sorbonne, à l'occasion de la Comte qui parut au mois de Decembre 1680; Ou Reponse à plusieurs dificultez que Monsieur a proposées à l'Auteur,*

vol.1 in 2 vols. (Rotterdam: Reiner Leers, 1705).
Bayle, Pierre, *Pensées diverses sur la comète* (1682·1683·1704). Pierre Bayle, *Various Thoughts on the Occasion of a Comet*, translated with notes and an interpretative essay by Robert C. Bartlett (Albany: State University of New York Press, 2000).
Becker, Ernest, *The Denial of Death* (New York: Free Press Paperback, 1973·1997).
Bernier, François, "Introduction à la lecture de Confucius, Extrait de diverses pièces envoyées pour étrennes par M. Bernier à Madame de la Sablières". *Journal des Sçavans* (7 juin 1688) [pages 25-40].
Betty, L. Strafford, "The Buddhist-Humean Parallels: Postmortem". *Philosophy East and West*, vol.2. issue1, Jul. 1971 [237-253쪽].
Boehm, Christopher, "What Makes Humans Economically Distinctive? A Three-Species Evolutionary Comparison and Historical Analysis". *Journal of Bioeconomics* 6 (2004) [109-135쪽].
Boehm, Christopher, Moral Origins: *The Evolution of Virtue, Altruism, and Shame* (New York: Basic Books, 2012).
Buckle, Stephen, "Chronology". David Hume, *An Enquiry concerning Human Understanding and Other Writings* (Cambridge·New York·Melbourne: Cambridge University Press, 2007).
Buckle, Stephen, *Natural Law and the Theory of Property: Grotius to Hume* (Oxford: Oxford University Press, 1991).
Buss, David M., "Sex Differences in Human mate Preference: Evolutionary Hypothesis Tested in 37 Countries". *Behavioral and Brain Sciences* 12 (1989) [1-49쪽].
Byers, John A., & Curt Walker, "Refining the Motor Training Hypothesis for the Evolution of Play". *The American Naturalist*, Vol. 146, No. 1 (July, 1995).
Cabanac, Michel, "Physiological Role of Pleasure". *Science*, Vol. 173 (1971) [1103-1107].
Caillois, Roger, *Les jeux er les hommes* (Paris: Librairie Gallimard, 1958). English trans.: *Man, Play and Games* (Urbana·Chicago: University of Illinois Press, 1961·Reprint 2001).
Campanella, Tommaso, *City of the Sun* [1602]. Charles M. Andrews, *Ideal Empires and Republics: Rousseau's Social Contract, More's Utopia, Bacon's New Atlantis, Campanella's City of the Sun* (Washington·London: M. Walter Dunne, 1901).
Campbell, Donald T., "On the Conflicts between Biological and Social Evolution and between Psychology and Moral Tradition". *American Psychologist* 30(1975) [1103-1126쪽].
Capaldi, Nicholas, "Hume's Rejection of 'Ought' as a Moral Category", *Journal*

of Philosophy 63 (1966) [126-137쪽].

Capaldi, Nicholas, *Hume's Place in Moral Philosophy* (New York: Peter Lang, 1989).

Carey, Daniel, *Locke, Shaftesbury and Hutcheson* (Cambridge: Cambridge University Press, 2006·2009).

Champion, Justin, "Bayle in the English Enlightenment". Wiep van Bunge and Hans Bots (ed.), *Pierre Bayle (1647-1706), 'le philosphe de Rotterdam': Philosophy, Religion and Reception*, Selected Papers of the Tercentenary Conference held at Rotterdam, 7-8 December 2006 (Leiden·Boston: Brill, 2008).

Clarke, John James, *Oriental Enlightenment. The Encounter between Asian and Western Thought* (London.New York: Routledge, 1997).

Clarke, Samuel, *Discourse concerning the Unchangeable Obligations of Natural Religion* [1706]. Works of Samuel Clark 4 vols (London: 1738, New York: Garland Press, 1978).

Cleckley, Hervey M., *The Mask of Sanity: An Attempt to Clarify Some Issues About the So-Called Psychopathic Personality* (Saint Louis: Mosby, 1941·1964).

Conze, Edward, "Buddhist Philosophy and its European Parallels". *Philosophy East and West* (vol. 13, issue 1, Apr. 1963).

Conze, Edward, "Spurious Parallels to Buddhist Philosophy". *Philosophy East and West* (vol. 13, issue 2, Jul. 1963).

Cooley, Charles H., *Human Nature and the Social Order* (New Brunswick·London: Transaction Publishers, 1902·1922·1930·1964·1984, 7th printing 2009).

Cooley, Charles H., *Sociological Theory and Social Research* (New York: Augustus M. Kelley·Publishers, 1930·1969).

Cumberland, Richard, *De Legibus Naturae Disquistio Philosophica*, (1672). *A Treatise of the Laws of Nature* (1672), translated, with Introduction and Appendix, by John Maxwell (London: K. Knapton, 1727), republished, edited and with a Foreword by Jon Parkin (Indianapolis: Liberty Fund, 2005).

Darwin, Charles, *The Origin of Species by means of natural selection or the preservation of favored races in the struggle for life* (London: John Murray, 1859 1st. ed.; 1876 corrections ed.).

Darwin, Charles, *The Expression of Emotion in Man and Animals* (London: John Murray, 1872·1890).

Darwin, Charles, *The Descent of Man, and Selection in Relation to Sex* [1871·1874] (London: John Murray, 2nd edition 1874).

Davis, Walter W., *Eastern and Western History, Thought and Culture, 1600-1815*

(Lanham[Maryland]·London: University Press of America, 1993).
Dawkins, Richard, *The Selfish Gene* (Oxford: Oxford University Press, 1976).
Descartes, *Discourse on Method and Meditations on First Philosophy*, edited by David Weissman (New Haven.London: Yale University Press, 1996).
Deutsch, Morton, *Distributive Justice: A Social Psychological Perspective* (New Haven: Yale University Press, 1985).
de Waal, Francis, *Good Natured: The Origins of Right and Wrong in Humans and Other Animals* (Cambridge, Massachusetts: 1996·2003).
de Waal, Frans, *Our Inner Ape* (New York: Riverhead Books, 2005).
de Waal, Frans, "The Evolution of Empathy". *Greater Good*, September 1, 2005.
de Waal, Frans, "Morality Evolved - Primate Social Instincts, Human Morality and the Rise and Fall of 'Veneer Theory'". Stephen Macedo and Josiah Ober (ed.). *Primates and Philosopher - How Morality Evolved* (Princeton: Princeton University Press, 2006).
de Waal, Frans, "The Tower of Morality". Stephen Macedo and Josiah Ober (ed.). *Primate and Philosopher - How Morality Evolved* (Princeton: Princeton University Press, 2006).
de Waal, Frans, *The Age of Empathy: Nature's Lesson for Kinder Society* (New York: Three Rivers, 2009).
d'Holbach, Paul Henri Thiry(Ancien Magistrat으로 가명 출판), *La Politique naturelle, ou Discours sur les vrais principles du gouverement*, Tome premier et second (Londres: 1773).
Dickens, Peter, *Social Darwinism* (Buckingham: Open University Press, 2000).
Du Halde, Jean-Baptiste, *Description géographique, historique, chronologique, politique, et physique de l'empire de la Chine et de la Tartarie chinoise, enrichie des cartes generales et particulieres de ces pays, de la carte generale et des cartes particulieres du Thibet, & de la Corée* (Paris: A la Haye, chez Henri Scheurleer, 1735). 영역판: P. Du Halde, *The General History of China*, Volume II (London: Printed by and for John Watts, 1736), Volume I-IV.
Edmonds, David, and John Eidinow, "Enlightened enemies", *The Guardian* (Saturday 29 April 2006).
Edwardes, Michael, *East-West Passage: The Travel of Ideas, Arts and Interventions between Asia and the Western World* (Cassell·London: The Camelot, 1971).
Eibl-Eibesfeldt, Irenäus, *Human Ethology* (New York: De Gruyter, 1989).
Epicurus, "Sovran Maxims"(Principal Doctrines: Κυρίαις δόξαις), "Book X - Epicurus". Diogenes Laertius, *Lives of the Eminent Philosophers* (Cambridge, Massachusetts: Harvard University Press, 1925).
Epicurus, "Letter to Menoeceus" ("Book X - Epicurus"), Diogenes Laertius,

Lives of the Eminent Philosophers, translated by Robert Drew Hicks. A Loeb Classical Library edition; volume 1.2 (Cambridge, Massachusetts: Harvard University Press, 1925·1977); Diogenes Laertius, *The Lives and Opinions of the Eminent Philosophers* (1853년 재인쇄) (Davers, MA: General Books, 2009).

Fénelon, François, *Dialogues des Morts* [1683]. Mediterranee.net[검색일: 2017년 5월 16일].

Foucault, Michel, *Die Ordnung der Dinge* (Frankfurt am Main: Suhrkamp, 1974).

Foucault, Michel, *Surveiller et punir: La naissance de la prison* (Paris: Gallimard, 1975). 독역본: Michel Foucault, *Überwachen und Strafen: Die Geburt des Gefängnisses* (Frankfurt am Main: Suhrkamp, 1976).

Foucault, Michel, "Der Ariadnefaden ist gerissen"(1969). Gilles Deleuze & Michel Foucault, *Der Faden ist gerissen* (Berlin: Merve Verlag, 1977).

Fowler, Thomas, and John Malcolm Mitchel, "Shaftesbury, Anthony Ashley Cooper, 3rd Earl of" (1911). Hugh Chisholm, *Encyclopædia Britannica* 24 (Cambridge University Press, 11th ed.).

Gächter, S., & B. Herrman, "Human Cooperation from an Economic Perspective". P. M. Kappeler & C. P. van Schaik (eds.), *Cooperation in Primates and Humans* (New York: Springer-Verlag, 2006) [275-302쪽].

Gallagher, Luis J., *China in the Sixteenth Century: The Journals of Matthew Ricci* (New York: Random House, 1942.1953). Nicolas Trigault, *De Christiana expeditione apud Sinas* (Augsburg, 1615)의 영역본. 국역본: 마테오리치 (신진호·전미경 역), 『중국견문록』(서울: 문사철, 2011).

Gerhard, Johann E. & Christian Hoffman, *Umbra in Luce sive Consensus et Dissensus Religionum Profanorum* (Jenae: Charactere Bauhofferiano, 1667).

Goody, Jack, *The East in the West* (New York: Cambridge University Press, 1996).

Gould, Stephen Jay, "Darwinian Fundamentalism", *New York Review of Books* 44 (12 June 1997): [34-37쪽].

Greenberg, Jerrold S., & Ronald Cohen, *Equity and Justice in Social Behavior* (New York: Plenum Press, 1980).

Greene, Joshua, "The Secret Joke of Kant's Soul". W. Sinnott-Armstrong (ed.), *Moral Psychology*, Vol. 3: *The Neuroscience of Morality* (Cambridge, Massachusetts: MIT Press, 2008).

Greene, Joshua, *Moral Tribes - Emotion, Reason, and the Gap between Us and Them* (London: Atlantic Books, 2013·2014).

Groves, Colin, "Canine and Able: How Dogs made us Human". *The Conversation*, 7 June 2012.

Gould, Stephen Jay, "Darwinian Fundamentalism". *New York Review of Books* 44 (12 June 1997) [34-37쪽].

Haidt, Jonathan, "The Emotional Dog and Its Rational Tail: A Social Intuitionist Approach to Moral Judgement". *Psychological Review*, 2001, Vol. 108. No. 4 [814-834쪽].
Haakonssen, Knud, "Introduction". Adam Smith, *The Theory of Moral Sentiments*, edited by Knud Haakonssen (Cambridge/New York: Cambridge University Press, 2002.2009[5. printing]).
Haldane, J. B. S., "Population Genetics". *New Biology* 18 (1955) [34-51쪽].
Hamilton, William D., "Evolution of Social Behavior". *Journal of Theoretical Biology* 7 (1964) [1-51쪽].
Hare, Robert D., *Without Conscience: The Disturbing World of the Psychopaths among Us* (New York·London: The Guilford Press, 1993·1999).
Hatfield, Elaine, John T. Cacioppo, & Richard L. Rapson, *Emotional Contagion* (Cambridge: Cambridge University Press, 1994).
Hatfield, Elaine, & Richard L. Rapson, "Emotional Contagion: Religious and Ethnic Hatreds and Global Terrorism". Larissa Z. Tiedens & Colln Wayne Leach (eds.), *The Social Life of Emotions* (Cambridge: Cambrige University Press, 2004) [129-143쪽].
Hatfield, Elaine, Richard L. Rapson & Yen-Chi L. Lee, "Emotional Contagion and Empathy". Jean Decety and William Ickles, *The Social Neuroscience of Empathy* (Cambridge, Massachusetts: MIT Press, 2009).
Hauser, Marc D., *Moral Minds: The Nature of Right and Wrong* (New York: HarperCollins Publishers, 2006).
Hawkins, Mike, *Social Darwinism in Europe and American Thought* 1860-1945 (Cambridge: Cambridge University Press, 1997).
Hiroshi Mizuda, *Adam Smith's Library: A Catalogue* (Oxford: Oxford University Presss, 2000·2004).
Hobbes, Thomas, *Leviathan or The Matter, Form, and Power of a Commonwealth Ecclesiastical and Civil* (1651), *The Collected Works of Thomas Hobbes*. Vol. III. Part I and II. Collected and Edited by Sir William Molesworth (London: Routledge/Thoemmes Press, 1992).
Hobbes, Thomas, *Philosophical Rudiments Concerning Government and Society(De Cive)* [1651]. *The Collected Works of Thomas Hobbes*, collected and edited by Sir William Molesworth, Vol II (London: Routledge/Thoemnes Press, 1992).
Hobson, John M., *The Eastern Origins of Western Civilization* (Cambridge·New York: Cambridge University Press, 2004·2008).
Hooker, Richard, *Of the Laws of Ecclesiastical Polity* [Book 1-4, 1594; Book 5, 1597; Book. 6-8, 유고출판]. *The Works of Mr. Richard Hooker* (Oxford: At the Clarendon Press, 1888).
Hudson, Geoffrey F., *Europe and China: A Survey of their Relations from the*

Earliest Time to 1800 (Boston: Beacon Press, 1931·1961).
Hume, David, *A Treatise of Human Nature: Being an Attempt to Introduce the Experimental Method of Reasoning into Moral Subjects* [1739-40]. Book 1·2·3. Edited by David Fate Norton and Mary J. Norton, with Editor's Introduction by David Fate Norton (Oxford.New York.Melbourne etc.: Oxford University Press, 2001·2007).
Hume, David, "Of the Rise and Progress of the Arts and Science" [1742]. David Hume, *Political Essays* (Cambridge·New York: Cambridge University Press, 1994·2006).
Hume, David, "Of Commerce". David Hume, *Political Essays* (Cambridge·New York: Cambridge University Press, 1994·2006).
Hume, David, "Of Superstition and Enthusiasm" [1741]. David Hume, *Political Essays* (Cambridge·New York: Cambridge University Press, 1994·2006).
Hume, David, *An Enquiry concerning the Principles of Morals* (1751), edited by Tom L. Beauchamp (Oxford·New York: Oxford University Press, 1998·2010).
Hume, David, "Concerning Moral Sentiment". Appendix I, Hume, *An Enquiry concerning the Principles of Morals* (1751), edited by Tom L. Beauchamp (Oxford·New York: Oxford University Press, 1998·2010).
Hume, David, "The Sceptic". David Hume, *An Enquiry concerning Human Understanding and Other Writings* (Cambridge: Cambridge University Press, 2007).
Hume, David, "Of the independence of Parliament"[1741]. David Hume, *Political Essays* (Cambridge: Cambridge University Press, first Published 1994. 5th printing 2006).
Hume, David, "That Politics may be Reduced to a Science"(1741), David Hume, *Political Essays* (Cambridge: Cambridge University Press, first Published 1994. Fifth printing 2006).
Hume, David, "Whether the British Government inclines more to Absolute Monarchy, or to a Republic"(1741), David Hume, *Political Essays* (Cambridge: Cambridge University Press, first Published 1994. Fifth printing 2006).
Hume, "Of Civil Liberty" [1741]. David Hume, *Political Essays* (Cambridge·New York: Cambridge University Press, 1994·2006).
Hume, David, "Of National Characters" [1748]. Hume, *Political Essays*. (Cambridge·New York: Cambridge University Press, 1994·2006).
Hume, David, "Of Taxes" [1752]. Hume, *Political Essays*. (Cambridge·New York: Cambridge University Press, 1994·2006).
Hume, David, "Idea of Perfect Commonwealth" [1752]. Hume, *Political Essays*. (Cambridge·New York: Cambridge University Press, 1994·2006).

Hume, David, "Of the Populousness of Ancient Nations". David Hume, *Essays Moral, Political, and Literrary*, editedand with a Forward, Notes and Glossary by Eugene Miller. Revised Edition (Indianapolis: Liberty Fund, 1985).

Hume, David, "Concerning Moral Sentiment". Appendix to David Hume, *An Enquiry concerning the Principles of Morals* (1751), edited by Tom L. Beauchamp (Oxford·New York: Oxford University Press, 1998·2010).

Hume, David, *The Natural History of Religion* [1757], with an Introduction by John M. Robertson (London: A. and H. Bradlaugh Bonner, 1889). 국역: 데이비드 흄(이태하 역), 『종교의 자연사』(서울: 이카넷, 2004).

Hume, Hume, *The History of England*, vol. 6 [1778]. David Hume, *The History of England from the Invasion of Julius Caesar to the Revolution in 1688*, Foreword by William B. Todd, 6 vols (Indianapolis: Liberty Fund 1983).

Hume, David, "Of Self-Love". Appendix II. Hume, *An Inquiry Concerning the Principles of Morals* (Oxford·New York: Oxford University Press, 1998·2010).

Hume, David, *Dialogues Concerning Natural Religion* (London: 출판사 표기 없음, 1779).

Hume, David, "My own Life". Hume, *An Enquiry concerning Human Understanding and Other Writings* (Cambridge·New York·Melbourne: Cambridge University Press, 2007).

Husserl, Edmund, *Ideas pertaining to a Pure Phenomenology and to Phenomenological Philosophy*, First Book *General Introduction to a Pure Phenomenology* [1913], trans. by F. Kersten (The Hague/ Boston: Martinus Nijhoff Publisher, 1983).

Husted, David S., Nathan A. Shapira & Wayne K. Goodman, "The Neurocircuitry of Obsessive-Compulsive Disorder and Disgust". *Progress in Neuro-Psycho-Pharmacy and Biological Psychiatry*, 30, 2006 [389-399쪽].

Hutcheson, Francis, *An Inquiry into the Original of Our Ideas of Beauty and Virtue; In two Treatises* (1st ed. 1726; 3rd ed. 1729; London: Printed for R. Ware, J. Knapton etc., 5th ed. 1753 - Indianapolis: Liberty Fund, 2004).

Hutcheson, Francis, *An Essay on the Nature and Conduct of the Passions and Affections, with Illustrations on the Moral Sense* (1728), ed. Aaron Garrett (Indianapolis: Liberty Fund, 2002).

Huxley, Thomas, *Evolution and Ethics* (1894). Thomas Huxley, *Evolution and Ethics and Other Essays*, scanned and edited by T. Dave Gowan for Project Gutenberg HTML (검색일: 2014. 8. 21.).

Intorcetta, Prosperi, Christian Herdtrich, Francisci Rougemont, Philippi Couplet, *Confucius Sinarum Philosophus, sive Scienttia Sinensis Latine Exposta* (Parisiis: Apu Danielem Horthemelis, via Jacoaea, sub Maecenate, M DC

LXXXVII [1687]). 영역본: Prospero Inntorcetta, Filippo Couplet etc., *The Morals of Confucius: A Chinese Philosopher* (Lomdon: Printed for Randal Fayram, 1691·1724).

Israel, Jonathan I., *Enlightenment Contested - Philosophy, Modernity, and the Emancipation of Man 1670-1752* (Oxford: Oxford University Press, 2006).

Jacobson, Nolan Pliny, "The Possibility of Oriental Influences in the Philosophy of David Hume". *Philosophy East and West* (vol. 19, Issue 1, Jan. 1969).

Jefferson, Thomas, "Notes on Religion" Oct. 1776). *The Works of Thomas Jefferson*, vol. 2 (Correspondence 1771-1779, Summary View, Declaration of Independence) Collected and Edited by Paul Leicester Ford] (New York and London: The Knickerbocker Press, 1904. 2019 Liberty Fund).

Jefferson, Thomas, "To James Madison" (Dec. 20, 1787 Paris). *The Works of Thomas Jefferson*, vol. 5 (Correspondence 1786-1789), collected and edited by Paul Leicester Ford (New York and London: The Knickerbocker Press, 1904; Liberty Fund: 2019).

Jefferson, Thomas, "To Thomas Mann Randolph" (May 30, 1790, New York). *The Works of Thomas Jefferson*, vol. 5.

Jefferson, Thomas (trans.), *A Commentary and Review of Montesquieu's 'Spirit of Laws'* (Philadelphia: Printed by William Duane, 1811).

Joyce, Richard, *The Evolution of Morality* (Cambridge, Massachusetts: The MIT Press, 2006).

Kant, Immanuel, *Prolegomena zu einer jeden künftigen Metaphysik, die als Wissenschaft wird auftreten können* [1783]. *Kant Werke*, Bd. 5, hr. v. W. Weischedel (Darmstadt: Wissenschaftliche Buchgesellschaft, 1983).

Kant, Immanuel, *Kritik der Urteilskraft. Kant Werke*, Bd. 8 (Darmstadt: Wissenschaftliche Buchgesellschaft, 1983).

Kaye, Frederick B., "Introduction" (1924), Bernard de Mandeville, *The Fable of the Bees, or Private Vices, Publick Benefits* (1714.1723), with a Commentary by Frederick. B. Kaye. 2 Volumes. Photographic Reproduction of the Edition published by Oxford University Press in 1924 (Indianapolis: Liberty Fund, 1988).

Kircher, Athansius, *China Monumentis, qua sacris qua Profanis, nec vanriis naturae and artis spectaculis, aliarumque rerum memorablium argumentis illustrata* [*China Illustrata*] (Amsterdam: 1667)다. 1986년 영어 완역본은 참조: Athansius Kircher, *China Illustrata*, translated by Charles D. Van Tuyl (1986). http://hotgate.stanford.edu/Eyes/library/kircher. pdf. 최종검색일: 2013.1.20.

Krebs, Dennis, *The Origins of Morality: An Evolutionary Account* (Oxford: Oxford University Press, 2011).

Kropotkin, Pyotr A., *Mutual Aid: A Factor of Evolution* (London: William

Heinemann, 1902·1919).
Labrune, Jean de, Louis Cousin & Simon Foucher (trans.), *La morale de Confucius, philosophe de la Chine* (Amsterdam: Chez Pierre Savouret, dans le Kalver-straat, 1688).
Laertius, Diogenes, *The Lives and Opinions of the Eminent Philosophers* (1853년 재인쇄) (Davers, MA: General Books, 2009).
Le Comte, Louis-Daniel, *Nouveaux mémoires sur l'état present de la Chine* (Paris, 1696). 영역본: Louis Le Compte, *Memoirs and Observations made in a Late Journey through the Empire of China* (London, 1697).
Lee, Christina H., "Introduction". Christina H. Lee (ed.), *Western Visions of the Far East in a Transpacific Age, 1522-1657* (London and New York: Routledge, 2012).
Lee Eun-Jeong, *Anti-Europa: Die Geschichte der Rezeption des Konfuzianismus und der konfuzialnischen Gesellscjaft seit der frühen Aufklärung* (Münster: Lit Verlag, 2003).
Lehner, Georg, *China in European Encyclopaedias, 1700-1850* (Leiden, The Netherland: Koninklijke Brill NV, 2011).
Leibniz, Gottfried Wilhelm, *New System of the Nature and Communications of Substances* (1695). 「자연, 실체들의 교통 및 영혼과 육체 사이의 결합에 관한 새로운 체계」. 라이프니츠(윤선구 역), 『형이상학 논고』.
Leibniz, Gottfried W., "Judgment of the Works of the Earl of Shaftesbury". Leibniz, *Political Writings*, translated and edited with an Introduction and Notes by Patrick Riley (Cambridge: Cambridge University Press, 1st ed. 1972, 2th ed. 1988, reprint 2006).
Leibniz, Gottfried W., "Opinion on the Principles of Pufendorf". *Selections from Paris Notes*, in: Lorey Loemker, *Leibniz: Philosopihical Papers and Letters*, Chicago: Chicago University Press, 1956).
Leidhold, Wolfgang, "Introduction". Francis Hutcheson, *An Inquiry into the Original of Our Ideas of Beauty and Virtue in Two Treatises*, ed. Wolfgang Leidhold (Indianapolis: Liberty Fund, 2004).
Leroy, Luis, *De la Vicissitude ou Variété des Choses en L'univers* [1575]. 영역본: *Of the Interchangeable Course, or Variety of Things in the Whole World* (London: Printed by Charles Yetsweirt Esq., 1594).
Locke, John, *An Essay concerning Human Understanding* [1689] (New York: Prometheus Books, 1995).
Locke, John, *Two Treatises of Government* [Dec., 1689, but marked 1690] (Cambridge: Cambridge University Press, 1960·2009).
Locke, John, "Of Ethic in General" (1686-8?). John Locke, *Political Essays*, edited by Mark Goldie (Cambridge.New York: Cambridge University Press, 1997).

Locke, John, *Some Thoughts Concerning Education* [1690]. *The Works of John Locke*, Vol.8 in 9 Volumes, (London: Rivington, 1824 12th ed.).

Locke, John, *Four Letters concerning Toleration* [1689]. The Works of John Locke, Vol.5 in 9 Vols. (London: Rivington, 1824 12th ed.).

Lockwood, William W., "Adam Smith and Asia", *The Association for Asian Studies*, Vol.23, No.3(May, 1964).

Lovejoy, Arthur O., "The Chinese Origin of a Romanticism". Arthur O. Lovejoy, *Essays in the History of Ideas* (Baltimore: Johns Hopkins University Press, 1948, New York: George Braziller, 1955).

Lux, Jonathan E., "'Character reall': Francis Bacon, China and the Entanglements of Curiosity", *Renaissance Studies*, Vol. 29, Issue 2 (April 2015).

Markley, Robert, *The Far East and The English Imagination, 1600-1730* (Cambridge: Cambridge University Press, 2006·2009).

Mandeville, Bernard de, *The Fable of the Bees, or Private Vices, Publick Benefits* [1714.1723], with a Commentary by Frederick. B. Kaye. 2 Volumes. Photographic Reproduction of the Edition published by Oxford University Press in 1924 (Indianapolis: Liberty Fund, 1988).

Marco Polo (Ronald Latham, trans.), *The Travels of Marco Polo* (London: Penguin Books, 1958). 마르코 폴로(김호동 역주), 『동방견문록』 (파주: 사계절, 2000·2017).

Martin, Marie A., "Hutcheson and Hume on Explaining the Nature of Morality: Why It is Mistaken to Suppose Hume Ever Raised the 'IsOught' Question". *History of Philosophy Quarterly* 8 (1991) [277-289쪽].

Marx, Karl, *Das Kapital I·III, Marx Engels Werke* (MEW), Bd. 23·25 (Berlin: Dietz Verlag, 1981).

Maverick, Lewis A., *China - A Model for Europe*, Vol.I·II (San Antonio in Texas: Paul Anderson Company, 1946).

Maxwell, John, "Introductory Essay II: Concerning the Imperfectness of the Heathen Morality". Richard Cumberland, *A Treatise of the Laws of Nature* (1672), translated, with Introduction and Appendix, by John Maxwell (London: K. Knapton, 1727), republished, edited and with a Foreword by Jon Parkin (Indianapolis: Liberty Fund, 2005).

Mendoza, Juan Gonzalez de, *The History of the Great and Mighty Kingdom of China and The Situation Thereof*, the First and the Second Part, reprinted from the early translation of R. Parke (1588), edited by George T. Staunton, and with an Introduction by R. H. Major (London: Printed for the Hakluyt Society, 1853).

Meynard, Thierry (ed. & trans.), *Confucius Sinarum Philosophus* [1687], *The Fist Translation of the Confucian Classics* (Roma: Institutum Historicum

Soietatis Iesu, 2011).
Milton, John, *Areopagitica*. *The Prose Works of John Milton*, vol. 1 in Two Volumes [1847] (Philadelphia: John W. Moore, 1847).
Montaigne, "Of Coaches". *The Complete Works of Michael de Montaigne, comprizing The Essays* [1571-1592], ed. by W. Hazlitt (London: John Templeman, 1842).
Mossner, Ernest Campbell, *The Life of David Hume* (Oxford: Clarendon Press, 1954·1980·2001).
Navarrete, Domingo Fernandez, *Tratados Historicos, Politicos, Ethicos, y Religiosos de la Monarchia de China* (Madrid: 1676); *An Account of the Empire of China; Historical, Political, Moral and Religious* (London: H. Lintot, J. Osborn, 1681).
Needham, Joseph, "Science and China's Influence on the World". Raymond Dawson (ed.), *The Legacy of China* (Oxford·London·New York: Oxford University Press, 1964·1971).
Needham, Joseph, Ho Ping Y·Lu Gwei-Djen·Wang Ling, *Science and Civilization in China*, Vol. (7): *Military Technology: Gunpowder Epic* (Cambridge: Cambridge University Press, 1986).
Newton, Isaac, *Philosophiae Naturalis Principia Mathematica* [1687]. English translation: Mathematical Principles of Natural Philosophy and System of the World (1729), Vol. I·II, trans. by A. Motte in 1729, revised, and supplied with an appendix, by F. Cajori (Berkeley·Los Angeles·London: University of California Press, 1934·1962).
Nietzsche, Friedrich, "Ueber Wahrheit und Lüge im aussermoralischen Sinne". *Nietzsche Werke*, V-I, hg. v. G. Colli und M. Montarinari (BerlWalter de Gruyer, 1973).
Nieuhoff, John, *An Embassy from the East-Indian Company of the United Provinces to the Grand Tatar Cham, Emperour of China, delivered by their Excellencies Peter de Goyer and Jakob de Keyzer, At his Imperial City of Peking* (Hague: 1669; 영역본 - London: Printed by John Mocock, for the Author, 1669).
Noël, Francisco, *Sinensis imperii libri classici sex* (Pragae: Typis Universitatis Carlo-Ferdinandeae, 1711).
Norton, David F., "Introduction". David Hume, *A Treatise of Human Nature* (Oxford: Oxford University Press, 2007).
Panksepp, Jaak, "Bones, Brains, and Human Origines". Appendix A to Jaak Panksepp, Affecthustedive Neuroscience: The Foundations of Human and Animal Emotions (Oxford: oxford University Press, 1998).
Pascal, Blaise, Pensees. 영역본: Blaise Pascal, *The Thoughts of Blaise Pascal* [1669] (London: George Bell and Sons, 1901). Online Library of Liberty

(2019).

Passmore, John Arthur, *The Perfectibility of Man* (Indianapolis: Liberty Fund, 2000 [Republication of the Original of 1970]).

Platon, Gesetze (『법률』). *Platon Werke*, Zweiter Teil des Bd. VIII in Acht Bänden, hg. v. G. Eigner, deutsche Übersetzung von Friedrich Schleiermacher (Darmstadt: Wissenschaftliche Buchgesellschaft, 1977). 플라톤(박종현 역주),『법률』(파주: 서광사, 2009).

Platon, Politeia (『국가론』). *Platon Werke*. Bd 4 in Acht Bänden, hg. v. G. Eigner, deutsche Übersetzung von Friedrich Schleiermacher (Darmstadt: Wissenschaftliche Buchgesellschaft, 1977).

Poivre, Pierre, *Voyages d'un philosophe ou observations sur les moeurs et les arts des peuples de l'Afrique, de l'Asie et de l'Amerique* (Yverdon: chez M. le Professeur de Felice, & à Paris, chez Desaint, Libraire rue du Foin Saint Jacques, 1768).

Pomeranz, Kenneth, *The Great Divergence: China, Europe, and the Making of the Modern World Economy* (Princeton: Princeton University Press, 2000).

Popkin, Richard H., "Introduction". Pierre Bayle, *Historical and Critical Dictionary* [1697], selected and translated, with an Introduction and Notes by Richard Henry Popkin (Indianapolis·Cambridge: Hackett Publishing Company, Inc., 1991).

Pufendorf, Samuel von, *The Whole Duty of Man According to the Law of Nature* [1673] (Indianapolis: Liberty Fund, 2003).

Pufendorf, Samuel von, *De jure naturae et gentium* [1672]. 영역본: *Of the Law of Nature and Nations*, trans. by B. Kenneth et al. (London: Printed for J. Walthoe et al., The Fourth Edition 1729).

Purchas, Samuel, *Purchas, his Pilgrimage. Or Relations of the World and the Religions observed in all Ages and Places discovered, from the Creation unto this Present* (London: Printed by William Stansby for Henrie Fetherstone, 1614).

Purchas, Samauel, *Hakluytus Posthumus, or Purchas, His Pilgrimes*, in 4 Parts [4 volumes] (London: by Wliiams Stansby, 1625); in 20 volumes (Glasgow: James MacLehose & Sons Publishers to the University of Glasgow, MCMV[1905]).

Quesnay, François, *Despotism in China*. Lewis A. Maverick. *China – A Model for Europe*, Vol.II (San Antonio in Texas: Paul Anderson Company, 1946). 국역본: 프랑수와 케네 (나정원 본문대역),『중국의 계몽군주정』(서울: 앰-메드, 2014).

Quesnay, François, *Tableau économique*, edited and introduced by Marguerite Kuczynski and Ronald L. Meek (London: MacMillan, New York: Augustus

M. Kelley Publishers, 1972)..
Rae, John, *Life of Adam Smith* (London & New York: Macmillan, 1985).
Ramsay, Andrew Michael, *Les voyages de Cyrus* [Paris, 1727]; 영역본: *The travels of Cyrus to which is annexe'd a discourse upon the theology & mythology of the pagans* [London: 1728]; *A New Cyropaedia, or The Travels of Cyrus* [1799] (Norderstedt, Schleswig-Holstein: Hansebooks, Reprint of the original edition of 1779, 2016).
Reichwein, Adolf, *China und Europa im Achtzehnten Jahrhundert* (Berlin: Oesterheld Co. Verlag, 1922); 영역본: Reichwein, *China and Europe Intellectual and Artistic Contacts in the Eighteenth Century* (London·New York: Kegan Paul, Trench, Turner & Co., LTD and Alfred A. Knopf, 1925).
Rivière, Le Mercier de la, Rivière, *L'ordre naturel et essentiel des sociétés politiques* (Londres: Chez Jean Nourse, librairie, & se trouve à Paris, Chez Daint, librairie, 1767).
Rizzolatti, Giacomo, Luciano Fadiga, Vittorio Gallese, & Leonardo Fogassi, "Premotor Cortex and the Recognition of Motor Actions". *Cognitive Brain Research*, 3 (1996) [131-141쪽].
Rorty, Richard, *Contingency, Irony, and Solidarity* (Cambridge: Cambridge University Press, 1989).
Rousseau, Jean-Jacques, *Discours sur l'inégalité* (1755). *A Discourse on the Origin of Inequality*, Jean-Jacques Rousseau, *The Social Contract and Discourses*, translated and introduced by G. D. H. Cole, revised and augmented by J. H. Brumfitt and John C. Hall, updated by P. D. Jimack (London.Vermont: J. M. Dent Orion Publishing Group, 1993).
Rousseau, Jean-Jacques, *Du Contrat Social* (1762). *The Social Contract*, Jean-Jacques Rousseau, *The Social Contract and Discourses*, translated and introduced by G. D. H. Cole, revised and augmented by J. H. Brumfitt and John C. Hall, updated by P. D. Jimack (London.Vermont: J. M. Dent Orion Publishing Group, 1993).
Rousseau, Jean-Jacques, *Émile ou de l'Education* (1762). 독역본: *Emil oder Über die Erziehung* (Paderborn.München.Wien.Zürich: Verlag Ferdinand Schöningh, 1989 [9. Auflage]).
Rowbotham, Arnold H., "The Impact of Confucianism on Seventeenth Century Europe", *The Far Eastern Quarterly*, Vol. 4, No. 3 (May, 1945).
Rozin, Paul, Jonathan Haidt & Clark R. McCauley, "Disgust". Michael Lewis, Jeannette M. Haviland-Jones & Lisa Feldman Barrett, *Handbook of Emotions* (New York: The Guilford Press, 2008) [757-776쪽].
Schopenhauer, Arthur, *Die Welt als Wille und Vorstellung I·II* (1818·1859), *Arthur Schopenhauer Die Welt als Wille und Vorstellung I·II. Sämtliche Werke*, Band I·II (Frankfurt am MaSuhrkamp, 1986).

Schopenhauer, Arthur, *Preisschrift über die Grundlage der Moral* (1840, 개정판 1860), *Arthur Schopenhauer Kleine Schriften. Sämtliche Werke*, Band III (Frankfurt am MaSuhrkamp, 1986).

Semedo, Alvarez (Alvaro Semedo), *Imperio de la China y Cultura Evangelica en el por les Religios de la Compania de Jesus* [Madrid: 1641]. English edition: *The History of the Great and Renowned Monarchy of China* (London: Printed by E. Taylor for John Crook, 1655).

Shaftesbury, Anthony, Third Earl of (Anonymous), *An Inquiry Concerning Virtue, in Two Discourses* (London: Printed for A. Bell in Cornhil, etc., 1699).

Shaftesbury, Anthony, Third Earl of (Anthony Ashley Cooper), *An Inquiry Concerning Virtue and Merit* (1713), Shaftesbury, *Characteristicks of Men, Manners, Opinions, Times*, Vol. II, edited by Douglas Den Uyl (Indianapolis: Liberty Fund, 2001).

Shaftesbury, Anthony, Third Earl of (Anthony Ashley Cooper), *Miscellaneous Reflections on the Said Treatises, and Other Critical Subjects* (1714), Anthony, Third Earl of Shaftesbury, *Characteristicks of Men, Manners, Opinions, Times* (1713·1732), 3 vols. Vol. III. Edited by Douglas Den Uyl (Indianapolis: Liberty Fund, 2001).

Shaftesbury, Anthony, Third Earl of (Anthony Ashley Cooper), *Sensus Communis* (1709), Shaftesbury, *Characteristicks of Men, Manners, Opinions, Times*, Vol. I (1713·1732), edited by Douglas Den Uyl (Indianapolis: Liberty Fund, 2001).

Shaftesbury, Anthony, Third Earl of, *The Moralists, A Philosophical Rhapsody* (1709), Anthony, Third Earl of Shaftesbury, *Characteristicks of Men, Manners, Opinions, Times* (1713·1732), 3 vols. Vol. II.

Shaftesbury, "Letter to Michael Ainsworth" (June 3rd., 1709). Shaftesbury, *The Life, Unpublished Letters, and Philosophical Regimen of Anthony, Earl of Shaftesbury*, edited by Benjamin Rand (London: Swan Sonnenschein & Co. Lim; New York: The MacMillan Co. 1900).

Shaftesbury, "Letter to General Stanhope" (November 7th., 1709). Shaftesbury, *The Life, Unpublished Letters, and Philosophical Regimen of Anthony, Earl of Shaftesbury*, edited by Benjamin Rand (London: Swan Sonnenschein & Co. Lim; New York: The MacMillan Co. 1900).

Silhouette, Etienne de(Anonyme), *Idée genénérale du gouvernement et de la morale des Chinois - tirée particulièrement des ouvrages de Confucius* (Paris: Chez Quillau, 1729·1731·1764).

Smith, Adam, *The Theory of Moral Sentiments, or An Essay toward an Analysis of the Principles by which Men naturally judge concerning the Conduct and Character, first of their Neighbours, and afterwards of themselves*

[1759, Revision: 1761, Major Revision: 1790], edited by Knud Haakonssen (Cambridge·New York: Cambridge University Press, 2002.2009[5. printing]).
Smith, Adam, *An Inquiry into the Nature and Causes of the Wealth of Nations* [1776], volume I·II, textually edited by W. B. Todd (Glasgow·New York: Oxford University Press, 1976).
Spencer, Herbert, *Social Statics: or, The Conditions essential to Happiness specified, and the First of them Developed* (London: John Chapman, 1851).
Spencer, Herbert, *The Inadequacy of Natural Selection* (London: Williams & Norgate, 1893).
Stiner, Mary C., "Carnivory, Coevolution, and the Geographic Spread of the Genus homo". *Journal of Archaeological Research* 10 (2002) [1-63쪽].
Temple, William, "An Essay upon the Ancient and Modern Learning"(London: First printed by J. R. for Ri. and Ra. Simpson under the title Miscellanea. *The second part in four essays*, 1699), *The Works of William Temple* (London: Printed by S. Hamilton, Weybridge, 1814).
Temple, William, "Of Heroic Virtue". *The Works of William Temple* (London: Printed by S. Hamilton, Weybridge, 1814). First printed 1699 in London by J. R. for Ri. and Ra. Simpson under the title *Miscellanea*. The second part in four essays.
Temple, William, "Essay on the Original and Nature of Government". *The Works of Sir William Temple*, Vol. I (London: Printed for Rivington et al. and by S. Hamilton, 1814).
Trivers, Robert L., "The Evolution of Reciprocal Altruism". *Quarterly Review of Biology* 46(1971) [35-57쪽].
Trivers, Robert L., "Reciprocal Altruism: 30 Years later". P. M. Kappeler & C. P. van Schaik (eds.), *Cooperation in Primates and Humans* (New York: Springer-Verlag, 2006) [67-84쪽].
Wennerlind, Carl, and Magaret Schabas (ed.), *David Hume's Political Economy* (London: Routledge, 2008).
West-Eberhard, Mary J., "Sexual Selection, Social Competition, and Speciation". *Quarterly Review of Biology* 58(1983) [155-183쪽].
Wilson, James Q., "The Moral Sense". Presidential Address 1992 of American Political Science, American Political Science Review, Vol. 87 (No.1 March 1993)
Wilson, James Q., *The Moral Sense* (New York: Free Press, 1993).
Wolff, Christian, *Oratio de Sinarum philosophea pratica* [1721.1726] - *Rede ber die praktische Philosophie der Chinesen. Lateinisch-Deutsch.* Übersetzt, eingeleitet und herausgegeben von Michael Albrecht (Hamburg: Felix

Meiner Verlag, 1985).
Wollaston, William, *Religion of Nature Delineated* (London: 1724; facsimile: New York, Garland Press, 1978).
Wrangham, Richard W., "African Apes: The Significance of African Apes for Reconstructing Social Evolution". W. G. Kinzey (ed.), *The Evolution of Human Behavior Primate Models* (Albany: State University of New York Press, 1987).
Wrangham, Richard W., "The Evolution of Cooking" - A Talk with Richard Wrangham, Edge, 8. 8. 2009.
Wrangham, Richard W., *Catching Fire: How Cooking Made Us Human* (New York: Basic Books, 2009·2010).
Xenophon. *Memorabilia (Recollections of Socrates)*, translated and annotated by Amy L. Bonnette (Ithaca·London: Cornell University Press, 1994). 크세노폰(최혁순 역), 『소크라테스의 회상』(서울: 범우사, 2002).
Young, Leslie, "The Tao of Markets: Sima Quian and the Invisible Hand". *Pacific Economic Review* (1, 1996).
Young, Liane, Joan Albert Camprodon, Marc Hauser, Alvaro Pascual-Leone, and Rebecca Saxe, "Disruption of the Right Temporoparietal Junction with Transcranal Magnetic Stimulation Reduces the Role of Beliefs in Moral Judgments", *Proceedings of the National Academy of Sciences of the U.S.A.*, vol.107, no.15 (2010) [6753-6758쪽].
Young, Liane, A. Bechara, D. Tranel, H. Damasio, M. Hauser, A. Damasio, "Damage to Ventromedial Prefrontal Cortex Impairs Judgment of Harmful Intent", *Neuron*, vol.65 (2010)